Tous responsables

Éditions d'Organisation
1, rue Thénard
75240 Paris Cedex 05
www.editions-organisation.com

© Éditions d'Organisation, 2004
ISBN : 2-7081-3064-1

JACQUES IGALENS

Tous responsables

Éditions
d'Organisation

Sommaire

PARTIE 1
Aux fondements de la responsabilité

CHAPITRE 1

CHAPITRE 2

Chapitre 3

Partie 2
La responsabilité sociale de l'entreprise

Chapitre 4

CHAPITRE 5

CHAPITRE 6

PARTIE 3
Responsabilité : élargissement d'un concept juridique

CHAPITRE 7

La responsabilité en matière de santé et de sécurité au travail

CHAPITRE 8

Échec de l'entreprise, perte d'emploi et responsabilité des auditeurs financiers : éléments d'une équation sans solution

PARTIE 4

Dimension internationale

PARTIE 6

Gouvernance et responsabilité

PARTIE 7

La responsabilité par rapport aux minorités

CHAPITRE 21

L'accès à la parole comme nouvelle source de responsabilité pour les opérateurs ; à propos des transformations du travail 423

CHAPITRE 22

La responsabilité des anciens au service d'une évolution positive de la société..............443

CHAPITRE 23

La responsabilité par rapport à l'insertion dans l'emploi des travailleurs handicapés 459

Les coauteurs

Albert Arseguel

Professeur à la faculté de droit de Toulouse, vice-président de l'Université des sciences sociales (Toulouse-I).

Jean-François Barbièri

Professeur des universités Centre de droit des affaires (Toulouse-I) et CREOP (Limoges).

Frank Bournois

Professeur et co-directeur du CIFFOP, Université Panthéon-Assas (Paris-II).

Luc Boyer

Directeur de Recherche, Université de Paris-Dauphine. Responsable Atelier prospective des métiers (Groupe Vision Paris-Caen).

Julienne Brabet

Professeur, Université Paris-XII.

Jacques Brégeon

Docteur ès sciences, directeur du Collège des Hautes Études de l'Environnement.

Jacques Brouillet

Avocat, Directeur associé FIDAL.

André Cabanis

Professeur, vice-président de l'Université Toulouse-I.

Alain Couret

Professeur à l'Université Paris-I – Panthéon-Sorbonne. Avocat au Barreau des Hauts-de-Seine (CMS Bureau Francis LEFEBVRE).

Mathieu Detchessahar

Professeur, Université de Nantes.

Pierre Julien Dubost

Président IDE (Intergénération pour le développement des emplois).

Octave Gélinier

Président d'honneur de la CEGOS.

Michel Gervais

Professeur, Université de Rennes-I. Directeur de publication « Finance, Contrôle, Stratégie ».

Jean-Pascal Gond

Attaché temporaire d'Enseignement et de Recherche. Université Toulouse-I – Sciences Sociales / LIRHE & IAE de Toulouse.

Catherine Grynfogel

Maître de conférences à l'Université de Toulouse-I.

Jacques Igalens

Professeur IAE de Toulouse et chercheur au LIRHE (Laboratoire interdisciplinaire de recherche sur les ressources humaines et l'emploi, UMR CNRS).

Président d'honneur de l'AGRH (Association francophone de gestion des ressources humaines) et de l'IAS (Institut international de l'audit social).

Pia Imbs

Maître de conférences en sciences de gestion. Directrice de l'IAE Strasbourg, Université Robert-Schuman.

Ronald Jeurissen

Professeur d'éthique des affaires à l'Université de Nyenrode (Pays-Bas).

Michel Joras

Docteur ès Sciences de gestion.

Gerard Keijzers

Professeur d'entreprenariat durable à l'Université de Nyenrode (Pays-Bas).

Pierre Louart

Professeur à l'USTL, directeur de l'IAE de Lille.

Michel Louis Martin

Professeur, Institut d'études politiques de Toulouse.

Corinne Mascala

Professeur Agrégée des Facultés de droit, professeur à l'Université des sciences sociales de Toulouse / Centre de droit des affaires.

Armand Mella

Ancien président de l'ANDCP, président du CEDIP, membre du CNCPH (Conseil national consultatif des personnes handicapées).

Jean Pasquero

Professeur, Université du Québec à Montréal.

Jean-Marie Peretti

Professeur à l'ESSEC et à l'Université de CORTE.

Erwan Queinnec

Maître de conférences en Sciences de gestion, Université Paris-XIII, CREGEM (Centre de recherche en gestion et management).

Brigitte Reynes

Maître de conférences à la faculté de droit de Toulouse, directrice du LIHRE.

Jacques Rojot

Professeur et co-directeur du CIFFOP, Université Panthéon-Assas (Paris-II).

Michèle Saboly

Professeur à l'IAE de Toulouse.

Maurice Thévenet

Professeur au CNAM et à l'ESSEC.

Pour une clarification sémantique responsable

Michel JORAS

> *« La terre et l'humanité sont en péril et nous*
> *en sommes tous responsables », Jacques* CHIRAC[1].

Tout mot traverse le temps et subit enrichissement ou reconfiguration, aussi « sa signification, c'est son usage dans la langue »[2].

Après avoir décelé les origines du mot *responsable* (§1) et les sèmes qui l'entourent, l'histoire de « sa vie linguistique » (§2) permettra de proposer des définitions actualisées (§3). Celles-ci devraient être validées, élargies, enrichies par les apports de chacun des auteurs de *Tous responsables*. À l'égard du lecteur, ces derniers seront donc « imputables » de leurs propositions et omissions dans un univers socialement responsable (§4).

LES ORIGINES DU MOT RESPONSABLE

Répertorié pour la première fois dans la langue française en 1564[3], l'adjectif responsable nous semble trouver son origine dans deux verbes du latin classique : *respondere* et *responsare*[4]. Dans ce métissage, enchevêtrement par l'usage, chacun d'eux a apporté des interprétations divergentes.

---

1. Discours au « Sommet mondial du développement durable », 2 septembre 2002, Johannesburg.
2. WITTGENSTEIN Ludwig, *Philosophische untersuchungen – Investigations philosophiques*, Blaavell, 1953.
3. Dictionnaire français latin de R. Estienne, 1564.
4. Dictionnaire Caffiot (F.), *Latin français*, Hachette, 1936.

Le premier, *respondere*, transitif, était en latin porteur de sens divers :
- faire réponse à quelqu'un, à quelque chose ;
- donner des consultations (*jus respondere*) ;
- répondre à un appel, à une citation en justice ;
- répondre à, être digne de, égal à, à la hauteur.

Le second, *responsare*, en plus de signifier « répondre à », se traduit par « satisfaire à », « tenir tête », « braver ».

Il apparaît que le premier ait généré en français le verbe *répondre*, en anglais *respond*, et que le second ait produit le mot *réponse* en français et *response* en anglais.

- Le lexique actuel anglais a conservé le sens des deux verbes avec le préfixe RES :
  - *Respond, respondence, respondent, response, responsibility, responsible, responsive, responsively, responsiveness.*
  - En métissant les deux origines, l'anglais se voit obliger de soutenir le sens de responsable avec les mots *accountable* et *liable*. C'est ainsi que l'*Oxford English dictionnary* apporte les précisions suivantes :
    - *Accountable : liable, that can be bound to be called to account or to answer to responsibilities ; ansiverable, responsible.*
    - *Responsible : morally accountable for one's own actions : capable of rational conduct.*
- De façon plus surprenante, le français a préservé les deux origines dans une suite donnée aux mots, d'une part avec le préfixe RE :
  - répondant (caution, garant, capitaux servant de garanties) ;
  - répondre.

Et, d'autre part, le préfixe RES a été utilisé dans les mots « responsable », « responsabiliser », « responsabilité », « responsabilisation ».

LA VIE DU MOT RESPONSABLE
L'adjectif
- De son apparition répertoriée en 1564 et jusqu'à l'édition du *Petit Larousse* de 1935, le mot « responsable » n'était semble-t-il utilisé en français classique que comme adjectif, tel que mis en exergue dans l'article 1382 du code civil de 1802 :
  « Chacun est responsable du dommage qu'il cause. »

La responsabilité civile est l'obligation de répondre devant la justice d'un dommage et d'en réparer les conséquences en indemnisant la victime[1].

- C'est à partir de cet article du code civil que « responsable » a longtemps été doté de « chose fâcheuse » voire négative. Encore en 1981, c'est ainsi que J. Girodet dans son dictionnaire Bordas, *Pièges et difficultés de la langue française*, en soulignait l'appréciation péjorative :

  « Responsable, adj. Attention aux emplois abusifs :
  1. On évitera le pléonasme les autorités responsables. On écrira simplement *les autorités* ou *les responsables* : *Les autorités ont interdit le stationnement sur cette place.* – En revanche, si *responsable* a un complément, on peut écrire : *Les autorités responsables de la circulation ont interdit...*
  2. Le mot *responsable* ne peut s'employer comme synonyme de *auteur* ou de *cause*. Il ne peut se dire qu'à propos d'une chose fâcheuse. On peut écrire : *C'est le gouvernement actuel qui est responsable de l'aggravation de la situation économique.* En revanche, on n'écrira pas : *Le gouvernement actuel est responsable de l'amélioration de la situation économique.*
  3. On prendra garde à l'anglicisme que constitue l'emploi de *responsable* au sens de *modéré, mûr, prudent, raisonnable, réfléchi, sérieux.* On écrira donc : *Les citoyens doivent être assez raisonnables pour modérer leurs exigences,* plutôt que *Les citoyens doivent être assez responsables pour...*

- Dans le numéro de novembre 1994 de la revue *Esprit*, dans un article intitulé « Les équivoques de la responsabilité », Paul Ricœur déclarait :

  « À la limite vous êtes responsable de tout et de tous. » Il insistait sur « la notion d'imputabilité, capacité à l'imputation en tant que jugement d'attribution à quelqu'un, comme à son auteur véritable, d'une action blâmable ».

---

1. LE TOURNEAU P., *La Responsabilité civile*, Que sais-je ? 1521, PUF, 2003.

- Le *Dictionnaire classique* Bescherelle de 1885 ne cite le mot *responsable* que comme adjectif, dont il donne les définitions suivantes : « Qui doit répondre de ses propres actions ou de celles des autres, d'être garant de quelque chose – tout fonctionnaire est responsable –, en certains cas, un maître est responsable pour ses domestiques. »

Le nom

- C'est en 1935 que le *Larousse universel* introduit responsable comme nom commun, précisé au sens figuré et familier, et en donne une définition néanmoins restrictive :
  « Personne qui, ayant mis une chose en circulation, est considérée comme en ayant la responsabilité. »
- Au cours de la seconde moitié du XXe siècle, la langue étend son usage et c'est ainsi que le dictionnaire Bordas des synonymes de 1988 propose : comptable, chef, dirigeant, auteur, coupable (on peut constater ici l'incongruité du fameux slogan « Responsable mais pas coupable »).
- Depuis les années 1990, on assiste à un usage immodéré dans les annonces d'emplois, en particulier pour cadres et assimilés, du terme de responsable. Une offre sur deux est rédigée ainsi :
  – Société recherche son ou le responsable de tel service ou site, ou pour être chargé de telle fonction ou de telle mission ; ajoutant à la confusion sur la réalité du niveau hiérarchique, souvent est-il indiqué : sera attaché à la direction ou placé sous la direction de.
- Utilisé comme métier/emploi, le mot *responsable* cache la difficulté actuelle de repérer les qualifications précises des emplois et dissimule souvent les conditions de l'autonomie, le niveau des compétences et de l'exercice réel des fonctions.

Cette imprécision trouve, accordée au sens du nom, son expression dans la définition du *Petit Larousse* de 1985 :

– personne qui a la capacité de prendre des décisions ;
– personne qui a la charge d'une fonction.

Responsabilité, un mot global

À côté du mot responsable, utilisé comme adjectif ou nom, dont l'usage immodéré traduit un besoin de rendre responsable toute personne chargée d'une fonction, le mot *responsabilité* semble devenir un mot charnière d'une société en « Grande transformation »[1]...

Cet usage confus du mot *responsabilité* est accentué dans un rapport parlementaire du 15 juillet 2003 sur la gestion des entreprises publiques. C'est ainsi que trois sens se trouvent affectés à « responsabilité » :

- « Uniformiser le statut des administrateurs, en supprimant le principe de l'atténuation de la *responsabilité* civile des administrateurs représentant les salariés et prévoir leur rémunération, à l'exception des représentants de l'État, de façon à accroître leur indépendance et leur *responsabilité* » (mesure n° 6).
- « Confier à l'agence la *responsabilité* de définir et codifier les informations » (mesure n° 18).

ACTUALITÉ SÉMANTIQUE
De la responsabilité à l'obligation de précaution

À l'initiative, en 1992, de la déclaration de Rio de Janeiro et du traité de Maastricht, la communauté humaine a montré qu'elle avait pris conscience de la nécessité de stopper la destruction inconsidérée de la planète, étendant à l'ensemble des parties prenantes de l'économie (les pouvoirs publics, le marché, la société civile) la responsabilité d'un développement équilibré dans le long terme et sur la totalité des territoires du monde.

Cette mondialisation de l'« économie sociale de marché » mobilisée selon les principes guides d'un « pacte global »[2] demande en particulier la « promotion d'un cadre européen pour la responsabilité sociale de l'entreprise »[3], dont les principales sociétés sont devenues multinationales et multisociales. De même, tout individu, membre, « partie prenante » des activités humaines, est à la fois sujet actif et objet passif des retombées économiques, sociales et environnementales, sous l'emprise du « principe de responsabilité »[4]. Celui-ci a été particulièrement évoqué lors de la conférence de Stockholm de l'ONU en 1972,

---

1. Intitulé du séminaire d'été 2003 du Medef-France.
2. Global Compact ONU 2000, www.unglobalcompact.org.
3. *Livre vert* de la Commission des communautés européennes, juillet 2000.
4. JORAS M., *Principe Responsabilité*, 1971-1999, CERF, Paris.

pour réparer les conséquences des dommages portés à l'environnement. Ce principe a donné naissance au principe corollaire d'« obligation de précaution », repris aujourd'hui dans la future « charte française de l'environnement de 2003 » et son article 5 :

> – « Lorsque la réalisation d'un dommage, bien qu'incertaine en l'état des connaissances scientifiques, pourrait affecter de manière grave et irréversible l'environnement, les autorités publiques veillent, par application du principe de précaution, à l'adoption de mesures provisoires et proportionnées afin d'éviter la réalisation du dommage ainsi qu'à la mise en œuvre de procédures d'évaluation des risques encourus. »

Pour une définition éthique du responsable

Être « responsable » consisterait, « à partir de droits et libertés, [à] assumer des devoirs dans un monde fondé sur les valeurs que sont l'égalité des êtres, la liberté, le respect de la raison » (selon le préambule de la *Convention pour une constitution européenne, 2003*).

Tout humain est considéré « comme un responsable » qui se doit d'imaginer, mettre en œuvre, contrôler, reconsidérer « les bonnes conduites, les meilleures pratiques », qui règlent et gèrent ses actions et ses engagements, ses décisions.

Tout professionnel, employé ou indépendant doit être partie prenante de la responsabilité sociale de l'entité dans laquelle il est impliqué pour « éviter » tout manquement à ses devoirs incompatibles avec l'exercice de son mandat ». À cet égard, il se doit de perfectionner ses compétences et respecter une déontologie spécifique.

* *
*

Tout individu agissant à titre personnel ou comme acteur, partie prenante de l'activité humaine, se trouve impliqué dans un univers de *responsabilité* (civile, pénale, collective, juridique, sociale, sociétale, éthique, parentale, patrimoniale…).

« Tous responsables » : cette injonction paradoxale doit être explicitée si l'on veut éviter que *responsabilité* ne devienne un mot charnière de l'insécurité et de l'incertitude, traduction des peurs mondialisées.

6

Aux fondements de la responsabilité

Avant de voir dans le détail ce que recouvre pour les uns et les autres l'injonction « Tous responsables », il convient tout d'abord de mettre en perspective l'évolution de la notion de responsabilité ; cette première partie s'attache donc à son histoire récente au travers de ses fondements juridiques (chap. 1er, A. Cabanis et M. L. Martin) et du contrôle des comptes des sociétés (chap. 2, M. Saboly) dans le droit français depuis le XIXe siècle.

Ainsi fait, nous serons à même de discuter d'un « principe de responsabilité », tel que le conçoit le philosophe H. Jonas, considérant les conséquences de l'action d'aujourd'hui sur les générations de demain (chap. 3, R. Jeurissen et G. Keijzers).

SOMMAIRE

Le juge et l'entrepreneur : perspective historique

André CABANIS
Michel Louis MARTIN

Dans les traités juridiques du XIXe siècle, les développements portant sur la responsabilité juridique correspondent à une logique très différente de celle que nous connaissons de nos jours. En ce domaine, une partie des raisonnements tendent assez naturellement à se démarquer des pratiques des époques précédentes dont on dénonce les excès pour en commettre d'autres. Il s'agit au XIXe siècle de mettre en œuvre un principe de disparition de toute forme de responsabilité collective telle qu'on pouvait la connaître, sous une forme il est vrai de plus en plus atténuée, au cours de l'Ancien Régime. Désormais, chacun n'est plus responsable que de soi, et encore sous réserve que puisse être établi un lien de causalité directe entre le forfait accompli, le dommage créé et celui qui passe en jugement. L'on ne saurait se contenter de présomption ; *a fortiori*, il est exclu de s'en prendre, par contiguïté en quelque sorte, et pour atteindre un coupable absent ou insolvable, au groupe familial, local ou professionnel. En ce début du XXIe siècle, ce qui était considéré à l'époque précédente comme un progrès décisif paraît contesté. L'on en revient à des formes de responsabilité que l'école libérale considérait comme primitives. L'appartenance à un groupe peut désormais faire présumer une forme de responsabilité et justifier une solidarité entre les membres lorsque l'un d'entre eux a failli ; cela concerne naturellement et au premier chef les structures jugées comme réunissant des privilégiés à l'égard desquels l'opinion publique a tendance à se montrer d'autant plus exigeante qu'elle les pressent favorisés et qu'elle s'en méfie : chefs d'entreprise et hommes politiques, particulièrement.

AUX TEMPS DE « JUGE ET PARTIE »

Entre le XIXe et le XXe siècle, chacun a conscience d'assister à un renversement dans la hiérarchie des valeurs et dans les jugements portés à l'encontre des « patrons » pour user du terme de l'époque. Au début de l'ère industrielle, sans tomber dans la caricature et sans sous-estimer les tensions qui entourent le chef d'entreprise – d'autant plus fortes que ses salariés sont placés sous son entière dépendance –, sans souscrire non plus au thème simplificateur du maître de droit divin que les syndicats popularisent et condamnent – et dans lequel certains dirigeants de société puisent la justification de modes de direction plus ou moins arbitraires –, il est clair que le fondateur d'une structure de production un peu importante fait figure de pionnier des temps nouveaux. Les économistes libéraux s'accordent à le présenter comme l'élément décisif du *take off*. Sa fermeté à l'égard de ses salariés, voire son âpreté au gain, sont excusées au nom des dures loi de la concurrence. S'il faisait preuve de trop de philanthropie, s'il payait ses employés plus que la loi de l'offre et de la demande ne lui prescrit de le faire, il serait promptement éliminé par ses concurrents, réduirait son personnel au chômage et ferait leur malheur par une générosité mal placée. Il n'est jusqu'à Karl Marx qui ne se laisse aller à quelques éloges à l'égard de l'entrepreneur capitaliste présenté comme le fondateur d'un monde nouveau, certes condamné par l'inévitable montée en puissance du prolétariat, mais ayant joué un rôle décisif dans le progrès de l'humanité.

À l'époque, les juges reflètent ces valeurs en même temps qu'ils participent à cet état d'esprit. Les magistrats installés au début du XIXe siècle témoignent de préoccupations très éloignées de celles des membres des parlements d'Ancien Régime qui avaient osé s'opposer au pouvoir royal, l'entraînant d'ailleurs dans leur chute. Il ne saurait être question d'adopter une attitude irresponsable d'opposition à l'égard du pouvoir exécutif, ni d'ébranler tout l'édifice social. Les tribunaux font partie de ces « masses de granite », pour reprendre la formule de Napoléon, mises au service du maintien de l'ordre et de la protection de la propriété. Depuis les plus humbles des magistrats, tels ces juges de paix qui quadrillent le pays et évitent que les petits conflits de famille ou de voisinage ne s'enveniment, jusqu'aux conseillers du rang le plus élevé, ceux de la Cour de cassation, tous ont conscience de participer à une tâche commune. Il leur appartient de préserver une hiérarchie sociale dont la Révolution a démontré que son ancienneté ne suffisait pas à la rendre indestructible. La société apparaît au contraire fragile, exposée à tous les emballements populaires, devant être protégée sans faiblesse ni scrupule mal placés, contre toutes les usurpations et toutes les rébellions.

Les rapports du juge et du patron s'inspirent de telles analyses. Ce dernier jouit de la protection de la justice, non seulement comme acteur privilégié du développement économique, voire comme créateur d'emplois, mais également comme titulaire d'un patrimoine important, méritant à ce titre la bienveillance cumulée du magistrat, du policier, du gendarme, finalement de toutes les autorités civiles et militaires, voire ecclésiastiques. La législation vient conforter ces hiérarchies de valeurs. Sans état d'âme, elle proclame la confiance que sa fortune doit valoir au patron. Le code civil le constate : en cas de contestation de la part du salarié, « le maître est cru sur parole » pour la quotité des gages et des acomptes (art. 1781). Le code pénal en rajoute, prévoyant les peines de prison ferme qu'encourent les meneurs en cas de mouvements revendicatifs et notamment d'arrêts concertés du travail, de grève (art. 414, 415 et 416). Les rigueurs sont telles que la presse anarchiste est fondée à dénoncer, sans susciter de réelles dénégations, l'arbitraire de ces juges qui se considèrent avant tout comme les défenseurs de l'ordre établi. Il est vrai que, surtout aux niveaux inférieurs, ils ne sont guère rémunérés. Pour une fois mauvais prophète, Napoléon voulait même les priver de tout salaire, et confier ces fonctions à des notables qui auraient exercé une activité bénévole, payant en quelque sorte par leur travail d'arbitre, en cas de litiges, un tribut à la pérennité d'un ordre social dont ils sont les premiers bénéficiaires. Adolphe Thiers reprendra l'idée quelques années plus tard. Il est convaincu qu'il n'est pas nécessaire de bien rémunérer les magistrats puisqu'ils doivent être choisis prioritairement parmi les détenteurs de patrimoines leur assurant un niveau de vie suffisant et que l'on ne peut donner à la propriété de meilleurs juges que la propriété elle-même.

Ce discours n'est pas imposé aux magistrats. Ils s'y reconnaissent et se l'approprient. L'idée que la fonction ne doit pas nécessairement s'accompagner d'une rémunération importante est acceptée comme quasi valorisante. Jean-Pierre Royer en donne plusieurs exemples : celui d'un Garde des sceaux expliquant devant la Chambre des pairs en

1838 que « ce n'est pas dans les personnes privées de tout moyen de fortune que le choix des magistrats doit être fait » ; celui d'un procureur général qui, bannissant toute hypocrisie pour fixer des objectifs clairs, déclare en 1847 : « Les magistrats ont évidemment à maintenir l'ordre en maintenant les droits. » Les juges sont d'autant plus déterminés à défendre les propriétaires qu'ils se sentent en permanence agressés par l'instabilité politique et les désordres dont le pays est le théâtre. Ils en viennent à se considérer comme les derniers défenseurs d'une civilisation assiégée : « Au milieu des ruines que les révolutions ont semées autour de nous, la magistrature est restée debout, défendant le sanctuaire contre l'invasion des lâches, des mauvaises passions et des sophismes. »

LA FIN DE L'IMPUNITÉ DU CHEF D'ENTREPRISE

Au XXe siècle, les perspectives évoluent. Les juges répugnent à jouer ce rôle d'agents inféodés au pouvoir, dans lequel certains voudraient les confiner. C'est un mouvement en trois temps qui se dessine.

Se développe d'abord un discours faisant de la magistrature un véritable métier. Le juge n'est plus considéré comme un notable qui défend les intérêts de sa classe, mais comme un professionnel du droit, fondé à exiger de son activité une rémunération suffisante, à la fois pour lui assurer une existence conforme à son statut et pour garantir son indépendance contre toutes les formes de pression. À partir de là, il s'estime plus ou moins lié par l'évolution des idéologies, donc au service des principes de justice et de progrès social que réclame la société. Les associations qui désormais regroupent les magistrats se reconnaissent une double fonction : d'une part, défendre les intérêts de leurs membres et, d'autre part, se mettre à l'écoute des attentes du corps social. Parallèlement au développement d'une revendication corporative se fait jour la conviction d'un rôle à jouer pour une plus grande justice sociale au service des faibles contre les puissants. D'ailleurs, il s'agit là d'un mouvement général de la fonction publique qui ne s'accepte plus comme une institution au service de l'ordre établi. Un nouveau discours domine dorénavant, dont nombre d'éléments se retrouvent dans les enseignements délivrés à partir des années 1960, tant dans les facultés de droit qu'au sein des établissements d'enseignement supérieur chargés de préparer à l'administration active.

Dans une deuxième phase, approximativement à partir des années 1970, le juge se met en devoir de contester l'impunité dont bénéficiaient jusqu'alors les chefs d'entreprise. Au grand scandale des civilistes classiques, apparaît la conviction chez beaucoup qu'il est dans la vocation du droit de rééquilibrer les relations entre patrons et salariés. Dans la mesure où le rapport des forces est en faveur du chef d'entreprise, il appartient au droit, donc au juge, d'avantager le salarié, de le protéger en cas de sanctions abusives, d'accorder des indemnités dans l'hypothèse d'un licenciement rendu nécessaire par l'accumulation des déficits, etc. Lorsque le droit social paraît insuffisant dans la mesure où il ne saurait déboucher que sur des sanctions financières, c'est le droit pénal qui est appelé à l'aide. Même si son intervention est plus rare, elle revêt un caractère spectaculaire qui correspond au souci de frapper l'opinion publique et de montrer que la répartition des rôles a évolué.

En 1975, la décision du juge Charette de faire incarcérer le patron d'une entreprise chimique dont un salarié était décédé à la suite d'un accident du travail relève de cette logique. Il s'agissait moins de punir un dirigeant d'entreprise particulièrement négligent à l'égard de ses obligations de sécurité que de promouvoir un renversement de la présomption de responsabilité. Le juge pénal prenait ainsi le relais du juge civil qui, dès 1896 et 1897, avait déjà mis une présomption de responsabilité à la charge de l'employeur en cas d'accident du travail lié à l'utilisation d'une machine. Même si la jurisprudence n'a pas totalement accepté l'idée de cette présomption de responsabilité, le projet est clairement d'imposer aux chefs d'entreprise l'obligation de prouver qu'ils ont pris toutes les précautions, qu'ils ont envisagé tous les risques afin de s'en prémunir, quel que puisse être le coût financier pour la société. Le fait qu'après la décision du juge Charrette, la chambre d'accusation de la Cour d'appel se soit réunie avec une promptitude exceptionnelle, un samedi, pour faire libérer le chef d'entreprise est, en l'espèce, présenté moins comme le constat d'un abus de pouvoir de la part du juge que comme une réaction anachronique de la part de magistrats traditionnels, *a priori* plutôt favorables aux possédants. D'ailleurs le cinéma – ainsi du film *Le Shérif* d'Yves Boisset – s'est mis au service de cette cause pour populariser l'image du juge au service des opprimés.

À partir de là, une fois admis que l'impunité du chef d'entreprise ne constitue pas une donnée et que sa responsabilité personnelle peut être assez facilement engagée, et même parfois présumée, d'autres incriminations, moins dramatiques que celles liées au décès accidentel d'un salarié, se sont fait jour en cas d'escroquerie, d'abus de confiance, voire d'abus de biens sociaux. Il est symptomatique de voir comment cette dernière incrimination, qui remonte à 1935, a été récupérée par la jurisprudence à cause des facilités d'utilisation qu'elle présente. À la limite, il n'est pas nécessaire de prouver que les faits reprochés ont compromis les intérêts de l'entreprise, ni que celui qui a pris la décision en ait tiré un profit personnel. À s'en tenir à une jurisprudence de 1992, il est vrai atténuée en 1996, toute dépense effectuée dans un but illicite peut être qualifiée d'abus de biens sociaux. Poussant plus loin le champ d'application de l'incrimination, un arrêt de 1997 estime que le seul fait qu'une dépense, par son irrégularité, porte atteinte au crédit ou à la réputation d'une entreprise suffit pour qu'elle soit considérée comme abus de bien sociaux.

Enfin et surtout, dès 1967, la Cour de cassation a décidé que le délai de prescription devait courir, non pas à compter de la date où les faits se sont produits, mais à partir du moment où ils ont été découverts. Un tel mode de calcul mettait à la charge des chefs d'entreprise une responsabilité susceptible d'être invoquée très longtemps après les faits. Un revirement jurisprudentiel a conduit, en 2001, à décider que le délai devait être pris en compte désormais à la date de la présentation « des comptes annuels par lesquels les dépenses litigieuses sont mises à la charge de la société ». Le juge ne prévoit d'exception que dans le cas où cette présentation comporterait une « dissimulation » destinée à éviter que l'abus n'apparût. À l'inverse, et pour autant que la présentation des comptes soit effectuée de façon régulière, le fait que l'abus ne puisse être décelé à leur seule lecture, mais aurait par exemple exigé un audit supplémentaire, n'empêche pas le délai de courir.

DE QUELQUES INTERFÉRENCES AVEC LA CLASSE POLITIQUE

C'est dans ces conditions qu'au cours d'une troisième phase, la responsabilité s'est étendue du chef d'entreprise à la classe politique. L'on n'a certes pas attendu la fin du XXe siècle pour voir la justice confrontée à des affaires politico-financières. Dès 1887, le scandale dans lequel s'est trouvé impliqué le président Grévy, puis celui de Panama en 1892, pour s'en tenir aux dénonciations les plus importantes, ont démontré que des techniques de corruption pouvaient également se traduire par des poursuite judiciaires. Pour l'entre-deux-guerres, les affaires Haneau et

Oustric en 1929, puis Stavisky en 1934, ont contribué à donner le sentiment d'une classe politique livrée à la concussion. Ce sont ensuite sous la IVe République le trafic des piastres en pleine guerre d'Indochine, puis sous la Ve celui de la Garantie foncière (1971), même si cette brève énumération comporte une forte part d'arbitraire.

À partir des années 1990, le rythme des affaires s'accélère, d'abord en raison d'un contexte politique-économique qui s'y prête, mais surtout parce que la justice semble plus déterminée à s'y attaquer. C'est, pour citer quelques exemples saillants, la mise en examen en 1995 de Pierre Suard, ancien président d'Alcatel Alsthom pour surfacturation de France Télécom, puis en 1998 de Jean-Yves Haberer, ancien président du Crédit lyonnais. Nombre de personnalités sont mises en cause à la suite de l'affaire Urba, lorsque des documents synthétiques révèlent le système instauré dans le cadre du parti socialiste pour faire financer les campagnes électorales par les bénéficiaires de marchés publics. Dans cette dernière affaire, c'est le souci de centraliser les versements, décision présentée par certains comme relevant d'un souci de contrôle et de transparence, qui, paradoxalement, va faciliter le travail des enquêteurs, voire le rendre possible.

Les spécialistes des problèmes de corruption soulignent l'apparition de deux éléments nouveaux. Le premier tient à l'usage de l'incrimination d'abus de biens sociaux comme moyen de poursuivre des hommes politiques qui pouvaient se croire protégés par l'ancienneté des pratiques qu'ils avaient instaurées, voire simplement tolérées. Lorsqu'une entreprise s'assure la bienveillance d'un membre du personnel politique par des versements financiers, il est rare que la justice en soit avertie immédiatement. Sur le moment, les services réciproques rendus, ou simplement l'espoir que les contreparties ne tarderont pas, suffisent à dissuader de dénoncer les pressions que l'on a subies ou les cadeaux que l'on a consentis. En revanche, plusieurs années plus tard, lorsque les liens se sont distendus et que des déceptions se font fait jour, parfois aussi parce que l'entreprise connaît des difficultés financières, la police se trouve en situation d'inciter ceux qui font l'objet d'une enquête à alléger leur culpabilité en mettant en cause des responsables hauts placés. Les dénonciations se sont ainsi multipliées et nombre de pratiques que l'on croyait oubliées apparurent au grand jour. C'est ici que le point de départ tardif de la prescription en matière d'abus de biens sociaux a trouvé toute son utilité.

S'y ajoute une particulière vigilance à l'égard du personnel politique.

15

Une analyse bienveillante l'attribuera à la vieille conviction que, dans le domaine politique, le fait d'être l'objet de soupçons constitue déjà une sorte de faute, ce qu'exprime la formule bi-millénaire de la femme de César qui ne doit pas être soupçonnée, sauf à risquer la répudiation, sans compter que, s'agissant de l'intérêt et de l'argent des contribuables, aucune indélicatesse ne saurait être acceptée. Une vision plus cynique conduira à déceler chez les juges une tendance ambiguë à rechercher des coupables au niveau le plus élevé pour se valoriser d'une façon ou d'une autre.

Les mauvais coups qui caractérisent habituellement la vie politique sont plus appuyés encore lorsque font irruption des personnalités qui prétendent représenter la société civile. Aux yeux de beaucoup, c'est ce qui contribue à expliquer la rapidité de l'échec de Bernard Tapie, chef d'entreprise audacieux, fondant sa réussite sur le rachat d'entreprises en difficulté qu'il se montrait plus soucieux de démanteler que de sortir de l'ornière. Par la suite, il attribuera sa chute moins à des montages financiers discutables dans des opérations de rachat, ou à des pratiques hétérodoxes dans sa direction d'une équipe sportive, qu'au fait d'avoir cru pouvoir s'imposer sur le terrain politique, entraînant une réaction de rejet de la part de tous ceux que son score aux élections européennes et ses ambitions à Marseille dérangeaient.

Dans ce processus, le rôle des médias ne doit pas être minimisé. Ils accompagnent et encouragent les personnes en charge des enquêtes à pousser leurs investigations le plus loin possible, les incitant à trouver des coupables au niveau le plus élevé, voire jusqu'au sommet de l'État. Ils acceptent d'être utilisés par le policier ou le juge pour relayer certaines indiscrétions dans le cadre des procédures d'instruction en cours. L'inspecteur ou le magistrat en charge d'un dossier qui craint que sa hiérarchie ne l'incite à la prudence, voire au classement, trouve dans des informations soigneusement distillées le moyen d'en appeler à l'opinion publique et de rendre irréversible l'effort de recherche des responsables. À partir du moment où la presse s'est saisie de l'affaire, ni le ministère de l'Intérieur, ni le parquet, ni la chancellerie ne peuvent plus l'étouffer. Ce qui pouvait apparaître à l'origine comme un moyen habile d'éviter qu'un délit demeure impuni débouche sur la mise en place d'intérêts croisés d'une complexité telle que l'on ne sait plus qui instrumentalise qui.

Le juge rend service à certains organes de presse en leur fournissant des renseignements confidentiels, les médias rendent le juge intouchable en le présentant comme un moderne justicier. À l'occasion, le lien se brise, soit que le juge mette fin à ses informations, soit que les journalistes interrompent leur campagne de dénonciation. Dans les deux cas, le public soupçonne la fin d'une connivence. Si la réputation de la classe politique, comme celle des chefs d'entreprise, en souffre nécessairement, l'image de la justice n'en sort pas pour autant grandie.

ÉTAT DE L'OPINION

Les instituts de sondage se sont penchés sur les réactions des Français à l'égard de cette responsabilité que les juges font peser sur les chefs d'entreprise et sur la classe politique. Au premier abord, ils paraissent favorables à cette nouvelle dimension de la vocation des tribunaux. Au terme d'une enquête SOFRES réalisée en septembre 1994, publiée dans *L'État de l'opinion 1995* (p. 223), et portant sur la multiplication des affaires « mettant en cause des personnalités politiques et des chefs d'entreprise », 54 pour cent des Français ont le sentiment que « les juges font normalement leur travail » contre 30 pour cent qui considèrent qu'ils « ont tendance à s'acharner sur ces personnalités ». Une analyse plus fine de ces résultats introduit une variable intéressante dans la mesure où c'est à droite que la confiance dans les juges paraît la plus marquée (58 pour cent parmi les partisans de l'UDF et 57 pour cent parmi ceux du RPR), tandis qu'à gauche une certaine défiance se fait jour (52 pour cent parmi les communistes et 53 pour cent parmi les socialistes seulement trouvent que les juges font normalement leur travail).

On pourrait s'étonner d'une telle réaction à gauche, dans la mesure où c'est sous l'influence de magistrats issus de cette tendance que l'attitude de rigueur à l'égard des notables est apparue. Il faut se replacer dans l'ambiance de l'époque où le sondage a été effectué : l'affaire Urba bat son plein et la gauche se sent persécutée. Cela reflète un état d'esprit assez classique : on se montre d'autant plus favorable aux juges que l'on s'estime à l'abri, d'autant plus hostile que l'on craint de faire l'objet de persécution. De fait, dans le sondage de 1994, ce sont les écologistes et les partisans du Front national qui se montrent les plus confiants vis-à-vis de la magistrature dans la mesure où, encore forts éloignés des affaires, ils imaginent n'avoir pas grand-chose à en craindre.

Un autre sondage effectué en 1996 par le journal *L'Entreprise* auprès d'un échantillon de 300 patrons, repris par *L'État de l'opinion 1997* (p. 225-26), donne des renseignements sur l'état d'esprit de ceux que leurs fonctions placent en première ligne face à la volonté de certains juges de ne pas se laisser arrêter par des considérations sociales. À la question portant sur l'attitude des magistrats « à l'égard des chefs d'entreprise mis en examen », 50 pour cent des personnes composant l'échantillon considèrent que « les juges agissent normalement », contre 43 pour cent qui les accusent d'avoir « tendance à faire du zèle ». Il est vrai qu'ici aussi l'appartenance partisane a son influence, selon la même ligne de fracture qu'en 1994 au sein de l'opinion publique, puisque, parmi les patrons se disant proches du parti socialiste, 51 pour cent estiment que les magistrats font du zèle.

Par ailleurs, s'agissant de déterminer si « la mise en examen de nombreux chefs d'entreprise depuis cinq ans a modifié le comportement des chefs d'entreprise », 56 pour cent répondent plutôt négativement contre 35 pour cent plutôt positivement. Cette réponse, qui va à l'encontre de la conviction de nombre de magistrats se targuant d'avoir contribué à modifier les comportements, est atténuée par l'analyse des réactions en fonction de la taille de l'entreprise. Si les patrons de petites et moyennes entreprises de moins de 50 salariés considèrent, à 59 pour cent, que les comportements ont été *peu* ou *pas du tout* modifiés, en revanche les chefs d'entreprise de plus de 500 salariés soutiennent pour 73 pour cent que les comportements ont été *beaucoup* ou *assez* modifiés.

Plus délicate pouvait paraître la question posée aux chefs d'entreprise pour savoir si eux-mêmes se croyaient exposés à une mise en examen. Chacun peut interpréter à sa guise le fait que 82 pour cent se jugent à l'abri contre quinze qui pensent qu'il y a un risque, ce dernier chiffre paraissant à la fois modeste et important. L'on se bornera à souligner que ce sont les chefs d'entreprise du BTP et des services qui se sentent les plus exposés : respectivement 19 et 18 pour cent.

VERS UNE NOUVELLE ACCEPTION DE LA PRÉSOMPTION DE RESPONSABILITÉ

Les sociétés développées réagissent comme si elles étaient parfois tentées de revenir à des formes primitives de responsabilité. L'opinion semble avoir de plus en plus de peine à accepter qu'un dommage ou un malheur soit imputé à la fatalité, ce qui conduit à se scandaliser de la formule : « C'est la faute à pas de chance. » Il faut trouver un responsable, et même de préférence un coupable. Il ne s'agit plus seulement d'un problème d'indemnisation comme on pouvait le soutenir au milieu du XXᵉ siècle, une façon d'impliquer les assurances sans que celui auquel les faits étaient approximativement imputés n'en subisse directement les conséquences. Désormais, la victime et ses proches ne s'estiment satisfaits qu'après avoir obtenu des condamnations pénales, de préférence frappant des personnalités situées au niveau le plus élevé. Ni l'oubli, ni le pardon, ni le « travail de deuil », ne sauraient être atteints tant que la justice n'a pas débusqué un coupable et que celui-ci, dûment stigmatisé et de préférence repentant, ne se fût vu infligé une peine exemplaire, à la mesure moins de la faute commise que du préjudice subi.

Renouant avec les réactions de certaines tribus primitives au sein desquelles la survenance d'un malheur devait immédiatement déclencher un processus collectif visant à la détermination d'un responsable et à son éviction du groupe, les sociétés post-industrielles recherchent des responsables de façon apparemment aléatoire. En fait, c'est l'occasion pour le groupe d'exprimer ses amertumes. Au XXᵉ siècle, il ne s'agit plus d'imputer les malheurs collectifs aux marginaux ou aux sorciers, vivant à la lisière du village ou de la tribu, et qui constituaient des boucs émissaires tout désignés dans les sociétés dites primitives. Il convient désormais de s'en prendre à ceux que des privilèges réels ou supposés rendent impopulaires, aux chefs d'entreprise, aux fonctionnaires d'autorité, aux leaders politiques. Il est par conséquent trop facile de dénoncer l'attitude de certains juges, de leur reprocher d'inculper les notables un peu hâtivement, voire avec un plaisir mal dissimulé. Ils ne font que refléter et que relayer des attentes collectives.

En même temps, le vent est peut-être en train de tourner. L'épilogue judiciaire de quelques affaires récentes, telle celle des responsabilités politiques liées aux décès imputables aux transfusions de sang contaminé, telles encore les accusations de trafic d'influence pour ce qui est du contrat de vente de frégates à Taïwan, tendent à donner à penser que l'on en est arrivé dans ce domaine à un certain point extrême et qu'un revirement n'est pas exclu. De ce point de vue, les conditions dans lesquelles le législateur a, par une loi du 10 juillet 2000, modifié les conditions de mise en œuvre de l'article 121-3 du code pénal sur la faute d'imprudence sont révélatrices des craintes et des hésitations des dirigeants politiques confrontés à un sentiment d'accroissement incontrôlé de leur responsabilité. L'argument brandi à l'époque a consisté à dénoncer le risque de voir, à la veille des élections municipales de 2001, les élus locaux, surtout les maires des petites communes, renoncer massivement à leur mandat pour éviter de s'exposer à des condamnations absurdes compte tenu de la modestie des moyens techniques et financiers mis à leur disposition, pour se prémunir contre le risque d'engager involontairement leur responsabilité.

Les termes figurant dans les troisième et quatrième alinéas de cet article 121-3 sont ostensiblement destinés à faire obstacle à la tentation à laquelle sont soumis les magistrats en vue d'étendre les cas de condamnation pour faute d'imprudence : le législateur se réfère à la notion de « diligences normales, compte tenu [...] du pouvoir et des moyens » dont disposait l'individu en cause pour lui permettre de se libérer des conséquences d'une éventuelle imprudence ; en outre, il exige un rapport de causalité *directe* entre l'imprudence simple et le dommage ; enfin, il conditionne l'imprudence grave soit à une « violation manifestement délibérée d'une obligation particulière de prudence ou de sécurité prévue par la loi ou le règlement », soit de la part des personnes poursuivies à une « faute caractérisée *et* qui exposait autrui à un risque d'une particulière gravité qu'elles ne pouvaient ignorer ». La doctrine a naturellement souligné les difficultés de mise en œuvre de cette accumulation de précautions, aggravée ou améliorée – comme on veut – au cours du processus d'élaboration du texte, par exemple en ajoutant la conjonction « et » qui ne figurait pas dans le texte initial entre l'appel à la notion de faute caractérisée et le fait d'exposer autrui à un risque grave.

L'on a également noté que si, au cours des débats, les parlementaires avaient fermement manifesté leur volonté de venir en aide aux élus locaux et aux petits fonctionnaires – considérés *a priori* comme dévoués et abusivement poursuivis –, ils n'entendaient protéger ni les chefs d'entreprise mis en examen à la suite d'un accident du travail, ni les conducteurs de véhicules impliqués dans des accidents de la route. Puisque la loi ne peut introduire de distinctions entre ceux qui sont poursuivis au titre de la faute d'imprudence, en fonction des origines sociales ou des activités professionnelles, beaucoup attendent des tribunaux qu'ils adaptent leur jurisprudence en fonction des intentions avouées par le législateur. Il y aurait là une nouvelle mission confiée au juge, invité à mettre en application avec clairvoyance les conditions empilées par le code pénal, de façon à exempter les responsables méritants mais à continuer de poursuivre sans pitié ceux que la société leur désigne comme chargés d'une présomption de culpabilité. Pour reprendre le titre du présent ouvrage, tous sont responsables mais certains sont plus responsables que les autres.

Bibliographie

BIDEGARRAY Ch. et EMERI Cl., *La Responsabilité politique*, Paris, Dalloz, 1998.

BODIGUEL J.-L., *Les Magistrats, un corps sans âme ?*, Paris, Presses universitaires de France, 1991.

BRIQUET J.-L. et GARRAUD Ph. (dir.), *Juger la politique : entreprises et entrepreneurs critiques de la politique*, Rennes, Presses universitaires de Rennes, 2001.

CAM P., « Juges rouges et droit du travail », *Actes de la recherche en sciences sociales*, n° 19, 1978, p. 2-25.

CHABANNES J., *Les Scandales de la IIIe République, de Panama à Stavisky*, Paris, Perrin, 1972.

CONTE Ph. *et al.*, *Le Risque pénal dans l'entreprise*, Paris, LITEC, 2003.

CUENOD J.-N., *Échec aux juges ! L'affaire Crédit lyonnais*, Paris, Éd. Du Rocher, 1999.

ETCHEGOYEN A., *Le Temps des responsables*, Paris, Julliard, 1993.

FARCY J.-Cl., *L'Histoire de la justice française de la Révolution à nos jours*, Paris, Presses universitaires de France, 2001.

GARAPON A. *Le Gardien des promesses : le juge et la démocratie*, Paris, O. Jacob, 1996.

GARAPON A., SALAS D. (dir.), *La Justice et le Mal*, Paris, O. Jacob, 1997.

GATTAY Y. et SIMONNOT P., *Mitterrand et les patrons 1981-1986*, Paris, Fayard, 1999.

JACOB R., *Images de la justice : essai sur l'iconographie judiciaire du Moyen Âge à l'âge classique*, Paris, Le Léopard d'or, 1994.

LASCOUMES P., *Élites irrégulières. Essai sur la délinquance d'affaires*, Paris, Gallimard 1997.

LASCOUMES P., *Les Affaires ou l'art de l'ombre. Les délinquances économiques et financières et leur contrôle*, Paris, Le Centurion, 1986.

MÉNY Y., *La Corruption de la République*, Paris, Fayard, 1992.

PUJAS V., « Les scandales politiques en France, en Italie et en Espagne : construction, usages et conflits de légitimité », thèse, Institut universitaire de Florence, 1999.

ROBERT D., *La Justice ou le Chaos*, Paris, Stock, 1996.

ROUSSEL V., *Affaires de juges. Les magistrats dans les scandales politiques en France*, Paris, Éd. La Découverte, 2002.

ROYER J.-P., *Histoire de la justice en France*, Paris, Presses universitaires de France, 2001, 3e éd.

ROYER J.-P., MARTINAGE R., LECOCQ P., *Juges et notables au XIXe siècle*, Paris, Presses universitaires de France, 1983.

SALAS D., *La Justice, une révolution démocratique*, Paris, Desclée de Brouwer, 2001.

SOULEZ LARIVIÈRE D. et DALLE H. (dir.), *Notre justice : le livre vérité de la justice française*, Paris, Laffont, 2002.

SUEUR J.-J. (dir.), *Juger les politiques : nouvelles réflexions sur la responsabilité des dirigeants publics*, Paris, L'Harmattan, 2001.

TOZZI P., « Le scandale politique-financier : éléments d'analyse », thèse, Université Montesquieu-Bordeaux IV, 2002.

VICHNIEVSKY L. et FOLLOROU J., *Sans instructions*, Paris, Stock, 2002.

ZEMMOUR E., *Le Coup d'État des juges*, Paris, Grasset, 1997.

Petite histoire de poursuites contre les auditeurs légaux : des indices d'une responsabilisation croissante

Michèle SABOLY

Les mises en cause d'auditeurs légaux[1] ne sont pas les aspects les plus médiatiques des « affaires » financières françaises. Elles attirent pourtant l'attention de la communauté comptable et financière, que ce soit en raison de la renommée des acteurs poursuivis (Crédit lyonnais, Vivendi Universal), des motifs et des condamnations (affaire Pallas Stern) ou encore de la convergence de vues entre instance judiciaire et COB[2]. Dans l'exercice de sa mission, le commissaire aux comptes s'expose à trois natures de responsabilité : civile, pénale et disciplinaire. La mise en cause de sa responsabilité pénale intervient directement en tant qu'auteur d'infractions relatives aux conditions d'exercice de sa

---

1. En France, l'audit légal des comptes de sociétés de capitaux est mené par le commissaire aux comptes.
2. L'arrêt de la Cour d'appel de Paris du 7 mars 2000 a approuvé la COB d'avoir condamné des commissaires aux comptes du cabinet KPMG qui avaient certifié sans réserves les comptes d'une société cotée. Rappelons que l'autorité de marché n'a pas de pouvoir de sanction sur les commissaires aux comptes qui relèvent du pouvoir disciplinaire de la CNCC.

mission (non-respect des incompatibilités par exemple), ou au but de la mission (non-révélation des faits délictueux, délit d'information mensongère)[1]. Elle peut surtout l'être à l'occasion d'une recherche de complicité dans les infractions relevées contre les dirigeants des sociétés contrôlées (présentation de bilan ne donnant pas une « image fidèle », distribution de dividendes fictifs, abus de biens sociaux). La responsabilité civile du commissaire aux comptes peut être invoquée si trois conditions sont réunies : une faute civile dans l'exercice de sa mission, un préjudice et un lien de causalité. Elle suppose une défaillance spécifique du contrôle ou un manquement à certaines obligations, par exemple dans le cas du non-déclenchement d'une procédure d'alerte ou encore lorsqu'un repreneur ou un acheteur est déçu par les performances d'une société acquise. Toutes ces occasions de mise en cause sont des indices de l'extension des missions et du champ de responsabilité des commissaires aux comptes (alerte, contrôle de la transparence dans le cadre des « Nouvelles régulations économiques »).

Depuis le début de la seconde moitié du XIXe siècle, ceux qui sont chargés de vérifier les comptes des sociétés ont vu leur responsabilité ne cesser de s'alourdir. Mais lors de l'émergence de cette profession, on était très loin d'associer audit des comptes et responsabilité. Il est vrai que le pouvoir, la compétence et la rémunération de ces auditeurs étaient très limités, voire inexistants. Le développement du marché financier va assigner une responsabilité de plus en plus grande à l'information comptable et financière en tant que vecteur de réduction de l'asymétrie informationnelle entre investisseurs et dirigeants. La responsabilisation des commissaires aux comptes, ultimes garants de la qualité de cette information, ira de pair. Un survol historique de l'évolution des 140 dernières années en témoignera. Au-delà des textes majeurs, les décisions de justice relatives à des mises en cause et des poursuites contre les auditeurs légaux serviront d'indices pour révéler cette tendance[2].

---

1. Vernhes M.-L., 1995, « Le commissaire aux comptes et le droit pénal », thèse de doctorat en droit, Université des sciences sociales de Toulouse.
2. Les décisions sont examinées à partir des recueils de *Jurisprudence générale*, Dalloz-Sirey sur les 12 années qui suivent un changement législatif.

LE CONTEXTE D'UNE RESPONSABILITÉ RESTREINTE

Lorsque, de 1856 à 1867, le contrôle des comptes de sociétés entre dans les textes légaux français, le contexte n'est pas très favorable à la mise en place d'un tel contrôle. Aussi, la responsabilité des contrôleurs comme leurs pouvoirs et leur capacité resteront limités.

La genèse de l'audit légal dans les sociétés commerciales

En France, l'audit des comptes n'apparaît dans le secteur privé qu'avec les sociétés par actions. Mais sous l'Ancien Régime, il existe déjà des organisations exigeant le contrôle des comptes « rendus » : elles relèvent des domaines royaux, seigneuriaux ou ecclésiastiques, elles utilisent une comptabilité en *recette et dépense*[1]. Il apparaît ainsi que le contrôle et la responsabilité financière se mettent en place dans un contexte de délégation de pouvoir. Deux niveaux existent en effet dans ces organisations : celui de la tutelle (pouvoir royal, municipalités, clercs…) et celui des directeurs ayant mandat d'exercer la gestion. Un édit de juin 1716 précise les règles à suivre pour la tenue et la reddition des comptes (dans le maniement des finances du roi et des deniers publics). Les contrôles mis en place dans ces organisations au XVIIIᵉ siècle sont maintenant assez bien connus, notamment pour ce qui est des établissements hospitaliers[2]. Le directeur assumant les fonctions de trésorier rend compte de son administration devant des commissaires[3] ou auditeurs des comptes[4] nommés en assemblée générale. Ces derniers sont choisis pour leur compétence en comptabilité, ce sont le plus souvent des gens de justice, qui prêtent serment de « tout savoir et tout examiner ».

---

1. Le plus couramment, la comptabilité *marchande* est en *parties doubles,* la comptabilité du monde de la *finance* de l'Ancien Régime est en « *recette et dépense* ».
2. Voir LACOMBE-SABOLY, 1995, « Comptes et comptables hospitaliers », Journées d'histoire de la comptabilité, AFC, p. 19-35.
3. Ils sont commissaires dans le sens où ils sont titulaires d'une commission, charge temporaire révocable, dont les missions sont définies par une lettre (commission). P. DELSALLE, 1996, *Vocabulaire historique de la France moderne*, Nathan.
4. Le terme et la fonction d'auditeur s'installeront plus rapidement dans le domaine public avec, depuis le XIIᵉ siècle, les maîtres clercs *auditeurs de la Chambre des comptes* qui s'appelleront ainsi jusqu'au Directoire sous lequel ils prendront le titre de « commissaires de la comptabilité ». Par la loi du 16 septembre 1807, cette institution est réorganisée en Cour des comptes.

Leurs vérifications portent essentiellement sur les mandats et les pièces justificatives. L'auditeur est donc au sens étymologique du terme « la personne qui écoute » : après avoir « ouï et vérifié », c'est-à-dire « audité », il fait un rapport, soit devant un bureau de direction, soit devant l'assemblée générale[1]. Si le directeur-trésorier est responsable de sa gestion des fonds sur ses propres deniers, il n'apparaît pas de responsabilité incombant aux auditeurs des comptes, qui d'ailleurs assumaient cette charge à titre gratuit. Sous l'Ancien Régime, on trouve également des commissaires de surveillance des comptes et de la gestion dans les compagnies dotées de privilèges royaux.

C'est en Grande-Bretagne avec les besoins des marchés de capitaux et les lois sur les sociétés, vers 1850-60, que naît véritablement l'audit des comptes des sociétés commerciales[2], comme d'ailleurs se créent les cabinets comptables (fondation du cabinet Deloitte à Londres en 1845) et les premières organisations professionnelles comptables (la première pour les experts-comptables écossais à Glasgow en 1854).

En France, depuis les dernières années du XVIIIᵉ siècle, des innovations s'élaborent dans des domaines non encore encadrés par la loi. De grandes sociétés instituent des commissaires mandatés par l'assemblée des actionnaires[3]. Puis l'usage en est établi dans les sociétés en commandite par actions[4], dans les sociétés à responsabilité limitée[5] et dans les sociétés anonymes qui, jusqu'en 1867, sont soumises à autorisation gouvernementale : le contrôle y est organisé par le ministre du Commerce et exercé par les commissaires de surveillance au moyen de la vérification directe des comptes et opérations. Les lois de 1856, 1863 et 1867 sur les sociétés commerciales contiennent des dispositions relatives au contrôle des comptes. Mais globalement, les idées et les institutions n'y sont pas véritablement favorables, c'est la raison pour laquelle les dispositions de 1867, quoique insuffisantes et critiquées, resteront en place jusqu'au premier tiers du siècle suivant.

---

1. Les pratiques ne sont pas toujours aussi rigoureuses que ne le prévoient les règles écrites comme en témoignent des défaillances et des scandales.
2. La mission d'audit des comptes des sociétés est introduite dans la loi anglaise par l'acte du 14 juillet 1856, art. 48 à 52.
3. Hilaire J., 1986, *Introduction historique au droit commercial*, PUF.
4. La loi de 1856 y institue le contrôle des livres et des valeurs par le conseil de surveillance (art. 8).
5. La loi de 1863 charge « le commissaire » de faire un rapport devant l'assemblée générale sur la situation présentée par les administrateurs.

L'introduction du contrôle légal des comptes des sociétés et son contexte

L'environnement est alors peu propice au contrôle des dirigeants de sociétés pour des raisons tenant à la fois au contexte économique et aux mentalités. D'une part, sous le Second Empire, la révolution industrielle avait besoin de capitaux importants et donc de structures juridiques qui facilitent la collecte de fonds et leur orientation vers les initiatives économiques. La libéralisation du droit français en matière de sociétés de capitaux était nécessaire. La loi du 24 juillet 1867 permit la constitution de sociétés anonymes sans autorisation préalable, ce qui fit de cette forme sociétaire un instrument aisé pour drainer l'épargne vers les entreprises et élargir l'actionnariat. D'autre part, après la défaite de 1870, les milieux d'affaires ont joué un rôle prépondérant dans le redressement économique et financier de la France et dans la restauration de la confiance. Les entrepreneurs, par ailleurs très liés aux hommes de gouvernement et aux parlementaires[1], revendiquaient une totale hostilité au contrôle et une préférence pour le secret des affaires. Les nombreux scandales financiers qui secouèrent la IIIe République, les critiques croissantes contre le texte de 1867 n'aboutirent pas à la mise en place d'un contrôle des comptes plus exigeant.

Parallèlement, l'information comptable et financière joue encore un rôle restreint. Les lois sur les sociétés commerciales ne s'y intéressent guère. Elles ne réglementent ni la présentation des bilans ni les méthodes d'évaluation utilisées, alors qu'elles vont permettre l'essor des sociétés, l'extension de leur actionnariat et donc des besoins d'information. Depuis la mise au point du système comptable à parties doubles au XVe siècle, la comptabilité est essentiellement une technique utile pour la gestion des marchands et des entrepreneurs, qu'ils soient individuels ou en association. Mais, dans ce dernier cas, la participation dans l'activité est en générale forte et active, le nombre d'associés est maîtrisable, aussi chacun d'entre eux a-t-il un accès direct à l'information. De l'ordonnance de 1673 « pour servir de règlement pour le commerce des négociants et marchands tant en gros qu'en détail » se dégagent deux fonctions de la comptabilité, alors dite « tenue de livres » : celle d'ins-

---

1. Le monde de la Bourse, des grandes affaires et de la spéculation est en relation privilégiée avec le monde politique : voir GARRIGUES J., 1997, « Pouvoirs et abus de pouvoir. L'impunité du monde politique dans les premières décennies de la IIIe République », *Pouvoir et gestion*, « Histoire, gestion et organisations », n° 5, PUSST, p. 129.

trument de gestion et notamment de prévention des faillites, et son rôle probatoire bien que borné au règlement des litiges entre commerçants. Ce rôle limité de la comptabilité dans le domaine de l'information sera encore présent dans le code de 1807 ; il perdurera tant que le capital des sociétés ne sera pas effectivement ouvert, tant que ne s'opérera pas nettement la différenciation entre la propriété des entreprises et leur direction. La séparation des fonctions de dirigeant et d'apporteur de capitaux entraîne le besoin d'information des investisseurs et la nécessité de rendre publics les comptes[1] ; en découle donc l'existence de professionnels compétents et responsables qui vérifient les comptes et s'engagent sur leur certification. C'est ce qui s'ébauche imparfaitement en France dans la seconde partie du XIXe siècle.

Un audit légal à responsabilité limitée

La loi du 24 juillet 1867 dessine mollement et sans beaucoup d'audace[2] les contours de la fonction de commissaire aux comptes. Elle ne permet pas convenablement la mise en place de bonnes et saines pratiques : des commissaires sont signalés pour leur ignorance totale des affaires, leur incompétence et souvent aussi pour leur connivence parfaitement étroite avec les directions[3]. Les contrôleurs et leurs contrôles paraissent dès l'origine dépourvus de crédibilité véritable. Des voix s'élèveront pour réclamer que les fonctions de commissaires ne soient confiées qu'à des personnes disposant des connaissances comptables requises et que, par ailleurs, la profession comptable et sa formation soient organisées. Cela n'arrivera que plusieurs décennies plus tard.

Pour l'heure, la fonction est dessinée autour de trois axes : le statut, la mission et les pouvoirs, la responsabilité.

---

1. De façon générale, la séparation propriété/direction entraîne la mutation du système comptable et rend nécessaires les mécanismes de gouvernement d'entreprise.
2. En matière de pouvoirs des commissaires, elle est plus timide que la loi de 1856 : cf. LEMARCHAND Y., 1995, « 1880-1914, l'échec de l'unification des bilans » Comptabilité-Contrôle-Audit, t. 1, vol. 1, p. 18. Le rapporteur de la loi, M. Matthieu, argumente la réduction de la liberté d'examen des comptes par « la crainte qu'elle ne dégénérât en inquisition », *Jurisprudence générale*, Dalloz 1883, I, p. 49.
3. ROUSSEAU J.-L., « La profession comptable libérale en France : histoire et perspectives », mémoire d'expertise-comptable, novembre 2000.

Le ou les commissaires sont des associés ou non, désignés pour un an par l'assemblée générale des actionnaires. Ils sont rééligibles. Il n'y a pas de condition de nationalité, les incompatibilités avec d'autres fonctions sont peu significatives, il n'est pas nécessaire d'avoir des capacités particulières. Notons que dans la pratique leur candidature est proposée par les administrateurs eux-mêmes à l'assemblée générale. Comme l'usage s'est établi que la fonction de commissaire constitue un palier préalable pour accéder à la fonction mieux rémunérée d'administrateur, les commissaires tiennent de fait à être bien considérés par les administrateurs. La loi prévoit seulement que leur rémunération est fixée par le conseil d'administration ; elle est variable selon les sociétés, le travail fourni, les commissaires. Le plus souvent dans les pratiques, elle est dérisoire[1].

La mission consiste en un rapport annuel (dont la forme n'est pas prescrite) devant l'assemblée générale sur la situation de la société, les bilans et les comptes présentés et la distribution des dividendes. Pour la mener à bien, les commissaires ont le droit, pendant le trimestre qui précède l'assemblée, d'examiner au siège les livres et les opérations.

Selon l'article 43 de la loi, leur responsabilité, son étendue et ses effets sont déterminés par les règles générales du mandat[2]. Ils répondent de leur dol et de leur faute et peuvent être poursuivis s'ils ne protestent pas contre des décisions contraires aux statuts. Le délit d'informations mensongères est constitué lorsqu'un commissaire a sciemment donné ou confirmé des informations mensongères sur la situation de la société. Deux situations limitent leur responsabilité : l'invocation de l'insuffisance de moyens et l'absence de rémunération (mandat gratuit). Ce dernier cas étant fréquent, les commissaires peuvent être des bénévoles peu compétents ou des hommes de paille. Le commissaire qui a sciemment donné ou confirmé des informations mensongères sur la situation de l'entreprise est sanctionné par une amende et une peine de prison[3]. Pour le délit relatif à la distribution de dividendes fictifs, les auditeurs légaux peuvent être poursuivis à condition que soient établies la mauvaise foi et l'intention criminelle.

---

1. GAYET C. J., 1936, « Les commissaires aux apports et les commissaires aux comptes dans les sociétés par actions », thèse pour le doctorat de droit, Toulouse, p. 29, p. 42.
2. Leur responsabilité pécuniaire ne résulte que des fautes commises par eux-mêmes dans l'exercice de leur mandat.
3. Une amende de 1000 à 20 000 F, une peine de 1 à 5 ans de prison.

Pas de compétence comptable et financière requise, pas d'indépendance, peu de droits et de moyens pour exercer une mission extrêmement restreinte, tel est le contexte d'une responsabilité limitée par la loi et peu mise en cause devant les tribunaux, lorsqu'est instituée la fonction de commissaire aux comptes.

LES MISES EN CAUSE OU L'EXTENSION DE LA RESPONSABILITÉ DU COMMISSAIRE AUX COMPTES

Pendant cette période de 140 années, la responsabilité des commissaires aux comptes ne va cesser de s'étendre et de s'alourdir. Cela s'opère moins par les textes concernant directement la responsabilité que par ceux concernant les domaines d'intervention et le contenu de la mission légale du commissaire aux comptes. Dans cette évolution, trois phases peuvent être repérées ; elles sont bornées par les premiers textes législatifs sur la fonction : 1867, 1935, 1966. Bien sûr, la prise en compte des textes ultérieurs (1984, 1988, 2001) conduirait à un repositionnement de la périodisation, mais finalement ne ferait que confirmer l'argument de l'aggravation de la responsabilité des auditeurs légaux et de ses facteurs.

Des poursuites rares et des juges indulgents

Si les poursuites engagées par des actionnaires ou des créanciers contre les dirigeants et administrateurs ne sont pas extrêmement fréquentes, celles engagées contre les commissaires aux comptes le sont encore moins[1]. Le but de l'institution de ces contrôleurs des comptes – qui ne sont encore appelés que « commissaires » – est de protéger les actionnaires supposés crédules et à la merci des manœuvres frauduleuses des dirigeants[2]. L'étude des poursuites montre que les arguments avancés par les plaignants déclinent déjà les thèmes de la connaissance et du mensonge. De nos jours, ces thèmes sont encore considérés par les chercheurs comme étant au cœur de la qualité de l'audit et de l'opinion émise par l'auditeur ; cette qualité est définie comme résultant de la

---

1. Par exemple, sur la période 1875-1888, on trouve en moyenne par an 6 à 8 arrêts d'appel ou de cassation concernant les dirigeants et administrateurs. Sur l'ensemble de la même période, trois arrêts portent sur les auditeurs légaux.
2. GAYET, *op. cit.*, p. 10.

capacité de l'auditeur à découvrir une infraction dans le système comptable et de sa capacité à en rendre compte[1]. Mais, dans ces arrêts, on voit surtout confirmée la limitation de la responsabilité des auditeurs légaux.

Dans le cas de la Société des verreries et cristalleries de Gaillac, les commissaires sont poursuivis en 1875 par le syndic de faillite qui leur reproche en vain, ainsi qu'au dirigeant, « d'avoir induit les tiers en erreur sur la solvabilité de la société ». La cour d'appel de Toulouse confirme le premier jugement au motif que « une surveillance plus active de la part des commissaires aurait été sans influence sur l'issue de l'entreprise ». Le syndic persiste et la Cour de cassation rejette son pourvoi en 1878[2].

Dans un autre cas[3], le juge du fond apprécie plus sévèrement la responsabilité du commissaire. Ainsi, dans l'affaire de la Société générale forestière, le commissaire est poursuivi par un actionnaire pour déclaration mensongère. Il est alors condamné à verser des dommages et intérêts par la cour d'appel de Paris en 1880 pour défaut de surveillance et négligence. Il se pourvoit alors en cassation et obtient en 1883 l'annulation des condamnations.

La Cour de cassation est en effet constante dans son indulgence vis-à-vis des commissaires. En 1887, elle rejette un pourvoi formé par deux actionnaires de la Banque de Lyon et de la Loire. Ils avaient poursuivi en 1886 les administrateurs pour escroquerie et abus de confiance, ainsi que les commissaires pour avoir « gardé le silence sur les abus dont les administrateurs s'étaient rendus coupables ». Le juge du fond avait, d'une part, établi que les dirigeants n'avaient été guidés que par le souci de soutenir le cours de bourse des actions, d'autre part que rien ne prouvait que les commissaires avaient eu connaissance de la situation critique de la société et des manœuvres de ses dirigeants[4].

---

1. BÉDARD J., GONTHIER-BESACIER N., RICHARD C., « Quelques voies de recherche en audit », dans *Faire de la recherche en comptabilité financière*, Vuibert-FNEGE, 2001.
2. *Jurisprudence générale*, Dalloz-Sirey, 1879, I, p. 209.
3. *Jurisprudence générale*, Dalloz-Sirey, 1883, p. 385.
4. En revanche, la Cour confirme le jugement condamnant les administrateurs au motif que l'augmentation artificielle des cours due à leurs manœuvres implique nécessairement l'intention de tromper le public. *Jurisprudence générale*, Dalloz-Sirey, 1888, p. 493.

Dans cette période où s'ébauche le contrôle légal des comptes, la jurisprudence rappelle que l'accès à l'information et la compétence sont la base de la capacité à agir, et donc de la responsabilité. Avec une mission et des moyens restreints, l'auditeur légal ne peut bien évidemment pas avoir un champ de responsabilité étendu.

À partir d'une première commission extra-parlementaire constituée en 1883 et durant plusieurs décennies, des projets de loi vont se succéder. Ils visent à établir des garanties de capacité des commissaires aux comptes par une obligation de formation comptable, à construire leur indépendance (par le biais de règles d'incompatibilité et de l'organisation de la profession) et à assurer une rémunération adéquate pour leurs fonctions. Dans les différents projets, la question de leur responsabilité va dans le sens d'une aggravation[1] logiquement liée à l'extension de leur pouvoir de contrôle.

Réforme des dispositions pénales et extension progressive de l'audit légal

La faiblesse principale du dispositif précédent est, on l'a vu, le manque d'indépendance du contrôleur légal. Le décret loi du 8 août 1935 renforce sensiblement le statut et la mission du commissaire aux comptes pour les sociétés faisant appel à l'épargne publique ; il vise à « augmenter les garanties d'indépendance, d'honorabilité et de technicité » du commissaire. Un régime d'incompatibilités professionnelles est en effet établi pour accroître son indépendance. Il lui est désormais interdit de devenir administrateur des sociétés qu'il contrôle dans un délai de cinq ans après l'expiration de son mandat. Ce point est perçu alors comme une nouveauté marquante pour séparer les fonctions de direction et de contrôle ; innovation d'ailleurs parfois mal reçue, on parle de « purgatoire de 5 ans »[2]. Le système d'incompatibilités tient aussi à la parenté, à l'alliance à l'égard des fondateurs, des apporteurs, ainsi qu'au caractère de salarié vis-à-vis d'eux ou de la société elle-même.

---

1. À l'exception d'une proposition de Chastenet en 1906 qui vise à supprimer la responsabilité civile des commissaires aux comptes.
2. Voir « Le droit transitoire des commissaires aux comptes » de G. LAGARDE, « Chronique », *Recueil hebdomadaire*, Dalloz, 1935, n° 37, p. 81.

Les nouvelles dispositions montrent un élargissement sensible du rôle du commissaire. Ses pouvoirs de contrôle et de vérification sont accrus. Le contrôle devient permanent, car le texte prévoit que les vérifications peuvent être désormais opérées à toute époque de l'année[1], voilà la deuxième innovation majeure de ce texte. Les vérifications portent toujours sur les livres comptables, l'inventaire, et, au-delà, sur la « régularité et la sincérité des documents »[2]. Outre son rapport ordinaire, il doit présenter à l'assemblée générale un rapport spécial sur les changements de méthodes comptables (évaluation, présentation). Le texte réforme les dispositions pénales en instituant le secret professionnel et en créant l'obligation de révélation de faits délictueux au procureur de la République[3].

Si la comptabilité n'est alors toujours pas normalisée, en revanche, l'organisation d'une profession comptable est ébauchée en 1927 par la création d'un brevet d'expert-comptable reconnu par l'État (décret du 22 mai)[4]. Mais c'est le décret du 29 juin 1936 qui complète le dispositif en créant l'examen technique de commissaire[5], en organisant la constitution « d'associations de commissaires » agréés auprès de chaque cour d'appel[6] et en instaurant une procédure disciplinaire. Il existe alors un régime dualiste : pour les sociétés faisant appel public à l'épargne, des commissaires agréés, justifiant d'une compétence requise ; pour les autres sociétés, des commissaires non inscrits ne présentent en fait aucune garantie de compétence en matière de contrôle légal des comptes[7].

---

1. Article 32, alinéa 2.
2. Article 32, alinéa 1.
3. Cette innovation est loin d'être positivement perçue par tous. On parle d'obligation « de délation ». VERNHES, *op. cit.*, p. 11.
4. ROUSSEAU, *op. cit.*, p. 53-54.
5. Ce nouveau texte est l'aboutissement de plusieurs tentatives de réformes (projet Daladier de décembre 1928, projet de la commission parlementaire du commerce et de l'industrie de juillet 1930). L'examen préalable à l'inscription sur les listes de commissaires agréés comporte une épreuve de droit et une épreuve de comptabilité. Il est accessible à tous les titulaires du brevet d'expert-comptable. Il faut noter que le jury de l'épreuve est présidé par un *conseiller-maître* à la Cour des comptes (art. 3 du décret de juin 1936), ce qui rappelle avec clarté la naissance de l'audit légal dans le domaine de la comptabilité publique.
6. Ces associations de commissaires agréés préfigurent les actuelles Chambres régionales des commissaires aux comptes.
7. ROUSSEAU, *op. cit.*, p. 11.

Une mission un peu plus vaste et précise, quelques garanties d'indépendance, une profession en cours d'organisation, la législation a quelque peu clarifié ce que les tiers sont en droit d'attendre du contrôleur légal des comptes. La jurisprudence va-t-elle aussi dans le sens d'une plus grande sévérité ? Alors que, dans la période précédente, la mise en jeu de la responsabilité des auditeurs légaux s'effectue sur la base de leur « silence » ou leurs « mensonges », qu'en est-il après la réforme de 1935 ?

De 1936 à 1940, aucune action en responsabilité contre les commissaires n'arrive devant la Cour de cassation, deux d'entre eux y font l'objet de décisions entre 1941 et 1950. Plus généralement, sur la période, on trouve très peu d'arrêts des cours d'appel ou de cassation concernant les dirigeants et administrateurs. Entre 1936 et 1940 donc, aucun arrêt ne s'appuie sur la nouvelle loi de 1935 et ne concerne les auditeurs légaux. Une décision peut toutefois retenir l'attention en portant sur un sujet connexe. La chambre criminelle de la Cour de cassation confirme, le 22 janvier 1937[1], la condamnation d'administrateurs n'ayant pas provisionné des créances « de réalisation difficile et d'échéance lointaine » et ayant de ce fait distribué des dividendes fictifs. La Cour met en avant dans ce cas la notion de « bilan sincère » et exige que le Conseil d'administration explique aux actionnaires les méthodes d'évaluation des différents postes du bilan. Outre la surprenante absence de mise en cause de l'auditeur légal dans cette affaire, on peut aussi remarquer qu'à défaut d'une comptabilité réglementée et normalisée, c'est bien aux tribunaux qu'il revient d'affirmer les principes comptables de prudence et d'exigence de l'information destinée aux actionnaires.

Deux décisions concernent les auditeurs légaux. L'une, en 1943[2], confirme une révocation pour motifs graves d'un commissaire aux comptes n'ayant pas révélé des transactions suspectes de caisse et de devises, transactions opérées par le directeur général. Notons que les actionnaires ont révoqué l'auditeur légal mais n'ont pas intenté d'action en responsabilité. Puis, en 1945, la Cour rejette un pourvoi[3] formé par un dirigeant, condamné auparavant pour distribution de

---

1. *Jurisprudence générale, Recueil périodique et critique*, Dalloz-Sirey, 1937, I, p. 71.
2. Cas « Hôtel des ambassadeurs », *Recueil de jurisprudence*, Dalloz-Sirey, 1945, p. 151-153.
3. Cas D. contre A. et autres, Arrêt de la chambre criminelle de la Cour de cassation du 1er mars 1945, *Recueil* Dalloz-Sirey, 1946, p. 129.

dividendes fictifs et publication de faux bilans, qui cherche à obtenir la condamnation solidaire du commissaire aux comptes. Ce dernier, qui, aux dires des commentateurs, n'a jamais exercé son rôle de vérificateur, n'est pas considéré comme responsable, même au plan civil.

Il semble donc qu'en dépit du durcissement amorcé par la loi, les cours témoignent encore d'une certaine indulgence vis-à-vis du défaut de contrôle effectif des sociétés.

La réforme de 1966 et ses conséquences sur la responsabilité

C'est la loi du 24 juillet 1966 et son décret d'application du 28 mars 1967 qui sont à l'origine, en France, du véritable audit légal moderne. Le professionnel, appelé à partir de là « commissaire aux comptes », doit certifier les comptes dans le cadre d'une mission permanente. Le domaine de son intervention est élargi à d'autres formes juridiques que les sociétés anonymes[1]. Outre la mission générale de contrôle et de certification des comptes annuels, il vérifie la sincérité des informations fournies aux actionnaires ainsi que les conventions réglementées sur lesquelles il présente un rapport spécial. Son statut est clarifié et renforcé par des règles concernant sa nomination, sa possibilité de révocation, et un régime plus étoffé d'incompatibilités.

Cette période diffère de la précédente, non seulement en matière de cadre juridique de l'audit légal, mais aussi parce que la comptabilité a entre-temps été enfin normalisée. Après plusieurs tentatives infructueuses, la France se dote à partir de 1946-47[2] d'un dispositif de normalisation comptable avec les Plans de 1947 et 1957. L'information comptable et financière, matière première sur laquelle s'engage le commissaire aux comptes, est maintenant produite en fonction de règles établies.

Bien que la loi de 1966 contribue à étendre sensiblement la mission de commissaire aux comptes, l'encadrement pénal ne sera pas directement

---

1. Les commissaires aux comptes interviennent désormais obligatoirement dans toutes les sociétés anonymes, qu'elles fassent ou non appel public à l'épargne, dans les sociétés en commandite par actions et les sociétés à responsabilité limitée dont le capital excède 300 000 francs.
2. En 1946, une commission de normalisation comptable est constituée ; elle aboutira au Plan comptable 1947.

modifié. Mais l'affirmation d'un pouvoir permanent de contrôle et l'évolution de son rôle ont des conséquences sur le terrain de la responsabilité de l'auditeur légal. En effet, un premier constat peut être fait, dans les années qui suivent, de la tendance à l'aggravation de sa responsabilité civile. Les actions en responsabilité civile (en dehors des actions en relèvement) ont connu un développement considérable[1]. Trouve-t-on des indices de cette responsabilisation croissante dans les décisions de la Cour de cassation ?

À partir de 1968, le nombre d'arrêts[2] portant sur des problèmes relatifs à des sociétés commerciales (sociétés anonymes ou autres, avec appel à l'épargne publique ou non) s'établit en moyenne entre 15 à 20 par an, ce qui indique une forte croissance par rapport aux années précédentes. Après 1971, la moyenne annuelle s'élève à 25-30. Ces chiffres révèlent des conflits entre actionnaires et dirigeants, soit dans la vie courante des sociétés, soit à l'occasion de leur liquidation. Mais, sur la période, si quelques décisions concernent des commissaires aux comptes[3], aucune ne porte directement sur leur responsabilité ; leur compétence et leur indépendance ne sont pas évoquées dans les affaires. Notons toutefois que dans un cas d'abus de bien social commis par des dirigeants en 1974, la cour d'appel de Douai retient la complicité à la charge du commissaire aux comptes, instigateur de l'opération délictueuse. Si des actions en responsabilité contre des auditeurs légaux se développent, elles ne se traduisent donc pas encore en de longs conflits judiciaires. C'est au début des années 1980 véritablement que vont être rendus des arrêts portant sur la responsabilité de ces derniers, et notamment pénale (délits de faux en écriture, information mensongère, non révélation des faits délictueux, etc.[4]). Les indices manifestes d'une tension autour du thème de la responsabilité des auditeurs légaux se révéleront finalement après la période examinée.

---

1. Couret A., « Synthèse de la jurisprudence récente concernant la révocation et la responsabilité civile des commissaires aux comptes », *Les Petites Affiches*, 9 décembre 1992, n° 148.
2. Arrêts rendus par les cours d'appel et la Cour de cassation ; la période examinée dans cette troisième phase va de 1967 à 1978 inclus, cf. *Jurisprudence*, Dalloz-Sirey.
3. Le cas Distillerie-Sucrerie de Monchy-Humières porte sur une annulation de convention réglementée du fait de l'insuffisance du rapport spécial du commissaire aux comptes (1967 J-234, 1970-S108) ; trois autres cas portent sur les thèmes suivants : nomination, révocation, nature de la créance du commissaire aux comptes.
4. Voir Vernhes, *op. cit.*

CONCLUSION

Les premières étapes de la mise en place du contrôle légal moderne sont assez peu connues, voilà pourquoi elles ont été soumises à examen. Elles montrent que la responsabilisation des commissaires aux comptes s'est effectuée selon un processus lent, parfois chaotique mais inexorable, fondé principalement sur trois textes majeurs. Cette augmentation du niveau de responsabilité a été accompagnée par plusieurs autres évolutions : celle du cadre juridique et économique et, par là, celle des besoins en matière de sécurité financière, celle de la normalisation de la comptabilité et celle de l'organisation des professions comptables. Le contexte de l'accroissement de la responsabilité permet de confirmer que cette dernière suppose que soient clairement définis l'entité-contrôleur, l'objet à contrôler, ses règles de « fabrication », la mission du contrôleur.

La première période examinée se caractérise non pas par une absence totale de contrôle mais par une « apparence de contrôle » qui peut se révéler dangereuse pour les actionnaires dont la vigilance est susceptible d'être endormie par les quelques mesures contenues dans la loi de 1867. Les commissaires apparaissent encore comme les « préposés »[1] des dirigeants. L'indulgence des cours montre clairement que l'heure de la responsabilisation des contrôleurs n'est pas encore venue.

Le décret loi de 1935 a constitué une étape marquante, jetant quelques-unes des bases qui seront consolidées et développées (révélation des faits délictueux, cadre pénal). Mais l'examen des décisions des cours indique que les errements du passé n'ont pas disparu. L'insuffisance et l'obsolescence du texte ont nécessité la grande réforme de 1966 qui, dans les faits, n'a été suivie que tardivement par un développement considérable des actions en responsabilité. Mais finalement, cette éclosion est à rapprocher des profonds bouleversements des marchés financiers au début des années 1980, dérégulation qui a assigné plus de responsabilité à l'information comptable, moyen de réduction de l'asymétrie informationnelle entre investisseurs et dirigeants.

Ce survol historique, appuyé sur la lecture de quelques indices jurisprudentiels, témoigne que les problèmes de la compétence et de l'indépendance de l'auditeur, au cœur des débats actuels, apparaissent déjà dès le début de l'ébauche de la fonction d'audit légal et n'ont cessé

---

1. Selon l'expression de GAYET, *op.cit.*, p. 42.

de se poser depuis, en dépit des tentatives incessantes d'améliorations législatives et réglementaires.

La confiance des investisseurs et du public constitue un des pivots des marchés financiers, et plus généralement du fonctionnement de l'économie de marché. Plus l'auditeur a des responsabilités de niveau élevé, plus les actionnaires et le public ont confiance dans l'opinion qu'il donne. Mais cette attente de qualité et de responsabilité ne pèse-t-elle pas trop lourdement sur les auditeurs légaux ?

Les générations futures et l'éthique des affaires

Ronald JEURISSEN,
Gerard KEIJZERS

RÉSUMÉ

Les entreprises ont-elles un rôle à jouer dans notre responsabilité envers les générations futures ? Jusqu'à présent, l'éthique des affaires a négligé cette question. Cet article se propose de remédier à cet oubli en présentant trois fondements philosophiques possibles de notre responsabilité morale envers les générations futures : la théorie des droits moraux, l'utilitarisme et la théorie de la justice. Afin d'illustrer la complexité des questions soulevées par la responsabilité envers les générations futures, deux exemples de politique environnementale sont analysés. Ces politiques concernent la gestion des sources d'énergies non renouvelables et la gestion des ressources vulnérables de la biodiversité. Les questions éthiques soulevées par ces deux exemples sont en étroite relation avec l'éthique des affaires.

En effet, les générations futures devraient être considérées comme des parties prenantes de l'entreprise à part entière. L'article se termine par un appel à l'institutionnalisation d'une « 3e arène ». Dédiée au débat sur la protection des intérêts des générations futures, cette « 3e arène » viendrait en complément des deux autres arènes que sont le gouvernement et le marché. L'entreprise doit être l'un des acteurs de cette arène et elle doit participer au débat public sur la responsabilité envers les générations futures[1].

INTRODUCTION

Au cours des vingt dernières années, les questions environnementales ont progressivement pris une telle dimension qu'elles se posent désormais de façon récurrente dans la gestion moderne des entreprises. Dans la plupart des pays industrialisés, les efforts considérables du secteur privé ont permis d'améliorer peu à peu les conditions de l'environnement local et régional, et ce avec un certain succès. Grâce à un changement d'attitude face à l'environnement, aux efforts de dépollution et aux politiques de prévention des entreprises, les qualités de l'eau, de l'air et des sols ont été sensiblement améliorées (OCDE, 2001). De manière analogue, le gaspillage des cours d'eau, les conditions de sécurité ainsi que les risques associés aux processus de production sont aujourd'hui mieux gérés. Les premières décennies de politiques environnementales intensives, menées essentiellement dans les pays industrialisés, ont donc permis une amélioration des conditions relatives à la qualité de l'environnement pour les générations présentes. Les questions qui sont désormais à l'ordre du jour dans le secteur privé ne concernent donc pas la qualité actuelle de notre environnement mais bien la préservation du volume de nos ressources naturelles (minéraux, eau, énergie, biodiversité et espaces vierges) pour le bien-être des générations futures (Keijzers, 2000).

Une attention croissante envers les générations futures

La façon dont nous gérons aujourd'hui les ressources naturelles a des conséquences sur le futur proche ainsi que sur le futur lointain. Les taux actuels de consommation des ressources et des énergies non

---

1. Cet article a été publié sous le titre « Future Generations and Business Ethics » dans la revue Business Ethics Quarterley vol 14, 2004, n° 1. Il est publié dans cet ouvrage, en version française, avec la permission de l'éditeur. Les auteurs remercient bien sincèrement George Brenkert, éditeur en chef de Business Ethics Quarterly, pour ses précieux commentaires d'une version antérieure de cet article.

renouvelables, ainsi que la dégradation irréversible de la biodiversité, peuvent porter atteinte de façon très importante aux conditions de vie des générations futures. Le débat scientifique et social actuel sur les implications de telles pertes de ressources démontre que les opinions sur les menaces que ces pertes de richesses font peser sont nombreuses et variées (Lomborg, 2001 ; Ayers *et al.*, 2001 ; Lovejoy, 2002 ; Wilson, 2001 ; 2002). Au niveau international, la prise de conscience du déclin écologique est indéniable : des accords internationaux sur la préservation de la biodiversité et sur la gestion des énergies ont été signés. Lors du sommet mondial sur le développement durable à Johannesburg en 2002, ces thèmes ont été classés parmi les grands défis actuels auxquels la communauté mondiale doit faire face[1]. Au cours de ces dernières décennies, le courant de philosophie morale a abondamment discuté la question de notre responsabilité envers les générations futures (Partridge, 1981 ; Mac Lean, Brown, 1983 ; Howarth, 1992 ; De Shalit, 1995 ; Foster, 1997 ; Visser et Hooft,

---

1. La déclaration politique finale du sommet mondial sur le développement durable (la « Déclaration de Johannesburg ») classe la protection des ressources naturelles de la planète parmi les cinq défis fondamentaux. Voici ce qu'on peut lire dans la déclaration : « La perte de biodiversité se poursuit, l'épuisement des stocks de poissons continue, la désertification menace de plus en plus de terres jusqu'à présent fertiles, les effets hostiles du changement climatique sont déjà visibles, les désastres naturels sont plus fréquents et plus dévastateurs... » (WSSD, 2002). Depuis la publication du rapport du Club de Rome (Meadows, 1972), la prise de conscience internationale sur l'aspect inter-générationnelle de la préservation des ressources n'a cessé de croître. Au début, l'attention se portait essentiellement sur le besoin de répondre aux problèmes de la détérioration de l'environnement. Ensuite, particulièrement après la publication du rapport Brundtland (WCED, 1987), et dans le sillage de la Conférence des Nations Unies sur l'environnement et le développement qui s'est tenue à Rio de Janeiro en 1992, la prise de conscience écologique internationale s'est élargie et inclut la préservation des stocks de ressources minérales, d'énergies, d'eau et de biodiversité. Bien que les risques actuels associés aux pertes potentielles de telles ressources soient scientifiquement mal connus, et malgré la grande variété des perceptions des risques et des attitudes des nations face à ces risques, ces problèmes de préservation sont progressivement devenus un aspect central des politiques environnementales nationales et internationales. Le « principe de précaution », introduit comme principe directeur du projet de politique environnementale lors du sommet de Rio de Janeiro en 1992, est devenu depuis un outil essentiel permettant de gérer les problèmes politiques liés à l'incertitude écologique.

2000)[1]. Toutefois, les théoriciens de l'éthique des affaires ont rarement pris part à ces discussions[2]. Les débats relatifs aux concepts de responsabilité sociale de l'entreprise et d'entrepreneuriat durable ont éludé le thème de la responsabilité envers les générations futures. À la lumière des discussions intenses sur les perspectives d'évolution à long terme de l'humanité, la question de l'existence d'une responsabilité de l'entreprise envers les générations futures, et de ce que devrait être cette responsabilité, retient enfin davantage l'attention de l'éthique des affaires. Nous souhaitons ouvrir une discussion sur ce thème, tout en sachant que cela soulève des problèmes complexes. Par exemple :

- Quelle responsabilité spécifique les entreprises ont-elles envers la préservation des ressources minérales rares ? Les entreprises ont-elles le devoir d'investir dans des processus permettant de s'orienter peu à peu vers des sources d'énergie durables ?

- Comment les entreprises évaluent-elles et contrôlent-elles leurs impacts sur la biodiversité ?

- Les leaders industriels doivent-ils développer de nouvelles techniques et favoriser le développement de processus de production et de produits durables ?

---

1. Une génération future est « une génération telle qu'aucun de ses membres n'a encore été conçu et par conséquent n'existe pas, dans tous les sens du terme, à l'heure actuelle » (De George, 1979, p. 96). La définition d'une « génération future » fait l'objet d'un consensus stable chez les théoriciens. Golding définit les générations futures comme « des générations avec lesquelles les détenteurs d'obligations ne peuvent pas espérer, au sens littéral, vivre en commun » (Golding, 1981, p. 61-62). La définition la plus complète est proposée par De Shalit : « Une génération se compose d'un ensemble de personnes qui ont plus ou moins le même âge et qui vivent à la même période de l'histoire, généralement on considère qu'une génération couvre une trentaine d'années. Les générations futures sont constituées par des personnes qui, par définition, vivront lorsque les contemporains seront morts » (De Shalit, 1995, p. 138, note 1).
2. Une des rares exceptions est Velasquez, 1998 (p. 290-294). Toutefois, Velasquez réduit la responsabilité envers les générations futures à ce qu'on appelle le « principe du camping » : nous devons transmettre à nos successeurs immédiats un monde dans un état qui n'est pas pire que l'état dans lequel nos ancêtres nous l'ont transmis (*ibid.*, p. 292). Cette vision ne parvient pas à prendre en compte des effets environnementaux transgénérationnels de long terme. Dans une analyse automatique de contenu de deux journaux de premier plan en éthique des affaires, *Business Ethics Quarterly* et le *Journal of Business Ethics*, portant sur l'intégralité des numéros publiés (du 1er numéro à celui qui est en cours), nous n'avons trouvé aucun article consacré aux générations futures. L'analyse de contenu a été faite avec la base de données Proquest.

Un nouveau rôle pour l'entreprise privée

Dans notre monde contemporain, où les systèmes économiques sont complexes et interdépendants, les gouvernements ne peuvent pas s'engager efficacement dans des politiques environnementales sans avoir le soutien des entreprises privées. Dans une économie globalisée, les citoyens vigilants semblent attendre des entreprises qu'elles prennent leurs responsabilités et qu'elles soient attentives à la qualité écologique de leur production. Ils souhaitent que ces responsabilités s'étendent dans le temps et dans l'espace. Les entreprises commencent à prendre conscience de leurs propres responsabilités dans la construction d'un mode de développement équilibré au plan économique, social et écologique.

Elles incorporent les innovations dans les produits, les processus de production et les technologies. Ce faisant, elles jouent un rôle important, si ce n'est déterminant, dans la responsabilité qui incombe à l'ensemble de la société de travailler à l'élaboration de conditions de vie durables pour les générations futures. Les entreprises ont ainsi activement participé au sommet de Johannesburg en 2002[1]. Leur attitude à cette occasion contraste fortement avec la position attentiste qu'elles avaient adoptée à la conférence de Rio de Janeiro dix ans auparavant.

Évidemment, les entreprises commencent à reconnaître l'existence de leur responsabilité envers les générations futures (Jeurissen, 2002 ; Keijzers, 2002). Une « nouvelle logique de gestion » émerge, selon laquelle il est de plus en plus courant de considérer que les conditions nécessaires à l'existence d'une activité économique durable sont les conditions d'un développement durable de la société. Cette nouvelle logique repose sur l'idée que toutes nos actions ont des répercussions sur l'environnement, que la vie humaine est biologiquement dépendante d'autres formes de vie et que les êtres humains sont responsables des conséquences de leurs actions (Freeman, Pierce, Dodd, 2000, p. 32).

Le principe de l'égalité entre générations

Dans cet article, nous envisageons la question de la responsabilité de l'entreprise envers les générations futures à partir de trois perspectives

---

1. L'existence même du site Internet du Conseil mondial des entreprises privées pour le développement durable (World Business Council for Sustainable Development www.wbcsd.org), prouve l'engagement croissant du secteur privé dans les problèmes de préservation écologiques et de lutte contre la pauvreté.

43

théoriques : la théorie des droits moraux, l'utilitarisme et la théorie de la justice[1]. Ces trois approches partagent une hypothèse commune : l'hypothèse d'impartialité, également connue sous le nom de « point de vue moral ». La finalité de l'éthique est d'arriver à persuader les gens d'agir au-delà de leurs intérêts particuliers, en fonction d'un point de vue universel dans lequel les intérêts de tous sont pris en compte de façon équivalente (Velasquez, 1992, p. 13). D'un point de vue moral, il est évident (*prima facie*) que les intérêts des générations futures devraient également être pris en compte. Les gens sont redevables d'une préoccupation éthique, quelle que soit leur date de naissance (Howarth, 1992, p. 134). En conséquence, nous allons envisager la question de la responsabilité de l'entreprise envers les générations futures à partir du *principe d'égalité inter-générationnelle* (*principle of generational equality*). Selon ce principe, les préoccupations morales ne devraient pas dépendre des générations. À partir de ce principe, nous discuterons : a) la théorie des droits moraux en montrant qu'il est pertinent d'appliquer le concept de droit moral aux générations futures ; b) le raisonnement utilitariste selon lequel les générations futures doivent être prises en compte dans le calcul d'optimisation des générations présentes ; c) la théorie de la justice qui affirme que chaque génération doit constituer une épargne pour les générations suivantes. Bien sûr, ce principe soulève un grand nombre de critiques. Les objections rencontrées sont essentiellement liées à trois caractéristiques du futur :

- le futur n'existe pas (au moment présent) ;
- prendre en compte le futur signifie changer le futur ;
- notre information sur le futur est limitée.

Le premier problème peut être envisagé comme le problème de « *non-existence* » des générations futures. En termes ontologiques, le futur doit être considéré comme n'étant pas ; il n'est tout simplement pas présent. Cette caractéristique rend tout discours sur les obligations éthiques actuelles envers les générations futures problématique. Le deuxième problème concerne les effets des politiques environnementa-

---

1. Velasquez classe « l'éthique de l'attention aux autres» (« *ethic of care* ») parmi les quatre principes éthiques de l'éthique des affaires (Velasquez, 1998, p. 120-126). Toutefois « l'éthique de l'attention aux autres » ne parvient pas à conceptualiser notre responsabilité envers les générations futures. Selon Velasquez, elle ne concerne que la responsabilité de nos ancêtres directs, avec lesquels nous avons entretenu des relations relativement fortes d'attention et d'intérêt (*ibid.*, p. 292). Il s'ensuit que cette éthique ne peut fournir de fondements théoriques à notre responsabilité envers les générations futures.

les actuelles sur l'identité des prochaines générations. Le fait qu'une société prenne en compte son futur change totalement le cours de son histoire : ce qui arrive ne serait pas arrivé de la même façon si les politiques mises en œuvre n'avaient pas pris en compte le futur. Cela pose le problème de la « *non-identité* ». Le troisième problème concerne l'information que nous avons sur le futur. Le fait que nos connaissances sur le futur soient limitées, et qu'elles soient d'autant plus faibles que le futur considéré est éloigné de nous, restreint notre capacité à parler de façon sensée de nos obligations morales envers les générations futures.

Dans la suite de l'article, nous allons tenir compte de ces objections au principe de l'égalité inter-générationnelle et présenter les arguments théoriques qui leur sont opposables.

La biodiversité et les ressources énergétiques

Afin d'illustrer de façon concrète ces trois théories – théorie des droits moraux, utilitarisme et théorie de la justice –, nous allons présenter deux exemples de politiques gouvernementales néerlandaises. Le premier permet d'envisager la gestion de la biodiversité, le second porte sur la gestion du gaz naturel. Ces deux exemples de politiques mettent en évidence certaines des questions éthiques complexes relatives à la responsabilité envers les générations futures que le secteur privé peut rencontrer. Les questions morales posées par la préservation de la biodiversité sont envisagées à travers la théorie des droits moraux. L'utilitarisme et la théorie de la justice sont illustrés par la politique de gestion du gaz naturel. Nous montrerons que les profils de risques associés à ces deux politiques sont très différents. Cette différence de profils de risques contribue à compliquer davantage le raisonnement moral appliqué à la responsabilité envers les générations futures. En effet, si la dégradation de la biodiversité renvoie surtout au risque potentiellement élevé et relativement mal connu de la poursuite de la vie sur la Terre, la diminution du stock de gaz naturel est un problème mieux maîtrisé car la trajectoire d'épuisement des ressources est plus facile à prédire. La question centrale posée par l'épuisement des stocks de gaz naturel est celle de l'accès par les générations futures à des sources d'énergie. Or, il existe des solutions à ce problème : il est par exemple possible d'envisager que des énergies de substitution renouvelables soient disponibles dans le futur et remplacent les énergies fossiles. L'intensité des risques et le degré d'incertitude affectant l'épuisement des réserves de gaz naturel et la dégradation de la biodiversité sont donc très différents et débouchent sur des débats sociaux d'intensités inégales. Malgré cette différence, ces deux questions appellent un débat scientifique et social sur le thème de nos responsabilités envers les générations futures. C'est pour cette raison que cet article se termine par quelques propositions relatives à des processus adéquats de dialogue social permettant de prendre en compte la complexité morale de notre responsabilité envers les générations futures.

LES DROITS MORAUX DES GÉNÉRATIONS FUTURES

Qu'est-ce qu'une réflexion en termes de droits moraux peut apporter à la compréhension de notre responsabilité envers les générations ? Après avoir présenté la théorie des droits moraux des générations futures, nous testerons les prédictions de cette théorie en nous appuyant sur le cas de la construction d'une nouvelle autoroute (A-73) aux Pays-Bas, construction susceptible de dégrader la biodiversité.

Qu'est-ce ce qui fait de quelque chose un droit moral ? Cette question a été envisagée par Blackstone dans le cadre des droits environnementaux. L'argument de Blackstone se résume au syllogisme pratique suivant :

1. Les gens ont le droit de profiter d'un bien lorsque ce bien est essentiel pour leur permettre de vivre décemment.
2. Un environnement viable est une condition essentielle à une vie décente.
3. En conséquence, les gens ont droit à un environnement viable.

Nous pourrions ajouter à cette proposition la condition selon laquelle le droit des gens à disposer d'un environnement viable ne peut être reconnu que si leur environnement est fortement menacé (Donaldson, 1989).

Le droit à un environnement viable peut-il être étendu aux générations futures ? Si nous envisageons à long terme les problèmes environnementaux prévisibles, nous devons reconnaître que la viabilité de l'environnement des générations futures est sérieusement menacée. Nous pensons par exemple aux conséquences à long terme du réchauffement climatique mondial, aux risques associés à la réduction de la biodiversité, aux dommages résultant de la déforestation, à ceux provoqués par l'érosion, ou encore à la sécheresse. Même si nous ne connaissons pas tous les besoins et toutes les préférences des générations futures, nous pouvons sans grand risque faire l'hypothèse qu'elles voudront et auront besoin d'un certain capital environnemental et naturel comme

« des choses que l'on veut, quoi que l'on veuille par ailleurs » pour reprendre la fameuse définition des droits moraux de J. Rawls (Rawls, 1972, p. 92).

Nous ne connaissons donc pas toutes les préférences et tous les intérêts des générations futures concernant le capital naturel et environnemental qui leur sera nécessaire. En outre, plus nous cherchons à prédire le futur éloigné et plus la vision que nous en avons s'obscurcit. Cependant, et ce point est crucial, nous savons quelque chose. Comme Feinberg le relève : « Bien que le futur des êtres humains soit incertain, cela n'affaiblit pas la portée des exigences qu'ils ont envers nous, étant donné que nous avons à leur égard une quasi-certitude : ils seront, après tout, des êtres humains. » Il compare l'incertitude liée au temps à l'incertitude liée à l'espace. « Nous pouvons parfois deviner à travers l'obscurité que des formes appartiennent à l'espère humaine. Même si nous ne pouvons pas savoir de qui il s'agit ni combien de personnes elles représentent, cette connaissance nous impose un devoir envers elles, par exemple de ne pas lancer de bombes dans leur direction » (Feinberg, 1981, p. 148).

Quand bien même nous ne posséderions qu'une information limitée sur le futur, nous pourrions quand même en tirer des conclusions éthiques importantes quant à notre comportement actuel envers l'environnement. Les générations futures, par exemple, ne seront certainement pas indifférentes à la dégradation de la biodiversité causée par la génération présente. Il est en effet probable que les pertes qualitatives et quantitatives de l'écosystème affectent leurs capacités de production et de reproduction, et donc leur qualité de vie. Bien que les perceptions des risques et des menaces associées à la dégradation de la biodiversité et aux pertes de ressources non renouvelables soient très variables, la communauté internationale a décidé de prendre plus au sérieux ces questions, comme nous l'avons vu dans les sections précédentes. En dépit des difficultés d'évaluation des conséquences de la dégradation de la biodiversité, il est probable que cette dégradation affecte, au moins dans une certaine mesure, les droits environnementaux des générations futures. Qui plus est, il se peut que cela compromette les conditions nécessaires à la vie humaine.

Le problème de la non-existence des générations futures

Toute l'argumentation précédente repose sur la supposition que les générations futures puissent avoir des droits. Une des objections philosophiques possibles à la question des droits des générations futures est liée au problème de leur non-existence. Certains philosophes défendent l'idée que ce qui va exister dans le futur n'a, au moment présent, aucune caractéristique spécifique : le futur n'a pas de couleur, pas de voix, ni de droits. Selon De George, il n'y a rien d'autre à dire à propos des droits des générations futures. De George n'a d'ailleurs absolument pas l'intention de parler de leurs droits car il ne leur en reconnaît aucun : « Par définition, les générations futures n'existent pas. En conséquence, à l'heure actuelle, elles ne peuvent être porteuses de quoi que ce soit, y compris de droits » (De George, 1979, p. 95). Toutefois, De George reconnaît qu'« il y a un certain consensus autour de l'idée que les générations présentes ont des obligations morales envers les générations futures ». Mais les fondements de ces obligations, différentes des droits, restent très implicites dans la pensée de De George. Il compare notre responsabilité envers les générations futures à la responsabilité que des parents peuvent avoir envers les enfants qu'ils prévoient d'avoir. « Les parents qui veulent avoir des enfants tout en sachant qu'eux-mêmes et la société ne pourront pas s'en occuper et que ces enfants vont mourir de faim ne violent aucunement les droits de ces enfants. Par contre, ils contribuent certainement à entretenir la famine et la misère, ce qu'ils auraient pu éviter de faire. » À ce stade de son argumentation, De George transcende lui-même les frontières générationnelles en invoquant un argument utilitariste orienté vers le futur. Ce faisant, il contredit sa thèse selon laquelle les générations futures ne sont porteuses de rien. En effet, si cela était vrai, alors elles ne pourraient pas non plus être porteuses de quoi que ce fût qui pourrait être évité, comme la souffrance. Et, si nous avons des raisons morales pour protéger les générations futures de la souffrance, alors cette même ontologie nous donne aussi de bonnes raisons pour protéger leurs droits.

Feinberg défend l'idée que le problème de la non-existence ne permet pas de décider de l'existence ou non des droits des générations futures. Selon lui, l'élément fondamental qui permet de décider si nous pouvons accorder des droits à quelque chose est l'intérêt : « Les genres d'être vivants qui peuvent avoir des droits sont précisément ceux qui ont (ou peuvent avoir) des intérêts. » Feinberg appelle ce principe le « principe d'intérêt ». Selon Feinberg, le principe d'intérêt s'étend aussi aux générations futures. Bien sûr, nous ne connaissons rien des individus qui vivront après nous, mais nous avons la quasi-certitude que ces individus existeront et qu'ils auront des intérêts. Nos arrière arrière-petits-enfants qui ne sont pas encore nés sont des « personnes potentielles » et les intérêts qu'ils auront sont dès à présent tout à fait pertinents en tant qu'« intérêts potentiels ». C'est ce qui définit les générations futures comme sujets porteurs d'intérêts. « L'identité des propriétaires de ces intérêts est actuellement parfaitement inconnue mais le fait qu'ils soient porteurs d'intérêts est un fait aussi clair que du cristal. Et c'est la seule condition nécessaire à la cohérence d'un discours sur leurs droits » (Feinberg, 1981). L'argument de Feinberg, dont nous n'avons présenté que le cœur, doit être compris *a minima* comme une importante modération de la doctrine du rejet ontologique des droits des générations futures de De George. Ce qui renforce la position de Feinberg au regard de celle de De George, c'est que Feinberg traite d'une manière éthique l'information dont nous disposons sur les personnes qui vivront dans le futur et sur les situations au sein desquelles elles pourront vivre, tandis que De George ignore cette information. L'idée selon laquelle nous devons tenir compte du droit des générations futures rend plus justice au fait que nous disposons d'informations que l'idée selon laquelle ces générations futures, pour des raisons ontologiques, ne peuvent avoir de droits.

L'AUTOROUTE HOLLANDAISE A-73
ET LA BIODIVERSITÉ

Nous allons maintenant essayer d'illustrer la théorie des droits moraux par un exemple concret : le projet de construction d'une nouvelle autoroute dans le sud des Pays-Bas. Cet exemple permet d'envisager les implications possibles de l'existence de droits des générations futures sur les décisions politiques relatives à la préservation des ressources de biodiversité. Il illustre également les relations complexes qui existent entre les politiques nationales et internationales en matière de protection de la biodiversité.

Depuis la fin des années 1960, la province hollandaise de Limburg souhaite qu'une autoroute soit construite le long de la Meuse. Une telle autoroute permettrait à la province d'être reliée à l'axe routier rapide nord-sud : « L'autoroute nationale A-73 sud ». Parce que le potentiel économique de la région est essentiellement situé dans la partie est de la rivière, le gouvernement provincial pense qu'il est plus judicieux de construire l'autoroute à cet endroit. En 1985, le gouvernement hollandais ratifie ce projet. Cependant, les études d'impact environnemental qui ont été réalisées par la suite montrent que la construction de l'autoroute dans la région est de la rivière occasionnerait d'importants dommages aux écosystèmes. En 1995, le gouvernement modifie donc le projet de l'A-73 et décide de construire l'autoroute dans la partie ouest, ce qui présente l'avantage de réduire l'ampleur des dommages environnementaux, mais aussi l'inconvénient d'être économiquement moins attrayant. Finalement, après une session animée, le Parlement adopte à la majorité plus une voix le projet est.

À la suite de ce vote, l'organisation environnementale Das & Boom (« Blaireau et Arbre ») lance une campagne d'information publique contre le projet est. Ce projet violerait des réglementations européennes et plusieurs traités internationaux sur la biodiversité. Le cadre de référence pour la législation et les traités internationaux sur la biodiversité est donné par le traité de Berne sur la protection de la vie sauvage (1979). Ce traité intègre des règlements sur la protection des plantes et des animaux dans leurs habitats naturels en Europe, la directive du Conseil européen sur la conservation des oiseaux sauvages (1979) ainsi que la directive européenne sur les habitats (1992)[1]. Ces directives et traités établissent que la biodiversité doit être protégée aussi bien au niveau des espèces que des individus et des habitats. Les seules atteintes à la biodiversité autorisées sont celles survenant lorsque la santé et la sécurité publiques sont en danger et qu'aucune autre solution n'existe. Le projet de construction de l'autoroute dans la partie est n'est donc pas concerné par le critère d'exception. En 2001, le gouvernement hollandais a cependant re-confirmé le projet est.

La biodiversité et les droits moraux des générations futures

Le droit des générations futures à disposer d'un environnement viable semble justifier fortement la préservation de la biodiversité. Le cas de l'autoroute A-73 montre de façon assez tangible ce que la prise en compte de ce droit peut signifier pour les générations présentes. La bio-

---

1. Au cours des dernières décennies, un corps législatif international large mais plutôt fragile s'est développé pour protéger la biodiversité, et ce en dépit du grand nombre d'incertitudes qui entourent ces problèmes. Le principe de précaution constitue le fondement politique permettant d'éviter que la biodiversité ne subisse des dommages injustifiés même si la définition d'un seuil minimum acceptable permettant de préserver la biodiversité est loin d'être établie. Ce cadre garantit que toutes les nations vont prendre des mesures appropriées pour protéger les ressources de la biodiversité chaque fois qu'elles seront mises en danger par des actions ou des projets privés, d'entreprises ou gouvernementaux. Il établit ainsi un réseau international de sauvegarde de la biodiversité.

diversité est une condition essentielle pour que le droit des générations futures à disposer d'un environnement habitable soit respecté. Même si nous ne savons pas parfaitement comment les générations futures définiront un « environnement viable », nous savons que nous devons respecter certaines marges de tolérance inhérentes à la nature humaine. En dépit des nombreuses incertitudes qui caractérisent la fixation de seuils minimaux acceptables de biodiversité (en quantité et en qualité), l'importance du respect de tels seuils est internationalement reconnue. En dernier ressort, il s'agit de préserver l'existence des systèmes essentiels au développement de la vie (Lee, 1998 ; Wilson, 2002).

Compte tenu de l'incertitude scientifique, il est prudent que la politique sur la biodiversité respecte un principe de précaution (Raffernsperger, 1999). Le principe de précaution énonce que : « En présence de certaines menaces de dommages sérieux ou irréversibles, l'insuffisance des connaissances scientifiques ne doit pas être utilisée comme une raison pour repousser la mise en place de mesures rentables visant à empêcher la dégradation de l'environnement. »[1] Une piste importante ouverte par le principe de précaution consiste à permettre à la génération présente de définir et d'organiser des processus sociaux permettant de respecter les droits moraux des générations futures, en arbitrant au mieux entre les intérêts présents et futurs, étant donné les connaissances et les capacités dont elle dispose.

---

1. Le principe contient les quatre éléments suivants :
   - Il est du devoir de chacun d'essayer d'éviter que des situations dangereuses pour les humains et les éco-systèmes ne se développent, dans le présent et dans le futur. La preuve que les nouvelles technologies sont sans danger potentiel est à la charge de ceux qui proposent ces nouvelles technologies et non à la charge du public.
   - Avant que de nouvelles technologies ne soient introduites, les éléments prouvant qu'il n'y a pas d'autres solutions que de les introduire doivent être présentés. Ces preuves doivent également contenir la description des effets d'une non-introduction des nouvelles technologies.
   - Les décisions relatives à l'implémentation concrète du principe de précaution doivent être publiques, bien documentées, démocratiques et accessibles à toutes les parties intéressées.
   - Le principe de précaution doit être employé de façon pragmatique et permettre des niveaux d'aversion au risque et d'indemnités de risque raisonnables.

Les conséquences pour les entreprises privées

Les entreprises et les autres acteurs économiquement intéressés par le projet de construction de l'A-73 à l'est de la Meuse, ou par des projets ayant des impacts similaires sur la biodiversité, doivent justifier leurs intérêts et les mettre en balance avec les intérêts liés à la préservation de la biodiversité. Les justifications qu'ils fournissent doivent être suffisamment solides pour apporter des arguments en faveur de solutions respectant de façon moins stricte les conditions de préservation de la biodiversité régionale. Ces justifications doivent également être suffisamment fortes pour affronter les critiques internationales potentielles sur l'affaiblissement des normes de protections. Si certains pays pouvaient facilement demander des exemptions sociales et économiques aux règles internationales de protection de la biodiversité, cela inciterait d'autres pays à être eux aussi plus laxistes. Il en résulterait une spirale d'ajustement à la baisse des niveaux de protection, de sorte que ces niveaux ne seraient plus en accord avec les droits moraux des générations futures.

Si les entreprises ont une influence sur les intérêts des générations futures lorsqu'elles poursuivent leurs intérêts commerciaux, comme cela aurait été le cas si l'autoroute A-73 avait été construite dans la partie est, alors ces mêmes entreprises ont des obligations et des responsabilités envers les générations futures. Tout ce qui est économiquement désirable n'est pas forcément moralement acceptable. La société attend des entreprises qu'elles reconnaissent leurs obligations envers les générations futures. Même si ces obligations dépassent le champ strict de la responsabilité de l'entreprise, elles méritent l'attention des dirigeants d'entreprises. En conséquence, une première étape pour la communauté des entreprises serait d'engager un dialogue avec les autres parties prenantes sur la pertinence des questions relatives à la biodiversité soulevées par le projet de l'A-73. Dans quelle mesure la construction de cette autoroute affecte-t-elle les générations futures ? Comment les entreprises envisagent-elles leurs responsabilités dans ce domaine ? Cependant, la communauté des entreprises s'est jusqu'à présent tenue à l'écart d'un tel débat public.

Heureusement, il existe des exemples plus probants. Certaines des plus grandes compagnies pétrolières mondiales, en particulier BP et Shell, ont déjà pris des initiatives afin de contrôler et de réduire leur impact sur la biodiversité, de diminuer de façon drastique leurs émissions de CO_2 et d'investir dans le développement d'énergies renouvelables, et ce en dépit d'un contexte d'incertitude scientifique. Mis à part ces quelques exemples et d'autres initiatives, de nombreuses entreprises dans le monde entier continuent à utiliser l'incertitude scientifique qui entoure les questions environnementales comme un prétexte pour ne rien changer à leurs pratiques. Des exemples passés, tel le problème des CFC dans les années 1980, illustrent bien la tendance des entreprises à attendre qu'une certitude scientifique soit établie pour commencer à agir et cesser de résister aux initiatives du régulateur (Velasquez, 1992, p. 258-267).

Le cas de l'A-73 montre aussi que la volonté de « sauver » la biodiversité peut entrer en conflit avec d'autres types d'investissements prenant la forme de capital et d'épargne. Des investissements effectifs et efficients dans les infrastructures constituent également un type « d'accumulation réelle de capital ». Ils encouragent la croissance économique. Une société a le choix entre plusieurs combinaisons d'investissements pour un futur juste. Ce mélange n'est pas toujours le même, il dépend de la société et de ses valeurs fondamentales. Il n'y a pas une formule unique de société durable. Parce qu'il n'y a pas de méthode idéale pour faire face au problème de la biodiversité, il est possible de trouver des compromis tenant compte, d'une part, des avantages et des inconvénients liés à la biodiversité, d'autre part, de la nécessité de réaliser des investissements de long terme susceptibles de lui être nuisibles.

La théorie des droits moraux n'est toute fois pas bien équipée pour réaliser de telles analyses coûts-bénéfices ni pour prendre en compte différents objectifs sociétaux. Les droits moraux sont généralement définis et perçus comme étant absolus et non négociables. Les droits étant l'expression de normes minimales, d'un point de vue moral, aucun compromis n'est possible (Donaldson, 1989). Étant donné que la mise en balance des avantages et des inconvénients est souvent inévitable, et que le langage du droit ne peut pas en rendre compte, nous allons nous tourner vers des principes moraux qui explicitent les arbitrages entre valeurs et intérêts. Ces principes nous seront fournis par l'utilitarisme et la théorie de la justice.

L'UTILITARISME ET LA RESPONSABILITÉ ENVERS LES GÉNÉRATIONS FUTURES

La morale utilitariste propose un deuxième principe moral permettant de faire l'hypothèse d'une responsabilité morale envers les générations futures. Dans *Les Méthodes de l'éthique*, publié en 1874, Sidgwick énonce déjà que les utilitaristes devraient prendre en compte les intérêts des générations futures : « Il semble [...] clair que l'époque à laquelle un être humain vit ne peut pas affecter la valeur de son bonheur d'un point de vue universel et que les intérêts de la postérité doivent concerner un utilitariste au moins autant que doivent le concerner les intérêts de ces contemporains » (Sidgwick, 1907, p. 414).

Nous avons ici une version utilitariste du principe d'égalité inter-générationnelle. Plusieurs auteurs modernes ont étudié la contribution de l'utilitarisme à la question de la prise en compte des générations futures (De George, 1979 ; Macklin, 1981 ; Wenz, 1983, 2001 ; Goodin, 1985). Macklin avance que nos obligations morales envers les générations futures peuvent reposer sur la norme utilitariste suivante : « Si, parmi un ensemble de solutions qui se présentent à nous, certaines d'entre elles sont plus susceptibles d'avoir des conséquences plus indésirables que d'autres, alors nous devons nous engager dans la réalisation des actions qui sont dans l'ensemble porteuses des meilleures conséquences » (Macklin, 1981, p. 154).

D'après ce principe, nous ne devons pas, par exemple, augmenter la quantité de substances toxiques que nous rejetons dans l'air et dans l'eau si nous pouvons nous attendre à ce que ces émissions provoquent des effets indésirables sur la santé des générations futures. Même si ces émissions n'ont pas d'effets sur les générations présentes, nous devons quand même agir au nom de leurs conséquences potentielles sur les générations futures. Dans une veine similaire, Goodin développe un argument utilitariste reposant sur la responsabilité qui nous incombe d'aider les personnes vulnérables. Les générations futures sont très dépendantes des choix que nous faisons en matière de ressources naturelles et culturelles, et donc vulnérables. « Tant que nous aurons (individuellement ou collectivement) la possibilité de protéger les intérêts des générations futures vulnérables, nous devons le faire » (Goodin, 1985, p. 178). L'utilitarisme offre un cadre théorique permettant de discuter de façon cohérente des obligations envers les générations futures. Nous devons prendre en compte les générations futures, non seulement par ce qu'elles ont des droits, mais aussi au nom de leur bonheur et de leur vulnérabilité. De ce point de vue, l'utilitarisme semble même être plus exigeant que l'approche en termes de droits moraux. L'approche en termes de droits établit certains minima alors que l'utilitarisme recherche la maximisation : l'utilitarisme exige que nous recherchions la meilleure existence possible pour toutes les générations.

Le devoir utilitariste consistant à réduire les risques des générations futures peut impliquer, lorsqu'il est pris dans son sens positif, que les générations actuelles développent dès à présent des nouvelles techniques énergétiques. Ces nouvelles techniques pourront ainsi remplacer les énergies non renouvelables qui seront épuisées lorsque les générations futures en auront besoin. Interprété dans un sens négatif, ce devoir implique que les générations présentes s'abstiennent d'épuiser les stocks de ressources naturelles dont les générations futures pourraient avoir besoin, par exemple lors de situations de retour en arrière technologique, lorsque la transmission des technologies d'une génération à une autre est interrompue.

Solder le bien-être futur ?

Il est courant chez les économistes néo-classiques de déprécier le futur. Le principe justifiant cette pratique est le suivant : « À quantité et qualité équivalentes, les biens actuels valent en général plus que les biens futurs » (Böhm-Bawerk, 1959, p. 259). Cette hypothèse pourrait contrarier le principe d'égalité entre les générations puisque les coûts et les bénéfices des générations futures comptent moins que ceux des générations actuelles. Cependant, il est important de noter que le temps en lui-même ne peut pas être considéré de *façon générale* comme un facteur légitimant la dépréciation du futur. Des anticipations réalistes doivent éviter toute dépréciation du futur. Si l'on prend des risques probables pendant une longue période par exemple, ils deviennent des quasi-certitudes. Wenz défend l'idée que la dépréciation du futur est sans aucun doute une caractéristique de l'analyse coût-bénéfice mais certainement pas de l'utilitarisme : « L'utilitarisme ne déprécie absolument pas le futur. Il ne surestime pas les effets immédiats par rapport aux effets de long terme » (Wenz, 2001, p. 86).

Le problème de la non-identité des générations futures

Parfit a attiré l'attention sur un problème ontologique que rencontre l'approche utilitariste des générations futures. Il appelle ce problème le *problème de la non-identité* (Parfit, 1987, p. 351-379). Le fait que les personnes futures soient des personnes potentielles implique que leur existence est variable, à la fois en termes de nombre (combien seront-elles ?) et en termes d'identité (qui seront-elles ?). Ces variables sont influencées par ce que nous, la génération présente, faisons. Lorsque la génération présente décide de réaliser un changement social radical afin de protéger les générations futures d'un dommage prévisible, cela a pour conséquence que l'identité même des générations futures proches de nous sera différente de ce qu'elle aurait été si cette politique n'avait pas été adoptée. Des individus différents vont donc peupler le monde. D'après Parfit, ce point constitue une différence éthique. Les individus ont des marges de tolérance considérables quant à la qualité de leur existence. En dépit de conditions qui nous paraissent aujourd'hui primitives et barbares, les hommes préhistoriques ne se suicidaient pas en masse. Leur vie valait, semble-t-il, encore la peine d'être vécue (cf. Sidgwick, 1907, p. 414-415). Alors que nous pillons la planète et proposons aux générations futures une existence extraordinairement limitée, ces générations futures considéreront quand même que leur vie vaut la peine d'être vécue. Nous n'avons alors occasionné, selon le point de vue de Parfit, aucun dommage au sens utilitariste du terme. L'autre élément de l'alternative dans cette situation étant qu'ils n'auraient pas existé du tout – ils n'auraient absolument pas préféré ce terme là de l'alternative. Parfit appelle cela la « conclusion répugnante » (Parfit, 1987, p. 381-390). La conclusion est répugnante car elle nous permet moralement de faire ce que nous voulons des générations futures, tant que nous ne les conduisons pas au suicide.

Mac Lean essaie d'éviter la conclusion répugnante en partant du concept « *placeholder complainant* » (Mac Lean, 1983). Le « *placeholder complainant* » n'est pas un futur être humain particulier, il s'agit uniquement d'une position future. C'est une position dans laquelle nous plaçons une personne imaginaire qui a des raisons de se plaindre. Le futur nous oblige, dans le sens utilitariste du terme, car nous avons la responsabilité de garantir que les « places » que les personnes futures pourront occuper soient acceptables en termes de bien-être humain. Carpenter fait un détour similaire pour éviter le problème de la non-identité. Il distingue les droits *in personam* des droits *in re* (Carpenter, 1988, p. 289). Les droits *in personam* sont associés à des personnes identifiables, les droits *in re* à une situation ou à une condition particulière, quelle que soit la personne impliquée. Le concept d'intérêt potentiel de Feinberg que nous avons déjà mentionné est un exemple d'argumentation adoptant une perspective *in re*. La discussion sur la conclusion répugnante de Parfit ne peut être résolue aussi rapidement. La question de l'identité des générations futures est d'une complexité théorique embarrassante ; elle n'a d'ailleurs toujours pas été résolue (De Shalit, 1995, p. 66-86). Toutefois, et en dépit du tour de force ontologique de Parfit, il y a de bonnes raisons pour ne pas cesser nos efforts et pour continuer à réfléchir de façon cohérente à notre responsabilité envers les générations futures. Une raison importante en est que la conclusion répugnante entre en conflit avec notre intuition morale fondamentale, partagée par Parfit, et selon laquelle nous ne devons rien infliger aux générations futures (Parfit, 1987, p. 388). Voilà pourquoi la ligne de pensée de Parfit n'atteint pas un état d'équilibre réflexif dans lequel les intuitions morales de base et la théorie éthique sont réunies (Rawls, 1972, p. 48-51). Nous pouvons alors soit ajuster nos intuitions de façon à les accorder à la théorie, soit modifier la théorie pour la rendre compatible avec nos intuitions. Par conséquent, il n'est pas évident que le problème de la non-identité doive théoriquement l'emporter sur les considérations éthiques relatives au bien-être des générations futures.

LA JUSTICE DANS LES RELATIONS ENTRE GÉNÉRATIONS

Le respect des obligations envers les générations futures équivaut toujours à une forme d'épargne. Qu'il s'agisse de ressources naturelles, d'espèces biologiques ou de capital réel, si nous voulons laisser quelque chose au futur, il nous faut épargner. Cela requiert le sacrifice d'une consommation présente. Qui doit faire ce sacrifice ? Un gouvernement prenant des mesures drastiques afin de promouvoir le bien-être des générations futures pourrait affecter ceux qui sont actuellement déjà défavorisés. Lorsqu'il est obligatoire que nous supportions certains fardeaux en prévision du futur, comment devons-nous les répartir entre nous de sorte que la répartition soit juste ? La théorie de la justice de John Rawls fournit des éclairages théoriques importants pour traiter ces questions.

Le principe d'épargne juste

Dans le cadre de son étude sur les institutions fondamentales d'une société juste, Rawls examine aussi la question de notre responsabilité envers les générations futures[1]. Les décisions relatives aux normes de justice convenables sont supposées être prises par les partenaires dans la position originelle et imaginaire du voile d'ignorance. Conformément à la justice inter-générationnelle, l'absence d'information géné-

---

1. Par la suite, nous ferons l'hypothèse que le lecteur est généralement familier des concepts rawlsiens de position originelle, de principe de différence et de circonstances de la justice.

rationnelle est l'un des éléments les plus importants du voile d'ignorance. Les partenaires, dans la position originelle, ne doivent pas savoir à quelle génération ils appartiendront (*ibid.*, p. 287). La position générationnelle résulte du hasard, elle peut influencer la distribution des biens sociaux (le bien-être a tendance à varier d'une génération à l'autre et chaque génération peut affecter le bien-être des générations suivantes). En conséquence, dans la position originelle, les partenaires, lorsqu'ils établissent les fondations normatives d'une société juste, vont s'entendre sur les moyens de neutraliser la dimension générationnelle. Rawls défend l'idée selon laquelle ils vont se mettre d'accord quant au fait que chaque génération doit épargner une certaine partie de sa richesse au bénéfice des générations futures.

> « Lorsque les partenaires envisagent ce problème, ils ne savent pas à quelle génération ils appartiennent ou, ce qui revient au même, ils ne connaissent pas le niveau de civilisation de leur société. Ils ne peuvent pas dire si elle est pauvre ou relativement riche, plutôt agraire ou déjà industrialisée et ainsi de suite. Le voile d'ignorance est complet de ce point de vue. [...] En vue de parvenir à un juste principe d'épargne (ou mieux, aux conditions d'un tel principe), les partenaires doivent se demander combien ils accepteraient d'épargner à chaque stade de développement, en admettant que toutes les autres générations aient épargné, ou épargneront, en accord avec le même critère. Ils doivent envisager leur accord pour épargner, à n'importe quel stade de civilisation, en pensant que les taux qu'ils proposent devront commander l'ensemble de l'accumulation » (*ibid.*, 1972, p. 328 [287]).

Rawls pense en particulier à l'épargne dans le sens d'investissement dans des biens qui sont nécessaires pour protéger et promouvoir une société juste.

> « Chaque génération doit non seulement conserver les acquisitions de la culture et de la civilisation et maintenir intactes les institutions justes qui ont été établies, mais elle doit aussi mettre de côté, à chaque période, une quantité suffisante de capital réel accumulé. Cette épargne peut prendre des formes diverses, depuis l'investissement net dans les machines et les autres moyens de production jusqu'aux investissements en culture et en éducation » (*ibid.*, 325 [285]). « [...] le capital n'est pas seulement constitué par les usines, les machines et ainsi de suite, mais aussi par le savoir et la culture, tout comme par les techniques et les savoir-faire, qui rendent possibles des institutions justes ainsi que la juste valeur de la liberté » (*ibid.*, p. 330 [228]).

D'un point de vue environnemental, il faudrait inclure la préservation des ressources naturelles au projet du juste principe d'épargne. L'épargne, bien sûr, est un fléau pour chaque génération puisqu'il s'agit d'une consommation différée. Cela réduit la capacité de chaque génération à redistribuer les ressources disponibles afin d'aider les plus pauvres, comme le principe de différence l'exige. Les générations doivent donc arbitrer entre une mise en œuvre intra-générationnelle et inter-générationnelle du principe de différence. Ils devront arbitrer avec compassion entre les intérêts des plus pauvres d'aujourd'hui et les intérêts des plus pauvres de demain. Rawls écrit : « Quand on applique le principe de différence, l'attente qu'il est juste de prendre en considération est celle des perspectives à long terme des plus défavorisés, *y compris les plus défavorisés des générations futures* » (*ibid.*, 325 [285], nous soulignons).

Les circonstances de la justice

Le juste principe d'épargne de Rawls a été critiqué au regard de la doctrine ralwsienne des « circonstances de la justice » (*ibid.*, p. 126-130, p. 159-163 ; Barry, 1989, p. 189 f. ; Achterberg, 1994, p. 192 f.). Si la justice requiert l'interdépendance (comme l'une des circonstances de la justice), alors il ne peut y avoir aucune justice entre générations, au motif que le bien-être des générations passées ne dépend pas des générations futures. Barry résout ce problème en abandonnant le principe d'interdépendance : « La justice est normalement pensée comme ne cessant pas d'être pertinente dans des conditions d'extrême inégalité de rapports de force mais plutôt comme étant particulièrement pertinente dans de telles conditions » (Barry, 1989, p. 163). Toutefois, nous ne considérons pas que la prise en compte par Rawls du juste principe d'épargne soit incompatible avec les circonstances de la justice. L'incompatibilité apparente a été mise en évidence dans la position originelle, lorsque les partenaires négocient le taux d'épargne et qu'ils ne savent pas à quelle génération ils appartiendront finalement. Ainsi, la position originelle établit un « échange virtuel » entre les générations (Rawls, 1971, p. 291, p. 329). Dans cet échange, toutes les générations sont interdépendantes, même si cette interdépendance n'est que virtuelle. En conséquence, les circonstances de la justice s'appliquent à la position initiale et, de fait, s'appliquent aussi au juste principe d'épargne.

Les implications pour les politiques environnementales

Si J. Rawls n'a pas explicitement appliqué ses réflexions sur les générations futures à la question du transfert du capital environnemental, d'autres l'ont fait. Selon Richards, le principe de justice entre les générations a des conséquences sur la façon dont nous traitons la pollution et l'épuisement du capital environnemental. La pollution peut provoquer des dommages et des risques pour les générations futures et présentes. Ici, notre devoir naturel de ne pas nuire aux autres s'applique. Cela exige à la fois des efforts pour limiter la pollution afin de protéger la santé et la sécurité des générations présentes, et des mesures pour éviter une pollution ultérieure et préserver les ressources pour les générations futures. Cela implique une double obligation pour les générations présentes, ce qui nécessite des décisions d'investissements complexes équilibrant de façon appropriée les intérêts des générations présentes et futures, en particulier dans les pays développés qui ont des émissions de polluants très élevées. Richards fait référence dans ce contexte à la division asymétrique des fardeaux entre les générations présentes et futures. Les générations présentes supportent cette terrible « double obligation », alors que les générations futures supportent le poids du fardeau sans avoir eu la possibilité de donner librement leur consentement. En partant de l'idée de consensus dans la position originelle, Richards considère que cette asymétrie est moralement inacceptable. En conséquence, il défend l'idée que la charge de la preuve revient aux partisans des politiques pouvant être préjudiciables aux générations futures. Ils doivent montrer comment les risques associés à ces politiques peuvent être maintenus à un niveau minimum moralement acceptable (Richards, 1983, p. 143).

De la même façon, Richards considère que l'épuisement des ressources naturelles non renouvelables est particulièrement inacceptable. Dans la position originelle, des personnes raisonnables n'accepteront pas qu'une ou plusieurs générations épuisent les ressources naturelles. Comme elles ne sauront pas quelles seront les technologies disponibles, elles ne compteront pas sur le fait que des substituts seront probablement trouvés à temps pour remplacer les ressources épuisées. Elles voudront être certaines que de tels substituts seront trouvés à temps. En conséquence, Richards défend l'idée que chaque génération doit maintenir un niveau total de ressources sur la planète de manière à pouvoir substituer du capital aux ressources naturelles. Pour être juste, nous devons développer des technologies qui permettent aux générations futures de garder la production marginale des industries d'extraction à un niveau constant.

S'appuyant sur Rawls, Luper-Foy (1995) développe le « principe de reproduction durable de la consommation ». La pollution et l'utilisation des ressources ne devraient être autorisées que dans la mesure où elles sont possibles sur une période indéfinie : « Chaque génération doit consommer les ressources naturelles, polluer, se reproduire à des taux donnés, seulement si l'on peut raisonnablement penser que chaque génération à venir pourra faire de même. »

Afin d'institutionnaliser ce principe éthique de base au sein de la société mondiale, Luper-Foy propose de créer une banque mondiale du capital naturel. Cette banque répartirait les ressources environnementales entre toutes les générations en distribuant des « droits d'utilisation des ressources disponibles ». Cette banque créerait ensuite un marché libre dédié à l'échange de ces droits et loueraient ainsi les terres du monde aux plus offrants. Les revenus tirés de ces transactions seraient, après déduction des coûts de transaction, distribués progressivement à tous les citoyens du monde.

Au niveau international, des marques d'acceptation des principes rawlsiens de justice sont visibles dans le rapport de la commission Brundtland. Le rapport de cette commission influente des Nations Unies résume le défi lié au partage des intérêts des générations présentes et futures en ces termes : il s'agit de trouver un mode de « développement qui permette de garantir les besoins présents sans compromettre la capacité des générations futures à satisfaire les leurs » (WCED, 1987, p. 43). Un tel développement consiste à concilier les besoins actuels en termes de croissance économique et de développement social, ce qui suppose d'utiliser toutes sortes de ressources naturelles (ressources fossiles, ressources minérales et eau notamment), avec les besoins de préservation de ces ressources afin de maintenir les conditions de la production économique future. L'épargne et les investissements réalisés aujourd'hui afin de développer des nouvelles technologies (par exemple, les énergies renouvelables), et permettre une croissance économique régulière qui soit écologiquement acceptable, semblent être des conditions nécessaires à la satisfaction des attentes légitimes des générations futures. Dans la déclaration de Johannesburg sur le « développement soutenable », l'engagement d'investir dans les conditions futures d'un développement durable a été réaffirmé (WSSD, 2002).

Dans la section suivante, l'exemple de la gestion des réserves de gaz naturel aux Pays-Bas nous permet de montrer combien ce défi est complexe.

Dans quelle mesure la génération hollandaise actuelle doit-elle utiliser le gaz naturel pour son propre profit et dans quelle mesure doit-elle le préserver pour les générations futures ? Dans quelle mesure peut-on anticiper un développement approprié de nouvelles technologies permettant d'obtenir des énergies renouvelables ?

LA POLITIQUE HOLLANDAISE DE GAZ NATUREL : TENIR COMPTE DU PRÉSENT ET DU FUTUR

En 1959, d'importants gisements de gaz naturels ont été découverts dans le nord des Pays-Bas. Dans les années 1960, lorsque l'État-providence de l'après-guerre se mettait en place, l'exploitation du gaz naturel a été utilisée pour dynamiser à court terme la prospérité nationale. Les crises pétrolières des années 1970 ont été une incitation à réduire la demande de gaz. Le taux d'extraction du gaz naturel a diminué de façon telle qu'il y ait suffisamment de gaz naturel hollandais pour couvrir les besoins nationaux sur une période de 25 ans, c'est-à-dire une génération. Après l'effondrement des prix du pétrole dans les années 1980, la peur du manque qui était le principe de la politique énergétique s'est dissipée. Des efforts modérés pour sauver l'énergie et utiliser le gaz naturel ont toutefois persisté, désormais au nom de raisons environnementales. Conséquence de la libéralisation internationale du marché du gaz naturel, l'opinion récente du gouvernement hollandais est qu'il n'est plus du tout évident que le pays doive exploiter ses ressources de gaz de façon à couvrir les besoins nationaux pendant 25 ans.

Les réserves hollandaises de gaz naturel, ainsi que les quantités potentiellement exploitables encore non découvertes, sont estimées à 4 250 milliards de m^3. Près de la moitié de ces réserves a déjà été exploitée. Les estimations relatives à l'offre possible de gaz naturel hollandais sont de l'ordre de 25 à 50 ans (ministère hollandais des Affaires économiques, 1996). Il est généralement admis que les profits tirés de l'exploitation du gaz naturel ont permis de financer l'État-providence hollandais. Les profits tirés du gaz naturel étaient essentiellement utilisés pour financer les dépenses de consommation. Pendant de nombreuses années, ces profits ont été intégrés au revenu général du royaume. Ils étaient utilisés pour stimuler l'économie, pour soutenir des entreprises en mauvaise posture, et pour financer un système de sécurité sociale toujours en expansion. Cependant, depuis 1995, les revenus tirés de l'extraction du gaz naturel ont été affectés à un fonds spécial dont la fonction est de financer des infrastructures économiques permettant d'assurer de bonnes conditions économiques de production actuelles et futures. Alors que ce choix constitue un tournant important par rapport aux pratiques antérieures, il semble toutefois assez douteux que les profits tirés du gaz naturel aient contribué et contribuent actuellement à l'amélioration de la structure économique pour les générations futures. Si l'on pense que ces investissements auraient de toute façon été réalisés, quitte à les financer par d'autres postes budgétaires, alors on peut supposer qu'une bonne partie des bénéfices tirés de l'exploitation du gaz naturel a été *de facto* utilisée pour financer des dépenses de consommation.

Quoi qu'il en soit, le gouvernement hollandais semble espérer que les futures générations hollandaises seront capables de maintenir un niveau de prospérité raisonnable sans les réserves nationales de gaz naturel. Par conséquent, il espère qu'aucun problème d'équité intergénérationnelle ne se posera lorsque les générations présentes auront épuisé les réserves nationales de gaz naturel pour satisfaire leurs propres besoins. Après tout, le gouvernement suppose que, lorsque le gaz naturel hollandais sera totalement épuisé, dans 25 ans environ, les Pays-Bas pourront toujours s'orienter vers des importations ou développer d'autres sources d'énergies, et ce indépendamment des investissements réalisés avec les bénéfices tirés de l'exploitation du gaz naturel.

Une évaluation éthique de la politique hollandaise de gestion du gaz naturel

Si nous adoptons un point de vue éthique pour analyser la politique hollandaise de gestion du gaz naturel, nous découvrons que certaines questions délicates concernant notre responsabilité envers les générations futures se posent. Pour la première fois dans l'histoire, la génération présente a la chance de pouvoir participer à un développement technologique permettant une exploitation rentable et à grande échelle du gaz naturel. Avons-nous le droit d'utiliser ces circonstances favorables pour épuiser rapidement toutes les ressources de gaz naturel ? En effet, si nous épuisons ces ressources dans le but essentiel de satisfaire notre propre bien-être, nous risquons de priver les générations futures de l'utilisation de ces ressources et des bénéfices potentiels qu'elles pourraient tirer de l'exploitation du gaz naturel. L'utilitarisme et les théories de la justice offrent des arguments permettant de répondre par la négative à la question précédente.

Selon la perspective utilitariste, les réserves de gaz naturel doivent être utilisées de façon à maximiser le bien-être des générations présentes et futures. Une partie des ressources de gaz naturel doit donc être réservée aux générations futures. Si ce n'est pas le cas, les revenus tirés de l'exploitation de ces ressources doivent être investis dans le développement de sources d'énergies durables afin de créer un « dividende de développement » pour les générations futures. Dans cette perspective, une politique reposant sur des anticipations gratuites consistant à penser qu'un état de développement technologique sera de toute façon atteint et que les futurs problèmes énergétiques seront automatiquement résolus n'est pas suffisante. Nous devons au minimum investir une part substantielle des profits tirés de l'exploitation du gaz naturel dans des projets de recherche à grande échelle sur les sources d'énergies durables de substitution. L'espoir que le marché procurera automatiquement les incitations financières nécessaires pour développer à temps des applications rentables de nouvelles sources d'énergie trahit un optimisme technologique totalement infondé (Keijzers, 2000). Pour utiliser le mot de Walzer, ce serait une véritable « chance morale » que le marché fournisse à temps aux générations futures toutes les technologies environnementales dont elles auront besoin.

Le juste principe d'épargne renforce la conclusion utilitariste. Les générations doivent investir dans le développement d'une société juste et durable. Ce faisant, elles doivent prendre en compte le sort des moins bien lotis. Cela ne signifie pas seulement de s'occuper des plus pauvres de la génération présente. Utiliser les profits tirés du gaz naturel pour financer des dépenses de consommation des moins bien lotis de la génération présente (c'est-à-dire financer l'État-providence) n'est en effet pas conforme au juste principe d'épargne. Les sociétés doivent aussi investir dans la capacité des générations futures à s'occuper de leurs moins bien lotis. Le principe d'épargne juste semble exiger qu'une partie des profits tirés de l'exploitation du gaz naturel soit utilisée pour garantir un approvisionnement suffisant en énergie dans le futur.

Optimisme et pessimisme technologique : le problème de l'information limitée

Une gestion responsable des ressources énergétiques fossiles ne peut cependant pas reposer uniquement sur un raisonnement éthique déductif. Une politique de gestion du gaz naturel qui intègre les générations futures doit prendre en compte la probabilité de développements technologiques. L'optimisme technologique consiste à dire que ces développements technologiques sont hautement probables : l'amélioration de la technologie va permettre d'augmenter les quantités exploitables de ressources, les piles solaires qui coûtent extrêmement cher vont devenir disponibles dans un futur proche, l'efficience énergétique va augmenter de telle sorte que moins d'énergie sera nécessaire. Le pessimisme technologique consiste quant à lui à dire que les possibilités de substitution du capital naturel et du capital créé par l'homme (les technologies pour l'énergie durable dans cet exemple) sont limitées (Daly, 1997; Ayers, 2001). Quelle que soit la position que l'on adopte dans ce débat, le moins que l'on puisse exiger est que l'évaluation des développements technologiques ne repose pas uniquement sur l'optimisme personnel de chacun ou sur des extrapolations à partir des développements passés. Ces évaluations doivent reposer sur l'examen objectif des technologies déjà en cours de développement.

Parier que de futures avancées technologiques pourront aider les générations futures à résoudre les problèmes que nous aurons fabriqués revient exactement à tester notre « chance morale ». Nous considérons qu'un tel comportement est irresponsable. Il est comparable au comportement d'un fermier qui vend sciemment de la viande infectée par l'ESB en arguant que le temps d'incubation de la maladie est de plusieurs décennies et que la science aura certainement, d'ici là, trouvé un traitement adéquat (Davidson, 2000). Le recours à des études rétrospectives (*back-casting*) est ici essentiel : le calcul à rebours, en partant d'une position future, permet de déterminer comment une technologie donnée doit se développer afin d'atteindre un potentiel suffisant dans le futur. Il y a généralement un intervalle de plusieurs décennies entre une découverte en laboratoire et son application à grande échelle.

Les implications pour les entreprises privées

Du point de vue éthique comme du point de vue de l'économie du développement, il semble impératif que la part des revenus tirés du gaz naturel investie dans le développement des énergies soutenables augmente. Un débat social sur les stratégies de préservation semble nécessaire pour rendre explicites les intérêts des générations futures et pour faire en sorte que les hommes d'affaires et les citoyens s'engagent à réaliser des investissements conformes à ces intérêts. Il semble légitime que le gouvernement alloue une part importante des revenus tirés de l'exploitation du gaz naturel à l'élaboration d'une stratégie de transition vers des sources d'énergies « alternatives » durables. Les entreprises privées devront être explicites quant à leurs efforts de préservation des ressources et de développement de technologies de transition vers des énergies durables. Le déploiement d'efforts plus importants pour le développement de technologies énergétiques durables devrait être le premier souci des optimistes s'ils veulent en prouver la faisabilité et la viabilité, aux plans technique et économique. Des efforts plus importants de la part du gouvernement ou du secteur privé en faveur du développement de ces nouvelles technologies devraient réduire les incertitudes relatives aux conditions de production des générations futures. Ces efforts devraient également aider la génération présente à remplir son devoir moral et à témoigner de son sens de la justice inter-générationnelle. À l'heure actuelle, le gouvernement hollandais lance un procédé permettant d'augmenter la production et l'utilisation d'énergies soutenables, et il tente d'inciter le secteur privé à développer ce même procédé. Les plus grandes compagnies pétrolières comme Shell et BP commencent elles aussi à montrer explicitement leurs engagements d'investissements dans le développement d'énergies soutenables.

CONCLUSION : UN APPEL À LA CRÉATION DE NOUVELLES INSTITUTIONS

Cet article comprend trois temps. Premièrement, nous pensons avoir montré que les générations futures ont des droits sur l'environnement qu'il y a de bonnes raisons, au sens utilitariste du terme, de prendre en compte leur bien-être et de faire attention à ne pas les traiter de façon injuste. Deuxièmement, nous avons défendu l'idée selon laquelle le secteur privé doit assumer une partie des responsabilités envers les générations futures. Troisièmement, nous avons mis en évidence un certain nombre d'incertitudes scientifiques et de dilemmes politiques qui peuvent surgir lors d'une discussion sur la responsabilité des entreprises privées envers les générations futures. Le quatrième point que nous aimerions aborder est le suivant : dans la situation présente, la meilleure chose que les entreprises privées ont à faire est de s'engager dans un débat public avec les parties prenantes sur les problèmes complexes d'évaluations et de choix que soulève la responsabilité envers les générations futures. Les entreprises et les autres acteurs de la société sont dépendants les uns des autres lorsqu'il s'agit de trouver des solutions légitimes à ces questions.

La responsabilité envers les générations futures est une question qui concerne la société dans son ensemble. Les entreprises partagent cette responsabilité avec d'autres parties prenantes. Cela signifie qu'un sens de la responsabilité partagée doit se développer. Cela implique une éthique du bien public, une éthique dans laquelle les relations entre les acteurs sociaux – entreprises, groupes sociaux et gouvernement – sont marquées par une solidarité volontairement acceptée et sont guidées par un intérêt commun en faveur d'un futur soutenable. Van Luijk (1997) a appelé cela « l'éthique participative de l'entreprise ». Compte tenu des nouvelles questions sur la préservation des ressources pour les générations futures qui se posent, il devient nécessaire de développer une éthique orientée vers le futur et ayant un caractère participatif.

L'institutionnalisation d'une responsabilité partagée envers le futur appelle à un dialogue social sur la durabilité. Dialogue auquel participeraient les entreprises privées, aux côtés d'autres acteurs de la société tels que le gouvernement, les ONG, les organisations religieuses et les syndicats. En effet, la société attend de plus en plus du secteur privé qu'il s'engage activement dans de tels processus participatifs afin d'assurer la réalisation d'une responsabilité éthique pour le bien public. Les limites de ce débat deviennent parfaitement claires grâce aux objectifs internationaux explicites de réduction des émissions de CO_2, de transition vers des sources d'énergies renouvelables et les objectifs spécifiques de protection des ressources naturelles de la biodiversité. À l'intérieur de ces limites, le débat devra s'instaurer afin de tenir compte de façon équilibrée des différences d'intérêts au sein des générations présentes, ainsi que des différences d'intérêts entre les générations présentes et futures.

Une éthique participative et orientée vers le futur implique une ré-évaluation par la société civile de son propre engagement dans la réalisation de ses responsabilités envers le futur. Susskind souligne le fait que les institutions classiques actuelles ne sont pas vraiment capables de gérer les problèmes écologiques de long terme complexes et les dilemmes inter-générationnels :

> « Les politiques de développement se situent de plus en plus dans une arène intermédiaire qui n'est ni gouvernementale ni privée. Les interactions et les négociations entre le gouvernement et le secteur privé sont devenues de plus en plus inévitables à mesure que les entreprises développent des capacités internes d'analyse et d'action. Leur compétence croissante a mis en lumière la nécessité de garantir leur participation active afin de rendre les politiques effectives. Les groupes de citoyens et les groupes environnementaux ont accru leur capacité à poursuivre leurs objectifs en dehors de la sphère politique » (Susskind *et al.*, 2000). Von Schomberg propose le « développement d'une opinion sociétale délibérative »

dans les processus de prise de décision liés aux incertitudes écologiques et technologiques. Ces processus se dérouleront dans une « troisième arène dédiée à la gestion des conflits sociétaux », offrant une aire de discussion en plus du marché et des institutions politiques traditionnelles (Von Schomberg, 1998).

Cela enrichira les structures politiques institutionnelles de processus délibératifs institutionnalisés capables de gérer les problèmes de long terme relatifs aux intérêts et aux responsabilités entre générations. Les institutions pouvant prendre en main ces dilemmes sociaux peuvent être des comités éthiques, des conférences orientées vers l'élaboration d'un consensus, des réunions de travail, des enquêtes parlementaires et des forums interactifs sur l'Internet. Cette « troisième arène » est spécialisée dans la planification de long terme et s'occupe des intérêts des générations futures. Elle permet d'échapper à une situation, autrement inévitable, dans laquelle tous ces problèmes sont laissés à la sphère politique qui se concentre avant tout sur les intérêts des générations présentes.

La communauté des entreprises privées devra s'engager dans ces débats sociaux sur le développement et l'utilisation des nouvelles technologies et plus particulièrement dans le débat sur l'utilisation limitée des ressources de capital naturel. La nécessité d'équilibrer constamment les intérêts des générations futures et présentes, ainsi que l'existence d'incertitudes scientifiques et de vues sociales divergentes relatives à l'organisation du futur, rendront ce débat complexe. L'éthique des affaires, en identifiant des dilemmes, en soulignant des hypothèses implicites et en réfléchissant aux bonnes façons de distribuer les responsabilités entre le gouvernement et la société civile, peut contribuer de manière importante à ce débat.

Bibliographie

ACHTERBERG W. (1994), *Samenleving, natuur en duurzaamheid : Een inleiding in de milieufilosofie* [Society, nature and sustainability : An introduction to environmental philosophy], Assen, Van Gorcum.

AYERS R. U., VAN DEN BERGH J. C. J. M., GOWDY J. M. (2001), « Strong versus weak sustainability : Economics, natural sciences, and 'consilience' », in *Environmental Ethics*, Vol.23 (Summer), p. 155-168.

BLACKSTONE W. (1974), « Ethics and ecology », in W. BLACKSTONE (ed.), *Philosophy and environmental crisis*, Athens, GA, University of Georgia Press.

BÖHM-BAWERK E. V. (1959), *Capital and Interest : Volume II-Positive Theory of Capital*, South Holland, Ill : Libertarian Press.

CARPENTER S. R. (1998), « Sustainability », in *The encyclopedia of applied ethics*, San Diego, Academic Press.

DALY H. E. (1997), « Georgescu-Roegen versus Solow/Stiglitz », in *Ecological Economics*, Vol. 22, p. 261-266.

DE GEORGE R. (1979), « The environment, rights and future generations », in K. GOODPASTER, K. SAYRE (eds.), *Ethics and problems of the 21st century*, p. 93-105, Notre Dame, University of Notre Dame Press.

DE SHALIT A. (1995), *Why posterity matters : Environmental policies and future generations*, London, Routledge.

DAVIDSON M. D (2000), « Recht en duurzame ontwikkeling » (in Dutch), in *Milieu en recht*, Vol. 4, p. 95-99.

DONALDSON Th. (1989), *The Ethics of International Business*, New York, Oxford UP.

DUTCH MINISTRY OF ECONOMIC AFFAIRS, *Third White Paper on Energy Policy*, 1996 (http://www.minez.nl/publicaties/pdfs/13B44.pdf).

ELKINGTON J. (1997), *Cannibals with forks : The triple bottom line of 21st century business*, Oxford, Capstone.

FEINBERG J. (1981), « The rights of animals and unborn generations », in E. PARTRIDGE (ed.), *Responsibilities to future generations*, p. 139-150, Buffalo, Prometheus Books.

FOSTER J. M. (ed.) (1997), *Valuing nature : Ethics, economics and the environment*, London, Routledge.

FREEMAN R. E., PIERCE J., DODD R. (2000), *Environmentalism and the new logic of business*, Oxford, Oxford UP.

GOLDING M. P. (1981), « Obligations to future generations », in E. PARTRIDGE (ed.), *Responsibilities to future generations*, p. 61-72, Buffalo, Prometheus Books.

GOODIN R. E. (1985), *Protecting the vulnerable : A reanalysis of our social responsibilities*, Chicago, University of Chicago Press.

HOWARTH R. B. (1992), « Intergenerational justice and the chain of obligations », in *Environmental Values*, Vol. 1, p. 133-140.

JEURISSEN R. J. M. (1995), « Business in response to the morally concerned public », in P. ULRICH, C. SARASIN (eds), *Facing public interest : The ethical challenge to business policy and corporate communicatations* (Issues in Business Ethics, 8), p. 59-72, Dordrecht, Kluwer.

JEURISSEN R. J. M. (2000), « The social function of business ethics », in *Business Ethics Quarterly*, Vol. 10, No. 4, p. 821-843.

JEURISSEN R. J. M. (2002), *The Corporation as a Global Citizen* (Inaugural lecture), Nyenrode, Nyenrode UP.

KEIJZERS G. (2000), « The evolution of Dutch environmental policy : The changing ecological arena from 1970-2000 and beyond », in *Journal of Cleaner Production*, Vol. 8, p. 179-200.

KEIJZERS G. (2002), « The transition to the sustainable enterprise », in *Journal of Cleaner Production*, Vol. 10, p. 349-359.

KEIJZERS G. (2002), « Plotting sustainable directions ; engaging stakeholders in seven multinationals », in *Journal of Corporate Citizenship* (submitted August 2002).

LEE K. (1998), « Biodiversity », in *Encyclopedia of applied ethics*, Vol. I, p. 285-304, Academic Press, San Diego.

LOMBORG B. (2001), *The Skeptical Environmentalist : measuring the real State of the World*, New York, Cambridge University Press

LOVEJOY T. (2002), « Biodiversity : dismissing scientific process », in *Scientific American*, Vol. 286 (1), p. 69-71.

LUIJK H. VAN, SCHILDER A. (1997), *Patronen van verantwoordelijkheid. Ethiek en corporate governance* [Patterns of responsibility : Ethics and corporate governance], Schoonhoven, Academic Service.

LUIJK H. VAN (1994), « Rights and interests in a participatory market society », in *Business Ethics Quarterly*, Vol. 4, N° 1, p. 79-96.

LUPER-FOY S. (1995), « International justice and the environment », in D. E. COOPER, J. A. PALMER (eds), *Just Environments*, p. 91-107, London, Routledge.

MAC LEAN D. (1983), « A moral requirement for energy politics », in D. MAC LEAN, P. G. BROWN (eds.), *Energy and the Future*, p. 180-197, Totowa, Rowman and Littlefield.

MAC LEAN D., BROWN P. G. (1983) (eds.), *Energy and the future*, Totowa, Rowman & Littlefield.

MACKLIN R. (1981), « Can future generations correctly be said to have rights ? » in E. PARTRIDGE (ed.), *Responsibilities to future generations*, p. 151-155, Buffalo, Prometheus Books.

MEADOWS D. *et al.* (1972), *Limits to growth (Report of the Club of Rome)*, New York, Universe Books.

PARFIT D. (1987), *Reasons and Persons*, Oxford, Clarendon.

PARTRIDGE E. (1981), « Introduction », in *idem* (ed.), *Responsibilities to Future Generations*, p. 1-16, Buffalo, Prometheus Books.

OECD (2001), *Environmental Outlook*, Paris, OECD.

RAFFERNSPERGER C. (1999), *Uses of the precautionary principle in international treaties and agreements*, http://www.biotech-info.net/treaties_and_agreements.html.

RAWLS J. (1972), *A Theory of Justice*, Oxford, Oxford UP., trad. fr. par Catherine Audard, *Théorie de la justice*, Éditions du Seuil, 1997 (dans le texte : entre crochets, pages de l'édition originale en anglais).

RICHARDS D. (1983), « Contractarian theory, intergenerational justice and energy policy », in D. MAC LEAN, P. G. BROWN (eds.), *Energy and the Future*, p. 131-150, Totowa, Rowman & Littlefield.

SIDGWICK H. (1907), *The Methods of Ethics*, 7ᵗʰ ed., New York, Macmillan.

SUSSKIND L. (2000), *The Consensus building Handbook*, Thousand Oaks, Sage Publications.

VELASQUEZ M. (1992), *Business ethics : Concepts and cases*, third ed., Englewood Cliffs, Prentice Hall.

VELASQUEZ M. (1998), *Business ethics : Concepts and cases*, fourth ed., Upper Saddle River, Prentice Hall.

VISSER, HOOFT H. Ph. (1999), *Justice to future generations and the environment*, Dordrecht, Kluwer.

VON SCHOMBERG R.(1998), *Omstreden biotechnologisch innovatie : Van publiek domein naar langetermijnbeleid* [Contested bio-technological innovations : From public domain to long term policy], Utrecht, Nederlandse Vereniging voor Bio Ethiek.

WENZ P. S. (1983), « Ethics, energy policy, and future generations », in *Environmental Ethics*, Vol. 5, p. 195-209.

WENZ P. S. (2001), *Environmental Ethics Today*, Oxford, Oxford UP.

WCED (World Commission on Environment and Development) (1987), *Our Common Future (The Brundtland Report)*, New York, Oxford UP.

WILSON E. O. (2001), *The Diversity of Life*, Middlesex, Penguin.

WILSON E. O. (2002), *The Future of Life*, New York, Alfred A. Knopf.

WSSD (The United Nations' World Summit on Sustainable Development) (2002), The Johannesburg Declaration on Sustainable Development (Draft political declaration, advanced unedited version of 4 September 2002, A/conf.199/L.6/rev.2), New York, United Nations.

2

PARTIE

La responsabilité sociale de l'entreprise

Dans cette deuxième partie, l'accent est mis sur les liens qu'entretiennent les notions de développement durable et de responsabilité (chap. 4, J. Brégeon), sur le phénomène de « surresponsabilisation » tous azimuts de l'entreprise (chap. 5, O. Gélinier), tandis qu'un modèle d'apprentissage sociétal est dégagé au travers de la gestion des entreprises (chap. 6, J.-P. Gond).

SOMMAIRE

Développement durable *versus* responsabilité

Jacques BRÉGEON

Le présent ouvrage vise, d'une part, à rendre compte de la diffusion généralisée du « principe de responsabilité » à travers les institutions et, d'autre part, à montrer la nécessité de sa prise en compte à des niveaux de plus en plus bas de la hiérarchie.

Sur le premier point, il apparaît que le principe de responsabilité est étroitement lié au concept de « développement durable » ; comme cette notion, très (trop ?) médiatisée depuis peu de temps, fait l'objet d'interprétations variées, il est important ici de l'expliciter et, ce faisant, de mettre en exergue ses liens avec la notion de responsabilité.

Sur le second point, s'il est sans doute nécessaire de responsabiliser le citoyen de façon qu'il adopte des comportements adéquats au regard des enjeux sociaux et environnementaux, on peut se demander quel est son degré de responsabilité en la matière.

L'introduction récente dans le paysage juridique français de la « Charte de l'environnement » est la démonstration de la généralisation, au sens le plus large, de la responsabilité de chacun envers l'environnement.

On reviendra donc sur la notion de développement durable pour ceux des lecteurs qui ne seraient pas déjà bien informés et l'on essaiera de l'expliciter en pointant les liens des principes du développement durable avec la responsabilité.

On pourra ensuite dresser un rapide état des lieux de la société française en relevant les évolutions constatées sur le champ de l'environnement et en s'interrogeant sur les facteurs influençant ces évolutions, qu'ils soient favorables ou qu'ils la freinent.

LE DÉVELOPPEMENT DURABLE

Il faut d'emblée poser un préalable : le « développement durable » est un concept à ne pas confondre avec celui d'environnement, malgré l'approche qui en est trop souvent faite, notamment dans notre pays. En limiter la compréhension à cette seule perception, serait-elle mâtinée de social et d'économique, relèverait du contresens. Nous verrons plus loin que ces deux notions ne sont pas de même niveau.

Mise en garde

Face à la relative complexité du concept, certains ont pu faire du développement durable un principe « fourre-tout », voire un principe sans contenu, ou encore une tentative désespérée de concilier l'inconciliable...

Il faut reconnaître que la médiocre traduction de l'anglais « sustainable » par « durable », introduit un biais sémantique : « durable » ne signifie pas seulement ici « qui dure », même si la pérennité du développement peut être légitimement recherchée, mais aussi « soutenable » ou « qui peut être soutenu ou supporté, compte tenu des contraintes, notamment écologiques ».

La signification apparente de l'expression « développement durable » est ainsi très réductrice. Cela nuit non seulement à une bonne compréhension du concept, mais, de plus, cela prête le flanc à des interprétations fausses, parfois volontairement entretenues.

Quoi qu'il en soit, il faut se résigner à ce mauvais habillage du concept, car c'est sous cette forme qu'il figure depuis 1992 dans les versions officielles en langue française des conventions et des traités internationaux comme européens.

Cette difficulté sémantique est certaine, mais pas rédhibitoire. Les applications concrètes du développement durable illustreront suffisamment le concept pour que cette difficulté soit bientôt dépassée.

Ceux qui n'auraient pas encore eu le temps d'approfondir le sujet du développement durable sont légitimement amenés à en réclamer une définition et c'est là une première difficulté, puisqu'il n'existe pas « une » définition normée, mais qu'il faut la forger à partir des textes de référence.

Toutefois, la définition donnée dans le rapport Brundtland (« Our Common future », ONU, 1987) est devenue classique. La voici : « Le développement durable est un mode de développement apte à répondre aux besoins du présent sans compromettre la possibilité de répondre aux besoins des générations futures. »

On constate que, si cette définition donne la finalité du concept, elle n'éclaire pas beaucoup sur son contenu.

En fait, on ne parvient à une approche plus explicite qu'en analysant les textes de référence que sont principalement la déclaration de Rio et les traités de Maastricht et d'Amsterdam.

Voici cependant quelques autres définitions :

- Celle, plus environnementale, du Programme des Nations Unies pour l'environnement (PNUE), selon lequel le développement ne sera durable que si les choix des modes de vie, de consommation et de production évoluent de manière à ne pas dépasser la capacité de support de la planète : « Un développement durable doit permettre de développer la qualité de vie tout en préservant la capacité de support des écosystèmes. »
- Ou encore, la définition plus économiste de la Banque mondiale, qui considère que les besoins des générations présentes comme futures sont difficiles à qualifier et quantifier : « Un développement est durable s'il laisse aux générations futures autant d'opportunités de se développer, voire plus, que celles que nous avons reçues des générations précédentes. »
- Ou, enfin, celle qui exprime la vision européenne d'un développement « soutenable » : « [...] une politique et une stratégie visant à assurer la continuité dans le temps du développement économique et social, dans le respect de l'environnement et sans compromettre les ressources indispensables à l'activité humaine » (rapport « Vers un développement soutenable », Commission européenne, mars 1992).

D'après l'expert Corinne Blanchet, malgré leurs diverses perceptions, « les principaux acteurs internationaux s'accordent sur ce qui est présenté comme le *"trépied* du développement durable", qui en fait un mode de développement :

- *socialement équitable* (répondant aux aspirations culturelles, matérielles, voire spirituelles de la population) ;
- *économiquement viable* (dont les coûts n'excèdent pas les revenus...) ;
- et *écologiquement soutenable* (préservant à long terme le patrimoine naturel) ».

À travers ces différentes interprétations et avec un effort d'analyse, il est cependant possible de présenter le concept de la façon suivante : « Le développement durable est un mode de développement, ou plutôt un mode d'action politique, qui vise à rechercher pour tout projet, toute politique, et à toute échelle :

- un équilibre harmonieux, l'optimum, entre les objectifs (ou contraintes) économiques, sociaux et environnementaux,
- à le faire en conformité avec certaines règles de bonne gouvernance et de démocratie, notamment les principes de précaution, de responsabilité, d'équité, de participation aux décisions et d'intégration préventive...
- à le faire pour aujourd'hui et pour demain, c'est-à-dire sans hypothéquer les droits des générations futures, ce qui oblige à une réflexion prospective et à une évaluation systématique. »

On comprend alors que le développement durable n'est pas un champ, au contraire de l'environnement ou du social, mais à la fois une « finalité » et une « manière de faire », ce qui est important sous l'angle de la responsabilité.

Trop souvent, les présentations du concept s'arrêtent à la notion de trépied, certaines ajoutant même la « culture » comme quatrième support d'un « tabouret du développement durable ». Ces interprétations restent incomplètes. Il faut, en effet, ajouter à ce tabouret à trois ou quatre pieds deux dimensions supplémentaires qui sont essentielles : celle de la bonne *gouvernance* et celle du *temps*.

Ces dimensions sont essentielles, car elles sont *dynamiques* et parce qu'elles se traduisent bien davantage que la simple intégration « économique – social – environnemental » par des « manières de faire », et parce qu'elles établissent le lien avec le « long terme » et, donc, avec les générations futures.

Il faut souligner que c'est le rapprochement cohérent de ces diverses notions qui est particulier au développement durable, puisque chacune n'a, en soi, rien de spécifique.

Le développement durable apparaît alors comme une « architecture mentale », conceptuelle, dont le schéma ci-dessous tente de rendre compte.

Le tétraèdre du développement durable

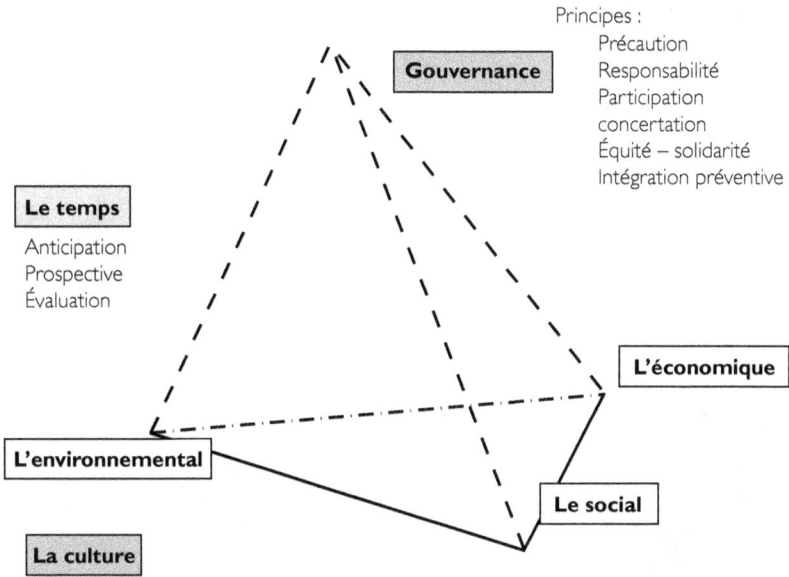

Principes :
Précaution
Responsabilité
Participation
concertation
Équité – solidarité
Intégration préventive

Le temps
Anticipation
Prospective
Évaluation

Gouvernance

L'économique

L'environnemental

Le social

La culture

Le schéma illustre les deux premiers volets du concept, c'est-à-dire l'intégration économique-social-environnemental ainsi que la gouvernance, le troisième, celui du temps est plus difficile à figurer.

Pour ce qui concerne la « gouvernance », il faut souligner qu'elle consiste, notamment, à respecter et appliquer certains *principes dits du développement durable*, chacun étant dûment explicité *(cf. infra)*.

Avant de les détailler, il faut souligner que ces principes se réfèrent à un corpus éthique qui porte le nom de « global compact » (contrat mondial en français); formalisé en janvier 1999 à l'attention des grandes entreprises internationales par Kofi Annan, secrétaire général de l'ONU : ce corpus rassemble en neuf principes l'essentiel des droits de l'homme, du droit du travail et du droit de l'environnement. On peut le considérer comme un *référentiel éthique* quasi universel exprimant les valeurs du développement durable.

La responsabilité des grands acteurs que sont les entreprises internationales, mais aussi les États ou les collectivités, peut désormais se juger à l'aune de ces valeurs.

GLOBAL COMPACT

Un pacte commun pour le nouveau siècle

Au forum économique mondial de Davos le 31 janvier 1999, Kofi Annan a présenté comme défi aux leaders mondiaux des affaires le fait « d'adhérer et de prendre des mesures » en faveur d'un pacte commun couvrant les droits de l'homme, du travail et de l'environnement. Ce dernier concerne les pratiques « corporate » comme les pratiques individuelles.

Le pacte demande aux responsables de :

Principe 1
Promouvoir et respecter la protection des droits internationaux de l'homme dans leur sphère d'influence.

Principe 2
S'assurer que leurs sociétés ne sont pas complices des abus concernant les droits de l'homme.

Principe 3
Promouvoir la liberté d'association et la reconnaissance effective du droit de négociation collective.

Principe 4
Promouvoir l'élimination de toutes les formes de travail forcé et obligatoire.

Principe 5
Agir pour l'abolition effective du travail des enfants.

.../...

...∕...

Principe 6
Agir pour l'élimination de la discrimination vis-à-vis de l'emploi et l'activité.

Principe 7
Promouvoir une approche des défis environnementaux intégrant le principe de précaution.

Principe 8
Prendre des initiatives pour promouvoir une responsabilité plus grande dans le domaine de l'environnement.

Principe 9
Encourager le développement de la diffusion des technologies respectueuses de l'environnement.

Un autre aspect éthique du développement durable se situe dans la « manière de faire ». Lorsqu'il s'agit, en effet, d'appliquer les principes du développement durable à l'occasion d'un projet ou d'une politique, les acteurs se trouvent invités à respecter ce que l'on appelle les « bonnes pratiques », qui sont des règles de bon comportement. Celles-ci peuvent parfois prendre le statut de « normes », par exemple, en matière de management environnemental, la norme ISO 14001. Dans le schéma proposé, elles se situent sur les arêtes et les faces du tétraèdre, alors que les valeurs du « global compact » se situent à son sommet.

On comprend donc que le développement durable en tant que « finalité » introduit une responsabilité qui se réfère aux valeurs éthiques supérieures du « global compact » et qu'il s'accompagne, en tant que « manière de faire », de certaines règles éthiques de bon comportement. *Le développement durable offre donc un cadre complet à notre responsabilité.*

Pour revenir à la *gouvernance*, il faut noter qu'elle conduit à un renouveau des pratiques démocratiques, voire à une nouvelle éthique de la vie publique. Cette « bonne gouvernance » vise, en effet, à rechercher autant que possible des solutions consensuelles grâce à la concertation et au débat public. Ces solutions sont dès lors mises en œuvre par des voies contractuelles entre partenaires publics et privés, l'intervention politique s'exprimant alors plutôt en termes d'arbitrage.

Il faut souligner que de telles pratiques ne sont pas antinomiques des règles de notre démocratie représentative, qui veulent que l'élu décide et prenne l'entière responsabilité de la décision. La culture politique de la société française fait qu'elle ne conçoit pas la décision comme un processus, alors qu'*une décision se construit avant de se prendre.*

Rien n'empêche, en effet, que la société civile, les parties prenantes, soient consultées dans cette phase de construction de la décision ; leurs avis, sollicités par la voie de « conférences de citoyens », sur le modèle des conférences de consensus danoises, peuvent *éclairer la décision du responsable* politique dûment mandaté ; cela peut même sécuriser sa décision...

La responsabilité de la décision est-elle pour autant partagée ? Les citoyens qui participent aux conférences de consensus, et qui formulent des avis, se considèrent-ils comme associés à la décision, parties prenantes de celle-ci, et, d'une certaine manière, co-responsables ?

En ce qui concerne le *temps*, sa prise en compte se traduit de deux manières :
- par une place plus large faite à la *prospective* conçue davantage comme le moyen de dessiner la vision collective d'un avenir souhaitable que comme une méthodologie plus ou moins technocratique permettant d'anticiper,
- et par l'introduction de l'*évaluation* en tant qu'outil de management et non pas comme sanction *a posteriori.*

Chacune de ces voies ouvre des interfaces avec la responsabilité.

À la prospective, il est demandé d'éclairer notre compréhension des enjeux majeurs écologiques et humains au regard desquels des politiques de tous ordres peuvent et doivent être élaborées ; or, les phénomènes qui gouvernent les évolutions climatiques, écologiques ou démographiques ne sont pas tous identifiés, reconnus ct soupesés.

Les erreurs de prospective auxquelles nous sommes exposés peuvent donc avoir des conséquences graves pour les générations futures. Il est de la responsabilité de notre génération de déployer tous les moyens qui sont à sa portée afin d'appréhender le plus justement possible les évolutions majeures à venir.

Quant à l'*évaluation*, il s'agit, grâce au développement durable, de changer son statut social.

Jusqu'à présent, l'évaluation a été vécue au sein de la société française comme un processus imposé par une entité extérieure disposant d'un pouvoir de sanction. Ce type d'évaluation a classiquement pour objectif d'apprécier les conséquences d'une politique menée sur une période plus ou moins longue de l'ordre de cinq à dix ans.

Ce que le développement durable requiert, c'est une évaluation qui soit complètement *intégrée au processus* même du management, respectant en cela les règles du management ISO (roue de Deming, « plan, do, check, act »).

En outre, comme la protection de l'environnement y a déjà conduit pour ce qui concerne les grands projets d'aménagement à travers les « études d'impact », rien n'interdit, tout au contraire, de développer davantage grâce à des outils de simulations (modèles) l'*évaluation « a priori »* des politiques à engager.

Disposant ainsi d'un référentiel préalable, l'évaluation intégrée permet alors de mesurer les écarts, de corriger les dérives ou de modifier les objectifs avant qu'il ne soit trop tard. Constater cinq ou dix ans après sa mise en œuvre l'inefficacité ou les effets pervers d'une politique n'a rien de très satisfaisant en soi.

On comprend que ce nouveau statut de l'évaluation puisse rencontrer quelques difficultés dans sa mise en place ; les réticences sont grandes devant la généralisation de l'évaluation, les responsables la percevant toujours comme un processus d'audit visant plus à rechercher les causes et donc les responsabilités, plutôt que comme un outil de management.

LES PRINCIPES DU DÉVELOPPEMENT DURABLE

Après ces commentaires qui ont permis de mettre en évidence certains liens entre le développement durable et la responsabilité, il reste à entrer dans le détail des principes du développement durable.

La « bonne gouvernance » n'est pas, dans ce cadre, un vain mot ; les principes qui lui sont attachés et qu'il nous faut tenter de respecter, méritent donc d'être explicités. Voici l'essentiel concernant :

- le principe de précaution
- le principe de responsabilité
- le principe de participation
- le principe d'équité et de solidarité
- le principe de l'intégration préventive.

Le principe de précaution

C'est le principe le plus mal compris et donc le plus discuté, notamment en raison de ses implications en termes de responsabilité.

Plusieurs textes en précisent pourtant le contenu, que voici :

- Déclaration de Rio (principe n° 15) :

    « En cas de risques de dommages graves ou irréversibles, l'absence de certitude scientifique absolue ne doit pas servir de prétexte pour remettre à plus tard l'adoption de mesures effectives visant à prévenir la dégradation de l'environnement. »

- Traité de Maastricht (article 130 R) :

    « Il n'est plus acceptable d'attendre les atteintes portées à l'environnement pour qu'une action soit appliquée. »

- Loi française 1995-101 (article 1er) dite loi Barnier :

    « L'absence de certitude, compte tenu des connaissances scientifiques et techniques du moment, ne doit pas retarder l'adoption de mesures effectives et proportionnées visant à prévenir du risque de dommages graves et irréversibles à l'environnement à un coût économiquement viable. »

- Projet gouvernemental de Charte de l'environnement (juin 2003, article 5) :

    « Lorsque la réalisation d'un dommage, bien qu'incertaine en l'état des connaissances scientifiques, pourrait affecter de manière grave et irréversible l'environnement, les autorités publiques veillent, par application du principe de précaution, à l'adoption de mesures provisoires et proportionnées afin d'éviter la réalisation du dommage, ainsi qu'à la mise en œuvre de procédures d'évaluation des risques encourus. »

On voit que ce principe invoqué aux niveaux international, européen et national ne vaut que face aux situations d'*incertitude scientifique* ; dans les autres cas, les risques étant identifiés et pesés, il ne s'agit que de simple prudence, de prévention ou de protection. La référence immodérée au principe de précaution que font les médias en toute circonstance a pour malheureuse conséquence de le disqualifier aux yeux de nombreux responsables qui en ont une vision caricaturale et le prennent en aversion.

Contrairement à certains commentaires, on voit que l'application du principe ne conduit pas à bloquer toute action, mais oblige, tout au contraire, à diligenter les travaux et recherches nécessaires pour lever l'incertitude. C'est donc un principe d'action.

Bien compris, bien appliqué, le principe de précaution sécurise autant le citoyen que l'industriel et les pouvoirs publics.

Le principe de responsabilité

La mise en œuvre du développement durable appelle des actions concertées entre toutes les parties concernées par un même problème. La question est alors de déterminer le niveau d'exécution le plus approprié, de définir les moyens et acteurs les plus adéquats pour atteindre un objectif ou résoudre un problème. La recherche de solutions partenariales est privilégiée.

Ce principe englobe et dépasse le principe de *subsidiarité* déjà pratiqué, notamment dans le cadre européen. Il s'y ajoute l'idée de la *responsabilité des acteurs*, qui se traduit assez mal par le principe « pollueur-payeur » qui peut laisser penser qu'il suffirait de payer pour avoir le droit de polluer.

Chacun étant responsable des pollutions et déchets que son activité génère, il doit y porter remède. L'idéal serait de pouvoir restaurer les conditions initiales du milieu naturel, ou tout au moins apporter des compensations acceptables ; à défaut de compensations « en nature », il s'agit d'apporter des compensations financières qui seront des ressources pour une meilleure protection de l'environnement (écotaxes).

Ce principe conduit donc aujourd'hui à des solutions de type économique aux problèmes environnementaux. Il faut ici remarquer que la valorisation économique des biens naturels et la prise en compte des coûts écologiques réels pour toutes les activités permettraient sans doute de réguler la production et la consommation de façon plus efficace que les écotaxes actuelles.

Le principe de participation

Ce principe consiste à associer le public, le citoyen, aux décisions qui le concernent. Le citoyen est considéré comme suffisamment averti pour participer à l'élaboration des projets et apporter sa contribution aux décisions publiques.

Cela suppose non seulement une *transparence* de l'information, mais aussi une véritable action pédagogique de la part des pouvoirs publics puisqu'il ne s'agit pas de se contenter de diffuser *une information* mais qu'il faut que celle-ci soit la plus *claire et compréhensible* pour être à la portée de tout citoyen.

Il est de la responsabilité des pouvoirs publics, mais aussi des acteurs que sont les entreprises et les collectivités de délivrer une information de cette nature. Chacun sait la tentation que certains peuvent avoir de se réfugier derrière un jargon technico-scientifique ; il suffit de se remémorer la communication des pouvoirs publics lors du fameux nuage de Tchernobyl...

En outre, à l'occasion de projets, voire de politiques, une *consultation* de la population est de plus en plus souvent organisée à travers sondages d'opinion, enquêtes publiques, etc. Au-delà d'une telle consultation, le principe de participation conduit à mettre en œuvre une véritable *concertation* avec le public, notamment, en favorisant la création d'entités représentatives comme des comités de quartier, en organisant des référendums locaux, des débats publics, des conférences de citoyens, ou mieux des « conférences de consensus » à la manière scandinave.

Ces modalités de la vie publique conduisent sans doute à une forme de *démocratie plus « participative »* parfaitement conciliable avec notre démocratie représentative. Si le public se trouve davantage associé à la « construction » de la décision, les élus conservent quant à eux la responsabilité de l'arbitrage et de la prise de décision.

Les principes d'équité et de solidarité

Le principe d'équité correspond au souci de préserver les capacités des générations futures à répondre à leurs propres besoins. C'est donc un principe d'*équité inter-générationnelle*, mais c'est aussi un principe de *lutte contre l'exclusion*, aujourd'hui au sein de notre propre société.

À cette *équité dans le temps* s'ajoute une *solidarité dans l'espace*.
La conscience de la dimension planétaire de certains problèmes environnementaux (effet de serre) comme l'expérience de pollutions transfrontalières (Tchernobyl, pluies acides...) conduisent à une compréhension plus globale du sujet. Ainsi, la lutte contre l'effet de serre devient une priorité pour tous les pays ; elle s'accompagne en outre d'une aide au développement des pays pauvres attentive à la protection de l'environnement.

Localement, les solidarités nécessaires sont mieux comprises entre quartiers d'une même ville, entre communes d'une même agglomération, entre villes d'une même région ou entre le monde rural, l'urbain et le péri-urbain...

Il s'agit alors de garantir l'accès de chacun à une certaine qualité de vie et d'éviter déséquilibres ou distorsions au sein de la société.

Le principe d'intégration préventive

Ce principe correspond pour partie à l'adage « Mieux vaut prévenir que guérir ».

Plutôt que de lutter contre les pollutions ou les déchets, mieux vaut *agir à la source* afin de les réduire.

Ainsi, en matière de pollution atmosphérique liée à la circulation automobile, l'adjonction de pots catalytiques n'est qu'un palliatif, d'autant que ceux-ci engendrent eux-mêmes des pollutions, comme on le constate aujourd'hui.

On comprend qu'il soit préférable de développer des moteurs propres ou de façon générale des *technologies propres* utilisant si possible des sources d'énergie renouvelables.

Ce principe d'intégration préventive conduit à une société reposant sur des *modes de production et de consommation propres et sobres*, économisant et préservant les ressources naturelles. Il conduit à la notion d'*éco-conception* qui peut s'appliquer aussi bien à la conception d'un produit qu'à l'architecture d'une activité comme la grande distribution.

Il revient aux maîtres d'œuvre de l'activité économique, notamment industrielle, de produire les efforts nécessaires à une bonne intégration des préoccupations environnementales ; leur responsabilité est lourde car, sans leur contribution, la société humaine sera dans l'incapacité d'apporter une solution aux enjeux écologiques.

ÉTAT DES LIEUX

Annoncé dès la conférence de Stockholm en 1972, formulé en 1987 (rapport Brundtland aux Nations Unies, « Our common future »), officialisé par le traité de Maastricht (article 2, janvier 1992) et par la déclaration de Rio (sommet de la Terre en juin 1992), le développement durable a dû attendre le sommet de Johannesburg (août 2002) pour bénéficier d'une toute relative notoriété dans notre pays.

C'est pourtant une préoccupation de premier plan, non seulement pour des organisations internationales directement concernées par l'environnement comme le PNUE (Programme des Nations Unies pour l'environnement), mais aussi pour l'Union européenne (traités de Maastricht et d'Amsterdam, stratégie européenne sommet de Göteborg), ainsi que pour d'autres institutions que l'on n'attend pas sur ce registre, comme l'OCDE. Cette dernière a d'ailleurs adopté le développement durable comme axe stratégique pour son actuel programme quinquennal. En fait, toutes les organisations internationales font référence au développement durable.

En France, le développement durable, longtemps mal compris et parfois considéré comme une lubie écolo-folklorique ou comme une version sophistiquée de l'écologie, a dû attendre l'engagement du président de la République à Johannesburg pour être pris au sérieux, alors que son discours d'Orléans en mai 2001 était déjà un véritable manifeste pour « l'écologie humaniste ».

Le Premier ministre, sur l'invitation du président, a tenu en novembre 2002 un séminaire gouvernemental sur le sujet avant de mettre en place le Conseil national du développement durable en janvier 2003 ainsi qu'un Comité interministériel dont les travaux ont abouti en juin 2003 à une « stratégie nationale de développement durable ».

L'État s'est donc récemment mis en ordre de marche ; il était temps, car il a beaucoup à faire, alors que d'autres grands acteurs ont bien avancé.

Le monde de l'entreprise s'y est en effet ouvert bien avant lui, notamment les grandes entreprises internationales (les « *glocos* » ou *global companies*) comme IBM, Shell, Procter & Gamble qui ont intégré le concept et tiré leurs homologues françaises (Suez, Véolia, Total, Lafarge, Areva, Carrefour, Monoprix…, ainsi que les grandes entreprises publiques (SNCF, RATP, EDF, GDF…) qui ont même signé une charte pour le développement durable en 2000.

La politique générale de ces entreprises est exprimée dans des chartes faisant explicitement référence au développement durable. Elles ont mis en place des systèmes de management environnemental, se plient aux exigences des normes ISO 14000 ou éco-audit européen, adhèrent volontairement aux standards sociaux de type SA 8000 ou *Investors in people*, règles de bonne conduite sociale, et s'engagent sur la voie de la *responsabilité sociale et environnementale* (« sociétale », disent certains).

De surcroît, la récente loi sur les nouvelles régulations économiques (loi NRE, mai 2001) oblige les entreprises françaises cotées en bourse à produire un rapport sur leur responsabilité sociale et environnementale dès l'exercice 2002 (2003 pour celles cotées au second marché)[1].

---

1. Cf. J. Igalens et M. Joras, « La responsabilité sociale de l'entreprise », Éditions d'Organisation, 2002.

La dynamique est forte et l'analyse des « rapports NRE » va permettre aux entreprises de se comparer entre elles et d'ajuster leurs engagements en termes de responsabilité et d'éthique.

Il faut souligner que l'État, qui se veut exemplaire, envisage d'appliquer à ses propres structures, notamment les ministères et les organismes de recherche, des règles équivalentes à celles qu'il impose aux entreprises ; cela signifie que, bientôt, seront disponibles les rapports de responsabilité sociale et environnementale de ces entités.

Dans le monde des collectivités territoriales, on assiste à la mise en œuvre « d'agendas 21 locaux » qui sont des stratégies de développement durable et des programmes d'action élaborés conformément à la charte d'Aalborg ; toutefois, la dynamique n'est pas très soutenue en France. Certaines collectivités pilotes, notamment les villes de Dunkerque, Valenciennes, Athis-Mons, Angers..., ont pu entraîner plusieurs grandes villes, ainsi que quelques départements et régions qui ont réfléchi à des stratégies et se préparent à les mettre en œuvre.

Jusqu'à la promulgation de la loi d'orientation sur l'aménagement et le développement durable du territoire (LOADDT, 1999), qui oblige les pays et les agglomérations à élaborer des « agendas 21 locaux », la démarche n'était engagée que par des collectivités volontaires.

Ce rapide état des lieux montre que la société française connaît une évolution rapide et probablement profonde ; même si le processus n'en est encore qu'à sa phase d'amorçage, on peut percevoir une dynamique que les aléas économiques ne semblent guère affecter. De toutes façons, il s'agit pour la société française de se mettre à niveau, surtout lorsque l'on considère certains pays membres de l'Union européenne vis-à-vis desquels son retard est patent.

Si, pour l'État, l'année 2002 a été celle de la prise de conscience, 2003 celle de la réflexion stratégique, 2004 devrait être l'an I de la mise en œuvre.

Certains pourront légitimement observer que le dispositif que l'on vient de décrire est somme toute très institutionnel et peuvent donc se demander si les engagements pris par l'État, les collectivités, les entreprises, ne seront pas déconnectés du niveau de perception du citoyen ; le risque de hiatus ou de contradiction n'apparaît pas nul.

Les deux plans, celui de la responsabilité institutionnelle et celui de la responsabilité individuelle, trouveront-ils une intersection cohérente ?

Un élément de réponse important se situe dans la façon dont la société française assimilera la future *charte de l'environnement* qui s'adresse principalement au *citoyen.*

Si l'article 1er stipule que « chacun a le *droit* de vivre dans un environnement équilibré et favorable à sa santé », l'article 2 évoque « le *devoir* de toute personne à prendre part à la préservation et à l'amélioration de l'environnement » et le 3e indique quant à lui que « toute personne doit contribuer à la réparation des dommages qu'elle cause à l'environnement ».

La responsabilité de chacun est donc clairement posée ; elle sera confortée par « l'*éducation* et la formation à l'environnement qui doivent contribuer à l'exercice des droits et devoirs définis par la Charte » (article 8).

Sur un plan juridique, la société française s'est ainsi dotée d'un cadre cohérent ; la question reste celle des moyens de la mise en œuvre de la « stratégie nationale de développement durable ».

Les grandes organisations et les institutions auront toujours la possibilité de répondre formellement aux obligations réglementaires comme celles qu'impose aux entreprises la loi NRE ; la question n'est pas tant de rédiger un rapport de responsabilité sociale et environnementale que d'*intégrer en profondeur l'éthique du développement durable* et de la mettre en application. C'est alors sur le plan humain que se jouent les choses.

La responsabilité à laquelle appelle le développement durable passe clairement par l'éducation et l'on peut se réjouir de voir la Conférence des grandes écoles proposer à ses membres d'adopter une charte pour le développement durable (juin 2003). Il faut noter que certaines écoles (l'INSEAD en France) proposent à leurs jeunes diplômés de s'engager à respecter les valeurs du développement durable dans le cadre de leurs responsabilités professionnelles à venir, à l'instar du serment d'Hippocrate des médecins.

Cette évolution récente est remarquable et l'on peut s'en réjouir. Toutefois, les phénomènes qui gouvernent les évolutions climatiques vont engendrer des changements rapides observables à l'échelle d'une génération, si bien que l'urgence est grande et qu'elle impose de ne pas attendre que les jeunes gens actuellement en formation parviennent au pouvoir. C'est dès aujourd'hui qu'il faut produire un effort considérable de mise à niveau des responsables en exercice, si l'on veut que la stratégie nationale de développement durable soit mise en œuvre dans de bonnes conditions.

Cet impératif se limite-t-il aux seuls responsables ? Sûrement non, même s'il paraît nécessaire de commencer par les sommets des hiérarchies pour des raisons d'efficacité.

Cette nouvelle société à laquelle appelle le développement durable est bien une société de responsabilité. Ce qui peut inquiéter, c'est qu'elle suppose un tel niveau de maturité du citoyen que cela pourrait en constituer le facteur limitant.

Le cœur du problème semble bien, une fois encore, se situer sur le champ de l'éducation.

La triple responsabilité de l'entrepreneur d'aujourd'hui

Octave GÉLINIER

RÉSUMÉ

Le dirigeant d'entreprise est soumis à des responsabilités juridiques de plus en plus nombreuses, tout en étant confronté à l'ampleur croissante des responsabilités morales imposées par l'opinion, tandis que d'autres acteurs de la société sont souvent dé-responsabilisés par l'assistanat, la collégialité, voire l'impunité.

Plongé dans ce contexte, le dirigeant éclairé assume, comme conforme à l'intérêt bien compris à long terme, la *triple responsabilité économique, environnementale et sociale*, concrètement codifiée par le développement durable ; cette notion souligne en effet les rôles distinctifs qu'y jouent trois grands acteurs : les individus (le sentiment), les pouvoirs publics (la contrainte) et les entreprises (la création de valeur marchande).

Conformément à sa mission, l'entreprise s'efforce de conjuguer à sa responsabilité économique (rentabilité sous peine de mort) la responsabilité d'avancées concrètes dans les domaines environnemental et sociétal. Elle y réussira par une approche sélective (balance des coûts et opportunités), créative et participative, en impliquant les salariés, les parties prenantes intéressées et, à la limite, toute la population.

***

Sous la devise « Tous responsables », le présent ouvrage exprime l'actuelle extension et généralisation du principe de responsabilité. Corollaire d'un principe de liberté qui fait reculer le pouvoir hiérarchique et doctrinal, cette évolution est foncièrement positive, tout en comportant quelques zones d'ombre.

Dans ce chapitre, nous traiterons de son impact sur le monde de l'entreprise, en nous centrant sur la responsabilité élargie du chef d'entreprise, que nous appellerons *l'entrepreneur.* Ce terme exprime que nous traitons du monde des entreprises *exposées à la concurrence* qui peut les « tuer », plutôt qu'aux organismes bénéficiant d'un positionnement protecteur ou de monopole.

Pour situer dans le concret l'analyse de cette responsabilité, il paraît utile de commencer par en esquisser le contexte, tel qu'il est ressenti par l'entrepreneur qui s'y trouve plongé. Cela conduit à opérer les divisions suivantes :

- Contexte de responsabilité ressenti par l'entrepreneur.
- Vue d'ensemble de la « triple responsabilité » : principe du développement durable (DD).

Puis, dans ce cadre :

- Responsabilité économique de l'entreprise.
- Responsabilité environnementale de l'entreprise.
- Responsabilité sociétale de l'entreprise.
- Conclusion pour l'entrepreneur : vivre la triple responsabilité DD.

CONTEXTE DE RESPONSABILITÉ RESSENTI PAR L'ENTREPRENEUR D'AUJOURD'HUI

L'entrepreneur vit pleinement la notion de responsabilité, du fait que l'entreprise est d'abord *responsable de ses résultats, sous peine de mort* (faillite si les pertes ont consommé le capital). Tout en honorant des règles et valeurs, l'entrepreneur est astreint à une *éthique de responsabilité* (au sens de Max Weber), dont un instrument de rappel est le bilan, dans son rôle de mémoire, qui n'oublie rien (sauf truquage). De ce fait, un management compétitif est fortement conséquentialiste, dans le cadre, entre autres, de règles légales.

Exercé à se comporter en responsable et attentif au progrès, l'entrepreneur est ouvert à l'élargissement moderne de ses responsabilités au nom de l'intérêt général, mais quelque peu effrayé par leur ampleur et parfois leur dérive sur le plan juridique comme sur le plan des normes sociales.

Le corset juridique et fiscal

À partir d'une base nécessaire et utile, les contraintes légales et réglementaires se multiplient et se complexifient en un corset juridique et fiscal si touffu que les experts même s'y perdent. Et les sanctions civiles et pénales se multiplient au point qu'on n'ose plus planter un clou sans en étudier l'impact, et que le dentiste refuse le détartrage faute d'indication de non-allergie...

L'entrepreneur s'accommoderait de ces lourdeurs si ne s'y ajoutaient certaines dérives.

Dérives juridiques et pénales

La sanction juridique ne fait pas problème lorsqu'elle repose sur ses trois bases classiques : la faute, la causalité et l'intentionnalité. Or on s'en écarte souvent par le biais de deux dérives opposées :

- La *sur*-responsabilité (qui touche surtout les entreprises) : c'est la sanction *sans faute*. Dans un souci social, sera sanctionné celui qui a de l'argent, sans faute ni intentionnalité : l'assureur, l'employeur, le propriétaire, le fabricant, etc.
- La *dé*-responsabilisation. Notons qu'elle concerne, dans le cas précédent, le fautif dont la responsabilité est transférée au payeur solvable ; celui-ci gère cette sanction, non plus comme une règle à respecter, mais comme un *risque* sur lequel on n'a guère d'action. On est sorti du domaine de l'éthique pour celui de l'assurance.

C'est hors de l'entreprise que la dé-responsabilisation s'étend par transfert ou dilution des responsabilités :

- des personnes, par amplification de l'assistanat ;
- des décideurs, par abus de collégialité et de processus anonymes ;
- des catégories intouchables, au plus bas et au plus haut de la société ;
- sans parler des zones de non-droit où règne la violence, ni du fait que pour être entendu il faut commencer par violer la loi...

Mais les dérives ne concernent pas seulement la loi positive.

La responsabilité morale[1] devant l'opinion

La codification juridique de ce qui est permis ou interdit, avec sanctions, est utile mais ne peut suffire. La pousser à trop de détails a des effets sclérosants. Il semble préférable que le cadre juridique laisse un espace pour une *responsabilité morale* qui, outre les règles morales universelles (ne pas tuer, voler, tromper...), nous demande de répondre *devant l'autre* de nos actes et de leurs conséquences ; cela contribuant à une harmonie dynamique avec coopération créative.

Pour l'entrepreneur, l'autre est traditionnellement le client, le personnel, l'actionnaire, le fournisseur, etc. Plus récemment, l'autre c'est aussi devenu *l'opinion*, qui est « un autre monde », comme l'a éprouvé Danone. Sur une démarche tout à fait légale et éthique (plan social très généreux sur trois ans), Danone a été surpris par une violente réaction de l'opinion : « Par une longue pratique, éclairée par d'innombrables études et observations, nous connaissions parfaitement les consommateurs, c'est-à-dire tout le monde. Les incidents récents nous ont révélé que nous connaissions mal l'opinion, constituée par les mêmes personnes polarisées par des *groupes de pression*. » Par ceux-ci, l'opinion devient un acteur du marché, disposant non de pouvoir d'achat mais de moyens d'action spécifiques (blocage, boycott...) dont l'entrepreneur doit tenir compte comme il le fait des autres forces s'exerçant sur le marché.

L'opinion mérite d'autant plus d'attention que souvent elle précède et annonce la loi, comme on l'a observé pour la pollution comme pour le sociétal. Écouter l'opinion peut donner l'atout stratégique d'anticipation.

Dérives de la morale d'opinion

En moyenne, l'opinion porte les valeurs d'avenir, mais elle peut connaître des dérives ponctuelles. Fondée sur le sentiment plus que sur la froide raison, elle peut imposer parfois des solutions qui restent contestées par des arguments rationnels (cas des OGM, de l'énergie nucléaire...).

Pour cette opinion moralisante, une version populiste du « Tous responsables » semble souvent devenir : « Toute nocivité a un responsable qu'il faut trouver et châtier. » Même s'il s'agit d'un phénomène

---

1. Nous convenons ici de qualifier de « morale » toute responsabilité qui n'a pas de sanction juridique.

naturel ou accidentel, il lui faut un coupable ; elle nie qu'une nuisance puisse n'engager aucune responsabilité humaine, il faut pouvoir mettre quelqu'un au pilori – comme un rituel pour « chasser le mauvais esprit ».

Au total, après avoir assumé au mieux des responsabilités juridiques complexes et évolutives, l'entrepreneur dirigeant doit assumer des responsabilités assignées par une opinion dont les critères sont souvent flous et parfois discutables. Il s'efforcera de les prendre en compte comme expression objective des forces du marché et de la société ; quitte à les interpréter prudemment au vu de leurs conséquences et à la lumière des principes de la morale universelle.

C'est dans ce contexte que nous allons aborder le cœur de notre sujet.

VUE D'ENSEMBLE DE LA TRIPLE RESPONSABILITÉ : PRINCIPE DU DÉVELOPPEMENT DURABLE (DD)[1]

Il s'agit d'une profonde novation rationnellement justifiée, dont nous présenterons le principe, avant d'en détailler les trois composantes.

Depuis deux ou trois siècles, notre développement s'est accéléré avec l'affermissement de la responsabilité *économique* des acteurs. À la stagnation traditionnelle liée notamment aux terrains communaux (que l'on n'est pas incité à améliorer), a succédé, avec les « enclosures » et la *responsabilité économique des exploitants* (mis en faillite s'ils n'équilibrent pas), l'essor ininterrompu des productions orientées par le marché :

– Les productions agricoles dépassent la demande : c'est la fin de la régulation par la famine (1909, dernière famine en France), et un cinglant démenti à Malthus. Selon le professeur Amartya Sen, prix Nobel d'économie, il n'y a plus de grande famine en démocratie de marché, mais seulement par guerres et déportations.

– Les productions industrielles, très inventives, répondent à de multiples besoins, allègent les travaux pénibles qui accablaient le grand nombre.

– Les productions tertiaires généralisent instruction, santé, culture, loisirs, etc.

---

1. Voir *Développement durable : pour une entreprise compétitive et responsable*, par O. GÉLINIER *et alii*, ESF Éditions, 2002.

Bien qu'entrecoupée de sévères récessions et (cent fois plus grave) ternie par les sanglantes dérives politiques du XXe siècle, cette élévation cumulative du niveau de vie et du niveau culturel peut être mise à l'actif d'un développement guidé principalement par la responsabilité économique des agents : d'où une tendance à ne pas la mettre en question. Mais c'est son succès même qui l'a mise en question.

Par ses performances économiques, l'entreprise moderne a gagné en importance, mais ce faisant elle s'est écartée de certaines valeurs de la société, et le poids de ses impacts a suscité des mouvements pour la protection de la planète et de l'humanité.

En un siècle, sur notre planète, la densité humaine a quadruplé, et l'intensité industrielle de ces humains a quintuplé, soit un impact sur l'environnement multiplié par 20 ! Il est donc naturel que le type de croissance économique, admissible sur une planète agreste et assez vide, puisse devenir intenable dans la durée à partir d'un seuil mettant en péril l'environnement physique et humain que nous léguerons à nos descendants. La prise de conscience de cette responsabilité fut amorcée par la célèbre définition qu'en 1987 Mme Brundtland donna du DD : « Un développement qui réponde aux besoins présents sans compromettre la capacité des générations futures à répondre aux leurs. »

Cette évidence appelait un changement de cap. Il a connu ses extrémistes dans leur conservatisme, tel Hans Jonas[1] et son impératif d'une planète maintenue à l'identique. Plus sage est l'actuel consensus qui tient pour essentiel un développement continué mais qui, pour assurer l'avenir à long terme, doit infléchir son cours en assumant une *triple responsabilité*, non plus seulement économique, mais aussi environnementale et sociétale. Tel est le *nouveau paradigme du développement durable* condensé dans le schéma présenté ci-après.

---

1. Son livre, *Le Principe de responsabilité. Essai d'une éthique pour la civilisation technologique* (Éd. du Cerf, 1990 [éd. originale en allemand 1984]) a contribué à une forte prise de conscience.

Les 3 composantes du développement durable

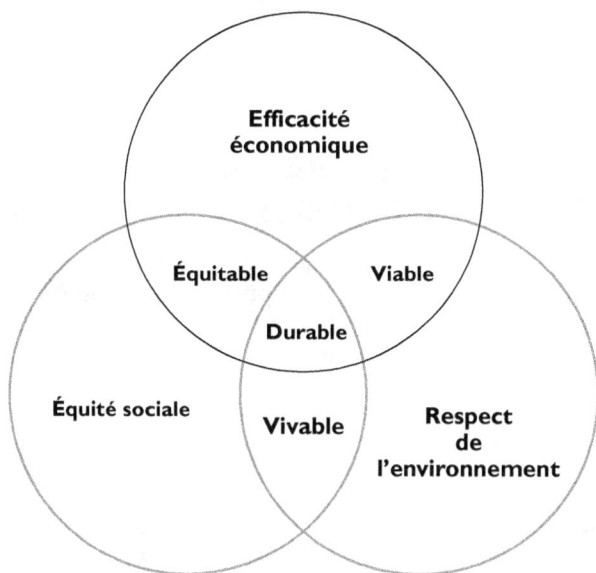

Efficacité économique

Équitable

Viable

Durable

Équité sociale

Vivable

Respect de l'environnement

> *Créer de la richesse en « consommant » moins d'environnement et en contribuant au progrès social*

Affermi au travers des congrès internationaux qui se sont tenus depuis une dizaine d'années, de Rio, de Kyoto, de Davos et de Johannesburg, un consensus international s'exprime pratiquement comme une volonté d'avancer *progressivement mais simultanément* sur la voie des trois grands objectifs du développement durable.

Les implications de cette base solide ont été et sont abondamment déclinées, selon :

- les 8 principes (précaution, prévention, responsabilité, participation, solidarité, gestion économe, subsidiarité, amélioration continue/innovation) devant inspirer les différents acteurs ;
- les 2500 actions recommandées à Rio pour l'agenda 21 ;
- et les innombrables règles légales, normes sociétales, procédures d'évaluation, etc.

Tous ces éléments constituent un ensemble conceptuel s'appliquant à tous les acteurs. Nous nous efforcerons de préciser comment chacune des trois responsabilités DD se concrétise pour *l'entreprise soumise au marché* et spécialement pour *l'entrepreneur*, le cas des organismes sans concurrence étant disjoint.

PREMIÈRE COMPOSANTE : RESPONSABILITÉ ÉCONOMIQUE DE L'ENTREPRENEUR

Pour y voir clair sur ce premier terrain, nous devons d'abord distinguer les trois types d'acteurs du DD, puis rappeler les contraintes spécifiques des entreprises marchandes, enfin esquisser les voies stratégiques et tactiques qui inspirent leur management.

Trois types d'acteurs et contributeurs au DD

Les individus, les pouvoirs publics et les entreprises ont, par rapport au DD, des positionnements spécifiques schématisés dans le tableau présenté ci-après.

Acteurs et contributeurs	Spécificité et ressources	Actions et responsabilités
Individus et leurs associations Opinion publique	Mus par le *sentiment*, compassion, solidarité Volontariat	Dons, bénévolat, achats Vote, militantisme, boycott Groupes de pression
Pouvoirs publics nationaux et internationaux	Pouvoir de *contrainte* légale, judiciaire… Impôts et sanctions	Imposer les règles légales Pénalités, subventions Responsabilité d'ensemble
Entreprises exposées à concurrence	*Création de valeur* Adaptation créative Progrès compétitif	Avancées DD avec retours sur inv. Anticipat. & participat. DD aide compétitivité

On voit que chaque acteur a son rôle. Aujourd'hui, l'opinion publique est devenue l'acteur le plus puissant (il commande les autres), l'État le plus contraignant, et l'entreprise le plus nécessairement créatif pour concilier les coûts DD avec la compétitivité.

Impératif de création de valeur

La vocation de l'entreprise marchande est d'user de ses capacités adaptatives pour créer plus de valeur qu'elle n'en consomme, dans le respect des lois et d'un marché loyal, afin de dégager un surplus pouvant financer l'évolution et le progrès.

C'est le principe de *profit concurrentiel* que l'on aurait tort de décrier. Étendu au moyen et long terme, il s'impose catégoriquement au monde de l'entreprise, et mérite d'être érigé en critère universel (au sens kantien) de bonne gouvernance de l'entreprise. Car sa violation d'ensemble, faisant consommer plus de valeurs qu'on n'en produit, entraîne une régression sociale, dans la misère et les souffrances, dont on peut observer quelques tristes exemples.

Comment les nouvelles responsabilités DD vont-elles s'intégrer dans ce cadre économique ? En suivant l'évolution du marché lui-même !

Adaptation à un marché élargi aux influences qualitatives

En disjoignant le cas des charges et obligations DD que la loi impose à tous, le management stratégique du DD peut être éclairé par deux idées forces :

- Dans les pays développés, l'acheteur et le vendeur ne sont plus seuls sur le marché, ils subissent l'influence croissante d'autres « parties intéressées » (naguère négligeables) qui, relayées par l'information et les groupes de pression, se font entendre par des arguments qui incluent boycott, blocage, intimidation au politiquement correct, etc. Les thèmes ainsi promus par l'opinion active (en avance sur les mœurs) sont assez largement ceux du DD (écologique et humanitaire) ; et, comme les contredire peut coûter fort cher, *la simple logique business* conduit à les intégrer dans un management conscient des risques. D'ailleurs les marchés financiers commencent à les intégrer dans leurs cotations, comme en témoigne le Sustainability Index SAM établi par Dow Jones. L'entrepreneur avisé répond à des marchés qui intègrent de nouvelles forces ni légales ni contractuelles, mais très influentes par les risques et opportunités qu'elles portent. Le client n'est plus le seul roi, il faut compter avec l'*opinion* qu'un nouveau marketing doit apprendre à décrypter jusque dans ses foucades, et à se concilier par une image « tendance ».

• Dans la complexité mouvante des temps présents, le management est plus que jamais « *à rationalité limitée*[1] » : impossible d'optimiser simultanément tous les critères, d'agir sur tous les facteurs ; impossible de jouer à la fois toutes les possibilités d'avancées pour le DD. Dans le concret d'ailleurs, *ces possibilités sont innombrables*, et la créativité interactive les multiplie. Pour un plan d'action DD efficace et ménageant la rentabilité (gage d'un progrès durable), on fera le choix d'*avancées comportant des retombées positives*, qui se situent généralement dans le métier ou proches de lui, par exemple :

  – des coûts de matières, des risques de boycott, qui sont ainsi évités ;
  – des avantages de crédit liés à une bonne cote, qui sont ainsi obtenus ;
  – des opportunités offertes par la pratique de l'anticipation, par l'image positive, la confiance, la motivation[2]…

Ainsi pourront être choisies et réalisées un nombre maîtrisable d'actions dont l'ensemble sera *positif pour le DD et pour l'entreprise*, dans une perspective de progrès continu, maintenu dans la durée.

Deuxième composante : responsabilité environnementale de l'entreprise

Traditionnellement, l'entreprise a assumé une certaine responsabilité en ce qui concerne les *nuisances locales* avérées entraînées par son activité, causes d'inconfort pour les voisins : odeurs, pollution de l'air ou de l'eau, déchets, etc. Mais ce thème n'a pris ampleur et rigueur que depuis une vingtaine d'années, avec l'évidence de nouveaux facteurs

---

1. Herbert A. Simon est célèbre pour avoir, dès sa première grande œuvre, *Executive Behavior* (1947), établi que la connaissance incomplète entraînait la décision à rationalité limitée… de plus en plus inévitable de nos jours.
2. Le cas exemplaire de ST Microelectronics est présenté au chapitre 2 de notre ouvrage sur le DD cité plus haut.

mettant *la planète en danger* : effet de serre, trou de l'ozone, pollution terrestre et maritime, menaces sur les ressources naturelles et la biodiversité, etc.

Sur ces thèmes se sont développés des travaux scientifiques, des mouvements d'opinion, des législations contraignantes ou incitatives, et *des méthodes* pour gérer l'éco-responsabilité des agents économiques et particulièrement des entreprises : notamment les référentiels ISO 14000.

Concrètement, les entreprises ont d'abord systématisé et complété leurs pratiques antérieures. Puis elles ont visé la conformité aux exigences croissantes de la réglementation et des normes sociales, au prix d'un effort sensible. Mais les entreprises leaders n'en sont pas restées là : dans une démarche pro-active, elles ont estimé de leur intérêt à long terme de viser des avancées DD dépassant les normes sur le terrain de leur métier[1].

Un point d'appui de cette démarche fut souvent un raffinement du *diagnostic environnemental*, qui peut se faire selon les deux points de vue complémentaires que nous évoquerons rapidement[2].

L'analyse du cycle de vie (ACV)

L'ACV intègre tous les éléments écologiques de la vie du produit, moyennant collecte des données, calcul d'indicateurs d'impact, puis simulation de sensibilité pour l'interprétation des résultats (ISO 14040).

Malgré ses imperfections, ce diagnostic est une base utile pour aider à centrer les efforts d'*éco-productivité*. C'est alors sur des points très concrets que les ingénieurs et autres experts des techniques s'attelleront à des objectifs de réduction d'impact environnemental. Le « Décalogue de l'environnement de ST Microelectronics » en donne un exemple particulièrement dynamique : économies de matières et d'énergie, énergies renouvelables et alternatives, réduction d'émissions de CO_2, puits de carbone, recyclages, réduction des déchets, des transports, etc. Le tout mesuré, validé et présenté dans le rapport annuel.

---

1. Les cas exemplaires de Lafarge et de Suez sont présentés dans notre ouvrage sur le DD cité précédemment.
2. Voir « Éco-conception : du cycle de vie du produit au management environnemental », par Christophe ABRASSART et Franck AGGERI, *Problèmes Économiques*, septembre 2002.

Le design environnemental produit, procédé

Cette approche fait jouer la variable conception (ou design) adoptant en cela l'idée du précurseur Victor Papanek, dans son livre *Design pour un monde réel* (1970). En effet, les choix du design produit, comme du design système de production, ont des conséquences environnementales (et sociales) que le designer doit avoir évaluées.

Conjuguée au réalisme de marché, la démarche d'éco-conception est actuellement visible selon deux modalités typiques :

- Le *style vert*, qui mise sur des caractéristiques telles que : léger, bio, traditionnel…, constituant une sorte de signature virtuelle et esthétique en faveur de certaines valeurs.
- L'*interaction usager-produit reconçue* par des changements radicaux pouvant comporter : service remplaçant produit, dématérialisation, réutilisation intégrale, énergie nouvelle, auto-production par l'usager, etc.

Ces deux voies principales de l'éco-conception et de l'éco-industrie ont pour caractère commun d'exiger pour réussir que les nouvelles valeurs du DD soient présentes, non seulement dans l'entreprise concernée, mais aussi chez les personnes qui constituent le marché, ou tout au moins qui l'animent. C'est dire l'importance, au niveau de l'entreprise, des expérimentations concertées entre les parties concernées par l'échange, pour favoriser le partage des valeurs et l'éclosion de solutions novatrices répondant aux attentes.

TROISIÈME COMPOSANTE : RESPONSABILITÉ SOCIÉTALE DE L'ENTREPRISE

Les responsabilités de l'entrepreneur et de l'entreprise à l'égard des *personnes humaines* ont existé de tous temps, mais ont connu récemment une considérable extension dont on a pu observer trois aspects successifs : social interne, puis humain personnalisé, puis sociétal externe.

Le social interne : échapper au piège bureaucratique

À l'égard de ses salariés, les responsabilités de l'entreprise se développent depuis plus d'un siècle. Elles sont aujourd'hui balisées par 2 000 pages de code du travail, complétées par de multiples lois, conventions et règlements. Cette densité réglementaire assure une sérieuse protection des salariés, mais présente aussi quelques inconvénients notables.

- D'abord une lourdeur, une complexité (on parle d'usines à gaz...), d'interprétations changeantes, dont les coûts, délais et aléas peuvent inhiber l'entrepreneuriat.
- Plus subtilement, cette escalade réglementaire traite des problèmes humains/sociaux par règles impersonnelles s'appliquant à des catégories, selon un principe bureaucratique (qualifié de républicain), où l'on discerne une sorte de postulat jacobino-kantien qui ne conçoit le positif que dans les règles universelles. Cette approche passe à côté de développements essentiels de la pensée moderne que sont l'individualisme méthodologique[1], puis ce que l'on pourrait qualifier de *nano-gestion*. Les déterminants précis des comportements sociologiques se trouvent au niveau des perceptions et décisions des individus. De même, les vrais déterminants de comportements des cellules se situent au niveau des molécules vivantes : et la nano-biologie tout comme la nano-métallurgie traitent les problèmes en construisant les solutions *molécule par molécule*, chacune en situation spécifique. Au même moment, nos lois ont généralement refusé la nano-gestion de ces grosses molécules que sont les personnes humaines : elles imposent à chaque chômeur un régime quasi standard et dissocié par fonction (pour éviter l'arbitraire) ; le même collège unique ; la catégorie prime sur la personne. Encore présent dans les lois, ce conservatisme est néanmoins sur la défensive. Dans le domaine social interne, cet impératif d'uniformité a été assez largement bousculé par les pratiques de salaires et d'avantages sociaux individualisés, culminant dans les plans de formation-promotion strictement personnalisés. En marge de la loi, on en vient à reconnaître que la ressource humaine n'est pleinement valorisée que lorsqu'on la traite dans la spécificité active de chaque personne, par une sorte de nano-gestion des personnels... qui redécouvre la convivialité[2].

---

1. Raymond Boudon en est le protagoniste bien connu.
2. Évoquons le souvenir d'Ivan Illich, combien dépassé et pourtant combien d'actualité ! *La Convivialité*, Éditions du Seuil, 1973.

Le traitement humain personnalisé

Ouvert aux initiatives des salariés, le traitement humain personnalisé devient alors une dimension essentielle des responsabilités sociales de l'entreprise. Après avoir été une innovation managériale, il devient une réponse à la demande des salariés (notamment des jeunes), une exigence de l'éthique, un élément de la culture.

Ce développement est en phase avec les nouvelles valeurs de la société, selon lesquelles chacun revendique d'être partie aux décisions qui le concernent, et d'être pilote de sa propre carrière ; et selon lesquelles l'entreprise a intérêt et mission d'aider chacun à réaliser pleinement son potentiel.

L'entreprise s'organise alors comme un espace de liberté, cadré par des règles et des engagements sérieux, l'ensemble générant du progrès économique et humain. Le *sens du travail* ainsi accentué est spécialement motivant si la contribution au progrès s'étend quelque peu au-delà du cercle de l'entreprise.

Le sociétal et humain externe

La responsabilité humaine de l'entreprise franchit ici le périmètre du salariat et les frontières de l'État, pour toucher des parties intéressées qui sont ailleurs mais proches du métier ou des lieux de son exercice, avec lesquelles existe un lien de causalité et d'intérêt réciproque.

On cite souvent le cas d'entreprises (telles que Nike) qui sont accusées de sous-traiter à des pays sous-développés employant des enfants ou pratiquant le travail forcé. Pour prouver qu'elles assument désormais leurs responsabilités, ces entreprises peuvent faire état de leur certification *SA 8000*, dont le référentiel est ciblé précisément sur ces déviations. Cette démarche défensive de remontée vers la norme sociale est évidemment positive.

Les entreprises d'avant-garde qui s'estiment déjà à la norme perçoivent l'avantage d'une attitude pro-active qui vise des progrès hors norme. C'est le cas de Lafarge qui, dans le contexte de ses usines africaines, joue un rôle moteur dans des campagnes anti-sida. Citons un cas plus proche de nous et de notre quotidien.

Monoprix, distributeur des centres-villes, s'est engagé dans une politique de DD qui élargit sa responsabilité sociétale tout en affirmant sa position économique. Dans un esprit de renouveau du centre-ville, ont été retenus les objectifs clés suivants :

- Être leader dans l'offre de produits pour la qualité de la vie : 4 cibles, incluant : bio, commerce équitable, labels sécurité et éthique.
- Renforcer et accroître la qualité de vie dans nos magasins : 4 cibles centrées clients, accueil, service, convivialité, information ville.
- Maîtriser les impacts sur l'environnement de l'activité Monoprix : 3 cibles centrées économies eau/énergie, déchets/emballages, transports.
- Initier des actions locales s'inscrivant dans une démarche DD : 4 cibles, dont bonnes pratiques fournisseurs, clients, aide à réflexion/action.
- Informer et rendre compte des actions de DD de Monoprix : 3 cibles centrées salariés, clients, actionnaires, tous partenaires.

Le DD de Monoprix revêt un fort caractère local (centre-ville) ; on notera cependant que ses initiatives de type « commerce équitable » apportent un fort soutien aux paysans miséreux de pays lointains, concrétisant cette solidarité qui est une composante du progrès sociétal.

CONCLUSION POUR L'ENTREPRENEUR : VIVRE LES TRIPLES RESPONSABILITÉS DD

Nous venons d'esquisser le contenu de ces responsabilités élargies. Reste à l'entrepreneur de savoir les vivre avec un dynamisme positif, éclairé par l'exemple d'entreprises qui ont réussi en la matière : apparaissent alors décisifs son rôle de gestionnaire et son rôle de leader.

Comme *gestionnaire*, l'entrepreneur doit certes compléter l'organisation de sa firme, mais aussi doser les efforts répondant aux trois responsabilités. Il pourra s'inspirer d'études théoriques modélisant les solutions selon les priorités accordées à chaque responsabilité. Mais en milieu concurrentiel, il saura que l'économique, support de tout le reste, doit toujours être assuré. Cela implique moins la limitation des actions DD que la focalisation sur celles dont on peut attendre une production de valeur à long terme. Mais ce rôle de gestionnaire ne suffit pas.

Comme *leader*, l'entrepreneur doit intégrer le DD dans la mission de l'entreprise, donc dans sa stratégie. Le défi à relever est de défricher les chemins qui, créant de la valeur à long terme, servent conjointement les objectifs du DD et la compétitivité de l'entreprise. Cela, l'entrepreneur ne peut le réussir qu'en faisant partager cette vision à son équipe de direction, à l'essentiel de l'encadrement, à la majorité du personnel, conditionnant les actions de terrain.

La vision DD doit aussi gagner le client, pour qu'il valorise les produits du commerce équitable, le fournisseur, etc., et jusqu'à l'investisseur, pour une cote de faveur à l'entreprise DD. Par conviction et par intérêt bien compris, l'entrepreneur militant du business sera aussi militant du DD : propagateur des nouveaux critères qui insèrent dans le travail de chacun une contribution à un meilleur devenir écologique et humain.

Apprendre à devenir tous socialement responsables ! Apprentissage organisationnel et performance sociétale de l'entreprise[1]

Jean-Pascal GOND

Les concepts de responsabilité sociétale de l'entreprise (RSE) et de performance sociétale de l'entreprise (PSE)[2] font l'objet d'un intérêt renouvelé de la part du monde académique comme du monde de

---

1. Ce texte reprend en partie des idées présentées dans deux précédentes communications : l'une au congrès de l'International Association for Business and Society (IABS) (Gond, 2002), l'autre à l'Association internationale de management stratégique (AIMS) (Gond, 2003). Je remercie les reviewers de ces deux colloques ainsi que l'ensemble des participants à mes présentations lors de ces conférences pour leurs remarques et suggestions.

2. Nous utilisons le terme « sociétal » pour signaler que la performance et/ou la responsabilité à laquelle nous faisons référence renvoie à l'ensemble des parties prenantes de l'entreprise, et non pas seulement aux salariés, comme peut le laisser sous-entendre le terme « social ». La littérature relative à la notion de responsabilité sociétale de l'entreprise (*Corporate Social Responsibility*) a donné lieu à de multiples conceptualisations (cf. chapitre 12) ; nous nous référons ici exclusivement aux plus récentes, qui correspondent au concept de performance sociétale de l'entreprise (*Corporate Social Performance*).

l'entreprise ; en outre, ils tendent à être institutionnalisés en France à travers la loi sur les « Nouvelles régulations économiques (voir Igalens, Joras, 2002). Aujourd'hui présentée comme un « nouveau paradigme » (Férone *et al.*, 2001 ; d'Humière, Chauveau, 2001), la notion de responsabilité sociétale de l'entreprise a pourtant déjà fait l'objet de nombreux développements théoriques outre-atlantique, et ce au moins depuis les années 1950 (Carroll, 1999 ; Bowen, 1953). Il s'agira donc d'effectuer un retour critique sur ces fondements théoriques et d'en présenter les modélisations contemporaines avant d'en proposer une nouvelle approche. Les théories de l'apprentissage organisationnel nous fourniront ensuite les outils conceptuels permettant de repenser la PSE comme un véritable processus d'apprentissage de l'entreprise, impliquant une mise en question permanente des principes sous-jacents aux actions sociétales mises en œuvres par l'entreprise. Le potentiel heuristique et pratique de cette perspective pour étudier et gérer la responsabilité sociale de l'entreprise sera décliné à travers deux applications : la réception par les entreprises des dispositions de la loi sur les « Nouvelles régulations économiques » et l'étude des paradoxes inhérents aux phénomènes d'apprentissage.

LE CONCEPT DE PERFORMANCE SOCIÉTALE DE L'ENTREPRISE : UN BILAN CRITIQUE

Le retour aux fondements théoriques de la notion de performance sociétale de l'entreprise est un détour nécessaire pour comprendre les développements théoriques contemporains sur ce « construit » et les obstacles auxquels ils se heurtent.

Les origines du concept

La notion de performance sociétale s'inscrit dans une longue tradition de réflexion sur la responsabilité sociétale de l'entreprise (*Corporate Social Responsibility*) et renvoie à l'évaluation de la capacité d'une entreprise à gérer sa responsabilité sociétale (Carroll, 1979, 1999). Cette dernière notion renvoie pour sa part à la nature des interactions entre l'entreprise et la société, et formalise l'idée selon laquelle l'entreprise, du fait qu'elle agisse dans un environnement qui est à la fois social, politique et écologique, doit assumer un ensemble de responsabilités au-delà de ses obligations purement légales et économiques. Les travaux académiques sur la responsabilité sociétale seront d'abord centrés sur un double questionnement des limites du concept en cherchant d'une part à en évaluer les frontières, et d'autre part à en cerner les fondements. Ils s'attacheront ensuite à caractériser les modes de gestion de cette responsabilité par les entreprises dans une optique plus managériale et moins philosophique, à travers la notion de sensibilité sociale (*Corporate Social Responsiveness*), qui traduit la capacité de l'entreprise à prévenir et gérer les problèmes sociétaux dans son environnement (Frederick, 1978). Dans cette perspective, la notion de performance sociétale de l'entreprise (*Corporate Social Performance*) se pose tout à la fois comme une synthèse des travaux antérieurs – visant à réconcilier les deux optiques précédentes – et comme un prolongement de cette réflexion – en mettant au cœur des préoccupations le problème de la mesure des actions concrètement mises en œuvre par les entreprises.

La réflexion sur la performance sociétale est jalonnée par quelques grands modèles qui se sont imposés comme des points de référence de la littérature : le modèle de Carroll (1979), celui de Wood (1991) et enfin celui de Clarkson (1995).

Le modèle proposé par Carroll (1979) définit la PSE comme l'intersection de trois dimensions : des principes de responsabilité sociétale (économiques, légaux, éthiques et discrétionnaires), des philosophies de réponses apportées aux problèmes sociétaux qui se présentent (allant du déni à l'anticipation) et des domaines sociétaux au sein desquels l'entreprise est impliquée (par exemple, discriminations raciales, problèmes écologiques). À partir de ce modèle, deux orientations théoriques se dessinent, visant chacune à préciser le caractère « opérationnel » du construit[1].

Les orientations contemporaines

Une première orientation théorique s'efforce d'apporter des clarifications conceptuelles au sein du triptyque proposé par Carroll (1979), en aménageant chacune des dimensions de manière à mieux tenir compte des développements théoriques les plus récents, et en intégrant au

---

1. Pour une présentation plus exhaustive de la littérature théorique sur la notion de performance sociétale, voir Gond (2003).

construit les aspects qui sont le plus directement mesurables (politiques, impacts sociétaux...). C'est dans cette optique que l'on peut situer le modèle de Donna Wood (1991). Dans la lignée des travaux précédents, elle définira la PSE comme « une configuration organisationnelle de principes de responsabilité sociale, de processus de sensibilité sociale et de programmes, de politiques et de résultats observables qui sont liés aux relations sociétales de l'entreprise » (Wood, 1991). On peut inscrire dans cette perspective les deux modèles proposés par Swanson (1995) et (1999), qui recentrent le concept de PSE sur la notion de culture d'entreprise en se centrant sur les processus de prise de décision et le rôle central que peuvent jouer les valeurs en leur sein.

Une seconde orientation s'appuie sur le constat plus pragmatique de la difficulté à utiliser les typologies précédentes pour appréhender la PSE et propose de mobiliser le cadre de la théorie des parties prenantes (ou *stakeholder theory*, voir Freeman, 1984 ; Donaldson, Preston, 1995 ; Andriof *et al.*, 2002) pour modéliser la PSE, qui sera alors définie comme la « capacité à gérer ses *stakeholders* » de manière à les satisfaire (Clarkson, 1995). Les modèles proposés par Husted (2000) et Wood, Jones (1995), rendent compte de cette approche théorique.

Les obstacles au développement théorique

Les modèles proposés dans la littérature posent un grand nombre de problèmes théoriques et empiriques que l'on peut regrouper en trois catégories.

    1. Des problèmes théoriques intrinsèques. Les modèles de PSE permettent rarement de développer des hypothèses théoriques fructueuses et se contentent souvent de proposer des listes ordonnées d'éléments composant la PSE, sans préciser la logique d'interaction entre ces éléments, en conséquences de quoi ces modèles ne sont pas « conceptuellement opérationnels » (Mitnick, 1993, p. 4).

    2. Des problèmes théoriques et empiriques pour relier ce concept avec d'autres construits. Les problèmes conceptuels précédents rejaillissent de manière particulièrement visible sur les travaux s'intéressant aux déterminants et aux impacts de la performance sociétale (Wood, Jones, 1995 ; Rowley, Berman, 2000 ; Margolis, Walsh, 2001). L'articulation des dimensions et la dynamique interne de la PSE ne faisant pas l'objet d'investigations théoriques poussées, les hypothèses reliant ce construit à d'autres dimensions de la gestion apparaissent nécessairement frustes au regard de l'ensemble des facteurs contingents à l'interaction. Par exemple, les liens entre PSE et performance financière sont fréquemment appréhendés comme une relation linéaire à sens unique ou bidirectionnelle dans les recherches théoriques (Roman *et al.*, 1999 ; Griffin, Mahon, 1997 ; Preston, O'Bannon, 1997) et empiriques (Waddock, Graves, 1997), alors que certaines études empiriques (Bowman, Haire, 1975) et certaines intuitions théoriques (Rowley, Berman, 2000) peuvent laisser supposer que la nature de la relation est beaucoup plus complexe.

3. *Des problèmes d'opérationnalisation et de mesure du concept.* L'absence de consensus théorique quant à la définition du concept conduit les auteurs à mobiliser des mesures de PSE très diverses dans les études empiriques (Preston, O'Bannon, 1997 ; Griffin, Mahon, 1997), mesures qui sont parfois en contradiction avec le fondement même du concept de PSE (Agle, Kelley, 2001) ! L'ambiguïté persistante des résultats empiriques concernant les liens relations entre PSE et performance financière illustre bien ces problèmes d'opérationnalisation (Rowley, Berman, 2000 ; Roman *et al.*, 1999 ; Griffin, Mahon, 1997 ; Preston, O'Bannon, 1997 ; Margolis, Walsh, 2001 ; voir aussi Frooman, 1997, et surtout Orlitzky *et al.*, 2003, pour des bilans plus optimistes)[1].

Les problèmes d'opérationnalisation (3, ci-avant) et d'étude des interactions entre la PSE et d'autres variables (2) sont largement tributaires des réponses apportées aux problèmes théoriques plus fondamentaux sur la PSE (1). Voilà pourquoi nous nous proposons de revenir aux fondements conceptuels de la PSE et d'en proposer une modélisation originale et susceptible de rendre compte de la dynamique interne du construit en mobilisant les théories de l'apprentissage organisationnel.

---

1. Pour une rapide synthèse des travaux sur les liens entre RSE et performance financière, voir Gond (2001).

Une vision renouvelée : la performance sociétale comme processus d'apprentissage organisationnel

Après avoir présenté brièvement la notion d'apprentissage organisationnel nous montrerons la façon dont les modélisations les plus contemporaines de la PSE convergent avec les modèles d'apprentissage, invitant à proposer un modèle d'apprentissage sociétal de l'entreprise.

La notion d'apprentissage organisationnel

La notion d'apprentissage organisationnel repose sur le postulat d'existence d'une cognition collective, posé par Herbert Simon dès le début des années 1950. Une très vaste littérature théorique s'est attachée à étudier et préciser les phénomènes d'apprentissage au niveau organisationnel, en cherchant à distinguer les caractéristiques, les interactions et les modes de fonctionnement des apprentissages individuels et collectifs (cf. Cyert, March, 1963 ; Argyris, Schön, 1978 ; Nonaka, 1995). Les synthèses récentes de la littérature invitent à distinguer deux grands courants de recherche complémentaires qui peuvent être mobilisés pour approfondir la compréhension du concept de performance sociétale (Leroy, 1998 ; Miner, Mezias, 1996 ; Glynn, Lan, Milliken, 1994) :

- Les approches comportementales qui envisagent l'apprentissage organisationnel comme une capacité d'adaptation de l'organisation à son environnement (Cyert, March, 1963 ; Levitt, March, 1988). L'organisation est alors considérée comme un système adaptatif poursuivant des objectifs en se fixant un certain niveau d'aspiration, et l'apprentissage est défini comme un processus de construction de routines par essais/erreur qui résulte des interactions entre l'organisation et son environnement. Ces interactions conduisent à une adaptation plus ou moins importante de l'organisation dont découle sa performance. Le rôle prédominant accordé à l'environnement dans ce processus amène ces auteurs à privilégier l'organisation et/ou les populations d'organisations comme niveau d'analyse (Levitt, March).

- Les approches cognitives (Newell, Simon, 1972) qui se focalisent sur l'étude de l'évolution des connaissances au sein de l'organisation et qui appréhendent l'apprentissage comme un changement cognitif (Huber, 1991). L'apprentissage est alors défini comme un processus de traitement de l'information, à la suite de Newell, Simon (1972). Huber (1991) distingue quatre principaux domaines qui renvoient aux principaux processus sur lesquels ont porté les recherches : l'acquisition du savoir et de l'information, les modalités de distribution de l'information, les modes d'interprétation de l'information et enfin la mémoire organisationnelle.

Ces deux approches renvoient à des formes plus ou moins « profondes » d'apprentissage par l'organisation. Dans la seconde approche, l'apprentissage est conçu comme une modification et une évolution des systèmes de croyance, d'action et de représentation (Argyris et Schön, 1978). De ce fait, il a un caractère plus profond et plus radical (boucle double) que l'apprentissage envisagé dans la première perspective, qui renvoie à une simple « adaptation » de l'organisation à son environnement (boucle simple). Si l'on se réfère à Argyris, Schön (1978), l'existence d'une forme d'apprentissage plus profonde est conditionnée par la capacité à remettre en question les théories réellement utilisées (*in used theory*) plutôt que les théories professées (*espoused theory*). Ces deux formes d'apprentissages (apprentissage *vs* adaptation) sont fréquemment opposées l'une à l'autre dans la littérature théorique (Leroy, 1998). Mais leurs différences ne doit pas gommer leur forte complémentarité : les deux mécanismes n'ont rien d'exclusifs (Miner, Mezias, 1996).

La convergence entre la modélisation de la PSE et les modèles d'apprentissage organisationnel

Il est intéressant de constater que les approches de l'apprentissage organisationnel convergent vers la réflexion sur la responsabilité sociétale et le comportement éthique et moral de l'entreprise et que, de manière plus générale, il existe une proximité entre les modes de modélisation de l'apprentissage et de la PSE.

Au moins deux pistes théoriques esquissent une évolution des théories de l'apprentissage organisationnel vers la prise en compte des dimensions éthiques et socialement responsables. La première piste découle des travaux d'Argyris et Schön (1978, 1996) : le processus d'apprentissage en boucle double tel qu'ils l'appréhendent implique par définition une remise en question critique des valeurs sous-jacentes à l'action. Ce processus invite donc à questionner les dimensions morales et éthiques et à rendre explicite l'évolution des modèles éthiques qui sous-tendent l'action. En conclusion de leur ouvrage de 1996, les auteurs envisagent une exploration des dimensions éthiques de l'apprentissage en boucle double comme une piste de recherche à développer. Un second point de convergence entre apprentissage organisationnel et performance sociétale ressort du fait que les principes directeurs des idéaux types d'organisation apprenante – organisations susceptibles de développer des formes d'apprentissage en boucle double (par exemple, organisation holographique de Morgan, 1986, organisation hypertexte de Nonaka, 1995, ou modèle d'organisation apprenante de Senge, 1990) – semblent reposer en grande partie sur des fondements éthiques et moraux. Ainsi Snell (2001, p. 322) a identifié dix fondements moraux des organisations apprenantes et son analyse suggère que ce sont essentiellement des capacités morales limitées qui font obstacle à la création d'une organisation apprenante. De manière latente, les prescriptions managériales issues des théories de l'apprentissage organisationnel semblent donc reposer en grande partie sur des fondements éthiques qu'elles n'ont pas encore cherché à expliciter.

Au-delà de l'évolution des théories de l'apprentissage vers une prise en compte des dimensions éthiques et sociétales, on peut souligner la proximité entre les modèles de PSE et les modèles d'apprentissage. Les deux types de modèles intègrent en leur sein les mêmes catégories d'éléments : un système de valeurs et des représentations mentales latentes (principes d'actions/principes de responsabilité), des flux d'actions s'appuyant (au moins en théorie) sur ces principes (actions effectives/processus de sensibilité sociétale) et les résultats des actions (résultats observés/résultats sociétaux) à partir desquels la performance est évaluée. Appréhendés dans une perspective dynamique et en considérant les cycles de rétroactions qui leurs sont inhérents, PSE et processus d'apprentissage convergent d'autant plus. Cette convergence invite à entériner le rapprochement théorique entre les deux concepts pour poser des fondements d'un modèle d'apprentissage sociétal de l'entreprise.

Fondements théoriques pour construire un modèle d'apprentissage social

Les interactions entre les dimensions du modèle de Wood (1991) sont souvent appréhendées selon une logique déterministe. Les auteurs postulent de manière implicite une séquence idéale au sein de laquelle le respect volontaire (ou contraint) de *principes* conduit à mettre en place des *processus* de sensibilité sociétale aboutissant aux impacts et *résultats* observables. Cette séquence {principes ⇨ processus ⇨ résultats} découle en grande partie de la logique de questionnement normatif des modèles qui visent à expliquer comment implémenter les « bons principes » et comment augmenter le niveau de PSE[1]. Ces approches accréditent donc une logique de mise en œuvre des actions et des stratégies sociétales que l'on peut qualifier d'harvardienne en se référant à Mintzberg (1990) : les principes et la pensée (réflexions sur ce qu'il faut faire, intégrant des notions de justice ou d'éthique à travers le respect de principes de SR) précèdent l'action (l'implémentation de la stratégie) dans une logique *top-down* où le dirigeant joue un rôle central.

Or, les travaux sur l'apprentissage et l'innovation suggèrent un déroulement beaucoup moins déterministe de la stratégie, laissant une place à des phénomènes émergents (Mintzberg, Waters, 1985) et montrant le rôle clef que peuvent jouer des processus de type *bottom-up* (Burgelman, 1991). Dans cette perspective, il nous semble intéressant d'explorer l'idée selon laquelle la performance sociétale de l'entreprise, appréhendée de manière positive, obéit à cette règle et se construit « en marchant ». Cela revient à renverser la séquence idéale {principes ⇨ processus ⇨ résultats} pour mettre en lumière des mécanismes émergents.

Un tel « renversement » peut s'opérer en deux temps : en distinguant tout d'abord un processus d'adaptation sociétale renvoyant aux rétro-actions des résultats sociétaux sur les processus {résultats ⇨ processus}, et en spécifiant ensuite un processus d'apprentissage sociétal à proprement parler qui formalise les interactions plus complexes entre les résultats sociétaux, les processus de gestion sociétale et les principes sous-jacents à la politique de responsabilité sociétale.

Des résultats au processus : la logique de l'adaptation sociétale

Il est possible de définir une première forme d'apprentissage organisationnel « sociétal » renvoyant à la logique de l'adaptation. Le processus d'adaptation sociétal de l'organisation peut être ainsi compris comme

---

1. Les modèles proposés Logsdon et Yuthas (1997, p. 1219), Swanson (1995, 1999), répondent en partie à cette logique.

l'interaction dynamique du pôle processus et du pôle résultat du modèle de Wood (1991). Il formalise notamment l'ensemble des rétroactions qui remontent des résultats vers les processus et permettent à l'entreprise de s'adapter à son environnement sociétal.

La perception de dysfonctionnements dans le cadre de politiques ou de programmes sociétaux, ou encore un impact sociétal défavorable mesuré au niveau des résultats par rapport à une catégorie de *stakeholder*, va conduire à modifier et adapter l'une ou plusieurs des dimensions des différents processus de gestion. Ce processus se compose donc de l'ensemble des modalités qui permettent à l'entreprise de s'accommoder des exigences et des demandes des *stakeholders* en adaptant ses processus de gestion de manière incrémentale sans avoir à remettre en cause les principes éthiques « effectifs » sur lesquels s'appuient les actions. Un tel mode d'apprentissage n'implique pas de remise en question des cadres d'actions et des valeurs partagés par les membres de l'organisation ; il peut donc être considéré comme une forme d'apprentissage en boucle simple (Argyris, Schön, 1978).

Selon cette logique, l'organisation s'adapte de manière incrémentale aux demandes sociétales émanant des *stakeholders* qu'elle considère comme pertinents sans nécessairement modifier le spectre des *stakeholders* considérés ni les principes de responsabilité sociétale. Les modifications visant à produire de meilleurs résultats sociétaux s'effectuent dans un cadre culturel et pour un système de valeurs organisationnel qui sont tous deux donnés et supposés stables.

D'un point de vue empirique, un tel comportement peut être illustré par certaines des réactions suscitées par la mise en place de la loi sur le bilan social à la fin des années 1970 (en ne nous focalisant ici que sur les *stakeholders* « employé » et « État »), qui a souvent conduit les entreprises à n'adapter leur système de gestion des ressources humaines que de manière incrémentale en se contentant de produire l'information requise sans l'utiliser dans la gestion afin de ne pas remettre en question les principes d'une gestion sociale parfois défaillante. Ces comportements expliquent le regard très critique porté rétrospectivement sur le bilan social (Danziger, 1997 ; Igalens, 1998). Dans ce cas, on a bien une satisfaction d'une demande de l'environnement externe qui n'induit pas la création de nouvelles connaissances ou de savoir-faire dans le processus de gestion des *stakeholders* concernés.

Des résultats aux principes : les logiques de l'apprentissage sociétal

Un second processus d'apprentissage sociétal peut être défini, en se référant cette fois à la logique proprement dite de l'apprentissage (par opposition à l'adaptation sociétale). Ce processus formalise les interactions dynamiques du pôle « principe » avec l'un des deux autres pôles du modèle de Wood (1991). Il dépend donc essentiellement des rétroactions qui remontent des pôles processus et résultat pour questionner les principes mobilisés dans l'action. En nous appuyant sur le modèle de Wood (1991), nous proposons de distinguer deux sous-processus trouvant chacun des fondements théoriques distincts :

- Le premier sous-processus formalise des rétroactions directement issues du pôle résultat conduisant à une remise en question directe des principes de responsabilité sociétale *in use* (par exemple, après une crise organisationnelle liée à des défaillances éthiques). Il s'agit d'une forme d'apprentissage sociétal « direct » par retour d'expérience qui peut être rapprochée des modèles de gestion de crise.

- Le second sous-processus formalise les interactions entre le pôle processus et le pôle principe du modèle ; il renvoie à des problèmes persistants lors de tentatives d'adaptation des processus sociétaux. Ce second sous-processus est donc la conséquence de dysfonctionnements dans le processus d'adaptation décrit précédemment ; il s'agit d'un apprentissage sociétal « indirect » lié à une crise des modes d'adaptation.

Le premier sous-processus d'apprentissage sociétal « direct » est cohérent avec les développements les plus récents de la littérature sur la gestion de crise. Ces développements soulignent l'importance des phénomènes d'apprentissage et de retour d'expérience dans les phases post-crises (Forgues, 1996 ; Pearson, Clair, 1998). Longtemps perçues comme un phénomène inéluctable et imprévisible, les crises organisationnelles apparaissent aujourd'hui comme pouvant produire des résultats plus ou moins « positifs » et faire l'objet d'une anticipation et d'une préparation (Mitroff *et al.*, 1989). Pearson et Clair (1996) montrent ainsi que la gestion d'une crise peut conduire à certaines formes de succès, et que la crise constitue une source d'apprentissage non négligeable. Dans notre modèle, nous postulons qu'un apprentissage direct par retour d'expérience est possible si un résultat sociétal fortement négatif survient. De la même façon qu'une crise peut générer de nouvelles connaissances et mettre en question des politiques antérieures, l'organisation va être amenée à réviser les principes de responsabilité sociétale sous-jacents à son action et à ré-évaluer les valeurs morales qui sous-tendent son mode de gestion des *stakeholders*.

Le second « sous-processus » d'apprentissage sociétal « indirect » correspond à la conception classique de l'apprentissage en boucle double. Il renvoie à une remise en question des principes et croyances qui structurent l'action du fait d'un dysfonctionnement organisationnel persistant. Par exemple, la récurrence et la systématisation de plaintes de consommateurs ou d'associations consuméristes sur l'absence de traçabilité ou d'information sur les conditions de fabrication d'articles de textile peuvent amener une entreprise à questionner les principes sur lesquels repose son processus de production de ces produits et à reconnaître progressivement l'importance des enjeux liés à cette question. Une analyse critique des principes sur lesquels s'appuient les actions organisationnelles pourra alors être mise en œuvre, donnant prise à une analyse en termes de valeurs morales. Une crise organisationnelle liée à ce phénomène, telle que la dénonciation médiatique de l'existence de travail d'enfants chez des fournisseurs, pourra accélérer cette mise en perspective critique, le premier sous-processus étant alors à l'œuvre simultanément.

Ces deux derniers modes d'apprentissage (direct et indirect) constituent des formes d'apprentissage en boucle double, au sens où ils impliquent des modifications plus profondes des principes de responsabilité sociétale sur lesquels reposent les actions sociétales mises en œuvre par l'organisation (Argyris, Schön, 1978). Ils peuvent conduire à remettre en question certains principes inhérents à la culture organisationnelle, et en conséquence inclure des changements cognitifs importants de la part des managers et des dirigeants de l'entreprise et/ou de l'organisation dans son ensemble. Par exemple, ils peuvent conduire à étendre de manière plus ou moins importante le spectre des *stakeholders* pris en compte dans la représentation de l'univers stratégique et socio-politique et/ou à modifier les principes sur lesquels se fonde la gestion d'un type de *stakeholder* particulier. L'évolution de l'attitude de Shell à l'égard d'une ONG comme Greenpeace est à cet égard significative : au fil des interactions, le groupe Shell a été amené à intégrer ce *stakeholder* comme partie intégrante de son univers (impliquant une modification de la *représentation* de cet univers) et à développer progressivement des formes d'interaction d'une logique de coopération plutôt que d'affrontement (impliquant une modification des *principes* de gestion et des valeurs qui lui sont sous-jacentes).

L'idée que des formes d'apprentissage de niveau supérieur peuvent être à l'œuvre dans la gestion des parties prenantes de l'entreprise trouve de nombreuses illustrations empiriques, ainsi Turcotte et Antonova (2002) montrent la façon dont des mécanismes d'apprentissage se déploient au niveau individuel, organisationnel et sociétal lors de la mise en place du programme canadien « PERT » visant à réduire les émissions de polluant. Dans une optique différente, Moss Kanter (1999) souligne que la gestion du secteur social et la philanthropie peuvent constituer de véritables « laboratoires » propices au développement d'innovations organisationnelles, mais aussi d'innovations en termes de produits et services, susceptibles d'être généralisées ultérieurement. Enfin, la loi sur le bilan social offre elle aussi des exemples d'apprentissage, car si de nombreuses entreprises se sont contentées d'adapter leur processus de manière marginale, l'introduction du bilan social a parfois conduit à des formes d'apprentissages et à des innovations sociales telles que la mise en place de systèmes de reporting « RH » et une évolution dans la conception de l'importance des dimensions sociales dans le management (Igalens, Nioche, 1977). Le graphique ci-après (schéma 1) reprend les différents processus d'apprentissage distingués en articulant les différentes dimensions du modèle de Wood (1991).

Un modèle d'apprentissage sociétal

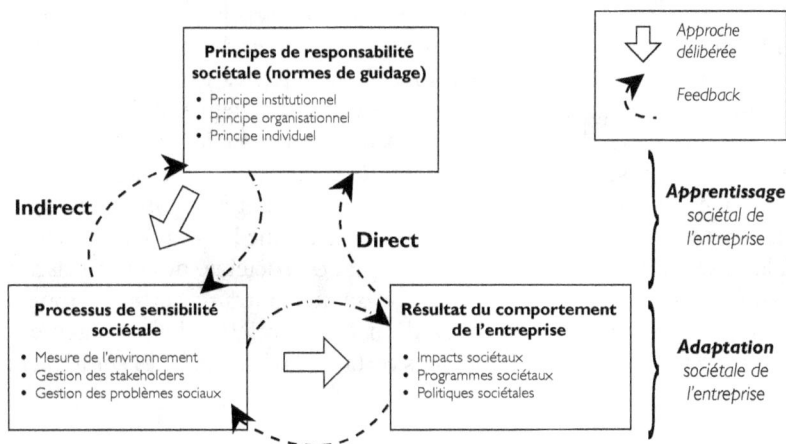

Les apports potentiels d'un modèle d'apprentissage sociétal de l'entreprise

L'intérêt potentiel du petit modèle d'apprentissage sociétal précédent peut être illustré en montrant les intuitions théoriques et les réflexions pratiques qu'il amène à formuler lorsqu'il est appliqué à différentes situations. Nous montrerons ici son intérêt dans l'analyse de deux problèmes : l'évaluation de l'impact potentiel de la loi sur les « Nouvelles régulations économiques » sur le comportement des entreprises ; l'analyse des paradoxes liés à la gestion des dimensions socialement responsables[1].

Comprendre l'impact potentiel de la loi NRE

L'exemple de la loi sur le bilan social que nous avons retenu pour illustrer les processus d'adaptation et d'apprentissage sociétal n'a rien d'anodin. Il permet de comprendre tout le parti que l'on peut tirer d'une approche en termes d'apprentissage pour comprendre la façon dont les entreprises vont réagir à une loi. Il est donc possible de transposer les raisonnements précédents en termes d'adaptation et d'apprentissage sociétaux (directs/indirects) au cas posé par la loi sur les « Nouvelles régulations économiques ».

Le problème qui se joue autour de la loi NRE et de ses décrets consiste à comprendre la nature des réactions des entreprises à son introduction, et le modèle d'apprentissage sociétal permet de spécifier l'éventail des réactions possibles à cette loi : la loi NRE va-t-elle conduire les entreprises à une modification en profondeur de leur politique de responsabilité sociétale ? Est-ce que les entreprises, ou des acteurs agissant en leur sein, vont s'appuyer sur cette loi pour questionner les principes effectivement mobilisés dans l'organisation quant à la prise en compte des parties prenantes dans sa gestion ? Est-ce que l'on va plutôt assister à la mise en œuvre de logiques d'adaptation sociétale des entreprises à la nouvelle réglementation ? Est-ce qu'au contraire cette loi jouera comme « facteur » déclencheur d'un travail réflexif du management des entreprises cotées comme dans certains cas lors de la loi sur le bilan social ?

---

1. Une troisième application du modèle à l'utilisation des systèmes de *reporting* sociétaux est développée dans Gond, Herrbach (2003).

Le cas de la loi NRE est d'autant plus intéressant que celle-ci est relativement ambiguë quant à certaines de ses dimensions. En effet, comme le soulignent Igalens et Joras (2002), les décrets relatifs au périmètre d'application de la loi laissent une grande marge d'interprétation aux acteurs. Entendue dans son sens le plus large, la loi ne connaît presque pas de limites géographiques et implique de renseigner les indicateurs environnementaux et sociaux pour toutes ses filiales et éventuellement les fournisseurs de celles-ci, quelle que soit leur localisation ; interprétée de manière très restrictive, elle peut conduire à ne fournir les données requises que pour le siège social du groupe ! Les logiques d'adaptation et d'apprentissage sociétales invitent ici à se focaliser sur la façon dont les recommandations de la loi NRE seront interprétées et mises en œuvre.

Une logique d'adaptation sociétale consistera à rechercher une modification incrémentale des processus de gestion de manière à pouvoir produire le minimum des données requises, si possible sur un périmètre étroit. Au mieux, les processus permettant de produire ces données seront routinisés et incorporés dans les processus de gestion classique pour l'ensemble du groupe coté et de ses filiales. Ces processus s'appuieront de préférence sur l'ensemble des sources de données préexistantes et chercheront à innover au minimum en complétant les systèmes de *reporting* plutôt qu'en questionnant leur logique. En suivant cette logique, l'entreprise se conforme aux exigences sociétales.

Une logique d'apprentissage sociétal se traduira de manière différente. Dans la logique de l'apprentissage sociétal direct, le modèle invite à analyser la façon dont les principes inhérents au texte de loi ont été pris en compte par les entreprises pour évaluer leurs propres modes de fonctionnement et leurs propres principes de gestion *in use*. Cette démarche implique un questionnement réflexif, au sein de groupes de réflexion et au regard de ce qui est exigé par la loi, visant à chercher à comprendre pourquoi certaines indicateurs ont été privilégiés plutôt que d'autres, à s'assurer que l'esprit de la loi n'est pas trahi et que le périmètre d'investigation est le plus large possible. En présentant un ensemble d'indicateurs environnementaux et sociaux aux entreprises, la loi NRE invite à questionner la pertinence des indicateurs déjà existants ou en cours de développement et à s'engager dans la recherche d'indicateurs qui soient le plus pertinents possibles. Dans la logique de l'apprentissage sociétal indirect, il s'agira d'évaluer la façon dont les modifications des processus de gestion, induites par l'intégration des nouveaux indicateurs, contribuent à modifier les principes de gestion inhérents aux processus pré-existants : est-ce que cette nouvelle loi, avec toutes les modifications qu'elle implique, ne devrait pas conduire à repenser le *reporting* social et environnemental dans son ensemble ? Est-ce que le niveau de gestion des problèmes sociétaux au sein de l'entreprise ne doit pas être repensé en conséquence ?

Les paradoxes de l'apprentissage organisationnel : quelles leçons pour le gestionnaire « socialement responsable » ?

Une approche de la performance sociétale en termes de processus d'apprentissage organisationnel invite à questionner le déploiement de politiques de RSE à la lumière des paradoxes inhérents aux processus d'apprentissage dans l'organisation (Weick, 1995 ; Sitkin, 1995 ; March, 1976). L'une des caractéristiques paradoxales du phénomène d'apprentissage est qu'il peut conduire à encourager des comportements en apparence aberrant, par exemple celui consistant à financer pendant une longue période des individus travaillant dans des directions opposées à tout ce qui est habituellement encouragé en interne (March, 1976), ou à multiplier des échecs à petite échelle pour développer des compétences de gestion de ces problèmes à plus grande échelle (Sitkin, 1995). C'est sur ce dernier phénomène appelé « stratégie des petites pertes » (*strategy of small losses*), et formulé par Sitkin (1995), que nous allons nous arrêter. Sitkin (1995, p. 543-551) formule l'hypothèse que l'on apprend plus des échecs que des succès, et que les échecs constituent très souvent un prérequis indispensable à tout apprentissage véritable (au-delà de la simple adaptation).

Dans cette perspective, le modèle proposé invite à questionner la véritable nature des politiques mises en œuvre et des résultats à long terme qu'elles sont susceptibles de produire. En effet, une entreprise parfaitement « adaptée » (en termes de communication externe, par exemple) à son environnement sociétal à un instant « t » peut n'avoir mis en œuvre que des politiques superficielles correspondant à une adaptation des processus sans un travail de fond qui consisterait à questionner les pratiques en fonction des principes de RSE. Une telle entreprise présente un comportement satisfaisant d'un point de vue externe, et elle sera sans doute très bien notée par une agence de *rating* social et environnemental. Pourtant, et là gît le paradoxe, cette entreprise est potentiellement plus dangereuse (du point de vue sociétal) que son homologue sectorielle qui connaît tout un ensemble de problèmes sociétaux.

Ayant eu régulièrement des problèmes de différents types (environne-mentaux, de discrimination, liés aux pressions exercées par différents *stakeholders* dans la société civile), cette dernière a appris à gérer des relations avec des parties prenantes spécifiques (par exemple, les gou-vernements de pays étrangers, les associations écologistes) et, de ce fait, elle peut se retrouver paradoxalement mieux armée que des entreprises en apparence « parfaites » pour gérer des dysfonctionnements et des crises sociétales graves lorsque celles-ci surviennent. En ayant une expérience des dysfonctionnements sociétaux, elle acquiert une capa-cité de gestion de ces problèmes dont elle aurait été dépourvue sinon.

Poussée dans son interprétation la plus extrême, cette logique aboutit aux constats suivants :

- Les entreprises qui parviennent le plus rapidement à augmenter leur performance sociétale sont sans doute celles qui sont le plus ancrées dans une logique d'adaptation, et donc potentiellement celles qui apprennent le moins.
- *A contrario*, les entreprises potentiellement les plus performan-tes, d'un point de vue sociétal, sont celles que leurs échecs et leurs problèmes ont autorisé à développer des apprentissages directs (à travers des cirses) et indirects (à travers le constat d'inadaptation de certaines de leurs pratiques).

Le modèle d'apprentissage sociétal invite donc à analyser de manière approfondie les modalités de la gestion sociétale des entreprises en se focalisant sur la façon dont les principes de gestion sont questionnés ou non. En outre, il invite à analyser leurs démarches de l'intérieur et à se méfier d'un niveau de performance sociétal élevé, atteint « trop » rapi-dement. De manière paradoxale, il invite les entreprises à ne pas éviter les problèmes sociétaux, mais plutôt à s'y confronter pour améliorer leur capacité de gestion de ces problèmes !

Bibliographie

AGLE B. R., KELLEY P. C. (2001), « Ensuring validity in the measurement of Corporate Social Performance : lessons from Corporate United Way and PAC campaigns », *Journal of Business Ethics*, 31, p. 271-284.

ARGYRIS C., SCHÖN D. (1978), *Organizational Learning*, London, Addison-Westley.

ARGYRIS C., SCHÖN D. (1996), *Organizational Learning II. Theory, Method and Practice*, London, Addison-Westley.

BOWEN H. R. (1953), *The Social Responsibilities of the Businessman*, New York, Harper & Row.

BOWMAN E. H., HAIRE M. A. (1975), « A strategic posture toward corporate social responsibility », *California Management Review*, 18(2), p. 49-58.

BURGELMAN R. A. (1991), « Intraorganizational ecology of strategy making and organizational adaptation : Theory and field research », *Organization Science*, 2(2), p. 239-262.

CARROLL A. B. (1979), « A three dimensional conceptual model of Corporate Social Performance », *Academy of Management Review*, 4, p. 497-505.

CARROLL A. B. (1999), « Corporate Social Responsibility. Evolution of a definitional construct », *Business and Society*, 38(3), p. 268-295, septembre.

CLARKSON M. B. E. (1995), « A stakeholder framework for analysing and evaluating corporate social performance », *Academy of Management Review*, 20(1), p. 92-117.

CYERT R., MARCH J. (1963), *A Behavioral Theory of the Firm*, Englewood Cliffs, N. J., Prentice Hall.

DANZIGER R. (1997), « Bilan social », in SIMON Y., JOFFRE P. (éd.), *Encyclopédie de gestion*, article 14, p. 231-244.

DÉJEAN F., GOND J.-P., LECA B. (2003), « Making the market for Corporate Social Performance Measuring : the ARESE Case », papier présenté à la conférence annuelle de l'European Group on Organization Studies (EGOS), Copenhague.

FÉRONE G., d'ARCIMOLLES C.-H., BELLO P., SASSENOU N. (2001), *Le développement durable – Des enjeux stratégiques pour l'entreprise*, Paris, Éditions d'Organisation.

FIOL C. M., LYLES M. (1985), « Organizational Learning », *Academy of Management Review*, 10(4), p. 803-813.

FORGUES B. (1996), « Nouvelles approches de la gestion de crise », *Revue française de gestion*, 108, p. 72-78.

FREEMAN R. E. (1984), *Strategic management : A stakeholder approach*, Boston, Pitman.

FREDERICK (1978/1994), « Classic paper : From CSR 1 to CSR 2 : The maturing of business and society thought », *Business and Society*, 33(2), p. 150-164.

FROOMAN J. (1997), « Socially irresponsible behavior and shareholder wealth », Business and Society, 36(3), p. 221-249.

GLYNN M. A., LAN T. K. MILLIKEN F. J. (1994), « Mapping Learning Processes in Organizations », in STUBBART C., MEINDL J., PORAC J. F. (eds), *Advances in Managerial Cognition and Organizational Information Processing*, vol. 5, JAI Press Inc.

GOND J.-P. (2001), « L'éthique est-elle profitable ? », *Revue française de gestion*, n° 36, p. 77-85.

GOND J.-P. (2002), « Learning How to Be Socially Responsible ? Corporate Social performance and Organizational Learning », in Duane WINDSOR, Stephanie A. WELCOMER (eds.), *Proceedings of the Thirteenth annual Meeting of the International Association for Business and Society*, p. 122-127.

GOND J.-P. (2003), « Corporate Social Performance : Clarifying an elusive construct through an epistemological framework ? », papier présenté à la 14ᵉ conférence annuelle de l'International Association for Business and Society (IABS), Rotterdam, Hollande.

GOND J.-P., HERRBACH O. (2003), « Social Reporting as a Learning Tool ? », papier présenté à la conférence de l'European Accounting Association (EAA), Séville.

GRIFFIN J. J., MAHON J. F. (1997), « The Corporate Social Performance and Corporate Financial Performance Debate. Twenty-Five Years of Incomparable Research », *Business and Society*, 36(1).

GRIFFIN J. J. (2000), « Corporate social performance : Research directions for the 21st century », *Business and Society*, 39(4), p. 479-491.

HUBER G. P. (1991), « Organizational Learning : the Contributing Processes and the Literatures », *Organization Science*, 2(1), p. 88-115.

HUFF A. S. (1990), *Mapping Strategic Thought*, Chichester, Wiley.

HUMIÈRE (d') P., CHAUVEAU A. (2001), *Les pionniers de l'entreprise responsable*, Paris, Éditions d'Organisation.

HUSTED B. (2000), « A contingency theory of corporate social performance », Business and Society, 39(1), p. 24-48.

IGALENS J. (1998), « Introduction au dossier sur le XXᵉ anniversaire du bilan social », *Revue française de gestion des ressources humaines*, n° 24, décembre 1997/janvier-février 1998.

IGALENS J., GOND J.-P. (2003), « La mesure de la performance sociale de l'entreprise : une analyse critique et empirique des données ARESE 2000 », *Revue française de gestion des ressources humaines*, 50 (en cours d'impression).

IGALENS J., JORAS M. (2002), *La Responsabilité sociale de l'entreprise. Comprendre, rédiger le rapport annuel*, Paris, Éditions d'Organisation.

IGALENS J., NIOCHE J.-P. (1977), « À propos du bilan social, trois voies de l'innovation sociale », *Revue française de gestion*, nos 12-13, p. 193-199.

KOENIG G. (1994), « L'apprentissage organisationnel : un repérage des lieux », *Revue française de gestion*, 97, p. 76-83.

KOHLBERG D. (1976), « Moral stages and moralization », in LICKONA T. (ed.), *Moral Development and Behavior : Theory research and social issues*, New York, Holt Rinehart, Winston.

LEROY F. (1998), « Apprentissage organisationnel et stratégie », in LAROCHE H., NIOCHE J.-P. (éd.), *Repenser la stratégie*, Paris, Vuibert, p. 233-274.

LEVITT B., MARCH J. (1988), « Organizational Learning », *Annual Review of Sociology*, 14, p. 319-340.

LOGSDON J. M., YUTHAS K. (1997), « Corporate Social Performance, Stakeholder Orientation and Organizational Moral Development », *Journal of Business Ethics*, 16, p. 1213-1226.

MARCH J. G. (1976), « The technology of foolishness », in MARCH, OLSEN (eds), *Ambiguity and Choice in Organizations*, p. 69-81.

MARGOLIS J. D., WALSH J.-P. (2001), « Misery loves companies : Rethinking Social initiatives by business », Working Paper n° 01-058, Harvard Business School.

MERCIER S. (2001), « L'apport de la théorie des parties prenantes au management stratégique : une synthèse de la littérature », communication 10e conférence de l'AIMS, Québec, juin.

MINER A. S., MEZIAS S. J. (1996), « Ugly duckling no more : Pasts and futures of organizational learning research », *Organization Science*, 7(1), p. 88-99.

MINTZBERG H. (1990), « The Design School revisited : Reconsidering the basic premises of strategic management », *Strategic Management Journal*, 11(3), p. 171-196.

MINTZBERG H., WATERS D. (1985), « Of strategies, deliberate and emergent », *Strategic Management Journal*, 6(3), p. 257-273.

MITNICK B. M. (1993), « Organizing research in corporate social performance : the CSP system as a core paradigm », in *Proceedings of the international association for business and society*, San Diego, p. 2-15.

MITNICK B. M. (2000), « Commitment, revelation and the testament of belief : the metrics of measurement of CSP », *Business and Society*, 39(4), p. 419-465.

MITROFF I. I., PAUCHANT T. C., SHRIVASTAVA P. (1989), « Crisis, disaster, catastroph : are you ready ? », *Security Management*, 33(2), p. 101-109.

MORGAN G. (1986), *Images of Organization*, Newbury Park, CA, Sage Publications.

Moss Kanter R. (1999), « From spare change to real change. The social sector as a beta site for business innovation », *Harvard Business Review*, 74(3), p. 122-132.

Newell A., Simon H. (1972), *Human Problem Solving*, Englewood Cliffs, New Jersey, Prentice-Hall.

Nonaka K. (1995), « A dynamic theory of organizational knowledge creation », *Organization Science*, 5(1), p. 14-37.

Orlitzky M., Schmidt F. L., Rynes S. L. (2003), « Corporate social and financial performance : A meta analysis », Organization Studies, 24(3), p. 130-141.

Pearson C. M., Clair J. A. (1998), « Reframing crisis management », *Academy of Management Review*, 23(1), p. 59-76.

Piaget P. (1932/1992), *Le Jugement moral chez l'enfant*, Paris, Presses universitaires de France.

Preston L. E., O'Bannon D. P. (1997), « The corporate social-financial performance relationship. A typology and analysis », *Business and Society*, 36(4), p. 419-429.

Roman R. M., Hayibor S., Agle B. R. (1999), « The relationship between social and financial performance. Repainting a portrait », *Business and Society*, 38 (4), p. 109-125.

Roux-Dufort C. (1996), « Crises : des possibilités d'apprentissage pour l'entreprise », *Revue française de gestion*, 108, p. 79-89.

Rowley T., Berman S. (2000), « A Brand New Brand of Corporate Social Performance », *Business and Society*, 39(4), p. 397-418.

Senge P. (1990), *The Fifth Discipline*, New York, Doubleday Currency.

Sitkin S. B. (1995), « The Strategy of Small Losses », in Cohen, Sproull (eds). *Organizational Learning*, CA : Sage Publication, p. 541-577.

Snell R. S. (2001), « Moral foundations of the learning organization », *Human Relations*, 54(3), p. 319-342.

Sridhar B. S., Cambrun A. (1993), « Stages of moral development of corporations », *Journal of Business Ethics*, 12, p. 727-739.

Swanson D. L. (1995), « Adressing a theoretical problem by reorienting the Corporate Social Performance model », *Academy of Management Review*, 20(1), p. 43-64.

Swanson D. L. (1999), « Toward an integrative theory of business and society : A research strategy for corporate social performance », *Academy of Management Review*, 24(3), p. 506-521.

Turcotte M.-F., Antonova S. (2002), « Learning as a constitutive dynamics of the multistakeholder collaborative process : developing an emission reduction trading system in Ontario – the PERT experience », in Duane Windsor, Stephanie A. Welcomer (eds), *Proceedings of the Thirteenth Annual Meeting of the international Association for Business and Society*, p. 240-244.

Waddock S. A., Graves S. B. (1997), « The corporate social performance-financial performance link », *Strategic Management Journal*, 18(4), p. 303-319.

Walsh J. P. (1995), « Managerial and Organizational Cognition : trip down from a memory lane », *Organization Science*, 6(3), p. 280-321.

Weick K. (1995), « The Nontraditional Quality of Organizational Learning », in Cohen, Sproull (eds), *Organizational Learning*, CA, Sage Publication, p. 163-175.

Wood D. J. (1991). « Corporate Social Performance Revisited », *Academy of Management Review*, 16(4), p. 691-718.

Wood D. J., Jones R. E. (1995), « Stakeholder mismatching : A theoretical problem in empirical research in corporate social performance », *International Journal of Organizational Analysis*, 3, p. 229-267.

3

PARTIE

Responsabilité : élargissement d'un concept juridique

Dans cette troisième partie, l'élargissement du concept juridique de la responsabilité est exploré selon plusieurs points de vue sur l'entreprise, qui recouvrent toute sa complexité. Tout d'abord, il est observé une plus grande implication des salariés en matière de sécurité au travail (chap. 7, A. Arseguel et B. Reynes) ; est ensuite analysée la question de la réparation des préjudices subis en entreprise (chap. 8, J.-F. Barbièri) ; c'est à une vision de juriste que l'on doit une certaine conception du droit social telle qu'elle est exposée au chapitre suivant (9, J. Brouillet), alors que le dernier chapitre (10, Mascala) met l'accent sur l'alourdissement de la responsabilité au pénal des dirigeants.

SOMMAIRE

La responsabilité en matière de santé et de sécurité au travail

Albert ARSEGUEL *et Brigitte* REYNES

Au-delà de la signification que l'on peut donner à cette formule (« tous responsables »), en droit du travail, il existerait, semble-t-il, un domaine où, jusqu'à une date récente, elle n'avait pas droit de cité : c'est celui de la sécurité au travail, dont doivent bénéficier les salariés dans l'exécution de leur activité subordonnée au service des entreprises.

En effet, et à ce titre, ils bénéficient de protections qui sont à l'origine de ce droit et qui demeurent au cœur de la matière. Or il ne fait aucun doute que, pour les législateurs qui se sont succédés, c'est le chef d'entreprise seul qui est responsable de la sécurité des salariés qu'il dirige. Aussi bien, il s'est vu reconnaître un pouvoir normatif pour édicter un règlement intérieur, dont l'objet est aujourd'hui limité à la définition des règles d'hygiène et de sécurité devant s'imposer sur les lieux du travail et, ce qui va de pair, à celles relatives à l'échelle des sanctions qu'il peut prononcer. De même, le droit social européen (cf. la directive-cadre du 12 juin 1989) fait obligation aux employeurs « d'assurer la santé et la sécurité des travailleurs dans tous les aspects liés au travail ». La transposition de ce texte en droit interne, par la loi du 31 décembre 1991, a généré des « principes généraux de prévention » dont, là encore, l'employeur est le premier destinataire : « Le chef d'établissement prend les mesures nécessaires pour assurer la sécurité, la santé physique et mentale des travailleurs de l'établissement » (art. L. 230-2 c. trav.). Cependant, ici comme ailleurs, le droit de l'Union européenne apparaît moins monolithique que ne l'est trop souvent le droit français. Ce devoir que vient imposer la directive aux employeurs s'est accompagné d'un autre à l'adresse des salariés : ils doivent « prendre soin, selon leurs possibilités, de leur sécurité et de leur santé ainsi que de celles des autres personnes concernées du fait de leurs actes ou de leurs omissions au travail... » (art. 13 de la directive). La philosophie de la norme communautaire diffère de celle du droit français qui, en 1982, avait reconnu aux salariés le droit de se retirer d'un poste de travail afin d'assurer le respect des règles de sécurité et y contraindre l'entreprise. Le législateur français a dû suivre les injonctions de la source européenne en transposant, *a minima*, cet article 13 dans le code du travail – art. L. 230-3 – tout en indiquant, immédiatement, que cette disposition ne saurait affecter le principe de responsabilité des employeurs ou des chefs d'entreprise (art. L. 230-4).

Qu'est-ce à dire ? D'abord que la sécurité dans l'entreprise est l'affaire de tous, donc des salariés, qui en sont membres à part entière. Reste alors à déterminer les responsabilités des uns et des autres. Il est dans la logique du droit du travail, aussi bien interne qu'européen, de mettre à la charge du seul employeur l'organisation d'un dispositif de prévention le plus complet possible et s'accompagnant des responsabilités les plus lourdes : c'est à ce prix que l'impératif de sécurité au travail sera atteint. Le droit positif le plus récent, à travers la définition de l'obligation générale de sécurité, y contribue très largement (I). Quant aux salariés, ils supportent aussi un devoir de sécurité dont l'intensité dépasse très largement le devoir de prudence qui leur incombait jusqu'alors. Seulement, il est toujours dans la logique de ce même droit que leur responsabilité trouve sa traduction dans le droit disciplinaire, qui en trace ainsi les limites. Dans ces conditions, l'obligation de sécurité des salariés ne remet pas en cause – ce qui avait été craint en 1991 – les responsabilités patronales (II).

LA SÉCURITÉ : UNE OBLIGATION POUR L'EMPLOYEUR

À la fin du XIXᵉ siècle, les accidents provoqués par le machinisme industriel, et dont la presse donnait de larges échos, allaient faire prendre conscience à tous de la nécessité de réglementer la sécurité dans les entreprises. En 1883, un auteur, de façon tout à fait exceptionnelle dans le contexte idéologique et juridique de l'époque, écrivait que « l'employeur est tenu de rendre les ouvriers dans l'état où il les a trouvés en concluant le contrat de louage de services »[1]. Pour sa part, la Cour de cassation invitait les patrons, sous peine de commettre une faute, « à prévoir les causes non seulement habituelles mais simplement possibles d'accidents et à prendre toutes les mesures qui seraient de nature à les éviter »[2]. Le législateur se devait d'intervenir, ce qu'il fit de façon accomplie en traitant à la fois de la prévention et de la réparation des accidents du travail.

Les lois du 2 novembre 1891 et surtout du 12 juin 1893 introduisirent un devoir général de prévention imposant aux employeurs d'aménager les établissements et les locaux de travail de telle sorte qu'ils soient dans un état constant de propreté afin de garantir la sécurité de ceux qui y travaillaient ; les articles L. 232-1 et L. 233-1 du code du travail en résulteront. Seulement ces textes, de portée très générale, nécessitaient que le pouvoir réglementaire précise les mesures de protection et de salubrité à appliquer dans les divers secteurs professionnels.

S'agissant de la réparation due aux victimes d'accidents du travail, la loi du 9 avril 1898 établissait ce qu'il est convenu d'appeler un « compromis historique ». Elle leur garantissait la certitude d'une indemnisation puisque celle-ci n'était plus subordonnée à la démonstration d'une quelconque faute mais découlait de la réalisation du risque professionnel auquel l'entreprise avait exposé les travailleurs. En contrepartie, cette indemnisation était forfaitaire et l'employeur était protégé par un principe d'immunité : toute action en réparation de la victime ou de ses ayants droit contre les membres de la même entreprise était exclue. Toutefois, une majoration de l'indemnisation était prévue en cas de faute inexcusable de l'employeur (et une minoration si une telle faute pouvait être imputée au salarié victime). Sauf à relever que la loi du 30 décembre 1946 – qui transféra aux seuls organismes de sécurité sociale tout récents la réparation des risques professionnels – intégrait la prévention dans le calcul des cotisations à la charge unique de l'employeur, au-delà, elle effaçait tout lien de responsabilité entre

---

1. SAUZET in « La responsabilité des patrons vis-à-vis des ouvriers », *Rev. crit.*, 1883 ; cité par C. RADÉ in « Droit du travail et responsabilité civile », LGDJ, 1997, t. 282, n° 361.
2. Pour ex. : Cass. civ. 27 avril 1877, S. 1878 I, p. 413.

l'employeur et la victime[1]. Et il faudra attendre trente ans et la loi du 6 décembre 1976 pour que l'interaction prévention-réparation soit à nouveau sanctionnée et que soit admise la responsabilité du chef d'entreprise au cas de faute inexcusable. Les lois de 1982 et 1990 amplifieront ce phénomène. Comment ces deux pans d'une même politique allaient-ils évoluer ? Comme trop souvent en France (cf. les controverses sur l'action de la sécurité sociale pour l'amélioration de la santé publique), les objectifs de la prévention furent délaissés, ne serait-ce que parce que le dommage était réparé. Ce qui paraissait une évidence conforta « l'idée perverse qu'il n'était pas indispensable de faire les frais et l'effort de mettre réellement en œuvre les mesures de sécurité dès lors que le dommage de l'homme était réparé »[2]. « L'interposition de la caisse de sécurité sociale entre le responsable et la victime ne favorise pas la prévention des accidents et des maladies »[3]. Certes, les règlements d'administration publique ne firent pas défaut ; mais leur efficacité restait à démontrer[4]. Par ailleurs, la Cour de cassation jugea que l'employeur qui se conformait au dispositif général satisfaisait à son obligation de prévention sans que l'on pût mettre à sa charge aucun autre engagement.

C'est bien plus tard que les juges feront émerger une obligation générale de sécurité à la charge de l'employeur dans des arrêts peu nombreux et guère explicites, sur la portée desquels la doctrine s'interrogea légitimement[5]. La fonction préventive de la répression pénale explique que ce soit la chambre criminelle qui ait, la première, posé cette obligation. À la suite d'accidents mortels du travail, les juges du fond

---

1. Req. : pour les salariés agricoles, jusqu'en 1973, le régime est resté fidèle au principe d'une responsabilité personnelle de l'employeur ; il en est de même aujourd'hui dans certains systèmes étrangers de sécurité sociale (la Belgique, par exemple).
2. P. SARGOS, « L'évolution du concept de sécurité au travail et ses conséquences en matière de responsabilité », JCP, éd. G. 2003, p. 121 et suiv.
3. A. LYON-CAEN, « Révolution dans le droit des accidents du travail », Dr. soc., 2002, p. 445 et suiv.
4. A. SUPIOT in *Critique du droit du travail*, PUF, 2002, p. 70, s'étonne que le « code du travail se préoccupe de façon aussi minutieuse de l'aménagement des latrines » !
5. Pour J.-P. MURCIER in « Origine, contenu et avenir de l'obligation générale de sécurité » (Dr. soc., 1988, p. 610 et suiv.), elle n'était « que la dénomination pratique d'un catalogue de prescriptions de caractère réglementaire dans le domaine de la sécurité au travail et un recueil d'obligations dérogeant à la liberté d'action du chef d'entreprise à interpréter, de ce fait, restrictivement ».

avaient refusé de condamner pénalement le chef d'entreprise au motif qu'il ne pouvait lui être reproché la violation d'aucun règlement. Leurs décisions furent cassées car ils auraient dû rechercher si l'employeur n'avait pas commis une imprudence ou une négligence en s'abstenant de « prendre les mesures que les circonstances commandaient comme relevant de l'obligation générale de sécurité qui lui incombait » (Cass. crim., 29 oct. 1968) ou pour ne pas avoir examiné s'il avait pris les « mesures que les circonstances commandaient comme relevant de l'obligation générale de sécurité qui lui incombait, ce dont aucune considération ne pouvait le dégager » (Cass. crim., 11 juin 1977)[1]. D'autres arrêts pourraient être signalés où le principe de l'obligation affleure cette fois à propos de la délimitation de son contenu et non, comme dans les décisions précédentes, pour en établir l'existence[2]. Il faut reconnaître à cette jurisprudence le mérite de contenir la portée pratique des décisions antérieurement rendues pour l'application de la loi de 1893 et qui disposaient que les mesures du code, de portée générale, ne pouvaient être opposées à l'employeur que si elles avaient été complétées par des règlements détaillés.

De son côté, la chambre sociale intervint en faveur des salariés qui imputaient à de mauvaises conditions de travail des maladies non prises en charge par la réglementation des risques professionnels. Après avoir rappelé qu'en principe ces actes étaient pénalement répréhensibles, la haute juridiction admit que, malgré ce caractère et parce qu'ils avaient été accomplis dans l'exécution du contrat de travail, la juridiction prud'homale était aussi compétente pour statuer sur les réparations civiles auxquelles ils pouvaient donner lieu[3]. Même si ces arrêts se prononçaient quasi exclusivement sur la compétence des conseils de prud'hommes chargés d'apprécier une éventuelle responsabilité de l'employeur, le fondement de celle-ci était rattaché à l'obligation de sécurité, transgressée par de mauvaises conditions de travail.

---

1. Arrêts rapportés par J.-P. Murcier in étude précédente.
2. Se référer à H. SEILLAN, « L'obligation de sécurité du chef d'entreprise », Dalloz 1982, p. 119 et suiv.
3. Cass. soc., 10 févr. 1965, *Bull.* IV n° 119 ; soc. 1er juin 1972, D. 1972 S, p. 144.

Cette approche prétorienne de la sécurité restait du domaine du général. L'obligation pour l'employeur ne s'exprimait réellement qu'à la suite d'accidents graves et révélateurs d'un risque non maîtrisé... Difficile dès lors de dire que cette obligation générale de sécurité participait à la prévention des risques professionnels, qui restait donc en marge. Avant d'analyser la contribution essentielle de la directive du 12 juin en ce domaine, il faut montrer l'apport de deux textes législatifs qui ont marqué une étape dans l'évolution. D'abord, c'est la loi du 6 décembre 1976 qui introduisit le concept de sécurité « intégrée » et qui dota l'administration du travail de pouvoirs nouveaux pour constater des situations dangereuses et mettre en demeure le chef d'entreprise de prendre les mesures utiles pour y remédier. Elle lui imposait aussi l'organisation d'actions de formation à la sécurité. C'est ensuite la loi du 23 décembre 1982 qui créa le CHSCT et lui confia la mission générale d'assurer la sécurité et la santé sur les lieux du travail. Elle innova enfin en admettant que le lien de subordination supporterait désormais une nécessaire limite. En effet, les salariés se virent reconnaître le droit de se retirer d'une situation de travail présentant, selon eux, un danger grave et imminent pour leur vie ou leur santé. Ils devenaient ainsi les acteurs de leur propre sécurité.

Malgré la valeur pratique de ces nouveaux dispositifs, c'est la directive de 1989, transcrite dans le code du travail par la loi du 31 décembre 1991, qui allait marquer une évolution radicale du concept de sécurité. Elle imposa une approche globale de cette notion en l'accompagnant de toute une série de mesures concrètes ayant des incidences sur la responsabilité des entrepreneurs (A). Assez curieusement, les juges allaient tarder à s'approprier les nouveaux préceptes. Or, et pendant cette période, ils mirent en exergue le rôle protecteur du code du travail pour les salariés[1]. Tout naturellement, ils déclinèrent cette fonction avec l'impératif de sécurité renforcé par la loi. Ils en conclurent que le contrat de travail comportait aussi une obligation de sécurité qualifiée de résultat et dont la violation était constitutive d'une faute inexcusable (B). Par cette conséquence redoutable pour leur responsabilité, les employeurs devraient être totalement persuadés de leur devoir de sécurité.

---

1. C'est le doyen P. Waquet qui fit la démonstration du « renouveau du contrat de travail », RJS 5/99 p. 383 et suiv.

L'obligation légale de sécurité

La santé se situe au cœur de l'édification du droit social communautaire[1]. Aussi bien, la directive précitée du 12 juin, complétée par des directives particulières[2], impose cette obligation à toute personne physique qui, dans l'entreprise, a la qualité de chef d'entreprise. L'article 5 paragraphe I du texte lui fait obligation « d'assurer la sécurité et la santé dans tous les aspects liés au travail », l'objectif étant « d'éviter ou de diminuer les risques professionnels à tous les stades de l'activité de l'entreprise ». L'adoption de la directive impliquait sa transposition en droit interne, à laquelle procéda la loi du 31 décembre 1991[3]. Elle adopte une démarche plus fonctionnelle de la sécurité dépassant la simple réglementation technique. L'article L. 230-2 du code du travail, dans son premier paragraphe, énonce en effet que « le chef d'établissement doit prendre les mesures nécessaires pour assurer la sécurité et protéger la santé physique et mentale des travailleurs dans l'établissement, y compris les travailleurs temporaires ». Cette rédaction est le fruit d'une « conception élargie » de la santé, non seulement physique mais psychique, qui a été voulue par la loi de modernisation sociale du 17 janvier 2002.

> 1 – L'employeur est donc tenu de prendre des mesures. La loi lui trace un véritable code juridique structurant l'organisation du travail et impliquant une démarche de prévention en plusieurs étapes, dont la succession obéit à une rationalité.

---

1. Voir I. VACARIE : « Travail et santé : un tournant », in *Mélanges en l'honneur de G. Lyon-Caen*, D. 1989, p. 331 et suiv. ; F. MEYER et F. KESSLER, « Les mesures d'hygiène et de sécurité à l'épreuve du droit communautaire », in D. O. 1992, p. 161 et suiv. ; P. CHAUMETTE, « L'obligation patronale de sécurité au sein de la communauté européenne », in *Mélanges offerts à H. Blaise,* Economica, 1995, p. 81 et suiv. ; T. AUBERT-MONPEYSSEN et P.-Y. VERKINDT, « La protection de la santé des travailleurs : approche juridique de la notion de prévention », in « La santé du salarié », D. 1999, p. 29 et suiv. ; P. RODIÈRE, « Droit social de l'Union européenne », LGDJ 2002 (2ᵉ édit.) p. 451 et suiv. ; M.-A. MOREAU, « Pour une politique de santé dans l'entreprise », Dr. soc. 2002, p. 817 et suiv.
2. Le code annoté européen du travail, groupe Revue fiduciaire, 2002, p. 460 à 724.
3. H. SEILLAN, « La loi du 31 décembre 1991 relative à la prévention des accidents du travail », Act. législ. Dalloz 1993, p. 1 et suiv.

On est vraiment en présence d'une stratégie[1] basée sur quatre notions[2].

a) La prévention : le chef d'entreprise doit rechercher tous les moyens efficients, au besoin en dépassant ceux prévus par la réglementation. L'entreprise doit être en conformité avec toutes les découvertes effectuées en ce domaine.

b) Au-delà, il doit mener des campagnes d'information sur ces risques à l'adresse des salariés et de leurs représentants.

c) Il doit assurer leur formation à la sécurité, actualisée selon l'évolution des connaissances techniques et des processus de production et portant non seulement sur les risques mais aussi sur les moyens de les enrayer grâce à l'utilisation d'équipements de protection.

d) Enfin, une organisation et des moyens adaptés doivent être mis en place, ce qui suppose que le chef d'établissement veille à la création d'un service de santé au travail, d'un service de sécurité, et au fonctionnement régulier des instances spécialisées de représentation d'un personnel ayant en charge la sécurité et la santé.

2 – Pour mettre en œuvre ces mesures, l'employeur doit appliquer les principes généraux de prévention tels qu'ils sont définis au paragraphe II du même article :

a) éviter les risques ;

b) évaluer ceux qui ne peuvent être évités ;

c) combattre les risques à la source ;

---

1. Pour le détail : I. MARTINEZ, « L'intégrité physique du salarié dans la relation de travail », thèse, Université Montesquieu Bordeaux IV, 2001, t. 1, n° 270 et suiv.

2. Position partagée par les partenaires sociaux dans l'accord « Santé au travail » du 13 septembre 2000 (*Liaisons soc.*, n° 8136 du 5 janv. 2001). Ils se sont engagés à privilégier, dans le cadre de la « Refondation sociale », l'évaluation des risques comme préalable à toute action de prévention. La négociation nationale et interprofessionnelle doit se prolonger au niveau des branches : cf. l'accord du 10 juillet 2002 dans la chimie (*Liaisons soc.*, Bref, n° 12688 du 16 juillet 2002). La loi dite « de modernisation sociale » a repris certaines orientations de l'accord interprofessionnel notamment en ce qui concerne la médecine du travail. Compléter aussi par le rapport du Conseil supérieur de la prévention des risques professionnels en date du 14 février 2002, LSE du 5 avril 2002, n° 8275.

d) adapter le travail de l'homme en particulier ce qui concerne la conception des postes de travail ainsi que le choix des équipements de travail et des méthodes en vue, notamment, de limiter le travail monotone et le travail cadencé et d'en réduire les effets sur les salariés ;

e) tenir compte de l'évolution des techniques ;

f) remplacer ce qui est dangereux par ce qui ne l'est pas ou par ce qui l'est moins ;

g) planifier la prévention en y intégrant, dans un ensemble cohérent, la technique, l'organisation du travail, les conditions de travail, les relations sociales et l'influence des facteurs ambiants, notamment en ce qui concerne les risques liés au harcèlement moral tel que défini à l'article L. 122-49 ;

h) prendre des mesures de protection collective en leur donnant la priorité sur celles de protection individuelle ;

i) donner des instructions appropriées aux travailleurs.

3 – L'évaluation des risques est la première action d'un projet de prévention[1]. Passée dans les pratiques anglo-saxonnes, elle reste encore nouvelle en France[2]. Inscrite pour la première fois dans notre droit par la loi de 1991, c'est seulement dix ans après qu'elle a connu une avancée importante avec la parution du décret du 5 novembre 2001, qui a introduit deux nouveautés : d'une part, l'obligation pour l'employeur de consigner et de mettre à jour, dans un document unique, les résultats de cette évaluation selon une méthode d'inventaire (art. R. 230-1 c. trav.) ; d'autre part, des sanctions pour ceux qui ne respecteraient pas cette obligation (art. R. 263-1-1 c. trav.)[3].

a) Ce document est rédigé unilatéralement par l'employeur qui doit faire appel à la compétence d'autres spécialistes. Il est maintenu à la disposition du CHSCT ou des instances qui en tiennent lieu et, à défaut, des personnes soumises à ces risques (art. L. 231-3-2 et L. 231-7 c. trav.). L'inspecteur du travail y a naturellement accès.

---

1. Voir le numéro spécial de la revue *Préventique* de janvier et février 2002 : « L'évaluation des risques ».

2. Voir LS -E- n° 8286 du 24 mai 2002 ; « L'obligation d'évaluer les risques », *Entreprises et carrières,* n° 643 nov. 2002, p. 14 et suiv.

3. Voir SS Lamy du 27 mai 2002, n° 1077 ; AN (Q), n° 6 du 10 février 2003, p. 1002.

b) Dans la mesure où le décret portait essentiellement sur les résultats de l'évaluation, c'est une circulaire du 18 avril 2002 qui a fourni des éléments méthodologiques aux entreprises[1]. Plutôt que d'insister, dans le détail, sur les mentions que doit comporter ce document, elle livre les cinq étapes de cette démarche globale, le document unique devant permettre de la retracer.

– La première consiste à préparer l'évaluation : il s'agit de former un groupe de travail qui prendra connaissance de la réglementation relative à la prévention, de définir son objectif et son champ d'intervention (un établissement, un atelier...), ce qui est capital pour planifier l'évaluation, la méthode appropriée à l'entreprise ; les moyens de sa mise en œuvre, au besoin en recherchant le concours d'organismes publics ; le rôle des différents acteurs et, enfin, le mode de diffusion des résultats.

– L'évaluation proprement dite des risques, c'est-à-dire l'effort de détection préventive qu'accomplit l'entreprise dans tous les moments de son fonctionnement (notamment, choix des procédés de fabrication, des équipements de travail, des substances et préparations chimiques, aménagement des postes de travail, définition de ces postes...). C'est l'occasion d'identifier les risques, ce qui signifie repérer les dangers ; ensuite, les classer selon deux objectifs fondamentaux : dégager des priorités et proposer une planification.

– Alors peut être élaboré le programme d'actions de prévention : l'entreprise dispose de toute latitude pour le mettre au point et rechercher des solutions, qui devront figurer dans le plan annuel de prévention visé à l'article L. 236-4 du code. Si elle est amenée à faire des choix, elle devra les effectuer dans le respect des principes généraux de prévention (cf. *supra*).

– Ces actions doivent être mises en œuvre et répondre aux principes de prévention (par exemple, assurer des formations, engager des travaux, aménager des locaux). Elles doivent faire l'objet d'un suivi par les représentants du personnel.

---

1. T. AUBERT-MONPEYSSEN et P.-Y. VERKINDT, *art. cit.*, p. 39.

> – Enfin, un nouveau processus d'évaluation peut être nécessaire si les conséquences des actions de prévention menées ont eu pour effet de modifier les conditions de travail et d'engendrer éventuellement de nouveaux risques dérivés.

Terminons par une note ambivalente qui ne surprendra pas dans cette discipline. En effet, si la doctrine s'accorde à remarquer l'étendue des obligations ainsi mises à la charge du chef d'entreprise par l'article L. 230-2 du code du travail, en revanche, elle est réservée sur l'effectivité de cette réglementation, notamment quant aux sanctions applicables à la violation de ces devoirs de prévention. Sur ce point, elle fait preuve de scepticisme en relevant que la méthode proposée n'est pas assortie de sanctions spécifiques.

Sur le plan pénal tout d'abord, la seule méconnaissance de ces dispositions ne peut entraîner la responsabilité du chef d'entreprise puisque l'article L. 263-2 du code du travail, qui détermine le champ d'application des sanctions pénales, ne vise pas ces principes généraux de prévention d'où est tiré l'article L. 230-2 du code[1]. Cependant, nous pensons qu'il ne faut pas nécessairement en déduire l'impunité de l'employeur. Un inspecteur qui conclurait que le non-respect de ces impératifs crée une situation dangereuse pour les salariés peut adresser un rapport au directeur départemental du travail, lequel pourrait alors décider de dresser une mise en demeure pour remédier à cette situation, tout en accordant au chef d'entreprise le temps nécessaire pour la faire cesser (art. L. 230-5 c. trav.). Si, à l'issue de ce délai l'état dangereux persiste, l'inspecteur du travail peut dresser procès-verbal (art. L. 231-5 c. trav.).

Par ailleurs, si une situation du même ordre est à l'origine d'une atteinte à l'intégrité physique d'un salarié, elle peut constituer un élément important pour une qualification pénale d'homicide ou de blessures par imprudence, les principes de prévention constituant, pour les autorités de poursuite, les fondements de ces infractions.

Sur le plan civil ensuite, les obligations générées par ce même texte sont considérées comme des « obligations sans sanction »[2] puisque, au

---

1. En ce sens, N. Maggi-Germain, « Travail et santé : le point de vue d'une juriste », Dr. soc., 2002, p. 491.
2. M.-A. Moreau, étude précitée, note 13.

moins pour l'instant, la responsabilité de l'employeur n'a jamais été engagée pour défaut d'évaluation des risques et pour refus de prendre les moyens adéquats de les faire disparaître. En effet, pour sanctionner ces comportements, la chambre sociale préfère se référer à l'article 1147 du code civil dans l'hypothèse où l'affection dont se plaint un salarié, bien qu'en relation avec son activité professionnelle, ne peut être prise en charge au titre de la réglementation sur les risques professionnels. Les hauts magistrats retiennent alors la responsabilité contractuelle de l'employeur du fait des mauvaises conditions de travail qui ont été imposées aux salariés[1]. Aussi bien, à côté de l'obligation légale de sécurité, maintenant indiscutable mais dont les manquements seraient sans effet sur la responsabilité de l'entreprise, subsiste une obligation contractuelle qui viendrait en quelque sorte la « doubler ». On peut légitimement avancer enfin que le chef d'établissement qui aurait méconnu les exigences de l'article L. 230-2 se verrait imputer une faute inexcusable si un préjudice en était résulté pour un salarié. Or, la Cour de cassation vient de donner de cette faute une nouvelle définition, qui est naturellement en rapport étroit avec la conception de son obligation de sécurité.

La sécurité : une obligation contractuelle et de résultat

La Cour de cassation s'est prononcée à propos de la douloureuse affaire de l'amiante[2]. C'est la première véritable crise sanitaire dans le milieu du travail et elle a révélé les limites du système à la fois dans ce domaine et dans celui de la gestion des risques professionnels. En effet, alors que le caractère cancérigène de l'amiante était établi depuis 1970, son utilisation a continué en France jusqu'à son interdiction par un décret du 24 décembre 1996. Dès lors, on a pu parler d'un principe de précaution « inversé » puisque, du fait des enjeux économiques, le doute a profité... au risque.

Dans vingt-neuf arrêts sur trente pourvois, le 28 février 2002, la chambre sociale a disposé « qu'en vertu du contrat de travail le liant à son salarié, l'employeur est tenu d'une obligation de sécurité de résultat,

---

1. Cf. Cass. soc., 11 oct. 1994, D. 1994, p. 440, note C. Radé ; 28 oct. 1997, D. 1998, p. 219, note C. Radé.
2. Voir le supplément n° 1082 du 1er juillet 2002 à la SS Lamy, « L'affaire de l'amiante », par J.-P. TEISSONNIÈRE et S. TOPALOFF.

notamment en ce qui concerne les maladies professionnelles contractées par ce salarié du fait des produits fabriqués ou utilisés par l'entreprise. Le manquement à cette obligation a le caractère d'une faute inexcusable, au sens de l'article L. 452-1 du CSS lorsque l'employeur avait ou aurait dû avoir conscience du danger auquel était exposé le salarié et qu'il n'a pas pris les mesures nécessaires pour l'en préserver »[1]. Comme c'était prévisible, la Cour a immédiatement étendu la solution aux accidents du travail, confirmant ainsi l'existence d'une obligation de sécurité de résultat fondée sur le contrat de travail[2]. De surcroît, dans cette espèce, l'employeur a été condamné pénalement pour homicide involontaire et violation des règles de sécurité.

Ces arrêts ont été salués comme une « révolution dans le droit des accidents du travail et des maladies professionnelles »[3]. Ils bouleversent les règles de la réparation des risques professionnels[4] et rendent nécessaire une refonte d'ensemble de la législation, comme le préconisaient déjà un certain nombre de rapports[5]. En effet, puisque l'employeur est désormais tenu par une obligation de sécurité de résultat, la constatation de la survenance du risque caractérise son manquement à l'obligation, et donc sa faute. Il reste toutefois que la réparation est contingente dans la mesure où l'employeur bénéficie toujours de la règle d'immunité sauf faute inexcusable, que la victime doit démontrer, même si la notion a été fortement assouplie par l'abandon du critère de gravité exceptionnelle. Dès lors, c'est uniquement dans l'hypothèse où la faute est inexcusable que l'obligation de sécurité de résultat produit tous ses

---

1. Conclusions A. Benmaklouf, in JCP, 2002, G II, n 10053 ; G. Vachet, in TPS, 2002, chron. 8 ; G. Picca et A. Sauret, in PA, 2002, n° 62, p. 17 et suiv. ; RJS, 5/02, p. 461 et suiv. ; O. Garaud et P. Rozec in SS Lamy, 27 mai 2002, p. 6 et suiv. ; P. Morvan, in RJS, 6/02, p. 495 et suiv. ; M. Babin et N. Pichon, in Dr. soc., 2002, p. 828 et suiv. ; A. Derue et P. Coursier, in JSL, 2002, n° 107, p. 2 et suiv. ; P. Sargos, in JCP, 2002, G I, p. 121 et suiv. ; H. K. Gaba, in D. 2002, p. 207 et suiv. ; Y. Prétot, in D. 2002, p. 2696 ; I. Monteillet, in RJS, 5/02, p. 403 et suiv.
2. Cass. soc., 11 avril 2002, Dr. soc., 2002 p. 676, note P. Chaumette ; PA 2002, n° 103, p. 7, note G. Picca et A. Sauret ; RJS 6/02, p. 565. À nouveau, Cass. soc., 11 juill. 2002, SS Lamy 2002, n° 1086, p. 15.
3. A. Lyon-Caen, in Dr. soc., 2002, p. 445 et suiv.
4. Le trouble avait déjà été produit par les pouvoirs publics quand ils ont mis en place le Fonds d'indemnisation des victimes de l'amiante (FIVA) qui porte atteinte à l'unicité du système puisque partiellement financé par l'État.
5. Voir le rapport du professeur R. Massé et celui de M. Yahiel du 26 avril 2002 sur les conditions de mise en œuvre du rapport Massé.

---

effets. L'employeur est condamné à verser à la victime ou à ses ayants droit[1] une indemnisation complémentaire dont on relèvera qu'elle peut ne pas conduire à une réparation intégrale dans la mesure où la liste des préjudices contenue dans l'article L. 452-3 du CSS est limitative et s'impose aux juges[2]. L'employeur ne peut éviter ce paiement qu'en démontrant qu'il n'avait pas pu avoir conscience du danger auquel le salarié avait été exposé[3] et, dans l'hypothèse où il aurait dû en avoir conscience, qu'il avait pris toutes les mesures nécessaires pour préserver sa santé ou son intégrité physique. Enfin, pour que cette indemnisation complémentaire soit due, encore faut-il que soit établi un lien de causalité entre le préjudice subi et la conscience du danger ou le manque de prévention, en particulier quand il y a pluralité de causes ou de fautes. Sur ce point, abandonnant une position ancienne et constante, la chambre sociale complète son édifice en décidant qu'il est indifférent que la faute inexcusable soit la cause déterminante du dommage. Il suffit qu'elle en soit une cause nécessaire y ayant concouru avec d'autres[4]. Ainsi, elle écarte la thèse de la causalité adéquate – peu conforme il est vrai au fondement de la responsabilité de l'employeur – au profit de celle de l'équivalence des conditions. Dès lors, seules la force majeure ou une cause exclusive étrangère non imputable à l'employeur sont exonératoires[5].

---

1. Un des arrêts du 28 février leur a accordé le droit d'obtenir réparation du préjudice moral du défunt.
2. Pour ex. : Cass. soc., 28 mars 1996, D. 1996 IR, p. 105. Les dépenses engagées pour embaucher une personne afin de conduire la victime sur des marchés ne sont pas au nombre des préjudices dont elle peut obtenir réparation ni celles liées à l'adaptation d'un appartement : Cass. soc., 16 nov. 1988, *Bull*. V, n° 603.
3. Dans l'un des arrêts du 28 février (Sollac), la Cour de cassation a écarté la demande de reconnaissance de la faute inexcusable au motif que la société employeur n'utilisait pas l'amiante comme matière première dans son activité industrielle. De plus, le salarié ne participait pas à des travaux comportant l'usage direct de l'amiante. À nouveau : Cass. soc., 27 juin 2002, Jurispr. soc., 2002, n° 664, p. 289, et 12 déc. 2002, Jurispr. soc., 2003, n° 669, p. 58.
4. Cass. soc., 31 oct. 2002, Société Ouest concassage, Dr. soc., 2003, p. 145, note P. Chaumette ; Jurispr. soc., 2002, n° 667, p. 408 ; RJS, 1/03, n° 86, p. 60.
5. Dans l'arrêt Société Guintoli rendu le même jour que l'arrêt Société Ouest concassage, la chambre sociale rejette toute indemnisation complémentaire après avoir constaté que la victime avait été blessée par le fait d'une explosion de la chambre à air comprimé d'un distributeur à compression alors qu'aucune anomalie du matériel en relation avec l'accident n'avait été relevée.

Par sa sévérité, cette jurisprudence entend sensibiliser les entreprises aux impératifs de sécurité ; nous y reviendrons. Mais pour l'heure, il est piquant de relever qu'elle s'accompagne aussi de garanties pour l'entrepreneur dans la mesure où toute la procédure de reconnaissance du caractère professionnel de l'accident ou de la maladie doit assurer le respect du contradictoire. Si un manquement peut être constaté à propos de l'information de l'employeur ou de sa participation à la procédure (art. R. 441-10 et s. du CSS), la décision de prise en charge lui est inopposable. Cette inopposabilité entraîne d'office celle, à son égard, des conséquences financières de réparations complémentaires au titre de la reconnaissance d'une faute inexcusable. Il en résulte que la caisse primaire, liée par la prise en charge initialement accordée dans ses rapports avec la victime ou avec ses ayants droit, devra régler les compléments de rentes, les indemnités pour préjudices personnels fixés par le juge en cas de reconnaissance de faute inexcusable, mais ne pourra pas exercer son action en remboursement contre l'employeur[1]. Nul doute que cette jurisprudence fera se déplacer le contentieux de la faute inexcusable sur le terrain du formalisme et qu'elle amènera – comme l'avait fait la jurisprudence Deperne relative à la régularité des mises en demeure – les caisses primaires à plus de rigueur dans le respect des procédures.

Sans nier la nouveauté et les conséquences de cette jurisprudence élaborée au cours de l'année 2002, au moins sur les principes qu'elle dégage, elle ne surprend pas. Rappelons d'abord que la chambre sociale avait permis aux salariés victimes d'une maladie hors tableau mais contractée à l'occasion du travail d'actionner leurs employeurs selon le droit de la responsabilité contractuelle. S'agissait-il d'une obligation de moyen ou de résultat ? Le doute était possible même si une doctrine autorisée la qualifiait déjà de résultat[2]. Aujourd'hui, il ne l'est plus et la construction du rapport juridique s'en trouve clarifiée. Le chef d'établissement supporte une obligation légale de sécurité qui peut s'avérer faible en sanctions, générant alors la crainte que l'exigence de sécurité ne s'en ressente. Voilà pourquoi les hauts magistrats ont tiré du contrat de travail cette obligation contractuelle de sécurité de résultat dont l'employeur (en général, une personne morale) est le débiteur. Ensuite, l'évolution du concept de faute inexcusable doit être retenue. Déjà la loi

---

1. Cass. soc., 19 déc. 2002 : 10 arrêts, RJS 3/03, p. 257 ; Jurispr. soc., 2003, n° 669, p. 60.
2. J.-E. RAY, « Droit du travail. Droit vivant », édit. Liaisons, 2001, p. 117.

du 23 décembre 1982 avait introduit « l'étrange notion » de faute inexcusable de droit en cas d'échec du droit de retrait[1]. De même, et avec la loi du 12 juillet 1990, cette faute est présumée établie en faveur des salariés sous contrat à durée déterminée ou intérimaires victimes d'un accident ou d'une maladie alors qu'ils ont été affectés à un poste à risques sans avoir bénéficié d'une formation à la sécurité renforcée. Et la Cour de cassation, si elle a écarté toute idée de présomption de faute inexcusable, en la redéfinissant, elle l'a ramenée au rang de faute d'imprudence ou de négligence de l'employeur ou de ses substitués dans l'organisation de la prévention. Dès lors, s'il est vrai que cette construction prétorienne n'offre un intérêt véritable pour les salariés, créanciers de cette obligation contractuelle et de résultat, que s'ils sont victimes d'un dommage corporel, il est non moins évident qu'elle incite les employeurs à un respect rigoureux des règles de sécurité énoncées dans le code du travail. En raison du coût élevé qu'entraîne, à la suite de la définition nouvelle de la faute inexcusable, la réparation du préjudice subi par le salarié – sans oublier que le patrimoine personnel de l'employeur peut être engagé –, celui-ci est directement encouragé à mettre en place ces mêmes politiques de prévention des risques[2]. Finalement, sous l'impulsion de la jurisprudence, la prévention des risques professionnels, noyau dur de l'obligation de sécurité[3], peut devenir un « nouveau champ de performance pour l'entreprise »[4], où le salarié doit jouer son rôle.

La sécurité : une participation exigée des salariés

Si l'on excepte les textes précités de la fin du XIXe siècle – dont la portée pratique a été fort limitée –, l'idée qu'une démarche prophylactique puisse jouer un rôle décisif dans la réduction du nombre des risques professionnels est relativement récente. C'est essentiellement de 1989 à 1992, sous l'impulsion du droit communautaire, que des réformes de fond ont été entreprises pour modifier la réglementation et la faire par-

---

1. P. CHAUMETTE, in Dr. soc., 2003, p. 148.
2. Y. SAINT-JOURS, « La dialectique conceptuelle de la faute inexcusable de l'employeur en matière de risques professionnels », Dr. ouvr., 2003, p. 41 et suiv.
3. P.-Y. VERKINDT, « Travail et santé mentale », in SS Lamy, 2003, n° 1112, p. 9.
4. J.-N. MOREAU, « Hygiène et sécurité : un nouveau défi pour l'entreprise », in SS Lamy, n° 1082 du 1er juillet 2002.

ticiper à cette logique. La prévention allait être au cœur de la législation, et l'obligation en découlant gagner en intensité[1]. En effet, dans une acception minimaliste, la lutte contre ces risques se traduit par une obligation spéciale de prévention conduisant à agir directement sur la source du danger identifié par les textes, en imposant des mesures de nature spécifique. Cette obligation alors vise directement le chef d'entreprise ou le chef d'établissement. À cette approche a répondu une obligation générale de prévention définissant des standards comportementaux, intervenant en amont de l'obligation spéciale. L'article L. 230-2 du code du travail montre le passage d'une obligation de sécurité, destinée à parer un risque précis, à une obligation de prévention, applicable à toutes les entreprises et déterminant des principes généraux afin d'éradiquer ces risques par tous moyens. S'il est compréhensible que ce comportement soit exigé de l'employeur, il est légitime aussi qu'il soit attendu des travailleurs. La sécurité consistant à ne plus rien laisser au hasard, même les « exécutants les plus modestes » sont en mesure d'apporter une contribution utile[2]. C'est dans cet esprit qu'est apparue l'obligation, pour les salariés, de veiller à leur sécurité et à leur santé ainsi qu'à celles des autres personnes concernées du fait de leurs actes ou de leurs omissions au travail, conformément aux instructions qui leur sont données par l'employeur ou le chef d'établissement et en fonction de leur formation ou de leurs possibilités (cf. art. L. 230-3 c. trav.). L'obligation ainsi produite a, d'une part, une efficacité étendue puisqu'elle englobe toutes les personnes présentes sur les lieux de travail avec les salariés concernés ; d'autre part, elle est contingente dans la mesure où son effectivité dépend aussi des instructions données aux salariés, de la formation qu'ils ont reçue et de leurs possibilités dans ce domaine.

Cet article L. 230-3 du code du travail, bien qu'aménagé par rapport au texte de la directive (cf. *infra*), allait susciter l'inquiétude de certains qui craignaient que, sur le plan juridique, les salariés ne deviennent responsables des manquements à l'obligation de sécurité, alors que, jusque-là, cette responsabilité n'était supportée que par les seuls chefs d'entreprise. Cette appréhension, fréquente lors de la transposition des règles communautaires en droit interne, était exagérée. La seule lecture d'autres dispositions, édictées dans le même temps, permet de s'en convaincre. Ainsi l'article L. 230-4 du code du travail s'empresse

---

1. Pour une démonstration complète, cf. la thèse d'I. MARTINEZ : « L'intégrité physique du salarié dans la relation de travail », *op. cit.*, t. 1, n° 242 et suiv.
2. J. DESCHAMP, « Ne rien laisser au hasard. Nouvelle définition de la sécurité », rev. *Préventique-sécurité*, 1998, p. 71 et suiv.

d'énoncer que le précédent texte ne remet pas en cause le principe de responsabilité de l'entrepreneur ou du chef d'établissement. De même, l'article L. 231-11 du code du travail formule que les « mesures concernant la sécurité, l'hygiène et la santé au travail ne doivent, en aucun cas, entraîner des charges financières pour les travailleurs ». Dès lors, il est préférable de dire, avec d'autres auteurs[1], que la loi de 1991 n'a pas bouleversé le droit français de la sécurité et de la santé au travail mais qu'elle l'a diversifié en prenant appui sur les normes européennes, aujourd'hui source essentielle du droit social interne. Cette loi apporte dans un premier temps, certes, une innovation, mais pour l'essentiel elle confirme des idées antérieurement établies en droit positif. Sur le terrain de la nouveauté, elle constitue la réponse à la question de savoir si les salariés sont acteurs ou sujets de la prévention des risques professionnels[2]. Le doute n'est maintenant plus permis.

À l'intérieur de ces limites, Isabelle Martinez écrivait, dans sa thèse, que l'article L. 230-3 serait « sans réelle portée juridique »[3]. Dans un premier temps, les magistrats lui ont donné raison, le texte n'ayant connu aucune faveur de leur part. Mais il faut toujours se méfier, comme l'avait montré en son temps la pratique de l'indexation des salaires, dont d'éminents auteurs avaient pu écrire que « son interdiction était tombée en désuétude »... jusqu'à ce que la chambre sociale décide de la sanctionner[4] ! Il en est de même ici : par trois arrêts remarqués, la Cour de cassation vient de recourir à ce texte pour justifier, spécialement, la condamnation de salariés qui avaient exposé d'autres personnes à ces dangers. Principalement à la lumière de cette jurisprudence nouvelle, nous étudierons la nature des contraintes ainsi imposées aux salariés (A) pour envisager ensuite, logiquement, les moyens susceptibles de les sensibiliser à cette obligation (B).

La nature de l'obligation assignée aux salariés

La convention n° 155 de l'Organisation internationale du travail rappelle, fort opportunément, « le caractère complémentaire » de la responsabilité des salariés dans la mise en œuvre des politiques de sécurité

---

1. P. Chaumette, in Dr. soc., 1992, p. 337 et suiv.
2. J. Dumont, « Le personnel et la prévention des accidents du travail : acteur ou sujet ? », in Dr. soc., 1997, p. 31 et suiv.
3. Op. cit., p. 245.
4. Cass. soc., 2 mars 1977, Bull. V, n° 126.

et de santé, dans les termes définis par les textes précités. Aussi bien, il convient de préciser l'étendue de la coopération qu'ils doivent apporter à cette fin.

1 – Tout d'abord et à leur égard, l'obligation a désormais un fondement légal indiscutable. Les salariés doivent l'observer, sans pouvoir invoquer comme excuse qu'en ce qui les concerne, ils l'ignoraient.

2 – Ensuite, et au-delà, c'est sa nature contractuelle qui est déterminante car elle la place au cœur du rapport de subordination et en trace, dès lors, les contours et la portée. À ce stade, une différence importante d'orientation doit être relevée entre la directive-cadre de 1989 et la loi de 1991. En effet, si la première imposait, à ce titre, un certain nombre d'obligations spécifiques aux salariés afin d'atteindre l'objectif, elles n'ont pas été reprises en droit français – exception faite de l'article L. 231-8-1 du code du travail –, le législateur ayant préféré la voie classique de dispositions qu'il convient d'édicter dans le règlement intérieur : « Le règlement intérieur[...] fixe les mesures d'application de la réglementation en matière d'hygiène et de sécurité et, notamment, les instructions prévues à l'article L. 230-3 du code du travail. Ces instructions précisent, en particulier lorsque la nature des risques le justifie, les conditions d'utilisation des équipements de travail, des équipements de protection individuelle, des substances et préparations dangereuses. Elles doivent être adaptées à la nature des tâches à accomplir » (cf. art. L. 122-34 c. trav.). Les salariés sont tenus de se conformer à ces prescriptions et instructions pour ne pas se voir reprocher un acte d'insubordination. L'obligation de sécurité est donc pour eux également un rappel à la discipline due dans l'exécution du contrat de travail. Les sanctions en découleront (cf. *infra*). Mais c'est dans le cadre des instructions et prescriptions formulées par le règlement intérieur qu'est attendue l'initiative individuelle de chaque salarié. En matière d'hygiène, de sécurité et de santé, l'employeur garde la main et doit anticiper les situations de risque ; les salariés, quant à eux, agissent aux mêmes fins en obéissant aux consignes arrêtées dans le règlement intérieur.

3 – Cette obligation est une obligation de moyen qui doit s'apprécier *in concreto*. Non seulement son effectivité dépend des instructions qui auront été données aux salariés mais encore, toujours selon l'article L. 230-3 du code du travail, « de leur formation et de leurs possibilités ». On ne peut manquer alors

de faire un rapprochement avec l'exercice du droit de retrait accordé aux salariés quand, en présence d'un danger grave et imminent, ils estiment qu'ils ont un motif raisonnable de craindre un péril pour leur vie ou leur santé (cf. art. L. 231-8-1 c. trav.), qui doit se concilier avec le pouvoir reconnu à l'employeur d'ordonner – « réquisitionner » ? – à ses salariés de reprendre l'exécution de leur travail, même dans cette situation, et ce afin de rétablir des conditions de sécurité normales.

Aussi bien et dans tous les cas, la responsabilité qui pourrait être imputée à un salarié du fait du non-respect de l'obligation de sécurité doit être estimée par rapport aux obligations qui demeurent aussi à la charge de l'employeur et qui auraient pu faire l'objet d'un manquement. Toute violation des règles de sécurité par un salarié n'est donc pas nécessairement une faute ou, en tout cas, cette faute doit être qualifiée, au besoin par le juge, pour déterminer le niveau de la sanction.

Finalement, et peut-être contre toute attente, les dispositions de l'article L. 230-3 du code du travail amènent à apprécier le comportement fautif du salarié dans la situation de travail où le risque s'est réalisé.

4 – La vigilance qui est ainsi exigée de la part de tout salarié doit s'exercer bien évidemment à l'égard de ses collègues de travail. Mais la portée du texte est plus large puisqu'elle englobe toutes les personnes qui sont présentes sur le lieu de travail.

Pour résumer, si l'obligation de sécurité au travail supportée par les salariés est loin d'être aussi contraignante que celle qui est mise à la charge du chef d'entreprise ou d'établissement, désormais leur responsabilité peut être recherchée non pas simplement quand ils sont convaincus d'un manquement aux règles de prudence – s'imposant à eux comme à tout citoyen qui doit respecter la loi et les règlements – mais aussi pour toute violation de cette obligation de sécurité prévue par l'article L. 230-3 du code du travail. Toutefois, le texte lie très explicitement cette obligation à des conditions étroitement rattachées au lien de subordination. D'abord, parce que l'employeur supporte, en ce domaine, un devoir de formation envers ses salariés (cf. *supra*). Ensuite, parce qu'il doit leur fournir des instructions et des directives dans les conditions prévues par le règlement intérieur. Enfin, quant à la part d'initiative qui leur est demandée, elle dépend de leurs possibilités. Dans ce cadre légalement défini, le manquement d'un salarié à ses attributions se traduit désormais par le non-respect de l'obligation contractuelle de sécurité ; elle peut être sanctionnée.

Sanctions de l'obligation

L'article L. 230-3 du code du travail n'en comporte aucune. C'est donc fort logiquement sur le terrain du droit disciplinaire que les juges se sont placés pour punir l'inexécution de leur obligation par les salariés. Cependant, la portée très générale du principe contenu dans les textes leur a permis de l'appliquer aussi dans une autre circonstance, plus originale. En effet, et après quelques hésitations, la Cour de cassation a concédé qu'un accord d'intéressement puisse prendre en considération un critère tendant à l'amélioration de la sécurité de l'entreprise. Le principe de précaution permet de manier certes le bâton mais aussi la carotte...

De nouvelles possibilités de licenciement

Par deux arrêts – Deschler[1] du 28 février 2002 et Piani du 22 mai 2002 –, la chambre sociale a, sur le fondement de l'article L. 230-3 précité, reproché à des salariés d'avoir manqué à leurs obligations de sécurité et justifié leur licenciement pour faute grave.

a) Le premier de ces arrêts a été rendu en même temps que ceux qui ont proclamé l'obligation de sécurité de résultat à la charge de l'employeur au profit des victimes de l'amiante et de leurs familles. En l'espèce, un cadre responsable du service entretien avait compétence pour définir, avec les entreprises extérieures, les modalités de leur intervention dans les locaux de l'entreprise et pour les informer sur les mesures de sécurité à prendre. Au cours d'une de ces opérations, deux salariés, appartenant à l'une de ces entreprises extérieures, avaient été tués. Or l'intéressé avait très sommairement rédigé le plan de prévention et l'information qu'il avait fournie à la société extérieure s'était révélée insuffisante ; il a été licencié pour faute grave et cette sanction est approuvée par les juges d'appel et par ceux de la cour régulatrice. « Selon l'article L. 230-3 du code du travail, il incombe à chaque travailleur de prendre soin, en fonction de sa formation et selon ses possibilités, de sa sécurité et de sa santé ainsi que de celles des autres personnes concernées du fait de ses actes ou de ses omissions au travail. Il répond des fautes qu'il a commises dans l'exé-

---

1. *Bull.* V n° 82 ; *Liaisons soc.*, jurispr. actualité n° 773 du 13 juin 2002 ; RJS 5/02, n° 582 ; PA, 23 mai 2002, p. 4, note G. Picca et A. Sauret ; R. Vatinet, in Dr. soc., 2002, p. 533 et suiv. ; S. Mahieddine : « L'obligation de sécurité du salarié », Act. juridique CFDT, mai 2003, p. 17 et suiv.

cution du contrat de travail. » Cette décision innove en ce sens que la sanction est justifiée au motif d'un manquement non à des règles de sécurité[1] mais bien à l'obligation de sécurité et aux contraintes en découlant. L'argumentation développée en défense par le salarié mérite que l'on s'y arrête. Il soutenait que la désorganisation de l'entreprise en matière de sécurité ne pouvait lui être imputée car le simple fait de diriger le service d'entretien ne lui conférait, en matière de prévention des risques, aucune responsabilité sauf s'il y avait eu délégation de pouvoir ; or il n'en était titulaire d'aucune, l'employeur ayant été condamné pénalement à propos de ces faits[2]. Les hauts magistrats ont écarté ce raisonnement. Ils ont conclu que l'obligation de prévention découlant de l'article L. 230-3 du code du travail a une portée générale et qu'elle joue même en l'absence de délégation de pouvoir. L'obligation de sécurité et la délégation de pouvoir ont des domaines distincts. La délégation de pouvoir vise à permettre à l'employeur, qui l'a organisée, de s'exonérer de sa responsabilité pénale en rapportant la preuve qu'il a délégué ses attributions à une personne pourvue de la compétence, de l'autorité, et dotée par lui des moyens nécessaires. Le salarié qui n'a pas cette délégation ne peut donc être poursuivi pénalement pour les infractions aux règles de sécurité[3]. Mais il ne se trouve pas exonéré pour autant des fautes commises dans l'exécution de son contrat et, en particulier, de l'obligation de sécurité que lui fait supporter l'article L. 230-3 du code. Or, en l'espèce, le salarié avait bien commis ces fautes, attestées par les juges d'appel et reprochées par l'employeur au moment du licenciement.

b) L'arrêt Piani a également été rendu au visa de l'article L. 230-3 du code du travail[4]. Il était reproché à un salarié d'avoir méconnu la clause d'un règlement intérieur lui interdisant de pénétrer dans l'entreprise en état d'ivresse. Il avait été justement contrôlé grâce à un test d'alcoolémie pratiqué par son supérieur

---

1. Antérieurement jugé par la Cour de cassation, le bien-fondé d'un licenciement quand le salarié met en danger, par son indiscipline et ses manquements au règlement intérieur, sa sécurité et celle des tiers ; pour un exemple : Cass. soc., 9 juill. 1991, RJS 10/91, n° 1156.
2. Sur ce point particulier, cf. l'étude *Liaisons soc.*, jurispr. actualité précitée, p. 4.
3. Req. : il ne peut l'être non plus ni sur la base de l'article L. 230-3 ni sur celle de l'article L. 263-2 du code du travail.
4. Voir S. Mahieddine, article précité ; Jurispr. hebdo, *Liaisons soc.*, n° 771, du 3 juin 2002 ; F. Duquesne, in Dr. soc., 2002, p. 781 ; RJS 11/02, n° 1233.

hiérarchique alors qu'il se trouvait au volant d'un véhicule automobile et qu'il transportait un autre salarié de l'entreprise ; il fut licencié pour faute grave. Il n'est pas nouveau qu'un salarié puisse ainsi être sanctionné alors que son alcoolémie sur les lieux de travail est élevée[1]. Ce qui l'est, en revanche, c'est la motivation de l'arrêt : « Eu égard à la nature du travail confié au salarié, un tel état d'ébriété est de nature à exposer les personnes ou les biens à un danger. » La Cour de cassation s'appuie donc sur l'obligation faite au salarié de veiller à sa sécurité et à sa santé ainsi qu'à celles des autres personnes concernées du fait de ses actes ou de ses omissions au travail pour justifier la sanction prononcée. En effet, l'obligation de sécurité se trouve évidemment affectée par une conduite en état d'ivresse qui traduit un manquement à ce devoir. Une autre originalité de l'arrêt réside dans le mode de preuve retenu. L'employeur avait constaté l'état d'ébriété en utilisant les résultats d'un alcootest. Or si l'on se réfère à la jurisprudence du Conseil d'État, ce que ne manquait pas de faire le salarié, le contrôle par ce moyen doit avoir pour seule conséquence de prévenir et de faire cesser immédiatement une situation dangereuse, et non de permettre à l'employeur de constater une éventuelle faute disciplinaire[2]. Dès lors, le salarié sanctionné pouvait soutenir que la mesure de contrôle avait été détournée de sa finalité. Et la cour d'appel, si elle avait admis le principe du recours à l'alcootest pour prévenir une situation dangereuse, avait écarté son utilisation pour établir une faute disciplinaire, conformément à la jurisprudence administrative précitée. Son arrêt est cassé au terme d'un raisonnement qui laisse peu de place à la discussion : le salarié supporte l'obligation de veiller à sa sécurité et à celle des autres ; l'employeur peut, voire doit, sanctionner tout manquement à cette obligation (cf. arrêt Deschler précité) qui peut être dénoncé par un alcootest, ainsi élevé au rang d'un mode licite de preuve d'une faute disciplinaire. Mais la Cour de cassation reconnaît cette licéité sous condition. D'abord, les modalités du contrôle par l'alcootest doivent pouvoir être contestées par le salarié : il est certainement souhaitable que le règlement intérieur précise cette contestation et l'organise. Ensuite, seuls certains salariés peuvent être soumis à la mesure, eu égard à la « nature des travaux » qu'ils réalisent car

---

1. Exemple : Cass. soc., 3 mars 1977, *Bull.* V, n° 166.
2. Exemple : CE, 12 nov. 1990, RJS 2/91, n° 178.

alors un état d'ébriété « est de nature à exposer les personnes ou les biens à un danger. Enfin, l'état d'ébriété ne constitue pas nécessairement une faute grave ; il faut que le comportement reproché au salarié soit apprécié par rapport à la relation de travail, notamment à son ancienneté dans l'entreprise et au comportement qui a été le sien jusqu'au moment du contrôle.

La nouvelle portée des accords d'intéressement

Peut-on conjuguer l'intéressement – qui, on le sait, est un mode indirect de rémunération ouvrant droit à des exonérations de cotisations sociales si certains principes légaux sont satisfaits[1] – avec la sécurité ? Tout l'intérêt de l'arrêt SCREG[2], rendu par la chambre sociale, réunie en formation plénière le 24 septembre 2002, est de l'autoriser en fondant, de nouveau, la solution sur l'article L. 230-3 du code du travail, mais au terme d'un long feuilleton judiciaire qui prouve, si besoin était, que le dénouement n'était pas évident. En effet, et dans un premier temps, ladite société avait été condamnée à réintégrer, dans l'assiette des cotisations, des primes d'intéressement calculées par référence à deux critères liés à la sécurité et à l'absentéisme[3]. Prenant acte de cette sanction, elle avait modifié les critères de l'intéressement pour ne plus retenir que celui afférent à la sécurité. Les hauts magistrats n'ont pas été davantage convaincus[4]. Or cet accord contesté avait été conclu sous le régime de l'ordonnance du 21 octobre 1986 ; depuis, la réglementation de l'intéressement a subi des modifications. D'abord, avec la loi du 25 juillet 1994 qui, tout en conservant le même esprit général que la précédente, a corrigé légèrement l'objet de l'intéressement. Ensuite par la loi du 19 février 2001, sur l'épargne salariale, qui a donné un nouvel essor à l'intéressement. A ce propos, une circulaire interministérielle du 22 novembre 2001[5] confirme que l'intéressement, lié aux « performances » de l'entreprise, doit bénéficier d'une plus grande latitude dans

---

1. Au nombre de quatre : le principe de négociation et de non-substitution de l'intéressement au salaire, le caractère collectif et aléatoire.
2. Commenté par B. Gauriau, in Dr. soc., 2002, p. 1054 et suiv. ; G. Picca et A. Sauret, in PA, 2003, n° 14, p. 4 et suiv. ; Jurispr. hebdo du 7 octobre 2002, n° 783 ; DPS du 25 octobre 2002, n° 5620 ; SS Lamy, 2002, n° 1097, p. 12 ; RF social, novembre 2002, n° 14, p. 32 ; S. Mahieddine, article précité, p. 19 ; RJS 12/02, n° 1422.
3. Cass. soc., 11 juill. 1996, RJS, 1996, n° 958.
4. Cass. soc., 21 mars 2002, D. 2002, jurispr., p. 2563, note D. Boulmier.
5. *JO* du 16 févr. 2002.

l'établissement de la formule de calcul. Ces « performances » sur lesquelles s'appuie l'accord peuvent notamment se mesurer par « l'atteinte d'objectifs de qualité, de satisfaction de la clientèle mais aussi de sécurité et de prévention des risques professionnels dans l'entreprise ». Ces changements ont-ils influencé la position de la chambre sociale ? Quoi qu'il en soit, réfutant les arguments avancés par l'Urssaf et confirmant le jugement prononcé par le TASS, elle a validé le mécanisme d'exonération de l'accord, qui prend en considération le taux de fréquence des accidents du travail pour établir le montant de l'intéressement. « Ces obligations pesant sur l'employeur en matière de sécurité ne sont pas exclusives de celles incombant au salarié qui, aux termes de l'article L. 230-3 du code du travail, doit prendre soin, en fonction de sa formation et selon ses possibilités, de sa sécurité et de sa santé ainsi que de celles des autres personnes concernées du fait de ses actes ou de ses omissions ; qu'il en résulte que des accords d'intéressement peuvent, sans méconnaître le caractère collectif, prendre en considération des critères tenant à l'amélioration de la sécurité dans l'entreprise »

Pour la Cour de cassation, rien ne s'oppose plus à ce que la sécurité au travail soit intégrée à la notion de « performance » de l'entreprise et qu'elle puisse se mesurer par la fixation d'objectifs à réaliser. Cette notion est d'ailleurs relative puisque fonction de l'activité de l'entreprise. On conçoit dès lors fort bien que dans le bâtiment, comme en l'espèce, la lutte contre les risques professionnels et les accidents représente un objectif prioritaire. Or, l'employeur n'est plus le seul à être tenu par l'exigence sécuritaire. Elle est devenue une préoccupation collective, les salariés supportant une obligation dont on a noté l'originalité et dont le juge dessine fort opportunément les contours. Nous avons vu qu'en cas de violation de cette obligation, l'employeur avait le pouvoir de la sanctionner. Mais il est évidemment plus judicieux d'obtenir que les salariés s'associent et participent aux résultats de la politique de sécurité menée dans l'entreprise. A cette fin, la contribution du juge est de fournir des outils à l'employeur ; l'incitation financière se révélera certainement l'un des plus efficaces...

Il reste que l'intéressement obéit à des règles impératives pour ouvrir droit aux exonérations. La Cour de cassation ne les a pas oubliées. Elle a posé, dans le même arrêt, les conditions à respecter pour que le dispositif soit valable :

– Il ne doit pas aboutir à diminuer ou supprimer la prime exclusivement à l'encontre de certains salariés d'un établissement, dont aucun ne doit être susceptible de se voir désavantagé.

- Il ne doit pas non plus avoir pour conséquence de sanctionner une absence d'un salarié, consécutive à un accident du travail.
- Enfin, il ne doit pas faire obstacle au principe de la responsabilité, tant civile que pénale, des employeurs ou des chefs d'établissement.

Si ces conditions sont réunies, l'accord vérifie le caractère collectif de l'intéressement et constitue la contrepartie d'un effort collectif.

Échec de l'entreprise, perte d'emploi et responsabilité des auditeurs financiers : éléments d'une équation sans solution

Jean-François BARBIÈRI

1. La conjugaison de scandales financiers retentissants tant outre-Atlantique que, plus récemment, dans la « vieille Europe », avec l'éclatement de la « bulle spéculative Internet-télécommunications », a mis en lumière tant les faiblesses du contrôle, légal ou conventionnel, des entreprises que la fragilité de ces dernières tout comme, d'ailleurs, celle de leurs auditeurs. Il en est résulté une question fort embarrassante : contrôlés et contrôleurs auraient-ils des pieds d'argile en raison d'une excessive interdépendance, générant aveuglement et complaisance chez les auditeurs ?

Toujours est-il que le prix à payer pour ces errements et emballements d'un capitalisme mal régulé s'est révélé très lourd : la disparition ou, au moins, l'importante restructuration des entreprises touchées par ces scandales – toujours synonyme de pertes d'emploi – s'est accompagnée d'une crise généralisée de confiance et, bien entendu, de pertes financières mal vécues par les épargnants mais aussi par les investisseurs. De façon plus anecdotique, elle s'est aussi accompagnée du démantèlement spectaculaire de l'un des grands auditeurs. La crise de confiance a été telle que certains n'ont pas hésité à parler de « déchirure »[1].

2. Les autorités chargées de la protection de l'épargne et/ou de la régulation des marchés financiers, comme les institutions professionnelles de l'audit, sont convaincues depuis longtemps qu'il existe une étroite relation entre la qualité de l'information financière prodiguée par les entreprises et la réalité de l'indépendance de leurs auditeurs, même si, à l'évidence, la qualité de l'information fournie par les entreprises n'est pas exclusivement fonction de cette indépendance[2].

Il n'est pas douteux, en tout cas, que l'auditeur qui n'a pas su préserver son indépendance et qui laisserait filtrer des informations non fiables ou, *a fortiori*, fantaisistes, en provenance d'une entreprise dont il assume le contrôle, engage sa responsabilité[3].

3. En effet, le principe d'une responsabilité des auditeurs est posé de façon générale, *a priori* pour eux comme pour tout professionnel. Il reste néanmoins à apprécier l'exacte étendue de cette responsabilité. Or cette étude risque de laisser au néophyte l'impression désagréable d'une responsabilité professionnelle sans véritable responsable ou, tout au moins, d'une responsabilité dont les éléments sont tellement spécifiques qu'ils en restreignent le domaine[4].

Cette impression paraît confirmée plus encore lorsque le dommage consiste en l'échec de l'entreprise auditée : ses auditeurs sont éventuellement responsables, oui, sur le principe, mais comment et à quelle hauteur ?

---

1. Sur ces événements et leurs conséquences, voir par exemple *Les Leçons d'Enron. Capitalisme, la déchirure*, M.-A. Frison-Roche dir., Autrement frontières, 2003.

2. Sur l'indépendance du contrôleur légal des comptes et les recommandations de la Commission européenne, voir communiqué CE du 27 mai 2002, *Bull.* Joly 2002, p. 846, § 191.

3. Sur cet aspect, voir récemment : D. Poracchia, « Responsabilités dans l'élaboration des informations financières relatives à la société et indépendance des commissaires aux comptes », *Les Petites Affiches*, 17 oct. 2002, n° 208, p. 4.

4. Voir par exemple sur cette spécificité : « Responsabilité des commissaires aux comptes : le point sur la jurisprudence », entretien avec Ph. Merle, in « Profession comptable libérale : questions d'actualité », *Les Petites Affiches*, 25 sept. 2000, n° 191, p. 37 ; Ph. Merle, *La Responsabilité civile du commissaire aux comptes*, CNCC éd., coll. « Études juridiques », déc. 2000.

4. Lorsque l'on interroge les auditeurs financiers sur leur éventuelle responsabilité, on relève qu'au-delà de leur légitime frayeur – qui leur fait souvent fuir le sujet à la manière de l'autruche – domine un sentiment de multiplication des mises en cause. Néanmoins, pour l'instant, les statistiques connues démentent ce sentiment : en nombre d'instances en responsabilité, et compte étant tenu de ce que beaucoup de dossiers se dénouent à l'issue de discrètes négociations, la « sinistralité » professionnelle chez les auditeurs paraît infiniment plus faible que pour d'autres activités libérales, que ce soit pour les avocats ou pour les notaires, par exemple[1] ; en revanche, le faible nombre d'instances judiciaires paraît compensé par l'importance des dommages et intérêts réclamés aux auditeurs ; ces demandes d'indemnités faramineuses rendent dérisoire la couverture assurantielle « de base » des auditeurs[2].

La relative rareté des mises en cause judiciaires de la responsabilité des auditeurs à l'occasion des difficultés que rencontre l'entreprise auditée trouve une explication vraisemblable dans les arcanes d'une telle action en responsabilité : problèmes de prescription, d'immunité, de preuve du fait générateur, de démonstration de l'existence d'un lien causal, auxquels se heurte le demandeur. En revanche, celui-ci n'hésite pas alors à solliciter réparation de son entier dommage, d'où l'importance des sommes réclamées à ce titre. Mais, en admettant même que soit avérée la commission de fautes professionnelles, les auditeurs doivent-ils tout assumer ?

Que ce soit au regard des faits générateurs d'une responsabilité des auditeurs (I), au regard de l'appréciation judiciaire d'un lien de causalité ou du quantum de la réparation (II), le demandeur pourrait être déçu parce que, certainement, les auditeurs ne sont pas les clefs du problème : quelle que soit la faute reprochée, l'échec d'une entreprise et ses conséquences en termes financiers comme en pertes d'emploi ne leur sont pas directement imputables. C'est ce qui ressort, de façon plus ou moins confuse, des dispositions légales et de la jurisprudence. Ce constat concerne, certes, les commissaires aux comptes à titre principal, mais des

---

1. Cf. maître F. MASSOT, *Panorama de la jurisprudence*, in « Le commissaire aux comptes et la gestion », coll. « Forum », CRCC de Versailles, n° 46, mai 2000, p. 9.
2. Cf. J.-F. BARBIÈRI, *Responsabilité du commissaire aux comptes : la gestion du risque judiciaire*, *Bull.* Joly 2002, p. 1277, § 271, *in fine*.

---

observations analogues pourraient être faites pour d'autres auditeurs, analystes financiers ou experts en diagnostic d'entreprise : leur responsabilité n'est jamais que médiate au regard de la défaillance d'une entreprise, ce qui apparente la mise en œuvre de cette responsabilité à un parcours d'obstacles[1].

FAITS GÉNÉRATEURS DE RESPONSABILITÉ DES AUDITEURS D'UNE ENTREPRISE EN DIFFICULTÉ

5. Qu'attend-on des auditeurs d'une entreprise qui rencontre des difficultés ? En premier lieu, qu'ils aient décelé ces difficultés, sous forme d'indices, c'est-à-dire préalablement à l'avènement des difficultés, en mettant pour cela en œuvre l'ensemble des diligences – tant celles arrêtées par le législateur que celles définies par les instances professionnelles – (d'où l'intérêt qu'il y aurait, à n'en pas douter, à encadrer réglementairement et déontologiquement toutes les activités d'audit). Il en résulte, semble-t-il, que l'on pourrait *a posteriori* leur faire reproche d'une insuffisante vigilance ou d'une perspicacité émoussée si des difficultés surgissent alors que les auditeurs ne les ont pas décelées.

En second lieu, on attend des auditeurs qu'une fois qu'ils ont relevé des indices de difficulté, ils sonnent le tocsin à bon escient – ni trop tôt ni trop tard – et pas trop vigoureusement, dans des formes appropriées, afin d'éviter de faire fuir les partenaires de l'entreprise alors que celle-ci pourrait être sauvée.

À l'évidence, tout cela suppose un subtil dosage et un sens certain de l'équilibrisme : on comprend que le législateur ait estimé nécessaire, par exemple, d'entourer de précautions protectrices la célèbre procédure d'alerte ou la révélation des faits délictueux, et que les magistrats manifestent quelque indulgence non seulement en cas de recours excessif à l'alerte – situation en principe couverte par une immunité légale – mais aussi lorsqu'il apparaît que l'auditeur a manqué de perspicacité. On ne demande pas aux auditeurs d'être devins ; on attend d'eux qu'ils appliquent au

---

1. Rappr., sur quelques difficultés de choix et de désignation d'un auditeur chargé d'apprécier la situation comptable et financière d'une entreprise en difficulté : tr. comm. Bordeaux, ord. réf., 2 janv. 2003, *Rev. sociétés* 2003, p. 134, note B. Saintourens ; *Rev. fiduciaire* FH 2984, 27 juin 2003, p. 13.

mieux les diligences professionnelles et qu'ils tirent de leurs investigations les conclusions qui s'imposent, sans complaisance pour l'entreprise ni pour ses dirigeants.

Responsabilité liée à l'alerte

6. On sait que les auditeurs légaux – mais aussi, désormais, conventionnels (code comm. art. L. 820-1) – sont tenus d'initier une procédure destinée à alerter les dirigeants et, s'il y a lieu, les actionnaires ou associés, lorsque ces auditeurs décèlent un risque d'interruption de la continuité de l'exploitation (code comm., art. L. 234-1 s.). Le législateur n'a cessé de renforcer les diligences attendues en la matière[1].

Face à ce devoir d'alerte, les auditeurs sont susceptibles d'encourir deux reproches, en sens contraire :

– soit ils n'ont pas enclenché la procédure légale dans un contexte économique et financier où, pourtant, sa mise en œuvre s'imposait, c'est-à-dire où pouvaient être relevés des « faits de nature à compromettre la continuité de l'exploitation », ou ils ont interrompu une procédure d'alerte en cours ;

– soit ils ont déclenché sans discernement la procédure d'alerte, en la mettant en œuvre en l'absence de réelle menace d'interruption de l'exploitation, ou en révélant – à l'occasion d'une procédure d'alerte cependant justifiée – des faits de nature à nuire au crédit de l'entreprise.

7. La première de ces deux hypothèses correspond à une situation où l'auditeur aurait dû agir et ne l'a pas fait. Cette inertie paraît contraire aux devoirs de la mission générale de contrôle incombant au commissaire aux comptes : on ne manquera pas de lui reprocher alors son défaut de vigilance, son excès d'optimisme, voire son impéritie, comme dans le cas général où est sanctionnable l'absence des diligences attendues de l'auditeur (voir *infra*, I, B).

En revanche, il apparaît indispensable que la défaillance du commissaire aux comptes dans le déclenchement de l'alerte – absence d'alerte alors que les indices de risque se multipliaient,

---

1. Cf. A. LIÉNARD, *La Responsabilité des commissaires aux comptes dans le cadre de la procédure d'alerte*, Rev. proc. collec. 1994, p. 292, et 1996, p. 1 ; A. GODFROY, « Le commissaire aux comptes et la procédure d'alerte », thèse dactyl., Paris-II, 1999.

ou procédure enclenchée tardivement – ait engendré un préjudice réparable. Or, sur ce terrain, comme on le verra (*infra*, II, B), il doit être montré que la défaillance reprochée à l'auditeur a fait perdre à l'entreprise une chance de redressement[1]. La pratique confirme ce que l'on devine, c'est-à-dire que la preuve d'un tel préjudice n'est pas facile à rapporter : défaillance de l'auditeur, peut-être, mais réparation improbable.

8. Dans la situation, voisine de la précédente (complète inaction), où est reprochée à l'auditeur l'interruption de la procédure d'alerte qu'il avait initiée, les magistrats ne manquent pas de rappeler la latitude d'appréciation du commissaire aux comptes : l'interruption de la procédure d'alerte est justifiée dès lors qu'il estime satisfaisante la réponse que font les dirigeants de l'entreprise à son interpellation.

Dès lors, par un dangereux « effet boomerang », ceux qui se hasarderaient à contester en justice le bien-fondé de l'interruption risqueraient d'être condamnés, à leur tour, pour procédure abusive[2].

9. Quant à la deuxième hypothèse, elle est, au moins pour partie, couverte par une immunité légale : la divulgation, à l'occasion d'une procédure d'alerte justifiée par la réalité des indices relevés, de faits susceptibles de nuire au crédit de l'entreprise est couverte par les dispositions de l'article L. 225-241 du Code de commerce (al. 1er, 2e phrase), sur le même mode qu'en cas de révélation de faits délictueux au procureur de la République (C. comm., art. L. 225-240, al. 2). Cette divulgation ne saurait donc être qualifiée comme une faute du commissaire aux comptes sauf, bien entendu, preuve d'une volonté particulière de nuire, très difficile à rapporter.

L'hypothèse d'un déclenchement infondé ou intempestif d'une procédure d'alerte n'est pas davantage de nature à étancher la soif de réparation du chef d'entreprise. La raison en est que les magistrats font preuve d'une extrême prudence en cette hypothèse, et qu'ils adoptent une position plutôt protectrice pour le commissaire aux comptes, tout au moins tant que la bonne foi de celui-ci – toujours présumée – subsiste.

---

1. CA Paris, 26 avr. 2000, *Bull.* CNCC n° 119-2000, p. 380, obs. Ph. Merle.
2. En ce sens : TGI Strasbourg, 6 mai 1999, *Bull.* CNCC n° 117-2000, p. 72, obs. Ph. Merle ; tr. comm. Bobigny, 17 déc. 1999, *Bull.* CNCC n° 128-2000, p. 219.

10. En effet, les magistrats reconnaissent à l'auditeur une « nécessaire marge d'appréciation ». Allant parfois plus loin encore, ils admettent que l'initiative de « déclencher la procédure d'alerte ne peut être considérée comme fautive en soi, *en dépit de l'inexistence de tout fait de nature à compromettre l'avenir de la société* »[1]. Le risque de condamnation qu'encourt un commissaire aux comptes qui déclencherait sans raison sérieuse, ou intempestivement, une procédure d'alerte est donc très faible. En effet, seule est réservée la situation de mauvaise foi avérée du commissaire aux comptes, dont les excès seraient sanctionnables au titre d'un abus de pouvoir[2]. Même en ce cas, la jurisprudence attend que soit rapportée la preuve d'un véritable détournement de pouvoir, l'une des décisions connues – en particulier – n'ayant condamné l'auditeur qu'après avoir relevé de sa part un « harcèlement juridico-comptable » au détriment de l'entreprise (CA Versailles, 8 févr. 1990, préc.).

Responsabilité liée aux diligences générales

11. Bien entendu, conformément au principe général d'appréciation *in abstracto* bien connu en responsabilité civile, le comportement de l'auditeur est rapporté à un standard de conduite, qui est celui tiré du comportement du « professionnel compétent, prudent, attentif et diligent ». On ne manque pas d'observer en la matière que les tribunaux se réfèrent de plus en plus

---

1. CA Paris, 19 févr. 1993, *Bull.* CNCC n° 95-1994, p. 568, note Ph. Merle ; JCP, éd. E, 1993, II, 485, et notre note ; en cas d'alerte imprudente : CA Paris, 28 avr. 1993, JCP, éd. E, 1993, pan. n° 1073 ; dans l'hypothèse de la reprise d'une procédure d'alerte infondée : CA Paris, 25 févr. 1998, *Bull.* CNCC n° 112-1998, p. 581, note Ph. Merle ; *Bull.* Joly 1998, p. 617, et notre note ; dans l'hypothèse où la procédure a été poursuivie jusqu'en phase 3, alors que l'entreprise s'est redressée : TGI Toulouse, 29 juin 2000, confirmé par CA Toulouse, 15 oct. 2001, *Bull.* CNCC n° 125-2002, p. 76, note Ph. Merle.
2. CA Versailles, 8 févr. 1990, *Rev. sociétés* 1990, somm. p. 292, obs. Y. Guyon ; RTD comm. 1990, p. 415, obs. Y. Reinhard ; sur pourvoi : Cass. comm., 3 déc. 1991, *Bull.* CNCC n° 85-1992, p. 142, note E. du Pontavice ; *Bull.* Joly 1992, p. 172, et notre note ; sur renvoi : CA Paris, 19 févr. 1993, *Thèmexpress F. Lefebvre*, « Responsabilité civile des commissaires aux comptes », doc. n° 99 ; sur second pourvoi : Cass. comm., 14 nov. 1995, *Bull.* CNCC n° 101-1995, p. 99, note Ph. Merle ; *Rev. sociétés* 1996, p. 279, note F. Pasqualini et V. Pasqualini-Salerno.

volontiers aux recommandations et usages de la profession, aux normes professionnelles de comportement, dont la force obligatoire se trouve de ce fait singulièrement renforcée[1].

A priori, si l'on en juge par la diversité des décisions publiées, le gisement virtuel des fautes que les auditeurs sont susceptibles de commettre est important. Ainsi, à côté du défaut ou de l'insuffisance des diligences, à côté du manquement avéré aux normes et usages de la profession, y aurait-il place pour l'imprudence née de l'aveuglement ou de l'excès de confiance dans les dirigeants de l'entreprise ou dans leurs préposés, y aurait-il place encore pour le défaut de perspicacité ou de curiosité, voire pour l'insuffisante prise en considération des spécificités du dossier[2].

12. Encore faut-il néanmoins rappeler que le commissaire aux comptes n'a pas « à vérifier toutes les opérations comptables, ni à rechercher toutes les erreurs ou irrégularités, mais doit effectuer tous les contrôles qu'il estime nécessaire afin d'acquérir un *degré raisonnable d'assurance*, et cela en vérifiant la régularité de la comptabilité, en pratiquant des *contrôles par sondages et recoupements*, et en poussant plus avant ses investigations en cas de soupçons d'irrégularités »[3].

En effet, malgré l'appellation trompeuse de leur mission principale (« certification des comptes »), les auditeurs, de façon générale, ne doivent pas apparaître – selon l'expression du professeur Jeantin – comme des « assureurs tous risques », mais comme de simples « réducteurs d'incertitudes », incapables d'offrir « la certitude que tout est correct » au sein de l'entreprise[4].

13. Dès lors, s'il est vrai que – sur le principe – le commissaire aux comptes qui n'aurait pas déclenché en temps utile la procédure d'alerte engagerait sa responsabilité envers tous ceux qui

---

1. Voir par exemple : CA Caen, 24 oct. 2000, *Bull.* CNCC n° 120-2000, p. 552, note Ph. Merle.
2. TGI Paris, 22 janv. 1997, *Bull.* Joly 1997, p. 432, et notre note ; jugement confirmé : CA Paris, 8 sept. 1999, *Bull.* Joly 1999, p. 1162, et notre note ; voir sur l'ensemble de ces points : *Thèmexpress F. Lefebvre*, « Responsabilité civile des commissaires aux comptes », n° 12 et s.
3. CA Bordeaux, 4 nov. 1997, *Bull.* CNCC n° 110-1998, p. 203, note Ph. Merle.
4. J. Monéger et Th. Granier, « Le commissaire aux comptes », ouvrage édité par Dalloz, 1995, n° 481.

seraient victimes de l'ouverture d'une procédure collective, il convient néanmoins de garder en mémoire que le commissaire aux comptes n'est tenu que d'une obligation de moyens. C'est donc au demandeur en réparation qu'incombe la charge de prouver l'existence d'une faute. Et cette faute « ne peut consister qu'en une *erreur manifeste* d'appréciation » des faits de nature à compromettre la continuité de l'exploitation[1].

Il est clair que la preuve de cette *erreur manifeste* d'appréciation ne sera pas facile à rapporter, puisqu'il s'agit de celle d'une faute *caractérisée*, voire *grossière*. C'est d'ailleurs ce que confirment certaines décisions qui, dans le cas général de la responsabilité des auditeurs, estiment que la commission d'erreurs – du reste, non contestées – ne suffirait pas à constituer une faute professionnelle en l'absence d'un manquement aux obligations et normes professionnelles[2].

Le demandeur en réparation qui échouerait dans la démonstration de l'existence d'une faute professionnelle de l'auditeur encourt d'ailleurs à son tour le risque d'une condamnation pour procédure abusive : telle est la douloureuse expérience vécue par l'administrateur judiciaire et le commissaire à l'exécution du plan qui avaient engagé, sans doute un peu trop hardiment, une action en responsabilité contre le commissaire aux comptes d'une entreprise en difficulté, sans réussir à prouver l'existence d'une faute professionnelle de ce dernier[3].

14. En effet, le manquement aux obligations et normes professionnelles de l'auditeur ne se présume pas. Ce manquement ressortira éventuellement des anomalies relevées à l'occasion d'une expertise judiciaire, expertise ordonnée à la demande de la victime d'un préjudice. En revanche et en admettant que l'expertise fasse bien ressortir des anomalies, et donc l'existence d'une faute indiscutable, le demandeur en réparation risque alors de se heurter à un problème de preuve du lien causal et de l'existence d'un préjudice réparable[4].

Tout particulièrement lorsqu'il est reproché à un commissaire aux comptes de ne pas avoir lancé la procédure d'alerte, ou de

---

1. En ce sens : Ph. MERLE, *La Responsabilité civile du commissaire aux comptes, op. cit.,* n° 68.
2. CA Caen, 30 mai 2000, *Bull.* CNCC n° 119-2000, p. 377, note Ph. Merle.
3. TGI Versailles, 25 févr. 2000, *Bull.* CNCC n° 118-2000, p. 219.
4. CA Paris, 20 mars 2000, *Bull.* Joly 2000, p. 685, et notre note.

l'avoir déclenchée tardivement, il apparaît difficile d'établir un lien de causalité entre la défaillance – même flagrante – du commissaire et le préjudice occasionné par l'ouverture d'une procédure collective. En ce cas et comme, de plus, le préjudice réparable ne saurait s'analyser qu'en la perte d'une chance de redressement pour l'entreprise, les magistrats ont tendance *a posteriori* à écarter la preuve d'un préjudice réparable[1], ou à considérer qu'une demande isolée n'est pas recevable.

APPRÉCIATION DU LIEN CAUSAL ET DU CHAMP DE LA RÉPARATION DEMANDÉE AUX AUDITEURS

L'appréciation judiciaire de l'existence d'un lien de causalité entre la faute relevée et le préjudice dont réparation est demandée, comme l'appréciation en justice du domaine de cette réparation, confirment que le chemin de la réparation est fort mal « pavé » pour la victime lorsque l'échec de l'entreprise se traduit par un dépôt de bilan.

Un lien causal incertain ou distendu

15. Les magistrats paraissent extrêmement vigilants à l'analyse du lien qui rattache le préjudice allégué à la faute reprochée à l'auditeur, et il est aujourd'hui fréquent qu'une action en responsabilité échoue à défaut que soit démontré de façon convaincante le rapport causal entre une défaillance professionnelle – pourtant avérée – et le préjudice dont la réparation est demandée[2].

La preuve de ce lien causal n'est pas facile à rapporter, non seulement parce que la défaillance professionnelle invoquée est habituellement une simple faute d'abstention – rattachée au dommage par un lien moins évident qu'en cas de faute de commission –, mais encore parce que l'auditeur incriminé est rarement le seul intervenant qui se trouve à la « source » du préjudice : les dirigeants de l'entreprise, les associés principaux

---

1. En ce sens, Ph. Merle, *op. cit.*, n°s 68-69.
2. Voir par exemple pour une absence de lien causal avec une défaillance censoriale dans la vérification de la comptabilité d'une entreprise : Cass. comm., 24 oct. 2000, *Bull.* CNCC n° 120-2000, p. 542, note Ph. Merle ; *Bull.* Joly 2001, p. 20, et notre note ; *Rev. sociétés* 2001, p. 90, note Th. Granier.

et d'autres professionnels (expert-comptable, banquier, conseils juridiques et fiscaux, experts en gestion ou en diagnostic) sont fréquemment aussi en cause. Il ressort de ces incertitudes et de cette pluralité de causes possibles (causalité dite « partielle », c'est-à-dire « éclatée » ou dispersée) ce que l'on a, avec raison, qualifié comme une « forte dilution de la causalité »[1].

16. Bien souvent, en outre, l'analyse de la causalité fait apparaître que le lien est trop distendu, ou qu'il est inexistant, car le comportement de la victime elle-même n'a pas été neutre : la victime apparaît parfois aussi comme un facteur de la genèse du préjudice dont elle demande réparation.

Ainsi a-t-il été jugé que des investisseurs, qui avaient souscrit une augmentation de capital d'une entreprise ultérieurement mise en liquidation judiciaire, ne rapportaient pas de manière satisfaisante la preuve du lien causal entre leur souscription malheureuse et une certification prétendument erronée des comptes sociaux. Pour les magistrats, la perte financière subie par ces investisseurs trouvait une explication causale plus convaincante dans leur légèreté et leur précipitation, parce qu'ils avaient souscrit sans audit préalable malgré les réserves émises par le commissaire aux comptes[2].

Il n'est pas rare, en effet, que soit relevée l'existence d'une imprudence particulière commise par la victime, et que cette imprudence soit considérée comme la cause principale, voire comme la cause exclusive, du dommage qu'elle allègue. Tel est le cas de l'actionnaire majoritaire qui se porte acquéreur de la totalité des titres formant le capital d'une société, sans avoir pris d'informations suffisantes sur la situation réelle de celle-ci : quand bien même cet actionnaire reprocherait, avec quelque raison, à l'expert-comptable et au commissaire aux comptes d'avoir failli à leur mission, l'imprudence qu'il a commise apparaîtrait comme la cause majeure de son investissement malencontreux[3].

17. Il ressort de la jurisprudence, de manière plus générale, que l'existence du lien causal n'est pas établie lorsque l'imprudence professionnelle ou la mauvaise exécution de la mission – même avérée – est « sans effet déterminant ou adéquat » sur la naissance du préjudice allégué[4].

---

1. J. MONÉGER et Th. GRANIER, *op. cit.*, n° 561.
2. TGI Paris, 3 mai 2001, *Bull.* CNCC n° 122-2001, p. 305, obs. Ph. Merle.
3. TGI Paris, 26 sept. 2002, *Bull.* CNCC n° 127-2002, p. 343, note Ph. Merle.
4. J. MONÉGER et Th. GRANIER, *op. cit.*, n° 563.

Tel est le cas, par exemple, lorsqu'un dirigeant – caution de l'entreprise (en l'occurrence, un administrateur), dont la garantie a été actionnée en raison de la défaillance de l'entreprise – débiteur principal, entend se prévaloir de la certification erronée des comptes sociaux par un auditeur : il lui est répondu qu'il n'y a pas de lien causal entre les fautes professionnelles relevées et le dommage allégué par la caution[1].

18. En effet, la défaillance d'une entreprise, que traduit judiciairement l'ouverture d'une procédure collective, ne saurait trouver son origine exclusive (sa « cause déterminante ») dans les fautes professionnelles, fussent-elles gravissimes, imputées aux auditeurs, légaux ou contractuels.

C'est ce qui a été jugé dans une instance pénale où était reprochée à un commissaire aux comptes la confirmation d'informations mensongères : les fournisseurs d'une entreprise en situation de cessation des paiements ne sauraient soutenir que les impayés ont pour cause les fautes pénales imputées à l'auditeur légal, car leur préjudice trouve sa source principale dans la situation désespérée de l'entreprise, que les erreurs de l'auditeur ont, tout au plus, contribué à masquer[2]. C'est ce qui a été jugé aussi dans une espèce où il était apparu aux magistrats que l'échec de l'entreprise était, de toute façon, inéluctable, peu important alors les fautes graves commises par les auditeurs, qui avaient masqué aux associés une situation catastrophique[3].

C'est ce qu'a confirmé, voici dix ans, la Cour de cassation, dans une affaire où un investisseur, après avoir pris le contrôle d'une société et avoir contribué à son financement, avait acquis le solde des titres sur la foi de bilans certifiés, qui s'étaient par la suite révélés gravement inexacts puisque l'entreprise avait été mise en redressement un an après l'acquisition : la Chambre commerciale, après avoir admis que puisse être écartée la responsabilité d'un auditeur contractuel en l'absence de faute prouvée, a estimé justifié l'arrêt d'appel qui avait également écarté la responsabilité de l'auditeur légal dont les certifications erronées ne sauraient être la cause de l'investissement malheureux[4].

---

1. CA Orléans, 28 févr. 2002, *Bull.* CNCC n° 126-2002, p. 235, note Ph. Merle.
2. Cass. crim., 30 oct. 1969, *Bull. crim.*, n° 276.
3. TGI Cherbourg, 6 avr.1976, *Bull.* CNCC n° 23-1976, p. 318.
4. Cass. com., 15 juin 1993, *Bull.* Joly 1993, p. 1130, note M. Jeantin ; *Bull.* CNCC n° 93-1994, p. 94, note Ph. Merle.

19. L'idée sous-jacente, que l'on retrouve en filigrane dans nombre de décisions judiciaires, est que l'échec d'une entreprise est principalement imputable à un contexte économique défavorable, à une mauvaise conjoncture ou à une gestion désastreuse, les erreurs professionnelles que l'on reprocherait éventuellement aux auditeurs – légaux ou contractuels – étant, tout au plus, susceptibles de retarder la révélation de cet échec parce qu'elles en auraient masqué l'existence.

Ce n'est pas dire que les errements professionnels ne sauraient être la cause d'un préjudice, mais qu'ils ne sont pas la cause du *préjudice habituellement allégué* (perte d'investissements, non-remboursement d'emprunts, non-paiement de factures, perte d'emplois). La consistance du préjudice n'est, en effet, sans doute pas celle dont se prévaut la victime et, parfois, ce préjudice n'est pas réparable. De surcroît, il n'est pas certain qu'une victime isolée soit, dans l'hypothèse d'une « faillite » de l'entreprise, recevable à agir en réparation.

Un champ de réparation restreint

20. Un auditeur, quels que soient les manquements professionnels qui pourraient lui être reprochés, et sauf s'il s'est volontairement immiscé dans la gestion de l'entreprise, ne saurait être à l'origine de toutes les incidences de l'échec de cette entreprise, en termes d'emploi, d'investissement ou de défaillance à l'égard des fournisseurs et autres créanciers : il ressort de cette observation d'évidence que, bien souvent, l'excès de la demande de réparation formulée par les victimes de la « faillite » de l'entreprise provoque, comme on vient de le souligner (*supra*, II, A), une rupture du lien causal.

En effet, l'étude de la jurisprudence confirme, certes de façon plus ou moins explicite selon les espèces, que les missions d'audit ne peuvent fournir aucune certitude comptable, financière ou juridique, mais seulement un « degré raisonnable d'assurance »[1] : les travaux des auditeurs ne constituent que l'un des éléments d'appréciation de la situation d'une entreprise. En toute logique, les manquements professionnels qui

---

1. CA Bordeaux, 4 nov. 1997, préc.

pourraient leur être reprochés ne devraient donc engendrer que la *perte d'une chance* d'éviter l'entier dommage dont la réparation est fréquemment réclamée.

21. C'est ce qu'admet aujourd'hui, après un temps d'adaptation, la jurisprudence dominante, que deux arrêts de la Cour de cassation sont venus renforcer en 1999[1]. Les magistrats ont pris conscience de ce que les auditeurs n'ont aucun poids sur la gestion des entreprises qui les mandatent puisqu'il leur est interdit, tout à fait explicitement pour les commissaires aux comptes (C. com., art. L. 225-235, al. 3), de s'immiscer dans la gestion : les auditeurs n'ont aucune autorité, ni sur les dirigeants, ni sur les salariés, ni sur les autres intervenants – internes ou externes – mandatés par l'entreprise.

Il résulte de ce constat que l'inexécution ou l'exécution imparfaite des missions d'audit pourrait, tout au plus, perturber le calcul des risques pris par les dirigeants ou par les partenaires de l'entreprise (risque lié aux choix de gestion, au choix d'y travailler, d'y investir, d'en être le partenaire commercial, ou pas) : les fautes imputées à l'auditeur ont pu contribuer à aggraver le « risque d'investissement » ou celui né des relations d'affaires ou de travail pour les partenaires contractuels de l'entreprise (relations commerciales ou salariées).

22. Il a été ainsi jugé que la négligence d'un commissaire aux comptes avait seulement « aggravé les conséquences dommageables » résultant, pour le demandeur, de la liquidation judiciaire d'une entreprise, ce qui a conduit à limiter la réparation « au paiement d'une partie des dettes sociales » mise à la charge du demandeur[2]. C'est ce qui avait été jugé, antérieurement, pour des créanciers sociaux que l'impéritie d'un commissaire aux comptes a privés d'une chance de réduire la perte qu'ils ont finalement éprouvée[3]. Il convient alors de souligner que « la réparation, de

---

1. Cass. crim., 15 sept. 1999, *Bull.* CNCC n° 117-2000, p. 64, note Ph. Merle ; *Bull.* Joly 2000, p. 25, et notre note ; Cass. com., 19 oct. 1999, *Bull.* CNCC n° 117-2000, p. 58, note Ph. Merle ; *Bull.* Joly 2000, p. 36, note C. Ruellan ; *Les Petites Affiches*, 6 avr. 2000, n° 69, p. 14, note M.-J. Coffy de Boisdeffre.
2. CA Paris, 13 nov. 1998, *Bull.* CNCC n° 115-1999, p. 455, note Ph. Merle ; *Bull.* Joly 1999, p. 349, et notre note.
3. Ce préjudice, certain, ouvre droit à indemnité : TGI Le Havre, 15 nov. 1979, *Bull.* CNCC n° 37-1980, p. 44 ; CA Aix-en-Provence, 29 mai 1981, D. 1982, inf. rap., p. 66, obs. F. Derrida.

caractère forfaitaire, ne peut être que partielle, et les juges du fond disposent d'un pouvoir souverain d'appréciation »[1]. Le champ de la réparation s'en trouve déjà restreint.

Mais encore faut-il que l'existence d'un préjudice réparable soit indiscutable. Deux obstacles sont susceptibles de se dresser sur la voie de la réparation judiciaire, restreignant davantage son domaine.

23. Un premier obstacle vient de l'existence éventuelle de garanties conventionnelles : si le surcoût de l'investissement financier réalisé par un cessionnaire, surcoût imputé aux fautes commises par un auditeur, apparaît compensé par l'application de la garantie convenue avec le cédant, les magistrats considèrent que le préjudice est réparé et refusent de faire supporter à l'auditeur toute autre réparation. De la sorte, la garantie d'actif et de passif convenue à l'occasion d'une cession de contrôle de l'entreprise assure une couverture quasi assurantielle au profit de l'auditeur, pourtant tiers à l'acte de cession[2].

Un deuxième obstacle vient des difficultés de preuve de la « perte d'une chance » en la matière. En effet, bien qu'il ait été soutenu que le lien causal serait, en ce cas, « admis de façon beaucoup plus lâche que lorsqu'un préjudice classique est allégué »[3], il semble qu'au contraire les magistrats soient plus exigeants sur la preuve de la réalité de la « perte d'une chance » que prétendrait avoir subie le demandeur[4]. C'est ce que confirme une jurisprudence bien ancrée, selon laquelle il ne saurait y avoir chance perdue, et donc réparation, lorsque la situation de l'entreprise était désespérée, et sa liquidation inéluctable[5].

24. À ces difficultés, s'ajoute celle que crée la procédure à laquelle est soumise l'entreprise, par hypothèse en situation d'échec, donc « faillie » : cette procédure est collective, qu'il s'agisse du redressement ou de la liquidation judiciaire, et les poursuites individuelles sont suspendues. Y a-t-il encore place pour

---

1. Ph. MERLE, *La Responsabilité civile du commissaire aux comptes*, préc., n° 137 ; CA Paris, 7 févr. 1997, *Bull.* CNCC n° 106-1997, p. 257, note Ph. Merle.
2. CA Paris, 20 mars 2000, *Bull.* Joly 2000, p. 685, et notre note.
3. Ph. MERLE, *La Responsabilité civile du commissaire aux comptes*, préc., n° 140.
4. Voir par exemple : TGI Paris, 29 oct. 2002, *Bull.* CNCC n° 128-2002, p. 584, obs. Ph. Merle.
5. TGI Cherbourg, 6 avr.1976, *Bull.* CNCC n° 23-1976, p. 318 ; CA Paris, 26 avr. 2000, *Bull.* CNCC n° 119-2000, p. 380, obs. Ph. Merle.

l'action en responsabilité qu'intenterait isolément un créancier de l'entreprise (banquier, investisseur, fournisseur, salarié) contre un auditeur ? On peut en débattre à partir de la spécificité de la « perte d'une chance », car le demandeur en réparation doit alors se prévaloir d'un préjudice distinct de celui subi par l'ensemble des créanciers de l'entreprise « faillie », ce que les tribunaux n'admettent pas volontiers[1]. Cette irrecevabilité, qui est le principe depuis qu'a été consacré un monopole absolu au profit du représentant des créanciers ou des mandataires de justice[2], rend plus improbable encore l'action *ut singuli* intentée contre un auditeur par une victime de la défaillance de l'entreprise, une fois que l'échec de celle-ci s'est traduit par l'ouverture d'une procédure collective.

Quant à l'action qu'intenterait le représentant des créanciers ou le liquidateur de l'entreprise, elle risque de se heurter au deuxième obstacle précédemment signalé : l'échec de l'entreprise étant inéluctable, aucune « chance » de redressement n'a été perdue du fait de l'auditeur incriminé[3].

Dès lors, il y a de fortes raisons de croire que l'échec de l'entreprise, les pertes de substance et d'emploi qui en résultent, et l'éventuelle responsabilité des auditeurs financiers, sont autant d'éléments d'une équation sans solution. Tous responsables, les auditeurs financiers ? Sur le principe, certainement. Tous tenus à complète réparation des préjudices dus à la défaillance ? C'est beaucoup plus douteux.

---

1. Voir par exemple : irrecevabilité de l'action d'une banque prêteuse contre le commissaire aux comptes d'une entreprise mise en redressement judiciaire : TGI Toulouse, 30 nov. 2000, *Bull.* CNCC n° 123-2001, p. 459, note Ph. Merle ; précédemment, en cas mise en liquidation judiciaire d'une société : TGI Tours, 20 nov. 1997, *Bull.* CNCC n° 109-1998, p. 66, obs. Ph. Merle.
2. Cass. com., 3 juin 1997, deux arrêts, D. 1997, jur., p. 517, note F. Derrida.
3. Cf. *supra*, n° 23, *in fine*.

Le partage des responsabilités en droit du travail : pour une revalorisation des relations contractuelles

Jacques BROUILLET

PRÉAMBULE

Dans le cadre de cet ouvrage collectif sur le thème de la responsabilité de tous, c'est-à-dire de chacun des acteurs sociaux, il est apparu opportun de proposer quelques axes de réflexions tirés de l'expérience d'un praticien du droit social.

Il n'est sans doute pas nécessaire ici de revenir sur les conditions et les modalités de l'émergence des concepts de responsabilité sociale de l'entreprise et de développement durable, pourtant étroitement liés, mais qui font par ailleurs l'objet de diverses contributions.

En revanche, il paraît souhaitable d'apporter la vision d'un juriste, certes imprégnée de principes, de règlements et de jurisprudence, etc., mais aussi inspirée par une approche du droit social qui s'appuie davantage sur sa finalité que sur sa forme ou son contenu actuels :

- C'est pourquoi il convient sans doute de défendre une autre conception du rôle des juristes et du sens de la justice, qui ne se limitent pas au respect de la légalité, mais visent également le respect de l'égalité (selon la propre recommandation de Platon).

- C'est en cela qu'il s'agit moins de multiplier les règles destinées à défendre des droits que de susciter des moyens susceptibles de modifier les comportements en vue de respecter des devoirs au premier titre desquels figure la reconnaissance des droits de l'autre[1].

- C'est aussi pour cela qu'il est certes plus que jamais nécessaire de proclamer que la *force du droit doit primer le droit de la force...* même si l'incantation de Lacordaire[2] semble tragiquement s'inverser dans notre société, progressivement et de plus en plus soumise à la domination des marchés et la prétention de certains impérialismes[3].

C'est aussi pourquoi il nous faut résolument promouvoir une certaine conception du droit social qui puisse également servir de fondement à un *modèle social européen* capable de résister aux dérives d'autres systèmes, malgré l'apparent succès de leur développement économique :

- Parmi celles-ci, nous ne pouvons ignorer le fait que l'exclusion de ceux qui ne présentent même plus l'intérêt d'être des consommateurs potentiels l'emporte désormais sur le risque d'exploitation des plus faibles ou des plus pauvres. Ainsi, on ne peut se satisfaire de devoir corriger le taux réel de chômeurs en prenant en compte la population incarcérée ou en arrêt maladie[4], tout comme nous ne pouvons plus tolérer que subsistent environ 27 millions d'esclaves dans le monde[5].

- C'est notamment pour cela qu'il nous faut affirmer, sans mauvais complexe, que la finalité de l'entreprise est sociale parce que la finalité de l'économie *est* sociale, sans se contenter d'admettre que l'économie ne peut faire l'économie du social !

---

1. Cf. *Du droit d'ingérence au devoir de tolérance*, J. Brouillet, Éd. de l'Aube, déc. 1999.
2. « Le droit protège le faible contre le fort. »
3. Cf. la politique des États-Unis, notamment *La Puissance et la Faiblesse* de Robert Kagan, Plon, avril 2003.
4. Selon Jacques Attali (*L'Express* du 18.9.03), il y aurait (seulement) 7,7 millions de chômeurs aux États-Unis... mais avec un nombre égal d'Américains en prison, en asile psychiatrique ou sans-abri. Quant au modèle hollandais, il est quelque peu affecté par le recours extensif à l'assurance maladie.
5. L'enquête publiée par la revue *National Geographic* de septembre 2003 présente de terribles exemples non seulement dans les pays du tiers-monde mais aussi aux États-Unis (150 000 esclaves !)... et en France !

- De même, nous faut-il davantage prendre en compte les menaces qui pèsent désormais sur *toutes* les démocraties, dès lors que l'on mesure notamment la désaffection des citoyens à l'égard de leurs représentants (politiques ou syndicalistes) et bien d'autres manifestations d'indifférence ou d'impuissance dénoncées en particulier par Castoriadis[1]. Celui-ci ne nous a-t-il pas alerté sur *notre responsabilité* en nous incitant à comprendre *qu'être capable d'indifférence, c'est déjà être coupable de complicité* ?

En tout cas, notre époque est incontestablement marquée par une singulière propension à vouloir régler tous les problèmes en multipliant les réglementations... À tel point que, loin d'atteindre son objectif d'harmonisation des relations sociales et de régulation des conflits, *le droit est devenu en lui-même d'une telle complexité qu'il conduit à une insécurité juridique croissante,* elle-même amplifiée pas la nécessaire intervention des juges, pour interpréter des textes d'autant plus abscons qu'ils ont été hâtivement (et mal) rédigés sous la pression d'une conjoncture économique ou sociale qu'on tente de satisfaire[2].

De telle sorte que l'on peut légitimement s'inquiéter de cette déviance de notre démocratie, et notamment de *la répartition des pouvoirs* chère à Montesquieu, dès lors qu'on semble de plus en plus subir les effets et les méfaits d'une médiacratie relayée par une forme de gouvernement des juges.

- C'est en cela que le thème de « Tous responsables » paraît un enjeu majeur pour la société du XXIe siècle dans la mesure où il doit nous inviter avant tout à *penser autrement pour agir autrement[3], en résistant notamment à l'un des travers de notre société obsédée par la nécessité de réagir de plus en plus vite aux*

---

1. Cf. *La Montée de l'insignifiance*, Éditions du Seuil 1996. Ce philosophe, sociologue, historien, installé à Paris et décédé en décembre 1997, fut aussi économiste et psychanalyste. Sa vie durant, il n'a cessé de répéter : « Nous ne philosophons pas pour sauver la révolution, mais pour sauver notre pensée et notre cohérence. »
2. En redonnant une actualité dévoyée au sage précepte de Loysel : « C'est le fait qui fait le droit. »
3. « L'esprit n'est pas destiné à régner, mais à servir [...] vivre pour autrui devient le résumé naturel de toute la morale positive » (Auguste Comte, 1857).

« changements » de plus en plus rapides de notre monde désormais en « ®évolution » permanente, en privilégiant le réflexe sur la réflexion, sous prétexte d'une urgence qui n'est souvent que le fruit d'une insuffisante prévision ![1]

- Et c'est bien parce que chacun est du moins responsable du développement du laisser-faire[2] qu'il convient d'adhérer au mouvement de résistance qu'avait initié dès 1971 le philosophe Yvan Illich[3].

C'est finalement pour ces raisons que l'objet de cette contribution sera moins d'évoquer des règles, principes ou définitions juridiques, etc. (qu'il est sans doute utile de rappeler mais qui nécessiteraient de longs développements), que de tenter d'explorer un certain nombre *d'interrogations* visant à inciter *le lecteur à penser par lui-même*... Car il est primordial de s'interroger sur le « pourquoi » et le « pour quoi » plutôt que se contenter d'appliquer de prétendues recettes (le « comment » faire au moindre coût étant souvent l'essentiel de la motivation de pseudo-juristes réduits au rôle de maîtres pâtissiers).

Souhaitant réduire la réflexion aux débats portant sur les relations entre l'employeur et le salarié, il est apparu souhaitable de réunir ces interrogations autour d'un thème générique :

> Le partage des responsabilités entre l'employeur et les salariés.

Et ce en l'abordant au travers de deux approches spécifiques suggérées par ce préambule :

1°) Penser autrement
2°) Pour agir autrement

---

1. Cf. la canicule et le décès des personnes âgées en août 2003.
2. Cf. *Le Principe de responsabilité* proposé par H. Jonas.
3. Décédé en décembre 2002, il a notamment voulu démontrer que les outils finissent par être contre-productifs en faisant que « l'individu perd de plus en plus de son autonomie (réelle) dès lors qu'il dépend de plus en plus de ce qu'il ne peut maîtriser lui-même ». Cf. *Libérer l'avenir*, Éd. du Seuil, 1971 ; *Le Travail fantôme*, Éd. du Seuil, 1981.

PENSER AUTREMENT

Un enjeu pour le XXIe siècle : reconstruire le lien social

Préliminaires

Dans un précédent ouvrage collectif[1], j'ai déjà exposé certains effets (et méfaits) de la mondialisation sur les relations sociales et le droit du travail. Cette dernière en effet se traduit non seulement par une globalisation progressive des systèmes politico-économiques, mais aussi par une uniformisation des comportements et des modes de pensée.

- De telle sorte que la notion même de démocratie semble se réduire à la mise en place d'une ossature institutionnelle (ONU, OMC, Cour de justice internationale) où la multiplication de règles destinées à favoriser l'économie de marché, ou encore la proclamation solennelle de nombreux principes universels et de chartes des droits fondamentaux, etc., conduisent à une définition de *l'état de droit* purement procédurale…, dans laquelle la liberté n'a plus grand-chose à voir avec la justice sociale ou la répartition des biens.

- En tout cas, le citoyen et le lien social semblent de plus en plus abandonnés à l'auto-organisation de la société civile tandis que le monde politique s'intéresse presque exclusivement au consommateur ou à « l'électeur utile ».

C'est notamment pour ces raisons qu'il paraît urgent et nécessaire de favoriser l'émergence d'un modèle social européen, sachant s'enrichir de la diversité de ses cultures et défendre une autre conception de la démocratie…, c'est-à-dire une démocratie réelle, donc sociale, dans laquelle *tous les acteurs sociaux* aient un rôle effectif et reconnu, car *tous ces acteurs ont une place, donc une responsabilité, à assumer.*

- C'est en cela que l'on doit renforcer le concept de « Tous responsables », si l'on veut éviter que les revendications sociales ne se limitent à des revendications de droits, toujours plus nombreuses et difficiles à satisfaire, alors qu'il convient d'abord de savoir revendiquer davantage de partage des décisions, c'est-à-dire de responsabilités !

---

1. *Tous DRH* (2ᵉ édition), dirigé par le professeur J.-M. PERETTI, Éditions d'Organisation, juin 2001.

- C'est en tout cas à ce prix là qu'on peut espérer sauver une démocratie de plus en plus menacée par un impérialisme : celui-là même résultant du système économique mondial.
- Mais une distinction semble devoir être opérée entre démocratie politique ou sociale :
  - La première relève en effet du pouvoir politique et a pour vocation de représenter l'intérêt général, même si elle s'exprime et s'impose nécessairement par l'intermédiaire d'une (simple) majorité.
  - La seconde est plutôt de l'ordre du contre-pouvoir ou du moins du contrepoids. Son rôle est naturellement d'assurer la représentation et la défense d'intérêts particuliers. Elle peut donc légitimement s'exprimer par le biais *d'autres acteurs* de la société civile, tels que les syndicats, les associations, les ONG, etc., qui n'ont pas pour mission d'accompagner la ligne politique majoritaire (notamment, le libéralisme, fût-il qualifié de « social »).

    Elle s'appuie donc sur diverses formes d'adhésions ou d'accords négociés, y compris par une minorité. Ce qui n'est effectivement pas concevable au niveau politique peut donc être admis sur le plan social dès lors qu'on a su clarifier des règles pour le droit d'opposition ou pour l'extension[1].
  - En tout cas, si la démocratie politique peut *imposer à tous* une répartition des risques encourus par tous (maladie, retraite) ou un revenu de subsistance (RMI), il n'est pas évident qu'il puisse en être de même pour des risques particuliers tels que le chômage ou le salaire minimum, qui impliquent plus spécifiquement l'employeur et le salarié.

Les termes du débat

Nous rejoignons là, très naturellement, le débat sur la répartition entre la loi et la négociation collective dans l'élaboration des normes sociales. C'est en tout cas l'un des défis essentiels pour le système des relations sociales du XXIe siècle :

- *Au niveau mondial,* chacun sent bien que le développement des firmes-réseaux et de l'externalisation, ainsi que les exigences de flexibilité et de mobilité dans le cadre de la mondialisation de

---

1. Cf. Alain SUPIOT, « Vers un ordre social international », *Économie politique*, 2001, n° 1.

l'économie, ne peuvent que susciter une révision des modes d'élaboration des garanties sociales sur lesquelles les solidarités collectives doivent désormais se construire.

De nouvelles formes de régulation, du type international, paraissent plus que jamais nécessaires.

Mais il paraît pour le moins illusoire d'espérer et donc d'attendre l'élaboration d'une législation uniforme ! Il est sans doute plus réaliste de contribuer à des négociations.

- *Au niveau européen*, ce débat a pris une singulière acuité depuis le traité de Maastricht qui, en ouvrant désormais clairement la voie à la négociation d'accords collectifs, pourrait constituer un élément essentiel de la construction d'un modèle social européen ; toutefois, les pratiques actuelles, parmi les principaux États membres, révèlent d'importantes disparités tenant à d'indéniables (incontournables ?) traditions nationales, ce qui explique sans doute le faible nombre d'accords conclus à ce jour.

Succinctement, on peut observer 4 types de positions prises par l'État[1].

   1° L'État garant de l'intérêt général et de l'égalité sociale qui assure des droits communs à tous, socle de la citoyenneté : France, Espagne.

   2° L'État garant du consensus nécessaire au fonctionnement d'une économie sociale de marché et par conséquent caution de l'équilibre de la négociation collective : Allemagne.

   3° L'État social démocrate qui associe au sommet les partenaires sociaux à son action dans le cadre d'une négociation collective centralisée (pays de l'Europe du Nord).

   4° L'État abstentionniste, laissant libre cours à la négociation collective volontaire (la Grande-Bretagne et, dans une moindre mesure, l'Italie).

- *Au niveau français*, il a été introduit d'une manière certes quelque peu provocatrice par le Medef dans ses propositions de « refondation ».

Le gouvernement Jospin a tenté de s'y rallier sans grand succès et désormais le projet a été repris par Messieurs Raffarin et Fillon sous une forme délibérément plus offensive préconisant notam-

---

1. Cf. l'étude réalisée par Marie-Laure Morin, directrice de recherche au CNRS-LIRHE de Toulouse, *Liaisons sociales Europe*, n° 51 de mars 2002.

ment les accords de méthode et semblant vouloir privilégier « l'accord majoritaire » dont il convient cependant d'attendre les premiers résultats !

Ainsi, la question concernant l'accord majoritaire ou minoritaire prend un relief particulier, avec, au sein de celle-ci, le dilemme de la représentativité... et de sa mesure !

> Mais nul ne semble plus contester qu'il convient de revaloriser le rôle de chacun des acteurs sociaux dans la société civile et renforcer la place du contractuel si nous voulons préserver au mieux le lien social.

Dans le même sens, d'ailleurs, on ne sait plus s'il vaut mieux passer par des lois, règlements, ou des codes, chartes, pour mettre en œuvre la RSE...

Ainsi, les critères du développement durable, cités par l'agenda 21, adoptés au sommet de Rio (en 1992), ne constituent pas actuellement des obligations légales, mais de simples préconisations. De telle sorte qu'il convient de s'interroger, en droit, sur la légitimité de cette notion et de son contenu ainsi que sur l'absence actuelle de caractère contraignant :

- En fait, la plupart des droits fondamentaux évoqués par l'agenda 21 émanent de lois déjà existantes en France et dans de nombreux autres États de l'UE (cf. droits de l'homme, droits syndicaux, travail des enfants, etc.).
- Mais, même en France, force est de constater que de nouvelles réglementations ont été influencées par ces recommandations : cf. loi sur l'épargne salariale du 19.2.01 relative aux exigences fixées aux sociétés de gestion ; loi NRE du 15.5.01 prônant les valeurs de transparence et de loyauté et rendant obligatoire un rapport de gestion sur la responsabilité sociale ; et la loi du 21.8.03 sur la réforme des retraites a été présentée comme un « exemple » de mixage entre la loi et l'accord, même si en l'espèce, il s'agissait d'un accord pour le moins minoritaire !
- Surtout on observe que de nombreuses entreprises anticipent et développent leur propre stratégie pour élaborer des indicateurs de performances, sans attendre des réglementations éventuellement incitatives (aides à l'investissement sociétal ou octroi de crédit d'impôt)..., dans l'espoir que ceux-ci se révèlent générateurs de valeurs actionnariales et financières (cf. l'étude réalisée sur la

base de 89 sociétés appartenant à l'indice S & P 500 qui ont adopté des standards environnementaux plus contraignants, qui démontre que ces entreprises ont obtenu des performances financières supérieures aux autres (in *La Tribune*, 11.12.02).

Un peu d'histoire(s)

> Il s'agit de comprendre l'émergence du concept de la responsabilité sociale de l'entreprise, parallèlement à la révolution des notions de responsabilité juridique et l'évolution de la responsabilité pénale.

La RSE

L'histoire de l'évolution de l'humanité a été marquée par une lente transformation de son organisation économique, oscillant entre plusieurs objectifs, parfois contradictoires :

- Les premières manifestations de la répartition des tâches entre la pêche, la cueillette, la production, la commercialisation, etc., ont incontestablement été dictées par des considérations pragmatiques de solidarité désintéressée. [Et c'est en cela que je ne cesse d'affirmer que « la finalité économique est une finalité sociale ! »] En effet, le concept dominant et moteur était alors celui de *l'utilité sociale*.

- Progressivement, cette notion de bien commun (cette recherche de biens mis en commun) a été polluée par des considérations moins altruistes, dans un souci d'efficacité renforcée à divers stades[1] :

  - Au niveau physique de la production, ce fut la recherche de *productivité* qui a tant contribué à définir les règles entre employeurs et salariés.

  - Au niveau commercial, ce fut le concept de *compétitivité* qui a établi les notions de rapport qualité/prix par rapport aux concurrents et qui a conduit à l'accroissement de parts de marché puis au développement de plusieurs « économies-monde » telles que décrites par l'historien Fernand Braudel…, avant que Robert Reich, secrétaire d'État au travail du

---

1. Cf. à ce sujet l'analyse synthétique proposée par Gérard Donnadieu (« Note trimestrielle » de l'OCHRES, déc. 2002).

Président Clinton n'utilise le premier l'expression « d'économie mondialisée ».

- Au niveau financier, les exigences de besoin de fonds de roulement et d'investissement ont provoqué l'irruption dans le circuit, d'abord des banquiers, puis des actionnaires..., qui ont naturellement fait valoir des exigences de *rentabilité*.

- Or, force est d'admettre que *si ces 3 logiques* sont étroitement interdépendantes, la dernière a progressivement pris le pas sur les autres, au point de faire de la rentabilité immédiate le critère principal de la performance de l'entreprise.

  - On sait ce que cette vision a pu entraîner comme dérives du système économique lui-même[1] (cf. notamment les affaires Enron, Vivendi etc.) mais aussi la transformation de « *l'exploitation* » d'une partie de la population active vers un phénomène encore plus dégradant qui est celui de *l'exclusion* de la population inactive ![2]

- Cette évolution a finalement atteint un tel degré d'effets pervers (tant sur les risques de disparition de consommateurs solvables[3] que celui de la corrosion des valeurs et des caractères de ces prétendus « citoyens » devenus simples « clients »[4]) que les notions de performance globale puis de développement durable et de responsabilité sociétale se sont peu à peu imposées..., non pas, on s'en doute bien, pour des raisons humanistes nobles, mais plus prosaïquement pour des motifs réalistes et utilitaristes[5]. Et c'est ainsi que l'on redécouvre, après un détour peu glorieux, le sens de l'utilité sociale et du bien commun qu'on avait perdu de vue.

---

1. *Les Dégâts du libéralisme USA : une société de marché*, Isabelle RICHET, Textuel, 2002.
   La Face cachée de la mondialisation : l'impérialisme du XXIᵉ siècle, James PETRAS et Henry VELMEYER, Parengon, 2002.
2. Cf. Viviane Forester dans *L'Horreur économique* : « Le système capitaliste n'a même plus besoin des pauvres pour fonctionner. »
3. Benjamin BARBER, *Djihad versus Mc World*, Desclée de Brouwer, nov. 1996.
4. Richard SENETT, *Le Travail sans qualités*, Albin Michel, févr. 2000, dont le titre anglais (difficile à traduire) donne davantage le sens de son propos : *The Corrosion of Character. The personnal consequence of work in the new capitalism.*
5. De nombreuses études démontrent que les investisseurs vont se tourner de plus en plus vers les valeurs socialement responsables. Le marché de l'ISR (« Investissement socialement responsable ») serait en fait promis à un fort développement. Cf. *La Tribune*, 11.12.02.

■ Mais c'est aussi pour cela que l'on peut espérer mieux concilier l'économique et le social.

En tout cas, il paraît du moins admis désormais que « l'économie ne peut pas faire l'économie du social ». Et c'est d'ailleurs en ce sens que le sommet de Lisbonne (mars 2000) semble avoir utilisé pour la première fois l'expression de « modèle social européen ».

• C'est dans cette mouvance qu'est apparu en 1987 *le concept de développement durable.*

■ L'expression a été utilisée pour la première fois par Madame Gro Harlem Brundland (médecin et ancien Premier ministre de Norvège) dans un rapport, « Notre avenir à tous », présenté à la Commission mondiale sur l'environnement et le développement, selon la définition suivante :

« Un développement qui permette aux générations présentes de satisfaire leurs besoins sans remettre en cause le capacité des générations futures à satisfaire les leurs. »

■ Les recommandations de cette commission ont servi de base à l'organisation du premier sommet de la Terre à Rio de Janeiro en 1992.

■ Et, finalement, c'est au cours du 2e sommet de Johannesburg en septembre 2002 que le concept a pris une ampleur particulière du fait de l'appellation retenue : « Sommet mondial pour le développement durable ».

• *Quant à la notion de responsabilité sociale de l'entreprise,* elle est encore plus récente puisqu'elle a été officiellement reconnue et formellement exprimée :

■ En France, avec la loi « Nouvelles régulations économiques » (dite loi NRE du 15.5.01) par l'article 116 qui impose désormais (aux sociétés cotées) d'intégrer des données sociales et environnementales dans le rapport de gestion visé à l'art. 225-102 du code de commerce.

■ En Europe, par la communication de la commission du 2 juillet 2001 (« Livre vert »).

• Les débats ne sont pas clos pour autant ! Bien au contraire, ils ne font que commencer, avec comme première exigence celle de définir plus précisément le concept… et sa finalité, dans la mesure où, actuellement, subsistent certaines confusions sur le sens de chacun des mots composant la notion de RSE qui cachent encore diverses idéologies et certains enjeux de pouvoir…, à commencer par celui de la domination d'un *réseau d'alliance entre les grandes firmes et leurs cabinets de conseils* (de culture anglo-saxonne), qui risquent de façonner nos modes de pensée en imposant son système de normes à l'ensemble de la planète ![1].

- En tout cas, le constat est désormais fait par le plus grand nombre que la « dérégulation bâclée du système implique de reconstruire des régulations »[2].

Sans doute s'agit-il moins de critiquer le libéralisme que de vouloir le réguler si l'on veut qu'il serve effectivement le progrès social.

- Certains[3] considèrent que, pour ce faire, il appartient aux politiques de reprendre leurs responsabilités, au lieu d'abandonner le terrain à la sphère marchande : c'est peut-être souhaitable… mais sans doute insuffisant, d'une part, à cause des défaillances (et compromissions) inhérentes à cette voie, d'autre part, en raison même de l'ampleur de l'enjeu qui exige *l'engagement responsable de chacun*.

- Voilà pourquoi il convient, semble-t-il, d'envisager tous les moyens de contribuer à cette nécessaire régulation en examinant ceux qui sont le plus susceptibles d'avoir un impact concret adapté et… respecté !

- C'est ainsi qu'une nouvelle répartition entre lois, « normes », accords, chartes, codes, etc., s'impose, en veillant particulièrement à ce que cette profusion de nouveaux outils ne noie pas le problème ou ne constitue pas une nouvelle source de complexité contraire à deux objectifs essentiels : la transparence et la cohésion !

La révolution des notions de responsabilité juridique

Parallèlement à cette évolution de l'organisation économique de la société, on a assisté à une véritable révolution des notions de responsa-

---

1. Cf. M. Capron dans la revue *Cadres CFDT*, juillet 2002 (notes de lecture).
2. *Le Capitalisme déboussolé*, Olivier PASTRÉ et Michel VIGIER, La Découverte, 2002.
3. *Face aux marchés : la politique*, Anton BRENDER, La Découverte, 2002.

bilité juridique[1] en passant du concept de la responsabilité pour faute à celui de la responsabilité pour risque... pour aboutir aujourd'hui au syndrome du risque fautif.

L'évolution vers l'individualisation de la responsabilité avait été la marque de la Révolution et du siècle des lumières, en « progressant » de la responsabilité tribale jusqu'à la responsabilité personnelle, et en séparant les notions de réparation et de punition.

- C'est en effet parce que l'homme est supposé par les philosophes du XVIIIe siècle (et dans une certaine mesure par l'Église) être libre et conscient qu'il est présumé choisir son comportement et accepter d'en assumer les conséquences.

- Cette philosophie rejoignait la pensée libérale qui a servi de fondement à la doctrine économique du libre échange ainsi qu'à la théorie politique prônant la séparation des pouvoirs considérée comme garante de la liberté et de la protection des droits individuels.

- Elle établissait dès lors une base pour la *distinction fondamentale entre responsabilité civile et responsabilité pénale*.

  - La responsabilité pénale suppose en effet une infraction à une règle légale prédéfinie (et donc une intention de la contourner) : elle vise à protéger la société et elle implique une punition[2].

  - La responsabilité civile résulte du dommage causé à autrui, de son fait. Et celui-ci est qualifié de fautif dès lors qu'il y a préjudice : elle a pour objet de protéger l'individu et appelle réparation[3].

---

1. Cf. *La Responsabilité juridique* par Jean et Camille DE MAILLARD, « Dominos », Flammarion, avril 1999, 126 p.
2. Cf. art. 121-1 du nouveau code pénal du 24.7.92 : « Nul n'est responsable pénalement que de son propre fait », et l'article 1113 du NCP : « Nul ne peut être puni pour un crime ou pour un délit dont les éléments ne sont pas définis par la loi ou pour une contravention dont les éléments ne sont pas définis par le règlement... » Cf. l'adage « *Nulla crimen, nulla poena sine lege* ».
3. Cf. 1382 code civil : « Tout fait quelconque de l'homme qui cause à autrui un dommage, oblige celui par la faute duquel il est arrivé, à le réparer », et 1384 code civil : « On est responsable non seulement du dommage que l'on cause par son propre fait, mais encore de celui qui est causé par le fait des personnes dont on doit répondre, ou des choses que l'on a sous sa garde. »

- La responsabilité administrative, quant à elle, vise à concilier les intérêts de la puissance publique et ceux des individus : la responsabilité de l'État peut certes être engagée mais exclusivement par un juge spécifique[1].

> On a donc 3 droits et 3 juges pour évaluer la responsabilité de l'auteur et le sanctionner en considération du préjudice subi, indemnisation de la victime et punition du coupable.
> On observe cependant que l'on peut être responsable sans nécessairement être coupable ni punissable.

Que dire, enfin, de l'extraordinaire « évolution » introduite par l'article 121-2 du nouveau code de procédure pénale (en 1992) introduisant la notion révolutionnaire, propre au droit français, de *responsabilité pénale de la personne morale* ? Il faudrait y consacrer un ouvrage[2].

L'évolution du droit pénal : la reconnaissance du droit des victimes et le retour à la procédure accusatoire ?

Si l'on remonte dans le temps, il apparaît que la première forme de réponse à la violence a été la vengeance privée, par la victime elle-même, sa famille ou son clan.

Cette forme de justice tribale avait l'inconvénient majeur de générer de nouveaux conflits... et par conséquent de dégénérer sur un groupe social encore plus large. D'où la recherche de principes de régulation dans l'intérêt même de la société :

- C'est pourquoi la loi biblique du Talion a prescrit de limiter la vengeance au même degré que le préjudice subi.

---

1. Arrêt du tribunal des conflits du 8.2.1873, arrêt Blanco. Toutefois, et pour la première fois, l'assistance publique Hôpitaux de Paris a été reconnue comme pénalement responsable du décès d'un patient par une décision de la 16ᵉ Chambre du tribunal correctionnel de Paris le *3.9.2003 !*
2. Cf. *La Responsabilité pénale des cadres et dirigeants dans le monde des affaires*, par Ph. COLI, J.-P. ANTONA, F. LENGLART, Dalloz/HEC, 1996.

- Puis le code d'Hammourabi (1750 avant J.-C.) a institué une compensation pécuniaire, généralement en bétail (*pecus*) ou en argent (*pecunia*).
- Mais lorsque c'est le groupe social lui-même qui est agressé, la victime passe au second plan, l'objectif étant d'exercer des représailles publiques supposées exemplaires...

C'est ainsi que sont apparues les distinctions fondamentales entre d'une part réparation et punition, et d'autre part procédure accusatoire et inquisitoire.

- Dans la procédure accusatoire, c'est la victime qui engage l'action et réclame réparation. Le juge se contente de déclarer qui a droit, à quoi...
- Dans la procédure inquisitoire, le représentant de la communauté (le ministère public au nom de l'État) engage lui-même l'action, recherche l'auteur et la preuve de l'infraction, et prononce la sanction au nom de la société.
- De telle sorte que le rôle de la victime dans le procès pénal s'est progressivement trouvé en retrait dès lors que la puissance publique prenait une place plus grande... à tel point que le mot victime ne figurait pas dans le code de procédure pénale avant 1970, et était supposé identifié sous le vocable de « partie civile », laquelle était relativement marginalisée dans le déroulement de cette procédure.
- Ce n'est qu'avec la loi du 3.1.1977 qu'est créé un régime d'indemnisation des victimes d'infractions avec la création des commissions d'indemnisations (CIVI) pour le cas où l'auteur de l'infraction était inconnu ou insolvable, l'action étant conduite par l'État. Ce régime a été ouvert par la loi du 8.7.1983 à la demande directe des victimes[1].

---

1. Ainsi les victimes en droit français ont désormais un statut et un régime d'indemnisation particulièrement avancé par rapport aux autres pays de l'Union européenne (directive de 1983 et décision cadre du 15.3.2001 qui donne enfin *une définition juridique* de la victime : « Toute personne qui a subi un préjudice, y compris une atteinte à son intégrité physique ou mentale, une souffrance morale ou une perte matérielle, directement causé par des actes ou des omissions qui enfreignent la législation pénale d'un État membre. »

- La loi du 6.7.1990 en fait un système autonome d'indemnisation (et non plus un régime subsidiaire), l'article 706-3 du code de procédure pénale reprenant en fait dans un curieux mélange les règles de procédure civile ![1]
- La loi du 6.7.1992 a instauré l'appel des décisions de la CIVI.
- La loi du 15.6.2000 a élargi le champ des infractions susceptibles d'une telle indemnisation et notamment les atteintes corporelles légères en cas de situation psychologique grave.
- La loi du 9.9.2002 met spécialement l'accent sur le droit à l'information des victimes.

Procédure accusatoire ou inquisitoire ?

Notre système pénal s'est caractérisé par une progressive prééminence de la procédure inquisitoire sur la procédure accusatoire (à l'opposé par conséquent du système américain).

- Cette évolution souligne le rôle accru que l'État a entendu assurer dans la défense de l'ordre public.

   - C'est ainsi que la procédure est essentiellement entre les mains des juges et que ceux-ci se sont sans doute considérés investis d'un réel pouvoir exorbitant et qu'on a cru pouvoir évoquer un gouvernement des juges.

   - Depuis quelques années « les affaires » politico-financières se sont multipliées, à grand renfort de médiatisation... mais si l'on veut bien analyser la liste impressionnante et croissante d'affaires classées, ou de prévenus relaxés après de longues années, force est d'admettre que les condamnations ne sont pas à la hauteur des effets publicitaires !

     Cf. l'affaire Elf et Roland Dumas ;

     l'affaire MNEF et Dominique Strauss-Kahn ;

     l'affaire GIFCO et Robert Hue, etc.

---

1. Ainsi le statut des victimes en France repose sur deux régimes d'indemnisation :
   - Le principe de réparation intégrale (art. 706-3 du code de procédure pénale) pour certaines infractions (violences sexuelles et violences ayant entraîné la mort ou une incapacité permanente ou une incapacité totale égale ou supérieure à un mois).
   - Le principe de subsidiarité (art. 706-14 du CPP) pour certaines infractions dans la mesure où la victime n'a pas pu recouvrer sa créance. L'indemnité est alors soumise à des conditions de ressources et plafonnée.

- Cette situation assez confuse s'explique sans doute par une organisation complexe reposant sur un partage de compétences, source de conflits et contradictions :

  - Si c'est bien à un juge du parquet que reviennent le déclenchement de l'action publique et la mise en œuvre des poursuites pénales, c'est en fait un juge du siège (le juge d'instruction) qui est chargé de rassembler les éléments du dossier, pour instruire, à charge et à décharge. Ses conclusions seront, éventuellement, soumises au tribunal correctionnel ou à la Cour d'assises, défendues à l'audience par un autre magistrat du parquet et jugées par un autre juge du siège.

  - C'est donc assez naturellement sur le juge d'instruction que se focalise l'essentiel des critiques, à tel point que la récente loi sur la présomption d'innocence a cru opportun de lui retirer le pouvoir de mettre la personne mise en examen en détention provisoire. Celle-ci relève désormais du juge des libertés !

  - De surcroît, la loi Sarkozy (de 2003) donne aux policiers et au parquet des pouvoirs accrus pour mener les enquêtes, avant même toute mise en examen et sans que la personne suspectée (et la presse ?) soit au courant !

  - Et alors que les lois pénales deviennent de plus en plus complexes (avantageant manifestement ceux qui ont les moyens de payer un ou plusieurs avocats), les comparutions immédiates et les citations directes ne cessent d'augmenter…, ce qui semble bien nous ramener à un système accusatoire qui n'ose dire son nom[1].

L'impact de la pénalisation des relations sociales en droit du travail

Il n'est sans doute pas nécessaire de détailler les multiples exemples démontrant l'envahissement du droit du travail par le droit pénal.

Celui-ci résulte certes légitimement d'au moins deux facteurs difficilement contestables :

- d'une part, le caractère inégalitaire de la relation contractuelle entre l'employeur et le salarié, pris isolément ;

---

1. Selon une analyse de Valérie de Senneville dans *Les Échos* du 18.2.2003.

- d'autre part, le pouvoir (qualifié d'arbitraire) que détient naturellement celui-ci sur celui-là, du simple fait qu'il assume la responsabilité de l'entreprise[1].

Et il est sans doute nécessaire de prévoir des limites et donc des sanctions aux risques d'abus de pouvoir ou de violation de l'ordre public. Mais on peut cependant s'interroger sur les excès de cette volonté d'assurer la protection de celui qui se trouve de ce fait considéré comme un sujet de droit d'un type mineur d'autant que plane le spectre d'une notion d'ordre public social... qu'on a bien du mal à définir !

Il n'est pas très sain que l'on affirme parfois par facilité que « le doute profite au salarié » comme pour mieux souligner que l'employeur est présumé coupable...

Il n'est pas sûr que cette approche ait en fait réellement renforcé le nécessaire rééquilibrage des pouvoirs. Elle semble avoir au contraire favorisé une forme de déresponsabilisation des individus, et plus singulièrement du salarié. Celui-ci étant avant tout réduit à un objet de droits collectifs, n'a-t-il pas perdu progressivement sa pleine reconnaissance de sujet de droit, c'est-à-dire d'individu responsable tant à l'égard de ses droits que de ses devoirs ?

Aspects de la mise en cause de la responsabilité des dirigeants, et de celle des salariés

- Les principaux motifs de sanctions des dirigeants :

1°	**Civiles**	Le comblement de passif
		La faute de gestion
		La violation des statuts
		La présentation de faux bilans
		Le manquement à la réglementation sur les sociétés
2°	**Pénales**	L'abus de biens sociaux
		Le délit d'initié
		La discrimination à l'embauche et travail dissimulé
		Le harcèlement
		Le défaut de respect des règles de la COB

---

1. *Autoritas facit legem.*

3° **Administratives**
La violation des règlements de la COB

N.B. Les records des sanctions :
- 75 M de dollars à l'encontre du P.-D.G. d'Alcatel, Pierre Suard, pour abus de biens sociaux.
- 60 M d'euros à la charge des 40 associés de Fives-Lille pour comblement du passif de Nasa.

- Le renforcement de la responsabilité de l'employeur en cas d'accident du travail – la notion de faute inexcusable :
  - Outre les poursuites pénales auxquelles s'expose l'employeur en cas d'absence ou de mauvaise application des règles de sécurité, il peut être condamné à des indemnités à la victime dès lors qu'on pourra estimer qu'il a commis une *faute inexcusable*.
  - Cette responsabilité peut se trouver transférée à un collaborateur dans le cadre d'une délégation de pouvoirs, si celle-ci est confiée à une personne compétente et ayant reçu les moyens de l'assumer.
  - Or, après la série des 30 arrêts rendus par la Cour de cassation le 28.2.2002 concernant les maladies professionnelles résultant de l'amiante, *la notion de faute inexcusable a connu un véritable tournant historique* : il est en effet désormais acquis que « l'employeur est tenu envers le salarié à une *obligation de sécurité de résultat* » tant pour les *maladies professionnelles* (arrêts Eternit du 28.2.2002) que pour les accidents du travail (arrêt Edrissi c/Sté Camus du 11.4.2002.
    La Cour de cassation a ainsi considéré qu'il n'est plus nécessaire que l'employeur ait commis lui-même une faute déterminante (ancienne jurisprudence) dès lors que les articles 1147 du code civil (obligation de résultats) et L. 230-2 du code du travail (principes généraux de prévention) suffisent à établir le défaut de protection (même lorsque les circonstances de l'accident ne sont pas précisément établies).
    Elle complète et confirme donc de manière particulièrement solennelle, la tendance déjà constatée de l'abandon par la Cour de cassation entre les mains des juges du fond (cour d'appel) du contrôle des circonstances de fait qui ont pu conduire ceux-ci à retenir la qualification d'accident du travail [cf. Cass. Soc. 20.12.2001 (4 arrêts)] ou de trajet, puis à assimiler très largement les accidents de mission à des accidents

du travail sans faire, à leur sujet, de distinction entre les actes de la vie courante et ceux de la vie professionnelle [Cf. Cass. Soc. 19.7.2001 (2 arrêts)].

Le recours à la notion de faute inexcusable permet ainsi aux victimes de réclamer la réparation intégrale de leur préjudice, sans être limitées par l'indemnisation forfaitaire et plafonnée prévue par la loi sur les accidents du travail et maladies professionnelles.

Elle a de surcroît ouvert la possibilité de recours aux ayants droit de la victime, leur permettant ainsi d'exercer, outre l'action en réparation de leur propre préjudice moral, l'action en réparation du préjudice moral de la victime.

- Le couperet de la nullité des décisions prises par l'employeur en cas de violation de certaines règles :
  - La jurisprudence a d'abord progressivement évolué vers un glissement de la sanction du licenciement « abusif » (dès lors qu'il est considéré comme étant fondé sur un motif insuffisamment « réel et sérieux » par la (simple) condamnation à des dommages-intérêts, jusqu'à la notion de *nullité* du licenciement, notamment dans les procédures de licenciement économique, entraînant de ce fait la sanction de la remise des choses en l'état…, même si celle-ci s'avère particulièrement délicate, si ce n'est même impossible.

    Chacun a été marqué par cette jurisprudence symbolisée notamment par les affaires Galeries Lafayette prescrivant une réintégration plus ou moins irréaliste mais réellement coûteuse dès lors qu'elle implique le maintien du salaire pour la période pendant laquelle la rupture est annulée … ![1]
  - De même, la jurisprudence Framatome et Majorette n'a pas réellement contribué à clarifier le débat difficile entre les mesures relevant de la gestion prévisionnelle des emplois à distinguer de celles qui imposent l'ouverture de la procédure du licenciement économique et donc l'élaboration d'un plan de sauvegarde de l'emploi (PSE)… quand bien même l'employeur n'aurait pas l'intention de supprimer des postes

---

1. Il y a en effet simplement *suspension* de la procédure si l'irrégularité de la consultation est soulevée avant la fin de cette procédure (Cass. 22.1.02 n° 282) alors qu'il y aura *nullité* du licenciement s'il n'y a pas eu de plan de sauvegarde de l'emploi ou que celui-ci est considéré comme nul.

mais voudrait procéder à de simples *modifications du contrat* ![1]

Nous sommes ainsi parvenus à une véritable forme du droit au maintien du contrat (si ce n'est de l'emploi lui même), par une exigence toujours plus renforcée de recherches effectives de reclassement. À tel point que Monsieur Raffarin a même annoncé en septembre 2003 son intention de faire légiférer sur *un véritable « droit au reclassement »*.

- Certes l'arrêt IBM du 12.1.1999[2] est venu apporter une précieuse indication en relevant que le fait de *proposer à des volontaires* des mesures n'entraînant pas la rupture du contrat mais des modifications telles que passage au temps partiel indemnisé, congé sans solde indemnisé, pré-retraite progressive, mise en disponibilité, relève de la gestion prévisionnelle et n'a pas à être soumis à la procédure du licenciement économique. Encore faut-il que l'entreprise ait les moyens de susciter l'adhésion de suffisamment de volontaires !

- Enfin, on doit observer la récente « découverte » de l'art. L. 120-2 du code du travail qui fait désormais peser sur l'employeur le risque de l'annulation de diverses décisions (y compris le licenciement) dès lors que celles-ci peuvent être considérées comme « portant des restrictions aux droits des personnes et aux libertés individuelles et collectives qui ne seraient pas justifiées par la nature de la tâche à accomplir ni proportionnées au but recherché ».

Il est trop évident qu'une interprétation extensive de ce texte (datant de 1992) accroît considérablement les risques de contentieux.

En tout cas, il apparaît assez clair que, tenu d'évaluer les risques, l'employeur ne pourra plus soutenir qu'il n'avait pas eu conscience du danger : le couperet de la *faute inexcusable* pèse désormais plus lourdement sur lui.

La responsabilité du salarié tant à l'égard de son propre employeur que des tiers

1° Toutefois, au-delà de la responsabilité des employeurs, un mouvement se dessine pour susciter la prise de conscience d'une res-

---

1. Framatome Cass. Soc. 3.12.96 n° 4867. Majorette Cass. Soc. 3.12.96 n° 4868.
2. Fédération CFDT/IBM Cass. 12.1.99 n°737.

ponsabilité individuelle renforcée de chaque salarié en matière de sécurité. C'est ainsi que :

- Alors qu'une directive européenne avait prescrit dès le 12.6.1989 des mesures d'évaluation des risques pour la santé et la sécurité des salariés, transposée en France par la loi du 31.12.1991 (art. L. 230-2 du code du travail)…, il aura fallu attendre un décret du 5.11.2001 pour rendre obligatoire (le 8.11.2002) l'élaboration d'un document unique !

- La Cour de cassation s'est finalement montrée plus vigilante et rapide puisque, par un arrêt du 28.2.2002 (Deschler/SA Textar), elle a estimé que *tout salarié* (même sans délégation) *a l'obligation de faire respecter* les règles de sécurité tant pour lui que pour les autres.

À défaut, il peut même être licencié pour faute grave en raison de sa fonction !

2° Certes, il a été admis de longue date qu'un salarié ne peut être condamné à indemniser son employeur que s'il a commis une *faute lourde* (art. L. 122-6, L. 122-8 et L. 122-9 du code du travail) : on ne peut en effet mettre en cause la responsabilité d'un salarié pour des risques inhérents à la gestion ou l'exploitation de l'entreprise. En revanche, sa responsabilité se trouve engagée, sans qu'il soit nécessaire d'invoquer une faute lourde (ni une condamnation pénale), dès lors qu'il viole ses propres obligations contractuelles (en l'espèce, détournement des primes d'assurances encaissées pour le compte de son employeur). S'agissant d'une *inexécution du contrat*, il peut être non seulement licencié pour faute (grave) mais aussi tenu de restituer des sommes.

3° Par ailleurs, le salarié peut également engager sa *propre responsabilité civile à l'égard des tiers.*

C'est ainsi que (contrairement à l'arrêt de l'Assemblée plénière de la Cour de cassation du 25.2.2000), un nouvel arrêt de l'assemblée plénière du 14.12.2001 considère que, *dès lors qu'il a été condamné pénalement*, un salarié peut être conduit à réparer les dommages causés aux tiers (même s'il a agi sur ordre)[1].

---

1. C'est par un raisonnement de même nature que la Cour de cassation a retenu la *responsabilité civile* de Monsieur J.-M. Messier, pour avoir « personnellement contribué à la réalisation du délit d'entrave » (défaut de consultation du CCE), Cass. criminelle du 20.5.2003 RJS 10.03.

N.B. En l'espèce, le comptable avait commis des faux pour obtenir des subventions relatives à des (faux) contrats de qualification.

Cela ne peut qu'inciter les victimes à agir devant les tribunaux répressifs, si elles veulent être indemnisées par le salarié responsable du préjudice !

4° En matière de harcèlement
La Cour de cassation a estimé que le licenciement devait nécessairement être qualifié de licenciement pour faute grave (sans préavis, ni indemnité).

AGIR AUTREMENT

Nous évoquions en préambule l'ambition, dans cette courte chronique, d'inciter le lecteur à davantage penser par lui-même pour agir autrement…, notamment sans attendre que de nouveaux textes, toujours plus nombreux, donc complexes et contraires à l'objectif de sécurité juridique, ne viennent lui fournir le *comment faire*, en ayant perdu de vue le *pourquoi* et le *pour quoi*.

Le cadre de cet exposé ne se prête pas au développement de tout un arsenal de « recettes ». Mais il ne serait pas très constructif non plus de s'en tenir à ces considérations sur la nécessité de résister au danger de la *pensée unique* (qui sombre bien souvent dans l'absence tout court de pensée en privilégiant le réflexe sur la réflexion).

Qu'il nous soit donc permis de *proposer quelques axes d'actions* susceptibles de rétablir un juste équilibre entre les responsabilités devant incomber à l'employeur comme au salarié.

Réhabiliter le contrat de travail

Au cœur du débat visant à définir ce qu'il est préférable de privilégier comme outil de régulation, entre la loi ou l'accord (collectif), il apparaît qu'on ne porte pas assez d'attention à ce qui constitue pourtant le lien le plus direct entre un employeur et « son » salarié : à savoir le contrat de travail ! Il s'agit en effet d'un instrument juridique à la portée de chacun et permettant donc à chacun de clarifier les modalités de leurs droits et obligations respectifs, sans autre contrainte externe que de ne pas être contraire à une loi ou un accord…

- C'est du moins tout le sens qu'il convient de donner à l'art. 1134 du code civil[1], en résistant à la déformation qui en a trop souvent été faite par certains[2]. Au contraire, cet article 1134 C.C. doit retrouver sa vertu de fondement de toute relation contractuelle, en affirmant avec force *qu'un accord engage les parties dès lors qu'il est légalement formé, c'est-à-dire qu'il ne comporte ni vices du consentement, ni dispositions contraires aux bonnes mœurs ou à l'ordre public* ; c'est donc un extraordinaire outil d'expression de la liberté et de la responsabilité de chacun.

- C'est par ailleurs et par excellence le meilleur moyen de respecter l'individu comme sujet (individuel) du droit et par là même titulaire de droits (et d'obligations) liés à sa personne, au lieu d'être trop souvent et sommairement considéré comme un objet de droits collectifs.

- Il n'est que trop évident, en tout cas, que le contrat de travail dans son usage actuel est le plus souvent réduit à une pure formalité (lettre d'embauche sans grande précision par rapport au bulletin de paie et à ses mentions obligatoires) ou simple « contrat d'adhésion ».

L'obligation d'établir un écrit est pourtant explicitement soulignée par la directive européenne d'octobre 1991, pour toute forme de contrat.

Or on lit encore trop souvent dans les manuels juridiques français que l'écrit ne serait obligatoire que pour certains types de contrats (dits atypiques tels que CDD, temps partiel, intérim) ne visant pas les CDI…

Certes, il est vrai que cette directive expose toutes les manières de respecter cette obligation d'établir un écrit… sans forcément lui donner l'apparence d'un contrat ! Mais ce serait oublier le langage nécessairement diplomatique de tout texte ayant une portée internationale.

Nul ne peut douter que l'interprétation téléologique de cette directive par la Cour de justice européenne (CJCE), c'est-à-dire en fonction de

---

1. 1134 : « Les conventions légalement formées tiennent lieu de loi à ceux qui les ont faites. Elles ne peuvent être révoquées que par leur consentement mutuel ou pour les causes que la loi autorise. Elles doivent être exécutées de bonne foi […] »

2. Ceux qui ont laissé penser qu'un accord devait être nécessairement *conforme* à une loi, lui fixant en quelque sorte la quasi-totalité de son contenu… au point de le rendre pratiquement inutile, comme on a pu le constater avec les lois Aubry sur les « 35 heures » !

la finalité du texte, conduit à préconiser, sinon formellement exiger, non seulement la rédaction d'un écrit pour tout contrat mais aussi à donner un contenu utile et transparent à cet écrit. C'est dire qu'on ne saurait se contenter des formules stéréotypées de trop nombreuses lettres d'embauche ou de prétendus contrats.

Il est en effet singulier de relever que le texte de la directive de 1991 utilise les expressions « *d'éléments substantiels du contrat* », qui conservent toute leur valeur distinctive, même si la jurisprudence française a cru bon d'opter depuis 1996 pour une expression différente en distinguant désormais les « clauses contractuelles », ne pouvant être modifiées qu'avec l'accord du salarié, des simples « conditions de travail » qui peuvent être changées unilatéralement par l'employeur dans le cadre de son pouvoir de gestion.

En fait, cette distorsion de langage entre les juristes français et ceux de l'UE ne peut que nous conforter dans la recommandation de l'usage d'un véritable contrat de travail (écrit) présentant plus clairement :

- Ce qui relève des engagements contractuels, c'est-à-dire de l'accord des deux parties, et ne pourra donc être modifié que par *avenant*.
- Et ce qui est rattaché à *l'accord collectif* (tel que la convention collective, le règlement intérieur, le régime de retraite et prévoyance, etc.) et qui devrait figurer en *annexe* au titre de simples *informations*.
- Enfin, ce qui dépend du seul pouvoir gestionnaire de l'employeur (tels que les horaires de travail, la date des congés, le remboursement de frais… et la définition de fonctions) figurant dans une *autre annexe*.

Cette organisation du contrat en trois parties distinctes paraît extrêmement utile si l'on veut que le contrat de travail devienne un véritable *contrat de confiance* permettant (enfin) de clarifier ce qui relève du pouvoir et de la responsabilité de chacun. Ainsi, elle favorise la distinction essentielle *entre les trois pouvoirs de l'employeur* :

- *Le pouvoir disciplinaire* qui s'exprime notamment par le règlement intérieur, et concerne les mesures générales et permanentes relatives à la vie collective, ainsi que les mesures d'hygiène et sécurité. Il est soumis au contrôle du juge qui dispose à cet égard du pouvoir exorbitant d'annuler la décision de l'employeur.
- *Le pouvoir contractuel* qui se manifeste soit dans le cadre d'accords collectifs, soit, justement, dans celui des contrats individuels.

201

Le juge peut alors condamner à des dommages intérêts en cas d'inexécution d'une obligation contractuelle (l'*exceptio non adimpleti contracus*). La loi fixant par ailleurs des indemnités minimales (6 mois) en cas de rupture sans motif réel et sérieux, au-delà de l'indemnité de licenciement fixée également par la loi ou par la convention collective.

- *Le pouvoir gestionnaire* qui constitue la contrepartie de la responsabilité de principe assumée par l'employeur, et l'autorise à prendre toute mesure nécessaire à l'organisation et la gestion de l'entreprise.

Le juge pouvant dans ce cas condamner à des dommages-intérêts sur la base de *l'abus de pouvoir*.

On a vu précédemment (cf. § I 25) que l'invocation de l'art. L. 120-2 du CT lui ouvre aussi la voie de la nullité de la décision.

Cette présentation en trois documents (le contrat proprement dit et deux annexes) a déjà été maintes fois proposée[1]. Et ceux qui l'ont expérimentée y ont trouvé un grand intérêt de clarification.

Il est cependant regrettable de constater à cet égard les réticences pour en faire un usage plus général, du seul fait qu'il bouscule les habitudes ! Ce qui nous ramène à nos observations préliminaires sur la nécessité de savoir et vouloir penser autrement… !

Elle a en outre le mérite de souligner et d'expliciter l'une des caractéristiques fondamentales du contrat de travail ; à savoir qu'il s'agit d'un *contrat à exécution successive* que l'on doit par conséquent qualifier de *contrat évolutif par nature* :

- En effet, le contrat de travail, contrairement par exemple au contrat de vente, n'existe qu'à partir du moment où il s'exécute dans le temps. Ce qui implique qu'il subira nécessairement des modifications au fil des ans.
- Il est donc opportun de rappeler dans les termes utilisés, et notamment dans un préambule, cette caractéristique essentielle, qui redonne par ailleurs tout son sens au mot contrat : celui-ci ne signifiant pas « contraindre » (*contractus*) mais « avancer ensemble » (*cum-trahere*).

---

1. Cf. notamment dans l'ouvrage collectif dirigé par le professeur J.-M. Peretti, *Tous DRH* (Éditions d'Organisation, 1re édition 1996, sous le titre « Utiliser le contrat de travail comme outil de gestion » ; 2e édition 2001, sous le titre « Réinventer le contrat de travail »

- Il apparaît ainsi que, contrairement à une vision rétrograde et sclérosante du contrat instaurant un cadre rigide et figé, *l'objet même du contrat de travail est fondamentalement de préciser entre les parties les modalités* permettant son évolution et son adaptation permanente et naturelle.

- Il est temps de *redonner à chacun la responsabilité* de définir les conditions de son engagement et celles de ses aménagements successifs, naturels et nécessaires.

Et c'est bien en cela qu'il convient de revaloriser le contrat de travail.

Certes, on ne peut occulter le déséquilibre qui se manifeste le plus souvent dans les rapports entre l'employeur et le salarié, notamment au moment de la conclusion du contrat : mais ce n'est pas en considérant le salarié comme un être incapable de négocier les modalités de sa collaboration que l'on pourra rétablir l'équilibre !

Autres pistes à examiner pour renforcer la responsabilité de chacun des acteurs

a. Il n'est pas possible dans le cadre de cette chronique de développer les multitudes de mesures pouvant être mises en œuvre, que ce soit par le biais de réformes législatives, mais plus encore par simple volonté de modifier les comportements en utilisant des outils juridiques déjà existants.

b. Ainsi par exemple :
   1° *Savoir enrichir le bilan social* en transformant cette obligation formelle en véritable instrument de connaissance et de référence.
   À ce sujet, il paraît souhaitable et possible d'élargir le champ d'investigation du bilan social afin de permettre une réelle comparaison sur les améliorations (ou les dérives) non seulement au sein de l'entreprise, en faisant une analyse des évolutions sur 3 à 5 ans, mais dans un cadre professionnel et/ou national par référence à une centrale des bilans qu'il conviendrait de créer.
   Cette dernière pourrait d'ailleurs utilement fournir des ratios significatifs et communément admis pour les diverses *agences de notation* qui agissent actuellement en ordre dispersé, mais qui peuvent utilement contribuer à définir des critères de la responsabilité sociale de l'entreprise (RSE).

2° Susciter une pratique plus large et plus objective des *bilans de compétence* et/ou entretiens d'évaluation, afin que ceux-ci ne s'apparentent pas au tir au pigeon ou au maillon faible !

Ces pratiques qui semblent se développer depuis quelques années avec une finalité de « décimation » à peine voilée pour certains (cf. Jacky Welch ex-patron de Général Electric cité en exemple) ont malencontreusement dévoyé un système qui correspond sans doute à une nécessité, dès lors qu'il vise à favoriser l'évaluation des compétences et la gestion des carrières, mais qui peut devenir source de discriminations.

3° Ouvrir l'action pénale *d'abus de biens sociaux aux salariés* au lieu de la réserver aux seuls actionnaires.

Il est vrai que cette réforme ne paraît guère concevable dans l'état (d'esprit) actuel de nos relations sociales et syndicales. Mais un encadrement juridique adéquat pourrait sans doute être imaginé pour éviter des excès de règlement de comptes et élargir la place des salariés dans le gouvernement d'entreprise.

4° Clarifier l'inextricable complexité, propre au droit français, résultant des conditions de cumul entre un contrat de travail et un mandat social, etc.

Bref ! Les champs d'actions sont multiples en vue de réduire les paradoxes que nous constatons entre les évolutions contradictoires d'une société (civile) à irresponsabilité illimitée et la recherche d'une sécurité renforcée dans tous les domaines, conduisant à une judiciarisation progressive de relations sociales sous prétexte d'une recherche excessive de responsables solvables !

Il est temps de prendre conscience que nous sommes *tous responsables* de ces dérives… du seul fait que les acteurs sociaux refusent de plus en plus d'être les auteurs de leur destin.

10

L'alourdissement de la responsabilité pénale des dirigeants sociaux

Corinne MASCALA

INTRODUCTION

La responsabilité pénale des dirigeants sociaux est une question d'actualité, les nombreuses poursuites et décisions jurisprudentielles en témoignent. Les dirigeants sociaux font en effet souvent l'objet de poursuites, et les condamnations prononcées à leur encontre pour des infractions diverses sont tout aussi fréquentes. Le poids de la responsabilité encourue par les dirigeants sociaux est lourd, d'autant que la multiplicité des incriminations accroît les potentialités de commettre une infraction, ce qui conduit les dirigeants sociaux à chercher les moyens de maîtriser le risque pénal. Cependant, en comparaison avec le risque pénal encouru, les moyens d'exonération de responsabilité demeurent limités.

Le développement de la responsabilité pénale des dirigeants sociaux impose une réflexion sur la place du droit pénal dans la vie économique, plus particulièrement dans le domaine des sociétés, et sur son évolution[1]. Les différentes codifications en matière pénale, tant le code

---

1. BOULOC B., « La place du droit pénal dans le droit des sociétés », *Rev. sc. crim.*, 2000, p. 17 et suiv.

pénal de 1810 que celui entré en vigueur le 1ᵉʳ mars 1994, n'apportent aucun élément à la réflexion car aucune disposition générale ne vise les dirigeants sociaux. Cette absence qui s'expliquait au début du XIXᵉ siècle lorsque le code pénal de 1810 fut mis en application, par l'inexistence quasi totale de sociétés commerciales, paraît plus étonnante dans un code nouveau élaboré à l'aube du XXIᵉ siècle et destiné à adapter la matière à l'évolution sociale. L'attention doit alors se tourner, pour tenter de nourrir la réflexion, vers le législateur commercial. En effet, les sociétés commerciales se sont développées sous l'influence de la révolution industrielle et la loi a encadré cette évolution complétant ainsi le code de commerce – l'ancien... – par les lois de 1856 et 1867 qui sanctionnent les manquements aux règles de constitution et de fonctionnement des sociétés par actions[1]. Ces deux lois contenaient les premières incriminations spécifiques aux dirigeants sociaux. Ce n'était qu'un début, toutes les lois postérieures enrichissant ou réformant le droit des sociétés contiennent des textes d'incrimination de plus en plus nombreux destinés à sanctionner les agissements frauduleux des dirigeants ou les négligences, voire les irrégularités formelles dans la constitution des sociétés. La loi du 24 juillet 1966 (aujourd'hui codifiée Livre 2 du code de commerce) relative aux sociétés commerciales constitue une parfaite illustration de la multiplication des incriminations, puisqu'un titre entier était consacré aux dispositions pénales.

Cette volonté législative de pénaliser la vie économique se confirme tout au long du XXᵉ siècle. Le droit pénal des sociétés sera intégré dans un ensemble plus vaste, celui du droit pénal des affaires, qui ne cesse de voir son champ d'application s'élargir, s'enrichir, pénétrant les relations d'affaires et plus largement l'ensemble du droit économique. Le législateur contemporain recourt systématiquement à la sanction pénale pour assurer l'efficacité des normes imposées. Cette pénalisation galopante entraîne la multiplication des incriminations et l'extension du domaine de la responsabilité pénale des dirigeants sociaux. La responsabilité peut être la conséquence de la commission d'agissements frauduleux incriminés par la loi, ce qui est la suite logique de la consommation d'une infraction ; la seule particularité est que ces agissements sont commis dans le cadre sociétaire. Cependant, que l'auteur de l'infraction soit dirigeant ou non, ne change rien : l'intention frauduleuse caractérisant l'infraction justifie la sanction. Sa responsabilité peut également être retenue pour des comportements plus véniels,

---

1. Loi du 17 juillet 1856 et loi du 24 juillet 1867.

souvent des négligences ou des imprudences, relevant d'un droit pénal matériel détaché de la notion de faute[1], dont l'incrimination traduit de simples choix techniques faits par le législateur dans l'organisation sociale, sans portée éthique significative[2].

La pénalisation des comportements se traduit par une multiplication des infractions visant les dirigeants sociaux, mais également par l'élargissement de la définition du dirigeant. Le dirigeant est au sens strict la personne investie dans les sociétés civiles ou commerciales, de par la loi, ou les statuts, de cette fonction. Il suffit de lire les textes pour savoir qui est dirigeant en considération de la forme sociétaire retenue : le gérant pour les SARL, le président, les administrateurs, les directeurs généraux, le président du directoire pour les sociétés anonymes... La Cour de cassation a jugé que le président du directoire d'une société anonyme est responsable pénalement comme n'importe quel chef d'entreprise[3], et qu'à ce titre il lui appartenait es qualités d'exercer son contrôle sur la politique financière et commerciale de la société. La titularité des fonctions de dirigeant dépend aussi de la situation de l'entreprise : l'administrateur provisoire lorsqu'un contentieux a rendu sa nomination nécessaire, l'administrateur et le liquidateur judiciaires lorsque l'entreprise est soumise à une procédure de redressement ou de liquidation judiciaires, peuvent être pénalement poursuivis en tant que dirigeants[4]. Ils n'ont pas le statut de dirigeant de droit puisqu'ils ne sont nommés ni par la loi ni par les statuts mais par une décision judiciaire, mais ils en détiennent tous les pouvoirs, ce qui est suffisant selon la jurisprudence pour engager leur responsabilité.

À ces dirigeants de droit, il faut en outre ajouter, dans certaines hypothèses, les dirigeants de fait qui sont parfois directement visés par la loi – par exemple pour l'infraction de banqueroute[5] ou d'abus de biens

---

1. MASCALA C., « Vers une dépénalisation des infractions d'affaires ? Une réalité ? », D. Aff. 1998, 1030.
2. TOUBON J., « Les enjeux de la pénalisation de la vie économique », Dalloz, « Thèmes et commentaires », p. 1 et suiv.
3. Cass. crim. 21 juin 2000, Dr. Pénal 2000, com. n° 116, obs. J.H. ROBERT. En l'espèce, il est reproché au président du directoire des achats de produits sans facture conforme.
4. Cass. crim. 21 juin 2000, *Bull.* n° 241 ; RUELLAN C., « La responsabilité pénale des administrateurs provisoires et judiciaires du fait de leur administration », Dr. pénal 2000, chronique 25 et 28.
5. Art. L. 626-1 C. comm.

sociaux[1] – ou attirés dans la prévention par la jurisprudence, eu égard au pouvoir effectif de direction ou d'administration générale de la société exercé aux lieu et place des dirigeants légaux[2].

Enfin, il ne faut pas oublier que, depuis l'entrée en vigueur du nouveau code pénal, les personnes morales peuvent aussi, lorsque la loi le prévoit, être poursuivies pénalement, ce qui élargit encore le domaine de la responsabilité des dirigeants sociaux, ceux-ci pouvant aussi bien être des personnes physiques que des personnes morales.

En cette fin de XXe siècle, à l'absence originelle d'incriminations spécifiques aux dirigeants sociaux, s'est substituée une multitude d'infractions dans les domaines les plus divers. La définition du dirigeant social donnée par la loi est très largement étendue par la jurisprudence, ce qui augmente les possibilités de commettre des infractions pénales et d'être exposé aux sanctions. D'autant que, pour le dirigeant, les possibilités de s'exonérer de la responsabilité qui pèse sur lui sont étroites. En effet, les tribunaux ont une attitude sévère à l'égard du dirigeant de droit ou de fait, considérant que la responsabilité est liée à sa qualité et à ses pouvoirs, et qu'il doit en principe l'assumer. Cette conception ne fait pas l'unanimité et de nombreuses critiques sont formulées pour dénoncer l'omniprésence du droit pénal : droit qui pénétrerait excessivement, sous prétexte de moralisation, la vie des affaires[3] et ainsi se détournerait de sa vocation qui est de prévenir les comportements frauduleux et au besoin de les sanctionner. Cependant, quelles que soient les critiques, un constat s'impose : d'une part, le risque pénal supporté par les dirigeants sociaux s'alourdit (I), d'autre part, les exonérations de responsabilité permettant de maîtriser ce risque sont très limitées (II).

L'ALOURDISSEMENT DU RISQUE PÉNAL

L'alourdissement de la responsabilité pénale des dirigeants sociaux est en premier lieu la conséquence des choix législatifs réalisés. La matière pénale dans son ensemble, mais plus encore dans le domaine économique, connaît une inflation législative qui traduit le réflexe pénalisant du législateur lequel considère qu'assortir un texte de dispositions pénales

---

1. Art. L. 245-16 C. comm.
2. Art. L. 246-2 C. comm.
3. DELMAS-MARTY M., « Les contradictions du droit pénal », *Rev. sc. crim.*, 2000, p. 1 et suiv.

participe de son efficacité (A). En second lieu, ce qui est plus surprenant au regard des principes de notre droit pénal, l'aggravation de la responsabilité découle des créations prétoriennes, la jurisprudence s'accordant un rôle excédant largement sa mission (B).

Un alourdissement législatif

L'inflation législative qui est stigmatisée dans toutes les branches du droit est peut-être encore plus marquée en droit des affaires[1]. Les mutations économiques successives, la volonté du législateur d'encadrer l'économie, s'accompagnent toujours de réformes législatives. Les dernières réformes intervenues illustrent cette situation : la loi sur les nouvelles régulations économiques[2], la loi sur la sécurité quotidienne[3], la loi sur la sécurité financière[4], participent de ce mouvement, ainsi que les lois sur l'économie numérique ou l'initiative économique[5]. Le législateur recourt toujours plus largement à la sanction pénale alourdissant le poids de la responsabilité qui pèse sur le chef d'entreprise et banalisant par là même le sens de la peine. Il est devenu quasiment impossible de dresser l'inventaire des infractions imputables aux dirigeants sociaux.

En droit des sociétés, la place du droit pénal n'est plus à démontrer tant sont nombreux les agissements incriminés : abus de biens sociaux, distribution de dividendes fictifs, délit d'initié, plus récemment blanchiment de capitaux avec son corollaire l'obligation de déclaration de soupçon qui pèse sur les personnes visées par la loi[6]... Le droit des entreprises en difficulté n'échappe pas à ce mouvement d'aggravation de la responsabilité au travers du nouveau cas de banqueroute introduit par la loi du 10 juin 1994, relatif à la comptabilité irrégulière ou manifestement incomplète[7]. On peut objecter qu'eu égard au faible

---

1. GUYON Y., « De l'inefficacité du droit pénal des affaires », *Pouvoirs* 1990, p. 41.
2. Loi du 15 mai 2001 modifiant diverses dispositions du code de commerce et du code monétaire et financier, notamment en matière de blanchiment de capitaux.
3. Loi du 15 novembre 2001 dans ses dispositions relatives au délit d'initié (art. L.465-1 ss CMF).
4. Loi adoptée le 5 juin 2003 dans ses dispositions sur le démarchage par exemple.
5. Loi du 1er août 2003.
6. Art. L. 561-1 ss CMF.
7. Art. L. 626-2-5° C. comm.

nombre de poursuites engagées par le ministère public ou les organes de la procédure sur le fondement de la banqueroute, l'alourdissement de responsabilité des dirigeants n'est pas effective. L'argument peut être écarté car le poids de la responsabilité ne se juge pas au résultat de l'activité judiciaire, mais au choix d'incriminer un comportement nouveau qui jusqu'à lors échappait à la répression, ce qui traduit la volonté législative d'étendre les cas de mise en œuvre de cette responsabilité.

Le droit du travail a toujours utilisé la sanction pénale pour renforcer l'effectivité de sa norme, dès le code pénal de 1810. Cependant, la volonté législative originelle était de sanctionner les agissements des salariés qui étaient considérés comme potentiellement dangereux. Le changement de politique législative apparaît à la fin du XIXe siècle. Le législateur prend conscience que le risque majeur ne provient pas des salariés mais des employeurs qui ne respectent pas la loi, considérée comme une atteinte à leur autorité souveraine dans leur entreprise. La tendance s'inverse alors à l'extrême avec l'explosion de la législation sociale qui entraîne une prolifération d'infractions pénales dont les auteurs sont les dirigeants sociaux. La loi encadre étroitement l'hygiène et la sécurité, les conditions de travail, le prêt de main-d'œuvre, interdit des pratiques telles que le travail dissimulé, le marchandage... Limitée dans un premier temps aux relations individuelles de travail, la responsabilité pénale s'étend ensuite aux relations collectives par le biais du délit d'entrave[1].

L'encadrement des relations commerciales fondé dans les lois les plus récentes sur la loyauté, l'équilibre, la transparence, participe du phénomène. La loi du 1er juillet 1996 a renforcé les sanctions applicables à la revente à perte et créé une nouvelle infraction, celle de l'annonce de la revente à perte d'un produit à un prix inférieur à son prix d'achat effectif. Il faudrait citer le droit de l'environnement, les dispositions relatives aux prix, à la facturation, à la bourse, mais il est inutile de multiplier les exemples particuliers pour démontrer l'alourdissement de la responsabilité des dirigeants sociaux.

Le poids de la responsabilité découle également des dispositions générales du nouveau code pénal. En premier lieu, l'admission de la responsabilité pénale des personnes morales contribue à l'extension de la responsabilité. Son domaine ne cesse de s'étendre par le vote de mul-

---

1. CŒURET A., FORTIS E., « La place du droit pénal dans le droit du travail », *Rev. sc. crim.*, 2000, p. 25 et suiv.

tiples lois postérieures qui définissent les infractions permettant l'engagement des poursuites (art. 121-2 CP), ce qui conduit à élargir le domaine de la responsabilité par l'adjonction d'un nouveau responsable pénal – la personne morale –, ou par la possibilité d'engager une double poursuite à l'encontre de la personne morale et de ses organes ou représentants.

En second lieu, le nouveau code pénal crée une infraction jusqu'alors inconnue, le délit de mise en danger, qui permet de sanctionner les manquements délibérés aux obligations de prudence et de sécurité (art. 121-3 CP). Cette infraction permet préventivement, avant la réalisation de tout dommage, de sanctionner le dirigeant qui ne respecte pas volontairement, pour des raisons de coût par exemple, les règles de sécurité dans l'entreprise. Ce délit-obstacle a pour but d'éviter la commission d'infractions plus graves en agissant en amont dès la constatation de la transgression de la norme pénale.

L'alourdissement de la responsabilité pénale des dirigeants est un choix législatif. Mais le législateur n'est pas seul, son choix est conforté par la jurisprudence qui manifeste une volonté évidente de sanctionner les dirigeants sociaux ès qualités.

Un alourdissement judiciaire

Cette tendance est caractérisée dans deux hypothèses révélatrices de l'importance de la jurisprudence dans une matière qui doit être, en application du principe de la légalité des délits et des peines, gouvernée par la loi et le règlement. Le pouvoir créateur de la norme pénale que s'arrogent les tribunaux avec l'assentiment de la Cour de cassation, tant en ce qui concerne la responsabilité des dirigeants du fait de leurs préposés, qu'en matière d'abus de biens sociaux, est une violation manifeste du principe fondateur de notre droit pénal moderne qui a pour objectif de protéger le justiciable de l'arbitraire du pouvoir judiciaire.

> **1.** La jurisprudence a construit de toutes pièces la théorie de la responsabilité pénale des dirigeants du fait de leurs préposés. Les dirigeants sociaux sont fréquemment déclarés pénalement responsables d'agissements illicites qu'ils n'ont pas personnellement commis, puisqu'ils sont le fait d'un préposé[1]. L'infraction est

---

1. MASCALA C., « La responsabilité pénale du chef d'entreprise », *Les Petites Affiches*, n° 87, 19 juillet 1996, p. 16.

commise par un salarié à l'occasion de ses fonctions au sein de l'entreprise, que celle-ci soit commerciale, artisanale, agricole, libérale, publique ou privée. L'infraction génératrice de responsabilité commise par le préposé consiste en une violation des dispositions impératives applicables à l'entreprise. L'élément matériel de l'infraction est réalisé par le préposé, cependant l'infraction est imputée au dirigeant, qui est donc pénalement responsable.

Aucune disposition légale n'a jamais posé le principe de cette responsabilité, c'est une création prétorienne témoignant de la sévérité de la jurisprudence à l'égard des dirigeants sociaux. Les tribunaux ont en effet, très tôt, affirmé que cette responsabilité est inhérente aux fonctions de dirigeant qui obligent ce dernier à répondre du fait de celui sur lequel il a autorité. Pour imposer cette idée, les juges se heurtaient cependant à une difficulté car, en droit pénal, seule la faute personnelle est génératrice de responsabilité, la responsabilité du fait d'autrui est exclue. Ce principe est aujourd'hui formulé à l'article 121-1 du code pénal : « Nul n'est pénalement responsable que de son propre fait. » Pour résoudre ce conflit entre le principe de la responsabilité du fait personnel et la volonté de sanctionner le dirigeant du fait d'autrui, la jurisprudence a élaboré artificiellement une théorie. Les tribunaux affirment que la fonction de dirigeant crée « une obligation légale de surveiller les salariés et de veiller à l'observation des règlements dont le dirigeant est personnellement chargé d'assurer l'exécution es qualités »[1]. La qualité de dirigeant oblige à garder la maîtrise de l'exécution des missions dans l'entreprise et, s'il n'empêche pas le préposé de commettre une infraction alors qu'il en a le pouvoir et le devoir, il manque à son obligation personnelle de surveillance. L'artifice est parfait, car le dirigeant commet alors une faute personnelle qui permet de retenir sa responsabilité, sans qu'il soit possible d'opposer l'argument de l'exclusion de la responsabilité du fait d'autrui en matière pénale. L'alourdissement jurisprudentiel de la responsabilité des dirigeants ne se limite pas à cette extension des personnes pénalement responsables, il se prolonge par une conception particulière de l'abus de biens sociaux.

---

1. Cass. crim., 19 octobre 1995, D. Aff. 2/1996, p. 35 ; Dr. pénal 1996, com. n° 38.

2. L'infraction d'abus de biens sociaux constitue un exemple topique du rôle de la jurisprudence dans l'étendue de la responsabilité des dirigeants. Très soucieuses de réprimer ces comportements frauduleux graves, dangereux pour l'entreprise et moralement condamnables, les juridictions répressives n'hésitent pas à écarter des dispositions légales tant dans l'appréciation des éléments constitutifs de l'infraction que dans la détermination du régime de la prescription. Pour des motifs de bonne administration de la justice, la jurisprudence s'autorise à aller au-delà de la loi alors que son seul rôle est, en application du principe de la légalité des délits et des peines, de l'appliquer voire de l'interpréter si cela est nécessaire mais dans les limites de l'interprétation stricte[1].

a) Les textes d'incrimination de l'abus de biens sociaux[2] exigent, pour que l'infraction soit consommée, la réunion de quatre éléments constitutifs : un acte d'usage ; la contrariété de cet acte à l'intérêt social ; un acte réalisé dans un but personnel et la mauvaise foi. Ces éléments constitutifs sont dans l'esprit du législateur cumulatifs. La contrariété à l'intérêt social a suscité un vif contentieux et a donné lieu à une interprétation très évolutive découlant d'arrêts rendus très célèbres par les médias car intéressant le monde de la politique et de l'information[3]. Le droit est aujourd'hui fixé sur cette question. Il convient de s'intéresser en revanche à la notion d'intérêt personnel, qui conditionne l'exercice de la répression pénale. L'acte de détournement, contraire à l'intérêt social réalisé par le dirigeant, ne peut constituer l'infraction d'abus de biens sociaux et être à ce titre sanctionné que s'il poursuit, en outre, un intérêt personnel direct ou indirect selon la formule légale[4]. Cette condition imposée par le texte d'incrimination devrait restreindre les possibilités de poursuivre pénalement le dirigeant, car la partie poursuivante doit apporter la preuve d'un dol spécial – le but personnel – pour que les poursuites aboutissent. Il faut prouver que le dirigeant a tiré un profit personnel des agissements frau-

---

1. Art. 111-4 CP.
2. Art. L. 241-3 , L.242-6 ; L.244-1 C. comm.
3. MASCALA C., « Responsabilité pénale des dirigeants », Répertoire Joly Sociétés, série A, 1998. Cass. crim. 22 avril 1992, *Bull.* n° 169 ; 11 janvier 1996, *Bull.* n° 21 ; 6 février 1997, *Bull.* n° 48.
4. Art. L 241-3 N., C.comm.

duleux commis, en l'absence duquel l'infraction n'est pas constituée quand bien même les actes seraient contraires à l'intérêt social. Cette condition découle de la définition légale de l'infraction.

La jurisprudence s'est affranchie de cette exigence légale en édictant une présomption d'intérêt personnel dès lors que l'acte est contraire à l'intérêt social. Les juridictions répressives considèrent qu'à défaut d'être justifiés par l'intérêt, aussi minime soit-il, de la société, les actes de détournements n'ont pu être faits que dans l'intérêt personnel du dirigeant[1]. La chambre criminelle adopte une position très sévère pour le dirigeant et critiquable au regard du principe légaliste, car elle déduit la preuve de l'intérêt personnel de la constatation que l'acte était contraire à l'intérêt social. Si l'acte n'est pas fait dans l'intérêt de la société, il l'est nécessairement dans celui du dirigeant. L'automaticité du rapport entre les deux éléments constitutifs de l'infraction débouche sur une présomption de culpabilité qui entraîne un renversement de la charge de la preuve. Il incombe en effet au dirigeant de prouver l'absence d'intérêt personnel, ce qui est l'inverse des prévisions du législateur, pour se dégager de sa responsabilité pénale.

b) Le régime de la prescription de l'action publique en matière d'abus de biens sociaux révèle le pouvoir des tribunaux dans l'alourdissement de la responsabilité des dirigeants sociaux. L'abus de biens sociaux est un délit (la loi le sanctionne de cinq ans d'emprisonnement et de 375 000 euros d'amende) et en matière délictuelle la prescription de l'action publique est de trois ans selon les dispositions de l'article 8 CPP. Si le délai ne soulève aucune difficulté, en revanche, l'interrogation porte sur son point de départ. Il faut alors distinguer selon la nature de l'infraction : lorsque l'infraction est instantanée, le point de départ du délai est le jour de commission des agissements frauduleux. Si l'infraction est continue, c'est-à-dire que ses effets se prolongent dans le temps, le point

---

1. Cass. crim. 15 septembre 1999, *Bull.* n° 203 ; Renucci J.-F., *Rev. sc. crim.*, 2000, p. 413.

de départ du délai est retardé en principe au dernier acte constitutif. L'abus de biens sociaux est une infraction instantanée qui se réalise par l'acte frauduleux de détournement ou d'abus : le point de départ du délai de trois ans devrait être le jour où l'acte de détournement est consommé dans un strict respect de la légalité. Mais la jurisprudence organise un régime spécial de prescription, permettant des poursuites tardives à l'encontre des dirigeants, aggravant ainsi le poids de leur responsabilité.

Dès 1981, la chambre criminelle avait décidé que le délai de prescription de l'action publique ne commençait à courir qu'à partir du moment où l'infraction était apparue et avait pu être constatée dans des conditions permettant l'exercice de l'action publique[1]. Seule la révélation de l'infraction aux autorités publiques ayant la capacité de mettre l'action publique en mouvement ouvrait le délai de prescription de trois ans. Certains faits ont ainsi pu être poursuivis plus de dix ans après la commission des agissements frauduleux dès lors que leur révélation fut très tardive, laissant planer l'ombre de la responsabilité très longtemps après l'écoulement du délai légal de prescription. La nature de cette infraction, qui est le plus souvent dissimulée par le secret et l'opacité des affaires, peut justifier des règles de poursuites spécifiques mais dans les limites de la légalité et de l'interprétation stricte de la loi pénale.

Si la nécessité d'un régime spécial de prescription de l'action publique dérogatoire du droit commun est impérative, compte tenu de la nature de l'infraction et du contexte de sa commission, l'initiative doit en revenir au législateur mais pas au juge, sauf à remettre en cause les principes fondateurs de notre droit pénal moderne et à admettre que la jurisprudence – y compris en matière pénale – est une source de droit au même titre que la loi.

Les critiques formulées quasi unanimement par la doctrine ont conduit la Cour de cassation à nuancer la solution. Elle ne revient pas à une stricte application de la loi mais limite cependant le décalage temporel

---

1. Cass. crim. 10 août 1981, *Bull.* n° 244 ; 27 octobre 1997, *Bull.* n° 352 ; RENUCCI, *art. cit.*, p. 410.

entre le jour de la commission de l'infraction et le point de départ du délai de prescription. Dans ses arrêts les plus récents, la Cour de cassation considère désormais que l'abus de biens sociaux doit se prescrire à compter de la présentation des comptes annuels par lesquels les dépenses litigieuses sont mises à la charge de la société, « sauf dissimulation »[1]. La présentation des comptes annuels qui permet l'information des associés ouvre le délai de prescription, même si le ministère public n'a pas connaissance de l'infraction. Cette conception limite considérablement la possibilité de poursuite tardive eu égard à la périodicité légale de la présentation des comptes sociaux. La présentation annuelle des comptes peut tout au plus décaler la prescription d'une année. Le délai ne court pas, en revanche, s'il y a dissimulation empêchant la victime d'avoir connaissance des fraudes, et donc indirectement le ministère public. Les actes accomplis par le prévenu pour occulter ses fraudes permettent les poursuites tardives qui doivent alors être analysées comme une sanction de la dissimulation imputable au dirigeant. La dissimulation devient l'élément déterminant du régime de la prescription.

Cette condition de dissimulation sanctionnée par l'admission d'une poursuite tardive nous paraît juridiquement raisonnable. Elle réduit utilement le domaine des poursuites tardives. Elle favorise le retour à un plus grand respect des règles de la prescription en matière pénale. Elle met fin à des abus, ceux résultant de la faveur jurisprudentielle excessive accordée aux parties poursuivantes en leur octroyant « la singulière liberté de choisir le moment de la poursuite et de la retarder à loisir »[2]. Cependant, si l'orthodoxie juridique y gagne, en pratique, les poursuites tardives seront toujours très fréquentes, car la plupart des dirigeants dissimulent les actes de détournement réalisés par des manipulations comptables par exemple ; rares sont ceux qui avouent leurs agissements frauduleux à l'assemblée générale, dont il faut rappeler que l'approbation des comptes n'empêche pas les poursuites pénales.

La multiplication des textes d'incrimination, la contribution de la jurisprudence, expliquent l'alourdissement de la responsabilité pénale du dirigeant, qui ne peut s'y soustraire que par des moyens d'exonération qui demeurent très limités.

---

1. Cass. crim. 5 mai 1997, *Bull.* n° 159 ; 13 octobre 1999, *Bull.* n° 219, Dr. pénal 2000, comm. n° 17, J. H. Robert ; TGI Paris, 22 juin 2000, BRDA 18/2000, n° 4.
2. Delmas Saint-Hilaire J.-P., *Rev. sc. crim.* 2000, p. 620.

UNE MAÎTRISE RESTREINTE DU RISQUE PÉNAL

La limitation des possibilités d'exonération du dirigeant social est encore très largement dépendante de la jurisprudence. D'une part, les juridictions répressives qui admettent le jeu des délégations de pouvoirs les encadrent très étroitement (A). D'autre part, alors que le législateur dans le nouveau code pénal a consacré une nouvelle cause d'irresponsabilité : l'erreur de droit[1], les juges la refusent quasi systématiquement, marquant ainsi leur hostilité à l'exonération de la responsabilité des dirigeants (B).

L'encadrement des délégations de pouvoirs

1. La jurisprudence admet le principe des délégations de pouvoirs et leur effet exonératoire de responsabilité, mais elle organise un régime restrictif.

a) Les nécessités du fonctionnement de l'entreprise, son organisation, sa taille, obligent souvent le dirigeant à se décharger d'une partie de ses fonctions sur un subordonné par le biais d'une délégation. Dans ces conditions, il paraît normal d'admettre l'exonération de responsabilité de celui qui a délégué ses pouvoirs à un tiers, dans la mesure où la responsabilité est la contrepartie du pouvoir. En effet, ce tiers par l'effet de la délégation est investi de pouvoirs de direction. Le délégué est investi dans les limites de sa mission des pouvoirs du délégant et il est par conséquent tenu d'une obligation de contrôle et de surveillance, comme l'est le chef d'entreprise. La délégation de pouvoirs entraîne un transfert de responsabilité pénale, et conduit à une exonération du dirigeant par une modification de l'imputabilité, dès lors qu'il ne participe pas personnellement à la commission de l'infraction[2], ce qu'il devra prouver. Cette preuve reste soumise à l'appréciation souveraine des juges du fond[3].

---

1. Art. 122-3 NCP : « N'est pas pénalement responsable la personne qui justifie avoir cru, par une erreur sur le droit, qu'elle n'était pas en mesure d'éviter, pouvoir légitimement accomplir l'acte. »
2. BRIEUC DE MASSIAC, « Responsabilité pénale des dirigeants et délégation de pouvoirs », RJDA 1995, 927.
3. Crim. 11 mars 1993, *Bull*. crim. n° 112.

Les juridictions répressives admettent la possibilité de délégation de pouvoirs dans tous les domaines de la vie économique, sauf si la loi en dispose autrement[1]. La condition déterminante quant à la validité des délégations tient à la personne du délégué. Le dirigeant doit déléguer ses pouvoirs à une personne dotée de la compétence et de l'autorité nécessaires, « ce qui implique des aptitudes techniques, une certaine indépendance, des moyens financiers et disciplinaires »[2]. La jurisprudence n'admet l'exonération de responsabilité du dirigeant que si le délégué dispose d'une indépendance réelle et suffisante et des compétences indispensables à l'exercice des responsabilités qui lui sont confiées. Les mêmes exigences se retrouvent pour les délégations en cascade qui sont valables, sans l'accord du délégant initial[3], dès lors que les subdélégataires remplissent eux aussi les conditions de compétence, indépendance... Cependant, les tribunaux restreignent la possibilité d'exonération en interdisant les délégations générales. Celles-ci pour être valables doivent concerner une mission ou une fonction précise et les pouvoirs transmis doivent être précisément déterminés. Le dirigeant demeure en toute hypothèse personnellement responsable de la marche générale de l'exploitation, sa responsabilité peut ainsi toujours le rattraper.

2. L'effet exonératoire de responsabilité découlant d'une délégation régulière n'est de toute façon jamais automatique. Il ne suffit pas au dirigeant d'invoquer l'existence d'une délégation pour dégager sa responsabilité, encore faut-il qu'il apporte la preuve par tous moyens et à tout moment de la procédure puisqu'il s'agit d'un moyen de défense au fond, de sa réalité et de son étendue[4]. Par le biais de la délégation, la jurisprudence donne aux dirigeants un moyen d'alléger leur responsabilité, celle-ci étant totalement transférée sur le délégué dans la mesure où la Chambre criminelle interdit que le délégué et le délégant soient poursuivis cumulativement, sous réserve de participation person-

---

1. Depuis les arrêts du 11 mars 1993. voir MASCALA C., « Responsabilité pénale des dirigeants », 22, *op. cit.*
2. Cass. crim. 12 janvier 1988, *Bull.* n° 34.
3. Cass. crim. 30 octobre 1996, *Bull.* Joly 1996, p. 300, § 120, note C. Mascala.
4. Cass. crim. 5 janvier 1993, RJS 4/1993, n° 406.

nelle du dirigeant à la commission de l'infraction[1]. La délégation a transféré sur le délégué l'obligation de faire respecter la loi au sein de l'entreprise, c'est désormais à lui qu'incombe l'obligation de surveillance.

Dans la limite de l'appréciation souveraine des juges du fond, la délégation est un moyen utile permettant au dirigeant de résister à l'aggravation de sa responsabilité. L'erreur de droit pourrait dans des cas plus restreints permettre d'éviter des poursuites pénales, si la jurisprudence n'opposait pas un refus d'appliquer cette cause légale d'irresponsabilité.

Le rejet de l'erreur de droit

L'erreur que le dirigeant peut invoquer pour s'exonérer de sa responsabilité pénale consiste en une ignorance de la loi pénale ou de son sens. Mais il apparaît clairement que la jurisprudence, de manière générale hostile à l'admission de l'erreur, est encore plus réticente lorsqu'un dirigeant est en cause. Elle fait peser sur lui une présomption renforcée de connaissance de la loi et analyse très étroitement l'erreur invincible qui est la seule admissible.

   a) On ne peut admettre dans un état de droit que l'ignorance de la loi pénale soit une cause d'exonération, en application de l'adage « Nul n'est censé ignorer la loi »[2]. La loi est considérée comme connue de tous, dès lors qu'elle est promulguée et publiée au *Journal officiel*[3].

   Cette présomption générale de connaissance de la loi par tous les justiciables repose sur une fiction face à l'inflation législative contemporaine, mais une fiction nécessaire à la conservation de l'état de droit qui assure la sécurité, aussi bien juridique que matérielle des citoyens. Si tout citoyen doit connaître la loi, *a fortiori* le dirigeant ne peut pas ignorer les réglementations impératives applicables à l'entreprise, son ignorance caractérisant ès qualités une faute. Malgré la consécration de l'erreur de droit dans le

---

1. Cass. crim. 19 octobre 1995, Dr. pénal 1996, comm. n° 38.
2. Selon l'adage *nemo censetur ignorare legem*.
3. L'exception d'ignorance de la loi nouvelle, alléguée par le prévenu, peut cependant être accueillie lorsque l'infraction a été commise dans les trois premiers jours de la promulgation de celle-ci. Art. 4 du décret du 5 novembre 1870 toujours en vigueur.

nouveau code pénal, la Cour de cassation adopte une conception si restrictive de l'erreur qu'elle paralyse l'application du texte et condamne de fait les possibilités d'exonération de responsabilité[1].

b) L'appréciation restrictive de l'erreur définie par la loi, « erreur que l'on n'était pas en mesure d'éviter », découle des conditions posées par la jurisprudence : l'erreur doit porter sur une règle de droit, elle doit être invincible et par conséquent démontrer une croyance légitime du prévenu. Le cumul de ces conditions limite considérablement l'erreur exonératrice de responsabilité[2].

Il a été ainsi jugé que l'erreur invoquée par le prévenu ne présentait pas le caractère inévitable requis par l'article 122-3 du code pénal alors qu'il avait pris la précaution de s'informer auprès de son avoué[3]. La Cour estime qu'en sollicitant l'avis de son conseil, le prévenu n'avait pas accompli toutes les vérifications nécessaires, car un recours en interprétation auprès du juge en vertu des dispositions de l'article 641 du code de procédure civile était possible. A été déclarée également évitable l'erreur de dirigeants qui ne s'étaient pas adressés au ministère « le plus compétent », bien qu'ayant obtenu des renseignements de celui sollicité[4].

Une décision isolée[5], ressortissant au droit pénal du travail, est plus favorable admettant l'erreur du dirigeant qui a cru qu'un accord professionnel conclu sous l'égide d'un médiateur désigné par le gouvernement avait une valeur supérieure à la loi relative à la durée légale du

---

1. Arrêt Josserand, Crim. 8 fév.1966, *Bull. crim.* n° 36, *Rev. sc. crim.* 1966, 885, obs. Legal.
2. Crim. 11 oct. 1995 et 15 nov. 1995, Droit pénal 1996 n° 56 ; 5 mars 1997, *Bull. crim.* n° 84 ; 19 mars 1997, Droit pénal 1997, n° 107.
3. Cass. crim. 11 octobre 1995, *ibid.* En l'espèce, à l'occasion d'une procédure de divorce, la cour d'appel statue sur la jouissance du logement familial en des termes qui n'apparaissent pas clairs. Afin d'obtenir des éclaircissements, l'époux interroge l'avoué qui lui confirme la possibilité, selon les termes de l'arrêt, de réintégrer le domicile. Poursuivi par son ex-épouse pour violation de domicile, il invoque l'erreur de droit. L'erreur est admise par la cour d'appel mais, sur pourvoi de l'épouse, l'arrêt est cassé.
4. Cass. crim. 19 mars 1997, *ibid.* Ministère de l'Environnement au lieu celui du Logement.
5. Cass. crim. 24 novembre 1998, Dr. pénal 2000, comm. n° 22.

travail. Cependant, cet arrêt isolé dans un contexte général défavorable ne remet pas en cause l'hostilité manifeste des tribunaux à l'erreur de droit.

Le poids des responsabilités continuera à peser lourdement sur les épaules des dirigeants bien que le législateur depuis la loi sur les nouvelles régulations économiques se soit engagé dans la voie de la dépénalisation pour toutes les infractions relatives à la constitution des sociétés. En effet, de nombreux comportements ont été dépénalisés et les irrégularités commises peuvent désormais donner lieu à une procédure d'injonction de faire devant les tribunaux civils ou commerciaux pour assainir la situation. Ce mouvement de dépénalisation des irrégularités formelles se poursuit dans les lois récentes telle que la loi « Initiative économique » du 1er août 2003. Cependant, cette ébauche de dépénalisation est contrebalancée par un mouvement pendulaire de pénalisation de très nombreux agissements. Le législateur aggrave la répression pénale dans de nombreux domaines tels que le délit d'initié, le blanchiment de capitaux... Combinant les dispositions législatives et les initiatives jurisprudentielles, la tendance générale de la responsabilité des dirigeants sociaux demeure incontestablement à la hausse.

4

Dimension internationale

Dans cette quatrième partie, la question de la responsabilisation de l'entreprise est abordée à l'échelle internationale. Située tout d'abord du point de vue du droit communautaire (CE) en tant qu'activité économique « objectivée », avec ses corollaires, règles de concurrence, prérogatives de la puissance publique, abus de position dominante (chap. 11, C. Grynfogel), elle est ensuite déclinée selon les approches typiquement nord-américaines (chap. 12, J. Pasquero).

SOMMAIRE

De l'élargissement à l'objectivation, par le droit communautaire, de la responsabilité de l'entreprise

Catherine GRYNFOGEL

1. L'incursion du droit communautaire dans tous les domaines gravitant autour de l'entreprise (droit fiscal, droit social, droit de la consommation, droit de la concurrence, etc.) a profondément modifié la physionomie du droit des affaires depuis les deux dernières décennies. Venu d'« en haut », si l'on peut dire, ce droit a notamment introduit dans l'ordre interne, puis peu à peu affermi le principe d'un élargissement de la responsabilité de l'entreprise, ne serait-ce que par son appréhension très large de la notion même d'« entreprise ». C'est ainsi que de nombreuses entités sont comprises et appréciées comme telles, alors que la chose, pourtant, dans de nombreux cas, ne paraît pas toujours aller de soi : voilà qui élargit d'autant, en amont, le domaine de la responsabilité de l'entreprise (I). Mais ces tendances « expansionnistes » ne s'arrêtent pas là. On les retrouve en effet sur le versant aval, là où le droit communautaire manifeste une très nette propension à s'éloigner peu à peu de l'approche traditionnellement subjective de la responsabilité pour en retenir une notion objective, indépendante ou détachée de l'idée de faute. Sans doute, le droit consumériste est-il l'un des domaines de prédilection de cette objectivation. Diverses directives

retiennent en effet, de manière explicite, le principe d'une responsabilité sans faute de l'entreprise : tel est notamment le cas en matière de voyages à forfait, ou encore en matière de produits défectueux[1]. Nous limiterons cependant nos développements au droit de la concurrence, dans la mesure où l'objectivation s'y vérifie de manière particulièrement frappante, quand bien même les textes ne le préciseraient pas. Là encore, il s'agit bel et bien d'une tendance tant décisionnelle que jurisprudentielle des autorités communautaires, Commission et Cour de justice des CE (II).

L'ÉLARGISSEMENT DU DOMAINE DE LA RESPONSABILITÉ : LA NOTION COMMUNAUTAIRE D'« ENTREPRISE »

2. Le traité de Rome ne définit pas la notion d'entreprise, à laquelle il fait référence à diverses reprises. Dans un chapitre premier (du titre VI, ex-titre V) intitulé « [...] règles de concurrence », ses rédacteurs réservent en effet une section aux « règles applicables aux entreprises », lesquelles renferment notamment les art. 81 et 82, le premier visant la prohibition des ententes, le second les abus de position dominante. Les deux textes[2] décrivent des comportements d'*entreprise*, notion à laquelle il appartenait aux autorités communautaires de donner un contenu et une définition, dans le silence des textes. L'art. 81§1 TCE[3] leur en a donné l'occasion, mais l'analyse vaut tout aussi bien à l'endroit de l'art. 82.

3. Selon la Cour de justice des CE (CJCE), « la notion d'entreprise comprend toute entité exerçant une activité économique, indépendamment du statut juridique de cette entité et de son mode de financement »[4], entité qui, en outre, apparaît comme un opérateur indépendant sur le marché. Peu importe qu'il s'agisse d'une personne physique ou morale, d'une personne de droit public ou de

---

1. Directive n° 85/374/CEE, 25 juillet 1985 : *JOCE* n° L 210, 27 juillet 1985 ; voir C. GRYNFOGEL, « La mise en œuvre de la directive sur la responsabilité du fait des produits défectueux : heurs et malheurs de l'harmonisation européenne », in *Gazette du Palais*, 18-20 mai 2003, p. 2-12.
2. Sur lesquels nous reviendrons *infra*, II.
3. TCE : Traité sur la communauté européenne.
4. CJCE, 23 avril 1991, aff. C-41/90, Höfner et Elser : Rec. CJCE 1991, I, p. 1979.

droit privé, d'une personne poursuivant ou non un but lucratif ou d'un groupement ne disposant pas de la personnalité juridique. En effet, le critère retenu de l'entreprise n'est pas organique mais matériel. Aucune forme juridique n'exclut *a priori* la qualification d'entreprise, l'essentiel étant le caractère économique de l'activité concernée. *A contrario*, seul le caractère non économique de certaines activités peut faire échapper l'organe ou l'entité qui les exerce au champ d'application du droit de la concurrence. Il convient donc d'analyser le critère de l'entreprise à travers les indications fournies par la pratique décisionnelle et la jurisprudence communautaires. Nous verrons que ce critère s'articule autour de l'activité économique de l'entreprise (A), encore qu'il connaisse certaines limites (B).

Le critère de l'entreprise : une activité économique

4. L'activité économique est le critère essentiel de la notion d'entreprise, quoiqu'il ne suffise pas toujours, à lui seul et dans certaines circonstances, à ainsi qualifier toute entité au sens du droit de la concurrence. Dans le cadre de relations intra-groupe, il importe encore de rechercher si l'entité concernée – le plus souvent une filiale, dans ses rapports avec la société mère – dispose d'une autonomie d'action suffisante sur le marché. S'il s'agit là du second critère de l'entreprise, dans ce contexte précis, il n'est pas utile de le développer ici, aussi nous en tiendrons-nous au premier cité, à savoir l'activité économique qu'il convient maintenant de définir en distinguant, à cet égard, ce que l'on nommera pour l'heure « entités » de droit privé (1°), « entités » de droit public (2°) et entreprises dotées de droits spéciaux ou exclusifs (3°).

Les entités de droit privé

5. Selon la doctrine, l'« activité économique » peut être définie comme « toute activité durable qui consiste à produire, distribuer ou commercialiser à ses risques un bien ou un service sans qu'il y ait lieu de considérer la nature de l'activité, la nature du bien ou du service, ni la qualité ou le statut de l'entité qui exerce cette activité »[1].

---

1. Ch. BOLZE, Revue de JP comm., n° spécial, nov. 1987.

La Commission des CE, de son côté, a posé en principe qu'« une activité de nature économique est une activité, à but lucratif ou non, qui implique des échanges économiques »[1].

On l'a vu, la nature de l'activité économique en cause importe peu. S'agissant des entités de droit privé, le principe a été ainsi appliqué aux hypothèses les plus diverses, notamment aux expéditeurs en douane[2], aux organisations sanitaires[3], aux mandataires agréés auprès de l'Office européen des brevets[4], aux architectes[5] et aux avocats, qui, exerçant une activité économique, sont regardés comme des entreprises, au sens du droit de la concurrence, « sans que la nature complexe et technique des services qu'ils fournissent et la circonstance que l'exercice de leur profession est réglementé soient de nature à modifier une telle conclusion »[6]. Selon le Tribunal de première instance (TPI), cependant, seule l'activité consistant à offrir des biens ou services sur un marché donné caractérise la notion d'activité économique, non l'activité d'achat en tant que telle. C'est donc le caractère économique ou non de l'utilisation ultérieure du produit acheté qui déterminera le caractère de l'activité d'achat. Aussi bien, une entité qui achète un produit pour en faire usage dans le cadre d'une activité non économique, sociale par exemple, n'agit pas comme entreprise, à l'instar des organismes espagnols gérant le système national de la santé publique[7].

Les entités de droit public

6. De façon générale, le Traité ne définit pas plus l'« entreprise publique » qu'il ne définit l'« entreprise ». Selon la Commission, il s'agit de « toute entité sur laquelle les pouvoirs publics peuvent exercer directement ou indirectement une influence dominante du

---

1. Comm. CE, déc., aff. n° IV/36.888, 20 juillet 1999, Coupe du monde de football 1998 : *JOCE* n° L 5, 8 janv. 2000, p. 55.
2. TPICE, 30 mars 2000, aff. T-513/93, CNSD : Rec. CJCE 2000, II, p. 1807.
3. CJCE, 25 oct. 2001, aff. C-475/99, Firma Ambulanz Glöckner : Rec. CJCE 2001, I, p. 8089; voir rev. *Europe*, déc. 2001, comm. n° 372, L. Idot.
4. TPI, 28 mars 2001, aff. T-444/99, IMA : Rec. CJCE 2001, II, p. 1087.
5. CJCE, 29 nov. 2001, aff. C-221/99, Giuseppe Conte.
6. CJCE, 19 févr. 2002, aff. C-309/99, Wouters et a. c/ Algemeine Raad van de Nederlandse Orde van Advocaten ; v. rev. *Europe*, mai 2002, L. Idot, « Avocats et droit de la concurrence : la rencontre a eu lieu… », p. 5).
7. TPI, 4 mars 2003, aff. T-319/99, Federacion Nacional de Empresas de Instrumentacion Cientifica, Médica, Técnica y Dental (FENIN) c/ Commission.

fait de la propriété, de la participation financière ou des règles qui la régissent »[1]. Il peut s'agir aussi bien d'organismes publics que de collectivités territoriales, tous soumis au respect des articles 81 et 82 du traité de Rome (donc aux règles de concurrence)[2].

Quant à la CJCE, elle a ultérieurement précisé qu'un service administratif exerçant des activités industrielles ou commerciales, sans être pourvu d'une personnalité juridique distincte de celle de l'État, est une entreprise publique au sens de la directive du 25 juin 1980, partant, de l'art. 86§1 TCE[3]. Qu'importe donc que l'entité litigieuse, par le truchement de laquelle l'État propose des biens ou des services sur le marché, soit intégrée ou non à l'administration, dès lors qu'elle entre en concurrence avec les entreprises privées : elle est soumise à l'interdiction tant des ententes (art. 81 TCE) que des abus de position dominante (art. 82 TCE). Le Tribunal de première instance a ainsi confirmé, dans l'affaire Aéroports de Paris (ADP), que la qualité d'établissement public chargé de la gestion d'installations relevant du domaine public ne saurait exclure à elle seule la qualité d'entreprise[4].

7. S'agissant donc de ces entités de droit public répondant à la qualification d'entreprises publiques, l'art. 86§1 TCE[5] confirme leur soumission aux règles du Traité, y compris les règles de concurrence. C'est ainsi que l'art. 82, concernant la prohibition des abus de position dominante, s'impose d'abord aux États membres, tout comme l'art. 86 qui leur interdit « de mettre, par des mesures législatives, réglementaires ou administratives, les entreprises publiques [...] dans une situation dans laquelle ces entreprises ne pourraient pas se placer elles-mêmes par des comportements autonomes sans violer les dispositions de l'[actuel] art. 82 CE »[6].

---

1. Directive du 25 juin 1980 sur la transparence des relations financières entre les États membres et les entreprises publiques, *JOCE* 1980 n° L 195, modifiée par la directive du 24 juillet 1985, *JOCE* 1985 n° L 229.
2. Pour un exemple en matière environnementale, v. Comm. CE, déc. 15 juin 2001, Eco-Emballages : *JOCE* n° L 233, 31 août 2001. V. rev. *Europe*, oct. 2001, comm. n° 309, L. Idot.
3. Texte confirmant leur soumission aux règles du Traité. V. CJCE, 16 juin 1987, aff. 118/85, Commission c/Italie : Rec. CJCE I, p. 2599.
4. TPI, 12 déc. 2000, aff. T-128/98, Aéroports de Paris : Rec. CJCE 2000, II, p. 3929.
5. Ex-art. 90§1.
6. CJCE, 13 déc. 1991, aff. C-618/88, RTB/GB-Inno-BM : Rec. CJCE I, p. 5941, att. 20.

Comme l'a admis la Cour de justice, « le traité impose aux États membres de ne pas prendre ou maintenir en vigueur des mesures susceptibles d'éliminer les effets utiles des art. 85 et 86 [actuels art. 81 et 82] du Traité »[1].

Les entreprises dotées de droits spéciaux ou exclusifs

8. Aux entreprises publiques sont assimilées, à l'art. 86§1, les entreprises dotées de droits spéciaux ou exclusifs. Cette catégorie est illustrée, notamment, par les monopoles concédés aux entreprises privées par les États ou les émanations de l'État, telles que les collectivités décentralisées. Cependant, l'art. 86§2 est beaucoup plus précis pour ce qui concerne leur soumission de principe aux règles de concurrence. Il y est en effet précisé que « les entreprises chargées de la gestion de services d'intérêt économique général ou présentant le caractère d'un monopole fiscal » sont soumises aux règles de concurrence, « dans les limites où l'application de ces règles ne fait pas échec à l'accomplissement en droit ou en fait de la mission particulière qui leur a été impartie [...] ».

En application de ce texte, la CJCE a pu dire que « l'existence d'un monopole dans le chef d'une entreprise à qui un État membre accorde des droits spéciaux n'est pas en tant que telle incompatible avec l'art. 86 [actuel art. 82 CE] ». C'est ainsi que les entreprises en cause n'échappent pas aux règles de concurrence, tant que le respect de ces règles n'est pas incompatible avec l'exercice de leur mission[2].

9. Telle est bien là la recherche première à laquelle se livre la Commission des CE, avant de mener ses investigations plus avant. Dans l'affaire Aéroports de Paris (ADP, préc. *supra* n° 6), elle a ainsi considéré, *a contrario*, que l'existence en l'espèce, et d'un régime de la domanialité publique, et de conventions d'occupation du domaine public, ne remplissait pas la condition dont il s'agit et ne permettait donc pas de soustraire ADP à l'application des règles de concurrence : les activités concernées ne sont pas des activités de police, contrairement aux prétentions des parties. De plus, la circonstance que ces prestations soient exécutées sur le domaine

---

1. CJCE, 18 juin 1991, aff. C- 260/89, ERT : Rec. CJCE I, p. 2925, att. 7.
2. CJCE, 30 avr. 1974, aff. 155/73, Sacchi : Rec. CJCE 1974, I, p. 409.

public ne les fait pas relever, par là même, de l'exercice d'une mission de puissance publique (pt. 123) : « La mise à disposition des compagnies aériennes et des différents prestataires de services, moyennant le paiement d'une redevance dont le taux est fixé librement par ADP, d'installations aéroportuaires doit être considérée comme une activité de nature économique. De même, les installations des aéroports de Paris constituent une facilité essentielle[1] en ce sens que leur utilisation est indispensable pour la fourniture de divers services, notamment d'assistance en escale. La gestion et la mise à disposition de ces installations pour la prestation de tels services constituent une activité de nature économique » (pts 121 et 122). Comme l'a ultérieurement précisé le TPI en cette même affaire, seule doit être prise en considération la qualification des activités de l'entité poursuivie.

10. Dans quels cas, alors, les autorités de contrôle considéreront-elles que l'application des règles de concurrence fait échec « à l'accomplissement en droit ou en fait de la mission particulière » confiée par l'État à l'entreprise concernée ?

Selon la Commission, une limitation aux règles de la concurrence ne peut être admise que si celle-ci ne dispose d'aucun autre moyen techniquement possible et économiquement réalisable pour remplir sa mission[2]. En d'autres termes, l'atteinte à la concurrence, qui peut aller jusqu'à l'exclusion de cette dernière, doit être nécessaire, comme l'a admis la CJCE dans l'arrêt Corbeau[3]. Ici, la Cour avait admis que l'équilibre économique était une donnée à prendre en considération, tout en posant une limite pour les services dissociables, dits à valeur ajoutée. Elle a appliqué les mêmes principes, plus récemment, dans une affaire concernant la réglementation nationale italienne relative à la poste. En l'espèce, le gouvernement italien, sur le fondement de l'art. 86§2 TCE, soutenait que la poste est une entreprise chargée de la gestion d'un service d'intérêt économique général, qui assume le service postal universel « indépendamment de la rentabilité du secteur desservi », ce que la Cour a admis sans difficulté (pt n° 53). Dès lors, la dérogation à la soumission aux règles de concurrence pouvait-elle être reven-

---

1. Pour cette notion de facilité essentielle, v. *infra* n°s 42 et 43.
2. Comm. CE, déc., aff. n° IV/29995, 17 déc. 1981, Navewa-Anseau : *JOCE* n° L 167, 15 juin 1982, p. 38.
3. CJCE 19 mai 1993, aff. C-320/91, Corbeau : Rec. CJCE I, p. 2533.

diquée ? La Cour a donné sur ce point deux indications sur l'application du texte qui, comme toute exception, est d'interprétation stricte :

- D'une part, les recettes provenant du paiement doivent être nécessaires pour permettre à l'opérateur chargé du service universel d'assurer ce dernier dans des conditions économiquement acceptables.
- D'autre part, la discrimination est exclue, en ce sens que l'opérateur chargé du service universel doit payer le même droit lorsqu'il fournit lui-même un service de courrier exprès qui ne relève pas du service universel[1].

11. L'on notera enfin, à propos des entreprises auxquelles ont été conférés des pouvoirs spéciaux ou exclusifs, que le monopole légal qui en résulte les constitue en état de position dominante. Quant à l'abus, le simple octroi de droits exclusifs n'est pas en tant que tel incompatible avec l'art. 82 TCE. Ce qui l'est, c'est que l'entreprise soit amenée, par le simple exercice des droits exclusifs qui lui sont accordés, à exploiter de manière abusive sa position dominante, ou encore lorsque ces droits sont susceptibles de créer une situation en laquelle elle est amenée à commettre de tels abus. Le dire, c'est pénétrer la sphère de l'objectivation de la responsabilité de l'entreprise et empiéter sur le contenu du II (voir *infra*, nos 17 et suiv.).

Les limites de l'activité économique

12. Ce critère élargi de l'entreprise, par référence au droit interne, connaît deux limites assez étroites qu'il convient tout de même de citer : même si l'entité concernée exerce une activité économique, elle échappe à l'application des règles de concurrence (art. 81 et 82 TCE) si cette activité comporte l'exercice de prérogatives de puissance publique (1°), ou encore si l'entreprise exerce une fonction de nature exclusivement sociale (2°).

---

1. CJCE, 17 mai 2001, aff. C-340/99, TNT Traco spA et Poste Italiane spA : Rec. CJCE 2001, I, p. 4109. À rapprocher de l'arrêt Firma Ambulanz Glöckner (CJCE 25 oct. 2001, aff. C-475/99 : Rec. CJCE 2001, I, p. 8089), les deux ensemble consolidant le régime jurisprudentiel de l'art. 86§2. V. S. RODRIGUES, « Services publics et droit communautaire en 2001 : de la régulation à l'évaluation ? », rev. *Europe*, févr. 2002, p. 5.

L'exercice de prérogatives de puissance publique

13. Les autorités communautaires peuvent examiner les différentes activités de l'entité concernée pour déterminer, pour chacune d'elles, si elles sont ou non de nature économique. Ainsi un État, un organisme public ou une collectivité locale ne sont pas des entreprises au sens du droit de la concurrence, lorsqu'ils mettent en œuvre des prérogatives de puissance publique[1]. Quant à l'affaire Aéroports de Paris précitée, cette entité faisait valoir, en défense, que ses activités relevaient de la qualification d'activités de police. Le TPI a donc fait la distinction, au sein de ces activités, entre celles qui étaient purement administratives et celles qui étaient liées à la gestion et à l'exploitation des aéroports parisiens, pour conclure qu'ADP n'exerçait aucune activité de police et se livrait à une activité économique. Ce faisant, il a confirmé l'analyse à laquelle avait procédé la Commission, celle-ci distinguant entre les redevances dites commerciales, qui constituaient la contrepartie de l'autorisation d'activité dans l'aéroport, et les redevances dites domaniales[2].

Les activités de nature exclusivement sociale

14. La seconde limite concerne l'exercice d'activités de nature exclusivement sociale. Dans l'arrêt Poucet, la CJCE a pu considérer que la « notion d'entreprise au sens des art. 85 et 86 du Traité [actuels art. 81 et 82] ne vise pas les organismes chargés de la gestion de régimes de sécurité sociale »[3]. Pour parvenir à cette conclusion, le juge communautaire a souligné que l'objet de tels organismes n'est pas économique, dans la mesure où ils assurent une fonction de caractère exclusivement social ; que leur activité, fondée sur le principe de la solidarité nationale, est dépourvue de tout but lucratif et que les prestations versées sont des prestations légales, indé-

---

1. CJCE, 19 janv. 1994, aff. C-364/92, SAT Fluggesellschaft GmbH et Organisation européenne pour la sécurité de la navigation aérienne (Eurocontrol) : Rec. CJCE 1994, I, p. 43.
2. Comm. CE, déc. n° 98/513, aff. IV/35.613, 11 juin 1998, Alpha Flight (AFS/ADP) : *JOCE* n° L 230, 18 août 1998 ; v. RTDE 1999, p. 271 et rev. *Europe*, oct. 1998, comm. n° 332, L. Idot. TPI, 1er déc. 2000, aff. T-128/98, Aéroports de Paris : Rec. CJCE 2000, II, p. 3929 ; v. rev. *Europe* fév. 2001, comm. n° 62, L. Idot, p. 21 et 22.
3. CJCE, 17 févr. 1993, aff. C-159 et C-160/91 : Rec. CJCE 1973, I, p. 637.

pendantes du montant des cotisations. En revanche, un organisme à but non lucratif, gérant un régime d'assurance vieillesse destiné à compléter le régime de base obligatoire est une entreprise, au sens du droit communautaire, l'absence de but lucratif ne changeant rien à l'analyse[1]. Pour justifier la différence de solutions, le juge a relevé que de telles caisses fonctionnent selon le principe de la capitalisation et que les prestations qu'elles versent dépendent du montant des cotisations et des résultats financiers des investissements qu'elles effectuent. Sans nier l'existence d'une certaine solidarité, se traduisant notamment par l'indépendance des cotisations par rapport au risque, la Cour de justice a précisé que celle-ci est limitée, dans la mesure où l'affiliation à de tels régimes est facultative.

15. La question, ensuite, a pu se poser pour les fonds sectoriels de pension, la réponse lui ayant été apportée par la CJCE dans trois arrêts du 21 septembre 1999, confirmés par l'arrêt Pavlov du 12 septembre 2000[2]. En s'appuyant sur sa jurisprudence antérieure (Poucet et FFSA, voir *supra* n° 11), la Cour observe que les fonds de pension déterminent eux-mêmes le montant des cotisations et fonctionnent selon le principe de capitalisation, que le montant des prestations dépend des résultats financiers des placements effectués par le fonds, de même qu'il existe, par ailleurs, des systèmes de dispense d'affiliation. Elle en retire la conclusion que les fonds en question exercent une activité économique en concurrence avec les compagnies d'assurances et qu'il s'agit par voie de conséquence d'entreprises, malgré la présence d'éléments de solidarité et quand bien même l'entité considérée ne poursuivrait pas de but lucratif. Selon la Cour, « un fonds de pension chargé de la gestion d'un régime de pension complémentaire, instauré par une convention collective conclue entre les organisations représentatives des employeurs et des travailleurs d'un secteur déterminé et auquel

---

1. CJCE, 16 nov.1995, aff. C-244/94, Fédération française des sociétés d'assurances (FFSA) et autres c/ Commission : Rec. 1995, I, p. 4013.
2. CJCE, 21 sept.1999, aff. C-67/96, Albany International BV : Rec. CJCE 1999, I, p. 5751 ; aff. C-115 à C-117/97, Brentjens'Handelsonderneming BV : Rec. CJCE 1999, I, p. 6025 ; aff. C-219/97, Maatschappij Drijvende Bokken BV : Rec. CJCE 1999, I, p. 6121 ; CJCE, Pavlov, aff. jointes C-180/98 à C-184/98 : Rec. CJCE 2000, I, p. 6451.

l'affiliation a été rendue obligatoire par les pouvoirs publics pour tous les travailleurs de ce secteur, est une entreprise au sens des art. 85 [actuel art. 81 CE] et suivants du traité ».

16. Avant même de rechercher la responsabilité de l'entité dont les agissements sont en cause au sens du droit de la concurrence, il convient donc de la qualifier : s'il s'agit d'une entreprise, sa responsabilité sera susceptible d'être engagée, alors que l'examen tournera court dans le cas contraire. Cependant, les conclusions à tirer des développements qui précèdent sont claires : hormis quelques exceptions limitées et strictement entendues, rares sont les entités qui peuvent prétendre échapper à la qualification d'entreprise. Des activités économiques, les autorités de contrôle en voient partout ou presque. Il est vrai que la CEE originaire est devenue CE, la suppression du mot « économique » voulant marquer la volonté d'élargir le rôle de cette Communauté pour en faire aussi un organe à vocation politique. Il n'en demeure pas moins que la Communauté dont nous parlons est avant tout celle des activités économiques, le pragmatisme des autorités de contrôle y aidant pour large part. S'il en fallait un dernier exemple, nous pourrions citer, encore, les activités littéraires et artistiques, dont le particularisme législatif interne a dû céder le pas devant l'aspect économique des prestations envisagées : ce sont essentiellement des activités économiques, selon le droit communautaire, alors qu'elles ne le sont pas essentiellement – ou pas seulement –, du strict point de vue interne.

17. C'est ainsi que le droit communautaire élargit le champ de la responsabilité, en adoptant une vision extrêmement compréhensive des entités susceptibles de revêtir la qualification d'entreprise. Mais ce n'est pas tout : nous allons voir maintenant que la responsabilité, en droit communautaire, s'éloigne de la notion subjective de responsabilité – d'aucuns diront, de la notion subjective de faute – pour s'acheminer, lentement mais sûrement, vers une conception objective de celle-ci. Ainsi et après avoir identifié, en amont, la notion communautaire de l'entreprise, il s'agit d'examiner, en aval, la façon dont le droit communautaire appréhende les comportements d'entreprises, ainsi définies, pour les considérer comme répréhensibles et retenir la responsabilité de leurs auteurs : le processus d'objectivation se retrouve tout particulièrement en matière de pratiques concertées et d'abus de position dominante (II).

L'OBJECTIVATION COMMUNAUTAIRE
DE LA RESPONSABILITÉ DE L'ENTREPRISE

18. En droit français, toute mise en jeu de la responsabilité suppose, en principe[1], la réunion de ces trois éléments que sont la faute, un préjudice et un lien de causalité entre la faute et le préjudice. En va-t-il de même en droit communautaire de la concurrence ? En d'autres termes, quel rôle concède-t-il à la faute ? Avant de répondre à cette question, encore faut-il définir, en préalable nécessaire, ce concept de faute.

Dans les ordres internes, la « faute » a fait l'objet de très nombreuses définitions, qui reposent sur deux conceptions différentes. La première d'entre elles, plus ancienne, est la conception dite subjective. La faute y est définie à partir de deux composantes, un élément d'illicéité et un élément de culpabilité. C'est ce que l'on nomme, en droit pénal, l'élément légal et l'élément moral de l'infraction – auxquels s'ajoute un élément matériel –, dans une conception postulant le libre arbitre de l'auteur de l'acte.

La seconde, plus contemporaine, est dite objective. Elle ne retient de la précédente que l'une des composantes, à savoir l'élément illicite, soit l'élément légal. Comme l'a pu remarquer Madame G. Viney, « la transgression de la règle juridique suffit à caractériser la faute. La faute ne retient aucun élément subjectif. La culpabilité n'en est pas une condition nécessaire »[2]. D'autres auteurs toutefois, plutôt que de redéfinir le concept de faute, donnent la préférence à une autre forme d'expression : dans ces hypothèses, il y aurait, non « faute objective » mais « responsabilité objective » ou, ce qui revient au même, responsabilité sans faute, celle-ci étant comprise dans le sens traditionnel du terme.

---

1. Il est vrai qu'il existe des régimes de responsabilité objective, fondés sur le risque ; néanmoins, ces responsabilités, pour la plupart, restent partiellement inspirées par la faute, « dans la mesure où leur pierre de touche est l'anormalité [...] ; or l'anormalité n'est pas moralement neutre. Ainsi, même si un acte n'est pas juridiquement qualifié de fautif, il peut rester moralement répréhensible » (Ph. LE TOURNEAU et L. CADIET, *Droit de la responsabilité*, Dalloz 1996, n° 19, p. 10). Comme responsabilité sans faute, on citera la responsabilité du producteur du fait des dommages causés par des produits défectueux (v. note 1), insérée aux art. 1386-1 à 1386-18 par la loi du 19 mai 1998, loi de transposition de la directive communautaire n° 85/374/CEE du 25 juillet 1985.

2. Traité de droit civil, sous la direction de J. GHESTIN : *Les Obligations : la responsabilité, les conditions*, LGDJ 1982, n° 444.

19. Il est vrai que le droit communautaire (dérivé) de la concurrence, dès le départ, a retenu une conception subjective de la responsabilité, même s'il ne le dit pas expressément. C'est ainsi que le règlement n° 17/62 – récemment remplacé[1] – reposait sur une distinction fondamentale entre les comportements des entreprises simplement illicites, et ceux de ces comportements constitutifs d'une infraction commise de propos délibéré ou par négligence. De même la retrouve-t-on au sein des lignes directrices adoptées par la Commission pour le calcul des amendes[2] : parmi les circonstances aggravantes permettant de majorer celles-ci figurent de nombreux comportements fautifs, comme notamment le rôle de meneur ou d'instigateur de l'infraction. Sans doute. Néanmoins, il ressort de la pratique décisionnelle et de la jurisprudence communautaires que la « faute », au sens traditionnel – donc subjectif – du terme, n'est pas toujours ou systématiquement requise pour engager la responsabilité de l'entreprise. En ce domaine, l'on observe une sorte de dichotomie entre la définition des infractions (objective) et leur sanction (mesurée à l'aune de la faute), cette dichotomie s'expliquant par la finalité essentielle poursuivie par le droit communautaire de la concurrence : ses règles tendent, en effet, à garantir le mécanisme concurrentiel en constatant, d'abord, puis en faisant cesser les infractions. S'il exigeait alors une « faute » de la part de leurs auteurs, il faudrait l'établir, ce qui n'est pas toujours chose facile. De plus et surtout, il est de nombreuses hypothèses en lesquelles aucun jugement critique ne peut être porté sur la volonté des auteurs de l'acte restrictif de concurrence. En d'autres termes, la restriction de concurrence considérée comme illicite peut naître en dehors de la volonté directe de celui qui aura contribué à sa naissance par son activité. Voilà donc qui explique que les infractions au droit communautaire de la concurrence ne retiennent pas obligatoirement d'élément moral parmi leurs éléments constitutifs. En tant que simples manquements à l'ordre public économique européen, leur structure est matérielle[3]

---

1. Règlement n° 1/2023 du Conseil, 16 décembre 2002, relatif à la mise en œuvre des règles de concurrence prévues aux art. 81 et 82 du traité : *JOCE* n° L 1, 4 janv. 2003.
2. Lignes directrices pour le calcul des amendes, Commission des CE, *JOCE* n° C 9/3, 14 janvier 1998.
3. Rémy BOUSCANT, « La faute dans les infractions aux règles de concurrence en droit européen », RTDE janvier-mars 2000, n° 1, p. 67-97.

et leur définition objective, d'où une objectivation de la responsabilité de l'entreprise. Très révélatrice, à cet égard, est la formule de l'art. 81 TCE selon laquelle les ententes prohibées sont celles qui ont « [...] pour objet *ou pour effet* [...] » de porter atteinte à la concurrence : voilà qui suffit à les rendre justiciables de l'art. 81§1.

20. Pour retenir la responsabilité de l'entreprise, il suffira à l'autorité de contrôle de lui imputer matériellement ladite infraction, en établissant la relation de cause à effet entre son activité et l'effet restrictif de concurrence constaté sur le marché. En outre, ce lien causal est apprécié de manière très souple par la CJCE. Dans la mesure où l'examen s'effectue *in concreto*, en tenant compte de toutes les circonstances de la cause – y compris la situation objective créée par l'activité concernée –, il n'est pas nécessaire que les effets anticoncurrentiels soient directement issus de l'entente par exemple. C'est ainsi que la Cour, interrogée à propos d'une demande en nullité d'un contrat d'approvisionnement exclusif, a posé en principe que « l'existence de contrats similaires est une circonstance qui, avec d'autres, peut former un ensemble constitutif du contexte économique et juridique dans lequel le contrat doit être apprécié [...] »[1]. Il y a là application de la théorie dite de l'effet cumulatif, qui depuis a reçu de très nombreuses illustrations : dans une affaire Bayer Dental notamment, la Commission a clairement indiqué que l'objet restrictif de concurrence « ne résulte pas des idées subjectives des parties contractantes sur le but poursuivi, de leurs intentions ou mobiles, mais des circonstances objectives »[2]. Pour s'en convaincre, il suffira de rappeler qu'il ne servira de rien à l'entreprise en cause de chercher à s'exonérer en démontrant son absence de faute, qu'il s'agisse de pratiques concertées (A) ou d'abus de position dominante (B).

Les pratiques concertées

21. Tout comme la théorie de l'effet cumulatif précitée, les pratiques concertées relèvent de l'art. 81§1 TCE. Celles-ci en effet, à côté des accords et des décisions d'associations d'entreprises, forment la matière des ententes prohibées. Néanmoins, elles n'ont pas reçu

---

1. CJCE, 12 déc. 1967, Brasserie de Haecht I, aff. 23/67, Rec. p. 526 ; voir Clunet 1968, p. 446, note B. Goldman.
2. Comm. CE, déc. 28 nov. 1990, *JOCE* n° L 351/46, 15 déc. 1990.

de définition textuelle précise, et leurs contours plutôt flous en ont fait l'une des notions les plus discutées en doctrine.

Dès le départ, la question s'est posée de savoir s'il fallait n'y voir qu'une simple variante de l'« accord », ou s'il s'agissait d'une notion autonome, forte de ses caractéristiques propres[1]. La question a été rapidement résolue par la CJCE qui, dans un attendu de principe bien connu, a indiqué que « si l'art. 85 [actuel art. 81] distingue la notion de pratique concertée de celle d'accords entre entreprises, c'est dans le dessein d'appréhender, sous les interdictions de cet article, une forme de coordination entre entreprises qui, sans avoir été poussée jusqu'à la réalisation d'une convention proprement dite, substitue sciemment une coopération pratique entre elles au risque de la concurrence [...] ; par sa nature même, la pratique concertée ne réunit donc pas tous les éléments d'un accord »[2]. Quant à la Commission, elle a eu l'occasion de préciser, de manière plus explicite encore, qu'« en développant une notion de pratique concertée distincte, le traité visait à empêcher que les entreprises ne contournent l'application de l'art. 85§1 [actuel art. 81§1] en s'entendant sur des modalités contraires à la concurrence et non assimilables à un accord définitif »[3]. Les choses étant clarifiées à ce premier égard, il convenait, ensuite, de définir la notion de manière positive en en déterminant les éléments constitutifs, de façon à identifier le degré de subjectivité requis de l'entreprise pour engager sa responsabilité. Il résulte cependant de l'examen de la jurisprudence que la responsabilité, ici, est présumée à partir de la participation aux réunions de producteurs concurrents (1°), tout en étant appuyée par la théorie de l'infraction unique et continue (2°).

---

1. La question est intéressante, dans la mesure où une définition plus ou moins large de celle-ci détermine directement le champ d'application de la prohibition des ententes, donc de la responsabilité de l'entreprise.

2. CJCE, 14 juill. 1972, ICI c/ Commission : Rec. I, p. 619 ; *id.*, 16 déc. 1974, Suiker Unie : Rec. I, p. 1663. L'affirmation a été réitérée par la Cour à de nombreuses reprises, notamment dans l'affaire Polypropylène dont nous reparlerons *infra*.

3. Comm. CE, décision 23 avril 1986, Polypropylène, *JOCE* n° L 230, 18 août 1986, pt. 87. Dès lors, ce n'est pas tant la qualification de l'infraction qui importe que l'établissement de cette infraction aux règles de concurrence, quel que soit le nom qu'on lui donne.

Une présomption de comportement anticoncurrentiel sur le marché

22. En matière de pratique concertée, une doctrine majoritaire a pu soutenir que la notion supposait la réunion de deux éléments, à savoir :

- d'une part, une « concertation entre entreprises », matérialisée sous forme de prise de contact entre elles, comme des échanges d'informations supprimant ou atténuant l'incertitude que chacune doit conserver à propos du comportement que ses concurrents envisagent d'adopter sur le marché et,
- d'autre part, une « pratique », c'est-à-dire un comportement – parallèle ou coordonné – des entreprises sur le marché, seul élément propre à démontrer leur adhésion à un objet anticoncurrentiel, à ne pas confondre avec l'effet anticoncurrentiel produit sur ledit marché[1].

En d'autres termes, la mise en œuvre de la pratique concertée par une action sur le marché ne serait pas une condition de l'interdiction, d'où l'idée que des réunions au cours desquelles sont envisagées les pratiques concertées que les entreprises sont disposées à mettre en œuvre constituent déjà, par elles-mêmes, l'entente interdite. Ainsi, les réunions périodiques au cours desquelles les producteurs concurrents discutent de leurs politiques en matière de prix et volumes de production peuvent être qualifiées de pratiques concertées, au sens de l'art. 81§1, et ce à raison de leur seul objet.

23. À cette position se sont ralliés la Commission et le TPI à différentes reprises, notamment dans l'affaire du polypropylène : la Commission a considéré, en l'espèce, que la seule participation à une réunion d'échange d'informations produisait automatiquement un effet sur le comportement commercial des participants, comportement, donc, qui n'avait pas besoin d'être établi. Ultérieurement saisi, le TPI a admis qu'à la suite des réunions de producteurs, ANIC et ses concurrents avaient nécessairement pris en considération, que ce soit de manière directe ou non, les informations obtenues au cours de ces réunions quant aux comportements que les uns et les autres avaient décidé d'adopter, pour déterminer leur propre politique de marché.

---

1. V. JCP éd. G., n° 49, 8 déc. 1999, n° 16.

Ce raisonnement se ramenait à présumer l'adhésion de l'entreprise à une entente anticoncurrentielle à partir de la simple constatation de l'assistance à une réunion d'information avec ses concurrents, quand bien même l'intéressée n'aurait nullement eu l'intention de participer, par la suite, à une entente restrictive de concurrence, et n'aurait donc pas coordonné son comportement avec celui des autres entreprises. On aperçoit bien, ici, combien les intentions réelles de l'entreprise ou des entreprises en cause importent peu, au regard de la mise en jeu de leur responsabilité. Mieux encore : cette prise de position peut confiner à l'absurde, puisque le fait même, pour une entreprise participante à la réunion, de se désolidariser des autres (par exemple, en ne modifiant pas ses prix à la suite d'une réunion au cours de laquelle une hausse des prix a été envisagée) pourrait être retenu à charge, son comportement ayant été adopté par elle en connaissance de cause[1].

24. Il est vrai que cette position « extrémiste » a été critiquée par la CJCE[2], qui a vu une « erreur de droit » dans l'interprétation de la notion de pratique concertée consistant à dire que « la concertation avait nécessairement produit des effets sur le comportement des entreprises qui y avaient participé ». Selon la Cour, en effet, la notion en cause implique, « outre la concertation entre les entreprises, un comportement sur le marché faisant suite à cette concertation et le lien de cause à effet entre ces deux éléments ». Cela dit, ce *comportement* des entreprises sur le marché, dont la Cour fait un élément de la pratique concertée, ne doit pas être confondu avec l'*effet* sur le marché : « Si la notion même de pratique concertée présuppose un comportement des entreprises participantes sur le marché, elle n'implique pas nécessairement que ce comportement produise l'effet concret de restreindre, d'empêcher ou de fausser la concurrence. » Sur ce point, la Cour se rallie donc à l'affirmation du tribunal : pour être interdite, il suffit qu'une pratique concertée ait pour *objet* de restreindre la concurrence.

---

1. V. JCP éd. G., n° 49, 8.12.1999, *ibid.*, n° 16.
2. CJCE, Commission des CE c/ANIC, 8 juillet 1999, aff. 49/92 P, Polypropylène : Rec. I-4125 ; v. revue *Europe*, oct. 1999, n° 345, et RTDE 2000/2, n°s 35 à 37.

25. La Cour, cependant, ne refuse pas d'admettre que des échanges d'informations « sensibles » entre entreprises concurrentes présentent des risques non négligeables de fausser le jeu de la concurrence sur le marché concerné, en ce sens qu'il y a de fortes probabilités qu'elles agissent ensuite en fonction de ce qu'elles ont appris, qui leur permet d'atténuer le risque concurrentiel. Aussi bien y a-t-il « lieu de présumer, sous réserve de la preuve contraire qu'il appartient aux opérateurs intéressés de rapporter, que les entreprises participant à la concertation et qui demeurent actives sur le marché tiennent compte des informations échangées avec leurs concurrents pour déterminer leur comportement sur ce marché. Il en sera d'autant plus ainsi lorsque la concertation a lieu sur une base régulière au cours d'une longue période, comme c'était le cas en l'espèce ».

Dès lors, le fait de participer à des réunions au cours desquelles sont envisagées les politiques de prix et de limitation des volumes de production n'est pas nécessairement constitutif d'une pratique concertée. Il est permis aux entreprises participantes de s'affranchir de l'interdiction en démontrant que leur comportement sur le marché est resté totalement indépendant de l'objet de la réunion.

26. En d'autres termes, la concertation peut être présumée, dès lors qu'elle avait pour objet une restriction de concurrence, ce qui signifie que l'élément matériel de la pratique concertée, à savoir le comportement effectif des entreprises sur le marché, n'a pas à être prouvé : là où la Cour donne tort au TPI et à la Commission, c'est qu'ils ont considéré tous deux le fait comme acquis. Cela dit, il s'agit d'une présomption simple, qui peut être renversée par la preuve contraire – pas toujours aisée à rapporter –, dont la charge pèse sur les entreprises intéressées. Aussi bien la Cour examinera-t-elle si, en l'espèce, ANIC « a réfuté la présomption », en parvenant à démontrer que son comportement sur le marché en matière de prix a été déterminé indépendamment du résultat des réunions, et si le parallélisme de réactions observé entre elle et d'autres producteurs était dû à l'évolution du prix des matières premières et au comportement normal d'un producteur dans un marché dominé par quatre grandes entreprises. Son examen la conduira à conclure par la négative, si bien qu'elle confirmera l'arrêt, malgré l'erreur de droit, au motif qu'elle n'a pas eu d'incidence sur son dispositif.

La théorie de l'infraction unique et continue : une présomption de consentement

27. Considérée comme « l'une des conquêtes majeures de la jurisprudence de ces 10 dernières années »[1], la qualification a été imaginée par la Commission des CE, reprise par le TPI et approuvée par la CJCE, notamment dans les affaires polypropylène (ANIC) et PVC (LVM et a.), à l'aide desquelles nous illustrerons le propos.

Une entente complexe, d'une durée importante, peut constituer une infraction unique et continue qui recevra, le cas échéant, une double qualification en tant qu'accord et ou/pratique concertée. Les deux qualifications peuvent donc cohabiter au sein d'une même infraction sans qu'il soit possible de les distinguer l'une de l'autre. Dans une affaire Treillis soudés, notamment, la Commission a admis que « les entreprises ont enfreint l'actuel art. 81§1 du traité CEE, en participant [...], dans un ou plusieurs cas, à un ou plusieurs accords et/ou pratiques concertées (ententes) qui consistaient à fixer des prix de vente, à restreindre les ventes, à se répartir les marchés et à prendre des mesures visant à appliquer ces ententes et à contrôler cette application »[2].

La justification de la théorie réside dans l'idée qu'« il serait artificiel de subdiviser [un] comportement continu, caractérisé par une seule finalité, en y voyant plusieurs infractions distinctes, alors qu'il s'agit au contraire d'une infraction unique qui s'est progressivement concrétisée tant par des accords que par des pratiques concertées » (TPI, affaire ANIC préc.). La parenté est certaine avec l'« infraction unique par unité de but » bien connue du droit pénal, qui permet de retenir la responsabilité de tous ceux qui y ont participé, à un moment quelconque de son déroulement. Et il en va de même de l'entente prohibée à l'art. 81§1 TCE. Celle-ci peut évoluer, et elle évoluera le plus souvent. Ainsi débute-t-elle dès la phase des négociations, avant même la conclusion d'un accord au sens strict du terme. Cet accord, d'ailleurs, peut être modifié au fil du temps : il peut s'étendre à de nouveaux marchés, intégrer de nouveaux membres en cours de route tandis que

---

1. V. J.-B. BLAISE et L. IDOT, chronique Concurrence, RTDE 2000/2, p. 350-351, notamment n°s 38-39 et suiv.
2. *JOCE* n° L 260, 6 sept. 1989, p. 1. Sur l'ensemble de la question, v. Ioannis LIANOS, « La confusion des infractions de l'art. 81§1 », RTDE 2000/2, pp. 239-271.

d'autres, anciens, l'auront délaissé. Cependant, il n'y a pas là actes interruptifs de l'infraction ainsi caractérisée, dès lors que les participants ont eu en vue « un objectif unique, commun et permanent »[1] : la responsabilité de chacun pourra être retenue pour avoir participé, à quelque stade que ce soit, à l'entente interdite, caractérisée par son objet ou son effet anticoncurrentiel.

28. Dans différentes affaires, les entreprises, il est vrai, ont fait valoir que si elles avaient effectivement assisté à certaines réunions de producteurs, il n'était pas établi qu'elles avaient adhéré aux accords qui y avaient été conclus, non plus qu'aux pratiques concertées qui y avaient été envisagées. C'est ainsi qu'ANIC, devant le TPI, s'était défendue en exposant que sa participation aux réunions avait été purement passive. Mais cet argument n'a pas été retenu, le tribunal ayant par ailleurs indiqué qu'en l'absence d'indices contraires, il n'y avait aucune raison de penser qu'ANIC n'aurait pas souscrit aux initiatives de prix, à la différence des autres participants aux réunions[2].

Là encore, on retrouve une présomption, de consentement ou d'acquiescement cette fois : dès lors qu'il était établi qu'ANIC avait participé à des réunions au cours desquelles des initiatives de prix avaient été décidées, organisées et contrôlées, il incombait à cette entreprise « d'apporter la preuve de ses allégations selon lesquelles elle n'aurait pas souscrit à ces initiatives », a précisé la Cour saisie en cette même affaire. De façon générale, donc, la seule présence d'une entreprise aux réunions de producteurs au cours desquelles ont été conclus des accords en matière de prix ou de volumes de production permet de présumer que cette entreprise a consenti auxdits accords. Néanmoins, cette présomption peut être renversée par la preuve contraire, dont la charge pèse sur l'entreprise concernée.

---

1. Arrêt Commission c/ANIC préc., pt. 134. Cette théorie n'est pas non plus sans rappeler la « conspiracy » du droit anglo-saxon, infraction pénale collective permettant de retenir l'entière responsabilité de tous ceux qui y ont pris une part quelconque, à un moment quelconque de son déroulement, quand bien même l'auraient-ils quittée en cours d'exécution, et quand bien même auraient-ils ignoré les actes qui se préparaient, ou qui ont été effectivement commis par les exécutants, que ce soit avant leur entrée ou après leur départ du « common plan », soit de l'entente.
2. TPI 17 déc. 1991, Enichem Anic c/Commission, aff. T-6/89, rec. II- 1623, att. 110 et 111.

29. Quant à l'affaire dite du PVC, elle permettra au TPI et à la CJCE[1] de réitérer les mêmes principes, dans un cadre à peu près identique à celui du polypropylène. En l'espèce, l'infraction reprochée consistait en l'organisation régulière, sur plusieurs années, de réunions d'entreprises concurrentes, dont l'objet consistait en l'établissement de pratiques illicites, destinées à organiser artificiellement le fonctionnement du marché du PVC. Le TPI y avait vu une « entente considérée globalement », ou « dans son ensemble », d'où le pourvoi de la société Enichem qui reproche au tribunal de lui avoir imputé une responsabilité collective, soutenant qu'il ne pouvait déduire de sa participation à certaines réunions informelles sa connaissance d'un plan commun des entreprises participantes. Faute de participation assidue aux réunions, « il n'aurait pu lui imputer l'ensemble des violations en partant d'une présomption de connaissance de toutes les manifestations de l'entente ». Ce à quoi la Cour répondra que « la responsabilité d'une entreprise déterminée du chef de l'infraction est valablement retenue lorsqu'elle a participé à ces réunions en ayant connaissance de leur objet [anticoncurrentiel], même si elle n'a pas, ensuite, mis en œuvre l'une ou l'autre des mesures convenues lors de celles-ci » (pt. 509). Quant à l'assiduité plus ou moins grande de l'entreprise aux réunions, de même qu'à la mise en œuvre plus ou moins complète des mesures convenues, elles ont des conséquences non pas sur l'existence de sa responsabilité, ajoutera la Cour, mais sur l'étendue de celle-ci et donc sur le niveau de la sanction (pt. 510) : l'on retrouve ici la dichotomie sus-évoquée (voir *supra* n° 18), effectuée par les autorités de contrôle entre la mesure de la responsabilité (objective) et la mesure de la sanction (subjective).

30. Pour résumer les solutions admises en matière de pratiques concertées, il suffira de dire que l'entreprise qui a assisté à des réunions de producteurs constituant une infraction unique et continue, qualifiée d'accord et/ou de pratique concertée, est présumée, non seulement avoir tenu compte des informations échangées avec ses concurrents pour déterminer son comportement sur le marché – si tant est qu'elle est restée active sur ce marché –, mais encore avoir acquiescé à toutes les manifestations de ladite infraction. Certes, elle sera admise à rapporter la (double) preuve contraire. Tou-

---

1. CJCE, 15 oct. 2002, Limburgse Vinyl Maatschappij NV (LVM) et autres, aff. jtes C-238/99 P, C-244/99 P, C-245/99 P, C 247-99 P, C-250/99 P à C-252/99 P et C 254/99 P.

tefois, le renversement de la charge de la preuve qui en résulte est très pernicieux ; aussi bien l'échappatoire apparaît-elle fort théorique, dans la mesure où la preuve contraire sera bien souvent difficile à rapporter. L'entreprise convaincue d'avoir participé à une réunion d'informations sera donc dans une très mauvaise posture et sa responsabilité sera le plus souvent retenue, faute pour elle d'avoir pu faire la démonstration attendue, et quand bien même n'aurait-elle eu aucune intention de commettre une infraction aux règles de concurrence : responsabilité personnelle à raison de sa participation matérielle à l'infraction, mais aussi à raison des comportements illicites des autres participants, dès lors qu'elle en avait connaissance, « ou qu'elle pouvait raisonnablement les prévoir et qu'elle était prête à en assumer le risque » (CJCE ANIC, pt. 83). Clairement identifiée en ce premier domaine, l'objectivation l'est tout autant – pour ne pas dire plus encore – en matière d'abus de position dominante.

L'abus de position dominante

31. Selon l'article 82 TCE, est « incompatible avec le marché commun et interdit, dans la mesure où le commerce entre les États membres est susceptible d'en être affecté, le fait par une ou plusieurs entreprises d'exploiter de façon abusive une position dominante sur le marché commun ou dans une partie substantielle de celui-ci [...] ». Quant à définir cette notion d'« exploitation abusive », les autorités de contrôle se sont très tôt ralliées à une conception objective de l'abus, sans référence aucune à la faute.

L'évolution de la notion d'abus

32. Dès son premier rapport sur la politique de concurrence, la Commission des CE précisait que « la question de savoir si une pratique constitue un abus de position dominante au sens de l'art. 86 [actuel art. 82] du Traité lorsqu'elle est le fait d'une entreprise en position dominante ne peut être tranchée à partir d'un modèle de comportement déterminé. L'art. 86 n'établit pas une infraction *per se*. Elle doit être établie sur la base d'une appréciation en fonction des objectifs du traité CEE ». Cette position évoque, de manière négative, un modèle de comportement de l'entreprise dont il s'agit. Elle se réfère à l'art. 86 CE (actuel art. 82) qui, en effet, se limite à illustrer la notion d'exploitation abusive par une liste indicative d'exemples[1], desquels se dégage un premier critère de la notion d'abus. Selon cette approche, il s'agit d'un comportement, anticoncurrentiel en lui-même, qui n'a pu être adopté que grâce à l'utilisation par l'entreprise de sa position dominante. Cependant, la CJCE a admis que tout comportement est susceptible de la qualification d'abus, dès lors qu'il permet à une entreprise de limiter les effets de la concurrence. Au vrai, l'art. 82 CE implique une démarche interprétative du juge visant à caractériser les abus de position dominante, non seulement en fonction des exemples fournis dans le texte, mais aussi, dans la mesure où ces exemples ne sont pas limitatifs, au regard d'une conception plus générale. Ainsi peut-on déceler une seconde conception de l'abus à travers l'analyse de la pratique décisionnelle et de la jurisprudence communautaires.

33. Sont ainsi considérés comme illicites, au sens de l'art. 82, les actes consistant à influer sur la structure du marché en réduisant la marge de concurrence qui subsiste sur celui-ci. Cette démarche a été inaugurée par le juge communautaire dans l'arrêt Continental Can, qui constitue l'une des contributions essentielles à l'interprétation du texte. Amenée à se prononcer sur la question de l'abus, la CJCE en a retenu alors une notion large, réitérée dans l'arrêt Hoffmann-La Roche[2]. Il s'agit d'« une notion objective qui vise les comportements d'une entreprise en position dominante qui sont de nature à influencer la structure d'un marché où, à la suite précisément de la présence de l'entreprise en question, le degré de concurrence est déjà affaibli, et qui ont pour effet de faire obstacle, par le recours à des moyens différents de ceux qui gouvernent une compétition normale des produits ou services sur la base des prestations des opérateurs économiques, au maintien du degré de concurrence existant encore sur le marché ou au développement de cette concurrence ». De manière plus précise, le TPI, pour sa

---

1. Il s'agit de l'imposition directe ou indirecte de prix d'achat ou de vente ou d'autres conditions de transaction non équitables (art. 82a), la limitation de la production, des débouchés ou du développement technique au détriment des consommateurs (art. 82b), l'application à des partenaires commerciaux de conditions inégales à des prestations équivalentes (art. 82c), et la subordination de contrats à l'acceptation par les partenaires de prestations supplémentaires dépourvues de liens avec l'objet de ces contrats (art. 82d).
2. CJCE 13 févr. 1979, aff. 85/76, Rec. I, p. 461.

part, a indiqué que « le comportement d'une entreprise en position dominante peut être considéré comme abusif au sens de l'art. 86 du traité CEE [actuel art. 82] *en dehors de toute faute* »[1].

34. En cette hypothèse, on parle d'« abus de structure » – par opposition à l'« abus de comportement » –, l'accent étant posé sur l'influence de l'entreprise au regard de la situation du marché, de la structure de la concurrence. De là procéderait l'objectivité de la notion, qui ne nécessite pas la preuve d'un élément intentionnel ou de la commission d'une faute. C'est en ce sens que des comportements parfaitement légitimes en eux-mêmes et ne causant aucun préjudice aux autres opérateurs économiques évoluant sur le même marché, clients et fournisseurs, peuvent être constitutifs d'un abus de structure. Dans le cas d'une prise de participation, par exemple, il n'y a pas agissement répréhensible, partant, pas d'abus, à moins que cette prise de participation dans le capital d'une entreprise concurrente ne se traduise par un contrôle effectif de celle-ci ou, au moins, par une influence sur sa politique commerciale[2].

35. Est-ce à dire, par opposition une fois encore, que l'abus de comportement sous-tend l'intention de nuire ou évoque, en lui-même, un acte moralement répréhensible ? Certes non. Quelle que soit sa forme ou sa qualification, l'abus est toujours une notion objective. Pour s'en convaincre, il suffit d'en référer à la définition de l'abus de comportement incluse au mémorandum de 1965 sur les concentrations d'entreprises. Selon ses auteurs, « il y a exploitation abusive d'une position dominante lorsque le détenteur de cette position utilise les possibilités qui en découlent pour obtenir des avantages qu'il n'obtiendrait pas en cas de concurrence praticable et suffisamment efficace »[3]. Alors qu'ici, la volonté de l'entreprise est au centre de la discussion, là, ce qui importe sont les conséquences de son comportement sur le marché de référence, notamment par l'effet d'éviction des concurrents qui en résulte. Il y a donc deux conceptions de l'exploitation abusive qui, loin de s'exclure l'une l'autre, coexistent en droit communautaire et s'interpénètrent l'une l'autre.

---

1. TPICE, 1er avril 1993, BPB Industries plc et British Gypsum Limited c/Commission, aff. T-65/89, pt 70.
2. CJCE, 17 nov. 1987, aff. 142/84, BAT et Reynolds : Rec. CJCE 1987, I, p. 4487.
3. Mémorandum sur le problème de la concentration dans le marché commun, coll. Études série concurrence, n° 3, Bruxelles, 1966, n° 22, p. 22 ; v. RTDE 1966, nos 652 et 675.

36. En vérité, la frontière est ténue entre ce que l'entreprise est autorisée à faire et ce qui, de son fait, peut apparaître comme un abus de domination aux yeux des autorités de contrôle. Car si elle peut défendre ses intérêts de manière raisonnable, certains comportements lui sont interdits, du fait précisément de sa position de force sur un certain marché. En d'autres termes, des comportements permis à d'autres entreprises moins puissantes deviennent bien plus suspects lorsqu'ils sont le fait de firmes en état de position dominante. Mieux encore, sa responsabilité pourra être engagée alors pourtant qu'elle n'a commis aucune infraction, qu'elle ne s'est rendue coupable d'aucun agissement prohibé. Voilà bien la démonstration, si besoin est, que la faute, dans son acception classique, n'est pas au cœur du débat. L'objectivation se double ici d'un élargissement de la responsabilité, puisque l'entreprise en position dominante est soumise à une obligation spécifique, celle de « ne rien faire qui puisse détériorer davantage la structure déjà fragile de la concurrence ou empêcher de manière arbitraire l'apparition ou le développement de concurrents capables de remettre en question cette position dominante et de faire naître une concurrence effective » (XXIVe rapport sur la politique de concurrence, 1994).

Sans doute, la mise en jeu de sa responsabilité peut être conditionnée par la commission d'une faute. Mais elle est élargie par le nouveau devoir qui pèse sur elle, celui de vigilance à l'égard du marché, doublé d'une obligation de mesure. En somme, il lui est simplement demandé de veiller, de manière scrupuleuse, à ne pas abuser de sa force. Tel est le prix à payer pour rançon du succès. Sa puissance de marché ne l'autorise pas, en effet, à franchir « la limite au-delà de laquelle le fléchissement du jeu de la concurrence risquerait de porter atteinte aux finalités du marché commun »[1].

Illustrations

37. Nombreuses sont les affaires en lesquelles la Commission a imputé l'infraction à l'entreprise, en se fondant simplement sur le rapport de causalité existant entre l'activité de celle-ci et l'effet restrictif de concurrence constaté sur le marché. À titre d'exemple, il suffira de rappeler la condamnation de la société Tetra Pak, leader sur le mar-

---

1. CJCE, 21 févr.1973, aff. 6/72, Europemballage Corporation et Continental Can c/Commission des CE, att. n° 24 : Rec. CJCE 1973, I, p. 215.

ché du conditionnement aseptique du lait, après qu'elle ait acquis une licence exclusive de brevet pour la stérilisation du lait, cette acquisition ayant eu pour effet l'éviction d'un concurrent nouveau, d'un marché déjà difficile d'accès. En l'espèce, la Commission a retenu la responsabilité de Tetra Pak à raison d'un abus de sa position dominante, sans investigation aucune relative à la faute, ou à tout le moins à l'intention coupable de ses dirigeants[1].

Par ailleurs, l'essor remarqué de certaines pratiques a donné naissance à de nouveaux raisonnements, partant, à des théories jurisprudentielles à part entière. Ainsi en est-il, notamment, du développement des procédures diligentées à l'encontre d'entreprises publiques ou d'entreprises disposant de droits exclusifs, d'où l'application de l'art. 82 CE lu en liaison avec l'art. 86§1 (voir *supra* n°s 6 à 11). S'agissant d'entreprises auxquelles ont été conférés des droits spéciaux ou exclusifs, on rappellera que le monopole légal qui en résulte les constitue en état de position dominante. Quant à l'abus, le simple octroi de droits exclusifs n'est pas en tant que tel incompatible avec l'art. 82. Ce qui l'est, en revanche, c'est que l'entreprise soit amenée, par le simple exercice des droits exclusifs qui lui sont accordés, à exploiter de manière abusive sa position dominante, ou encore que ces droits soient susceptibles de créer une situation dans laquelle cette entreprise est amenée à commettre de tels abus. À cet égard sera citée la jurisprudence dite de l'abus automatique ou présomption d'abus – puisqu'il faut toujours rechercher si le droit exclusif conduit à un abus de position dominante – (a), de même que la construction élaborée par les autorités de contrôle autour de la notion de « facilités essentielles » (b).

L'abus automatique

38. L'intitulé même de cette jurisprudence se passe de tout commentaire au regard de notre démonstration, de même que sa variante – dans l'intitulé toujours –, dite de la « présomption d'abus ». Elle a été inaugurée par l'arrêt Höfner puis reprise, dans le même contexte, par l'arrêt Job Centre[2]. On en retrouve une autre application dans l'affaire Chemische Alvalstoffen Dusseldorp, en laquelle il était demandé à la CJCE de se prononcer sur la compatibilité du

---

1. Commission, déc. 26 juillet 1988, *JOCE* n° L 272/27, 4 oct. 1988.
2. CJCE Höffner, 23 avril 1991 et CJCE Job Centre, 11 déc. 1997.

principe de libre circulation des marchandises avec la législation néerlandaise prohibant l'exportation de certains déchets dangereux. En réponse, la Cour a indiqué qu'un État membre ne peut adopter de mesure qui aurait pour effet de conduire une entreprise titulaire de droits exclusifs à abuser de sa position sur le marché, ce qui était le cas en l'espèce : en effet, l'interdiction d'exportation contraignait les demandeurs à s'adresser à l'entreprise titulaire de droits exclusifs[1].

39. Cette théorie a encore fait l'objet d'applications récentes remarquées, dans des affaires relatives au secteur postal. Dans l'affaire Deutsche Post I, la Cour a considéré comme abusif le fait de ne pas pouvoir satisfaire la demande, pour une entreprise disposant de droits exclusifs, car la situation équivaut à une limitation des prestations au préjudice du consommateur[2]. Elle s'est ensuite penchée sur la compatibilité de la réglementation italienne relative à la poste avec les règles communautaires de concurrence. En l'espèce, un opérateur privé de courrier exprès, TNT Traco, contestait le fait de devoir payer à l'entreprise chargée du service universel, la poste italienne, un droit postal équivalent à la taxe normalement due par les clients de cette dernière, pour toute prestation qu'il effectuait, sans que la poste soit tenue de fournir un quelconque service. Dans son appréciation, la Cour constate en premier lieu que la poste italienne détient effectivement une position dominante sur le territoire italien, puis elle réitère la règle classique selon laquelle le simple octroi de droits exclusifs n'est pas en soi abusif. Cependant, la réglementation italienne la place dans une situation telle qu'elle est nécessairement amenée à abuser de sa position dominante, du seul fait qu'en percevant des opérateurs de courrier exprès un droit postal indépendant de tout service rendu, elle « bénéficie d'une rémunération pour des services qu'elle n'a pas fournis elle-même ». En l'espèce, donc, l'abus est indubitablement constitué, sans que la poste puisse faire valoir l'exception de l'art. 86§2 TCE (voir *supra* n° 8) : si des prix inéquitables pratiqués par une entreprise en position dominante sont abusifs, constate la

---

1. CJCE, 25 juin 1998, aff. C-203/96 : Rec. CJCE 1998, I, p. 4075 ; *Id.* CJCE, 18 juin 1998, aff. C-18/93, Corsica Ferries précité : Rec. CJCE 1994, I, p. 1783. Voir aussi rev. *Europe* août-sept. 1998, comm. n° 289, L. Idot, à propos des services fournis par les lamaneurs.
2. CJCE, 10 févr. 2000, aff. C-147 et C-148/97 : Rec. CJCE 2000, I, p. 825 ; v. rev. *Europe*, juill. 2001, comm. n° 228, L. Idot.

CJCE, *a fortiori* en va-t-il de même pour une rémunération qui ne correspond à aucun service effectivement rendu[1].

40. Dans ces hypothèses, l'on peut mesurer l'indifférence en laquelle sont tenus le comportement et/ou l'intention de l'entreprise en cause, au regard de la qualification. Dans certains cas, une simple impossibilité de répondre à la demande est considérée comme un abus relevant de l'art. 82 CE, lu en liaison avec l'art. 86§1. Dans d'autres, l'entreprise sera condamnée, le cas échéant, alors pourtant que la situation moins avantageuse des concurrents, contraints de s'adresser à elle, n'est due qu'à la législation interne. Il n'en demeure pas moins que cette approche est celle des autorités communautaires, bien qu'elles aient fait montre, récemment, d'une certaine circonspection à l'égard de la théorie en cause[2].

La théorie des facilités essentielles

41. Un autre exemple significatif de l'objectivation de la responsabilité de l'entreprise peut être décelé à travers la théorie dite des « facilités essentielles » (ou installations essentielles), dont la Commission[3] et la CJCE[4] ont défini les contours au fil de différentes affaires. Aujourd'hui, il est admis qu'« une entreprise qui possède ou gère et utilise elle-même une installation essentielle, c'est-à-dire une installation ou une infrastructure sans laquelle ses concurrents ne peuvent pas offrir des services à leurs clients, et qui refuse

1. CJCE, 17 mai 2001, aff. C-340/99, TNT Traco spA et Poste Italiane spA. préc. Voir rev. *Europe* juill. 2001, comm. n° 228, L. Idot.
2. Voir notamment CJCE, 25 oct. 2001, aff. C-475/99, Firma Ambulanz Glöckner, à propos d'une question relative à la compatibilité de la concession d'un monopole en matière de prestations de transport de malades avec les articles 86§1, 81 et 82 CE, de même que TPI, 30 nov. 2000, aff. T-5/97, Industrie des Poudres sphériques (IPS) c/Commission : Rec. CJCE 2000, II, p. 3755, arrêt en lequel le Tribunal de première instance a refusé de considérer comme constitutif d'abus le fait, pour une entreprise, d'user d'une voie de droit, en l'occurrence la procédure anti-dumping (v. rev. *Europe*, janv. 2001, comm. n° 26, L. Idot).
3. Par exemple, Comm. CE, décision n° 94/19/CE, 21 déc. 1993, Sea Containers c/Stena Sealink Line préc. : *JOCE* n° L 015, 18 janv. 1994, pp. 8-19 ; 21 déc. 1993, Port de Rodby : *JOCE* n° L 55, 26 févr. 1994, p. 52 ; déc. n° 98/190/CE, aff. IV/34801, 14 janv. 1998, Fag-Flughafen Frankfurt/Main AG préc. : *JOCE* n° L 72, 11 mars 1998, p. 30.
4. V. notamment 26 nov. 1998, aff. C-7/97, Oscar Bronner : Rec. CJCE 1998, I, p. 7791.

l'accès à cette installation abuse de sa position dominante »[1]. Sont concernées les situations en lesquelles une entreprise en position dominante exploite ou contrôle une « installation » (infrastructures, biens, services), qui ne peut être recréée par des moyens raisonnables et dont l'accès est indispensable à ses concurrents pour qu'ils puissent exercer leurs activités sur le marché en cause.

Ces conditions se conçoivent logiquement. En effet, l'actif ne peut recevoir la qualification d'« essentiel » que s'il n'existe aucun substitut réel ou potentiel à l'exercice de l'activité sur le marché apparenté. Et qu'importe la nature de cet actif : il peut certes présenter un caractère matériel, sous forme d'équipements ou d'infrastructures portuaires (affaire Sealink préc.), ferroviaires ou aéroportuaires[2]. Cependant et avec le développement des activités tertiaires, la théorie s'est élargie à d'autres actifs, affectés notamment d'un caractère immatériel : par exemple, des droits d'auteurs attachés à des programmes audiovisuels[3], ou encore des listes d'abonnés au téléphone, etc. C'est la raison pour laquelle on parle plus volontiers de « facilités » essentielles, et plus seulement d'infrastructures ou d'installations.

42. Si les conditions sus-décrites sont réunies, l'entreprise titulaire ne peut ni refuser sans raison objective l'accès effectif auxdites installations, ni accorder cet accès à des conditions discriminatoires au regard de celles qu'elle s'applique à elle-même : par exemple, des prix d'accès injustifiés, non proportionnés à la nature ou à l'importance des services demandés ; ou bien encore, à titre de variante, des pratiques discriminatoires comme celles relevées par la Cour de justice des CE dans l'affaire GT-Link[4]. Et qu'importent les moti-

---

1. Comm. CE, décision port de Rodby précitée.
2. V. par exemple Comm. CE, déc. n° 2000/521/CE, 26 juill. 2000, Redevances d'atterrissage dans les aéroports espagnols, relative à une procédure d'application de l'art. 86§3 : *JOCE* n° L 208, 18 août 2000. Rev. *Europe*, oct. 2000, comm. n° 313, L. Idot.
3. CJCE, 6 avril 1995, affaire RTE et ITP c/Commission des CE – Magill TV guide : Rec. CJCE 1995, I, p. 743.
4. « [...] le fait pour une entreprise publique qui est propriétaire d'un port de commerce et qui le gère d'exonérer du paiement des taxes ses propres services de ferrys et, à titre de réciprocité, ceux de certains de ses partenaires commerciaux, est susceptible de constituer un abus dans la mesure où il comporte l'application à l'égard des autres partenaires commerciaux des conditions inégales pour des prestations équivalentes, au sens de l'art. 86 du Traité de la Communauté européenne. »

vations avancées par l'entreprise détentrice à l'appui du refus. L'autorité de contrôle les appréciera et décidera, le cas échéant, de leur absence de bien-fondé. La Commission a ainsi considéré, à la suite d'une plainte déposée à raison du refus d'autoriser le service d'auto-assistance en escale sur l'aéroport de Francfort, que ce refus ne pouvait légalement se fonder sur le droit de propriété du gestionnaire de l'aéroport, non plus que sur son « droit d'organisation des opérations d'assistance en piste, ses droits historiques ou sur la dérogation de l'art. 90§2 (actuel art. 86§2) du Traité de la CE »[1].

43. Pour les autorités communautaires, sans doute s'agit-il, non d'imposer à l'entreprise détentrice de la facilité essentielle une obligation de soutien à l'égard de ses concurrents, mais de l'empêcher de faire obstacle ou de restreindre la concurrence de manière abusive[2]. Cependant, l'on aurait toutes les raisons de le croire, à lire ce qui précède : voilà une entreprise qui a mis en place, peu à peu, un réseau ou une infrastructure quelconque, nécessaire à l'exercice de son activité. Elle est parvenue à acquérir, dans le domaine d'activité qui est le sien, une position dominante, que ce soit par la détention de parts de marché importantes ou de tout autre élément de fait pouvant amener à conclure en ce sens. Puis arrivent, sur ce même marché, un ou plusieurs concurrents, qui ont besoin de ce réseau ou de ces infrastructures pour exercer leur activité. Non seulement l'entreprise première ne doit pas leur refuser cet accès, mais encore ne peut-elle le faire qu'aux conditions qu'elle s'applique à elle-même, ou qu'elle consent à ses partenaires commerciaux ! On prend conscience, une fois de plus, de la ténuité de la frontière séparant ce qu'une entreprise en position dominante peut faire, est autorisée à faire pour une défense bien comprise de ses intérêts, et ce qu'elle ne saurait faire sans encourir une condamnation au titre de l'abus. À l'évidence, il y a là nouvelle illustration, partant, confirmation de l'objectivation de la responsabilité de l'entreprise, celle-ci engageant celle-là, non par la volonté directe d'évincer ses concurrents, qu'elle manifesterait par quelque acte répréhensible au regard du droit de la concurrence, mais par le simple désir, tout à fait légitime en soi, de protéger une situation privilégiée qu'elle a peut-être mis des années à construire.

---

1. Comm. CE, 14 janv. 1998, déc. Fag-Flughafen Frankfurt/Main AG précitée.
2. Voir RTDE 2/1999, chron. Concurrence, n°s 114 à 122.

44. Que l'on se situe en amont (« qui est responsable ? ») ou en aval (« pourquoi est-on responsable ? ») de la question qui nous occupe (« tous responsables ? ») pour tenter de lui apporter une réponse, celle-ci apparaît davantage préoccupante que rassurante pour les entreprises – ou, de façon plus large, pour tous les opérateurs économiques – œuvrant, voire tentant seulement d'œuvrer sur le marché. On l'a vu, il ne leur sert à rien de prétendre, même à juste raison, avoir respecté les règles du jeu, en particulier le jeu de la concurrence, dont l'étymologie révèle le sens initial, à savoir « courir ensemble ». Certes ; mais le constat qui s'induit des lignes qui précèdent porte à croire au danger de courir, et plus encore à celui de vouloir, ou de pouvoir courir plus vite que les autres…

Responsabilité sociale de l'entreprise : les approches nord-américaines

Jean PASQUERO

Le concept de « Responsabilité sociale de l'entreprise » (RSE) est né en Amérique du Nord, particulièrement aux États-Unis, où il a pris racine et n'a cessé d'évoluer depuis près de cinquante ans. S'il a fini par se diffuser à d'autres parties du monde depuis quelques années, notoirement en Europe, il n'en reste pas moins marqué par plusieurs caractéristiques qui lui confèrent une profonde originalité. C'est avant tout le cas « états-unien » qui sera étudié ici, car malgré certaines différences, il sert de matrice aux pratiques de RSE chez son voisin le Canada.

UNE PRÉOCCUPATION ANCIENNE

La RSE n'est pas une mode récente aux États-Unis. C'est une préoccupation ancienne, qui est au cœur de la réflexion sur le sens du succès économique depuis plus d'un siècle. Une de ses plus anciennes manifestations en est la philanthropie des premiers grands industriels. Dès la fin du XIXᵉ siècle par exemple, le « roi de l'acier », Andrew Carnegie, décidait de consacrer l'immense fortune qu'il avait accumulée à couvrir le territoire des États-Unis de bibliothèques publiques. Il ne fut dépassé que par John Rockefeller, le « roi du pétrole », homme d'affaires controversé s'il en fût, qui devint lui aussi l'un des plus grands mécènes de tous les temps. Aujourd'hui encore un Bill Gates (le cofondateur de Microsoft), leur équivalent moderne en tant que « roi du logiciel », a déjà dépensé plusieurs milliards de dollars d'une fortune personnelle qu'il entend consacrer entièrement à des œuvres sociales dans le domaine de la santé et de l'éducation.

Nombreux sont les émules de ces grands donateurs au pays du dollar. La population se reconnaît en ces êtres d'exception. Comme en témoignent régulièrement les statistiques, les Américains sont en effet, et de très loin, les citoyens les plus généreux du monde en matière de dons de charité. Il s'agit pour eux d'une obligation sociale qui va de soi, que l'on soit riche ou pauvre. Les motivations de la grande philanthropie, quand bien même celle-ci serait intéressée, sont ainsi rarement mises en cause. Pour le citoyen ordinaire, aucune contrainte externe – marché, pouvoir, loi, groupe de pression – ne peut obliger un grand capitaine d'industrie à dépenser sa fortune à des fins civiques. C'est avant tout le caractère volontaire de cette philanthropie qui lui importe, « faire sa part » à son échelle tout en donnant l'exemple. Ce vieux courant de philanthropie personnelle se nourrit d'une certaine tradition protestante, qui s'est maintenant diffusée à tout le pays. C'est l'une des sources les plus profondes de la RSE, qui y trouve ainsi une base morale : la richesse créée par l'entreprise ne saurait profiter uniquement à ses actionnaires; elle doit également être mise au service du bien-être commun.

Parallèlement aux pratiques individuelles s'est développée une réflexion théorique sur le rôle de l'entreprise dans la société. La première réflexion scientifique sur la question semble être celle d'un économiste des années 1910 (Clark, 1916). Elle fut suivie de bien d'autres. Chester Barnard par exemple, « le père du management », théoricien doublé d'un grand chef d'entreprise, examinera lui aussi le rôle social de l'entreprise dans son ouvrage fondamental (Barnard, 1938). C'est toutefois le livre pionnier de Bowen, paru en 1953, qui est généralement tenu pour point de départ de la réflexion moderne sur les « responsabilités sociales de l'entreprise ». Depuis, articles conceptuels et recherches empiriques se sont multipliés. Une discipline autonome s'est ainsi formée dans les écoles de gestion. En 1971, l'Academy of Management (la grande société savante américaine en management) en reconnaissait officiellement la légitimité, en créant une section spéciale consacrée aux enjeux socio-politiques de la gestion (*Social Issues in Management*).

Cette discipline est particulière au sein des sciences de la gestion, puisqu'elle en constitue le foyer critique permanent. Le rôle et les pratiques des entreprises y sont constamment passés au peigne fin de grilles d'évaluation à la fois socio-économiques et morales, en évolution permanente. Cette activité critique est souvent sans complaisance. Elle s'est toutefois toujours inscrite dans le cadre strict de la philosophie du capitalisme libéral et du libre marché, en totale indépendance (pour ne pas dire ignorance) des critiques d'inspiration socialiste ou marxiste propres à la tradition européenne.

Au fil du temps, le concept de RSE s'est ainsi institutionnalisé. Il est passé du niveau personnel (*individual*) au niveau organisationnel (*corporate*). Il a incorporé de plus en plus d'éléments. Il a fait l'objet de nombreuses controverses. Il a changé de sens, voire de nom. Depuis ses débuts cependant, c'est toujours à la même question qu'il a tenté de répondre : « Qu'est-ce que la société, dans une économie de marché, peut attendre des entreprises au-delà de la simple maximisation de l'avoir de leurs actionnaires ? ».

DES FONDEMENTS ORIGINAUX

Pour répondre à cette question, il faut avant tout comprendre le contexte socio-culturel dans lequel elle est posée. Quatre éléments circonscrivent le sens qu'il faut donner à la RSE aux États-Unis (Pasquero, 1997).

L'individualisme

Dans la philosophie politique américaine, tout part de l'individu et revient à lui. Le marché y est naturellement valorisé comme porteur de deux vertus essentielles. D'une part, il est le meilleur garant de l'efficacité économique, car il permet à chaque individu d'exercer ses talents au mieux de ses compétences. D'autre part, il est le meilleur rempart de la liberté individuelle contre les pouvoirs sociaux et politiques que les individus n'ont pas désirés. Dans ce schéma, l'État n'occupe qu'une place subsidiaire, par défaut. Son rôle consiste beaucoup plus à réprimer les abus qu'à imprimer une direction collective à la société. C'est le consommateur, libre et informé, qui doit décider de ce qui est bon pour lui. L'État peut certes réglementer le marché – et il ne s'en prive pas, l'État américain étant sans doute le plus exigeant du monde industrialisé. Quand il intervient cependant, c'est surtout pour remédier aux « défaillances » de ce marché (*market failures* : monopoles, scandales financiers, information incomplète, externalités). La RSE américaine s'inscrit donc à l'intérieur de la double contrainte de l'initiative privée et de la primauté du marché. Elle ne peut être imposée par l'État. Le modèle américain de RSE est avant tout volontariste.

La démocratie pluraliste

Corollairement, la société est définie non pas comme une entité autonome, mais comme la résultante des différentes actions individuelles de ses membres. Si la société se transforme, c'est parce que se transforment les désirs des individus qui la composent. Ces désirs sont relayés par des groupes de pression, qui s'affrontent en toute concurrence avec d'autres groupes sur un marché sociopolitique en recomposition permanente. Ce sont ces groupes qui occupent la place prépondérante parmi les agents de changement social. Tocqueville en avait souligné l'importance dès les années 1830, et son observation ne s'est jamais démentie. L'État n'intervient qu'après-coup, comme accompagnateur, par des législations appropriées.

De très nombreux groupes de pression s'emploient ainsi à réaliser les rêves américains d'égalité, de justice et d'honnêteté en faisant plier les entreprises en faveur de la ou des causes qu'ils défendent. Ces groupes disposent souvent de puissants moyens. Ils sont redoutés par les entreprises, sur lesquelles ils font peser trois contraintes : les campagnes de presse, le lobbying auprès des législateurs et les poursuites judiciaires. Ce dernier canal est particulièrement important aux États-Unis. En effet, les procès n'y sont pas seulement intentés pour redresser des torts. Ils sont aussi stratégiquement utilisés par les groupes de pression pour créer de la jurisprudence et ainsi constituer à partir d'entreprises-cibles judicieusement choisies des précédents qui ensuite s'imposent à l'ensemble du monde des affaires. La crainte des groupes de pression est ainsi un facteur important de motivation en matière de RSE.

Le moralisme

On ne peut pas comprendre la RSE américaine tant que l'on en sous-estime les bases idéalistes. Malgré certaines apparences, morale et religion sont deux des socles les plus inébranlables de la culture des États-Unis. Morale civique, morale religieuse et morale sociale se renforcent l'une l'autre pour former un terreau particulièrement fertile pour la critique des entreprises. Tout d'abord, et en toute logique, la morale civique est tenue pour le meilleur rempart contre la tutelle étatique. Le citoyen modèle (*law abiding citizen*) est celui qui se contente du minimum de lois nécessaire à la vie en commun, qui les respecte, et qui les bonifie par un comportement personnel édifiant. Manquer à ces obligations, c'est trahir l'un des idéaux américains les plus indiscutables.

À cette première exigence de vertu vient se superposer la morale religieuse. Chez ce peuple qui selon les enquêtes bat des records de religiosité en Occident, le puritanisme des débuts de la colonie a laissé de profondes traces. Malgré la séparation légale entre religion et État, les références à des principes religieux sont omniprésentes dans la vie publique, y compris dans la vie des affaires. Les respecter, et encore mieux les pratiquer, est un indice de respectabilité. Les enfreindre, voire les ignorer, est source de suspicion.

Finalement, la morale sociale ajoute à cet ensemble l'obligation pour chacun de se préoccuper du bien-être de ses proches. Dans le cas de l'entreprise, cette obligation s'étend à son milieu environnant direct (*community*). Ce terme est particulier. Il n'a pas d'équivalent direct en français. Il recouvre beaucoup plus une communauté d'appartenance, voire une communauté choisie comme telle, qu'une division territoriale ou administrative (à l'encontre par exemple des « collectivités locales » françaises). Il inclut en premier lieu les institutions civiques, culturelles, scolaires, sanitaires – voire religieuses – de la ville ou de la région où l'entreprise est établie.

Au total, la société attend ainsi de tous, mais surtout de ses dirigeants, un comportement moral exemplaire. Elle valorise ceux qui suivent des principes stricts, qui sont réputés pour leur éthique professionnelle, voire leur messianisme en ce domaine. À l'inverse, les manquements à la loi, à la parole donnée, à la loyauté envers son milieu, à la déontologie professionnelle, voire les « combines » douteuses, sont toujours sévèrement châtiés. Les Américains sont sérieux en matière d'assainissement moral. La dénonciation (*whistle blowing*) des fautes éthiques des collègues est encouragée et protégée par la loi. Quand le châtiment se veut exemplaire, l'esprit de revanche peut même prendre le dessus, comme on a pu le constater dans certains scandales financiers récents. Ce substrat culturel concerne directement l'entreprise. La RSE peut ainsi être comprise comme la matérialisation au niveau organisationnel de principes moraux fondamentaux constamment réaffirmés.

L'utilitarisme

À l'opposé de l'abnégation morale, la culture sociale américaine valorise aussi l'efficacité. Une activité non rentable est difficile à légitimer aux États-Unis. Ce pragmatisme a des effets contradictoires sur la RSE. Poussé à ses limites, il peut d'abord tout simplement la désavouer. C'est le cas quand il conduit à privilégier les intérêts d'un seul groupe – celui des actionnaires – au détriment de toutes les autres parties prenantes de l'entreprise. C'est ainsi que les années 1980 ont vu s'imposer l'objectif dominant de maximisation de l'avoir des actionnaires (*maximizing stockholder value*) aux dépens des autres objectifs – plus sociopolitiques – des entreprises. La distribution d'options boursières (*stock options*) en était l'instrument privilégié. Elle fut au départ présentée comme un simple moyen d'inciter les dirigeants à se concentrer sur leur tâche de création de richesse. Elle a fini par devenir une fin en soi, ouvrant la porte à toutes sortes de dérives.

En second lieu, l'utilitarisme extrême peut aussi détourner le sens moral du concept de RSE. L'entreprise s'en sert alors comme instrument aux seules fins du profit au lieu de le mettre loyalement en application. Ce fut le cas lorsque furent érigées en techniques de gestion des absurdités comme la « philanthropie stratégique » (dons ciblés commercialement), l'« éthique rentable » (*ethics pays*) ou la gestion de « l'image sociale » sous le couvert de RSE (*token social responsibility*). Cette perte de contact avec les repères moraux traditionnels a dégénéré en crise, quand certains abus commis au nom de la rentabilité ont débouché sur des scandales planétaires. Une nouvelle prise de conscience morale en est issue. Les lois ont été renforcées, de même que les sanctions pénales.

Le souci de RSE a ainsi fait un retour en force dans les conseils d'administration, quand les chefs d'entreprise se sont rendu compte des risques graves auxquels les exposaient personnellement non seulement leurs propres manquements à l'éthique des affaires, mais encore ceux de leur entreprise. Par-delà les abus qu'il peut parfois entraîner, l'utilitarisme – c'est-à-dire la préservation de ses propres intérêts – peut donc aussi être un puissant levier de RSE aux États-Unis.

UN CONCEPT MULTIDIMENSIONNEL

En tant que modèle de gestion, la RSE suit les mouvements de son temps. Quatre conceptions de la RSE se sont ainsi succédé aux États-Unis depuis les années 1960. La dernière se présente comme une synthèse des apports des trois autres.

La « responsabilité sociale » (*Corporate Social Responsibility*)

Les années 1960 furent marquées aux États-Unis, avant le reste du monde, par une exceptionnelle vague de turbulences sociopolitiques : montée de nouvelles revendications sociales de plus en plus organisées (protection des consommateurs, droits civiques), prise de conscience d'une détérioration grave du tissu urbain (accompagnée de mutineries dans les quartiers pauvres), découverte des coûts cachés du capitalisme (pollution galopante, inégalités sociales croissantes, stagnation de la lutte au racisme y compris sur les milieux de travail). Ce fut l'occasion d'une brutale remise en question des bienfaits d'un capitalisme jusque-là considéré comme particulièrement généreux. Elle provoqua chez de nombreuses grandes entreprises la tentation de vouloir « faire leur part » contre les fléaux nouveaux qui semblaient affecter la société américaine, et devant lesquels l'État se révélait souvent impuissant. Certaines le faisaient par conviction, sous l'impulsion d'une direction générale s'affirmant comme « progressiste » (*socially conscious*) (Control Data Corporation, Levi Strauss, Polaroid, Xerox et beaucoup d'autres). D'autres y voyaient un moyen de soigner leur image. D'autres encore suivaient le mouvement par mimétisme, incapables de résister à l'exemple ou aux pressions des milieux d'affaires auxquels elles appartenaient. Ce fut le temps où l'on vit de grandes entreprises se lancer dans des programmes innovateurs de rénovation urbaine, de formation et création d'emplois pour les chômeurs sous-qualifiés (*hardcore unemployed*), de prêts de personnel sur des projets d'utilité publique et de nouvelles formes de mécénat à fins socio-économiques. L'un des objectifs de ces entreprises était de montrer la voie à l'État par des projets innovateurs utilisant les ressources techniques et organisationnelles du secteur privé, réputées intrinsèquement plus efficaces.

Dans de nombreux cas, cet héritage du vieux fonds philanthropique du XIXe siècle n'était pas dénué d'une véritable générosité. Il rencontra cependant vite ses limites. Très contesté à la fois à l'intérieur et en dehors des milieux d'affaires, il buta sur l'incapacité de ses défenseurs d'en établir la légitimité. Deux problèmes irréductibles de philosophie sociale finirent par miner les bases de ce mouvement. Le premier concernait l'acceptabilité pour les dirigeants d'une entreprise de dépenser l'avoir de ses actionnaires dans la poursuite – peut-être avant tout personnelle – d'objectifs socio-politiques de RSE alors que leur mission première – et leur devoir légal – se limitait à rentabiliser les capitaux qui leur étaient confiés. Le second problème se rapportait au risque que les entreprises pratiquant cette forme de RSE s'approprient indûment un pouvoir social et politique qui n'était pas le leur, mais bien celui de l'État et du processus démocratique. Les grandes expériences de RSE philanthropique prirent ainsi fin dans l'équivoque vers le début des années 1970.

La « réceptivité sociale » (*Corporate Social Responsiveness*)

Pour sortir de cette impasse, plusieurs auteurs proposèrent alors un concept nouveau, celui de « réceptivité sociale de l'entreprise» (Preston et Post, 1975 ; Ackermann et Bauer, 1976). L'approche, de morale, devint strictement managériale. Elle fut présentée comme un retour à la raison. Une entreprise responsable fut ainsi redéfinie tout simplement comme une entreprise qui savait rationnellement s'adapter aux exigences croissantes de son environnement. Les choix éthiques difficiles étaient désormais abandonnés au processus sociopolitique, c'est-à-dire à des mécanismes externes à l'entreprise.

Cette nouvelle approche semblait ne faire que des gagnants. L'entreprise restait dans son domaine, celui de la production. On lui demandait simplement de limiter ses risques en répondant loyalement aux attentes démocratiquement exprimées par la société (*adaptation*). Ces attentes se manifestaient naturellement soit par le biais du pouvoir politique (nouvelles lois, nouveaux règlements), soit par celui des groupes de pression. L'entreprise n'était pas démunie pour autant. On lui reconnaissait le droit, comme à tout autre acteur social, de tenter d'influencer ce processus en faisant légitimement valoir ses intérêts auprès de ses partenaires externes (*proaction*, *lobbying*). Quant aux citoyens, ils voyaient leurs attentes dûment prises en compte par les entreprises, ce qui était bien le but recherché par tous.

Tout paraissait devenu limpide. La rationalité de l'esprit technocratique avait enfin remplacé les égarements de l'esprit missionnaire. Loin de tout questionnement métaphysique, il suffisait ainsi à l'entreprise qu'elle se donne les structures (*public affairs*) et les systèmes de gestion (*issues management*) lui permettant de mieux comprendre et mieux communiquer avec les membres influents de son environnement (*critical constituents*) pour faire preuve de responsabilité. Cette version de la RSE correspondait bien aux préoccupations de l'époque. Elle était une réponse logique aux mutations d'un capitalisme américain alors dominé par la poussée sans précédent de la réglementation étatique dans tous les domaines, et par l'ascendant énorme pris par les groupes de pression sur les entreprises dans le discours public. Ce confort faussement rassurant ne pouvait pourtant durer.

La « rectitude morale » (*Corporate Social Rectitude*)

Dans leur pragmatisme, les défenseurs de l'approche managériale s'étaient imaginé qu'en ignorant tout bonnement les aspects moraux de la RSE, cette dernière en éviterait les écueils. C'était une erreur. Ils n'avaient en fait que troqué une vision trop large de la RSE contre une vision trop étriquée. En étiquetant comme spécialement « responsable » une entreprise qui somme toute n'était que bien gérée, ils débouchèrent eux aussi sur une impasse. Très vite, ils découvrirent que la RSE ne pouvait se contenter d'être technicienne. Elle devait également s'appuyer sur des principes de rectitude morale (Frederick, 1986). Les premiers grands scandales d'affaires des années 1970, comme celui où l'avionneur Lockheed fut condamné pour corruption à l'étranger, montrèrent en effet qu'une entreprise pouvait être très bien gérée tout en agissant de façon immorale. Qui plus est, cette immoralité pouvait être involontaire. De nombreuses entreprises américaines, qui respectaient scrupuleusement les lois de leur pays hôte, en firent cruellement l'expérience dans l'Afrique du Sud de l'apartheid.

Il apparut clairement qu'il était illusoire de vouloir considérer affaires et morale comme procédant de deux logiques indépendantes. En réalité, loin d'être antinomiques, elles étaient au contraire indissociablement liées et constituaient les deux versants de toutes les décisions d'affaires, y compris les plus techniques. Cette thèse de la non-séparation entre gestion et morale (Freeman, 1995) finit par s'imposer et donna naissance à l'engouement pour « l'éthique des affaires » des années 1990. Il restait maintenant à opérationnaliser cette nouvelle version de la RSE. Quels critères utiliser pour fonder la responsabilité morale des entreprises ? Sur quelles bases philosophiques les justifier ? Comment concilier les besoins de l'efficacité avec ceux de l'éthique ? Comment moraliser le système de libre marché de l'intérieur sans remettre en question son enracinement dans la liberté individuelle ? Telles étaient les questions sur lesquelles gestionnaires et théoriciens eurent à se pencher. Curieusement, ces questions ressemblaient beaucoup à celles sur lesquelles s'était jadis échouée l'insaisissable notion de responsabilité sociale. Après trente ans d'expérimentation et de réflexion, il semblait bien que l'on était revenu à la case de départ.

L'« entreprise citoyenne » (*Corporate Citizenship*)

À l'approche de l'an 2000, un besoin d'intégration se fit sentir. Chacune des trois versions précédentes de la RSE – la philanthropique, la managériale, la morale – apparut à la fois nécessaire et insuffisante pour satisfaire aux exigences de la nouvelle morale sociale américaine. Il fallait trouver un concept mobilisateur dans lequel se reconnaîtraient conjointement les gestionnaires et les membres de leur environnement sociopolitique (*stakeholders*). Dirigeants et théoriciens prirent alors acte du développement considérable des partenariats économiques ou socio-économiques liant les entreprises entre elles ou à d'autres acteurs sociaux (État, groupes de pression). Ils en vinrent à repenser la RSE comme la gestion d'un portefeuille de collaborations multiples entre toutes les parties prenantes de l'entreprise, les sociopolitiques comme les commerciales, les faibles comme les puissantes (Pasquero, 1990 ; Andriof et Waddock, 2002 ; Beaulieu et Pasquero, 2002).

Les anciennes formulations enfermaient l'entreprise dans les multiples contraintes de son environnement. À l'opposé, le nouveau paradigme faisait de l'entreprise un acteur social à part entière. Il mettait en valeur sa complémentarité avec l'ensemble des autres acteurs sociaux. Il insistait sur l'autonomie des choix, bons ou mauvais, qu'elle pouvait faire, et donc sur la responsabilité de ses actes. Désormais, l'entreprise n'était plus seule contre tous. Elle était devenue « citoyenne ».

Certains théoriciens de la RSE ont voulu marquer par une innovation conceptuelle ce passage entre l'ancienne conception de l'entreprise individualisée dans son milieu à la nouvelle conception d'entreprise socialisée à son milieu (Wood et Logsdon, 2002). À la vieille dichotomie entreprise « et » société (*Business and Society*), qui a servi pendant si longtemps à définir le champ disciplinaire, ils préfèrent maintenant la perspective plus inclusive d'entreprise « dans la » société (*Business in Society*). Cette conception donne actuellement lieu à une théorisation élargie, où les entreprises sont repensées comme « citoyens mondiaux » (*world citizens*).

Ici encore, la parenté des termes peut abuser. Le concept d'entreprise citoyenne aux États-Unis est considérablement plus riche que ce que son homologue français laisse parfois supposer. Il dépasse largement la démonstration d'une simple « conscience sociale » ou de comportements rapidement qualifiés de « socialement responsables ». Il s'enracine au contraire dans une véritable philosophie socio-économique nouvelle, en rupture avec les traditions de l'économie néo-classique.

Dans cette nouvelle approche, l'entreprise est définie comme partie intégrante d'un tissu social fortement « réseauté », où tous les acteurs partagent des valeurs communes. Elle fait ainsi partie d'une communauté d'intérêts multiples, avec lesquels elle maintient des liens de dépendance mutuelle, et qui dépassent la stricte rentabilité économique. Elle est « socialement responsable » dans la mesure où ce n'est plus seulement par contrainte qu'elle agit moralement (Pasquero, 2002). Ses motivations sont plutôt un mélange équilibré d'intérêt (des collaborations bien acceptées sont plus rentables) et de conviction (elle assume pleinement son rôle d'acteur social responsable dans l'ensemble de ses fonctions). Ses dirigeants comme ses employés se conforment naturellement à des normes éthiques élevées, comme les « professionnels » des professions libérales. Ils s'inquiètent des conséquences de leurs décisions pour la société environnante. Ils respectent tous leurs partenaires, sans égard à leur pouvoir ou à leur utilité économique. Ils veulent aussi qu'on les respecte, et agissent en conséquence.

TROIS PARTICULARITÉS

Au total, l'histoire et le contexte socioculturel des États-Unis confèrent trois particularités au concept de RSE dans ce pays.

Un centre de gravité avant tout externe

En matière de gestion, le terme « social » est équivoque. En Europe, et particulièrement en France, il a longtemps désigné spécifiquement les relations entre le monde du capital et celui du travail, comme dans les expressions consacrées de « partenaires sociaux » ou de « bilan social ». Aux États-Unis, il dénote plutôt l'ensemble des relations entre l'entreprise et la société environnante, à l'exclusion des travailleurs et de leurs syndicats (*labor relations*). L'une des caractéristiques majeures de la RSE aux États-Unis est ainsi son orientation presque exclusivement externe à l'entreprise.

Dans la pensée managériale américaine, c'est en effet à ce niveau que se situent les interactions majeures entre l'entreprise et la société. C'est là que chacune peut influencer l'autre, en bien comme en mal. C'est en tout cas de là que proviennent les principaux risques que l'entreprise doit affronter. Les consommateurs ou leurs puissants représentants peuvent infléchir sa position concurrentielle. Les fournisseurs la rendent chaque jour plus dépendante technologiquement. Les concurrents peuvent à tout moment déposer une plainte pour concurrence déloyale. Les multiples groupes de pression qui la suivent à la trace ne lui pardonnent rien et menacent en permanence sa réputation. L'État peut en tout temps la contraindre à se conformer à de nouveaux et coûteux règlements. Dans ce jeu de forces permanent, les relations avec les travailleurs relèvent d'une autre logique.

Fidèle à ses origines libérales, la RSE américaine se tient à distance du monde syndical. Ce monde est perçu moins comme un partenaire à contenter que comme un adversaire à contenir. Les conditions de travail des employés sont donc réglées séparément dans des conventions collectives extrêmement détaillées. La RSE y touche rarement. Elle se borne à y ajouter deux éléments. Le premier se préoccupe de limiter les problèmes éthiques propres aux relations de travail (népotisme, conflits d'intérêts, malversations, corruption). Le second consiste à octroyer quelques avantages sociaux non légalement obligatoires, mais qui font l'affaire de l'entreprise (garderies, programmes médicaux).

La RSE américaine consiste donc avant tout à gérer les relations de l'entreprise avec ses parties prenantes externes. Elle s'appuie pour cela sur quatre principes (Pasquero, 2003) : philanthropie envers les « communautés » voisines, limitation des nuisances (en particulier la protection de l'environnement), réceptivité sociale (écoute des parties prenantes) et rectitude morale (respect de standards reconnus d'éthique des affaires, y compris avec les concurrents).

Un concept ouvert

Le concept de RSE aux États-Unis n'est pas figé. Il fait l'objet d'une réévaluation permanente. Nous avons vu combien il a évolué depuis qu'il a acquis droit de cité dans le discours sur la gestion, il y a plus de cinquante ans. Chaque redéfinition entraîne son lot de contestation, où s'affrontent pragmatistes, idéologues et idéalistes. Leurs débats sont largement suivis et commentés dans la presse professionnelle et les milieux universitaires. Les pragmatistes (consultants, dirigeants « éclairés ») ont depuis longtemps admis la légitimité du concept au nom de l'intérêt bien compris (*enlightened self-interest*) des entreprises. Ils cherchent à l'opérationnaliser, en tentant de nouvelles expériences ou en proposant des listes de critères ou de principes d'action toujours renouvelées. L'enjeu est ici la définition et la mesure de l'élément clé de la RSE qu'est la « performance sociétale de l'entreprise » (*Corporate Social Performance*). Les idéologues combattent inlassablement le concept même de

RSE. Ceux de droite (*Libertarians*) le font au nom de la liberté d'entreprise (*free enterprise*) et des obligations fiduciaires envers les actionnaires (*fiduciary duty*). Ceux de gauche (*Radicals*) n'y voient qu'une façade (*window dressing*) destinée à légitimer le pouvoir écrasant des grandes entreprises. Les idéalistes quant à eux se sont érigés en conscience morale du capitalisme américain. Ils en traquent sans relâche les comportements défaillants, ou supposés tels au regard de leurs critères moraux. Ils ont ainsi constitué une véritable industrie de la surveillance (*monitoring*), de l'évaluation (*rating*) et de la contestation (*muckraking*) des comportements des entreprises en matière de RSE.

Ces conflits sont productifs. Ils stimulent à la fois réflexion et pratique. Le concept de RSE n'a ainsi cessé de s'ouvrir à de nouveaux horizons. Parti d'une motivation individuelle de type moral, il s'est institutionnalisé à travers une foule de codes de comportement aussi variés que les entreprises qui se les donnent. Il n'existe en effet aucune définition communément acceptée de la RSE. C'est plutôt le foisonnement qui est la règle. Les tentatives de normalisation ont jusqu'à présent été vouées à l'échec, car ce qui fait l'intérêt principal du concept est son incomparable adaptabilité aux conditions particulières de chaque entreprise.

La RSE d'aujourd'hui s'aventure ainsi dans des domaines autrefois inconcevables, comme la situation des enfants dans les pays du tiers-monde ou la préservation d'espèces en voie de disparition. Le souci d'opérationnalisation est constant, et l'évolution du concept est toujours le résultat d'une dialectique entre principes philosophiques et réalité des affaires. Les entreprises les plus performantes en RSE sont systématiquement valorisées, y compris dans les cours de gestion sous forme de cas d'étude, et les entreprises défaillantes sont systématiquement stigmatisées. Un véritable panthéon d'entreprises louables et d'entreprises détestables s'est ainsi formé à travers le temps. Il constitue une riche base d'analyse et de comparaison, pour les entreprises elles-mêmes, et pour les centres de recherche privés ou universitaires.

Une exportation délicate

La conception américaine de la RSE fait depuis peu l'objet d'emprunts massifs de la part de gouvernements étrangers ou d'institutions internationales. Il est vrai qu'elle bénéficie d'une longue et riche histoire, et qu'elle constitue une source irremplaçable de concepts et de pratiques exemplaires. Peut-elle toutefois s'exporter ? Pour certains, la réponse est décidément positive. Si cette conception s'étend si rapidement hors de ses frontières, c'est que les contextes économiques mondiaux, en se rapprochant du modèle libéral américain, génèrent les mêmes exigences de gestion « responsable » que celles auxquelles sont confrontées depuis longtemps les entreprises américaines. L'importation d'un modèle universel de RSE clés en main ne poserait ainsi pas de problème insurmontable. Ce raisonnement n'est pas sans fondements, mais il a ses limites. De façon surprenante en effet, la plupart des institutions intéressées à la RSE de par le monde cherchent à standardiser, voire légiférer, ce qui aux États-Unis a toujours été considéré comme une obligation morale individuelle. Pour les Américains, ne peuvent par définition relever de la RSE que les comportements d'entreprise qui échappent aux obligations légales.

En ce sens, une imitation aveugle des formidables apports américains pourrait se révéler problématique à l'étranger si elle n'est pas accompagnée de ce qui fait sa force aux États-Unis, le débat permanent et l'expérimentation continue. C'est encore plus vrai lorsque les autorités imaginent que la responsabilité sociale peut être imposée par réglementation. La RSE ne peut s'implanter durablement que si elle répond à un besoin, pas à une contrainte. Elle ne saurait être figée dans des textes correspondant plus aux aléas politiques du moment qu'aux réalités mouvantes de la vie des affaires. Ce qui la rend praticable, c'est son appropriation par l'ensemble des acteurs sociaux. On ne peut ignorer la part d'idéalisme qui donne vie à ce concept depuis des générations aux États-Unis. On ne peut ignorer non plus la part qu'y jouent les pressions émanant du marché ou de la société civile. La RSE « à l'américaine » demeure donc une création autochtone qui ne trouve tout son sens que dans la culture qui l'a vu naître.

Conclusion

L'évolution de la RSE aux États-Unis est un exemple typique de l'étonnante capacité du capitalisme américain de toujours rester en phase avec son temps. Le réformisme américain est un processus permanent, auquel tous les acteurs sociaux contribuent, soit par la critique, soit par l'action.

Les écoles de gestion n'y échappent pas. À l'instigation de leurs organismes (privés) d'accréditation, elles doivent depuis plus de vingt ans se préoccuper d'intégrer la RSE dans leurs programmes. Quand leur engagement faiblit, elles se le font rudement rappeler. Les scandales financiers récents ont ainsi bousculé leur complaisance. Les médias, en particulier la presse professionnelle, ne se gênent pas pour les vilipender et réclamer plus de cours d'éthique des affaires. Des professeurs de gestion influents ont publiquement attribué une large part de responsabilité à leurs propres établissements pour ces malversations. Un groupe d'entre eux mène depuis plus d'un an, sur toutes les tribunes, une campagne nationale pour l'accroissement de la place faite à la RSE dans les cours universitaires. À trop vouloir former des techniciens raffinés, soutiennent-ils, ces écoles ont raté leur mission de formation éthique.

Plus d'une centaine d'universités ont pris ces admonestations au sérieux. Le jour de leur « diplômation », elles incitent leurs étudiants à signer un engagement personnel de mener une vie professionnelle respectueuse de leurs responsabilités sociales et environnementales (*graduation pledge*). Cet engagement est volontaire. On rapporte toutefois de nombreux cas d'étudiants qui auraient refusé un emploi en découvrant qu'il était incompatible avec leur promesse.

Comme nous l'avons vu, le capitalisme américain se veut fondé sur des valeurs morales, et toute crise lui permet de réaffirmer cette évidence nationale avec force. La RSE en est l'un des instruments les plus vivaces.

Bibliographie

ACKERMAN R. W., BAUER R. A. 1976. *Corporate Social Responsiveness : The modern dilemma*, Cambridge, MA, : Harvard University Press.

ANDRIOF J., WADDOCK S. 2002. « Unfolding stakeholder management », in ANDRIOF J., WADDOCK S. HUSTED B., SUTHERLAND RAHMAN S. (eds). 2002. *Unfolding Stakeholder thinking : Theory, Responsibility and Engagement*, Sheffield, UK, Greenleaf Publishing, p. 19-42.

BARNARD C. I. 1938. *The Functions of the Executive*, Cambridge, MA, Harvard Business School.

BEAULIEU S., PASQUERO J. (2002). « Reintroducing stakeholder dynamics in stakeholder thinking : a Negotiated Order perspective », in ANDRIOF J. *et al.*, *Unfolding Stakeholder thinking : Theory, Responsibility and Engagement, op. cit.*, p. 101-118.

BOWEN H. R. 1953. *The Social Responsibilities of the Businessman*, New York, Harper & Row.

CLARK J. M. 1916. « The changing basis of economic responsibility », *Journal of Political Economy*, 24(3), p. 209-229.

FREDERICK W. C. 1986. « Toward CSR3 : Why ethical analysis is indispensable and unavoidable in Corporate Affairs », *California Management Review*, 28(2), p. 126-141.

FREEMAN R. E. 1995. « Stakeholder thinking : The state of the art », in NÄSI J. (ed.), *Understanding Stakeholder Thinking*, Helsinki, LSR Publications, p. 35-46.

LOGSDON J., WOOD D. J. 2002. « Business Citizenship : From domestic to global level of analysis », *Business Ethics Quarterly* 12(2), p. 155-187.

PASQUERO J. 1990. « Enjeux sociétaux et mutations organisationnelles dans les sociétés industrielles », in TESSIER R. ET TELLIER Y. (éd.), *Changement planifié et développement des organisations* (tome 2), Sillery : Presses de l'Université du Québec, p. 72-112.

PASQUERO J. 1997. « Business ethics and national identity in Quebec – Distinctiveness and directions », *Journal of Business Ethics*, 16(6), p. 621-633.

PASQUERO J. 2002. « Les défis de la gestion responsable », in KALIKA M. (éd.), *Les Défis du management*, Paris, Éd. Liaisons, coll. Entreprises et carrières, p. 31-48.

PASQUERO J. 2003. « L'environnement sociopolitique de l'entreprise », in BÉDARD M. (éd.), *La Direction des entreprises : concepts et applications* (5ᵉ édition), Montréal, McGraw-Hill-Chenelière, p. 171-214.

PRESTON L. E., POST J. E. 1975. *Private Management and Public Policy : The Principle of Public Responsibility*, Englewood Cliffs, NJ, Prentice-Hall.

5

PARTIE

Responsabilité et emploi

Thème doublement d'actualité (retraite, effet « canicule »), la question de la place et du rôle des « seniors » (chap. 13, J.-M. Peretti) dans nos sociétés souligne aussi l'ambivalence de la notion de responsabilité entre les agents économiques selon qu'ils sont dans la « vie active » ou pas. Elle est en tout cas un signe fort de toute l'urgence qu'il y a à mieux comprendre le caractère réversible de la relation responsabilité/emploi (notion d'employabilité, chap. 14, J. Igalens). Pour ce faire, il importe de s'arrêter à l'évolution du concept de métier et, à cet égard, aux nouvelles formes de responsabilisation du salarié (chap. 15, L. Boyer), en étudiant de manière plus générale la part dévolue à chacun des acteurs de la vie sociale et économique (le concept de « résilience », chap. 16, F. Bournois et J. Rojot).

SOMMAIRE

Les seniors : d'une logique d'exclusion à la rétention active ?

Jean-Marie PERETTI

INTRODUCTION

Les mesures d'âge sont apparues très tôt comme le moyen consensuel pour réduire les effectifs en douceur. Dès 1974, toutes les parties concernées, patronat, pouvoirs publics, organisations syndicales, salariés âgés, adoptèrent les préretraites comme solution indolore aux sureffectifs. Les responsables de l'éviction des moins de 65 ans et des quinquagénaires à partir de 57,55 et même 52 ou 50 ans, de ce considérable « gaspi des quinquas et des sexas », bénéficièrent d'une adhésion sans faille de l'opinion publique. Chacun trouvait de bonnes raisons pour justifier les mesures d'âge et pendant 25 ans les cessations anticipées d'activité se poursuivirent à un rythme soutenu. En 2000, 72 000 plus de 55 ans sont entrés en chômage indemnisé et 62 000 dans un dispositif de préretraite. Fin 2000, on comptait encore 194 000 allocataires d'un des quatre régimes de préretraite et 128 000 chômeurs âgés. À peine 59 % des 55-59 ans sont encore en activité en mars 2000 (dont 1,6 % de bénéficiaires de préretraites progressives). Ces chiffres traduisent la permanence, après plus d'un quart de siècle, du réflexe d'éviction anticipée des seniors.

En 2003, le contexte démographique impose un revirement. Après le temps de l'éviction, le temps de la rétention des seniors s'annonce. En effet, les projections démographiques font ressortir la réduction progressive de la part des 20-59 ans dans la population de la France métropolitaine. Elle était de 53,8 % en 2000 après un demi-siècle de stabilité (53,7 % en 1950) et progressera légèrement jusqu'à 2006, année où les premiers babyboomers fêteront leurs soixante ans. Elle baissera ensuite de 54,3 % en 2005 à 51,5 % en 2015, 48,9 % en 2025 et 44,8 % en 2050[1]. Si l'on considère les 20-64 ans, leur part augmentera jusqu'en 2011, année des soixante-cinq ans des babyboomers. Dès 2005, le vieillissement sera marqué. La part des 60 ans et plus passera de 21 % en 2005 à 25,3% en 2015 et 31,1 % en 2030. La diminution du nombre de personnes en âge de travailler se produira dès que les babyboomers cesseront d'être actifs, en 2004, 2007 ou 2012 selon que l'âge de retrait sera de 57, 60 ou 65 ans[2].

Dans ce contexte, l'âge moyen effectif de retrait de l'activité devrait reculer significativement pour stabiliser la population active. Cela entraîne le vieillissement de la population employée. De plus, parmi les actifs de 20 à 65 ans, la part des plus âgés (46 à 65 ans) croît à un rythme rapide depuis 1993. En effet, les naissances des années 1946-1960 sont nettement plus nombreuses que celles d'après 1974. Hier, les 30-45 ans constituaient l'essentiel de la population active. Demain, ce seront majoritairement les plus de 45 ans. Déjà, l'âge moyen des actifs est passé de 38,6 ans en 1990 à 40 en 2000.

Dans les prochaines années, les entreprises seront confrontées au défi du vieillissement, à des départs en retraite nombreux et à une diminution de l'afflux de jeunes. Les salariés vivront un allongement, rarement souhaité et préparé, de leur activité professionnelle. L'État est amené à agir en temps qu'employeur et en tant que législateur. Le mouvement social suscité par la réforme des retraites pour les fonctionnaires et pour l'ensemble des salariés au printemps 2003 montre les difficultés de l'exercice. En particulier, l'incohérence entre les politiques d'éviction mises en œuvre activement par les entreprises, avec une accélération en 2003, et les nouvelles règles portant à 41 et 42 le nombre d'annuités nécessaires pour partir à la retraite a été fortement soulignée. Les partenaires sociaux sont invités à redéfinir les modalités d'un vieillissement

---

1. *INSEE Première*, n° 762, mars 2001, « Projections de la population à l'horizon 2050 ».
2. *Ibid.*

actif. Pour respecter les engagements pris lors du sommet des quinze à Barcelone en mars 2002, de maintenir plus longtemps en activité les travailleurs âgés et de reculer fortement l'âge effectif de cessation d'activité en Europe, l'ensemble des parties concernées en France devront modifier leurs pratiques pour assumer leurs responsabilités. « Sommes-nous prêts, actuellement, à assumer de tels bouleversements ? », s'interroge le Conseil économique et social[1]. Tous les acteurs, responsables de 25 ans d'exclusion, sauront-ils concevoir et mettre en œuvre une gestion harmonieuse des âges, un déroulement satisfaisant de carrière après 50 ans et retarder le sentiment précoce de fin de vie professionnel (SPFVP) qui réduit l'engagement au travail des seniors ?

TOUS RESPONSABLES

Les records d'éviction des travailleurs âgés enregistrés en France sont imputables à toutes les parties concernées. Lorsqu'en 1974, les « trente glorieuses » s'achèvent et que des sureffectifs apparaissent dans certains secteurs d'activité, un consensus pour privilégier les départs anticipés s'installe. C'est la première solution mise en œuvre. Le consensus dure pendant un quart de siècle. Les avantages à court terme, pour chaque partie prenante, sont tels que peu de voix s'élèvent pour dénoncer le gâchis de compétences, la dévalorisation de l'expérience. Les effets pervers, à moyen et long terme, ne sont pas anticipés.

Pour les entreprises, le départ des plus anciens présentait trois avantages. D'une part, cette mesure était bien acceptée par les salariés, les syndicats et les pouvoirs publics. Elle permettait une réduction des effectifs en douceur, sans conflits sociaux et sans retombées médiatiques négatives. D'autre part, les coûts étaient largement externalisés. Les régimes sociaux prenaient en charge le financement des partants. Compte tenu du salaire moyen des seniors gonflés par le poids de l'ancienneté et du déroulement de carrière, la masse salariale se réduisait plus vite que les effectifs. Enfin, dans un contexte d'évolution technologique rapide, les anciens, avec un niveau bas de formation initiale et peu de formation continue, apparaissaient souvent comme inadaptés. Leur mise à niveau semblait coûteuse et aléatoire. Leur départ évitait donc des coûts d'adaptation élevés.

---

1. « Dynamique de la population active et emploi : la gestion prévisionnelle des âges à l'horizon 2010 », avis du Conseil économique et social du 24 octobre 2001.

Faciles, pas chères et facilitant la modernisation, les mesures d'âge avaient tout pour plaire aux entreprises. Elles furent utilisées très largement.

Pour les salariés anciens, les conditions financières offertes à l'époque étaient excellentes. Dans de nombreux cas, le préretraité percevait un revenu net supérieur à celui d'activité et à celui des collègues un peu plus jeunes peinant à la tâche. Lorsque la pyramide des âges portait la trace des recrutements massifs de personnel peu qualifié dans les années d'après guerre, les plans sociaux étaient attendus sans crainte, voire avec impatience. Pour les plus jeunes, ces départs ouvraient des perspectives, créaient un appel d'air et dégageaient des marges de manœuvre en termes d'évolution professionnelle et salariale. Pour les salariés, anciens ou jeunes, les mesures d'âge étaient perçues positivement. Les quinquagénaires considéraient parfois la préretraite comme un acquis social.

Côté syndicats, ces mesures étaient bien acceptées. D'une part, les salariés étaient demandeurs. D'autre part, ces mesures anticipaient la satisfaction d'une revendication traditionnelle : l'abaissement de l'âge de la retraite, alors de 65 ans. La négociation des conditions de départ anticipé était bien maîtrisée. Les accords étaient faciles à trouver.

Côté pouvoirs publics, ces mesures étaient également favorisées. Elles évitaient un trop fort accroissement des chiffres du chômage. Consensuelles, elles étaient synonymes de paix sociale. Leur coût était certes élevé mais refacturé aux actifs occupés à travers l'accroissement des prélèvements sociaux.

Enfin, l'opinion publique était largement favorable. Elle appréciait que les anciens puissent se dégager plus tôt, dans de bonnes conditions financières, de conditions de travail souvent pénibles. Elle jugeait positif le fait que les anciens laissent leur place à des jeunes. Elle ne percevait pas que les dispositifs qui devaient à la fois favoriser les départs anticipés des anciens et le recrutement des jeunes n'ont pas toujours produit les résultats positifs escomptés. Ils ont rétréci progressivement la base même de la population active et se sont traduits dans les faits par une discrimination profonde entre générations, comme le souligne le Conseil économique et social[1].

---

1. *Ibid.*

Ainsi, pour toutes ces raisons, de 1974 à 1981, les préretraites furent fort populaires. Chacun semblait persuadé du bien-fondé de la formule : « Le bonheur est dans la préretraite. » Des secteurs en restructuration abaissèrent l'âge de départ anticipé à des niveaux spectaculaires : 55, 52, 50 et même parfois en dessous de 50 ans ! Une culture largement partagée du départ anticipé s'est alors installée. Elle demeure forte aujourd'hui malgré l'ampleur des débats sur l'allongement de la vie active.

En 1982, l'abaissement de l'âge de la retraite à 60 ans n'entraîna pas la fin des préretraites. Tout au contraire, les « contrats de solidarité » qui permettaient des départs anticipés compensés par des recrutements connurent un large succès. Les entreprises en bonne santé furent, à leur tour, touchées. En une seule vague de départs, les entreprises qui avaient échappé aux saignées précédentes perdirent toute une génération de 55-65 ans. Tel groupe pétrolier perdit un tiers de ces cadres et même quatre cadres supérieurs sur dix ! Les entreprises durent recruter et intégrer massivement en toute hâte.

Les effets pervers sur les pyramides des âges furent durables. Le coût de ces mesures pour la collectivité, pour les entreprises et pour les salariés, fut lourd à supporter. Les salariés subirent dans les années 1983-1986 la rigueur salariale, et, avec la désindexation et l'augmentation des prélèvements sociaux, des pertes de pouvoir d'achat. Les entreprises ressentirent parfois fortement les effets du gaspillage des compétences et les pertes de savoir-faire. Bien des « effets de noria » attendus furent moindres que prévus, voire négatifs, du fait des coûts de reconstitution du capital humain et des compétences individuelles et collectives. Cependant, les mesures d'âge ne furent pas abandonnées jusqu'au début des années 2000. Elles furent largement utilisées en particulier dans les années difficiles (1991-1994) et dans les secteurs en restructuration. Le rapport Quintreau au Conseil économique et social démontre l'existence d'une véritable « cloison invisible » faisant passer le taux d'emploi de 75 % pour les 50-54 à 48 % pour les 55-59 et à peine 10 % pour les 60-64, et note qu'il s'agit bien là d'une spécificité française[1].

La baisse des entrées dans les dispositifs de préretraites publiques ne s'est amorcée qu'en 1999. En 2000, on compte 61 700 nouveaux adhérents dans l'un des dispositifs en vigueur (moins 12,5 % par rap-

---

1. *Ibid.*

port à 1999) et 71 300 nouveaux allocataires de l'allocation unique dégressive de chômage, ayant de 55 à 59 ans. Ainsi, dans une année marquée par une forte croissance de l'emploi, une diminution significative du chômage et par des difficultés de recrutement dans de nombreux secteurs, les pratiques d'éviction des salariés âgés se poursuivent à un rythme soutenu. Le départ anticipé est considéré comme une variable d'ajustement de l'emploi et vécu par les salariés comme un droit acquis. Le rapport Quintreau souligne que « pour les salariés eux-mêmes, ayant vu partir leurs aînés dans ces conditions, le départ à 55 ans apparaît souvent comme une perspective assurée ou inéluctable et à partir de laquelle ils fondent leurs projets »[1]. La permanence de dispositifs spécifiques conforte la culture du départ anticipé.

DES DISPOSITIFS TROP ATTRACTIFS

Les dispositifs favorisant le départ anticipé des seniors sont nombreux : préretraite progressive, préretraite totale (FNE), allocation de remplacement pour l'emploi, cessation anticipée d'activité de certains travailleurs salariés. Indépendamment des préretraites financées par l'État ou l'Assedic, l'entreprise peut mettre en place à son initiative un dispositif de préretraite appelé « préretraite maison » ou « congé de fin de carrière ». Ce dispositif, généralement conventionnel, peut aussi être un engagement unilatéral de l'employeur. Il peut comporter le versement d'un capital et/ou d'une rente après rupture du contrat ou d'une allocation après suspension. Le compte d'épargne temps (CET) peut également financer les départs anticipés.

En 2000, le dispositif principal est l'ARPE (allocation de remplacement pour l'emploi), avec 61 % des entrées et 45 % des allocataires[2]. Ce dispositif séduisant permet à des salariés de 58 ans, justifiant de 160 trimestres au titre de l'assurance vieillesse, d'être indemnisés, après rupture de son contrat de travail à son initiative et d'un commun accord avec l'entreprise. L'employeur doit procéder à une embauche compensatrice. Ce système est entré en vigueur en 1995 dans un contexte de fort chômage. Il a été reconduit en 1998 et en 2000 jusqu'en 2003. Les salariés et les syndicats apprécient son caractère volontaire et son effet sur l'emploi. Les entreprises peuvent rajeunir leur pyramide des âges

---

1. *Ibid.*
2. *Liaisons sociales*, n° 13571 du 25 janvier 2002, cessation d'activité dans la céramique.

tout en contrôlant la disparition des compétences. La condition des 160 trimestres, identique à celle concernant la retraite à partir de 60 ans, apparaît équitable.

La préretraite totale, avec l'AS-FNE (allocation spéciale du fonds national de l'emploi), est le second dispositif. Ce dernier concerne les entreprises qui rencontrent des difficultés économiques et envisagent de licencier du personnel. La mise en place se fait par convention avec l'État. L'allocation est donc versée aux salariés de plus de 57 ans licenciés pour motif économique dans le cadre d'une convention du FNE. L'entreprise et le salarié contribuent au financement de la préretraite. Ce dispositif très populaire en temps de crise dans les entreprises ayant des classes d'âge nombreuses au-delà de 55 ans a entamé sa baisse depuis 1995. En 2000, les entrées sont inférieures de 34 % à celles de 1999[1].

Les PRP (préretraites progressives) décroissent également. En vigueur depuis 1993, les conventions de préretraite progressive permettent à un salarié âgé d'au moins 55 ans de poursuivre son activité dans l'entreprise sur la base d'un mi-temps tout en percevant de la part de l'État une allocation. Les conventions de PRP donnent lieu à une véritable négociation entre l'État et l'entreprise, qui porte sur le projet de cette dernière, les engagements qu'elle souscrit et sa contribution financière. L'entreprise peut demander une convention pour diminuer le nombre de licenciements pour motifs économiques ou pour procéder à des recrutements compensateurs. Les taux de contribution financiers de l'entreprise, au-delà d'un taux minimal réglementaire, sont négociés. En 2000, le nombre des allocataires poursuit sa baisse (– 6 %) ainsi que celui des entrées (– 17 %). Ainsi que le constate le CES, « cette mesure positive d'aménagement des fins de carrières a été cannibalisée par le maintien des préretraites totales »[2].

Le quatrième dispositif, la cessation anticipée d'activité de certains travailleurs salariés (CATS), est entré en vigueur au printemps 2000. Il concerne les salariés ayant eu des conditions de travail difficile et relève d'une triple négociation : au niveau de la branche professionnelle, de l'entreprise et avec l'État. L'automobile, les industries chimiques, la

---

1. *INSEE Première*, n° 762, mars 2001, « Projections de la population à l'horizon 2050 ».
2. « Dynamique de la population active et emploi : la gestion prévisionnelle des âges à l'horizon 2010 », avis du Conseil économique et social du 24 octobre 2001.

métallurgie, le papier carton, les carrières et matériaux, la presse régionale, sont les premières branches à avoir conclu des accords sur ce dispositif. Ce dernier complète le dispositif de cessation d'activité de salariés âgés (CASA) mis en place par un accord interprofessionnel de 1999 pour des salariés d'au moins 57 ans. Par exemple, l'accord CATS du 24 janvier 2002 dans l'industrie céramique, dont certains salariés travaillent en équipes continues et en travail de nuit, et remplissent donc les conditions de pénibilité d'emploi prévues, permet aux salariés d'au moins 57 ans pouvant bénéficier d'une retraite à taux plein dans un délai de trois ans d'être dispensés d'activité avec un revenu de 65 % du salaire de référence[1].

À partir de 1999, le recours aux préretraites diminue. Les négociations avec l'État sont plus serrées. Le coût pour l'entreprise s'accroît. Cette baisse serait un fait positif s'il ne s'accompagnait pas, depuis 1998, d'un haut niveau des entrées en chômage indemnisé des salariés de plus de 55 ans.

En effet, il existe aussi des mesures en faveur des chômeurs âgés. L'allocation chômeurs âgés (ACA) a été créée en 1996 par les partenaires sociaux au profit des chômeurs âgés justifiant de 40 annuités au titre de l'assurance vieillesse et relevant du régime d'assurance chômage. L'allocation spécifique d'attente (ASA) concerne les chômeurs de moins de 60 ans justifiant de 160 trimestres au titre de l'assurance vieillesse et relevant de la solidarité nationale. En 2000, ASA et ACA concernaient 128 000 allocataires (dont 84 % d'ACA) et ont enregistré 71 300 entrées[2].

Ainsi, en 2000, quelque 133 000 personnes de plus de 55, 57 ou 58 ans sont devenues des chômeurs âgés. Plus de 320 000 chômeurs âgés fin 2000 témoignent de la persistance des habitudes d'éviction passées. « Les mesures prises jusqu'à présent pour ralentir les départs anticipés n'ont été que de peu d'efficacité », note le Conseil économique et social[3]. La restriction des conditions d'accès aux dispositifs ne suffit pas pour rompre avec 25 années de culture du départ anticipé.

---

1. *Liaisons sociales*, n° 13571 du 25 janvier 2002, cessation d'activité dans la céramique.
2. DARES, premières synthèses n° 05-1, janvier 2002.
3. « Dynamique de la population active et emploi : la gestion prévisionnelle des âges à l'horizon 2010 », avis du Conseil économique et social du 24 octobre 2001.

Seuls 14 % des salariés de plus de 50 ans envisagent aujourd'hui sans problème de travailler, après 60 ans, le nombre d'années nécessaires pour avoir une retraite à taux plein (SOCIOVISION-COFREMCA, 2003).

VERS UN REVIREMENT

L'allongement effectif de la vie professionnelle est considéré aujourd'hui comme la condition essentielle d'une indispensable élévation du niveau d'emploi global. La diminution, à partir de 2006, de la population française en âge de travailler rend nécessaire la hausse du taux d'activité des 55-65 ans. Le constat est européen. Ainsi le sommet européen de Barcelone de mars 2002 a conclu à l'augmentation progressive de cinq ans de l'âge moyen de cessation d'activité (58,5 ans en France) pour atteindre 63 ans en 2010. Le revirement est sensible et délicat. Comment réaliser cet allongement progressif de la vie professionnelle alors que certains salariés considèrent les départs anticipés comme un droit acquis, que les entreprises poursuivent les mesures d'âge, que les partenaires sociaux entendent pérenniser les dispositifs de départ anticipé, que les pouvoirs publics tiennent un discours prudent sur l'âge de la retraite et que les médias remplissent mal leur rôle d'information sur ce point ? Comment, dans ce contexte, inverser 25 ans de pratiques ?

Le rapport de la commission européenne formule diverses propositions pour accroître le taux d'emploi des salariés de 55 à 64 ans jusqu'à 50 % en 2010. Il préconise d'améliorer la formation professionnelle des anciens pour leur donner la capacité de s'adapter aux changements des métiers. Il invite les gouvernements à supprimer les mesures incitatives aux préretraites. En France, le rapport Quintreau montre que la logique d'exclusion des salariés âgés est renforcée par leur image négative, la non-reconnaissance de l'expérience, les conditions de travail et d'emploi inadaptées et l'absence de formation. Ses propositions pour inverser le processus s'appuient sur deux axes :

- le développement d'un lien indissociable entre hausse du taux d'emploi et amélioration de sa qualité ;
- des processus de choix et de décisions par lesquels tous les acteurs concernés peuvent participer, dans le cadre de leurs compétences, à la réalisation d'objectifs communs et partagés[1].

---

1. *Ibid.*

Des entreprises rencontrent déjà des difficultés à recruter certaines qualifications. Le passage d'une pénurie d'emplois à une pénurie de compétences a surpris les entreprises. Elles prennent conscience qu'il faut réviser leurs politiques de départs anticipés. Elles remettent en cause les présupposés véhiculés pendant 25 ans sur le début et les causes du stade de fin de carrière. Elles repensent leurs politiques de l'emploi. Elles s'interrogent sur les pratiques en « ressources humaines » qui permettent de conserver les seniors en prolongeant leur engagement au travail (Marbot, 2001). Si, demain, l'entreprise ne veut pas manquer de main-d'œuvre qualifiée, elle doit, dès maintenant, intégrer au cœur de sa réflexion stratégique la revalorisation du travail des seniors. Retenir les seniors n'est pas les contraindre à attendre plus longtemps dans des situations d'exclusion précoce de l'emploi.

Entreprises et salariés doivent être convaincus que le maintien dans l'emploi est dans l'intérêt de l'entreprise comme du salarié concerné. L'entreprise doit éliminer les pratiques et les situations de travail qui favorisent le sentiment précoce de fin de vie professionnelle (Marbot, Peretti, 2002). « C'est en modifiant profondément les conditions d'emploi et de travail des salariés en seconde partie de carrière que l'on pourra durablement infléchir le mouvement de retrait précoce du marché du travail », constate le Conseil économique et social[1]. Une gestion volontariste des âges s'impose. Seule une volonté politique forte, partagée par l'ensemble des acteurs, peut permettre le passage d'une culture de retrait précoce à une logique d'incitation valorisant les capacités de travail des plus de 45 ans.

ANTICIPER LE VIEILLISSEMENT

À contre-courant des pratiques dominantes, l'inéluctable vieillissement de la population active doit être intégré dans une gestion anticipatrice des emplois et des compétences. La connaissance des âges est un préalable. Il est essentiel d'analyser les pyramides des âges et les projections à moyen terme. Cette étude prospective doit être complétée par une analyse des liens entre l'âge et l'exercice d'un métier et la veille sur l'évolution des métiers. Il faut appréhender la problématique liant âge et emploi dans son ensemble. Le passage d'une culture du départ anticipé à celle du maintien, ou du retour, à l'emploi nécessite une action de tous les acteurs tout au long des processus à mettre en œuvre.

---

1. *Ibid.*

Le cadre réglementaire et conventionnel a contribué à favoriser l'éviction par l'âge. Les partenaires sociaux et l'État devront intégrer les réalités démographiques et économiques au niveau national dans celui des branches et des entreprises pour définir un cadre favorisant des départs retardés, progressifs et choisis. Le CES propose courageusement la « suppression programmée et progressive de toutes les aides publiques tendant à favoriser la cessation définitive d'activité »[1]. Il préconise une action plus large en faveur de la suppression des barrières de l'âge car « des préconisations uniquement axées sur les salariés âgés peuvent contribuer, en stigmatisant ce groupe, à maintenir ces barrières ». Ce constat rejoint les enseignements tirés par Éléonore Marbot de sa recherche sur le désengagement des quinquagénaires (2001). La référence à l'âge est un élément important du droit du travail. Sa remise en cause progressive est nécessaire pour prendre en compte en France la directive européenne sur la discrimination par l'âge. La neutralité des mesures pour l'emploi par rapport à l'âge est souhaitable et, sur ce point, les « contrats jeunes » créés en 2002 sont critiquables, favorisant l'exclusion des publics âgés les moins qualifiés au profit des moins de 22 ans. La révision des clauses d'âge aux concours des fonctions publiques serait un signal fort. La suppression des aides publiques aux départs sur critères d'âge s'impose. Or toutes ces mesures remises en cause avaient entraîné bien des avantages et créé des habitudes et des attentes. Une concertation approfondie, élargie, s'appuyant sur les travaux réalisés (CES, Plan, Conseil d'orientation des retraites...), sur les engagements européens et sur l'examen des plans nationaux pour l'emploi de nos voisins, apparaît une condition de succès. Le cadrage politique devrait comporter un calendrier précis permettant aux partenaires sociaux, aux entreprises et aux salariés d'anticiper les transformations et de s'y adapter de façon progressive optimale.

Les entreprises devront faire, d'une part, un diagnostic précis de leur gestion prévisionnelle des emplois et des compétences des seniors et, d'autre part, remettre à plat leurs politiques et pratiques managériales dévalorisant et démotivant les salariés âgés. Il faut connaître pour anticiper. Les outils de diagnostic existent tant pour les hommes que pour les emplois. On connaît mieux aujourd'hui les relations entre le vieillissement des personnes, la transformation des emplois et l'évolution des portefeuilles de compétences. La prospective des métiers par famille professionnelle a obtenu, dans certaines branches et/ou entreprise, des

---

1. *Ibid.*

résultats intéressants. Il est possible d'intégrer la dimension « âge » dans la gestion anticipatrice des emplois et des compétences. Cette phase de diagnostic, de veille et d'anticipation concerne l'entreprise – direction, salariés, partenaires sociaux... – et son environnement.

Le renouvellement des pratiques managériales concerne tous les domaines de la GRH. Dès le recrutement, la non-discrimination en fonction de l'âge, voire peut-être une discrimination positive dans certains cas, apparaissent indispensables. L'utilisation de méthodes de sélection centrées sur les compétences, la substitution de la validation des acquis de l'expérience au seul diplôme initial, limiteront l'élimination injustifiée des seniors dans le processus de recrutement. Les obstacles réglementaires tels que les effets pervers de l'amendement Delalande censé protéger les quinquagénaires devraient être levés. Au-delà, il faut que les entreprises cernent mieux les avantages compétitifs des seniors. Leur acceptation de la mobilité et des horaires atypiques, l'absence de contraintes familiales, leur expérience et leur maturité sont des atouts à valoriser.

L'organisation du travail au niveau de son contenu et des conditions de travail peut être adaptée aux personnes âgées. Le contenu doit être conçu pour éviter l'exclusion liée à l'âge et permettre aux anciens d'être performants. Les aménagements des postes de travail, des espaces, des temps et des horaires favorisent l'efficacité des seniors. Il semble que les politiques de personnalisation permettent de répondre aux besoins de cette classe d'âge. L'approche « cafétéria », offrant de larges espaces de choix aux salariés, favorise l'adaptation aux réalités du vieillissement. Une réelle participation des intéressés aux choix organisationnels conditionne une adaptation satisfaisante.

Il existe dans les entreprises une forte inégalité d'accès à la formation selon l'âge. Depuis plusieurs années, les plus de 45 ans ont un taux d'accès nettement inférieur à celui des 30-45. La raison souvent évoquée est la faible motivation des anciens pour suivre un stage. La lutte contre l'obsolescence des compétences techniques est un facteur clé de réussite des politiques de rétention. Il apparaît souhaitable d'adapter les modalités de formation aux seniors en particulier en matière d'e-learning. En effet, le caractère personnalisé et la commodité des formations en ligne présentent des atouts pour les anciens peu désireux de « revenir sur les bancs de l'école ». C'est en milieu de carrière qu'il faut élaborer un plan de développement des compétences. Les bilans de compétences et bilans de carrières à 45, 50, 55 et même 60 ans sont des outils essentiels pour prévenir l'obsolescence.

Le désir de formation des seniors est accru lorsqu'ils ont des perspectives de carrières. Ne pas exclure les salariés plus âgés des promotions et des mobilités est essentiel. Des projets professionnels personnalisés élaborés lors de rendez-vous de carrière peuvent apporter aux anciens des perspectives motivantes. Il faut éviter de créer des « emplois vieux » pour construire l'identité au travail des quinquagénaires. Les quinquagénaires ne doivent en aucun cas être déconsidérés. Leur attente en matière d'équité porte sur la reconnaissance et la rémunération, composantes indissociables de la rétribution. L'évolution des politiques de rémunération ces dernières années – plus de variable, plus d'individuel – défavorise souvent les anciens. Des audits portant sur âge et rémunération dans l'entreprise permettent des remises à plat des pratiques et la correction de dérives discriminatoires.

L'évolution des pratiques ne peut se faire que si le contexte sociétal est favorable. L'avis du Conseil économique et social met l'accent sur la nécessité d'une campagne de communication et de sensibilisation, « facteur essentiel d'évolution des mentalités ». Cette évolution conditionne en partie la lutte contre le sentiment précoce de fin de vie professionnel.

LUTTER CONTRE LE SENTIMENT DE FIN DE VIE PROFESSIONNELLE

Véritable acceptation par le salarié des changements des engagements de sa vie, le sentiment de fin de vie professionnel se traduit par cinq manifestations :
- Recentrage de soi.
- Désengagement au travail.
- Évolution des rôles avec un repli du rôle professionnel.
- Évolution des objectifs au détriment des objectifs professionnels.
- Acceptation de l'âge.

Éléonore Marbot (2001) a dégagé les quatre déterminants du SFVP :
- Le sentiment d'un plafonnement dans le contenu du travail.
- Le sentiment d'un plafonnement structurel dans l'organisation professionnelle.
- Représentation idéalisée de la retraite.
- Changements physiques et psychiques.

Lutter contre le sentiment précoce de fin de vie professionnel semble reposer sur un traitement équitable de chacun, indépendamment de l'âge. Toute discrimination contribue à démobiliser les seniors et, par voie de conséquence, à justifier sur le plan économique, l'éviction de salariés non rentables. Les outils de diagnostic, d'audit et d'accompagnement individuel permettent d'assurer un traitement équitable. Veiller à l'équité inter-générationnelle est essentiel[1] pour agir sur cinq perceptions et limiter ainsi le SFVP (Marbot, 2001).

- Éviter la perception d'un plafonnement de contenu et donc offrir aux seniors de nouvelles activités, des missions et des défis leur permettant d'élargir le contenu de leur travail.
- Éviter la perception d'un plafonnement structurel en veillant à ce qu'il y ait des seniors promus, que parmi les hauts potentiels détectés, les seniors aient une place, même modeste, qu'il n'y ait pas de plafond de verre, arrivé à un certain âge, qui interdise toute progression de carrière (Marbot, Peretti, 2003).
- Améliorer la perception de l'intérêt du travail en veillant à ce qu'il conserve un sens, en évitant tout sentiment de « placardisation » dans un travail dénué d'intérêt.
- Améliorer la perception de l'employabilité des seniors en veillant à ce qu'ils bénéficient d'outils (bilans de compétences, de carrière) d'orientation et de moyens pour maintenir et développer leurs compétences (formation…) comparables à ceux des autres classes d'âges.
- Éviter la perception d'une routine en veillant à conserver un rythme adapté de changements technologiques et organisationnels.

Valoriser et reconnaître le travail des seniors est nécessaire pour accompagner la fin des cessations anticipées d'activité. À 50 ans, commence la seconde partie de la carrière et non la fin du parcours professionnel. C'est cela qui est de la responsabilité de tous.

---

1. Peretti J.-M, « L'équité générationnelle peut maintenir les seniors au travail » in *Entreprises et Carrières*, n° 673, 10 au 16 juin 2003.

CONCLUSION

La situation sans précédent de la décennie 2004-2013 impose le passage d'une culture de retrait précoce du marché du travail à un développement des capacités de travail des salariés les plus expérimentés. La logique de l'acquisition, du développement, de la conservation et de la valorisation des compétences des travailleurs en seconde partie de carrière doit remplacer celle de l'exclusion.

Toutes les parties prenantes portent une part de responsabilité dans l'adoption d'une logique d'éviction et d'indemnisation. Le contexte démographique et économique des années 1974-2003 a favorisé la permanence de cette culture du retrait anticipé. Il serait illusoire de croire que le nouveau contexte – non-renouvellement des générations des partants et pénurie de compétences – suffise à introduire de nouvelles logiques.

Les régulations ne s'imposent pas spontanément lorsqu'elles passent par une rupture avec des pratiques habituelles. Une volonté partagée par l'ensemble des acteurs peut seule apporter des résultats probants.

Toutes les parties concernées doivent devenir responsables de la poursuite de l'objectif « travailler mieux et plus longtemps ». Développer l'employabilité et le plaisir au travail des seniors (Thévenet, 2001), repousser après soixante ou soixante-cinq ans le sentiment de fin de vie professionnel (Marbot, 2001), sont des conditions essentielles. La réforme des régimes de retraite amorcée en 2003 en France modifie en partie la donne, en particulier en ne permettant plus la mise à la retraite avant 65 ans à l'initiative de l'employeur.

Bibliographie

MARBOT E., 2001, « Le sentiment de fin de vie professionnel chez les plus de 50 ans », thèse de doctorat, ESSEC-IAE d'Aix.

MARBOT E., PERETTI J.-M., 2002, « Revaloriser le travail des seniors : un enjeu stratégique pour les entreprises », *Revue de gestion des ressources humaines*, n°45, juillet-août-septembre 2002.

MARBOT E., PERETTI J.-M., 2003, « Une approche des fins de carrières grâce à l'introduction de la notion de sentiment de fin de vie professionnelle », in GUERRERO S., CERDIN J.-L., ROGER A., *La Gestion des carrières : enjeux et perspectives*, Vuibert, Paris.

SOCIOVISION COFREMCA (2003), *La Lettre de socio-vision Cofremca*, n° 55, juin 2003.

THÉVENET M. (2000), Le plaisir de travailler, Éditions d'Organisation, Paris.

Les transitions de carrière : de la responsabilité à l'égard de l'emploi à la responsabilité à l'égard de l'employabilité

Jacques IGALENS

Jusqu'en 1986, l'employeur français qui souhaitait procéder à des licenciements économiques devait obtenir une autorisation préalable de la part de l'administration. Même si celle-ci était le plus souvent accordée, les entreprises et notamment les PME se plaignaient néanmoins d'une aggravation de leurs difficultés conjoncturelles du fait du retard ou du refus auxquels elles étaient parfois confrontées.

La suppression de cette autorisation préalable[1] a pu être interprétée comme la marque de la diminution de la responsabilité de l'entreprise par rapport au niveau d'emploi, c'est-à-dire au nombre de salariés.

En réalité, cette suppression était déjà demandée par les employeurs au nom de la flexibilité et nombre d'entre eux assuraient qu'une plus grande facilité de licencier (pour cause économique) se traduirait par des embauches plus importantes. On sait que, depuis cette décision,

---

1. Disposition instituée par la loi du 3 janvier 1975 (75-5) et supprimée par les lois des 3 juillet 1986 (86-797) et 30 décembre 1986 (86-1320).

une procédure rendue de plus en plus contraignante au fil du temps[1] a encadré le droit des licenciements économiques si bien qu'il a été difficile d'apprécier l'impact de la suppression de l'autorisation administrative de licenciement sur le niveau d'emploi.

En revanche, ce que cette décision a pu changer, c'est la vision de la nature de la responsabilité de l'entreprise. Du point du vue du salarié, le « contrat psychologique » se caractérise par la perception d'une promesse, d'un engagement de l'entreprise à son égard (Rousseau, 1990, 1993). En France, plus que dans d'autre pays, la promesse d'un emploi durable a longtemps constitué la première caractéristique de ce contrat. Au-delà des salariés et de leurs représentants, l'environnement de l'entreprise, la presse, les pouvoirs publics et l'opinion partageaient également cette conviction. Excepté dans le cas des départs volontaires, l'entreprise qui embauchait contractait une responsabilité sociale, celle de conserver l'employé jusqu'à sa mise à la retraite.

Cette responsabilité française était souvent opposée à une conception « américaine » très différente selon laquelle l'entreprise embaucherait et débaucherait sans contrainte et sans état d'âme au gré du carnet de commandes[2]. À cet égard, on compare encore parfois les deux constructeurs aéronautiques Airbus et Boeing et leurs réactions face aux crises du secteur, l'un mettant tout en œuvre pour conserver ses employés et l'autre procédant très rapidement à des licenciements massifs[3].

Depuis la crise qui a suivi la première guerre du Golfe, il semble que cette vision de la responsabilité sociale de l'entreprise française ne soit plus inscrite dans les perceptions de ses environnements et que l'idée

---

1. Lois dites Soisson du 2 août 1989 (89-549), Aubry du 27 janvier 1993 (93-121), et loi dite de modernisation sociale du 17 janvier 2002.
2. Conception qu'il faudrait d'ailleurs largement nuancer.
3. À titre d'exemple, suite au retournement du marché après les attentats du 11 septembre, Boeing annonce un plan massif de suppression d'emplois touchant 30 000 personnes sur un effectif groupe de 70 000 salariés alors que, dans le même temps, Airbus annonce 6000 suppressions d'emplois mais sans licenciement sec – pour l'essentiel des départs volontaires, la fin du temps partiel, la diminution du travail temporaire, des heures supplémentaires et des contrats de sous-traitance (cf. article de Christophe JAKUBYS, « Malgré sa victoire sur Boeing, Airbus supprime 6000 emplois » in *Le Monde*, 18 janvier 2002). On parle d'ailleurs d'un « syndrome Boeing » pour caractériser les effets pervers d'une telle politique de réduction d'emplois : il désigne le fait de perdre des personnes clés ou des ressources stratégiques lors d'une baisse d'activité et de ne pas les retrouver lors du redémarrage.

selon laquelle il est naturel qu'une entreprise adapte en permanence, quantitativement et qualitativement, sa main-d'œuvre à ses besoins ait fait son chemin.

En revanche, si la responsabilité de l'entreprise par rapport au niveau d'emploi tend à s'estomper, un autre type de responsabilité ne cesse de progresser, la responsabilité de l'entreprise par rapport à l'employabilité de ses salariés. Une thèse a d'ailleurs été consacrée à la question de savoir si la promesse d'employabilité pouvait devenir un substitut à la promesse de carrière (Dany, 1997). De nombreux ouvrages ou articles récents ont également été consacrés à ce thème (Barjou, 1997 ; Ellig B. R, 1998 ; Finot, 2000 ; Roehling M. V *et al.*, 2000 ; Thierry, 2002).

La thèse centrale est assez simple : à défaut de pouvoir garantir l'emploi à vie de ses salariés, il faut que l'entreprise les maintienne en permanence en état d'être employables, c'est-à-dire d'être capables de trouver un emploi. Concernant les grandes entreprises (*a fortiori* les groupes), on peut distinguer l'employabilité interne – la possibilité de trouver un emploi au sein du groupe –, et l'employabilité externe – la probabilité de trouver un travail dans une autre société. La première permet à l'entreprise de se préparer aux évolutions futures alors que la seconde permet aux salariés de se protéger contre la précarité croissante sur le marché du travail.

Dans une première partie, nous évoquerons les origines du concept d'employabilité car son usage récent ne doit pas effacer ce qui a déjà été réalisé en son nom. Dans une seconde partie, nous montrerons les limites de ce transfert de responsabilité car, si la responsabilité par rapport à l'emploi ne peut plus être mise en œuvre par l'entreprise, la responsabilité par rapport à l'employabilité ne peut pas davantage reposer sur l'entreprise seule.

L'EMPLOYABILITÉ : UN CONCEPT ANCIEN, EN PARTIE RENOUVELÉ

L'employabilité est un concept intuitif et presque tautologique, la personne employable étant celle susceptible de trouver un emploi.

L'économiste français Bernard Gazier a étudié l'apparition et l'évolution de ce concept à travers l'histoire (Gazier, 1999) dans une recherche collective à la fois théorique et appliquée menée à la demande de la Communauté économique européenne. De ces travaux, qui ont permis de clarifier le contenu conceptuel de l'idée d'employabilité, ressortent quelques idées forces :

- On est passé d'une conception dichotomique (employable *versus* inemployable) à une conception graduée (plus ou moins employable).
- Perçue au départ comme une caractéristique de la personne, l'employabilité a progressivement été analysée en référence à l'environnement (la croissance crée de l'employabilité et la crise crée de l'inemployabilité).
- L'employabilité dépend de la position de celui qui l'évoque (problème de l'énonciation). Ce dernier point permet de distinguer entre les visions d'un médecin qui s'intéresse par exemple à l'employabilité des handicapés, d'un demandeur d'emploi, d'un représentant des pouvoirs publics (encore faudrait-il préciser la couleur politique du gouvernement) ou encore d'un directeur des ressources humaines d'entreprise.
- Enfin, si l'employabilité d'un individu a été pendant longtemps décrite de manière plutôt statique et peu interactive comme sa capacité à obtenir et conserver un emploi, les définitions les plus récentes insistent sur les dimensions dynamique et interactive.

L'employabilité est ainsi au cœur de la stratégie européenne pour l'emploi. Définie comme « la capacité d'insertion professionnelle » dans les conclusions de la présidence lors du Conseil européen extraordinaire sur l'emploi de Luxembourg en 1997, elle constitue depuis 1998 l'un des piliers des lignes directrices pour l'emploi. Les nouvelles lignes directrices pour 2003 identifient dix priorités d'action parmi lesquelles celle consistant à « promouvoir la capacité d'adaptation des travailleurs et des entreprises au changement » qui doit contribuer à soutenir les objectifs de plein emploi, de la qualité et de la productivité du travail et de la cohésion associée à un marché du travail favorisant l'intégration. De fait, certains (dont Gazier, 1999) considèrent l'employabilité non pas comme un concept précis et spécifique mais davantage comme un « agenda », un vaste « dessein politique ».

Deux acceptations majeures de l'employabilité se dégagent aujourd'hui :

- *L'employabilité comme stratégie de formation de groupes spécifiques en dehors du marché du travail* : l'employabilité se centre sur la question du chômage et des qualifications, et vise à garantir un suivi et une mise à niveau, particulièrement pour des groupes menacés de « marginalisation » sur le marché du travail.

- *L'employabilité en tant que partie d'une stratégie de stabilisation dans un parcours professionnel* qui devient de plus en plus chaotique[1]. Cette acception concerne la période de chômage mais également l'ensemble du parcours de vie d'une personne dans ses différents aspects (travail, formation, éducation, retraite). Cette approche novatrice est celle utilisée dans le débat flexibilité-sécurité organisé par la Commission européenne. Elle prend en compte non seulement la vie éducative et professionnelle mais aussi les interactions dynamiques entre les différentes politiques.

Les types de transition de carrière

Le concept de « parcours transitionnels de l'emploi » développé par Schmid fournit ainsi une vision globale de l'employabilité. En insistant sur les événements critiques, structurants ou déstructurants – tels que la perte d'emploi, la transition école/emploi/retraite –, l'auteur distingue cinq types de transition de carrière (Schmid, 1996), sachant que la lecture de chacun d'eux (sauf le dernier) peut également s'effectuer en inversant situation de départ et d'arrivée :

- transition au sein de l'emploi (entre différentes formes d'emploi ou combinaison de différents types d'emploi) ;
- transition entre chômage et emploi ;
- transition entre formation initiale et emploi ;
- transition entre emploi et autres formes d'activités sociales utiles (travail domestique ou bénévole) ;
- transition entre emploi et retraite.

Le premier type de transitions entre différentes formes d'emploi correspond à des changements traditionnels tels que le changement d'employeur mais aussi à des types de changement apparus plus récemment. Il va ainsi du reclassement opéré à l'intérieur d'un groupe (avec modification du contrat de travail) suite à un plan social[2], du changement (subi ou choisi) des horaires de travail, de la succession de différents types d'emploi tels que des contrats à durée déterminée ou des missions de travail temporaire, voire de la combinaison simultanée de plusieurs contrats de travail.

---

1. POCHET P., PATERNÔTRE M., « L'employabilité dans le contexte des lignes directrices de l'Union européenne sur l'emploi », Observatoire social européen, octobre 1998.
2. Depuis la loi de modernisation sociale en date du 17 janvier 2002, l'expression « plan social » est remplacée par celle de « plan de sauvegarde de l'emploi ».

La deuxième transition – entre emploi et chômage – est déjà très codifiée et recouvre essentiellement la mission traditionnelle confiée à des institutions telles que l'ANPE ou l'APEC. En revanche, la transition inverse – entre chômage et emploi – est beaucoup moins normée, probablement en raison de la multitude d'acteurs impliqués et des dispositifs qu'elle génère au titre de l'accompagnement des demandeurs d'emploi tels que le conseil d'orientation de carrière ou encore l'outplacement.

Le troisième type de transition – entre études/formations et emploi – comporte des situations fort différentes.

La première correspond à la fin des études initiales et il n'est plus conceptuellement approprié de faire débuter la vie professionnelle avec le premier emploi. De nombreuses modalités sont aujourd'hui à la disposition des jeunes diplômés (ou en voie de l'être) : stages de fin d'étude qui s'allongent et deviennent de véritables expériences professionnelles, années dites de césure (dans les écoles mais aussi de plus en plus à l'Université) qui permettent parfois de concilier un engagement personnel (ONG par exemple) et une situation professionnelle.

La deuxième situation correspond aux reprises d'études qui peuvent s'inscrire dans divers dispositifs selon qu'ils s'effectuent avec ou sans continuité du contrat de travail.

Dans le cadre du contrat de travail, il faut par ailleurs distinguer les formations à l'initiative de l'employeur qui entrent normalement dans le cadre du « plan de formation » de l'entreprise des formations, à l'initiative du salarié essentiellement mais non exclusivement dans le cadre du congé individuel de formation (CIF), et enfin les co-investissements employeurs et employés souvent réservés à des formations diplômantes.

Les problématiques et les enjeux sont alors différents selon ces cas de figure. Lorsque le salarié prend l'initiative d'une formation dans un objectif de réorientation de carrière, l'entreprise qui l'emploie n'est pas principalement concernée et le salarié se met souvent en situation de trouver un nouvel emploi.

En revanche, l'un des problèmes posés avec acuité à l'entreprise concerne les modes de reconnaissance des formations suivies dans le cadre du contrat de travail et avec son accord. Même si la liaison longtemps perçue entre formation et promotion s'est logiquement estompée, il n'en demeure pas moins que la logique de compétence voudrait qu'une acquisition ou un perfectionnement de compétences fût reconnu et récompensé.

La quatrième transition décrite par Schmid concerne les transitions *entre emploi et autres formes d'activités sociales utiles*. Il s'agit avant tout des femmes qui souhaiteraient nouer ou renouer avec la vie professionnelle après avoir passé une période de leur vie consacrée à leur foyer.

La dernière transition enfin concerne essentiellement la préparation et le passage de l'emploi à la retraite. Si, aux États-Unis, le passage inverse a pu être observé, il reste assez marginal en France, sauf dans le cas des anciens militaires.

L'ensemble de ces transitions se multiplie et se modifie considérablement depuis 20 à 30 ans[1]. D'abord, elles s'avèrent bien plus nombreuses aujourd'hui sur le marché du travail : si on s'en tient aux transitions sur ce marché au sens strict (entre emploi-emploi, emploi-chômage, et symétriquement chômage-chômage), environ 17 % de la population active a connu une telle transition en 2001 contre 12 % en moyenne annuelle sur la période 1974-1985. Ensuite, le chômage apparaît au cœur de ces transitions : il y a 30 ans, dans un cinquième des cas, les transitions sur le marché du travail s'effectuaient d'emploi à emploi. Aujourd'hui, dans la moitié des cas, ces transitions sont vers le chômage ou proviennent du chômage.

Comment dès lors parvenir à une organisation et une gestion efficace de l'ensemble de ces transitions qui toutes requièrent une prise en charge ou un accompagnement institutionnel mais qui mobilisent de façon différenciée des acteurs et des dispositifs publics et privés ?

UNE RESPONSABILITÉ NÉCESSAIREMENT COLLECTIVE ET PARTAGÉE

La sécurisation des trajectoires nécessite un aménagement de ces transitions de carrière qui implique la participation et la collaboration de nombreux acteurs – pour l'essentiel, l'entreprise, le salarié, les partenaires sociaux et les pouvoirs publics – autour de dispositifs multiples et variés.

---

1. GAUTIÉ J., « Transitions et trajectoires sur le marché du travail en France : mutations et conséquences », in *Les Troisièmes Entretiens de l'emploi*, L'Observatoire de l'ANPE, 19 et 20 mars 2003.

Concernant l'entreprise, elle participe essentiellement par deux modalités que sont la formation et la mobilité, la première devant favoriser l'employabilité et par là même faciliter les mobilités professionnelles.

La formation est en effet souvent considérée comme l'élément essentiel dans la recherche d'amélioration de l'employabilité. La Commission des communautés européennes plaide depuis quelques années pour la formation tout au long de la vie (« lifelong learning ») et considère l'investissement dans le capital humain comme l'une des priorités de la stratégie européenne en matière d'emploi (Commission européenne, 2003). Si l'on en croit certains experts, 80 % des qualifications actuelles seraient obsolètes dans 10 ans[1] et de plus en plus de personnes vont devoir s'adapter au cours de leur vie active à un changement d'emploi ou de carrière nécessitant des compétences différentes. Ainsi, alors que la proportion d'adultes en formation est actuellement de 8,4 % dans l'Union européenne, les instances communautaires demandent que ce chiffre soit porté à 15 %.

Mais la seule progression de ce chiffre ne suffira pas à améliorer les relations entre formation et emploi.

D'abord, de nombreuses études ont montré que, pour être tout à fait efficaces, les politiques de formation doivent s'accompagner de nombreuses créations d'emploi, sinon les personnes formées et toujours inemployées courent le risque d'une grande frustration.

Ensuite, les évaluations des programmes de formation mis en place dans les pays de l'OCDE concluent que ces interventions ont un rendement médiocre, voire non significatif, particulièrement lorsqu'il s'agit de formations « accessibles à tous les chômeurs qui ne sont pas destinées à répondre à des besoins précis du marché du travail ou encore les formations trop générales ou celles dont le contenu est trop formel » (OCDE, 1997).

Enfin, si la comparaison des pratiques des entreprises en matière de formation continue fait apparaître une grande diversité dans l'Europe des 15[2], il en ressort néanmoins de nombreux points de convergence. En premier lieu, les pratiques apparaissent clivées notamment entre gran-

---

1. « Task force de haut niveau sur les compétences et la mobilité », rapport final pour la Communauté économique européenne, décembre 2001.
2. THERY M., ROUSSET P., ZIGMUNT C., *L'Europe de la formation tout au long de la vie reste à construire*, Bref Cereq, n° 187, juin 2002.

des et petites au détriment de ces dernières. En second lieu, la formation dispensée par les entreprises s'adresse principalement aux salariés les plus qualifiés alors que les experts s'accordent à dire que c'est la formation continue dispensée aux moins diplômés qui offre le rendement le plus élevé. En troisième lieu, les entreprises écartent trop souvent les salariés de plus de 45 voire 40 ans des actions de formation continue. De fait, paradoxalement, en favorisant les plus qualifiés ou en excluant une classe d'âge, le risque est que la formation continue contribue à un renforcement des discriminations et non à leur réduction.

Qu'en est-il dans ces conditions de la mobilité professionnelle ? La tendance en Europe n'est pas au changement d'emploi fréquent : en moyenne en 2000, seuls 16,4 % des personnes occupaient un emploi depuis moins de un an, contre environ 30 % aux États-Unis.

Pourtant, des recherches récentes en France se sont intéressées à la contribution de la mobilité interne à la création de valeur[1] et démontrent ses apports à l'efficience du marché interne du travail, à l'exécution de la stratégie et à la valorisation du capital humain. Les observations de terrain conduisent à affirmer que la mobilité interne « prendrait de plus en plus le pas sur le recrutement externe comme mode d'ajustement prioritaire ». Cette préférence s'expliquerait par le fait que le recrutement en interne d'un personnel déjà connu des managers et acquis aux valeurs de l'entreprise limiterait les risques de comportements opportunistes et les risques d'erreurs de recrutement. La mobilité interne serait en outre un meilleur prédicteur de la capacité à trouver du travail que la formation, toutes choses égales par ailleurs.

Des statistiques françaises attesteraient cette tendance. Selon l'enquête annuelle de l'APEC, sur la mobilité par exemple, 28 % des cadres qui étaient en activité au début de l'année 1999 ont connu au moins un type de mobilité, qu'il s'agisse d'un changement de fonction, de service ou encore d'établissement : parmi eux, 18 % ont changé en interne et 10 % ont changé d'entreprise. Selon les derniers baromètres de conjonctures sociales de l'ANDCP, en 1998, 47 % des entreprises envisageaient d'augmenter la mobilité interne dans l'année contre 38 % en 1995.

---

1. ABRAHAM J., « Mobilité interne et création de valeur », article à paraître dans la revue de *Gestion des ressources humaines*.

Cependant d'autres recherches constatent que l'accroissement des mobilités s'est réalisé au prix d'une montée de la précarité. Un travail réalisé en France sous l'égide du Commissariat général du plan a permis de faire un bilan rétrospectif de l'évolution des mobilités professionnelles depuis 20 ans et d'examiner la manière dont les trajectoires se sont modifiées[1]. Si l'on assiste en effet à une forte augmentation du nombre des mouvements sur le marché du travail au cours des deux dernières années[2], les mobilités actuelles sont sources de fortes inégalités. Les caractéristiques individuelles dont la qualification, l'âge et le genre apparaissent déterminantes sur les carrières, et les risques de déstabilisation dans l'emploi concernent principalement les non qualifiés, les jeunes non diplômés et les femmes malgré un début de rapprochement des carrières avec les hommes.

Le salarié en tant qu'acteur de son employabilité

Devant de tels constats, quels sont le rôle et la responsabilité qui incombent au salarié dans la gestion de leur parcours professionnel ? Si la responsabilité de l'entreprise ne saurait être écartée car celle-ci détient un rôle capital dans la formation et la mobilité interne de l'individu, les discours actuels sur l'employabilité mettent l'accent sur la nécessité d'une plus grande responsabilisation des salariés. L'individu semble de plus en plus encouragé à adopter une attitude proactive envers sa carrière dans un contexte où le contrat psychologique change de nature pour passer d'un contrat relationnel – basé sur un engagement mutuel sur le long terme et la confiance – à un contrat essentiellement transactionnel – regroupant des obligations à court terme, à portée limitée et fondées sur l'échange entre les parties[3].

Cependant cette idée du salarié acteur de son employabilité – de façon à maintenir sa valeur sur le marché du travail qu'il soit interne ou externe – n'a de sens que si elle est encouragée et facilitée par les partenaires sociaux et les pouvoirs publics.

---

1. GERME J.-F., *Les Mobilités professionnelles : de l'instabilité dans l'emploi à la gestion des trajectoires*, La Documentation française, février 2003, 126 pages.
2. Avant 1985, 12 % des actifs quittaient ou retrouvaient un emploi d'une année sur l'autre, ce taux passe à 16 % après 1990.
3. MACNEILL I. R., 1985, "Relationnal contract : what we do and do not know", *Wisconsin Law Review*, p. 483-525.

L'accord national interprofessionnel du 20 septembre 2003 sur l'accès des salariés à la formation tout au long de la vie professionnelle[1] qui réforme un dispositif datant de plus de 30 ans va indéniablement dans ce sens avec la création d'un droit individuel de formation. Ce droit permet à tout salarié titulaire d'un contrat à durée déterminée et ayant un an d'ancienneté dans l'entreprise qui l'emploie de bénéficier d'un crédit de 20 heures (pour les salariés à temps complet) cumulable sur 6 ans. Ce droit relèvera dans sa mise en œuvre de l'initiative du salarié après accord formalisé avec l'employeur et sera transférable à certaines conditions notamment en cas de licenciement, de fermeture d'entreprise ou de restructuration.

Par ailleurs, cet accord sur l'accès à la formation tout au long de la vie met à la disposition des salariés les deux outils que sont le bilan de compétence et l'entretien professionnel. Le premier sera accessible aux salariés après 20 ans d'activité professionnelle (et, en tout état de cause, à compter de son 45e anniversaire) à condition d'avoir un an d'ancienneté dans l'entreprise qui l'emploie et sera mis en œuvre en dehors du temps de travail. Ces mêmes salariés bénéficient en outre d'une priorité d'accès à une validation des acquis de l'expérience (VAE). Le second est quant à lui ouvert aux salariés ayant au moins deux ans d'activité dans une même entreprise et sera réalisé par l'entreprise. Cet entretien professionnel pourra alimenter un document établi à l'initiative du salarié, « le passeport formation », qui recensera les connaissances, compétences et aptitudes professionnelles acquises par la formation initiale ou continue ainsi que par ses expériences professionnelles.

Ces outils dans leur principe peuvent se révéler d'une aide précieuse pour le salarié en contribuant à la reconnaissance des compétences. Cette reconnaissance constitue un enjeu dans le cadre des reconversions et des mobilités inter-entreprises et inter-secteurs professionnels : repérer et nommer ses compétences est nécessaire pour s'en prévaloir dans la recherche d'un nouvel emploi.

Plus généralement, les pouvoirs publics jouent un rôle croissant dans l'organisation des transitions. Ainsi, dans le cas des restructurations qui constituent un exemple de transitions souvent négatives pour les individus, l'intervention des pouvoirs publics se réalise selon deux modalités. Il s'agit d'abord d'une intervention qui tend à promouvoir

---

1. « Les partenaires sociaux créent un droit individuel à la formation », *Liaisons sociales* du 23 septembre 2003, n° 13974.

l'application de solutions négociées en encourageant et en facilitant le dialogue avec les partenaires sociaux (notamment dans le cadre des plans sociaux). Il s'agit ensuite de la mise en place de dispositifs d'accompagnement des salariés licenciés qui s'articulent autour de mesures « passives » de garantie des ressources et de continuité de la protection sociale (revenu de remplacement, indemnités légales ou conventionnelles de licenciement) et des mesures « actives » d'accompagnement sur le marché du travail (dispositifs publics ou privés d'aide à la recherche d'emploi). Les premières ont pour objectif d'assurer aux salariés les ressources financières minimales nécessaires alors que les secondes ont pour finalité une réintégration rapide sur le marché du travail dans le cadre de parcours davantage individualisés.

On voit bien là les limites du transfert de la responsabilité de l'entreprise de l'emploi vers l'employabilité. La littérature actuelle tant française qu'européenne est particulièrement abondante depuis quelques années sur ce sujet de la responsabilité sociale appliquée aux restructurations[1]. L'idée sous-jacente est qu'il existe une multitude de façon de se restructurer mais qu'une modalité responsable est à la fois possible et souhaitable au sens où elle se révèle bien plus efficace lorsqu'elle équilibre les intérêts de toutes les parties prenantes (employeur, salariés, pouvoirs publics nationaux et locaux, partenaires sociaux...).

En ce domaine, l'étude des meilleures pratiques laisse penser que le principe d'une responsabilité partagée de l'ensemble des acteurs tout au long du processus de restructuration – dans une triple logique de prévention, de contrôle mais aussi d'accompagnement des salariés – constitue une condition essentielle pour parvenir à un traitement socialement responsable des restructurations.

---

1. « Pratiques socialement responsables en matière de restructuration et de sous-traitance », rapport remis à la Fondation pour l'amélioration des conditions de travail et de vie, Dublin, 2002.
SEGAL J.-P., SOBZACK A., « Triomphe C.E., 12 entreprises européennes socialement responsables ? », in *Liaisons sociales Europe* n° 65, octobre 2002.
« Socially responsible enterprise restructuring, A joint working paper of the International Labour Organization and the European Baha'i Business Forum, 2002 », disponible sur le site www.ebbf.org.
« Restructurations d'entreprises socialement responsables. Échanges d'expériences et de bonnes pratiques, OIT, conférence des 3 et 4 avril 2003, Athènes », papiers disponibles sur le site www.itcilo.it.
Commission européenne, « La responsabilité sociale des entreprises, une contribution des entreprises au développement durable », Luxembourg, 2002.

Pour autant, la problématique des transitions de carrière ne se limite pas à illustrer le passage d'une responsabilité de l'entreprise à l'égard de l'emploi vers une responsabilité à l'égard de l'employabilité. Des développements récents insistent sur la dimension externe de la responsabilité sociale de l'entreprise qui recouvre l'accompagnement des salariés au-delà du contrat de travail mais aussi la responsabilité à l'égard des sous-traitants et du territoire. Autant de domaines qui là encore nécessitent pour leur mise en œuvre une collaboration étroite entre différents acteurs.

Bibliographie

BARJOU B. (1997), « Faites le point sur votre employabilité », Éditions d'Organisation.

COMMISSION EUROPÉENNE (2003), « Communication from the commission of the council, the European parliament and social committee and the committee of the regins : The future of the European Employment Strategy ».

DANY F (1997), « La promesse d'employabilité : un substitut possible à la promesse de carrière ? », thèse de doctorat, Université Jean-Moulin, Lyon III.

ELLIG B. R. (1998), « Employment and employability : foundation of the new social contract », *Human Resource Management*, Summer 1998, vol. 37, n° 2, p. 173-175.

FINOT A. (2000), *Développer l'employabilité*, INSEP Consulting Editions.

GAZIER B. (1999), « Assurance chômage, employabilité et marchés transitionnels du travail », Cahiers de la M SE, n° 9903, 18 p.

GAZIER B. (1999), « Employability, Concepts and Policies », rapport établi pour la Commission européenne, DGV, Berlin, IAS.

OCDE (1997), « La mise en œuvre de la stratégie de l'OCDE pour l'emploi, l'expérience des pays membres », Paris.

ROEHLING M. V., CAVANAUGH M. A, MOYNIHAN L. M., BOSWELL W. R., « The nature of the new employment relationship : a content analysis of the practitioner and academic literatures », *Human Resource Management*, Winter 2000, vol. 39, n° 4, p. 305-320.

ROUSSEAU D. (1996), « Changing the deal while keeping the people », *Academy of Management Executive*, vol. 10, n° 1, p. 50.61.

ROUSSEAU D. M. (1990), « New hire perceptions of their own and their employer's obligations : a study of psychological contracts », *Journal of Organizational Behavior*, vol. 11, n° 5, p. 389-400.

ROUSSEAU D. M., PARKS J. M. (1993), « The contracts of individuals and organizations », *Research in Organizational Behavior*, vol. 15, p. 1-43.

SCHMID G et al. (1996), *International Handbook of Labour Market Policy and Evaluation*, éd. Edward Elgar, Cheltenham.

THIERRY D (2002), *20-40-60 ans, dessinons le travail de demain*, Éditions d'Organisation.

15

Le salarié responsable de son futur métier ?

Luc BOYER

Les acceptions du mot « métier », particulièrement dans notre pays, sont nombreuses. Si le concept de métier individuel – son évolution et sa maîtrise pour tout salarié à moyen et long terme – sera l'objet central de notre contribution, il ne peut être isolé de celui de métier d'entreprise, voire de celui de métier sectoriel.

LE CONCEPT DE MÉTIER

Le métier individuel : un concept diversement appréhendé

L'ancrage du métier en France et, de façon plus générale, dans les pays d'influence latine (Bouayard, 2000) éclaire de façon relativement précise son origine et son évolution. Dès le IXe siècle, on voit apparaître les termes de *menestier* ou *mestier* qui expriment les notions de *fonction, service...*, de *ministère*. Ces termes s'appliquent naturellement au *service divin* ou au *métier des armes* puis, par extension, à ceux qui exercent une profession, un art, ce qui suppose des connaissances, un savoir-faire, comme c'est le cas pour un artisan ou un ouvrier professionnel.

Rapidement, les machines, les outils qui servent à une occupation récupèrent en quelque sorte le mot : on parlera, par exemple, de métiers à tisser.

305

Les gens de métiers s'organisent, à la fois pour transmettre mais aussi protéger ou verrouiller le savoir : le compagnonnage, la corporation, apparaissent, renforçant l'idée de professionnalisation, de compétences individuelles.

L'idée d'entreprendre prolonge, peu à peu, la mise en œuvre du savoir-faire individuel, donnant ainsi naissance à la néo-entreprise ou plus exactement à des ensembles de compétences voisines, plus collectives, amorce du métier d'entreprise.

Cette vision originelle d'un métier individuel, essentiellement technique, est moins présente dans les approches anglo-saxonnes.

De façon caricaturale, on dira que les Anglais ont, au départ, pensé le métier individuel comme un commerce (*trade*), un artisanat (*craft*) tandis que les Américains mettaient en exergue le *business* – c'est-à-dire le ou les affaires –, *le job*, la fonction ou le titre.

En Allemagne, Luther, en initiant la Réforme, voit dans le travail sa dimension humaine, religieuse ; le métier (*Beruf*) étant pour l'homme la façon d'exister, de s'accomplir.

Le point commun à ces différentes acceptions historiques du métier reste l'idée d'une compétence individuelle, souvent à dominante technique. C'est ce concept que nous retiendrons dans un premier temps pour définir le métier individuel.

Parallèlement ou parfois en opposition au concept de métier, accéléré par l'industrialisation, se développe l'idée du poste ou de la fonction. Le poste correspond à un ensemble d'activités, construit par la division du travail, propre à une organisation donnée : c'est une unité élémentaire de transformation qui peut recouvrir plusieurs fonctions, au sens donné par Fayol (1966) à ce terme.

Au sens large, le métier est, quant à lui, constitué par un ensemble d'acquis, de connaissances et d'habiletés à la transformation d'un produit ou à la fourniture d'une prestation, et utilisé dans le cadre d'une technique dominante susceptible d'évoluer.

Le métier confère une identité à un salarié : l'homme de métier est celui qui détient des savoirs et savoir-faire reconnus dans la société et valorisés sur le marché du travail, par exemple grâce à une position dans une grille de classification et de salaire.

Aborder l'évolution d'un métier individuel passera ainsi par l'identification des compétences individuelles, voire collectives, requises. Au minimum, les compétences sont des capacités à effectuer un ensemble de tâches précises, observables et mesurables ; c'est une disposition à mobiliser, combiner, mettre en œuvre des ressources (savoirs, savoir-faire, savoir être) ; la compétence n'apparaît que dans sa mise en œuvre en situation de travail, à partir de laquelle elle est validée.

Le métier d'entreprise

La notion de métier de l'entreprise – telle que nous la percevons aujourd'hui – est relativement récente. Elle a apporté, à partir des années 1960-1970 une dimension supplémentaire à la réflexion stratégique par rapport aux outils de la segmentation (Anastassopoulos, Ramanantsoa, 1982). Les opérations de recentrage de la firme ont, en particulier, développé ce concept.

Le métier d'une organisation peut se définir comme l'ensemble des compétences mises en œuvre et dont la coordination permet d'opérer sur un ou plusieurs segments stratégiques.

L'environnement de l'entreprise, sa concurrence, sa structure et son organisation, le choix des dirigeants, se traduisent par un découpage (segmentation) en constante mutation et fortement arbitraire.

Le métier de l'entreprise constitue, au contraire, une réalité certes en évolution – généralement lente – mais en principe suffisamment stable pour permettre la création d'une continuité technique, d'un lien social et d'une dimension identitaire forte. Pas plus qu'on ne saurait confondre métier et segmentation, il n'y aura lieu de voir dans un métier d'entreprise une simple juxtaposition ou une somme de compétences individuelles, fussent-elles distinctives. À celles-ci s'ajoutent les compétences organisationnelles, structurelles, relationnelles, financières... En ce sens, le métier d'entreprise se rapproche de la notion de compétence collective, voire sociale.

La troisième acception – le métier sectoriel – retiendra un instant notre attention.

Le métier sectoriel

Le métier sectoriel trouve son origine dans une désagrégation des données macro-économiques.

Vaste ensemble de tâches et de fonctions contenues dans un secteur tel que la santé, la sidérurgie, les télécommunications, l'industrie automobile ou le tourisme, le métier sectoriel ne saurait être, *a priori*, totalement absent d'une réflexion prospective sur la gestion du métier individuel.

La demande, en France, a toujours été forte pour ce type de réflexion. Conscients des désajustements présents et futurs entre offre et demande d'emploi, les institutions publiques ou privées comme les individus ont toujours souhaité une cohérence qui serait apportée par une vision globale, macro-économique, déclinée de façon incitative voire directive pour appréhender le devenir des métiers.

Le mythe est tenace sur la capacité qu'aurait la société à maîtriser le calcul des besoins, dans une économie suffisamment planifiée, pour le moyen et long terme, en matière de qualification.

Régulièrement, des responsables sociaux-professionnels, inspirés tout à la fois par une pensée centralisatrice et libérale (!), reprennent le même discours incantatoire, alléguant soit qu'une logique économique, appuyée par des mesures de caractère général, autoritaires, permettait un pilotage que les travailleurs pourraient accepter facilement, soit qu'un marché du travail se comportant comme un marché classique, sans barrière, flexible – ne serait-ce que par l'ajustement par les prix – ferait converger offre et demande.

Après 20 ou 30 ans de modèles de plus en plus sophistiqués, différentes raisons conduisent à douter du concept de métier sectoriel.

Les secteurs de plus en plus hétérogènes se télescopent parfois même à l'intérieur d'une même firme ; d'où des problèmes de relations sociales, d'identification sectorielle, de convention collective. Par ailleurs, l'espace, c'est-à-dire les déplacements, l'aménagement du territoire, vient déstabiliser une approche centrée sur la seule dimension professionnelle. Enfin, le comportement social, une certaine surqualification professionnelle, incitent curieusement à une mobilité autant intersectorielle qu'intra-sectorielle.

En résumé, si on ajoute qu'un déficit de la demande n'entraîne pas toujours – loin de là – une augmentation du prix du travail, on peut penser que l'étude du métier sectoriel et sa prospective sont sans grande application pratique pour la maîtrise du devenir du métier individuel.

LE COMPROMIS DE LA CONFIANCE : TRAVAIL CONTRE SÉCURITÉ D'EMPLOI

Le capitalisme industriel, autrement dit la forme du capitalisme basée sur l'accumulation des biens de production, s'implante au XXe siècle en créant un rapport différent du chef d'entreprise au capital (développement du capital fixe au détriment du capital circulant) ainsi qu'aux ressources (matières premières et humaines). L'organisation des entreprises se caractérise par une intégration verticale autour de ce qu'on appellera plus tard le métier de l'entreprise, minimisant les risques et les coûts de transaction, concentrant le personnel de plus en plus productif, rationalisant le travail en parcellisant les tâches.

L'organisation devient la fonction clé du succès, fondée sur le concept d'une compétence collective, « le savoir agir ensemble » (Zarifian, 1988). Le rapport au temps change de nature ; aux échanges en temps réel ou à court terme du marchand médiéval succèdent des investissements et des échanges sur longue période accompagnant les innovations techniques, la fixité de la main-d'œuvre, la recherche du profit à terme.

En rupture totale avec la logique de l'artisanat, de l'« ouvrier » responsable de la production et de la vente de son talent, se substitue la rationalisation du travail dont *le poste* est la concrétisation et le symbole.

Situation de travail indépendante de la personne qui l'occupe, le poste devient l'élément de référence dans les grilles de classification, les rémunérations. Partie prenante de la définition de l'emploi, le poste constitue l'unité de base de l'organigramme.

À partir de cette structure par poste, cette compétence collective, cette concentration de capital et d'hommes, se développe une socialisation du travail. S'appuyant sur le ou les métiers de l'entreprise, cette dernière garantit en quelque sorte pour le moyen et le long terme à chacun des membres de la collectivité la stabilité des postes, c'est-à-dire l'emploi.

Ainsi s'est mis en place une espèce d'équilibre – contesté parfois par de violentes luttes syndicales et souvent atrophiant le développement personnel – dans lequel, en échange de la soumission aux critères d'exigence d'un poste, le personnel était déchargé de la responsabilité de son avenir et *a fortiori* de la maîtrise de son futur métier.

La remise en cause du modèle social

Après 150 ans d'intégration industrielle, tout se passe comme si l'entreprise ne semblait plus à même d'offrir à ses salariés et son environnement un cadre permettant d'assurer en même temps la pérennité de son ou de ses métiers, le profit, la rémunération du capital, une organisation stable.

La période de croissance (en particulier les fameuses « trente glorieuses ») s'était traduite par des stratégies offensives de diversification, sans fondamentalement remettre en cause le management social.

Les chocs pétroliers, les innovations – en particulier avec les TIC –, la mondialisation des productions et des échanges, les fortes perturbations de l'environnement, ont conduit les entreprises à modifier leur organisation et leur management.

Bien des éléments ont entraîné une complexité beaucoup plus grande de la gestion de la firme : le recentrage qui s'est effectué soit sur le ou les métiers fondamentaux de l'entreprise, soit sur un métier marginalement maîtrisé mais appelé probablement à un fort développement, l'externalisation poussée d'activités, l'importance accrue de la sous-traitance, l'exigence de résultats financiers à court terme (à l'exception assez fréquente des moyennes entreprises patrimoniales), une flexibilité poussée, condition de toute réactivité, l'abaissement des coûts de transaction et un rôle nouveau attribué à la gouvernance, la compétition mondiale avec l'arrivée des NPI (« nouveaux pays industrialisés »), la dissociation des lieux de production et des lieux de consommation…

Dans un tel contexte, le poste et la fonction ne sont plus capables d'expliquer ou de décliner la stratégie de la firme. Le rôle croissant du ou des savoirs de la firme, leur management, rendent nécessaire l'abandon partiel ou total de la gestion par les postes au profit d'une approche fondée sur le savoir-faire de chaque salarié ou groupe de salariés (gestion par projet).

Curieusement, cette formidable dérégulation organisationnelle et sociale se met en place sans qu'une solide réflexion sur sa préparation, son accompagnement, ses conséquences individuelles et collectives ait été conduite.

On constate seulement que certains syndicats, certaines organisations, certains leaders d'opinion, après un élan d'enthousiasme dû à cette libération partielle prévisible du « joug » taylorien et l'épanouissement personnel possible correspondant, émettent des réserves de plus en plus vives devant ce déplacement de responsabilité et la précarité qui peut s'ensuivre.

L'APPARITION D'UN NOUVEAU MODÈLE : LE SALARIÉ RESPONSABLE DE SON FUTUR MÉTIER

Les analyses précédentes mettent en valeur deux types d'enjeu, de changements majeurs, auxquels sont confrontés les salariés des entreprises publiques et privées. Ces enjeux sont deux volets d'un même phénomène :

- Les métiers sont appelés à changer assez fondamentalement de contenu, beaucoup plus rapidement que par le passé, en liaison ou pas avec l'évolution des métiers de l'entreprise.
- La responsabilité de l'emploi à terme, hier encore – relevant de l'entreprise – fondée sur le concept stable du poste et partie intégrante de l'échange poste/travail/emploi, bascule progressivement sur le salarié lui-même, à qui on demande, avec plus ou moins d'accompagnement, de gérer son futur, son futur métier.

Il y a, à l'évidence, un lien étroit entre l'évolution du contenu de l'emploi, du métier, la mutation d'un métier à un autre, la modification du management et de l'organisation d'une part et la responsabilité du salarié vis-à-vis de son futur travail d'autre part.

L'évolution des métiers et de leur contenu

Nous avons vu que pendant les 150 dernières années le concept même de *métier individuel* avait perdu beaucoup de son sens, voire de son intérêt.

La prise de conscience que la firme, ces dernières années, exploitait d'abord un portefeuille de ressources composé pour l'essentiel de savoirs redonne au *métier individuel* toute sa pertinence.

Tout se passe comme si nous rentrions dans un processus de rétro-management ; un rééquilibrage s'effectue au profit de la valeur de chaque individu, de ses compétences, de son métier. Le métier, dans une minorité de cas, s'identifie pleinement au métier de l'entreprise : un pharmacien, un expert-comptable, un informaticien dans un groupe pharmaceutique, une société d'audit, une SSII (services informatiques) par exemple. Mais dans la majorité des cas le poste ou la fonction principale (le métier pour celui qui l'occupe) ne s'identifie pas au métier de l'entreprise : combien de spécialistes de la constitution de la matière sur l'ensemble du personnel du CEA (Commissariat à l'énergie atomique). Il s'agit de métiers transversaux, curieusement relativement peu étudiés, auxquels s'applique souvent pleinement le concept de fonction (au sens de Fayol).

Dans ce phénomène général de désocialisation de la firme, la logique de compétence se substitue à la logique de poste, créant une véritable opportunité de développement pour les uns et une vulnérabilité nouvelle ou accrue pour les autres : ceux qui n'ont pas de *métier* à vendre ou mieux qui sont en train de perdre la protection d'un statut, d'un poste.

La problématique d'une prospective des métiers peut prendre diverses orientations :

- Il s'agira pour l'organisation et l'individu de s'intéresser à l'évolution des compétences nécessaires à l'exercice d'une activité, d'un métier.
- Il y aura lieu de prendre en compte les relations entre le devenir d'un métier individuel et le métier de l'entreprise auquel il se rattache. Les articulations entre l'un et l'autre sont souvent plus complexes qu'il n'y paraît : par exemple, ce n'est pas parce qu'un métier d'entreprise est stagnant ou décroît même sensiblement qu'il ne peut procurer des débouchés intéressants compte tenu parfois du taux de renouvellement des effectifs, qui peut être plus important que celui de la décroissance elle-même.
- Pour chaque métier, on pourra au moins se poser trois types de questions. S'agit-il :
  • D'un métier « perdu » pour lequel, quel que soit l'effort de formation, la certitude de l'abandon est acquise ?
  • D'un métier en survie positive pour lequel les compétences nécessaires à son exercice doivent évoluer avec les formations correspondantes ?
  • D'un métier naissant, au contenu pas toujours facile à cerner ?

Par ailleurs, le devenir d'un métier individuel, même évolué et identifié finement, devra prendre en compte le fait que ce métier ne constitue que rarement une catégorie homogène.

Le métier d'homme de marketing, par exemple, recouvre des responsabilités ou fonctions très diverses : directeur ou responsable marketing, chef de marché, chef de produit, responsable d'études, de projet, conseil..., tout cela décliné dans des contextes (secteurs) différents.

L'évolution des diverses composantes d'un métier n'est pas homogène : de nombreux facteurs devront être pris en compte :
- les variables contextuelles d'organisation, de filières, de métier d'entreprise ;
- les mutations technologiques, tel l'impact considérable des TIC ;
- les changements économiques comme la mondialisation, les vagues de concentration et fusions ;
- les évolutions juridiques et institutionnelles, comme celles relevant de l'écologie, des conditions de travail ;
- les mutations sociologiques comme les changements de comportement du consommateur, des acteurs.

Il convient, en permanence, de placer toute réflexion sur le contenu des métiers individuels dans une dimension rétrospective et prospective. En effet, un historique des métiers permet une meilleure compréhension de la construction du métier individuel. Il conduit à relativiser parfois l'importance du présent dans la détermination du futur, ce que Michel Godet appelle « l'illusion des nouveaux métiers ». La capacité d'un métier individuel à supporter plusieurs périodes de mutation doit nous inciter à être plus circonspects quant à l'impact de mutations répétées ou anticipées.

À titre d'illustration, l'approche du devenir du métier de facteur montre bien la complexité et l'interaction des différentes responsabilités.

Le métier de facteur est resté stable pendant des dizaines d'années. Sans doute cette longévité explique-t-elle – pour une part – la bonne image qu'entretiennent les près de 100 000 facteurs avec leurs « usagers » (remarquons que les facteurs ne connaissent que peu ou pas leurs vrais clients c'est-à-dire ceux qui paient le transport du courrier)[1].

Le métier de facteur est appelé à évoluer rapidement dans les toutes prochaines années, une fois que la stratégie selon laquelle toute « Poste » se doit de bien maîtriser l'adresse et le contrôle du dernier kilomètre sera confirmée.

---

1. Il y aurait lieu de distinguer courrier privé et courrier d'entreprise, et autres segmentations...

Les changements envisageables concernent des domaines très variés, entre autres :

- les processus de production : mécanisation du tri du courrier, portage des objets spéciaux ;
- la distinction du centre de tri ou de distribution du bureau de poste lui-même ;
- une externalisation partielle des services de La Poste ;
- une meilleure valeur ajoutée pour le client, expéditeur ou destinataire, gestion de l'adresse, retour d'information automatisé, services de proximité ;
- une organisation et un management renforçant la responsabilité individuelle ou collective ;
- l'acquisition de connaissances nouvelles en informatique, connaissance des besoins des clients... ;
- un développement de la technicité, de la polyvalence, de la dimension commerciale du métier de facteur ;
- la déréglementation européenne ou mondiale de la distribution du courrier ;
- le concept de service public, nécessitant soit des subventions, soit des péréquations ;
- le vieillissement et la fatigabilité du facteur moyen ;
- la surqualification ou la sous-qualification du personnel.

Le problème qui se pose à l'ensemble des acteurs – des pouvoirs publics, de la direction aux syndicats et au facteur lui-même – n'est pas d'appréhender l'impact, en partie prévisible voire mesurable, de chaque modification provoquée, mais bien davantage d'avoir une vue prospective des effets de l'intégration de l'ensemble des projets et des évolutions sur le métier de facteur.

Des expériences sont certes conduites, intégrant des technologies nouvelles et modifiant l'organisation. On est encore très loin, en particulier en ce qui concerne le contenu de chaque emploi, d'une anticipation individuelle ou collective, concertée, du futur métier de facteur.

Adopter une position dichotomique – ancien/nouveau métier – suppose de porter une appréciation tranchée dans des situations complexes et marquées par la diversité.

À vrai dire, les innovations technologiques, compte tenu de l'extrême diversité et imbrications des techniques et sciences déjà existantes, créent beaucoup moins de réels nouveaux métiers qu'une certaine médiatisation pourrait le laisser croire.

Une étude approfondie, sur très longue période, conduite dans un NPI par exemple, montre clairement que si le développement des NTIC va apporter un surcroît de croissance (de l'ordre de 1 %), ainsi qu'un nécessaire élargissement des compétences exigibles pour une bonne maîtrise des métiers en évolution, la création de nouveaux métiers (c'est-à-dire des métiers intégrant une très grande majorité de compétences nouvelles) demeurera l'exception. Il en est de même, comme le démontre une étude que nous avons conduite récemment, dans les « métiers » dédiés à l'environnement.

Nous devons reconnaître que le concept de « nouveau métier » rend souvent peu compte des évolutions futures des emplois. La perception du client du service rendu stabilise en quelque sorte le « métier » alors même que celui-ci a un contenu en profonde évolution.

Le concept de « nouvelles logiques professionnelles » se définit comme de « nouvelles combinaisons de connaissances, de compétences et de caractéristiques de champs professionnels autrefois considérés comme distincts, exprimant de nouveaux rapports à l'organisation et au marché du travail[1]. Les mutations internes ou externes aux organisations et en particulier les changements de l'environnement économique, politique, social… sont des facteurs qui viennent bouleverser les manières d'appréhender une activité ou un secteur d'activité. Le concept de « nouvelles logiques d'affaires » fait référence à ces nouvelles façons de concevoir une activité.

Une évolution lourde de conséquences : le salarié responsable de son futur métier

Nous nous sommes efforcé de démontrer que deux évolutions majeures durant ces 20 ou 30 dernières années avaient induit progressivement des rapports du salarié, de l'individu, à l'entreprise fondamentalement différents ; on a vu cette espèce d'équilibre, de consensus même implicite entre le travail fourni par le travailleur et le gestionnaire de ce travail, apportant, quant à lui, système de reconnaissance et sécurité, disparaître progressivement, à l'exception – partielle – des PME où la proximité impose souvent une appréhension particulière des rapports entre individus.

---

1. Cette définition est celle de PICHAULT F., RORIVE B., ZUNE M., étude « TIC et métiers en émergence », Digitip, Lentic, Sessi, 2002.

Tous ces changements convergent vers le transfert de la responsabilité de l'emploi ou du métier, à terme, du gestionnaire vers le travailleur.

Le premier grand changement structurel qui explique un tel bouleversement est la désocialisation des organisations. De façon apparemment paradoxale, on n'a jamais autant disserté sur l'éthique de l'entreprise, alors même que celle-ci est conduite, pour survivre ou se développer, à appliquer des règles finalement simples, privilégiant la rentabilité, rendant compte à ceux dont elle a un besoin impérieux à court terme, c'est-à-dire les actionnaires. Le terme même de responsable des « ressources » humaines illustre, s'il en était besoin, le rôle de l'homme dans l'entreprise contemporaine.

Toute entreprise privée d'une certaine taille n'est pas crédible, si elle prétend garantir l'emploi à long terme. À supposer que le gestionnaire en ait la volonté, la maîtrise de l'environnement – au sens le plus large du terme – lui échappe. Dans ce contexte, la GPEC est devenue plus un sujet d'enseignement ou de formation qu'une vision ambitieuse et réaliste de gestion de l'emploi pour l'entreprise.

Parfois, un accord implicite (ou explicite) entre les différents partenaires sociaux : gouvernement, patronat, syndicat, salarié…, a modifié les rapports de l'homme au travail et à l'entreprise, et ce bien antérieurement à la réduction du temps de travail.

Par exemple, les préretraites, avec toutes les contestables justifications avancées, sont un exemple de désocialisation acceptée par la majorité des acteurs :

- économique, comme si un jeune sans emploi remplaçait automatiquement et sans problème, à coût moindre, l'ancien qui s'en va prématurément ; comme si un homme expérimenté, le plus souvent normalement actif, ne présentait pas un potentiel à valoriser ;
- politique, comme si la richesse d'une nation était un gâteau à se partager et comme si dans les pays développés il y avait un rapport quelconque positif entre l'âge de cessation d'activité, la diminution du temps de travail et la maîtrise du chômage ;
- technique, comme si l'expérience, le savoir-faire, pouvaient être compensés instantanément par le savoir ;
- social, comme si le corps social de l'entreprise se trouvait renforcé – fût-ce avec l'accord du partant – par le départ des anciens. Il faudra, un jour, qu'on ose aborder les effets négatifs

(le côté positif a été amplement développé par les employeurs, les consultants…) de l'abandon du critère « ancienneté » comme signe de reconnaissance ;
- sécuritaire, comme si la gestion des risques pouvait se contenter de savoirs et ne nécessitait pas aussi des savoir-faire ou comportements adéquats (un des plus importants cabinets d'experts industriels nous déclarait récemment que plus de 60 % des accidents industriels étaient dus à une maîtrise insuffisante des processus à la suite de la relève de personnel).

L'externalisation, le recentrage, les divers types de liens dans le travail (CDD, intérim, sous-traitance…), l'ajustement des effectifs en fonction de l'activité, sont autant de facteurs accélérateurs de ce transfert de responsabilité.

Le second changement profond qui rend nécessaire une nouvelle prise de conscience de chaque salarié est, comme nous l'avons vu, l'accélération de la modification du contenu des emplois. Même si, globalement, la plupart des métiers gardent la même dénomination, les compétences nécessaires pour les exercer sont souvent plus nombreuses et différentes.

Le salarié dont le poste – appellation sécurisante dans l'organisation traditionnelle – est remis en cause, supprimé, pourra de moins en moins raisonner en espérant retrouver un poste du même type. Ce que le marché de l'emploi appréciera, ce sont ses compétences directement utilisables.

Certes, on peut comprendre les peurs, les résistances voire le désarroi des salariés confrontés à cette nouvelle responsabilité – gérer leur futur métier, leur emploi – qui leur incombe. Et ce d'autant plus que rien n'a été mise en place en termes de préparation, d'anticipation technique ou psychologique.

Sans doute, on peut espérer que les syndicats ou certains d'entre eux comprendront qu'ils ont un rôle nouveau à jouer vis-à-vis de leurs adhérents, qu'ils soient dans l'entreprise ou en dehors, pour maintenir leurs compétences à niveau. On peut aussi imaginer que, pour véhiculer une image acceptable, éviter des explosions sociales, les entreprises de plus en plus se soucieront de l'évolution des savoir-faire des employés, au-delà des exigences requises par les postes qu'ils occupent. On peut enfin souhaiter que les pouvoirs publics accompagneront cette nécessaire mutation par un transfert partiel de ressources, par la coordination de moyens pour rendre plus directement responsable le salarié. La valorisation des acquis ou expériences professionnelles est déjà un signe fort, reconnaissant ainsi les compétences accumulées dans une carrière. Mais à quand de fortes incitations dans l'entreprise ou indépendamment d'elle pour, outre la prise en compte des compétences acquises, valoriser l'acquisition de compétences nouvelles. Il est très difficile de mettre au point un système de rémunération des compétences dans une firme : il n'est pas trop compliqué de fixer des objectifs et une reconnaissance pour des savoir-faire nouveaux à acquérir.

Tous responsables ? Certes, oui. Mais en matière de métier, c'est l'employé, le cadre, qui sont appelés à devenir le principal responsable de son futur métier. Cela à l'évidence va leur donner des droits, à commencer par celui de pouvoir se former tout au long de la vie ; droit aussi fondamental que le droit à la santé, au logement... Cela devrait leur permettre d'avoir des exigences particulières : celle par exemple de tester régulièrement leur employabilité dans une société où le contrat de travail devient un contrat de confiance à durée limitée.

Mais cette nouvelle donne entraîne pour le salarié un changement comportemental profond. « Market yourself », diraient les Américains : soit, fonder son avenir professionnel, la maîtrise de son futur métier, d'abord sur sa propre capacité à maintenir à jour ses connaissances. Les éléments de validation, de comparaison, le salarié devra aller les chercher dans la mesure du possible dans le système de formation et de mise à niveau permanentes, en essayant, bien sûr, de faire correspondre sa propre ambition et les possibilités du marché. Mais il aura à créer, entretenir, rejoindre le plus possible un ou plusieurs réseaux de nature différente, qui en quelque sorte seront pour lui un vivier permanent, non seulement de relations mais aussi d'accès à l'information. Autant que faire se peut, il sera souhaitable qu'il entretienne des rapports privilégiés, sans intérêt de court terme, avec un petit nombre de « maîtres d'apprentissage » (« parrains ») qui, sur l'autel d'une confiance réciproque, l'accompagneront le long de sa carrière.

Cette démarche volontaire devra s'appliquer aux différentes générations (combien de jeunes rentrés sur le marché du travail oublient de maintenir un réseau amical, professionnel ?). Pour les plus anciens, le travail de remise en cause risque d'être plus difficile, tant ils perçoivent parfois que ce qu'ils croyaient être leur valeur, c'est-à-dire leur attachement au travail, aux poste, fonction ou statut qu'ils occupaient, ne leur est que faiblement crédité, se retrouvant en quelque sorte marginalisés sans qu'ils aient le sentiment de l'avoir mérité. Et pourtant leur démarche ne saurait être différente.

Chaque homme au travail devient ainsi le principal responsable du devenir de son métier, le marchand permanent de son propre talent, talent que le marché – public ou privé – va valoriser : au travers de ses compétences, de son réseau et des liens tissés, de sa volonté de s'impliquer tout en préservant son employabilité.

Il reste à la société, à ses différents corps sociaux, peut-être à chacun d'entre nous, de prêter la plus grande attention aux moins compétents, aux plus faibles pour les accompagner dans cette difficile mutation.

Bibliographie

AMADIEU J.-F., CADIN L. (1996), *Compétences et organisation qualifiante*, Économica.

ANASTASSOPOULOS J.-P., RAMANANTSOA B. (1982), « Le "segment" est mort, place au métier », *Revue française de gestion*, n° 35, mars-avril, p. 28-34.

BAUMARD P. (1996), *Prospective à l'usage du manager*, LITEC.

BERGER G. (1964), *Phénoménologie du temps et Prospective*, PUF.

BERGADÀA M. (2001), « Les mutations de l'entreprise : métiers commerciaux, NTIC, Interface Client », actes du forum « Prospective Métier », Paris-Dauphine, 20 sept.

BOUAYAD A. (2000), *Stratégie et métier de l'entreprise*, Dunod.

BOYER L., SAETTLE L., (1999), « La prospective métier », *Cahier de recherche*, IAE Caen.

BOYER L., SCOUARNEC A. (1999), *Les Nouveaux Marchands*, EMS.

BOYER L. (1996), « "Recentrage" of firms », Gestion 2000, 2, p. 105-116.

DUBOIS M, DEFELIX C., RETOUR D. (1997), « GPEC : gestion prévisionnelle en crise ? », in *GRH en crise ?*, Presses HEC Montréal.

FAUCONNIER D. (1998), « J'exerce un métier donc je suis », *Sociétal*, hors série, avril.

FAYOL H. (1966), *Administration industrielle et générale*, Dunod.

GODET M. (1999), *L'Emploi et le Grand Mensonge*, Pocket.

GONOT P. F., (1996), « Dynamique des systèmes et méthodes prospectives », in « Travaux et recherches de prospective », *Futuribles*, n° 2.

IRIBANE (d') A. (1979), *Les Modèles macro-économiques dans les prévisions d'emploi et la planification française de l'éducation : analyse critique*, La Documentation française.

MONTMORILLON (de) B. (1984), *L'Intelligence de la tâche. Éléments d'ergonomie cognitive*, Éditions Peter Berg, Berne, Suisse.

TARONDEAU J.-C. (1999), *La Flexibilité*, PUF.

TITAUD F. (1996), « La prospective "Métiers" : un outil de management », *Les Cahiers ENSPTT*, n° 1, juin, p. 27-29.

WICKHAM S. (1996), « L'impératif de vigilance », *Chroniques SEDEIS*, septembre.

WICKHAM S., COVA B., (1996), *Stratégie d'incertitude*, Economica.

ZARIFIAN P. (1988), *L'Émergence du modèle de la compétence*, Economica.

La part de chacun : la résilience

Frank BOURNOIS *et Jacques* ROJOT[1]

Comme l'a montré l'ensemble des contributions de cet ouvrage, pour le salarié, le monde du temporaire, de l'éphémère et du virtuel semble parfois avoir succédé à celui du repère, de la stabilité et de la construction tangible. La vie professionnelle semble être faite de sauts en avant peu prévisibles où l'individu n'a pas toujours le choix et pourtant, il s'agit de rebondir. Parmi les salariés, on demande de plus en plus aux managers et on attend désormais que ces mêmes managers deviennent les entrepreneurs et les responsables de leurs propres parcours professionnels. Prenez contrôle de votre destin ou quelqu'un d'autre le fera ! Tel est le titre, en 1993, de l'ouvrage de Noel Tichy, l'un des auteurs américains les plus publiés en management des ressources humaines[2]. Dix ans plus tard, nous proposons que le concept de résilience fasse son entrée dans le vocabulaire français du management.

---

1. Cette contribution présente une partie des concepts plus amplement développés dans ALBERT A., BOURNOIS B., DUVAL-HAMEL J., ROJOT J., ROUSSILLON S. et SAINSAULIEU R., *Pourquoi j'irai travailler ?*, Eyrolles, Paris, 2003.
2. TICHY N., SHERMAN S. (2003), *Control Your Destiny or Someone Else Will*, Harper Business, 1993.

L'ÉMERGENCE DU CONCEPT PRATIQUE DE RÉSILIENCE

Il doit être clair que nous nous limitons ici à la catégorie des cadres. non pas que les autres populations des collaborateurs de l'entreprise, notamment celle des salariés teant des postes de simple exécution ne soient pas dignes d'intérêt mais ils ont beaucoup de moyens de réagir individuellement devant les aléas de leurs parcours professionnels. Il faut d'abord que l'environnement institutionnel les y aide et les y invite avant que l'on ne puisse leur demander l'emergence de comportements de résilience. Les comportements de résilience constituent des nouvelles formes de management, tels qu'ils sont présentés dans l'ouvrage collectif « *Pourquoi j'irai travailler ?* ».

Le terme de résilience pourra surprendre à la première lecture. Il n'est pas encore véritablement répandu, en France, dans le vocabulaire du management, même si nous sommes convaincus qu'il va se diffuser dans la décennie qui vient. Le dictionnaire renseignera difficilement en mentionnant ce terme dans le domaine de la métallurgie : « Rapport de l'énergie cinétique absorbée nécessaire pour provoquer la rupture de métal, à la surface de la section brisée. » Il nous fournit cependant une première piste de réflexion : est résilient ce « qui présente une résistance aux chocs ».

Par ailleurs, dans une autre discipline, la psychologie, ce terme a été utilisé plus récemment par Boris Cyrulnik[1] dans son ouvrage *Un merveilleux malheur*. Du latin *resiliere* (rebondir), le recours au concept de résilience va s'imposer progressivement dans le domaine du management. Avant d'en préciser les contours, le concept de résilience concerne et mesure la capacité d'un individu à anticiper et à rebondir face aux crises, aux changements rapides et répétés de carrière. Le concept de résilience devient central dans la façon d'aborder les nouveaux parcours professionnels.

Les enfants résilients ayant subi dans leurs jeunes années des expériences terribles ont dû répondre à deux questions : « Pourquoi dois-je tant souffrir ? » et « Comment vais-je faire pour être heureux quand même ? » B. Cyrulnik rappelle que si l'expérience de perdre ses parents est très générale, les perdre à 6 mois, six ans ou soixante ans n'a pas le même impact traumatique selon que la personnalité a, plus ou moins,

---

1. Cyrulnik B. (2003), *Un merveilleux malheur*, Odile Jacob, 1996. Voir également, *Le Murmure des fantômes*, Odile Jacob, 2003.

pu se construire. En psychologie, le concept de résilience se place bien dans l'analyse de la relation qui peut exister entre un individu donné avec ses caractéristiques personnelles et les événements qu'il rencontre. Des chercheurs ont étudié la question de la résilience chez les adolescents ou chez les étudiants[1]. Pour Cyrulnik, dont les travaux sont plus connus en langue française, il est possible de repérer cinq facteurs de protection que les enfants développent :

- le clivage entre une partie socialement acceptable et une autre plus secrète, cachée, protégée, et qui peut ainsi rester vivante et conserver la vie ;
- le déni de l'atteinte et sa banalisation, quelle que soit la violence rencontrée ;
- la rêverie qui permet d'imaginer des refuges merveilleux, des histoires qui se déroulent d'une tout autre manière ;
- l'intellectualisation visant à trouver les lois générales qui nous permettent de maîtriser ou d'éviter l'adversaire ;
- l'humour qui transforme une pesante tragédie en légère euphorie, qui tourne en dérision la violence.

Ils y puisent trois capacités :

- la capacité à conserver l'espoir d'un futur meilleur : « Quand je serai grand, je serai heureux, je serai un prince... » Cela avait déjà été mis en évidence par B. Bettelheim[2] comme élément clé d'une autre résilience, celle des prisonniers des camps de concentration revenus vivants ! L'espoir caractérise les personnes résilientes. Il s'agit de cet espoir qu'un jour, même contre toute raison, ce qui est rêvé adviendra.
- la capacité à donner un sens à ce qui est vécu et qui apparaît certainement à d'autres comme insupportable. Ce défi à la raison constitue un autre élément différenciateur des individus résilients. Contrairement à ce que l'on observe dans les cas de harcèlement moral, les « résilients » savent continuer à donner un sens à ce qu'ils vivent. B. Bettelheim avait lui aussi montré qu'une croyance dans un ordre supérieur transcendant le non-sens quo-

---

1. THOMSEN K. (2002), *Building Resilient Students : Integrating Resiliency into What You Already Know and Do*, Sage Publications ; KELLY T. (ed) *et al.* (2002), *Group Work : Strategies for Strengthening Resiliency*, Haworth Press, 2001 ; DESSETS A. *et al.* (2000), *A Leader's Guide to the Struggle to Be Strong : How to Foster Resilience in Teens*, Free Spirit Publishing, 2002.
2. BETTELHEIM B. (1999), *Psychanalyse des contes de fées*, Pocket, réédition.

tidien était un des éléments qui avaient permis aux croyants plus qu'à d'autres de supporter leur sort. Aux États-Unis, le courant de la pensée positive s'appuie fortement sur cette capacité : *achievers are believers* (ceux qui réussissent sont ceux qui croient) !
– la capacité à saisir la main tendue et l'opportunité cachée. Les enfants résilients ont rencontré et ont su reconnaître sur leur chemin la main tendue. Ne serait-ce qu'une seule fois, ils ont su voir l'amour offert ou le regard qui les reconnaît et s'intéresse à eux[1] !

Plus prosaïquement, ils savent reconnaître la chance qui leur sourit et, pour reprendre le mot d'Auguste Comte[2], « le hasard ne favorise que les esprits préparés » !

LE CONCEPT DE RÉSILIENCE DANS LES POLITIQUES DE MANAGEMENT DES RESSOURCES HUMAINES

S'il n'est pas toujours possible de parler dans le management actuel de situations traumatiques, néanmoins, les changements toujours plus rapides d'organisation, les méthodes de travail contraignantes, les partenaires exigeants et versatiles, les décisions traumatisantes, les incohérences apparentes des demandes des dirigeants, le *downsizing* des années 1990, créent de véritables situations d'épreuves[3], en particulier pour les cadres.

Le concept de résilience des années 2000 annonce qu'une véritable rupture se profile : l'individu a la responsabilité de l'organisation de sa carrière ; il devient l'entrepreneur de sa vie professionnelle[4]. Si de nombreux dirigeants ont toujours tenu des propos sur le salarié comme le premier acteur de sa carrière, la maîtrise du processus était, jusqu'à ces dernières années, sans ambiguïté conservée entre les mains des responsables de carrière.

1. REIVICH K., SHATTE A. (2002), *The Resilience Factor : 7 Essential Skills for Overcoming and Learning From Life's Inevitable Setbacks*, Broadway Books.
2. Auguste COMTE, *Discours sur l'esprit positif*, 1844.
3. DOHERTY N., BANK J., WINICOMBE S. (1996), « Managing survivors : the experience of survivors in BT and the financial sector », *Journal of managerial Psychology*, vol 60, n° 11, p. 26-31.
4. LIGHTNER M. (2000), *Adjusting The Sails : Resilience Development Strategies for Professionals, Executives, and Managers*, M&M Discoveries.

Ce concept est associé par les spécialistes anglo-saxons de management à trois capacités :

- la capacité d'un salarié à rebondir en situation d'adversité. Il relève les défis professionnels qui lui sont confiés tout en recherchant des bénéfices personnels pour sa trajectoire professionnelle future.
- la capacité à s'habituer aux variations fréquentes de l'environnement et à les gérer en souplesse. En d'autres termes, le salarié développe et acquiert une « immunité » par rapport aux risques et aux menaces de l'emploi.
- la capacité à accroître la vitesse avec laquelle l'individu peut surmonter, de manière répétée, les défis qui se présentent à lui.

Anciennes postures dans le modèle classique de la gestion des ressources humaines	Postures nouvelles dans le modèle de la résilience
Ce qui était important	Ce qui devient important
Position dans la structure	Contribution au fonctionnement de la structure
Statut	Expertise
Rang/Échelon	Compétence
Ancienneté	Développement des savoir-faire
Sécurité de l'emploi	Employabilité et anticipation des parcours professionnels futurs
Travail stable	Travail signifiant
Promotions fréquentes	Développement des opportunités
Rôles bien définis	Autonomie et responsabilisation
Protection par le système	Organisation de son auto-protection

Adapté à partir de Kusum SADHEV, Susan VINNICOMBE et John BANK[1]

---

1. SADHEV Kusum, VINNICOMBE Susan et BANK John (2001), *Creating a Resilient Workforce*, Cranfield University & Financial Times.

Globalement, on peut définir la résilience professionnelle comme « la capacité de l'individu à encaisser des chocs de carrière professionnelle mais surtout sa capacité à anticiper la survenue de ces chocs et à s'engager dans une voie qui lui soit satisfaisante ».

L'exemple d'une charte d'entreprise invoquant la résilience, celle de British Telecom, montre que le salarié résilient est tout sauf résigné. Le document proposé par l'entreprise porte sur sept items particulièrement éclairants :

Exemple d'une charte d'entreprise invoquant la résilience : British Telecom

Comme le montre le schéma ci-après, le salarié résilient est tout sauf résigné ! Voici sept items particulièrement éclairants :

1. « Nous sommes des agents libres disposant d'un portefeuille d'atouts intellectuels qu'il nous revient de gérer »
2. « Le travail constitue une transaction de marché entre l'employeur et le salarié »
3. « Le développement personnel et l'apprentissage sont bien plus générateurs de valeur que les promotions »
4. « La loyauté pour soi (se respecter) est plus importante que la loyauté envers l'entreprise »
5. « Les compétences et les référentiels de savoir-faire déterminent le succès dans la carrière »
6. « Les meilleurs talents récoltent les meilleurs projets »
7. « Les individus doivent se percevoir comme professions libérales sur le marché de travail de l'entreprise ».

Nous distinguerons :

- d'une part, la résilience individuelle souvent facilitée par la structure psychologique et le soutien social dont peut bénéficier la personne : les amis, l'entourage personnel, les groupes de référence et d'identification ;
- d'autre part, la résilience organisationnelle (de l'entreprise) qui facilite plus ou moins la résilience individuelle.

LA RESPONSABILITÉ DU CADRE : DÉVELOPPER SA RÉSILIENCE INDIVIDUELLE

La fragilité des structures d'entreprise, des positions et des emplois de l'ensemble des salariés crée un sentiment de précarité et d'impuissance, et génère du stress et des instabilités organisationnelles réelles : mutations, transferts d'activité et suppressions de postes... Ceci pose la question de la capacité de chacun à résister aux chocs et à rebondir ensuite, ce qui n'exclut nullement la question de la responsabilité de l'entreprise dans la création et l'accompagnement de ce stress. Les dirigeants eux-mêmes ne sont plus suffisamment protégés par leurs compétences ou leurs réseaux (souvent nationaux) face aux rachats d'entreprise, aux changements d'actionnaires (devenus internationaux) et aux équipes dirigeantes nouvelles décidées en dehors de toute possibilité d'action.

La capacité à rebondir, dans le cas de situations traumatiques professionnelles, est liée à cette capacité à ne pas être détruit par les ruptures qu'elles imposent.

Il est clair que ces compétences de résilience ne sont pas acquises une fois pour toutes. Le développement dans ce registre doit évidemment s'étaler dans le temps et être l'objet de ré-examen régulier.

Ce type de considérations ne saurait se limiter strictement aux managers. Il faut les diffuser sous des formes variées et appropriées à tous les collaborateurs qui sont de plus en plus sollicités sur ce plan. Tous sont concernés.

Caractéristiques à développer pour devenir un manager résilient

Savoir rêver le futur

La capacité à rêver le futur est l'une des sources fondamentales de stabilité et de sécurité dans un monde où le temporaire, la durée déterminée, le précaire, sont au centre de son mode de fonctionnement. La seule promesse, ou presque, de l'entreprise est qu'il ne peut y avoir de sécurité garantie. Il n'existe plus vraiment de définition du futur assuré par une communauté de travail. Et il revient à chacun de développer la capacité à choisir et se choisir un avenir, à le construire à partir des choix présents, dans une capacité à comprendre, à reconnaître, à accepter et à porter la spécificité du projet de vie personnel et professionnel qu'il porte et qui le porte.

Donner du sens à ce qui est vécu

Pour rebondir, il faut avoir la capacité à donner sens à ce qui est vécu, quelle que soit la difficulté à le supporter ; autrement dit, il faut avoir l'aptitude à l'inscrire dans son histoire personnelle et à l'expliquer. La perte de sens est souvent engendrée par la suradaptation aux situations, le non-respect des attentes personnelles, la multiplication des changements. Cela génère des phénomènes de déni : « C'est pas vrai, ce n'est pas possible », et de retrait psychologique. Si ces phénomènes permettent de supporter ce que contient d'insupportable et d'inacceptable, le fait de devoir se suradapter ou se renier, de défendre des décisions qui nous laissent sceptiques et d'agir d'une façon contraire à nos valeurs…, ils ne peuvent être la seule réponse. La « fuite » à court terme doit être complétée par une explication intime de ce qui vient d'arriver. Donner un sens dans son histoire personnelle à l'événement traumatique qui vient de nous toucher facilite la résilience.

Savoir organiser son entourage et son soutien social

Le management moderne implique de s'engager personnellement dans des relations chargées affectivement.

Ainsi est-il nécessaire, pour faire face aux chocs des changements répétés et rapides, de développer à l'extérieur de l'entreprise des réseaux relationnels forts qui constitueront une base, un soutien, pour rebondir en cas de rupture. Mais ces réseaux prennent du temps à construire et à maintenir sur la durée.

La question des réseaux sociaux et affectifs prend alors toute son importance. Cela implique pour chacun de développer deux mécanismes :

- Le premier autorisant à s'engager rapidement puis à se dégager des liens contractés pour en recréer d'autres ailleurs, avec d'autres personnes, sans souffrir quand se produisent ces séparations : apprendre du groupe et apprendre à faire rapidement, et sans douleur, le deuil des liens affectifs.
- Le second permettant de construire un réseau solide, interne et externe à l'entreprise, permettant de multiplier les possibilités en cas de rupture. Tout comme l'entreprise gère des salariés permanents et d'autres à durée déterminée, le salarié développe des réseaux professionnels permanents et à durée déterminée.

Le soutien social et l'entourage immédiat (famille, amis proches et collègues sûrs) permettent de développer des savoir-faire indispensables pour agir et réagir dans le management contemporain, avec franchise et sans fausseté.

Trouver un équilibre personnel et professionnel

L'équilibre vie professionnelle/vie personnelle est de plus en plus recherché par les salariés qui essaient de « jongler » avec leurs nombreuses activités[1]. Une enquête récente montre à quel point cet équilibre constitue une préoccupation rémanente, même si elle s'accompagne en fait de durées de travail parfois importantes.[2]

Il semble au regard de la résilience, nécessaire. Il s'agit bien là d'une recherche d'équilibre global. Cela implique de connaître ses attentes réelles dans les sphères, professionnelle et personnelle, et de faire des choix. Cela n'est pas un exercice spontané et cela nécessite simultanément volonté et apprentissage.

Construire sa résilience professionnelle

Nous livrons ici quelques pistes fréquemment évoquées pour favoriser le « rebond de carrière » :

- Réfléchir aux inflexions de carrière possibles : ce qui est ou non acceptable pour soi et les siens.
- Varier les missions et les projets de manière à accroître ses compétences et son employabilité.
- Informer sa hiérarchie ou son responsable de carrière de ses projets professionnels dans l'entreprise.
- Prêter attention aux opportunités disponibles internes et externes (discussions, intranet…).
- Prendre en charge son propre développement personnel et en particulier sa formation.
- Rechercher du feed-back sur sa propre performance et solliciter les avis de ceux qui nous connaissent.
- Connaître ses limites d'adaptation face à des demandes d'engagement démesurées de la part de l'entreprise.

1. SANDHOLZ K., DERR B., BUCKNER K., CARLSON D. (2002), *Beyond Juggling – Rebalancing Your Busy Life*, Berrett Koehler, New York.
2. Institut de l'Entreprise, *L'entreprise et les cadres*, Rapport, Janvier 2002.

Gérer ses émotions et développer les compétences émotionnelles

Il est de plus en plus demandé aux collaborateurs de faire appel à leurs capacités émotionnelles pour remplir leur mission : pour gérer le stress et le changement mais aussi dans la plupart des tâches de la vie quotidienne et notamment dans les activités de services.

La caractéristique des services est, en effet, d'être en contact permanent avec les clients internes et externes exerçant des pressions quotidiennes. Ces derniers ont comme caractéristique d'être de plus en plus exigeants, donc frustrés, et de l'exprimer. À qui ? Aux collaborateurs à qui l'on impose de puiser dans leurs ressources émotionnelles pour faire face à des tensions relationnelles fortes. Elles le sont d'ailleurs d'autant plus que, par définition, « le client a raison » et que le collaborateur n'a pas toujours les moyens de lui donner satisfaction. L'exemple le plus caractéristique de cette sollicitation émotionnelle se trouve dans les centres d'appel. Le client téléphone et se trouve en contact avec quelqu'un qui ne peut pas toujours résoudre son motif d'insatisfaction : cela est fortement consommateur de ressources émotionnelles.

La sur-sollicitation émotionnelle, affective, à tous les niveaux de la hiérarchie, engendre du stress. Sur un plan personnel, la question du stress est celle du coût. Le coût de l'adaptation peut prendre des formes variées pour les uns et les autres. Certains perdent leurs capacités relationnelles et deviennent agressifs, d'autres somatisent la tension sous forme de douleurs, d'autres encore la vivent sur un mode anxieux avec son cortège de préoccupations et d'insomnies.

Elle suppose donc que chacun ait les moyens d'y répondre ou apprenne à le faire. La mise en place de programmes de développement collectifs ou individualisés peut permettre la transmission des compétences suivantes :

- capacité à identifier ses propres émotions ;
- identifier et modifier ses représentations ;
- savoir comment changer ses comportements ;
- savoir gérer les pressions relationnelles ;
- gérer le stress et doser l'implication affective dans le travail ;
- savoir accompagner le changement stratégique et le changement comportemental de son entourage.

LA RESPONSABILITÉ DE L'ENTREPRISE : LA RÉSILIENCE ORGANISATIONNELLE

On parlera d'entreprise résiliente pour l'entreprise qui souhaite favoriser les comportements résilients de ses collaborateurs. Tichy et Sherman (1993), dans leur livre *Control Your Destiny Or Someone Else Will*, montrent combien l'entreprise General Electric a su se développer stratégiquement en étant résiliente. Ainsi, dans la pratique, la résilience organisationnelle peut être stimulée de nombreuses façons, soit par l'encadrement direct, soit par les spécialistes de RH ou par des coachs externes.

Dans l'entreprise cependant, elle s'appuie tout d'abord sur la confiance. La confiance est, dans la plupart des travaux scientifiques, présentée comme sa condition *sine qua non*. Cette confiance est nécessaire comme « garde-fou » car la variété des tâches attendues du salarié est croissante, tout comme l'est la variation de celles-ci dans le temps. Il est de moins en moins possible de raisonner avec des descriptions précises des postes ou avec des missions aux contours stables comme c'était le cas au début des méthodes d'évaluation des emplois.

La base de cette confiance, c'est le rôle joué par le manager de proximité, qui incarne l'entreprise pour son collaborateur. L'importance qu'il revêt pour la relation du jeune cadre et de l'organisation est mise en évidence par l'enquête déjà citée.

Le manager direct a en effet un rôle essentiel à jouer dans le cadre d'une dynamique de résilience au sein de son équipe :
- Établir un dialogue permanent avec les collaborateurs.
- Favoriser l'action des partenaires sociaux. Ce qui constitue une base de sécurité collective.
- Consacrer du temps et des moyens au salarié pour valider ses motivations profondes. Par exemple, il est utile que les collaborateurs connaissent leurs principales attentes de carrière et qu'ils saisissent sur quoi ils opèrent les choix importants pour la suite de leurs parcours professionnels : la compétence technique, la compétence généraliste, la défense d'une grande cause, l'autonomie, l'équilibre vie privée/vie professionnelle, etc.
- Laisser s'établir des relations fréquentes avec certains membres de la hiérarchie, qui vont fournir au collaborateur les explications nécessaires. Ces relations privilégiées conduisent naturellement à

une connaissance intime des ancres de carrière[1] et des projets des collaborateurs. Il peut s'agir de mentors ou de correspondants RH à l'écoute des interrogations des salariés.

- Composer les équipes avec des collaborateurs ayant des niveaux différents de résilience de sorte qu'un effet d'entraînement se crée autour des comportements des collaborateurs les plus résilients[2].

- Développer la sécurité émotionnelle des collaborateurs. Cette approche permet de prendre plus de distance par rapport aux enjeux immédiats, de banaliser et de dédramatiser certaines crises. Par exemple, dans les travaux fondateurs de Daniel Goleman, l'intelligence émotionnelle[3] permet de trouver des issues aux situations et aux conflits que d'autres approches rationnelles ignorent.

- Sensibiliser les dirigeants à l'exemplarité de leur comportement dans les situations de crise. En d'autres termes, leurs actions et leurs décisions doivent apparaître comme légitimes et crédibles afin de renforcer le niveau de confiance qu'ils voudraient se voir accorder. Il est aussi nécessaire de démontrer que les salariés sont traités équitablement. L'importance de cette équité a été bien établie par les sciences de management et l'application de la théorie de la justice organisationnelle. Cette dernière implique non seulement que les décisions prises soient équitables sur le fond, mais que le processus selon lesquelles elles sont prises donne aussi toutes les garanties d'équité dans la forme[4].

- Sensibiliser les collaborateurs à l'éphémère et dédramatiser les situations de changement. Cela implique de développer la culture du changement... mais aussi de rédiger une politique formelle où l'objectif de développement de la résilience est affiché. Mais il convient aussi d'encadrer la résilience organisationnelle par des pratiques managériales cohérentes avec elle. Il s'agira par exemple

---

1. Selon l'expression de E. Schein, c'est-à-dire les ressorts profonds de l'activité et de l'ardeur professionnelle. SCHEIN E. (1990), *Career Anchors – Discovering Your Real Values*, New York, Jossey Bass, Pfeiffer.
2. Cf. test de ALTMAN Y. et BOURNOIS F. (2002) : « Degré de résilience individuelle et organisationnelle » in ALBERT E. *et al.* (2003), *Pourquoi j'irais travailler*, Eyrolles.
3. D. GOLEMAN (1999), *L'Intelligence émotionnelle*, Robert Lafont.
4. Pour plus de détails, voir ROJOT J., *Théorie des Organisations*, ESKA, 2003, p. 293 et s.

d'appliquer le droit à l'erreur pour le management, mais aussi, en cas de restructurations, de conduire activement des politiques de reclassement sans licenciements secs. Dans le nouveau contexte des années 2000, l'entreprise agile consacrera ainsi de plus en plus de temps à formuler une politique de résilience.

– Procéder à des affectations de collaborateurs demandeurs de développement en termes de résilience « sur des projets sensibles » et comportant des défis personnels pour l'individu. Ce faisant, le transfert de savoir-faire, accumulé dans le cadre de ces projets, conduit à une plus grande employabilité pour la personne et ancre sa motivation et son engagement envers l'entreprise.

– Évaluer les managers sur leur capacité à développer la résilience de leurs collaborateurs. Il s'agit non seulement de dépasser les indicateurs traditionnels (quantitatifs et qualitatifs) liés à la tenue du poste pour intégrer des indicateurs de résilience mais aussi de prendre véritablement en compte ces capacités dans la mécanique d'évaluation. On ajoutera volontiers des questions du type : « En quoi votre collaborateur est-il plus résilient ? », « Quels objectifs concrets de résilience avez-vous négociés ? ». Les indicateurs de résilience peuvent être divers : accepter une nouvelle définition de poste proposée par le collaborateur, suggérer une formation au développement personnel, stimuler la performance d'un salarié qui envisage un départ dans l'année…

– Susciter les comportements d'intelligence économique et sociale qui forcent à être en prise sur ce qui se passe à l'extérieur de la stricte équipe de travail et sur les demandes du marché (marché économique de l'entreprise mais aussi marché de l'emploi). Une objection fréquente concerne le risque à organiser soi-même la fuite des meilleurs éléments ou à les faire entrer dans des dispositifs d'enchères salariales. Il est à parier que de nombreux DRH voient encore dans le management de la résilience un ferment de la destruction de leurs efforts de mobilisation et de fidélisation du personnel. En réalité, l'expérience montre que les salariés résilients apprécient cette transparence du discours sur la résilience et que cela joue en faveur de leur fidélisation.

– Permettre à chacun de mieux se connaître et de repérer ses valeurs piliers. Il s'agit de développer des bilans de vie professionnelle. Ce type d'accompagnement se développe très vite aux États-Unis et la reprise en main de son équilibre personnel/professionnel est très en vogue avec la croissance rapide de la famille des « jongleurs » (*jugglers*) qui travaillent beaucoup et s'amusent beaucoup. Ils remplacent les travailleurs intensifs (consacrant peu de temps aux loisirs et aux projets personnels) et les « débrayeurs » (*downshifters*) qui ont décidé de ne plus perdre leur vie à la gagner.

- Développer des exercices où l'on simule des situations risquées dans lesquelles la résilience est une capacité indispensable : le changement de patron auquel on était lié depuis longtemps, le rachat de l'entreprise, la réorganisation/suppression de postes, la mutation/mobilité liée au redéploiement des activités, l'aboutissement à un plateau de carrière, l'augmentation de conflits interpersonnels... Toutes ces situations, dans des exercices de simulation, peuvent aider le collaborateur à prendre conscience de ce qu'il peut avoir intérêt à changer. L'entreprise doit faire fonctionner des communautés d'apprentissage de la résilience au sein de l'entreprise si l'on veut que les salariés prennent plaisir à travailler[1].

- Repenser le métier et la formation des spécialistes de RH dans un sens où la résilience individuelle et la résilience organisationnelle soient prises en compte.

Certains seront gênés par la nécessité d'aller sans cesse en avant et avanceront des limites éthiques. Une réponse partielle est apportée par la rédactrice en chef de la *Harvard Business Review*[2] « La résilience n'est éthiquement ni bonne ni mauvaise. Ce n'est qu'une capacité à être robuste dans les situations de stress et de changement. »

Il restera bien sûr à étendre le concept de résilience à d'autres populations que celle des cadres. Cela ne pourra se faire sans des efforts qui dépassent celui de l'entreprise seule. Au niveau des collectivités territoriales par exemple, des encouragements à la création et l'animation de réseaux de sociabilité peuvent améliorer la mobilité géographique. Au niveau de la branche professionnelle, la prise en compte de certaines compétences, telles celles-ci à dispenser une formation sur le tas, peuvent favoriser la constitution de carrières ouvrières. Tout cela, cependant dépasse notre présent propos.

---

1. THÉVENET Maurice (2001), *Le Plaisir de travailler*, Éditions d'Organisation, Paris.
2. COUTU D.(2002), « How Resileince Works », *Harvard Business Review*, May 2002.

6

PARTIE

Gouvernance et responsabilité

Dans cette sixième partie, le thème de la gouvernance des entreprises sert d'aiguillon pour appréhender la diffusion du principe de responsabilité, tout d'abord, sous l'angle des modèles qui s'offrent pour rendre les entreprises socialement responsables (chap. 17, J. Brabet), ensuite, plus particulièrement au plan de la responsabilité civile des entreprises et de leur conseil d'administration (chap. 18, A. Couret) ; enfin, est étudiée au travers des contrôles de gestion l'évolution de la notion de responsabilité individuelle (chap. 19, M. Gervais).

SOMMAIRE

Responsabilité sociale et gouvernance de l'entreprise : quels modèles ?

Julienne BRABET

Comment rendre les entreprises socialement responsables ? Telle est la question à laquelle tentent de répondre de nombreux auteurs et acteurs concernés par le devenir de l'entreprise et par la participation de cette dernière au développement durable, et à la société dans son ensemble. Ce problème est d'une particulière acuité alors que les modes de régulation traditionnels se délitent : la puissance des États-nations et celle des syndicats de salariés déclinent tandis que celle des entreprises multinationales croît. Le pouvoir de ces réseaux de production multinationaux, qui semble échapper au contrôle démocratique en l'absence d'institutions internationales capables de leur imposer des lois protégeant les hommes et leur environnement, soulève de nombreuses contestations.

Nous essaierons, dans cet article, de proposer une synthèse des points de vue, parfois fort divergents, qui s'expriment quant aux voies dans lesquelles s'engager pour accroître la responsabilité sociale de l'entreprise (RSE). Une clarification nous paraît en effet indispensable et elle implique moins, à notre avis, un effort de définition des objectifs visés qu'une réflexion sur les moyens de les atteindre. Nous ne nous intéresserons donc pas aux savantes, et parfois très nécessaires, distinctions opérées entre éthique, responsabilité sociale, citoyenneté et contribution au développement durable des entreprises. Nous choisirons plutôt de nous centrer sur la gouvernance des entreprises, en examinant ses implications en termes de responsabilité sociale.

Dans ce cadre, la gouvernance sera définie dans un sens large comme étant « l'ensemble des arrangements légaux, culturels et institutionnels qui déterminent ce que les sociétés cotées peuvent faire, qui les contrôle, comment ce contrôle est exercé, comment les risques et les bénéfices sont répartis » (Blair, 1995).

Quatre grands modèles nous paraissent alors pouvoir être distingués. Selon le premier, les entreprises doivent être dirigées en respectant uniquement les intérêts de leurs actionnaires pour permettre le meilleur développement de la société dans son ensemble. Le deuxième modèle table sur une implication volontaire de toutes les parties prenantes pour parvenir au même objectif. Dans le troisième modèle, au-delà du volontarisme des *stakeholders*, l'organisation collective doit jouer un rôle contraignant ou incitatif pour garantir que s'exerce la responsabilité sociale des entreprises. Le dernier modèle, enfin, constitue une critique du « néolibéralisme » et remet en cause l'extension des marchés financiers et de l'actionnariat.

Nous étudierons ces quatre modèles en privilégiant les réflexions concernant le pôle de l'investissement, en nous intéressant particulièrement à la manière dont les actionnaires peuvent orienter l'entreprise vers le respect des hommes et de leur environnement.

LE MODÈLE DE LA CONCILIATION NATURELLE DES INTÉRÊTS

Si les intérêts des actionnaires sont bien défendus, ceux de la société le seront également. Telle est la proposition de base d'un premier modèle qui se décline cependant en fonction de la prise en compte du long terme dans les stratégies actionnariales.

Le modèle financier

Le modèle financier est dominant dans l'univers de la gestion, centré sur le problème des coûts d'agence. Pour ceux qui le défendent, les seuls maux de l'économie sont liés à la passivité encore trop grande des actionnaires, les marges de manœuvre des managers restant trop importantes. Il s'agit donc de restaurer un marché des prises de contrôle qui a malheureusement été démantelé et, à défaut, des mécanismes qui assurent que les managers agissent bien dans le sens exclusif des intérêts de leurs actionnaires. Ces intérêts convergent dans le long terme avec ceux des salariés et de la société dans son ensemble.

Nous nous contenterons, ici, de citer l'un des promoteurs contemporains du modèle financier, Ira Millstein (1998) : « La dernière décennie du siècle a été le théâtre d'un changement remarquable en ce qui concerne la nature du commerce international et des marchés de capitaux. Alors que les nations dans le monde en venaient à s'appuyer moins sur des commandements et des contrôles politiques, et plus sur des économies de marché, et alors que la dérégulation et l'amélioration des technologies de communication et de transport permettaient de développer le commerce et les flux d'investissement, la compétition sur les marchés des produits, des services, des capitaux et même des prises de contrôle des entreprises (comme l'atteste la fusion Daimler Benz-Chrysler) est devenue réellement globale. Ces développements ont accru l'intérêt pour la gouvernance des grandes entreprises cotées qui sont reconnues dans le monde entier comme constituant les "moteurs" du secteur privé, comme dirigeant les économies nationales... Par exemple au Japon et en Allemagne, bien qu'à des degrés divers, on reconnaît de plus en plus que le développement des stratégies accordant la primauté aux actionnaires est nécessaire pour améliorer l'accès à un capital meilleur marché et que dans le long terme ces stratégies sont généralement cohérentes avec les intérêts sociétaux, une économie forte et un chômage faible. Bien sûr il y aura des résistances face à des actions à court terme douloureuses, comme les réductions d'emploi et les fermetures d'usine, qui sont parfois nécessaires pour la santé à long terme d'une entreprise et d'une économie nationale. Mais, finalement, le besoin pour les entreprises de mener efficacement une compétition sur les marchés des capitaux conduit à une meilleure acceptation de la primauté des actionnaires. »

LE MODÈLE DE LA MYOPIE DES MARCHÉS FINANCIERS

Parmi les tenants de la convergence naturelle des intérêts des actionnaires et de la société, certains au contraire allèguent que le système financier contemporain encourage une vision court-termiste chez les managers. Pourquoi les marchés financiers exercent-ils, selon les auteurs qui s'inscrivent dans ce modèle, une telle pression ? L'explication principale est celle de la volatilité excessive des cours boursiers, provoquée à la fois par la psychologie mimétique des marchés en situation d'incertitude (Shiller, 1989, 1992 ; Orléan, 2000), et par les pratiques des responsables de portefeuilles. Ces derniers, dont les performances sont évaluées trimestriellement et qui gèrent un nombre très élevé d'investissements, n'ont pas la possibilité de se procurer une information approfondie sur les firmes, se fient à des indicateurs rudimentaires et amplifient les mouvements à la hausse ou à la baisse (ils essaient d'anticiper ces mouvements pour en profiter et non évaluer la valeur intrinsèque des firmes[1]). Pour se protéger, les managers ont tendance à envoyer aux actionnaires des messages qui les satisferont à court terme, en sacrifiant les intérêts à long terme de l'entreprise.

Plusieurs réformes ont été proposées pour tenter d'enrayer ce phénomène. L'une d'elles consiste à renoncer aux rapports trimestriels (Thurow, 1988), une autre, à renchérir le coût des transactions boursières : il s'agit par exemple d'imposer la très fameuse taxe Tobin.

Michael Porter défend une démarche plus complexe pour inciter à un investissement relationnel par un « capital patient ». Soulignant les liens entre allocation interne et externe du capital, Michael Porter (1998) plaide pour des mesures légales, incitant les investisseurs institutionnels à exercer leur pouvoir de monitoring dans le cadre d'une détention de longue durée de larges blocs d'actions dans les entreprises. Les investisseurs pourraient ainsi obtenir et exploiter une information plus complète et plus qualitative sur l'entreprise et ses projets.

En tout cas, les chercheurs des deux premiers courants, qu'ils se situent dans le modèle financier classique ou qu'ils critiquent le court-termisme des marchés, sont convaincus que la valeur pour l'actionnaire doit rester au centre des préoccupations managériales.

*

D'autres auteurs, au contraire, défendent une conception différente et affirment que la responsabilité sociale de l'entreprise ne peut être un simple sous-produit du fonctionnement satisfaisant du marché, qu'elle

---

1. Ils adoptent des comportements spéculatifs.

exige des efforts spécifiques. Leurs positions s'inscrivent à notre avis dans un continuum qui va de la conviction que l'investissement socialement responsable est aussi le plus rentable à moyen et long terme, et qu'il doit donc se développer sans incitations extérieures, jusqu'à un pôle très radical qui dénie au marché toute capacité à assurer un développement durable. Entre ces deux pôles se situent des chercheurs qui tentent de concilier économie de marché et construction de contre-pouvoirs, d'instances politiques permettant de nouvelles régulations. Comme les précédents, ils refusent le postulat selon lequel existerait une convergence naturelle des intérêts de l'ensemble des *stakeholders* sous réserve d'une bonne gestion de l'investissement.

LE MODÈLE DU VOLONTARISME DES *STAKEHOLDERS*

Au premier pôle on placera les défenseurs des investissements (Brill et Reder, 1992 ; Domini et Kinder, 1984 ; Lowry, 1991 ; Reder, 1994), des mouvements de consommateurs, des entreprises éthiques ou socialement responsables qui ont en commun la recherche d'une responsabilisation basée sur le volontariat.

Intéressons-nous plus particulièrement, à titre d'exemple, à l'investissement socialement responsable qui a pour origine des mouvements religieux refusant d'investir dans les armes, la production d'alcool… ou de pilules anti-abortives.

Nous observerons d'abord qu'une tentative permanente de prouver une rentabilité supérieure de ces investissements caractérise souvent les promoteurs de l'investissement éthique. Par exemple, un prix est décerné chaque année à une recherche qui s'inscrit dans ce projet. Cette approche nous paraît douteuse : les professionnels de la finance et les managers seraient bien aveugles de ne pas choisir un mode de gestion éthique si celui-ci n'entrait pas, au moins à court et à moyen terme, en conflit avec des objectifs de rentabilité. Et l'on a bien du mal à croire qu'il suffirait de mieux les informer pour transformer radicalement leurs pratiques.

Un récent recueil d'articles de la *Harvard Business Review* (2002), reconnaissant d'une part les contradictions qui peuvent exister entre respect des hommes et de l'environnement et d'autre part la maximisation de la « shareholder value », propose les démarches permettant d'identifier et d'exploiter les zones de compatibilité. Et il faut bien admettre par ailleurs que, selon le secteur d'activité et le positionnement stratégique de la firme, les possibilités de développer des modes de fonctionnement socialement responsables diffèrent si les conditions de la concurrence n'englobent pas des mesures contraignantes ou incitatives s'imposant à tous.

De la même manière que les gourous de la gestion des ressources humaines ont longtemps affirmé qu'il n'est de richesse que d'hommes et qu'investir en capital humain garantissait la prospérité de tous les types d'entreprise, sans pouvoir résister aux plans sociaux, à la réduction des coûts salariaux, aux délocalisations…, certains zélateurs de l'investissement éthique courent le risque de se trouver confrontés aux contradictions qu'ils dénient.

Si l'investissement éthique peut ne constituer qu'une forme de différenciation pour des gestionnaires de fonds qui l'utilisent au service d'un marketing bien ciblé, il faut cependant constater des évolutions intéressantes[1].

Tout d'abord, les initiatives se multiplient pour développer, normaliser et contrôler l'information sur les pratiques concrètes des entreprises, de leurs fournisseurs et de leurs sous-traitants : de nombreux organismes nationaux ou internationaux voient le jour, structurent et harmonisent les référentiels et les méthodologies permettant l'évaluation de la responsabilité sociale. Sans informations fiables et comparables, comment les investisseurs pourraient-ils choisir ?

Ensuite, les interactions s'intensifient entre les entreprises et les mouvements d'investisseurs. Ces derniers ne se contentent plus de sélectionner des entreprises ou de les quitter mais donnent aussi de la voix. Ils ont figuré parmi les précurseurs de l'activisme actionnarial, traquant les mauvaises pratiques sociales ou environnementales, et tentant d'imposer aux entreprises les contenus concrets des normes à respecter. Ils utilisent maintenant massivement l'Internet pour mobiliser. Leurs coopérations avec les mouvements de défense des consommateurs, des droits de l'homme et de l'environnement peuvent-elles préfigurer le développement d'un libre jeu suffisant de ces acteurs pour développer la RSE ?

---

1. Relevons que, malgré ces évolutions, les chiffres avancés pour décrire l'extension du SRI sont notoirement surévalués puisqu'il suffit aujourd'hui à un investisseur de refuser des actions dans un quelconque secteur pour rejoindre, dans les statistiques, le nombre des investisseurs socialement responsables.

Le modèle de l'organisation collective

Des chercheurs et des acteurs qui se fient moins à la rationalité et au bon vouloir individuels et s'intéressent plus à l'organisation collective et/ou à la loi répondent négativement à cette question et figurent dans la catégorie intermédiaire de notre continuum. Et ce, de manière très libérale parfois, à la façon de Margaret Blair (1995) qui revendique la possibilité d'une pluralité de formes de gouvernance, mais en tout cas en recherchant des modes de contrôle des activités productives et financières ou d'incitation qui dépassent la simple protection d'une compétition honnête et dynamique.

Du côté du développement de nouveaux acteurs collectifs, l'actionnariat salarié tient une place centrale. Ainsi Margaret Blair le prône-t-elle, en le justifiant par un investissement spécifique en connaissance consenti par les salariés. Ceux-ci, dans la société du savoir, supportent au même titre que les actionnaires « extérieurs » le risque résiduel. Ils devraient donc détenir une partie de la propriété de leur entreprise et influer sur ses décisions. Les problèmes rencontrés aujourd'hui par les salariés actionnaires amènent de nombreux auteurs à reconsidérer cette position.

Par ailleurs, la montée en puissance des investisseurs institutionnels, en particulier celle des fonds de pension, retient l'attention des auteurs de ce courant. Ces « investisseurs universels », dont les intérêts finissent par se confondre avec ceux de l'ensemble de la société parce qu'ils représentent une base actionnariale extrêmement large, constituent au bout du compte « le » marché financier et leur renforcement est considéré comme une révolution potentielle qu'il s'agit d'actualiser. Il faut, pour ce faire, associer plus étroitement les bénéficiaires à la gestion des investissements, en facilitant la prise en compte des externalités dans cette gestion. Puisque celles-ci seront, en dernier ressort, assumées par ces investisseurs en tant que salariés, retraités, consommateurs, actionnaires ou citoyens. Des syndicats renouvelés, plus impliqués à la fois dans la vie politique, dans les collectivités locales, dans leur bassin d'emploi et dans les réseaux d'entreprise, peuvent jouer un rôle central dans une co-gestion adaptée à la flexibilité productive et à la déstructuration du contrat traditionnel qui liait l'entreprise de type fordien aux salariés.

De manière complémentaire souvent, sont envisagées des refontes des institutions et du droit, du travail tout particulièrement (Supiot, 2002), mais aussi du droit de l'environnement, de la fiscalité, des retraites... permettant l'investissement relationnel déjà évoqué plus haut, mais ancré ici dans la prise en compte des externalités ou de la responsabilité sociale, permettant aussi et peut-être surtout une meilleure protection, orientation et formation de salariés flexibles et compétents. Ces derniers ne peuvent pas, en effet, supporter seuls le coût de la nouvelle économie, que doivent au contraire financer la société dans son ensemble et/ou les entreprises. Les propositions des auteurs américains (Herzenberg, 1999 ; Osterman, 1999 ; Kochan, 2000), très proches de celles formulées par exemple dans *Le Travail dans vingt ans* (Boissonnat, 1995), en termes de « contrat d'activité », constituent des appels à l'expérimentation sociale dans un monde qui privilégie le pragmatisme. L'activité économique, et en particulier l'investissement, est ici conçue comme s'inscrivant dans un ensemble plus large, dans un modèle de croissance aux dimensions matérielles et idéelles, qui contraint et habilite les acteurs contribuant à le reproduire ou à le transformer.

LE MODÈLE DE LA CONTESTATION DU LIBÉRALISME

Face à ce point de vue relativement optimiste, qui fait confiance aux *stakeholders* (éventuellement considérés comme des contre-pouvoirs) et à la démocratie qui incarne leur volonté pour réguler les marchés financiers, les entreprises et les relations de travail…, des auteurs plus radicaux formulent de nombreuses critiques que l'on peut synthétiser comme ceci : la situation actuelle mine les possibilités d'émergence de nouveaux contre-pouvoirs et tout renforcement des marchés financiers renforce ce phénomène.

Ces chercheurs, minoritaires[1], constatent d'abord que l'actionnariat direct ou indirect pour être plus dispersé n'en reste pas moins très concentré entre les mains de la fraction la plus riche de la population[2].

---

1. Ils sont à notre connaissance plus nombreux en France (Nikononoff, 1999 ; Lordon, 2000 ; Labarde et Marris, 2000 ; Association Recherche et régulation, 2000) qu'aux États-Unis.
2. D'après Lawrence MISHEL *et al.* (1999), les ménages qui ont les revenus les plus élevés (supérieurs à 100 000 dollars annuels, et qui représentent 6,4 % des ménages américains) possèdent, en 1995, 48,8 % des actions des fonds de pension à contributions définies et 54,2 % de l'ensemble des actions, tandis que les 24 % qui ont les revenus les plus bas (inférieurs à 15 000 dollars) en détiennent respectivement 0,9 et 1,7 % (p. 272). Ces informations qui nous semblent essentielles ne sont à notre connaissance que très peu publiées et analysées.

L'actionnariat, en particulier l'actionnariat volontaire, ne peut être réparti qu'inégalement, chacun y recourant à la mesure des moyens dont il dispose. La substitution d'une redistribution par l'actionnariat à une redistribution par les salaires s'opère donc largement au bénéfice des populations les plus privilégiées. L'écart des richesses et des revenus s'accentuant, les fonds de pension et les actionnaires salariés ne représentent en fait que les salariés privilégiés et ne défendront que leurs intérêts. Leur pression peut contribuer à accentuer les difficultés des salariés les plus faibles et les plus démunis, et à les isoler. Ces derniers ne pourront être protégés ni par les syndicats ni par les États-nations très affaiblis.

En ce qui concerne les syndicats, il semble évident à la majorité des chercheurs qui s'y intéressent que les modes de gestion du travail utilisant l'individualisation et la flexibilité de marché sapent au moins leurs bases traditionnelles de pouvoir, en minimisant à la fois les solidarités « objectives » et les possibilités de les exprimer. La culture de l'actionnariat, telle qu'elle se développe, renforce par ailleurs les individualismes.

Du côté des États-nations, l'ouvrage (très étonnant par sa rigoureuse honnêteté) de l'ancien secrétaire d'État au Travail, Robert Reich (1997), relatant de manière minutieuse ses tentatives infructueuses pour accroître l'investissement en formation, faciliter les mobilités pour les salariés, favoriser l'amélioration des conditions de travail, atteste au moins les difficultés d'un gouvernement confronté à des entreprises et des marchés financiers globalisés et puissants. Robert Reich ne trouve pas d'appui auprès d'une population d'exclus, fragilisés, qui ne joue pas le jeu démocratique. Le récit qu'il propose de la période du premier mandat du Président Clinton évoque irrésistiblement La *Grande Transformation*, de Karl Polany. L'émergence de régulations internationales apparaît dans ce contexte comme plus problématique encore que le maintien de régulations nationales.

Que proposent alors les auteurs radicaux ? Très schématiquement, au-delà de la construction d'une analyse critique, d'abord ils incitent à opposer une résistance au démantèlement des anciens systèmes de protection sociale et plus largement de régulation, de refuser tout développement des recours aux marchés financiers (en matière de services publics, de retraites...). C'est ensuite des contradictions, inhérentes au « nouveau capitalisme », qu'ils attendent des crises financières ou liées aux contradictions engendrées par le nouveau régime de croissance.

Ces crises permettront la structuration de nouveaux mouvements sociaux, de nouveaux contre-pouvoirs.

À y bien regarder, ce débat marque la persistance de trois courants qui structurent depuis très longtemps la pensée économique et politique (Accordino, 1992) : un courant libéral, un courant social démocrate et un courant radical. Notre ambition n'est pas de le trancher mais simplement de l'éclairer car il nous paraît fort prématuré d'annoncer, comme le font certains tenants du modèle de la finance, la fin de l'histoire en ce domaine et « le triomphe aujourd'hui assuré du modèle de l'entreprise orienté vers les actionnaires » (Hansmann et Kraakman, 2000).

À notre avis, c'est plutôt dans l'articulation des trois modèles qui reconnaissent la nécessité de traiter spécifiquement la responsabilité sociale de l'entreprise et de ne pas l'abandonner à la main invisible du marché que se situera, non pas la solution définitive du problème, mais au moins l'émergence d'un mode de croissance pour un temps stabilisé.

Et les embûches sur le chemin de cette articulation sont nombreuses. La divergence des intérêts à court et à moyen terme, et même l'ambivalence des acteurs qui peuvent être individuellement porteurs d'intérêts divergents, rendent la progression périlleuse.

Pour gérer les transitions, il faudra sans doute tenir compte de la « responsabilité limitée » des acteurs du changement. Ils sont capables d'aspirer à long terme à un développement collectif, équitable et durable. Dans le court terme cependant, les intérêts des différentes catégories d'actionnaires, de consommateurs, de managers, de salariés, d'habitants du Nord et du Sud... s'opposent. Et chacun « voit midi à sa porte », construit des représentations légitimant des voies d'accès contradictoires à un nouveau mode de croissance. Les régions développées du globe ont mis des centaines d'années à construire des systèmes productifs inscrits dans des systèmes de régulation impliquant des processus complexes de socialisation, des institutions de contrôle, d'incitation, de redistribution. Ces régulations, même imparfaites qui n'ont pas pu empêcher les crises graves, les guerres meurtrières et la famine d'une partie du globe, se déstructurent aujourd'hui sous la pression de la globalisation et de l'individualisation. Retrouver et institutionnaliser de nouveaux compromis sera difficile et il faudra s'appuyer à la fois sur la volonté des acteurs, sur les luttes de ceux qui perçoivent l'urgence des changements, sur des processus en même temps centralisés et multipolaires d'incitation et de contrôle, sur les traditions et les innovations.

Du point de vue de l'investissement socialement responsable, on peut imaginer que les interactions entre instances régionales et internationales, États, entreprises, syndicats, mouvements de consommateurs, de défense des droits de l'homme et de l'environnement, beaucoup plus conflictuelles que ne l'imaginent certains des zélateurs de la responsabilité sociale de l'entreprise, aboutissent à une meilleure prise en compte du développement des hommes et de la préservation des ressources naturelles dans le fonctionnement des firmes-réseaux transnationales. Celle-ci impliquerait en tout cas une reconnaissance de l'importance des dimensions non marchandes du développement économique et social (Duval, 2003) en même temps qu'une fiscalisation progressive des externalités positives et négatives de l'activité des entreprises.

Alors que l'humanité a bâti les moyens matériels de son développement et de la préservation de la planète, elle peine à inventer et mettre en œuvre les modes de régulation institutionnels et culturels lui permettant d'en bénéficier durablement et équitablement. La reconnaissance des contradictions essentielles de la vie humaine, de l'intrication des pulsions destructives et créatives, de la complexité, de la diversité des processus de socialisation et d'acculturation, la reconnaissance aussi des divergences d'intérêts, nous semblent indispensables pour éloigner, autant que possible, le risque totalitaire et bureaucratique en même temps que celui d'un laisser-faire porteur de dynamisme mais aussi de laisser détruire.

Bibliographie

ACCORDINO John J., *The United States in the Global Economy*, Chicago and London, American Library Association, 1992.

ASSOCIATION RECHERCHE ET RÉGULATION, *Fonds de pension et « nouveau capitalisme »*, L'Année de la régulation, vol. 4, 2000.

BALDWIN Stuart A., TOWER Jay W., LITVAK Lawrence, KARPEN James F., *Pension Funds and Ethical Investment : A Study of Investment Practices and Opportunities*, State of California Retirement Systems, New York, St. Martin's Press, 1986.

BEFFA Jean-Louis, BOYER Robert, TOUFFUT Jean-Philippe, « Les relations salariales en France », note de la Fondation Saint-Simon, n° 107, avril 1999.

BLAIR Margaret M., *Ownership and Control : Rethinking Corporate Governance for the Twenty-first Century*, Washington, D.C., The Brooking Institution, 1995.

BOISSONNAT Jean (dir.), *Le Travail dans vingt ans*, Paris, Odile Jacob/La Documentation française, 1995.

BRILL Jack A., REDER Alan, *Investing from the Heart : The guide to socially responsible investments and money management*, New York, Crown Publishers, 1992.

DOMINI Amy L., KINDER Peter D., *Ethical Investing : How to make profitable investments without sacrificing your principles*, Reading, Addison-Wesley Publishing Company, 1984.

DUVAL Guillaume, *Le libéralisme n'a pas d'avenir*, Paris, La Découverte, 2003.

HANSMANN Henry, KRAAKMAN Reiner, « The End of History for corporate Law », Working paper, Harvard Law School, January 2000.

HERZENBERG Stephen A., ALIC John A., WIAL Howard, *New Rules for a New Economy : Employment and Opportunity in Postindustrial America*, Ithaca, Cornell University Press, 1998.

JACOBS Michael T., *Short-term America*, Boston, HBS Press, 1991.

LABARDE Philippe, MARRIS Bernard, *La Bourse ou la Vie*, Paris, Albin Michel, 2000.

LORDON Frédéric, *Fonds de pension, piège à cons?*, Paris, Raisons d'agir, 2000.

LOWRY Ritchie P., *Good Money : A guide to profitable social investing in the 90's*, New York, W.W. Norton and Company, 1991.

MILLSTEIN Ira M., « Corporate Governance and Global Markets : The OCDE Business Sector Advisory Group Report », *The Metropolitan Corporate Counsel*, June 1998.

MISHEL Lawrence, BERNSTEIN Jared, SCHMITT John, *The State of Working America, 1998-1999*, New York, Cornell University Press, 1999.

NIKONOFF Jacques, *La Comédie des fonds de pension*, Paris, Arléa, 1999.

ORLÉAN André, *Le Pouvoir de la finance*, Paris, Odile Jacob, 1999.

OSTERMAN Paul, *Securing Prosperity: the American Labor Market : How It Has Changed and What to Do about It*, Princeton, N.J., Princeton University Press, 1999.

POLANYI Karl, *La Grande Transformation. Aux origines politiques et économiques de notre temps*, Paris, Gallimard, 1983.

PORTER Michael E., *On Competition*, The Harvard Business Book series, Boston, 1998.

REDER Alan, *In Pursuit of Principles and Profit*, New York, Putman Book, 1994.

REICH Robert B., *Locked in the Cabinet*, New York, Alfred A. Knopf, 1997.

SETHI Prakash S., « Codes of conduct for multinational corporations : An idea whose time has come », *Business and Society Review*, fall 1999.

SHILLER Robert, *Market Volatility*, Cambridge, The MIT Press, 1991.

SUPIOT Alain, *Critique du droit du travail*, Paris, PUF, Quadrige, 2002.

THUROW Lester C., *Building Wealth : The New Rules for Individuals, Companies, and Nations in a Knowledge-Based Economy*, New York, HarperCollin Pub., 1999.

Gouvernance et responsabilité civile. La responsabilité des membres du conseil d'administration dans les sociétés anonymes

Alain COURET

INTRODUCTION

Le thème de la gouvernance d'entreprise est indissociable de celui de la responsabilité. Tous les documents de réflexion récents consacrés au gouvernement d'entreprise mettent l'accent sur la nécessité d'une responsabilité accrue des dirigeants des sociétés. Au demeurant, le thème ne cesse de croiser celui de la responsabilité lorsque l'on essaie de rappeler l'histoire des idées en la matière. Comme cela a été fort bien démontré par certains auteurs, c'est parce que les dirigeants de fonds de pension redoutaient de voir leur responsabilité engagée par leurs mandants qu'ils se sont employés à exiger des dirigeants de sociétés des comportements plus responsables. Lorsque, autour des années 1970, on a déploré les comportements irresponsables des dirigeants de sociétés, l'absentéisme des administrateurs, etc., on a redonné beaucoup d'ampleur à la réflexion sur la *Corporate Governance*.

Dans la présente étude, on ne s'attachera pas à étudier l'ensemble des mécanismes caractéristiques de la responsabilité des dirigeants ; On ne retiendra que la responsabilité des membres du conseil d'administration dans les sociétés anonymes. En France, notamment, le conseil d'administration a été l'épicentre de la réflexion sur le gouvernement d'entreprise. Comme le note le Cercle des économistes[1] dans un récent rapport, du point de vue de la gouvernance d'entreprise, le conseil d'administration joue essentiellement un rôle clef à trois niveaux complémentaires :

- Le conseil joue un rôle d'interface entre les actionnaires et le pouvoir des dirigeants.
- Il est un lieu privilégié dans le processus d'allocation des ressources.
- Il est une instance d'arbitrage dans la formulation des objectifs de l'entreprise.

Il semble toutefois qu'il ait souvent défailli dans ces missions. Les deux rapports Viénot[2], le rapport Bouton[3], se penchent sur le fonctionnement du conseil d'administration comme sur celui d'un maillon faible dans la chaîne du pouvoir. Dans les scandales qui ont marqué le début des années 2000, c'est toujours la passivité ou l'aveuglement des membres du conseil d'administration qui est dénoncé. Au demeurant, la responsabilité des membres du conseil ne diffère pas fondamentalement de celle des autres dirigeants dans la société anonyme : les types de responsabilité sont les mêmes. Varient seulement les circonstances dans lesquelles cette responsabilité est engagée.

Cette responsabilité peut être civile mais également pénale. Nous n'évoquerons pas ici la responsabilité pénale qui a fait l'objet de développements dans une précédente étude[4]. Cette responsabilité civile est plurale et les occasions de la mettre en œuvre sont en principe multiples : le petit porteur songe bien sûr à demander réparation pour la perte de valeur de ses titres qui ont connu une sévère dégringolade en bourse ; plus impliqué, l'actionnaire songe à faire réparer les conséquences de la passivité du conseil d'administration qui a laissé s'accomplir un certain nombre d'agissements qui ont été coûteux pour la société ; les nouveaux dirigeants peuvent être tentés d'agir contre les anciens mandataires sociaux qui ont conduit l'affaire près du précipice.

---

1. Le Cercle des économistes, *Cahier n° 2*, 2003, « Le gouvernement d'entreprise n'est pas du seul ressort du conseil d'administration », p. 9.
2. Juillet 1995-juillet 1999.
3. « La recherche d'un meilleur gouvernement des entreprises cotées », septembre 2002.
4. Voir l'article de Corinne MASCALA.

Le traitement de ces questions n'a rien de particulièrement simple. Certes, on verra dans un premier temps que l'on peut dégager sans trop de difficultés des principes généraux gouvernant la responsabilité des membres des conseils d'administration (I). Toutefois, l'appréciation du risque de responsabilité ne peut réellement se faire que si l'on examine les modalités de mise en œuvre de cette responsabilité civile (II). Cet examen révélera le caractère très décevant des solutions retenues pour les victimes, ce qui peut inciter à rechercher des perspectives d'évolution allant dans le sens souhaité par les tenants du gouvernement d'entreprise (III).

LES PRINCIPES GÉNÉRAUX GOUVERNANT LA RESPONSABILITÉ

Les principes généraux qui gouvernent la matière sont relativement simples et s'ordonnent autour d'une distinction tout à fait classique. En effet, il existe tout d'abord une responsabilité des administrateurs que l'on qualifiera d'ordinaire. Par ailleurs, existent des hypothèses spéciales de responsabilité qui dérogent au droit commun, que l'on aura précédemment examinées.

La responsabilité civile ordinaire

Pour apprécier la consistance de cette responsabilité civile ordinaire de droit commun, il convient d'envisager successivement les sources de responsabilité puis l'étendue de la responsabilité des administrateurs.

Les sources. Selon une tradition bien établie, les administrateurs engagent leur responsabilité pour infraction aux dispositions législatives ou réglementaires applicables aux sociétés anonymes, pour violation des statuts, pour fautes de gestion enfin. Les deux premières sources de responsabilité n'appellent pas de longs commentaires. En revanche, plus délicate est la question des *fautes de gestion*. Les administrateurs sont responsables de tous leurs actes contraires aux intérêts de la société. Ils sont ainsi susceptibles de répondre de toutes de leurs fautes même non intentionnelles, qu'elles soient légères ou graves. Toutefois, les administrateurs sont rarement en prise directe avec la gestion quotidienne de la société puisque cette gestion est normalement dévolue au directeur général ainsi qu'aux directeurs généraux délégués. Par conséquent, la faute qui est le plus souvent reprochée aux administrateurs est constituée par un *défaut de surveillance* des dirigeants sociaux.

La jurisprudence est généralement assez sévère à l'encontre de l'administrateur qui se désintéresse de manière trop évidente du fonctionnement de la société et qui prétend s'exonérer de la responsabilité en arguant du caractère complaisant de la mission qui était la sienne[1]. Aujourd'hui, depuis la loi sur les Nouvelles régulations économiques[2], cette obligation de vigilance a été renforcée de par le simple fait que les administrateurs sont dotés d'un véritable droit à l'information[3]. Certes, on ne dispose pas pour l'instant de jurisprudence qui illustre véritablement le renforcement de cette responsabilité mais il y a tout lieu de penser que la vigilance actuelle des associations d'actionnaires aboutira tôt ou tard à l'engagement de cette responsabilité.

Et ce d'autant que la même loi NRE ouvre la voie d'une responsabilité collective du conseil au travers d'une définition nouvelle de ses fonctions. Désormais, le conseil détermine les orientations de l'activité de la société ; il se saisit de toute question intéressant la bonne marche de la société et règle par ses délibérations les affaires qui la concernent (article L. 225-35 du Code de commerce). La responsabilité des erreurs stratégiques majeures doit donc incomber au conseil d'administration ; le pouvoir de se saisir d'une question particulière peut le conduire à commettre des fautes de gestion.

En réalité, on peut se demander si le fondement de la responsabilité n'évolue pas avec les mutations du capitalisme lui-même. Dans un capitalisme technocratique où l'actionnariat est très dispersé, on attend surtout des administrateurs qu'ils assument un rôle de surveillance. Dans un capitalisme patrimonial où l'actionnariat est très concentré, l'administrateur risque d'être plus proche de l'action des managers.

En tout état de cause, une tendance évidente est à l'exigence d'un certain professionnalisme de la part des administrateurs. C'est vrai d'abord pour ceux que le droit anglais-américain qualifie d'administrateurs opérationnels, c'est-à-dire ceux qui, outre leurs fonctions d'administrateurs, occupent des fonctions exécutives permanentes dans la société.

---

1. Voir notre article « Le désintérêt social » in Mélanges Pierre BÉZARD, « Le juge et le droit de l'économie », Paris, EJA, 2002, p. 63 et suiv.
2. Loi du 15 mai 2001.
3. Article L. 225-35 du Code de commerce : « Le président ou le directeur général de la société est tenu de communiquer à chaque administrateur tous les documents et informations nécessaires à l'accomplissement de sa mission. »

Mais cela est vrai également de plus en plus pour les autres : « L'exigence de professionnalisme semble aussi s'imposer de plus en plus dans l'exercice des fonctions d'administrateur non opérationnel ; dans les sociétés cotées en bourse, ce mandat ne peut plus être conçu comme une position permettant de garder discrètement un œil sur l'action des dirigeants de la société et encore moins comme une situation honorifique. Vu la solidarité qui existe entre tous les administrateurs au sein du conseil d'administration et le manque de structuration de la fonction de surveillance, ce sont surtout les administrateurs non opérationnels qui sont atteints par le renforcement des règles de responsabilité »[1].

Une autre source de responsabilité peut résider dans l'existence d'éventuels conflits d'intérêts entre la société et l'un de ses administrateurs[2]. Signant avec la société une convention qui n'est ni courante ni conclue à des conditions normales, l'administrateur se doit d'informer le conseil d'administration pour une autorisation préalable. À défaut, la convention pourra être annulée[3]. Si l'autorisation a été donnée, encore faut-il que la convention soit approuvée par l'assemblée générale. À défaut et si des conséquences préjudiciables apparaissaient au détriment de la société, les conséquences pourraient être mises à la charge de l'intéressé, voire à la charge du conseil d'administration qui aurait approuvé l'opération.

S'agissant maintenant de *l'étendue de la responsabilité* des administrateurs, elle est, selon le cas, individuelle ou solidaire. Lorsqu'une faute peut être imputée à un administrateur déterminé et à lui seul, cette responsabilité est individuelle. La responsabilité est solidaire lorsque la faute est commune ou collective, c'est-à-dire lorsqu'elle est l'œuvre du conseil d'administration tout entier et non pas celle de tel administrateur pris isolément. Afin d'échapper à une responsabilité solidaire, les administrateurs ont tout intérêt à établir qu'ils ont désapprouvé la décision prise par le conseil en faisant porter sur le procès-verbal de la réunion les réserves qui sont les leurs.

---

1. Henri OLIVIER, « Évolution de la responsabilité des administrateurs et mesures de prévention », in Liber Amicorum, Commission Droit et vie des affaires, 40ᵉ anniversaire, Bruylant, Bruxelles, 1998, p. 468.
2. Voir sur ce point le remarquable ouvrage du professeur Dominique SCHMIDT, *Les Conflits d'intérêt dans les sociétés anonymes*, Éditions Joly, 2ᵉ édition 2004.
3. Articles L. 225-38 et suiv. du Code de commerce.

Les responsabilités spéciales

À côté de la responsabilité civile ordinaire de droit commun dont on vient de faire état, il faut envisager un certain nombre de responsabilités spéciales soit par leur régime juridique, soit par leur simple objet. Et tout d'abord une *responsabilité civile dite aggravée* dans l'hypothèse où l'entreprise a été amenée à déposer son bilan. Le fondement le plus classique réside dans l'article L. 624-3 du Code de commerce selon lequel « lorsque le redressement judiciaire ou la liquidation judiciaire d'une personne morale fait paraître une insuffisance d'actif, le tribunal peut, en cas de faute de gestion ayant contribué à cette insuffisance d'actif, décider que les dettes à la personne morale seront supportées, en tout ou partie, avec ou sans solidarité, par tous les dirigeants de droit ou de fait, rémunérés ou non, ou par certains d'entre eux ».

Il ne fait pas de doute que de ce point de vue les administrateurs rentrent bien dans la catégorie des dirigeants et qu'ils peuvent engager leur responsabilité sinon pour une action positive, tout ou moins pour leur passivité. Dans deux affaires au moins, le défaut de vigilance des administrateurs a été sanctionné dans des conditions spectaculaires. Dans l'affaire NASA Électronique[1], un administrateur a été ainsi condamné à régler 400 millions de francs pour avoir fait preuve de défaillance dans la vigilance ; dans une affaire LAROCHE[2], la condamnation a porté sur un montant de 200 millions de francs.

Au demeurant, si l'administrateur condamné au comblement du passif ne s'acquitte pas de sa dette, il peut être alors soumis personnellement à une procédure de redressement ou de liquidation judiciaire (art. L. 624-4 du Code de commerce) et le tribunal peut également prononcer sa faillite personnelle (article L. 625-6 du Code de commerce). D'autres textes vont dans le même sens qui montrent bien que la situation dans laquelle une entreprise est en redressement judiciaire ou en liquidation judiciaire implique la prise en compte de la responsabilité des administrateurs d'une manière plus sévère que dans le droit commun.

À côté de cette responsabilité civile aggravée dont le régime juridique est spécifique, il convient de faire état de nouvelles formes possibles de responsabilité. Et cela notamment en cas *d'offres publiques ou de restructurations*. La responsabilité dont on va faire état ici n'est pas spé-

---

1. CA Paris, 18 juin 1991, *Bull.* Joly, 1992, p. 277, n° 82, note Alain COURET.
2. CA Agen, 19 janvier 1998, JCP E, 1998, p. 1692, note Jean-Jacques DAIGRE.

ciale en raison de son régime juridique. Elle ne l'est qu'en raison de son objet : elle ne concerne que les sociétés cotées en bourse ; de plus, elle ne vise que les situations très particulières dans lesquelles la société fait l'objet d'une prise de contrôle. Voilà pourquoi ce point est abordé en dehors du droit commun de la responsabilité exposée précédemment.

Les dirigeants peuvent-ils engager leur responsabilité en raison de leur prise de position sur une offre d'achat ? La question a émergée en matière d'offres publiques. La société cible doit publier une note qui notamment précise si les dirigeants entendent ou non apporter leurs titres à l'offre et comprendre l'avis motivé du conseil d'administration (ou de surveillance) de la société cible sur l'intérêt ou les conséquences de l'offre pour la société, pour ses actionnaires et pour ses salariés, les conditions de vote dans lesquelles cet avis a été obtenu (nombre de membres présents et absents ; résultat du vote ; opinions divergentes) devant être mentionnées. On n'a guère de jurisprudence sur ce point mais la doctrine, s'inspirant notamment des règles contenues dans le *city code*[1], s'est efforcée de déterminer les principes devant présider à cette prise de position. Outre la nécessaire considération de l'intérêt social, la motivation de l'avis donné apparaît comme une exigence fondamentale. Enfin le recours à des conseils indépendants lorsque l'intérêt des dirigeants ne correspond pas à l'intérêt de la totalité des actionnaires est vivement recommandé.

La question a été posée expressément en France dans une affaire[2] qui a fait un certain bruit mais dans laquelle les juges ont manifesté leur volonté de ne pas exagérer la portée des devoirs des administrateurs. Les faits méritent d'être rappelés et le plus sage est apparu de les présenter sous la forme d'un schéma qui illustre un empilement de sociétés dont les deux dernières ne sont pas détenues à 100 %. Les participations se présentent sous la forme de cet organigramme.

Le groupe envisageant de fusionner avec un grand groupe britannique, des opérations de fermeture sont envisagées. ASF fait une offre privée d'achat aux actionnaires d'IFP et IFP fait elle-même une offre privée d'achat aux actionnaires d'ASD. Les administrateurs d'IFP ont collectivement conseillé de répondre favorablement à l'offre SF. Un action-

---

1. Cf. Alain VIANDIER, « OPA, OPE et autres offres publiques », Éditions Francis Lefèbvre, 2ᵉ édition 2003, n° 2020 et suiv.
2. Tribunal de commerce de Nanterre, 2ᵉ Chambre, 6 octobre 2000, SA Laboratoires Lehning c./Berretti et a., JCP E, 2001, n° 619, note Alain COURET.

```
┌─────────┐
│   ASP   │
└─────────┘
     │      100° %
     ▼
┌─────────┐
│   ASL   │
└─────────┘
     │      100° %
     ▼
┌─────────┐
│   ASF   │
└─────────┘
     │      49,50° %
     ▼
┌─────────┐
│   IFP   │
└─────────┘
     │      81° %
     ▼
┌─────────┐
│   ASD   │
└─────────┘
```

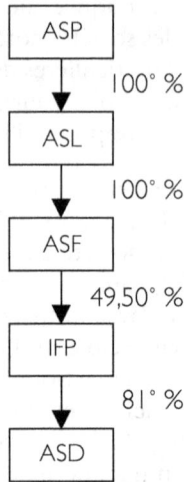

naire minoritaire, propriétaire d'un nombre substantiel d'actions (3,6 % du capital considéré), déclare après avoir répondu à l'offre que les termes de celle-ci n'étaient pas acceptables. Il assigne alors en responsabilité les administrateurs de la société IFP sur le fondement de l'article 244 de la loi du 24 juillet 1966 (aujourd'hui, C. com., art. L. 225-251) pour avoir manqué à l'intérêt social et au devoir de loyauté en incitant les actionnaires à répondre positivement à l'offre.

Or, en l'espèce, les membres du Conseil d'administration qui avaient incité les actionnaires à répondre favorablement à l'offre privée de rachat avaient eux-mêmes apporté leurs titres à l'offre et n'avaient pas bénéficié des conditions particulières. Il ne pouvait donc pas leur être reproché une quasi-manœuvre dolosive mais plutôt un manque d'approfondissement dans leur mission de défense des intérêts de l'ensemble des actionnaires : les minoritaires prétendaient que les défendeurs auraient dû faire procéder à une expertise préalable de la valeur des titres IFP pour vérifier que le prix ne portait pas préjudice aux minoritaires. C'est là une vision extrêmement exigeante de la *corporate governance* qui a été rejetée par le Tribunal de commerce de Nanterre. En appel, la décision a été confirmée[1].

---

1. CA Versailles 13ᵉ Chambre 17 janvier 2002, n° 00/07792, *Bull.* Joly, 2002, p. 516 et suiv., note Jean-François BARBIÈRI.

LA MISE EN ŒUVRE DE LA RESPONSABILITÉ CIVILE

La réalité du risque s'apprécie pour les administrateurs au stade de la mise en œuvre de l'action en responsabilité. En effet, l'action en responsabilité est soumise à un certain nombre de conditions dont le respect est indispensable au plein succès de l'action. Par ailleurs, l'administrateur poursuivi peut être bénéficiaire d'une assurance responsabilité civile qui corrigera les conséquences néfastes d'une éventuelle condamnation.

Les conditions de la mise en œuvre de la responsabilité

Les conditions sont de deux ordres. Il est d'abord des conditions de recevabilité d'ordre procédural. Il est ensuite des conditions de recevabilité qui touchent davantage au fond du droit.

Le non-respect des *conditions procédurales* est susceptible de paralyser l'instance en responsabilité. Deux questions sont traditionnellement associées à la problématique de la recevabilité procédurale de l'action en responsabilité. Tout d'abord se pose la question de savoir *à qui est accordé le droit d'agir en responsabilité*. S'agissant d'un tiers à la société, tout tiers victime peut en principe agir. S'agissant d'un actionnaire, les choses sont plus complexes. Il existe deux types d'actions : l'action dite sociale qui permet de réparer le préjudice dont la société a été victime et l'action individuelle qui permet la réparation du préjudice dont se prévaut personnellement un actionnaire. Comme on va le voir ultérieurement, la jurisprudence a tendance à marginaliser le préjudice strictement individuel. L'action sociale est donc la plus courante, diligentée par les nouveaux dirigeants sociaux à l'encontre des anciens. Mais il existe aussi une modalité individuelle d'exercice de l'action sociale, l'action sociale *ut singuli*, qui permet à une minorité d'actionnaires d'agir en réparation du préjudice subi par la société. Cette procédure a un inconvénient évident : les frais incombent au demandeur, le bénéfice profite à la société.

Se pose ensuite la question du *délai pour agir* qui est normalement un délai de trois ans. Encore faut-il s'entendre sur le point de départ de ce délai et la jurisprudence ne parvient pas toujours à des solutions concordantes. Le délai ne peut courir qu'autant que l'agissement dommageable a été révélé. Le principe est que l'action en responsabilité se prescrit par trois ans à compter du fait dommageable ou de sa révélation si celui-ci a été dissimulé. Si un expert a été commis, le point de départ de la prescription se situe à la date du dépôt du rapport d'expertise confirmant la faute commise par les administrateurs[1].

Une fois les obstacles procéduraux dépassés, encore faut-il valider la satisfaction des *conditions de fond*. L'examen des conditions de fond va nous montrer assez vite les limites de la responsabilité des mandataires sociaux et plus spécialement de celle des administrateurs de sociétés anonymes. Pour qu'il y ait responsabilité, il faut traditionnellement que trois conditions soient réunies :

- une faute ;
- un dommage ;
- un lien de causalité entre le premier et le second.

Sur les trois éléments constitutifs, les administrateurs peuvent opposer des arguments efficaces pour répliquer à ceux qui tendent de mettre en cause leur responsabilité.

Tout d'abord, la faute. On a vu précédemment quels étaient les agissements constitutifs de fautes de gestion : la liste des fautes possibles est quasi illimitée. Encore faut-il en rapporter la preuve et, s'agissant d'un tiers, démontrer que cette faute est séparable des fonctions exercées. Rapporter la preuve se fera dans bien des cas par la voie de l'expertise, démarche qui peut s'avérer délicate comme l'expérience récente l'a montré. On sait en effet qu'une concurrence s'est établie entre, d'une part, l'article 145 du nouveau Code de procédure civile, et d'autre part l'ancien article 226 de la loi du 24 juillet 1966, devenu article L. 225-231 du Code de commerce. Le professeur Yves Guyon résume les choses d'une manière péremptoire mais exacte[2] : « Les actionnaires qui ne peuvent pas ou qui ne veulent pas demander la désignation d'un expert de gestion peuvent obtenir un résultat presque analogue en sollicitant une expertise *in futurum* sur la base de l'article 145 du nouveau Code de procédure civile qui organise le référé probatoire. »

---

1. CA Paris, 14 décembre 2001, *Bull.* Joly, 2002, p. 495 et suiv., note Jean-François BARBIÈRI ; voir également CA Paris, 5 juillet 2001, *Bull.* Joly, 2001, p. 1290 et suiv., note Jean-François BARBIÈRI.
2. GUYON Y., *Droit des affaires*, tome 1, Economica, 11ᵉ éd., 2001 p. 481, n° 447.

Comment est-on arrivé à cette situation singulière ? Rappelons les termes des deux textes en cause :

- **Article L.** 225-231 : « Un ou plusieurs actionnaires représentant au moins le dixième du capital social peuvent, soit individuellement soit en se groupant sous quelque forme que ce soit, demander en justice la désignation d'un ou plusieurs experts chargés de présenter un rapport sur une ou plusieurs opérations de gestion [....] »
- **Article L.** 145 (NCP) : « S'il existe un motif légitime de conserver ou d'établir avant tout procès la preuve des faits dont pourrait dépendre la solution d'un litige, les mesures d'instruction légalement admissibles peuvent être ordonnées à la demande de tout intéressé, sur requête ou en référé. »

En théorie pure, on voit d'emblée les finalités différentes des deux textes. L'expertise de gestion est au service de la défense de l'intérêt social[1] ; l'expertise *in futurum* est une technique préventive au service de la preuve : elle a un pur objet probatoire et elle intervient dans le seul intérêt du demandeur. On voit également les régimes juridiques différents des deux actions. Et, sous cet angle pratique, il apparaît rapidement que la voie de l'article 145 NCPC apparaît moins contrainte par les textes que la précédente : tout intéressé peut agir, sans avoir à détenir une fraction du capital particulière. Il n'est pas nécessaire d'indiquer les actes que l'on entend critiquer. Au demeurant, il peut s'agir d'autre chose que d'actes de gestion.

Il n'est donc guère surprenant que l'on ait vu se multiplier les demandes fondées sur l'article 145 NCPC dont on peut penser qu'elles se seraient normalement inscrites dans la logique de l'ancien article 226. Et la jurisprudence s'est complu à alimenter la confusion. Mais parfois aussi, elle a manifesté des comportements peu favorables aux actionnaires minoritaires[2]. Ainsi, dans l'affaire Vivendi au début de l'été 2002, elle a rejeté l'action des minoritaires fondée sur l'article 145 NCPC arguant de ce que la voie normale d'action était l'article L. 225-231 du Code de commerce. En l'espèce, les minoritaires cherchaient à établir les fautes commises par les dirigeants mais aussi par le conseil d'admi-

---

1. VIDAL D., *Droit des sociétés*, LGDJ, 4ᵉ éd. 2003, n° 749.
2. Par exemple, Tribunal de commerce de Paris, référé 27 juin 2002, Adam et a. c./SA Vivendi Universal, *Bull.* Joly, 2002, p. 942 et suiv., n° 212, note Alain COURET.

nistration : « La demande est limitée à la recherche des modalités de prise des décisions stratégiques par le conseil d'administration sans que d'autres points soient mis en cause notamment les comptes de la société. »

À supposer que la faute soit établie, encore faut-il qu'elle ne soit pas inséparable des fonctions, auquel cas seule la responsabilité de la société peut être engagée et non celle de l'administrateur lui-même. À partir d'un arrêt du 8 mars 1992[1], la Chambre commerciale de la Cour de cassation a décidé sans ambiguïté aucune de subordonner la responsabilité du dirigeant à une faute personnelle, extérieure à l'activité de représentation. La formule sera reprise maintes fois par la suite[2], la solution transposant manifestement la distinction du droit administratif entre faute de service et faute détachable de la fonction[3]. Désormais, comme l'écrivent certains auteurs, « lorsque la société est en mesure de supporter financièrement les conséquences des fautes de ses dirigeants, la Cour de cassation les protège comme le Conseil d'État protège les fonctionnaires, c'est-à-dire dans une ambiance de large irresponsabilité[4] ».

Cette jurisprudence a été sollicitée au demeurant jusqu'aux limites de l'absurde. Ainsi, la Chambre commerciale de la Cour de cassation, dans un arrêt du 20 octobre 1998[5], a considéré qu'un dirigeant qui avait consenti un cautionnement au nom d'une société, alors qu'il n'en avait pas le pouvoir, ne pouvait voir sa responsabilité personnelle engagée. Comme la société n'était pas davantage tenue, le cautionnement

1. *Rev. soc.*, 1983, p. 573, note Yves GUYON.
2. Cass. comm., 4 octobre 1988, n° 86-18.974, *Bull.* civ. IV, n° 265, p. 182, RTD civ., 1989, n° 2 obs. MESTRE, *Rev. Soc.*, 1989, 213, note VIANDIER, D. 1988, IR 259 ; Cas. comm., 4 juin 1991, n° 89-16.847, *Bull. Civ.* IV, n° 211, p. 149, *Rev. Soc.*, 1992, p. 55, note CHARTIER, Defrénois, 1992, p. 902, obs. HONORAT, *RJDA*, 1991, n° 715, p. 626, *BRDA*, 1991, n° 17, obs. HONORAT, *RJDA*, 1991, n° 715, p. 626, *BRDA*, 1991, n° 17, p. 6 ; Cass. comm., 14 janvier 1992, n° 90-14.983, *Bull.* civ. IV, n° 13, p. 10, *BRDA*, 1992, n° 7, p. 7, *Rev. Soc.*, 1992, p. 798, obs. GUYON ; Cass. comm., 28 avril 1998, n° 96-10.253, *Bull.* Joly, 1998, p. 808, note Le CANNU, *Rev. Soc.*, 1998, p. 767, note Saintourens, *RTD* comm., 1998, p. 623, obs. PETIT et REINHARD ; Cass. comm., 12 janvier 1999, n° 96-19.670, *RJDA*, 1999, n° 301, p. 253, *Bull.* Joly, 1999, p. 81, note SAINTOURENS.
3. Cf. Gilles AUZERO, *op. cit.*
4. COZIAN, VIANDIER, DEBOISSY, *Droit des sociétés*, 16e édition, LITEC, 2003, n° 367.
5. Dalloz Affaires, 1999, p. 41.

ne lui étant pas opposable, le tiers victime s'est trouvé dans ce cas là dépourvu de tout recours à l'encontre de quiconque, solution pour le moins singulière !

Derrière des expressions diverses, l'idée est la même : le dirigeant ne peut être condamné que s'il a commis une faute personnelle ne relevant pas de l'exercice normal de ses fonctions même si le domaine de cette irresponsabilité reste encore à définir au moyen de critères plus objectifs[1]. On a souligné justement le fait que la transposition aux dirigeants des entreprises privées des solutions affirmées par le juge administratif n'était pas justifiée dans la mesure où la gestion des personnes morales de droit privé n'est pas soumise aux contraintes du service public[2].

Il est néanmoins des limites à la théorie de la faute non séparable des fonctions qui appellent quelques observations. Notons tout d'abord que cette théorie ne saurait jouer dans le cas où la société a été amenée à déposer son bilan : dès lors que la société connaît la faillite, il n'y a plus de faute non séparable des fonctions et les membres du conseil d'administration peuvent être appelés à combler l'insuffisance d'actif dont la société a été victime. Ensuite, cette théorie n'a véritablement de sens qu'à l'égard des tiers : eux seuls peuvent se voir opposer le caractère non séparable de la faute commise. On ne saurait opposer à la société elle-même un argument de cette teneur. La question se pose toutefois s'agissant des actionnaires. Aussi singulier que cela puisse paraître, la jurisprudence[3] en est venue dans certaines circonstances à les considérer comme des tiers, auquel cas les administrateurs peuvent leur opposer le caractère inséparable de la faute commise par eux.

Ensuite, le préjudice. Selon que l'action est une action sociale ou une action individuelle, le préjudice se devra d'être un préjudice indissociable de celui subi par la société ou au contraire dissociable. Selon certaines hypothèses, les choses sont évidentes. Mais que décider lorsqu'un actionnaire a vu la valeur de ses titres fondre suite aux errements des

---

1. Voir cependant Cass. comm., 20 mai 2003, *Bull.* Joly, 2003, §1967, note Hervé LE NABASQUE.
2. Cf. Charles FREYRIA, « Libres propos sur la responsabilité civile de la gestion d'une entreprise », Mélanges BOYER, 1996, p. 178 ; Gilles WICKER, Répertoire civil, Dalloz V, Personne morale, n° 78 ; COZIAN, VIANDIER, DEBOISSY, *Droit des sociétés*, 13ᵉ édition, LITEC, 2000, p. 123.
3. CA Versailles, 13ᵉ Chambre, 17 janvier 2002, n° 00/07792, *Bull.* Joly, 2002, p. 516 et suiv., note Jean-François BARBIÈRI.

dirigeants sociaux et à l'aveuglement du conseil d'administration ? *A priori* on serait tenté de voir là une source de préjudice individuel subi par chacun et réparable dans le cadre d'actions individuelles. La jurisprudence toutefois ne l'entend pas ainsi et considère qu'il s'agit là d'un préjudice indissociable du préjudice réparable par la voie d'une action sociale. En d'autres termes, les actionnaires décidés à agir doivent choisir la voie d'une action dont le produit tombera dans l'escarcelle sociale et ne leur profitera que très indirectement. Dans ces conditions, les velléités d'agir demeurent très ténues.

Enfin, le lien de causalité. Il soulève moins de difficultés. Lorsque l'entreprise a déposé son bilan, les juges n'hésitent pas à faire le lien entre la faute des administrateurs et le préjudice subi. En dehors de cette hypothèse, les choses sont moins évidentes.

L'assurance du risque encouru

De plus en plus fréquemment, sinon de manière systématique, les sociétés et les groupes de sociétés souscrivent une police d'assurance responsabilité civile au profit de leurs mandataires sociaux. Sont ainsi garantis les dirigeants mais également les membres des conseils d'administration. Il s'agit d'assurances collectives qui ne peuvent garantir que le risque civil et non bien entendu le risque pénal. Ce recours à l'assurance, pour aussi systématique qu'il soit, ne semble pas fondé sur des bases juridiques indiscutables : la société paie des primes pour garantir les conséquences d'agissements qui peuvent lui être parfaitement préjudiciables. On a pu se demander si cette prise en charge par la société du paiement des primes n'était pas constitutive d'un abus de biens sociaux. Aucun contentieux ne semble à ce jour avoir donné lieu à une réponse judiciaire sur ce point. Divers arguments plaident pour écarter le spectre de l'abus de biens sociaux[1] :

- L'assurance est collective, souscrite au profit de l'ensemble des mandataires sociaux et non de certains en particulier.
- L'élément intentionnel de l'abus de biens sociaux semble faire défaut.
- La contrariété avec l'intérêt social ne semble pas manifeste : le sentiment d'une sécurité relative peut faciliter une gestion sereine de la société.

---

1. Voir ici la très intéressante étude de Monsieur Alexis CONSTANTIN, « De quelques aspects de l'assurance de responsabilité civile des dirigeants sociaux », *RJDA*, 7/03, p. 595 et suiv.

– Si l'action en responsabilité est dirigée par la société contre l'administrateur, elle aura une meilleure certitude d'être payée dès lors que le débiteur final sera une compagnie d'assurances.

Le risque n'est pas pour autant totalement évacué et il est intéressant de relever que l'institut Montaigne, dans un récent rapport[1], a attiré l'attention sur le caractère potentiellement risqué de la situation, appelant de ses vœux une intervention législative. Les réserves émises par d'aucuns n'ont jamais dissuadé l'administration fiscale de reconnaître le caractère déductible de la charge constituée par les primes d'assurance payées.

Une bonne logique de gouvernance d'entreprise devrait conduire à une certaine rationalisation du système d'assurance des mandataires sociaux. On peut ici encore se pencher sur les propositions de l'institut Montaigne dans son rapport précédemment cité[2]. Cet institut considère en effet que cette pratique est légitime et doit être non seulement confortée mais clairement autorisée. L'assurance est la contrepartie d'une implication renforcée des administrateurs dans la vie de l'entreprise. Elle fait donc, d'une certaine manière, partie des moyens mis à leur disposition pour l'exercice de leur mission. Néanmoins, le maintien d'une franchise, équivalent par exemple à quelques années de jetons de présence, paraît indispensable. En cas de faute pénale ou de faute lourde, non couvertes par l'assurance, l'entreprise conserve la possibilité de se retourner contre le ou les administrateurs fautifs.

Un élément doit être noté qui a son importance. On a vu précédemment que le régime de responsabilité des administrateurs prenait un visage beaucoup plus radical lorsque l'entreprise a déposé son bilan. L'assurance joue-t-elle encore dans cette hypothèse qui peut voir se développer des conséquences extraordinairement considérables ? La réponse est positive. Comme le relève un auteur : « Compte tenu des risques importants que cette action fait peser sur la situation patrimoniale – et même familiale – des dirigeants, il s'agit là d'une couverture jugée essentielle par les souscripteurs et les assurés, qui, à elle seule, pourrait justifier l'assurance des mandataires sociaux. »[3]

---

1. Mieux gouverner l'entreprise, mars 2003.
2. Cf. p. 74.
3. Alexis CONSTANTIN, *art. cit.*, § 15, p. 602.

Perspectives d'évolution

Tel qu'on vient de le décrire, le régime de la responsabilité civile des membres des conseils d'administration n'apparaît guère en phase avec les attentes des épargnants déçus. Dans le même temps, les entreprises ont souvent le sentiment d'une montée en puissance du risque judiciaire occasionné notamment par la mise en cause de la responsabilité des membres du conseil d'administration[1]. C'est là un des paradoxes sur lesquels on reviendra, qui s'attachent à cette responsabilité : un sentiment très fort chez les acteurs potentiellement responsables d'un risque excessif et le sentiment pour les victimes de devoir affronter l'irresponsabilité.

Le chemin est donc relativement étroit qui autorise une évolution permettant de mieux sauvegarder les intérêts des épargnants sans pour autant dissuader les bonnes volontés. Car il ne faut pas s'y tromper. L'image de l'administrateur propulsée par les médias ne rend pas compte des réalités de la vie des affaires. Certes, il est des notables qui cumulent les fauteuils dans les conseils d'administration et en retirent des avantages substantiels : sur ceux-là, la presse est volubile et la perspective de responsabilités accrues n'apparaît que la contrepartie d'avantages exceptionnels. Mais il est aussi la cohorte des salariés promus presque d'autorité dans les conseils d'administration des diverses filiales d'un groupe de sociétés. Ils ne sont administrateurs que parce que le Code de commerce exige la présence minimale de trois membres dans un conseil d'administration. Cette fonction ne leur confère aucun avantage particulier, sinon symbolique. En revanche, les perspectives de responsabilité apparaissent comme la conséquence la plus visible de leur changement de statut.

Néanmoins, la nécessité de restaurer la confiance fait que la réflexion s'oriente aujourd'hui vers des perspectives d'alourdissement de la responsabilité des membres des conseils d'administration. Deux lignes de force s'esquissent dont on va faire état. Tout d'abord, on a vu que la mise en œuvre des actions en responsabilité dirigées contre des membres de conseil se heurtait souvent à des obstacles procéduraux : une première piste de réflexion réside dans la recherche d'un dépassement

---

1. Cécile DUCOURTIEUX et Anne MICHEL, « Dirigeants et financiers font face à une hausse du risque judiciaire », *Le Monde*, jeudi 10 juillet 2003, p. 17.

de ces obstacles procéduraux. Sur le fond maintenant, l'effet de propagation de la loi Sarbanes Oxley ACT devrait à un horizon plus ou moins proche déboucher sur une responsabilité accrue des administrateurs s'agissant des divers documents publiés par les sociétés.

Dépasser les obstacles procéduraux

On a fait précédemment état de la difficulté rencontrée par les épargnants pour mettre en œuvre la responsabilité des conseils d'administration défaillants. Le petit actionnaire a difficilement les moyens d'agir en justice pour mettre en œuvre la responsabilité des membres des conseils d'administration. Lorsqu'il en a les moyens, son investissement en ce domaine confine au bénévolat : le bénéfice de l'action en responsabilité profitera à la société et non à lui-même. Pour autant que les solutions actuelles apparaissent injustes et discutables aux victimes, elles reposent sur des fondements juridiques sûrs. Dès lors, peut-on dépasser les traditions procédurales françaises qui veulent que « nul ne plaide par procureur » pour accueillir les « *class actions* » américains ? Par ailleurs, l'épargnant déçu peut user et parfois abuser des ressources de la procédure pénale, notamment chaque fois qu'il y a eu infraction pénale et le plus souvent abus de biens sociaux. L'avantage de la procédure pénale est que la désignation d'un juge d'instruction facilite grandement l'administration des preuves. La tendance est aujourd'hui à dépénaliser le droit des affaires pour ne pas dissuader l'esprit d'entreprise. Ne faudrait-il pas mettre en place un système d'instruction civile susceptible d'offrir tous les avantages de la procédure pénale sans qu'il soit recouru à cette arme redoutable ?

L'instauration de « class actions » est l'idée la plus en vogue. « *La class action* » fait l'objet de propos plus ou moins pertinents que l'on trouve autant dans les revues juridiques spécialisées que dans la grande presse. Une présentation assez heureuse en a été faite par le député Houillon lors de la discussion de la loi sur la « Sécurité financière ». On reprendra d'abord ici cette présentation[1].

---

1. Rapport Commission des lois, Assemblée nationale n° 772, avril 2003, p. 112.

La *class* action aux États-Unis

Héritière du Bill of Peace anglais qui, dès le XVIIe siècle, permet aux requérants multiples, dès lors qu'ils sont unis par une plainte similaire, de présenter un recours commun, la class action est aujourd'hui régie, en droit américain, par l'article 23 de la Federal Rule of Civil Procedure de 1966. Elle se définit comme une action en justice intentée par une personne physique pour elle-même ainsi que pour les autres membres d'un groupe qu'elle désigne elle-même.

Cette procédure s'exerce dans six domaines privilégiés : le droit de la consommation, le droit de la concurrence, le droit boursier, la responsabilité des produits, la responsabilité civile et les droits civiques.

Ce type d'action est soumis à l'existence de conditions préalables et à une procédure visant à en encadrer l'exercice afin d'éviter les abus.

Première étape : la recevabilité préalable de la plainte par le juge. Ce dernier vérifie à ce stade que plusieurs conditions sont remplies : le juge contrôle tout d'abord que la class action est, en l'espèce, l'action la plus adaptée par rapport aux procédures de droit commun. Un des éléments d'appréciation en la matière concerne le nombre de victimes présumées : le groupe doit être conséquent ; il doit exister des questions de droit communes aux membres du groupe. Le juge contrôle également que le représentant est à même de représenter, et de bien représenter, le groupe en question : le demandeur qui le représente doit établir qu'il va protéger les intérêts de l'ensemble du groupe et démontrer qu'il est capable de conduire l'action jusqu'à son terme, ou d'avoir des chances de la conduire à son terme. En pratique, le juge s'assure notamment que l'avocat qui porte la class action jouit de qualités professionnelles suffisantes et adaptées à ce type de procédure, dans la mesure où c'est à lui qu'incombe la charge de l'ensemble des frais engagés dans la procédure, dans le cadre d'un pacte de quota-litis. On notera qu'à ce stade, le juge ne se prononce pas sur le fond.

Deuxième étape : si le recours est jugé recevable, le juge demande qu'un avis de notification soit envoyé à tous les membres du groupe. En cas d'impossibilité (il arrive souvent que l'ensemble des membres ne soient pas identifiés), il ordonne une notification dans les médias. Toute personne n'ayant pas signifié son refus d'être partie à la class action avant une certaine date est considérée comme acceptant d'être représentée (système de l'opt-out).

…/…

... / ...

> **Troisième étape** (facultative) : il arrive souvent que le contentieux ne parvienne pas à terme, la plupart des cas faisant l'objet d'une transaction. Dans cette hypothèse, la transaction devra être approuvée par le tribunal qui fixera les frais et honoraires de l'avocat qui seront perçus sur les dommages et intérêts alloués au groupe.
>
> **Quatrième étape :** le jugement est rendu au fond, après que l'avocat du demandeur aura pu, en vertu de la procédure de « discovery », avoir accès à tous les faits et tous les documents que l'adversaire détient. En cas de reconnaissance de la responsabilité du défendeur, les victimes se partagent le montant de l'indemnisation dont le montant est fixé par le juge.

Très utilisé aux États-Unis, ce système a donné lieu à des dérives spectaculaires[1] qui l'a largement discrédité aux yeux des opinions publiques continentales. Il est par ailleurs étranger à notre culture juridique et on voit mal qu'il puisse prochainement s'introduire dans notre droit.

Une autre idée serait de concevoir un système d'instruction civile. Notre procédure étant une procédure accusatoire, la preuve est à la charge des plaideurs en matière civile. Certes, il existe bien un juge dit de la « mise en état » mais ce juge n'est en rien comparable à un juge d'instruction tel que la procédure pénale le connaît. Peut-on imaginer un système qui permettrait la collecte des preuves par le juge et donnerait aux petits actionnaires la possibilité d'accéder à une meilleure connaissance des situations qu'ils dénoncent ? Pour l'instant, la réflexion sur le sujet en France est dans les limites et on ne dispose d'aucun projet très concret d'instauration d'une démarche procédurale de ce type.

En définitive, notre droit pour l'instant semble faire du surplace. Dernièrement, la loi « Sécurité financière » s'est efforcée de faire avancer un petit peu les choses en facilitant l'action en justice des associations d'investisseurs. Peuvent ainsi agir des associations agréées lorsqu'elles justifient de six mois d'existence et, pendant cette même période, d'au moins deux cents membres cotisant individuellement, et ce lorsque leurs dirigeants remplissent des conditions d'honorabilité et de compétence fixées par décret (article L. 452-1 du Code monétaire et financier).

---

1. Rapport Houillon, précité, p. 113.

De même, l'article L. 452-2 du Code monétaire et financier autorise une démarche intéressante : « Lorsque plusieurs personnes physiques, identifiées en leur qualité d'investisseur, ont subi des préjudices individuels qui ont été causés par le fait d'une même personne et qui ont une origine commune, toute association mentionnée à l'article L. 452-1 peut, si elle a été mandatée par au moins deux des investisseurs concernés, agir en répartition devant toute juridiction, au nom de ces investisseurs.

« Le mandat ne peut être sollicité par voie d'appel public télévisé ou radiophonique, ni par voie d'affichage, de tract ou de lettre personnalisée. Il doit être donné par écrit par chaque investisseur. »

Le Sénat a ajouté un alinéa pour améliorer l'efficacité de cette voie :

« Toutefois, lorsqu'une association agréée en application du troisième alinéa de l'article L. 452-1 agit en réparation devant les juridictions civiles ou commerciales, le président du tribunal de grande instance ou le président du tribunal de commerce selon le cas peut, par ordonnance de référé, l'autoriser à solliciter des actionnaires un mandat pour agir en leur nom en ayant recours, à ses frais, aux moyens de publicité mentionnés à l'alinéa précédent. »

Sur le fond : la question de la responsabilité des administrateurs s'agissant des documents sociaux

Deux directions sont ici à retenir. Tout d'abord, une première idée est d'engager davantage la responsabilité du conseil d'administration sur la sincérité des comptes.

Le point de départ de cette idée semble figurer dans la loi américaine Sarbanes Oxley ACT. Le paragraphe 302 de cette loi a contraint la SEC à adopter des règles imposant aux dirigeants de certifier les comptes annuels et trimestriels des sociétés qu'ils dirigent. En application de cette disposition, la SEC a adopté le 27 août 2002 des règles imposant aux dirigeants de certifier les comptes de leurs sociétés. Le certificat des dirigeants doit affirmer que le dirigeant concerné a contrôlé le rapport, qu'à la connaissance du dirigeant le rapport ne comporte aucune fausse affirmation, omission ou information trompeuse et qu'enfin, à la connaissance du dirigeant, les états financiers et les autres informations comptables et financières figurant dans le rapport représentent fidèlement[1], dans tous leurs aspects matériels, les conditions financières et les résultats d'opérations de la société pour la ou les périodes présentées dans le rapport. La certification doit également confirmer que les signataires ont dûment informé les commissaires aux comptes et le comité d'audit de tout dysfonctionnement significatif ou de toute fraude de la direction dans la mise en place ou la conduite des contrôles internes, et ont dûment mentionné, dans le rapport faisant l'objet de la certification, tout changement significatif intervenu dans les contrôles internes.

La SEC précise que la certification doit être obtenue de la part du Chief Executive Officer et du Chief Financial Officer (qui ne se contenteront plus de signer les rapports annuels et trimestriels). L'obligation de certification ne couvre que les rapports annuels et trimestriels mais la SEC indique qu'elle réfléchit aux moyens d'étendre l'obligation de certification par les dirigeants à d'autres types de documents financiers. On le voit cependant, la loi américaine focalise la responsabilité sur deux personnes.

Au niveau européen, c'est une autre logique qui semble devoir se développer. Le rapport Jaap Winter[2] illustre bien la position européenne dominante (4-3) :

> « La probité des états financiers est au cœur des craintes soulevées par l'affaire Enron et autres scandales récents d'entreprises. La réponse des autorités réglementaires, aux États-Unis et en Europe, consiste souvent à faire en sorte que les états financiers reflètent correctement la situation financière de la société et ne soient pas manipulés, que ce soit ou non au profit des administrateurs ou de certains détenteurs d'actions de la société. Ceci est vital pour les actionnaires, les créanciers et, plus généralement, les marchés financiers et l'économie.
>
> « Selon le droit des sociétés des États membres, la responsabilité, en ce qui concerne la probité des états financiers, doit échoir au conseil d'administration pris collectivement : responsabilité collective à la fois des administrateurs et administrateurs extérieurs dans les structures unitaires, et responsabilité collective des membres du directoire et membres du conseil de surveillance dans les

---

1. « Un cadre réglementaire moderne pour le droit européen des sociétés », rapport du groupe de haut niveau d'experts en droit des sociétés, Bruxelles, le 4 novembre 2002.
2. *Ibid.*

structures duales. Ceci se reflète dans de nombreux États membres par l'obligation qui est faite à tous les administrateurs, administrateurs extérieurs et membres du conseil de surveillance de signer les comptes annuels de la société. Le groupe considère que cette responsabilité collective est un bon moyen pour éviter qu'un nombre limité de membres du conseil d'administration, en particulier certains administrateurs dont les prestations doivent être reflétées dans les états financiers, ne jouent un rôle décisif dans la détermination du contenu de ces comptes.

« La responsabilité collective de l'ensemble du ou des conseils devrait s'étendre non seulement aux comptes annuels et consolidés mais aussi en principe à tous les états concernant la situation financière de la société, y compris les déclarations trimestrielles de résultats (le cas échéant) et les données financières communiquées dans les prospectus et autres documents publics. Une exception peut être faite pour les informations *ad hoc* dont la publication est obligatoire et dont il est pratiquement impossible pour le conseil en entier de prendre connaissance. Il incombe néanmoins à l'ensemble du ou des conseils de veiller à ce qu'un système de délégation approprié soit mis en place pour ce type d'informations. »

Il est tout aussi intéressant de noter que le document précité envisage une responsabilité collective du conseil d'administration pour *d'autres documents que les documents financiers* (p. 75).

« De la même façon, la responsabilité collective du ou des conseils dans leur ensemble devrait couvrir les documents fournissant des données non financières clés, par exemple sur le système de gestion des risques de la société, ses perspectives commerciales et plans d'investissement ainsi que les stratégies retenues dans les domaines techniques et organisationnels et en matière de ressources humaines. Elle s'étend enfin à la déclaration annuelle de la société concernant ses structures et pratiques en matière de gouvernement d'entreprise.

« Le groupe est d'avis que cette responsabilité collective du conseil vis-à-vis des états financiers et des principaux documents non financiers devrait être confirmée en tant qu'élément du droit communautaire. »

On voit ici s'esquisser la perspective d'un accroissement de la responsabilité collective du conseil d'administration appliquée à des domaines tout à fait nouveaux.

Il est intéressant d'observer que ces propositions pour une large part doctrinales ont été reprises dans un document beaucoup plus officiel. La Commission des communautés européennes a publié le 21 mai 2003 une communication relative à un plan d'action pour la modernisation du droit des sociétés et le renforcement du gouvernement d'entreprise dans l'Union européenne[1].

Ce souci de renforcer la responsabilité des membres des conseils d'administration est affirmé de manière solennelle.

Responsabilité des administrateurs.

« En vue de renforcer les responsabilités des administrateurs, la responsabilité collective de l'ensemble du conseil d'administration pour les états financiers et les principaux documents non financiers (y compris la déclaration annuelle de gouvernement d'entreprise mentionnée à la section 3.1.1.) devra être confirmée en tant qu'élément du droit communautaire. La Commission estime que cette confirmation pourrait intervenir rapidement moyennant l'adoption d'une législation-cadre et elle entend donc proposer les initiatives nécessaires à court terme. »

CONCLUSION

L'idée qui semble se dégager aujourd'hui est celle d'un divorce évident entre les risques potentiels et l'occurrence de leur réalisation. Les membres du conseil d'administration sont potentiellement en situation de risque et l'on a vu combien les sources de risque étaient multiples. Les condamnations sont pour leur part assez rares[2] même si elles sont parfois spectaculaires. Deux opinions se heurtent qui abritent chacune une part de la vérité :

- La perception du risque est devenue très aiguë pour les mandataires sociaux. Au-delà de cette perception, certains chiffres sont avancés. En 2003, les grands groupes ont vu leurs budgets d'assurance doubler[3].

---

1. « Modernisation du droit des sociétés et renforcement du gouvernement d'entreprise dans l'Union européenne – Un plan pour avancer », document COM (2003 284 final).
2. Depuis le second conflit mondial, on dénombre en France moins de 50 condamnations de dirigeants sociaux hors le cas de procédure collective frappant l'entreprise.
3. « Dirigeants et financiers font face à une hausse du risque judiciaire », *Le Monde* du 10 juillet 2003, p. 17.

- Le désespoir des petits porteurs devant la chute de leur patrimoine boursier et la quasi-impossibilité d'obtenir réparation de ce préjudice sont patents.

Le vent de l'histoire poussera vers l'accroissement de la responsabilité et notamment celle des membres des conseils d'administration. Une forte volonté européenne en ce domaine est notable[1]. Pour diverses raisons techniques dont on a vu qu'elles étaient difficilement négociables, il se passera sans doute encore du temps avant que les investisseurs puissent recueillir pleinement les fruits de ce renforcement de la responsabilité.

---

1. Cf. *Les Échos* du mercredi 23 juillet 2003, p. 2.

19

Responsabilité et contrôle de gestion

Michel GERVAIS

Dans la langue française, la notion de responsabilité traduit le fait de supporter les conséquences de ses actes ou d'agir en acceptant les obligations morales, intellectuelles et sociales qui en découlent. Elle suppose simultanément une certaine autonomie d'action et l'obligation de rendre compte. Appliquée à une organisation, la responsabilité implique une délégation de pouvoir pour prendre la décision (une décentralisation de la décision et un pilotage local de l'action) et l'obligation de rendre compte à la hiérarchie (un contrôle par la hiérarchie).

La responsabilité occupe une place importante dans les processus de gestion. En effet, gérer revient toujours à trouver un équilibre précaire et évolutif entre suffisamment d'ordre et suffisamment de désordre pour que l'institution se perpétue. L'ordre ou la coordination est indispensable pour que le personnel aille dans le sens de l'intérêt de la firme ; le désordre permet aux individus de supporter les contraintes, mais aussi d'augmenter leur autonomie cognitive et leur capacité créative pour innover. Donner de l'autonomie aux gens tout en les responsabilisant est une façon classique de manager.

Le contrôle de gestion reprend cette optique. Si l'on définit le contrôle de gestion comme une démarche « qui consiste à s'assurer que les activités produisent les résultats attendus » (Reeves et Woodward, 1970), ou comme « le processus par lequel les dirigeants s'assurent que les ressources sont obtenues et utilisées, avec efficience, efficacité et pertinence, conformément aux objectifs de l'organisation, et que les actions en cours vont bien dans le sens de la stratégie définie » (Gervais, 2000), la notion de responsabilité s'avère structurante, dans la mesure où elle permet à l'initiative d'aller dans le sens des objectifs et où elle oblige à rendre compte des résultats obtenus.

En contrôle de gestion, la responsabilité se calque habituellement sur les principes de la direction par objectifs (Drücker, 1954). La hiérarchie fixe des objectifs au responsable et lui octroie des moyens, mais c'est le responsable qui imagine les modalités d'action et qui décide de l'affectation des moyens pour atteindre l'objectif. Par la suite, le responsable ne rendra compte que des réalisations, grâce à un système d'évaluation des performances cohérent avec les objectifs.

Dans une première partie, on va analyser les construits sur lesquels repose cette conception de la responsabilité, puis dans une seconde partie on observera comment elle est utilisée en pratique et comment elle évolue.

LES FONDEMENTS DE LA NOTION DE RESPONSABILITÉ

La responsabilité en contrôle de gestion suppose de déléguer l'action et de faire confiance à ses subordonnés. Le fait d'être jugé sur les résultats demande d'avoir pouvoir sur eux (notion de contrôlabilité de la performance). Toutefois, le sentiment d'être responsable ne peut naître que si l'initiative conduit à une récompense et si le salarié ressent un devoir moral envers la firme (couplage : responsabilité-système d'animation).

La liberté d'action et la confiance en l'homme

À un niveau macro-économique, A. Smith considère que, lorsqu'on laisse opérer la libre concurrence, une main invisible conduit l'humanité vers un nouvel Éden : les actions privées aboutiraient intentionnellement à un ordre social spontané et complexe.

Appliquée à l'entreprise, la concurrence interne généralisée soumet les dirigeants à une contestation permanente de leurs compétences, de leurs organisations et de leurs actions. Elle sanctionne les erreurs et pousse les managers à choisir les pratiques les plus efficaces. La concurrence « organise les tensions qui sélectionnent les hommes, les forment et les conditionnent à l'efficacité » (Gélinier, 1966, p. 84).

Le laisser-faire repose sur la confiance en l'homme, c'est-à-dire que l'on admet que l'individu est capable mieux que quiconque de prendre les décisions qui le concernent directement et qu'il est capable, à travers diverses erreurs, de distinguer la bonne pratique.

La contrepartie de la liberté est la sanction positive ou négative appliquée aux actes. Ces sanctions jouent un rôle d'éducation et de sélection et elles seront fondées sur des faits objectifs.

La contrôlabilité ou la possibilité de maîtriser la performance

La contrôlabilité demande de disposer d'une réelle possibilité d'action sur la performance et de définir clairement les zones de pouvoir de chacun.

Une possibilité d'action réelle sur la performance

La contrôlabilité de la performance suppose d'abord une possibilité d'agir, c'est-à-dire un pouvoir d'action réel sur la performance. Pour certains auteurs, ce pouvoir est lié à la détention de ressources nécessaires à la conduite de l'activité (Gordon, 1963). Pour d'autres, elle est plus large et dépend aussi de la capacité d'initiatives et d'influence du responsable : « Le travail d'un manager est de prendre des initiatives [...]. Son principal rôle est de trouver ce qu'il faut faire pour rendre cette activité plus performante. Ainsi, quelle que soit l'action qu'il convient de mener, son travail est de la prendre en charge, soit en réallouant les ressources qui sont à sa disposition si elles sont suffisantes, soit en influençant la façon dont les autres managers utilisent leurs ressources » (Vancil, 1978, p. 51).

Le lien entre le pouvoir de décision du dirigeant et sa responsabilité amène à distinguer la performance des activités de celle des responsables d'activités (Dearden, 1987), car un manager n'a pas toujours le contrôle de l'ensemble des éléments relatifs à son activité.

Des zones de pouvoir clairement définies

Pour être responsable, un dirigeant se voit attribuer :

– une certaine autonomie d'action ;

- une autorité de décision et/ou de contrôle sur des ressources essentielles pour l'évolution de l'entreprise (humaines, financiè-res, techniques) ;
- des objectifs quantifiés à atteindre (résultats à obtenir, budget à ne pas dépasser...).

Le pouvoir détenu est un pouvoir exclusif. Il en résulte qu'au niveau de chaque manager, on séparera les éléments qu'il contrôle de ceux sur lesquels il n'a aucun pouvoir, sachant que si une charge ou un produit n'est pas contrôlable par un manager, elle l'est forcément par un autre (Ferrara, 1964). Le lien qui existe entre les activités de l'entreprise et les individus qui la composent est donc un lien exhaustif.

La limitation de la responsabilité aux seuls éléments que le manager contrôle est justifiée par les arguments suivants :

- dans la mesure où la performance d'une activité peut résulter de causes étrangères aux décisions du manager, il est juste d'en neu-traliser l'impact et de focaliser l'évaluation sur ce qui relève de son seul mérite ;
- les managers doivent recevoir uniquement les informations con-cernant les éléments sur lesquels ils disposent de leviers d'action, de manière à ne pas être surchargés de données inutiles (Clarke, 1961) ;
- le maintien d'éléments non contrôlables dans l'évaluation des performances risque d'amener une perte de motivation des diri-geants, l'adoption de comportements contre-productifs (aver-sion au risque), un temps plus important consacré à la discussion de ce qui doit être considéré comme contrôlable, etc. (Merchant, 1989).

La contrôlabilité exclusive demande une ingénierie de l'évaluation des performances, de manière à garantir que tous les éléments contrôlables seront intégrés dans la responsabilité du manager et à neutraliser les aspects non contrôlables. La typologie traditionnelle distinguant des centres de « coûts standards », de « coûts discrétionnaires », « de recettes », « de profit » et « d'investissement » s'inscrit dans cette logi-que. Elle traduit le fait que, pour participer à la réalisation de la perfor-mance de l'entreprise assimilée à un résultat financier, les départements ont des champs de pouvoir plus ou moins larges (certains n'ont de pouvoir que sur des coûts, d'autres que sur des recettes...) et donc des responsabilités plus ou moins étendues.

L'exclusivité de la contrôlabilité demande aussi que trois types d'externalités soient neutralisés (Demski, 1976) :
- l'impact des événements imprévisibles ;
- celui des décisions prises par d'autres managers ou par la hiérarchie ;
- celui des décisions prises par les managers occupant précédemment le poste et qui continuent à produire leurs effets.

L'exclusivité exige enfin que les centres soient suffisamment indépendants entre eux et que les éléments de charges ou de produits soient localisés aux lieux où se manifestent les responsabilités. Si les recettes d'un centre de profit dépendent surtout de dépenses supportées par d'autres ou que ses coûts sont à rattacher à des recettes obtenues par d'autres, le compte de résultat de ce centre perd de sa signification en termes de responsabilité.

La neutralisation des éléments incontrôlables n'est pleinement justifiée que si le responsable ne dispose d'aucun moyen pour les compenser, ou s'il ne peut profiter inopinément de leur évolution. Dans le cas contraire, plutôt que d'éliminer *a priori* leur influence sur la performance, il serait plus judicieux d'apprécier *a posteriori* l'importance de la dérive qu'ils induisent sur celle-ci, de façon à cerner le degré de maîtrise que le responsable a réussi à conserver. Ainsi, plutôt que de considérer que le prix de telle fourniture est hors contrôle (car trop dépendant d'un cours mondial ou d'un paiement en devises étrangères), ne vaut-il pas mieux constater que cette variable aurait dû induire une baisse du résultat de 25 %, mais que le responsable a su en juguler l'effet, puisqu'en définitive la dégradation n'a pas dépassé 10 % ?

La neutralisation des éléments incontrôlables pose de nombreux problèmes techniques. Supposons par exemple que le compte de résultat d'un centre de profit se présente comme suit :

Ventes	30 000
Coût variable des ventes	20 000
Marge sur coût variable	10 000
Coût fixe contrôlable	1 600
Marge sur coût spécifique contrôlable	8 400
Coût fixe non contrôlable	2 400
Marge sur coût spécifique du département	6 000
Quote-part de frais de siège	2 000
Résultat analytique	4 000

Si le directeur du département est apprécié sur la marge sur coût varia-ble[1] (10 000), il peut être tenté d'utiliser plus de coûts fixes contrôlables et moins de charges variables ; de cette façon, il est certain d'obtenir sa performance.

La marge sur coût spécifique contrôlable (8 400) semble meilleure puisqu'elle reflète la capacité du chef de département à utiliser effica-cement des ressources dans le cadre de ses responsabilités. Le problème principal est alors de savoir estimer *a priori* l'influence exacte du diri-geant sur les différents éléments du coût fixe.

La marge sur coût spécifique du département (6 000) est pertinente pour décider de l'abandon ou de la poursuite de l'activité ; mais cette marge est hors de portée du directeur de département, car une partie des charges fixes résulte de décisions d'investissement prises par les niveaux hiérarchiques supérieurs.

L'appréciation à partir du résultat analytique (4 000) n'est guère plus judicieuse, car il y a peu de causalité entre l'action du département et des frais de siège ventilés selon une clé de répartition arbitraire.

La probabilité perçue que l'initiative conduise à une récompense et la nécessité de ressentir individuellement un devoir moral envers l'entreprise

Choudhury (1986) considère qu'il ne peut y avoir contrôlabilité que s'il y a perception par le manager d'une relation de causalité entre son com-portement, les effets économiques qui en résultent pour l'activité et sa rémunération. Pour l'auteur, le dirigeant est motivé avant tout par sa rémunération, et la performance de l'activité n'est à ses yeux qu'un moyen pour l'accroître. Si le dirigeant n'établit pas cette relation de causalité, la responsabilité sera perçue comme un fardeau et non comme un facteur de motivation. Choudhury se situe dans le cadre de la théorie de l'agence. L'agent est supposé être rationnel, dans la mesure où il cherche à atteindre un objectif sur la base d'un calcul en réponse aux stimulations de l'environnement et en fonction de ses échelles de préfé-rence subjectives. L'agent, en contrepartie de la rémunération qu'il

---

1. L'hypothèse faite dans ce cas est que le directeur a pouvoir sur tous les éléments du coût variable.

reçoit du principal, cherche à accroître la performance du domaine qui lui est confiée, parce qu'il pense que c'est son intérêt.

Bien que se situant dans un cadre théorique différent, Porter et Lawler (1968) précisent certains aspects du raisonnement de Choudhury. Ils montrent qu'un individu ne fournit d'effort conséquent que :

- si la récompense qui peut en découler est valorisante à ses yeux ;
- s'il existe, dans son esprit, une correspondance clairement établie entre l'effort fourni et l'obtention de ladite récompense.

Mais pour réaliser une performance élevée, fournir un effort ne suffit pas. Il faut encore que l'individu possède les compétences et les traits de personnalité requis par le travail et qu'il ait une perception claire du rôle qu'on lui demande de jouer dans l'organisation. La performance pourra alors être atteinte[1], entraînant deux possibilités de récompense :

- une récompense intrinsèque, c'est-à-dire le sentiment de s'être réalisé dans un travail intéressant ;
- une récompense extrinsèque, c'est-à-dire un supplément de rémunération.

Cette (ou ces) récompense(s) ne donnera(ont) satisfaction à l'individu que si celle(s)-ci est (sont) perçue(s) par lui comme équitable(s)[2]. L'individu commencera alors à se sentir moralement redevable vis-à-vis de son organisation.

Au total, le comportement d'un individu s'explique par les buts qu'il vise et le sentiment de responsabilité naît du système d'animation qui accompagne la délégation de la décision. Mais dans les écrits de doctrine, l'incidence des valeurs culturelles, de l'appartenance à une classe sociale sur la création de ce sentiment, n'est jamais évoquée.

---

1. Comme le notent Porter et Lawler à l'issue de leurs tests empiriques, la relation entre performance, effort et perception du rôle n'est pas univoque. Le niveau de performance à atteindre peut aussi influer sur l'effort et la perception du rôle.
2. La difficulté est que l'équité reste une notion relative et personnelle, liée au hasard des comparaisons passées et des expériences vécues. Elle est fragile, variable non seulement selon les individus mais aussi selon les circonstances.

LA RESPONSABILITÉ EN PRATIQUE

Dans les faits, le principe libéral est loin d'aboutir à un optimum social. La contrôlabilité est le plus souvent partielle et les mentalités ambiantes ne sont pas toujours compatibles avec les principes de la direction par objectifs.

L'opposition du principe libéral à l'interdépendance nécessaire des départements dans l'entreprise

Le libéralisme n'aboutit pas forcément à un optimum collectif

Au niveau macro-économique, K. Marx démontre que le capitalisme n'aboutit pas à un bonheur collectif. Les travailleurs créent la valeur, mais ils sont rémunérés à un niveau qui leur permet juste de reproduire leur force de travail. La différence entre valeur créée et cette rémunération (la plus value) est empochée par les apporteurs de capitaux.

J. M. Keynes démontre qu'en dynamique les marchés ne sont pas équilibrés de façon continue. Pour qu'ils le soient, l'État doit intervenir en ponctionnant (impôts), en subventionnant, en jouant sur le budget et la monnaie, en faisant pression sur les marchés par des politiques d'interventions directes ou indirectes pour rétablir l'optimum.

À l'intérieur de l'entreprise, l'indépendance et l'identification claire des responsabilités risquent de mener à l'égocentrisme. Chaque chef de service peut chercher à atteindre ses objectifs sans se soucier de l'effet de son action sur les autres départements.

Le concept d'entreprise suppose l'interdépendance et non l'indépendance entre les unités

La volonté de promouvoir une gestion davantage transversale entraîne une imbrication de plus en plus forte des processus de décision au sein des entreprises, à la fois entre les niveaux hiérarchiques et les différentes entités (gestion de projet, démarches d'ingénierie concourante, etc.). La performance d'une activité est affectée par les décisions des autres. Non seulement le poids des éléments non contrôlables semble important, mais leur neutralisation devient difficile à mettre en œuvre, dans la mesure où les influences s'avèrent multiples et diffuses. Par exemple, à qui peut-on attribuer la qualité insuffisante des produits livrés aux clients ? Tout le monde est vraisemblablement un peu responsable et attribuer le « délit » à une seule personne ne peut aboutir qu'à des effets pervers.

La responsabilité dans l'entreprise est moins individuelle que collective[1] (Mc Nair et Carr, 1994).

La contrôlabilité dans les faits

L'interdépendance pose le problème de la mesure de la performance de chacun. Aussi la contrôlabilité est-elle le plus souvent partielle, même si une ingénierie adaptée peut faire en sorte que des managers interdépendants soient individuellement responsables.

La reconnaissance des interdépendances suscite des problèmes de mesure

L'existence d'objectifs co-partagés peut entraîner des comportements de passager clandestin : chaque service aura tendance à attendre que l'autre service consacre de l'énergie à atteindre l'objectif co-partagé afin de se concentrer sur ses objectifs propres.

Les conséquences sur la performance d'un département de l'activité des autres unités sont difficiles à évaluer. Exemples : il est difficile d'apprécier l'effet de la qualité technique des produits réalisés par un centre de production sur la tâche du centre chargé de les commercialiser ; de plus, le centre client peut prétendre que la qualité des produits reçus n'est guère satisfaisante, de manière à minimiser les bienfaits de l'activité du centre fournisseur. Les coûts industriels dépendent fortement de la conception du produit fabriqué. En fait, tout est imbriqué. « Le coût de production est-il contrôlable par l'usine (efficacité immédiate), par la maintenance (fiabilité des équipements résultant de la maintenance préventive), par le bureau d'études (conception de produits faciles et peu coûteux à fabriquer), par les commerciaux (fiabilité des prévisions de vente servant de base au dimensionnement des moyens industriels) ? » (Demeestère *et al.* 2002, p. 60).

---

1. Il est d'ailleurs paradoxal de justifier l'existence de l'entreprise (Coase, 1937) par le fait que les relations de marché peuvent devenir compliquées et coûteuses, pour ensuite proposer une gestion interne de la firme fondée sur le libéralisme et l'autonomie d'action.

La contrôlabilité partielle est admise

Une enquête réalisée par Giraud (2002) auprès de 265 managers met en évidence les points suivants :

- Les responsables ne sont pas évalués sur la base de critères uniquement financiers. Les critères non financiers représentent en moyenne 45 % de l'évaluation des directeurs généraux (niveau hiérarchique 1) et 57 % de celle des responsables de niveau 2.
- Les managers se sentent fortement dépendants de facteurs extérieurs. Les risques liés aux facteurs externes sont jugés forts ou très forts par 88 % des directeurs généraux et par 86 % des responsables de niveau 2. Ils se sentent également dépendants des décisions de leurs pairs et de la hiérarchie : pour les responsables de niveau 2, la dépendance vis-à-vis des décisions des pairs est jugée forte ou très forte à 72 % et celle vis-à-vis des décisions hiérarchiques forte à très forte à 77 % ; pour la direction générale, elle est plus faible.
- La majorité des dirigeants ressent une augmentation de ces dépendances.
- Les dépendances ne sont neutralisées que partiellement, et dans la majorité des cas elles sont maintenues dans le périmètre de responsabilité du manager (62 % des situations pour les directeurs généraux et 46 % pour les responsables de niveau 2 en ce qui concerne les facteurs externes, 58 % et 53 % en ce qui concerne les dépendances à l'égard des pairs, et 59 % et 53 % en ce qui concerne les dépendances hiérarchiques).
- Une proportion importante des interviewés estime cependant que les dépendances doivent être maintenues au sein de leur périmètre de responsabilité (44 % des réponses des directeurs généraux et 32 % de celles des responsables de niveau 2 pour les dépendances externes, 45 % et 31 % pour les dépendances à l'égard des pairs et 35 % et 34 % pour les dépendances hiérarchiques), l'argument souvent invoqué pour justifier cette position étant qu'il relève du rôle du manager de gérer les dépendances.
- L'absence totale de pouvoir sur un élément justifie toutefois sa neutralisation.
- Les interviewés semblent davantage prêts à assumer des coups du sort (l'impact des facteurs externes) que la responsabilité de quelqu'un d'autre (pairs ou supérieurs hiérarchiques). Par exemple, s'il n'y a que 8 % des directeurs généraux qui estiment que les dépendances externes devraient être totalement neutralisées,

ils sont 20 % et 25 % à considérer que les dépendances à l'égard des pairs et celles à l'égard de la hiérarchie devraient l'être totalement. On retrouve ici l'importance de l'équité entre managers.

Cette étude met en évidence qu'une contrôlabilité partielle ne remet pas en cause la responsabilité. Les managers interrogés font référence plus à un degré de contrôlabilité, à une « influençabilité », qu'à une contrôlabilité totale. Ils acceptent par ailleurs un certain degré de dépendance : « c'est la vie », « c'est le rôle du manager de gérer les contraintes », indiquent-ils.

Dans la mesure où la notion d'influençabilité est plus floue, en déléguant l'autorité, on transfère des risques qui auparavant étaient uniquement gérés par le stratège. On devient responsable, non plus parce que l'on a commis une faute dans l'exécution de la stratégie, mais parce que l'on a en partie autorité sur des risques stratégiques.

Le principe d'influençabilité soulève également la délicate question de la co-responsabilité des managers. Si un élément de performance est le fruit d'influences multiples, une application stricte du principe revient à attribuer la responsabilité de cet élément à plusieurs responsables. Une telle perspective débouche sur une responsabilité plus collective.

L'ingénierie de la mesure de performance rend possible des managers individuellement responsables mais dépendants

Par une ingénierie adaptée de la mesure de performance, il est possible de faire en sorte que des managers soient à la fois dépendants et individuellement responsables.

Ce cas peut être illustré par la situation des chefs d'agence dans une entreprise de transport.

Une agence est à la fois une entité commerciale et opérationnelle. Au niveau commercial, ses fonctions consistent à prospecter la clientèle, à négocier les conditions (tarifs, délais), à facturer et assurer le travail administratif. Au niveau opérationnel, l'agence réalise le ramassage des marchandises de ses clients et en assure la livraison (si celle-ci a lieu dans son territoire d'intervention) ou l'expédition vers une plate-forme ou une autre agence pour les livraisons plus éloignées. Elle livre également les marchandises des autres agences à acheminer dans sa zone d'intervention, car chaque agence dispose sur son territoire d'un monopole de distribution.

Entre les différentes agences, il existe donc de fortes interdépendances, et ce fait risque d'entrer en contradiction avec le désir d'isoler la performance de chacune. Si par exemple les agences sont constituées en centre de profit, un problème délicat sera de savoir à quel prix il faut refacturer les livraisons faites par une agence pour une autre.

Le compte de résultat d'une agence se compose des éléments suivants :
en produits :
- le chiffre d'affaires provenant de ses propres clients (que la livraison soit effectuée par elle ou par une autre agence) ;
- les prestations internes effectuées pour d'autres agences (les livraisons réalisées pour d'autres) ;
en charges :
- toutes ses charges propres : elles concernent le démarchage commercial, le ramassage ainsi que les livraisons propres ou faites pour d'autres ;
- les coûts des prestations internes réalisées pour ses clients par les autres agences (coût des livraisons refacturées).

Pour définir des prix de cessions, deux options sont *a priori* possibles : soit évaluer les livraisons internes sur la base des coûts, soit ajouter une marge pour l'agence distributrice.

Si les prestations internes sont refacturées sur la base des coûts :
- Chaque agence a tendance à accorder la priorité à ses propres clients, au détriment de ceux des autres unités pour lesquels elle effectue la livraison mais ne réalise pas de marge. Des problèmes de qualité dans la livraison pour les autres peuvent survenir.
- Les agences qui ont peu de clients propres mais qui réalisent beaucoup de livraisons pour les autres apparaîtront sous-performantes, ce qui risque d'engendrer une perte de motivation de leur part.

Cette solution pousse au développement des livraisons propres de chaque agence.

Si une marge en faveur de l'agence distributrice est ajoutée, la livraison est considérée comme aussi importante (et donc autant valorisée) que l'obtention d'un client. Avec cette solution :
- On est tenté de faire mieux les livraisons des autres agences. Celles qui ont peu de clients externes mais qui assurent beaucoup de livraisons ne sont plus défavorisées.

– La motivation pour trouver de nouveaux clients n'est pas très élevée, si en transportant pour les autres on obtient une performance acceptable.

Cette seconde optique favorise davantage la qualité, mais les deux poussent à un certain égocentrisme, alors que c'est un fonctionnement solidaire qui est recherché.

Le problème peut être éliminé en complétant l'évaluation financière par des tableaux de bord regroupant des indicateurs physiques (tonnages, productivité) et des indicateurs qualitatifs (nombre de réclamations). L'évaluation financière veillera à la rentabilité de l'ensemble ; les tableaux de bord éviteront que la poursuite d'un seul objectif ne mène à des biais et préserveront la nécessaire interdépendance entre les unités.

L'importance des « plis »[1] du social et de la culture

L'acteur individuel se caractérise par la multiplicité et la complexité des processus sociaux, des dimensions sociales et des logiques sociales qu'il a intériorisés. Dans un contexte donné, il est difficile de prédire ce qui va peser sur lui et le comportement qu'il risque d'avoir (Lahire, 1998). L'individu est limité aussi dans son action par les effets de l'exploitation économique (manque de choix parfois), par la censure idéologique ou culturelle de son groupe d'appartenance. On n'est donc jamais très sûr qu'en le responsabilisant, l'agent aura un comportement conforme à l'intérêt du principal.

Le sentiment de responsabilité dépend de la façon dont les pratiques managériales sont intériorisées.

Par exemple, Barel (2001) montre que, dans une entreprise de la grande distribution, le contrôle du siège sur les chefs de rayon se réalise par des comparaisons effectuées de manière quotidienne ou hebdomadaire aux niveaux intra-magasin ou inter-magasins. Les résultats obtenus sont publiés par ordre décroissant des performances.

Ce mode de contrôle découle de l'autonomie conférée. Les chefs de rayon disposent d'une certaine liberté dans la composition des assortiments, le choix de l'emplacement des produits, l'organisation des actions promotionnelles et la fixation des prix de vente.

---

1. Pour reprendre l'expression de Lahire (1998, p. 232).

Cela ne concerne pas les employés, car leurs objectifs sont peu quantifiables et leur impact sur les résultats économiques difficile à apprécier. À ce stade, le système d'animation est plutôt orienté sur le développement d'une forte culture interne (idée de grande famille, sentiment d'appartenance).

Le système semble adapté aux problèmes rencontrés. Le chef de rayon réalise des tâches de gestion qui l'amènent à limiter son temps de présence sur le terrain. Il ne peut donner régulièrement des ordres et contrôler immédiatement les conditions de leur exécution. Les employés doivent être suffisamment imprégnés de l'esprit de l'entreprise pour fournir la qualité de service souhaitée. Par ailleurs, les chefs de rayon ont besoin d'aide et d'informations provenant des membres de leur équipe. Les employés ont une connaissance précise des rotations de stocks des produits qu'ils manipulent quotidiennement ; ils peuvent suggérer des propositions d'amélioration de l'attrait du rayon à leur supérieur hiérarchique.

L'articulation des mécanismes de coordination est toutefois plus problématique qu'il n'y paraît.

Le degré d'implication des employés est fortement dépendant du style de management adopté par le chef de rayon. Nombreux sont les employés qui dénoncent le manque de convivialité et d'écoute de leur supérieur (indisponibilité lors de l'accueil d'un nouveau salarié, horaires donnés le vendredi pour le lundi suivant, rareté des discussions informelles, superficialité des échanges lors des réunions, évaluations arbitraires). L'impact de la culture d'entreprise sur les employés est donc limité.

Les chefs de rayon sont tenus de maintenir constant dans le temps le ratio : frais de personnel/chiffre d'affaires. Or, pour répondre à l'offensive des hard-discounts, l'enseigne propose des produits « premiers prix » qui tendent à diminuer le niveau de chiffre d'affaires sans pour autant qu'il y ait baisse du volume d'activité. La réduction du chiffre d'affaires n'entraîne donc pas une diminution aussi importante des besoins en main-d'œuvre. Pourtant les chefs de rayon sont contraints de compresser les frais de personnel d'un pourcentage équivalent. Il en résulte une baisse de la qualité du travail (remplissage approximatif des rayons, présentation moins soignée, nettoyage délaissé), des pertes de temps et d'énergie au niveau des chefs de rayon qui doivent parer eux-mêmes aux déficiences les plus criantes et un stress généralisé dans les rayons.

Les caractéristiques culturelles des individus peuvent aussi être en contradiction totale avec la notion de responsabilité préconisée par le contrôle de gestion.

Dans la communauté africaine, la solidarité familiale prime sur l'appartenance à une entreprise. Dès le bas âge, le jeune Africain sait qu'il appartient à une famille élargie qui regroupe les descendants d'un même ancêtre. Ce sont les membres de cette famille qui vont le prendre en charge pour son éducation, ses études, etc. Devenu salarié, il devra à son tour faire fonctionner le système d'entraide, et plus son statut professionnel sera élevé, plus il sera sollicité. Il va répondre à des demandes d'argent, des pressions de tous ordres émanant des parents, des cousins du village, etc. Pour y faire face, le salarié aura tendance à s'endetter, puisque son seul salaire, quel qu'il soit, ne pourra faire face à toutes les demandes. Pris dans un cercle vicieux, il va chercher à reporter ses problèmes financiers sur la direction de son entreprise (demandes d'avance, de prime, d'augmentation) et, si la direction n'y répond pas positivement, il sera tenté d'adhérer aux syndicats les plus radicaux et de soutenir les revendications les plus irréalistes.

Cet esprit communautaire familial s'accommode mal d'une responsabilité individuelle au sein de la firme. Le mérite et la compétence qui servent de critères de jugement pour apprécier l'action des responsables risquent d'être perçus comme des signes de méchanceté. Les primes budgétaires versées apparaîtront plus comme d'absolues nécessités pour faire face aux obligations claniques du salarié que comme des signes de reconnaissance de la part de l'entreprise. Le problème n'est pas d'inciter l'individu à se distinguer, mais de lui permettre d'assumer sa part de solidarité auquel il est tenu dans une autre institution. La responsabilité morale vis-à-vis de la famille prime sur la responsabilité morale vis-à-vis de l'entreprise. Une solution est d'aider les salariés à s'organiser en tontine. Chacun des adhérents verse tous les ans une même somme et l'un d'eux, par rotation, bénéficie de la totalité de la somme collectée. L'heureux bénéficiaire peut ainsi réaliser une dépense importante, tout en respectant les principes de l'entreprise. L'association tontinale satisfait la volonté du salarié d'appartenir à un groupe et de pouvoir bénéficier d'une assistance matérielle, morale et physique, lors d'événements douloureux ou d'occasions de réjouissances.

La performance en contrôle de gestion se fonde sur le principe que « le temps, c'est de l'argent ». Dans la société africaine, le temps n'a pas cette valeur stratégique. Si aujourd'hui est perdu, cela ne pose pas de problème, car demain l'instant se reproduira à nouveau. La vie économique se déroule au rythme des jours de marché, des événements sociaux de la communauté. On a le temps, et on n'en est pas avare car il n'a pas de valeur monétaire ; les pertes de temps pour des raisons liées à la tradition sont légitimes.

Les Africains n'établissent pas davantage de lien direct entre l'évaluation et le niveau de leurs réalisations. L'évaluation n'est pas considérée comme le fruit d'une comparaison entre des objectifs et des réalisations, mais comme une présentation de l'état de la relation entre deux individus : le supérieur (l'évaluateur) et le subordonné (l'évalué). Dans la communication qui prévaut au moment de l'évaluation, le subordonné s'intéresse moins au contenu du message qu'à l'intention que son interlocuteur veut lui donner ; lorsque son niveau de performance est jugé peu satisfaisant, il s'interroge sur les raisons apparentes et cachées qui ont amené le supérieur à définir ce niveau d'évaluation (il s'attache aux causes de la méchanceté de son supérieur).

Si l'on veut que le cadre africain éprouve une responsabilité morale et sociale vis-à-vis de sa firme, il est essentiel de tenir compte de ces plis culturels.

Dans l'entreprise japonaise, la pression des pairs permet de traquer efficacement les défaillances individuelles et d'inciter le salarié à remplir la tâche assignée pour supprimer la suspicion du groupe. Il n'est pas nécessaire d'être tenu responsable individuellement. L'emploi à vie fait que le salarié va travailler longtemps avec les mêmes collègues. Il lui est donc difficile d'adopter et d'afficher un comportement individualiste.

Ainsi, la responsabilité fondée sur les principes de la direction par objectifs ne peut donc constituer un outil de gestion universel.

CONCLUSION

Il n'existe pas un modèle d'acteur ou d'action, mais des types très variables d'acteur et d'action.

En prônant une responsabilité individuelle, contrepartie d'une autonomie d'action pour mettre en œuvre la stratégie, la doctrine classique du contrôle de gestion tend à généraliser indûment un mode d'animation particulier. Si l'on admet que gérer revient toujours à trouver un équilibre subtil entre suffisamment d'ordre et suffisamment de désordre, l'introduction d'un léger hiatus entre les outils de contrôle (centrés sur la réalisation des objectifs) et le système d'animation peut conduire à un équilibre global plus satisfaisant (Gervais, 2000, p. 546). C'est ce que montre l'usage du contrôle de gestion dans des cultures très éloignées de la direction par objectifs ou ce que laissent entendre les études empiriques sur la contrôlabilité (le fait que la contrôlabilité individuelle ne soit jamais totale n'empêche pas le système de pilotage de fonctionner). L'équilibre ordre/désordre ou autonomie/cohérence est fondamentalement instable. Il s'adapte aux modifications de l'environnement externe et aux évolutions des technologies et des ressources humaines utilisées. Selon les circonstances, l'accent sera mis sur la responsabilité individuelle ou une responsabilité plus collective.

L'insistance sur la responsabilité individuelle tend aussi à faire oublier qu'une bonne articulation entre une gestion par centre de responsabilité et la gestion des processus (logique de co-responsabilité) permet à la fois d'évaluer les performances locales et d'améliorer le fonctionnement opérationnel de l'ensemble en se focalisant sur la gestion des interfaces (Demeestère *et al.* 2002, p. 183).

Bibliographie

BAREL Y. (2001), « Complémentarité et contradictions des formes de contrôle. Le cas de la grande distribution », *Finance Contrôle Stratégie*, vol. 4, n° 2, p. 5-31.

CHOUDHURY N. (1986), « Responsibility Accounting and Controllability », *Accounting and Business Research*, Summer, p. 189-198.

COASE R. H. (1937), « The Nature of the Firm », *Economica*.

DEARDEN J. (1987), « Measuring Profit Center Managers », *Harvard Business Review*, September-October, p. 84-88.

DEMEESTÈRE R. (2000), « L'ambiguïté de la notion de responsabilité en contrôle de gestion », *Politiques et Management public*, mars.

DEMEESTÈRE R., LORINO P., MOTTIS N. (2002), *Contrôle de gestion et pilotage de l'entreprise*, Paris, Dunod.

DEMSKI J. S. (1976), « Uncertainty and Evaluation Based on Controllable Performance », *Journal of Accounting Research*, Autumn, p. 230-245.

DRÜCKER P. (1954), *The Practice of Management*, New York, Harper and Row.

FERRARA W. L. (1964), « Responsibility Accounting : a Basic Control Concept », *NAA Bulletin*, September, p. 11-19.

GÉLINIER O. (1966), *Le Secret des structures compétitives*, Puteaux, Hommes et Techniques.

GERVAIS M. (2000), *Contrôle de gestion*, 7ᵉ éd., Paris, Économica.

GIRAUD F. (2002), « Responsabilité et contrôlabilité : une approche empirique », *Finance Contrôle Stratégie*, vol. 5, n° 1, p. 77-99.

GORDON M. J. (1963), « Toward a Theory of Responsibility Accounting Systems », *NAA Bulletin*, December, p. 3-9.

LAHIRE B. (1998), *L'Homme pluriel, les ressorts de l'action*, Paris, Nathan.

LE MAÎTRE D. (1996), « L'évaluation de la performance des responsables de département dans l'entreprise », in M. GERVAIS (éd.), *Recherches en contrôle de gestion*, Paris, Économica, p. 85-138.

MC NAIR C. J. et CARR L. P. (1994), « Responsibility Redefined : Changing Concepts of Accounting-based Control », *Advances in Management Accounting*, vol. 3, p. 85-117.

MERCHANT K. (1989), *Rewarding results : motivating profit center managers*, Harvard Business School Press.

PORTER L. W., LAWLER E. E. (1968), *Managerial Attitudes and Performance*, Illinois, Irwin and Dorsey.

REEVES T. K., WOODWARD J. (1970), « The Study of Managerial Control », in *Industrial Organization : Behavior and Control*, London, Oxford University Press.

VANCIL R. F. (1978), *Decentralization : Managerial Ambiguity by Design*, Homewood Ill., Dow-Jones Irwin.

7

La responsabilité par rapport aux minorités

Dans cette septième partie de l'ouvrage, le considérable champ que recouvre la notion de responsabilité permet d'aborder différents thèmes : tout d'abord, celui de la formation (chap. 20, P. Imbs) qui implique au premier chef la responsabilité éducative des entreprises ; de même, sont appréhendées les nouvelles responsabilités incombant aux opérateurs dans les systèmes de production (chap. 21, M. Detchessahar) et les conditions d'une véritable implication des Anciens (chap. 22, P. J. Dubost) dans la société active : une place toute particulière est réservée à la question très commentée de l'insertion dans l'emploi des travailleurs handicapés (chap. 23, A. Mella).

SOMMAIRE

La responsabilité éducative de l'entreprise : les écoles d'entreprise et les apprentis

Pia IMBS

Dans cet exposé nous allons rendre compte de quelques responsabilités particulières exercées par les entreprises dans le domaine de la formation. *A priori*, ce champ d'études est entièrement exploré tant la formation en entreprise est traditionnellement appréhendée comme une simple transposition du modèle scolaire traditionnel, lequel se caractérise généralement par une unité de temps, de lieu et d'actions liées à l'acte d'apprendre (Sonntag, 1989). D'ailleurs, en France, l'obligation de financement de la formation professionnelle continue par l'employeur a conduit à un développement important des outils de gestion de la formation ; il semble même qu'elle ait entraîné une limitation des cadres d'analyse de la formation à l'utilisation de ces fonds étroitement réglementés (Igalens, 1999).

Les rapides évolutions des fonctions et des métiers incitent pourtant à dépasser la relation classique d'acquisition et de restitution des connaissances au profit d'une formation centrée sur les compétences. En effet, les problèmes posés à la formation par ses commanditaires sont de moins en moins formulés comme des problèmes de formation ; ce sont des problèmes d'exploitation, de maintenance, d'accompagnement..., au point où il n'est plus vraiment pertinent de raisonner « investissement formation » *stricto sensu* (Caspar, 1997).

N'assiste-t-on pas au cours de ces dernières années à une modification des temps et des territoires de la formation ? La tendance à l'individualisation de la formation, le principe du co-investissement, les formes d'accompagnement en cours de formation, l'inscription plus directe de la formation dans le travail lui-même, sont révélateurs d'une profonde évolution de la vision de la formation en entreprise. La formation en tant que démarche privilégiée de production et de développement des compétences échappe ainsi, en partie, à la gestion directe des responsables de formation. Mais la GRH intègre également de façon implicite ou explicite une dimension formation dans nombre de ses procédures (Igalens, 1999).

Les méthodes pédagogiques progressent grâce aux apports des sciences cognitives et en recourant aux technologies multimédias. L'identification des modes individuels de formation, la personnalisation des parcours, la prise en compte des difficultés dans l'acte d'apprendre, l'importance accordée aux fonctions tutorales dans les dispositifs de l'apprentissage, laissent à penser que « les formés passent progressivement du stade de consommateur à celui d'acteur, éclairé et capable de choisir. Ainsi la fonction pédagogique devient-elle aussi le point de convergence de « multiples partenariats » (Caspar, 1997, p. 71).

Afin d'explorer ces éventuels partenariats de formation, mais aussi de questionner le concept de responsabilité éducative de l'entreprise, nous allons nous attacher dans cet article à mettre en valeur les pratiques, d'une part, des formations en alternance et, d'autre part, des écoles d'entreprise. Ces pratiques profitent essentiellement aux jeunes visant leur insertion professionnelle ; elles illustrent aussi les politiques des entreprises en faveur de la formation initiale. Généralement anciens, ces dispositifs connaissent un regain d'intérêt tant le rôle de l'entreprise en tant que milieu de formation est une réalité.

C'est aussi l'usage de la notion de compétences qui a permis plus récemment de concevoir de façon renouvelée les questions de la formation et de l'apprentissage : penser en termes de compétences et non plus de connaissances a ouvert un large champ à la reconsidération des pratiques de formation dans l'entreprise : « Les acteurs ont d'une certaine manière eux-mêmes réappris ce qu'ils savaient déjà mais dont ils ne tenaient que faiblement compte : mobilité, expérience, compagnonnage, tutorat, organisation, coopération, analyse de problèmes, de dysfonctionnements, expérimentation, appréciation, constituent autant de situations d'apprentissage » (Parlier, 1999, p. 415).

C'est ainsi que, dans cet article, la notion d'apprentissage sera évoquée au sens large comme « l'acte d'apprendre »[1] mais aussi au sens restreint d'une modalité particulière réservée aux apprentis. Nous entendrons alors l'apprentissage dans son acception juridique c'est-à-dire le mode de formation en alternance permettant à des jeunes d'apprendre un métier dans le cadre d'un contrat signé avec une entreprise en vue de la préparation d'un diplôme professionnel[2].

Dans une première partie, nous inscrirons cette pédagogie particulière dans une perspective historique afin de souligner les responsabilités éducatives que prennent, en France et tour à tour, les entreprises et les centres de formation. Nous approfondirons dans une seconde partie deux exercices concrets en la matière : mise en œuvre du dispositif juridique de l'apprentissage et école d'entreprise (lycée privé d'enseignement professionnel). Nous rendrons compte des bénéfices et des bénéficiaires de cette responsabilité de formation engagée par l'entreprise : les jeunes, leurs maîtres d'apprentissage, le bassin d'emploi... et l'entreprise elle-même. Enfin, dans une troisième partie, nous insisterons sur les deux facettes de cette responsabilité éducative mise en lumière : le tutorat d'une part, la préoccupation de l'employabilité d'autre part. Nous conclurons en faisant un retour sur le concept de responsabilité. Les démarches de responsabilité partagée avec de nombreux acteurs nous rapprocheront aussi de l'engagement citoyen de l'entreprise, voire de certaines formes encore plus anciennes de paternalisme.

L'ÉMERGENCE DU MODÈLE FRANÇAIS DE L'ALTERNANCE

Divers travaux d'historiens (Pelpel, Troger, 2001 ; Poupard, Lichtenberger, Luttringer, Merlin, 1995) mettent en évidence l'existence d'un modèle français de l'alternance, caractérisé par une prise de conscience

---

1. Ce dernier fait référence à un processus de développement centré sur l'individu apprenant, à ses changements d'attitude et de comportements dus à l'appropriation de nouvelles connaissances et de nouvelles compétences professionnelles, de nouvelles représentations mentales.
2. Les principes généraux de la mise en œuvre de l'apprentissage sont définis par le code du travail : « Le contrat d'apprentissage est un contrat de travail de type particulier par lequel l'employeur s'engage... à assurer à un jeune travailleur une formation professionnelle méthodique et complète, dispensée pour partie en entreprise et pour partie en centre de formation d'apprentis... » Art. L 117-1.

des limites inhérentes aux pédagogies traditionnelles de l'école pour toute une population de jeunes qu'elle rebute. L'alternance est alors le signe d'une nouvelle répartition des responsabilités dans la construction de la qualification des jeunes où plusieurs acteurs interviennent dans la période de transition entre la formation et l'emploi. Ainsi, acceptée au départ comme palliatif, l'alternance se découvre comme une pédagogie originale.

Comme toute formation professionnelle, l'alternance a son origine dans le compagnonnage. Elle est la pratique commune pour les métiers traditionnels sous la responsabilité déontologique des corporations avant que le développement industriel et la transformation, d'une part, des méthodes de travail et, d'autre part, de la scolarisation n'instaurent des voies différentes.

Les emplois industriels sont fondés sur une décomposition des rôles et des fonctions à partir d'une logique de parcellisation de travail conçue par des organisateurs de grandes structures qui ont besoin d'exécutants. Selon le degré de spécialisation recherché, inspiré notamment du taylorisme, la durée et le niveau visé de la formation sont limités, et de ce fait sa valeur qualifiante est réduite.

Le développement de la scolarisation impose d'autant plus le poids du modèle scolaire que la formation professionnelle ne développe pas le sien propre. Les grandes concentrations ouvrières autour des structures industrielles ont pour conséquence qu'en France deux types d'emploi et donc de qualifications évoluent parallèlement, l'emploi industriel et l'emploi traditionnel[1].

Ainsi, il faudra attendre le début du XXe siècle pour assister à l'institutionnalisation du rôle de l'entreprise dans le système de formation : la loi Astier fonde en 1919 l'apprentissage moderne en obligeant toute

---

1. On notera qu'en Allemagne le fait que l'emploi industriel ait été moins parcellisé qu'en France va de pair avec le maintien d'une formation professionnelle qualifiante qu'on se plaît aujourd'hui à reconnaître comme performante. De même, en France, tout ce qui n'est pas industriel continue d'avoir recours, souvent à des niveaux élevés, comme en médecine ou dans les professions juridiques, à des pratiques de formation basées sur la contribution des praticiens et l'appropriation progressive de leur savoir-faire par le moyen d'application en situation réelle.

entreprise dans le commerce et l'industrie qui emploie des jeunes de moins de 18 ans à les inscrire à des cours professionnels d'au moins cent heures par an. Le CAP, créé en 1911 pour certifier une formation acquise sur le tas, est revu en conséquence et complété par des épreuves théoriques. C'est donc un souci d'élévation de la qualité de la main-d'œuvre qui conduit l'État à intervenir dans la formation professionnelle jusqu'alors peu scolarisée, en établissant une reconnaissance du caractère formateur de l'entreprise sous condition d'une obligation de formation externe.

On notera que, jusqu'à la Seconde Guerre mondiale, la loi Astier a peu d'effet, l'embauche sans formation certifiée continuant à l'emporter largement sur l'apprentissage organisé. Néanmoins, étendu progressivement à l'artisanat à partir de 1925, l'apprentissage se constitue comme une voie de promotion de jeunes ouvriers et employés qui culminera dans les années d'après guerre et se maintiendra comme référence stable jusqu'à nos jours.

Dans les années 1960, avec l'obligation de scolarité jusqu'à 16 ans, on assiste à l'intégration des différentes filières en un système unifié. Ce principe conduit les filières techniques et surtout professionnelles qui étaient jusque-là des voies de promotion privilégiées de catégories sociales particulières à devenir de simples voies d'orientation greffées sur l'enseignement général commun à tous. Elles deviendront des filières de relégation : le recours à l'entreprise s'établira plus sur le mode de l'extériorisation du problème des jeunes en difficulté scolaire que sur celui de la coopération entre acteurs différents pour y apporter une solution originale.

L'alternance s'inscrira dans les pratiques comme le signe d'une exclusion de l'école qui elle-même reconnaît un poids croissant à l'enseignement général dans la sélection précoce des élites aussi bien pour les emplois publics que privés. Au cours des années 1970, l'alternance devient le principal axe de la politique d'insertion des jeunes. Même si, contrairement à la décennie précédente, l'accent est plus clairement mis sur les filières diplômantes CAP-BEP, l'alternance restera essentiellement conçue comme une juxtaposition d'activités et non comme une construction pédagogique particulière.

Mais c'est au cours des années 1980 qu'une impulsion décisive sera donnée au développement massif de l'alternance avec notamment le rapport Schwartz (1984) sur l'insertion sociale et professionnelle des jeunes relançant la nécessité d'une pédagogie particulière, intégrée à l'action, et concernant tout autant l'activité des jeunes que la formation des tuteurs. B. Schwartz réussit à impulser un véritable mouvement militant pour l'alternance qui mobilisera des responsables de ressources humaines et les milieux de l'orientation, de la formation et de l'emploi. Il contribue à légitimer l'alternance comme construction positive et non plus comme palliatif, à réhabiliter la fonction sociale de l'entreprise.

C'est d'ailleurs avec l'accord interprofessionnel d'octobre 1983 sur les formations en alternance repris sous forme de loi en 1984 que l'alternance est reconnue par l'ensemble des partenaires sociaux comme une voie normale d'insertion et de qualification. Deux nouveaux types de contrats de travail sont alors mis en place avec une aide de l'État : le contrat d'adaptation et le contrat de qualification[1]. Puis la création des baccalauréats professionnels à partir de 1985 capitalise un certain nombre d'innovations qui avaient du mal à acquérir une légitimité : détermination avec l'entreprise du contenu des séquences de travail, validation d'une partie de la formation en entreprise.

Les années 1990 marquent la consolidation du modèle de l'alternance avec l'ouverture des voies de l'apprentissage à tous les niveaux de diplôme de l'enseignement professionnel et technologique, la loi quinquennale pour l'emploi et la formation professionnelle de 1993 accentuant le rôle des partenaires sociaux et des régions en la matière.

Sur l'ensemble de cette période jusqu'à nos jours, c'est le développement de l'apprentissage dans l'enseignement supérieur qui doit être souligné. En effet, si l'augmentation du nombre d'apprentis concerne tous les niveaux de formation (et le CAP reste toujours majoritaire

---

1. Ce dernier est ouvert au jeune de 16 à moins de 26 ans sans qualification ou dont la qualification ne lui permet pas d'obtenir un emploi. La formation débouche sur un diplôme de l'enseignement technologique professionnel, une qualification reconnue par la classification d'une convention collective de branche ou une qualification mentionnée sur une liste établie par la commission paritaire nationale de l'emploi de la branche. Ce dispositif revient à institutionnaliser une co-responsabilité de l'école (le temps de formation est au moins égal à 25 % de la durée totale du contrat) et de l'entreprise dans la formation des jeunes dont le niveau scolaire ou le type de diplôme retenu ne correspond pas à une qualification ou à un emploi reconnu.

parmi les apprentis), c'est au niveau post-bac que l'on observe les augmentations relatives les plus élevées[1].

À travers les formations alternées, les pouvoirs publics entendent promouvoir de nouvelles voies de formation en vue de répondre à des objectifs particulièrement ambitieux. Ainsi, avec les NFI, il s'agit de mettre en place un contre-modèle au système hégémonique voire élitiste des écoles d'ingénieurs[2].On observe également que le dispositif de l'apprentissage dans l'enseignement supérieur est généralement initié par le milieu universitaire ou les grandes écoles[3] : impliquant le milieu économique, les compétences de chaque partenaire sont reconnues comme complémentaires pour l'ensemble du parcours de formation, de l'élaboration à l'évaluation. Dans ce contexte, les exigences en matière de niveau universitaire sont complémentaires à celles qui président à la construction d'une situation de travail formatrice et responsabilisante à part entière.

En même temps que l'ouverture des formations supérieures à l'apprentissage améliore sensiblement l'image du dispositif, l'augmentation des étudiants-apprentis correspond à une série de critères convergents tels que :

- l'intérêt pour les entreprises de pré-recruter de futurs salariés directement opérationnels,
- l'attrait pour les jeunes de réaliser une formation diplômante, gratuite et rémunérée,

---

1. Les effectifs d'apprentis augmentent de 9,9 % en BTS, de 10,3 % dans les DUT, de 9 % au niveau 2 dont la moitié en licence, de 21,7 % au niveau 1 (56,1 % pour les DESS et 17,9 % pour les ingénieurs) (Fournet-Tatin, 2002). À la rentrée 2001, il y avait plus de 24 000 apprentis (hors BTS) dans l'enseignement supérieur (et de l'ordre de 48 000 avec les BTS). Ils sont à comparer aux 1 500 000 étudiants dans les établissement d'enseignement supérieur concernés et aux 338 000 apprentis de tous niveaux dans les Centres de formations d'apprentis (CFA) sous tutelle de l'Éducation nationale. Ce nombre apparemment modeste correspond à une voie que l'on peut qualifier d'expérimentale pour l'enseignement supérieur puisqu'elle n'a qu'une dizaine d'années d'existence (Direction de l'enseignement supérieur, 2002).
2. Le modèle dominant des écoles est non seulement jugé inapte à produire les ingénieurs dont la France a besoin quantitativement et qualitativement mais aussi peu démocratique.
3. Le groupe ESSEC a été pionnier en la matière.

– le taux élevé de l'insertion professionnelle,
– le contexte difficile de l'économie et de l'emploi.

Sans aucun doute, ce développement de l'apprentissage dans l'enseignement supérieur représente un pas important dans l'histoire de la formation en France caractérisée par une forte coupure entre le système éducatif et le système productif : la connotation dévalorisante des filières d'apprentissage, le meilleur classement de l'enseignement général par rapport à l'enseignement professionnel, marquent définitivement un terme. On tend également à reconnaître que l'orientation scolaire et professionnelle qui s'appuie sur la réussite dans des disciplines abstraites ne prédispose guère au développement de compétences relationnelles. Or, le rôle de l'expérience dans ce type d'acquisition de compétence est indéniable : les enseignements tirés de la prise de responsabilité, de la confrontation avec des problèmes et des difficultés, la capacité à travailler en équipe, sont essentiellement fournis grâce au vécu de situations de travail (Le Boterf, 1997 ; Zarifian, 1999).

En tout état de cause, les universités qui pratiquent dès le milieu des années 1980 la validation des acquis professionnels et plus récemment la validation des acquis de l'expérience intègrent cette nouvelle représentation de l'activité professionnelle comme lieu et moment de la formation.

L'apprentissage est bien cette forme d'éducation où la formation ne précède plus le travail, elle l'accompagne. Il s'agit d'apprendre en pratiquant et de savoir s'approprier les fruits de l'alternance entre les mises en situation et la théorie. Et il revient aux entreprises et aux organismes de formation d'organiser les interactions éducatives entre les lieux de formation plus théoriques et les situations de travail.

LES PRATIQUES DE LA RESPONSABILITÉ ÉDUCATIVE

Dans cette deuxième partie, notre étude se focalise sur deux expériences d'entreprise qui nous paraissent particulièrement significatives en matière de responsabilité éducative. Elles ont aussi la particularité d'être ancrées dans la tradition et la culture de leurs établissements respectifs. Nous passons successivement en revue la pratique du dispositif de l'apprentissage à la SNCF (Direction régionale de la SNCF en Alsace) et celle d'une école d'entreprise (De Dietrich).

Apprentissage et transmission des compétences à la SNCF

À la SNCF, l'apprentissage relève d'une tradition fort ancienne. Dès la fin du XIXe siècle, l'entreprise crée des écoles de formation qui deviendront des « Centres de formation d'apprentis » préparant à de nombreux métiers (de la chaudronnerie… jusqu'à la maintenance des TGV). Très tôt, l'entreprise a compris les vertus de l'apprentissage compte tenu de l'inexistence d'une quelconque formation initiale préparant aux métiers du ferroviaire.

La transmission des compétences ne pouvait donc que se réaliser à travers une formation de proximité : celle de l'apprentissage.

Aujourd'hui, la SNCF diversifie son recrutement en accueillant des diplômés de l'enseignement supérieur disposant d'une expérience professionnelle et en favorisant la promotion interne ; dans ce cadre, elle propose notamment à des jeunes titulaires d'un BEP de les amener au niveau du BAC professionnel pour exercer le métier de conducteur de train : dans ce programme de formation, l'entreprise s'investit tout particulièrement en permettant aux jeunes de passer dans les différents services, de faire l'apprentissage de l'allemand et des techniques de communication… Elle affirme son rôle d'entreprise citoyenne en cherchant ainsi à offrir un déroulement de carrière motivant pour ces jeunes.

Mais cette ample politique de formation de la SNCF – elle y consacre plus de 7 % de sa masse salariale – est aussi motivée par le nécessaire renouvellement de son personnel.

De 2003 à 2012, la SNCF va renouveler 56 % de ses salariés, soit plus de 90 000 personnes. L'entreprise affirme alors la volonté de développer l'alternance au point d'en faire un mode de recrutement qu'elle qualifie de « normal ». En Alsace, où l'apprentissage est particulièrement développé, la Direction régionale de la SNCF accueille plus de 100 contrats en alternance sur 6500 agents, à tous les niveaux de qualification (contrats d'apprentissage et contrats de qualification). Par voie de conséquence, le management des tuteurs est particulièrement organisé. Ainsi, l'entreprise signe un contrat avec chaque tuteur engagé dans la qualification d'un jeune apprenti. Le contrat précise les cinq missions que le tuteur est amené à exercer pendant le temps de travail normal. Il s'agit de :

– « l'accueil » pour insérer et intégrer le jeune au sein de l'établissement,

- « l'organisation du parcours » pour établir les étapes de la construction de la qualification professionnelle,
- « la gestion de l'alternance » pour organiser un partenariat tendant à rendre l'organisme de formation et l'entreprise co-responsables de l'acquisition de la qualification,
- « la formation » pour transmettre des savoir-faire professionnels liés à la préparation du diplôme,
- « la socialisation/accompagnement » pour faciliter l'insertion du jeune dans le monde du travail.

Il est à noter qu'un article du contrat précise les dispositions que l'entreprise prend « pour alléger la charge de travail habituelle du tuteur, modifier momentanément les objectifs de production du poste, dégager du temps pour permettre au tuteur de participer à des réunions de travail avec l'organisme de formation, avec le jeune et avec la hiérarchie de l'entreprise ».

L'engagement au tutorat passe aussi par une formation obligatoire à cette responsabilité. En la matière, la Direction régionale de la SNCF a signé un partenariat avec la Chambre de commerce et d'industrie de Strasbourg et du Bas-Rhin afin que ses formateurs assurent une préparation spécifique pour le personnel concerné de la SNCF. Cette formation organisée pendant trois journées passe en revue les cinq missions principales précédemment énoncées. Pour l'encadrement des contrats de qualification, les formateurs réalisent aussi un suivi de l'exercice du tutorat en entreprise.

Enfin, dans le contrat qui lie l'entreprise SNCF et le tuteur, il est prévu un bilan en fin de dispositif d'apprentissage ou d'alternance afin d'apprécier les compétences mises en œuvre par le tuteur pour faire accéder le jeune à la qualification visée. Ce bilan sera transmis au gestionnaire de carrière ou au responsable RH d'établissement.

La volonté de reconnaissance de l'engagement pris par le tuteur est donc bien réelle. Il est à noter que, si les salariés sont au départ relativement réticents pour assumer cette responsabilité, ils s'investissent de façon très satisfaisante dans leurs différentes missions au point de s'identifier ou de s'approprier les résultats obtenus par les jeunes. En ayant en charge la formation des nouveaux embauchés, ils se sentent valorisés. Enfin, la DRH ne manque pas de leur rappeler qu'à l'occasion de leur intégration dans l'entreprise, ils ont également bénéficié du transfert de compétences de leurs aînés. Cette démarche devrait donc être perpétuée.

En conclusion, il semble que la SNCF exerce une double responsabilité éducative :

- En interne, grâce à une politique de formation qui encourage et valorise les pratiques du tutorat, la responsabilité est endossée par les salariés chargés de transmettre leurs compétences. Face aux nombreux départs à la retraite, l'entreprise a acquis une conscience aiguë de la nécessité de préserver les savoirs de l'entreprise. La nouvelle politique de gestion des compétences est devenue un projet d'entreprise. La responsable « compétences » à la DRH de la SNCF affirme d'ailleurs que depuis quatre ans on ne parle plus de métiers mais de compétences ciblées sur un savoir-faire transmissible, chaque salarié ayant un référentiel de compétences qui lui est propre. Dans ce management du savoir, divers outils ont été mis en place tels que les retours d'expérience et une base intranet permettant de recenser les connaissances explicites et implicites de l'entreprise et leur mise à jour par les salariés.
- En externe, la SNCF reconduit, fin décembre 2002, un accord cadre au bénéfice de l'emploi et de l'insertion professionnelle. Cette convention 2003-2005 signée avec l'ANPE devrait favoriser les recrutements de la SNCF et faire découvrir les opportunités d'emploi dans le transport ferroviaire. Le premier accord SNCF a déjà contribué à la création de nombreux contrats de qualification et à la co-animation de réunions d'informations collectives des demandeurs d'emploi par des conseillers de l'Agence et des professionnels de la SNCF afin d'accroître la connaissance des métiers de l'entreprise. Le nouvel accord réaffirme la volonté :
  - de recruter des jeunes à tous les niveaux de l'entreprise ;
  - d'augmenter les recrutements féminins (en 2000, 23 % des recrutements ont porté sur des femmes contre 17,8 % en 1997) ;
  - de développer l'alternance.

Dans cet engagement citoyen, la SNCF prévoit de recourir aux dispositifs d'insertion, de qualification et d'adaptation à l'emploi. Elle compte développer les actions de découverte des métiers en milieu de travail au bénéfice des demandeurs d'emploi, notamment en participant aux forums emploi organisés par l'ANPE.

École d'entreprise, traduction d'une forte culture chez De Dietrich

L'expérience du lycée d'enseignement professionnel de la société De Dietrich paraît également particulièrement révélatrice d'une forte responsabilité éducative exprimée par l'entreprise.

De Dietrich est un puissant groupe industriel aujourd'hui diversifié dans les activités du thermique, des installations ferroviaires et de l'équipement chimique, employant environ 6000 collaborateurs. Cette société, créée au XVIIe siècle par le baron Jean De Dietrich, est un acteur majeur de la vie économique alsacienne depuis plus de trois siècles. Même si le groupe, fortement développé à l'international, a connu au cours des dernières années de fortes mutations (cession et acquisition de nouvelles activités...), il reste profondément attaché à sa région d'origine en Alsace du Nord. La famille De Dietrich avec ses différentes générations a sensiblement marqué ce territoire en cultivant des valeurs telles que l'amour du travail bien fait, la rigueur et la discipline, le goût de la technique et de l'investissement, l'adaptation permanente aux besoins du marché et des clients, la formation des jeunes. Aujourd'hui encore, le groupe De Dietrich désire préserver cette forte culture d'entreprise et son attachement régional.

L'historien Hau (1998) aime à qualifier la firme De Dietrich de « Maison », tant son histoire est à la fois celle d'une famille et d'une collectivité plus large d'individus tous très liés avec elle par des liens étroits. Cette « maison » comprend le noyau familial dirigeant et un entourage de collaborateurs fidèles, ces derniers s'identifiant à la famille qu'ils servent comme leur propre famille. Précisément, la devise de la famille De Dietrich est « non pour soi, mais pour les autres ». Aujourd'hui la stabilité du personnel reste relativement élevée (17 années d'ancienneté moyenne selon le bilan social 2001) mais les relations entre les salariés et les dirigeants ont évolué. Elles ont un style moins patriarcal qu'autrefois. Le groupe a fait l'objet d'une OPA amicale par la Société industrielle de Hanau, filiale de ABN AMRO, mais l'attention du groupe à son école n'est pas remise en cause.

En effet, le lycée professionnel privé De Dietrich est l'héritier d'une longue tradition d'école d'entreprise. Cette école a été fondée au début du siècle sur un site de production pour répondre au besoin en main-d'œuvre qualifiée de l'entreprise. Mais cette dernière formait déjà des apprentis dans ses différentes usines avant 1870.

Lorsque, au milieu du XIXe siècle, l'entreprise choisit de répondre à la demande de produits sidérurgiques émanant du secteur ferroviaire, sur ce nouveau marché, elle intègre dans sa politique de développement ce point de vue que la qualité importe autant que le prix. L'entreprise qui doit développer ses capacités de production retient l'impératif de l'élévation du niveau de qualification de son personnel. De Dietrich sait alors accueillir les inventeurs en leur apportant les moyens nécessaires pour y effectuer leur expérience ; en échange de l'aide qu'elle accorde pour la mise au point des procédés, l'entreprise peut ensuite les utiliser dans des conditions avantageuses, sans avoir à acheter les brevets. La société veille aussi à la stabilité de son personnel en mettant en place dès 1845 une forme d'intéressement des cadres aux bénéfices et en prenant en charge une partie des risques des ouvriers[1]. La fidélité des salariés apparaît clairement comme la contrepartie nécessaire des avantages sociaux des entreprises. Il est également à souligner que la famille De Dietrich s'élève contre l'embauche d'enfants trop jeunes et promeut « une organisation régulière et morale du travail » par le recours exclusif à des ouvriers appartenant au pays.

Enfin, les historiens soulignent comment, plutôt qu'une logique de produit, c'est une logique de site qui prévaut toujours chez De Dietrich. Et cet objectif prégnant de stabilité géographique avec le souci de fournir du travail à la main-d'œuvre du pays est alors atteint par une grande mobilité dans des métiers successifs. Au lendemain de la Seconde Guerre mondiale, lorsque l'entreprise manque à nouveau de main-d'œuvre qualifiée, elle lance son centre d'apprentissage qui devient plus tard le lycée d'enseignement privé De Dietrich. Par ce dispositif, l'entreprise se dote d'ingénieurs pour prendre en main l'ensemble de la formation professionnelle et assurer sur place les cours théoriques.

Aujourd'hui encore, ce lycée (LEP) est une pépinière de vrais professionnels et se classe toujours parmi les meilleurs lycées professionnels de France avec un taux de réussite aux examens de 100 % (la moyenne nationale se situant aux alentours de 63 %). Deux métiers de base sont enseignés au lycée De Dietrich : la chaudronnerie et la productique. Au terme de deux années d'études, les élèves se présentent à l'examen du BEP soit en « Structures métalliques, dominante chaudronnerie », soit en « Productique mécanique, option usinage ».

---

1. Soins médicaux et médicaments gratuits, indemnité de maladie et de décès, promotion de la propriété chez les ouvriers et encouragement d'une activité agricole supplémentaire.

Il est à noter qu'à compter de 1978, De Dietrich signe un contrat d'association avec l'État par lequel son lycée s'engage à respecter le programme officiel menant à la préparation du diplôme national. L'entreprise apprécie les soutiens publics que ce contrat lui permet d'obtenir. En même temps, elle doit respecter le référentiel du programme national et gérer la mixité de son équipe enseignante, soit le regroupement du personnel de l'Éducation nationale et celui de l'entreprise.

Parmi ces formateurs, on trouve d'anciens collaborateurs qui prennent à cœur leur transmission de connaissances et de savoir-faire[1]. Ces enseignants semblent particulièrement attentifs au respect de la discipline au travail et du double règlement interne au lycée complété par le règlement intérieur de l'entreprise. Exigeants envers les élèves, ils estiment que ceux-ci profitent d'avantages supplémentaires par rapport aux lycées classiques : le contact direct et permanent avec le monde du travail est particulièrement favorisé. Puisque le LEP entretient d'étroites relations avec les services opérationnels des établissements du groupe, les élèves travaillent sur de réels programmes de fabrication ; ils peuvent ainsi mesurer directement les résultats. Ils s'investissent aussi dans des réalisations concrètes comme diverses œuvres à caractère culturel et artistique. Enfin, ils bénéficient d'excellents outils de formation (atelier équipé de nombreuses machines à commande numérique, des moyens informatiques…).

Ce choix de la formation par le travail est doublement responsabilisante pour l'entreprise : l'équipe enseignante acceptant d'encadrer chaque jeune individuellement, l'entreprise elle-même doit se montrer particulièrement vigilante en matière de sécurité au travail pour les jeunes élèves.

Les élèves du LEP, regroupés dans de petites promotions d'une soixantaine d'étudiants, bénéficient de contacts très personnalisés avec les enseignants pendant les cours. En dehors des heures d'enseignement, on note aussi les déjeuners pris au restaurant d'entreprise (coût partiellement pris en charge par De Dietrich), le transport journalier du

---

1. On note aussi qu'une petite moitié de la promotion d'élèves a un parent salarié d'un des établissements du groupe De Dietrich.

domicile au lycée, les services de la médecine du travail. En outre, les années d'étude sont prises en compte dans le calcul des années d'ancienneté chez De Dietrich, en cas d'embauche au sein du groupe. D'ailleurs, entre 1990 et 1999, 82 % des élèves ont intégré l'un des établissements du groupe (d'autres ont opté pour la poursuite des études qui a mené certains jusqu'à la formation d'ingénieurs). L'excellent taux de réussite à l'examen laisse à penser que la formation De Dietrich est aussi un bon passeport pour des emplois disponibles en dehors du groupe. En effet, les deux formations offertes préparent à des métiers également recherchés par d'autres entreprises de la région.

Aujourd'hui encore, les dirigeants estiment que le LEP représente une chance pour l'entreprise et qu'il faut renforcer cet héritage. Dans ce contexte, la DRH travaille en étroite collaboration avec les responsables élus de la communauté de communes du pays de Niederbronn, la Région et le rectorat sur l'opportunité de développer la formation actuelle jusqu'au niveau du bac professionnel. Ce lycée de plus grande taille devrait permettre le maintien des jeunes sur le territoire. Les dirigeants de l'entreprise veillent à ce que cette structure nouvelle et plus importante ne compromette les valeurs auxquelles De Dietrich est particulièrement attaché.

LES DEUX FACETTES DE LA RESPONSABILITÉ ÉDUCATIVE : TUTORAT ET EMPLOYABILITÉ

Les deux expériences de formation décrites plus haut nous amènent à proposer le tableau suivant où sont précisées les caractéristiques de la politique de formation de l'entreprise selon l'orientation à la fois interne et externe qu'elle met en œuvre.

> Manifestement, la responsabilité éducative de l'entreprise est partagée : à l'instar des pratiques de co-investissement aujourd'hui bien connues dans le domaine de la formation continue des salariés de l'entreprise, le dispositif de l'alternance et l'école d'entreprise font vivre également ce même principe : la formation peut être analysée comme le partage entre un projet individuel basé sur des attentes et l'intérêt économique de l'entreprise basé sur la notion d'investissement. Le jeune est bien au cœur de ces dispositifs qui valorisent la formation dans et par le travail. Son suivi individualisé est rendu possible par le tutorat.

La responsabilité éducative des entreprises

Orientation Caractéristiques de la politique de formation	Interne	Externe
Outils : dispositif de l'apprentissage école d'entreprise	Transmission et partage des savoirs Promotion des métiers clés pour l'entreprise	Employabilité
Logique de formation	Apprentissage dans et par le travail Apprentissage organisationnel	Logique de socialisation et d'insertion
Acteurs de la responsabilité partagée	Tuteurs d'entreprise Maîtres d'apprentissage	Centres de formation Collectivités territoriales Association d'insertion

Les deux cas décrits plus haut laissent à penser qu'en matière de responsabilité éducative, on assiste bien à la mise en œuvre d'une stratégie « intégrative » de l'apprenti par les entreprises (Sauvage, 2000). Celle-ci repose sur une construction conjointe des compétences d'un jeune en partenariat avec un centre de formation. Dans un tel schéma, l'implication dans la formation en alternance constitue un acte de management au service de la stratégie de l'entreprise. Il s'agit pour l'entreprise, afin de mieux maîtriser ses recrutements, de participer directement à la définition et à la production des compétences dont elle a besoin. L'apprentissage est conçu dès le début comme une période de pré-recrutement mise à profit pour créer des ressources spécifiques et les intégrer parallèlement dans les équipes. Sauvage distingue d'ailleurs deux variantes de cette logique intégrative : une logique intégrative « à dominante civique » qui s'observe dans des entreprises qui embauchent des apprentis en convoquant des principes de responsabilité sociale à l'égard de l'insertion professionnelle des jeunes. Une logique intégrative « à dominante domestique » s'observe quant à elle dans des entreprises où l'apprenti exerce son métier au sein de l'entreprise familiale. C'est la logique du clan qui prévaut.

Certains voient d'ailleurs dans ces pratiques de formation « la mise en place de dispositifs de socialisation de caractère ensemblier » (Barbier, 1996), conjuguant à la fois espaces et acteurs professionnels et sociaux. Les enjeux d'un tutorat d'insertion et de promotion de l'employabilité côtoient ceux d'un tutorat de qualification et de production de nouvelles compétences. Selon les cas, la situation de travail peut être utilisée de façon très différenciée : comme point de départ d'un processus d'activation d'un engagement en formation, comme occasion de communication et de production de nouveaux savoirs d'action. Chaque fois, savoirs et rapports aux savoirs s'en trouvent transformés…

Par ailleurs, les acteurs impliqués dans cette pédagogie reconnaissent volontiers que l'alternance a généralement l'avantage de permettre à des jeunes en marge du système scolaire classique, et parfois même en marge de la société, de retrouver une place en se construisant une identité puis un projet professionnels. Ces mécanismes de la socialisation passent par une pédagogie appropriée et l'acquisition d'un statut de salarié procurant du pouvoir d'achat et des droits reconnus. Bien sûr, l'alternance provoque aussi une situation particulièrement exigeante et inconfortable : les deux univers de formation sont très différents d'où le rôle très important des médiateurs (tuteurs-école et tuteurs-entreprise) pour créer l'interface entre les deux pôles de formation.

Les responsabilités éducatives s'exercent alors à travers des partenariats de formation externes à l'entreprise (des associations et collectivités locales, les formateurs des organismes de formation) et internes (des salariés s'engageant à remplir la mission très impliquante du tutorat des jeunes en difficulté).

L'exercice du tutorat dans une situation de travail formatrice

C'est donc bien grâce à cet accompagnement par le tuteur que le jeune perçoit l'utilité du métier et de la formation, fait évoluer ses représentations de l'entreprise ; la situation de travail tend à faciliter la motivation à apprendre parce que la question du sens se pose explicitement.

Enfin, la responsabilité éducative passe par des outils de contrôle : la démarche d'évaluation réalisée dans les entreprises comprend des indicateurs comme le taux de réussite au diplôme, le pourcentage d'intégration à l'issue de la formation et l'employabilité externe.

Le tutorat lui-même se compose de multiples facettes et la fonction tutorale est fort diverse selon les cas. Cet exercice est souvent imposé par des textes réglementaires ou législatifs (pour certains dispositifs : contrat d'apprentissage, contrat de qualification, d'adaptation, d'orientation...) ; il est également en usage dans de nombreuses situations : écoles paramédicales, personnes récemment embauchées. Exception faite du titre de « maître d'apprentissage » réservé au dispositif spécifique que nous examinons dans ce texte, l'appellation de tuteur est utilisée pour tout salarié ayant pour mission « d'accueillir, aider, informer, guider » un jeune ou un adulte. Mais les missions seront différentes selon qu'il s'agisse de faire découvrir un environnement de travail durant une semaine, de faciliter l'acquisition de compétences d'un apprenti pendant un ou deux ans, ou d'accompagner un adulte en contrat emploi-solidarité dans son parcours d'insertion. Il n'en demeure pas moins que la fonction tutorale recouvre généralement trois domaines de manière plus ou moins marquée.

Les trois domaines de la fonction tutorale

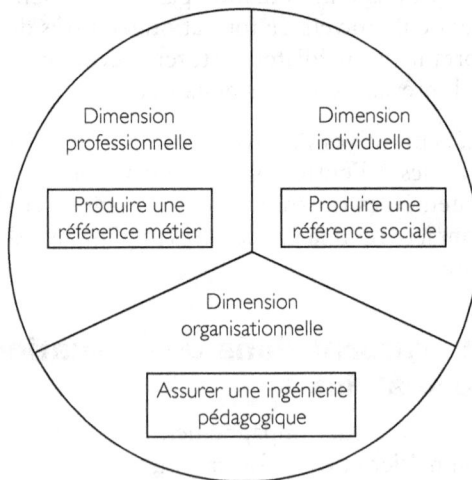

Source : Racine (2000)

On note aujourd'hui un développement de l'ingénierie pédagogique pour aider les tuteurs à expliciter, formaliser, transmettre leurs savoir-faire en termes de métier. Ces formations à l'intention des tuteurs sont révélatrices de la responsabilité éducative que ces derniers exercent ; on reconnaît généralement six missions indispensables de la mission tutorale :

- accueil et intégration du jeune,
- repérage des compétences mises en œuvre en situation de travail,
- choix des situations de travail réellement formatrices,
- transmission des savoir-faire et comportements au travail,
- gestion de l'interface avec le centre de formation,
- évaluation des compétences acquises.

Au total, agir comme tuteur, c'est « établir une relation inter-personnelle soutenue, dire et faire partager les règles, conseiller, former, se positionner en ressources, exploiter la réalité professionnelle comme lieu et objet d'apprentissage, soutenir la motivation et encourager, contrôler les résultats, évaluer les progressions, corriger le tir » (Racine, 2000).

Nous avons pu observer (Imbs, 2001, 2002) combien ces missions sont exigeantes pour les tuteurs, identifiés comme ressource interne de formation. Il leur revient d'abord de savoir motiver et communiquer : encourager les apprentis à développer leurs compétences, leur donner le désir de se former, les aider à mettre en phase cette envie avec leurs besoins et ceux de l'organisation. C'est ainsi que les maîtres d'apprentissage devront avoir en tête la notion de signification pour tout ce qu'ils font, savoir la partager et l'ajuster aux significations de leur apprenti et autres membres de leur équipe.

Ils sont également amenés à évaluer l'implication des apprentis vis-à-vis de la formation et à évaluer leur potentiel. Or, évaluer des compétences est un exercice plus difficile que contrôler des connaissances : il y a non seulement davantage de dimensions à évaluer mais ces aptitudes sont elles-mêmes plus complexes à saisir. De surcroît, l'appréciation globale de la formation exige de trouver un consensus entre les trois acteurs impliqués : le tuteur de l'entreprise (maître d'apprentissage), le tuteur du centre de formation, l'apprenti.

La responsabilité du tutorat s'exprime aussi dans le choix des situations de travail potentiellement formatrices : l'attitude de l'environnement de travail forge le type de compétences et l'importance de leur développement (le tuteur d'entreprise et les autres collaborateurs peuvent se conduire comme de véritables mentors ou comme des responsables hiérarchiques se contentant de superviser le travail effectué : ils n'offriront pas les mêmes opportunités d'apprentissage). L'organisation du travail, l'entreprise dans son intégralité, sont des lieux de création, de formalisation et de diffusion des connaissances en capacité d'action (Cukierman, De Nanteuil, Parlier, 1997)[1]. En ce sens, la responsabilité éducative exercée par l'entreprise crée sa propre dynamique : l'entreprise devenant elle-même apprenante, elle fait évoluer sa responsabilité de formation non seulement à l'égard des formés (jeunes, collaborateurs...) mais aussi à l'égard des formateurs (les tuteurs également nommés maître d'apprentissage).

Enfin, l'exercice même du tutorat a aussi l'avantage de pousser le maître d'apprentissage à se ménager des temps de recul, des moments où il lui est possible de « penser sa propre expérience »[2].

À travers ces différentes aspects, on mesure combien les responsabilités éducatives des tuteurs – et plus largement de l'entreprise – sont grandes, d'autant que les périodes de formation en entreprise ne se limitent pas au développement de savoir-faire ou d'habiletés instrumentales. De nombreux travaux (Vanheems, 2002 ; Guilloton, 2002 ; Candau, Kittel, 2000) ont noté que l'apprentissage repose sur l'engagement de l'apprenti dans toutes ses dimensions : cognitives, affectives, comportementales. Grâce à l'apprentissage, les élèves modifient leur rapport au savoir car le savoir se définit en entreprise comme un moyen d'effectuer au mieux son travail et n'est pas considéré comme une fin en soi. Des études ont révélé des bouleversements au niveau du rapport à soi de l'élève (meilleure estime de soi, confiance, assurance dans le travail, dans les relations aux autres...). Cela est lié au sentiment d'appartenance, d'intégration et d'utilité qui apparaissent dans les propos des élèves apprentis. Ils ont pu confronter leur représentation initiale du métier et apporter les ajustements nécessaires. Les savoirs ont pris sens en formation en entreprise et prennent sens aussi par rapport à un projet d'avenir.

---

1. Il existe un savoir important sur la façon dont on apprend et les conditions qui sont favorables ou non à l'apprentissage, recherches que nous ne développerons pas ici.
2. Le tutorat apporte en retour un bénéfice en termes de remises en question de ses propres acquis, poussant le tuteur à se confronter avec le nouveau et l'incitant à accepter le doute.

La promotion partagée de l'employabilité

En même temps, les expériences décrites tissent un lien fort entre formation, travail et emploi : la finalité de l'employabilité et de l'insertion professionnelle est aussi partagée par les autres acteurs de la formation que représentent les centres de formation, les collectivités locales, les association d'insertion...

Nul doute que l'employabilité est recherchée et favorisée par la pédagogie de l'alternance ; et on reconnaît bien là l'un des objectifs premiers de la formation professionnelle : l'insertion.

On sait que les grandes entreprises accueillent généralement en alternance un flux de jeunes plus important que ce dont elles ont besoin. Affichant ce message clairement, elles procurent néanmoins tout au long de la formation des compétences transférables et accompagnent les jeunes vers l'emploi après la période de formation. Si l'entreprise a bien une responsabilité face à l'insertion des jeunes, le jeune lui-même est amené à développer son employabilité, dès lors que le dispositif de l'alternance l'a rendu acteur de sa propre formation.

D'ailleurs les compétences professionnelles ne sont qu'un des éléments constitutifs de l'employabilité des jeunes. Au-delà des bénéfices d'une situation de travail formatrice et du diplôme délivré par le centre de formation, d'autres éléments concourent à l'employabilité du jeune :

- la capacité à traiter l'information sur soi (ses motivations, ses réelles attentes à l'égard du monde du travail...) ;
- la capacité à aborder le marché du travail (les profils souhaités, les démarches pour accéder aux emplois, les réseaux à activer pour faire connaître sa candidature...).

Les situations d'apprentissage décrites précédemment permettent précisément de développer le potentiel du jeune en ce sens (même si des outils tels que les référentiels de compétence et les profils individuels de compétence souvent usités auprès des populations de cadres ne sont pas mis en œuvre).

On aurait cependant tort de considérer l'employabilité comme du seul ressort de l'individu car le développement de l'employabilité suppose aussi un ensemble de mesures en faveur du développement de l'emploi, tel que les aides aux entreprises pour le recours au dispositif de l'apprentissage, les soutiens au développement des écoles d'entreprise, les aides visant à dynamiser certains bassins d'emploi....

Conclusion

Issu d'une longue histoire, véhiculant une symbolique renvoyant au compagnonnage, l'apprentissage présente des traits singuliers que l'on ne saurait confondre avec d'autres responsabilités éducatives. L'apprentissage et les écoles d'entreprise se présentent comme un réseau de partenaires à plusieurs niveaux dans lequel l'accent est mis sur le principe de la co-responsabilité en matière de formation.

Fondamentalement, pour qui veut élaborer un projet commun de formation alternée, le partenariat est à construire à trois niveaux :

- Institutionnel, il y a contractualisation entre plusieurs organisations : les professions représentées par les branches professionnelles et les entreprises, la formation représentée par l'Éducation nationale, les organismes de formation, les CFA..., les organismes financeurs, conseils régionaux, organismes collecteurs. Cette contractualisation se fait sur un projet commun de formation.
- Organisationnel, il y a contractualisation entre deux institutions : l'organisme de formation et l'entreprise. Pour parler d'alternance intégratrice, il faut que ces partenaires se trouvent engagés dans un projet pédagogique concerté.
- Opérationnel, il y a contractualisation entre ces trois acteurs : les jeunes, le tuteur et les formateurs. Ce niveau concerne l'organisation pédagogique et didactique, il implique les jeunes dans la construction de leur projet professionnel (Schneider, 1999).

Dans les pratiques de formation ici présentées, les responsabilités sont clairement partagées. Elles sont tournées tant vers l'intérieur de l'entreprise (transmission des savoirs) que vers l'extérieur (développement de l'employabilité), les tuteurs et plus généralement les partenaires mettant l'accent sur les processus d'apprentissage organisationnel et la socialisation des jeunes.

Rappelons qu'au sens étymologique de l'expression, être responsable revient à « répondre de quelque chose, de quelqu'un, s'en porter garant », ce qui suppose engagement d'un sujet qui se charge d'un souci, d'un devoir (Domenach, 1994). Cette responsabilité est donc nécessairement liée à des engagements personnels (les acteurs de la formation).

Le goût et le souci de la transmission des savoirs que nous avons observés montrent que cette responsabilité éducative relève d'une éthique professionnelle. Elle s'identifie à ce qu'on appelait (dans le modèle du métier) la « conscience professionnelle ». Assumer cette responsabilité professionnelle revient aussi à manifester le souci d'autrui.

Toutefois, l'importance et la nature de la responsabilité restent difficiles à évaluer car ces points portent sur un avenir dont une large part est indéterminée, donc imprévisible : les pratiques de formation décrites sont centrées sur les « parcours » de formation où la notion d'apprentissage prend tout son sens en tant que processus de développement centré sur l'individu apprenant.

Mais la responsabilité et l'engagement des acteurs ne se limitent pas non plus à la prévision, au futur ; cela touche aussi à leur conviction : il s'agit là de la part subjective de la responsabilité, soit la conscience que l'on a de celle-ci. Nous avons bien observé cette attitude auprès des directeurs d'école et des tuteurs-formateurs. En la matière, le philosophe J.-M. Domenach souligne le double risque auquel tout enseignant s'expose : le premier concerne les conséquences de son acte, le second renvoie à l'imitation que d'autres en feront – d'autres qui n'ont pas forcément les mêmes compétences, les mêmes qualités, dans des situations qui sont rarement identiques.

Nous avons effectivement observé que la responsabilité éducative n'est pas seulement du ressort de l'entreprise et de ses partenaires. D'une part, la dimension formatrice de la situation de travail, d'autre part, les principes de l'employabilité nous ont rappelé que la responsabilité individuelle est également engagée : en effet, les compétences ne peuvent s'acquérir et se développer sans un engagement fort de l'individu. Elles sont d'ailleurs souvent définies comme « la prise d'initiative et de responsabilité de l'individu sur des situations professionnelles auxquelles il est confronté » (Zarifian, 1999, 2001). Et si l'initiative renvoie au sujet de l'action, la responsabilité en appelle davantage à l'acteur, à son rôle dans l'organisation. Zarifian en vient alors à estimer que l'avenir du modèle de la compétence dépendra beaucoup de la manière dont initiative et responsabilité parviennent à s'articuler, en s'appelant l'un l'autre (avec le risque permanent, dans un rapport salarial, que la responsabilité n'étouffe l'initiative.) (Zarifian, 2001, p. 81).

Il n'en demeure pas moins que les responsabilités éducatives déployées par les entreprises relèvent à la fois de :
- leur intérêt bien compris à préparer les jeunes à l'exercice de compétences qui leur sont indispensables ;
- du souci d'exercer une responsabilité citoyenne, une valeur forte inscrite dans leur culture.

Or cette notion d'engagement citoyen, dans le domaine de la formation, n'est pas tout à fait nouvelle : en France, au cours des dix dernières années, le « Centre des jeunes dirigeants » a largement promu cette implication de l'entreprise. C'est à son congrès de Nantes en 1992 qu'il donne ses lettres de noblesse à l'entreprise citoyenne à travers neuf principes, dont un est précisément consacré à l'éducation et à la formation et un autre à l'employabilité.

La charte de l'entreprise citoyenne mise en place par le CJD allie la performance économique (honorer la confiance des clients et des actionnaires), la performance sociale (capacité de l'entreprise à rendre les hommes acteurs et auteurs) et la performance sociétale (contribution de l'entreprise au développement de son environnement). Les « jeunes dirigeants » s'engagent ainsi à construire des entreprises qui se reconnaissent solidaires du destin de la communauté dans laquelle elles vivent : « L'entreprise est citoyenne lorsqu'elle développe ses relations avec l'école, dans le but d'intervenir en amont sur une meilleure compréhension des métiers d'avenir, qu'elle enrichit les formations de ses propres compétences. Échanger avec les enseignants, les parents d'élèves, recevoir les stagiaires, tout cela participe à une meilleure adéquation entre les attentes des uns et des autres » (CJD, 1992).

Tout au long des années 1990, cette thématique de la réconciliation de l'entreprise et de la société sera approfondie au sein du CJD avant d'être réexposée, récemment, au sein de la problématique plus générale du développement durable. De même que les stratégies de responsabilité sociale et environnementale ont pour principe d'élargir la vision traditionnelle de l'entreprise pour intégrer des aspects non économiques, l'application de ces stratégies aux ressources humaines repose sur une vision non strictement économique de ce que l'entreprise peut apporter à ses salariés (Laville, 2002).

Il est à noter que, dans l'acception de l'entreprise citoyenne, certains ne manquent pas non plus de retrouver les principes de l'entreprise paternaliste (Ballet, De Bry, 2001). Mais là où l'entreprise paternaliste cherchait à stabiliser la main-d'œuvre, celle d'aujourd'hui cherche, au mieux, à fixer la main-d'œuvre qualifiée.

De fait, du paternalisme à la citoyenneté, l'entreprise semble avoir toujours exercé des responsabilités, au-delà de son fonctionnement purement économique. Cependant, le sens du concept de responsabilité a évolué. Au regard des politiques classiques de formation en entreprise, ces pratiques spécifiques ont l'avantage de faire ressortir les vertus de l'accompagnement, du co-investissement, le devoir de la transmission…, autant de concepts revisités aujourd'hui à l'aune de l'organisation apprenante, préoccupée par l'employabilité de ses salariés.

Bien sûr, nous n'ignorons pas que des entreprises peuvent mettre en œuvre des logiques d'usage de l'apprentissage bien éloignées de l'engagement citoyen et intégratif décrit plus haut. Leur logique peut être opportuniste, guidée par le principal souci d'utiliser ponctuellement une force de travail en tirant profit des avantages financiers associés au contrat d'apprentissage. Elle peut être aussi sélective articulant une double recherche de flexibilité : quantitative par l'entretien d'une pépinière de jeunes en alternance permettant de satisfaire au moindre coût à des besoins ponctuels, qualitative externe en déléguant au centre de formation la production de compétences potentiellement mobilisables pour exercer certaines missions (Sauvage, 2000). Par ailleurs, il persiste dans certaines entreprises le principe de la désignation d'office des tuteurs, dont le rôle n'est ni reconnu ni rémunéré. L'entreprise ne les forme pas nécessairement au tutorat et ne leur dégage pas non plus le temps nécessaire pour l'accompagnement satisfaisant de l'apprenti (Imbs, 2002 ; Bautzer, 2002).

Dans ce contexte, et relativement au type d'engagement que l'entreprise choisit d'assumer, laissons le philosophe conclure : « Toute responsabilité doit être mesurée à la force et à la capacité de celui qui la prend, sinon elle versera dans le sentiment ou le simulacre… Quiconque se porte responsable d'un autre ou d'un groupe n'est pas pour autant moral. Reste à savoir où il mène ceux qu'il a pris en charge et par quel chemin. S'il les conduit de telle façon que chacun puisse, le moment venu, se prendre en charge lui-même, alors il pourra se dire authentiquement responsable. C'est pourquoi il ne faut pas faire l'apologie de la responsabilité sans la lier à des vertus qui la protègent, la fortifient et l'orientent vers le Bien : courage, prudence, générosité » (Domenach, 1994, p. 79).

Biliographie

BALLET J., DE BRY F., 2001, *L'Entreprise et l'Éthique*, Éditions du Seuil.

BARBIER JM., 1996, « Tutorat et fonction tutorale », *Recherche et formation*, n° 22.

BAUTZER E., 2002, « L'importance des dispositions scolastiques dans la formation en alternance », colloque international CERALTES, nov.

CANDAU G., KITTEL F., 2000, « Situation pédagogique de l'alternance et construction du savoir de l'apprenant », AECSE, oct.

CASPAR P., 1997, « Au cœur du développement des compétences », *Personnel*, mars/avril.

CATRY B., 2000, « Universités d'entreprise », février.

CENTRE DES JEUNES DIRIGEANTS, 1992, « Vers l'entreprise citoyenne », congrès de Nantes.

CUKIERMAN S., DE NANTEUIL M., PARLIER M., 1997, « L'interface de la formation du travail et de l'organisation », *Personnel*, n° 378

DOMENACH J. M., 1994, *La Responsabilité*, Hatier.

FOURNET TATIN J., 2002, « Rapport de la commission nationale sur l'apprentissage dans l'enseignement supérieur », ministère délégué à l'Enseignement professionnel.

GUILLOTON A., 2002, « La construction des rapports au savoir dans l'alternance ou une expérience de la bi-culturalité », colloque international CERALTES, nov.

HAU M., 1998, *La Maison De Dietrich*, Oberlin.

IGALENS J., in CARRÉ P. et CASPAR P., 1999, « Gestion des ressources humaines », *Traité des sciences et des techniques de la formation*, Dunod.

IMBS P., 2001, « L'apprentissage dans l'enseignement supérieur : nouvelles formes de partenariat Université/entreprises », *Gestion 2000*, n° 5.

IMBS P., 2002, « Apprentissage du management et contrat d'apprentissage : pour une fécondation réciproque », communication à l'Université d'été de l'IAS, Institut international de l'audit social, 29 et 30 août.

IMBS P., 2002, « Le dispositif de l'apprentissage au secours de l'enseignement du management : compte-rendu de quelques pratiques de transfert de compétences », communication au colloque international CERALTES, nov.

IMBS P., 2002, « Management et transmission des savoirs et des compétences », *Performances*, n° 7.

KNOWLES M., 1990, *L'Apprenant adulte. Vers un nouvel art de la formation*, Éditions d'Organisation.

LANDIER H., 2002, « Pourquoi vouloir créer une université d'entreprise ? », *Personnel*, juin.

LAVILLE E., 2002, *L'Entreprise verte*, Éditions Village Mondial.

LE BOTERF, 1997, *De la compétence à la navigation professionnelle*, Éd. d'Organisation.

MEIGNANT A., 2001, « Enseigner et apprendre, le retour », *Personnel*, décembre.

PARLIER M. 1999, « Stratégies de formation et développement des compétences dans l'entreprise », in WEISS D., *Les Ressources humaines*, Éditions d'Organisation.

PELPEL P., TROGER V., 2001, *Histoire de l'enseignement technique*, L'Harmattan.

POUPARD R., LICHTENBERGER Y., LUTTRINGER J. M., MERLIN C., 1995, *Construire la formation en alternance*, Éditions d'Organisation.

RACINE Y., 2000, « Une alternance intégrée dans les politiques d'emploi des entreprises », *Personnel*, juin.

RENAUD-COULON A., 2002, « Universités d'entreprise. Vers une mondialisation de l'intelligence », Éditions Village Mondial.

SAUVAGE F., 2000, « L'insertion organisationnelle des futurs cadres par l'apprentissage », thèse de doctorat en sciences de gestion, Université de Lille 1.

SCHNEIDER J., 1999, *Réussir la formation en alternance*, INSEP.

SCHWARTZ B., 1984, *Moderniser sans exclure*, La Découverte.

VAN HEEMS F., 2002, « De l'acquisition du savoir au cours de l'année d'alternance à la pratique professionnelle », colloque international CERALTES.

ZARIFIAN P., 1999, *Objectif compétence*, Éd. Liaisons, « Entreprise et carrière ».

ZARIFIAN P., 2001, *Le Modèle de la compétence*, Éd. Liaisons, « Entreprise et carrière ».

L'accès à la parole comme nouvelle source de responsabilité pour les opérateurs ; à propos des transformations du travail

Mathieu DETCHESSAHAR

INTRODUCTION

La thématique de la responsabilité de l'entreprise s'élargit à mesure que changent son système productif et l'environnement dans lequel celui-ci se déploie. À la plus grande place prise par les marchés dans le financement des entreprises répond la nouvelle attention portée à la responsabilité du dirigeant face aux actionnaires. La responsabilité de l'entreprise en matière d'environnement fait écho à la montée des préoccupations écologiques dans la population et à la multiplication des externalités négatives (accidents de type Erika, Prestige, AZF ou pollution moins spectaculaire mais plus régulière de type Métalleurop…). Enfin, l'appel à la responsabilité de l'entreprise en matière de sauvegarde de l'emploi se fait plus pressant à mesure que les organisations productives, saisies par le « postfordisme » et des impératifs de flexibilité accrue, s'affrontent à la nécessité d'inventer de nouvelles formes d'emploi et de nouveaux contenus de travail.

Si ces transformations tendent à multiplier les publics vis-à-vis desquels les directions d'entreprise doivent désormais rendre des comptes, cet élargissement de la responsabilité du management ne doit pas dissimuler que d'autres populations de l'entreprise sont également concernées par une évolution de la nature de leurs engagements et par de nouvelles façons d'en rendre compte.

À ce titre, la population des opérateurs – c'est-à-dire ceux qui effectuent le travail de production de base et qui sont directement impliqués dans le flux de circulation des matières et des biens ou dans le processus de réalisation du service – semble particulièrement touchée par une extension de son domaine de responsabilité. La nature des engagements qu'elle contracte vis-à-vis de l'entreprise a fortement évolué au cours des trente dernières années.

Nous proposons de faire un point sur ces évolutions, qui ont déjà donné lieu à une littérature très abondante, en abordant la question des nouvelles responsabilités des opérateurs à partir d'une interrogation sur le rapport à la parole dans les entreprises. En effet, à côté d'opérateurs pour qui l'organisation taylorienne clivée demeure l'environnement de travail quotidien, d'autres, particulièrement dans les grandes entreprises, sont incités par le management à *prendre la parole*, à s'affranchir d'un *travail* de pure exécution pour produire une *action* sur l'organisation. Soutenu par tout un nouvel appareillage gestionnaire, cette évolution consacre l'accession progressive de certains opérateurs à l'espace où se réfléchissent et s'actualisent les règles et solutions productives. Dans ce contexte, la parole devient un véritable outil de production ; c'est elle qui assure la mise en commun de savoirs vus désormais comme étant largement distribués dans l'organisation, plutôt que centralisés au niveau de la technostructure. C'est à l'ouverture d'un espace du politique auquel on assiste au niveau directement opérationnel qui, même s'il n'a à connaître que des problèmes localisés circonscrits à l'atelier, au service ou à l'équipe, retrouve les lignes problématiques propres à tout espace public et pose la question des conditions de l'engagement dans une discussion vraie et celles de la construction de l'intersubjectivité.

Dans ce nouveau contexte, les opérateurs n'assument plus une simple responsabilité de mise en œuvre de processus conçus en dehors d'eux, mais s'engagent *collectivement* sur le terrain de l'efficacité de l'action, c'est-à-dire de l'obtention des résultats, et *individuellement* sur celui de la mobilisation subjective dans les processus de communication. Ces mutations font naître de nouvelles zones de sensibilité dans les organisations et appellent de nouvelles solutions managériales.

LA RESPONSABILITÉ DE L'OPÉRATEUR TAYLORIEN : UN ENGAGEMENT À LA CONFORMATION DANS UN ATELIER SILENCIEUX

Le modèle taylorien d'organisation du travail fait de l'évacuation de la communication orale du processus de production une des clefs de l'efficacité, à tel point que l'absolu taylorien semble être celui d'un atelier silencieux dans lequel les forces de travail seraient toutes entières concentrées sur le contact avec les matières et les outils qu'aucune parole ne viendrait perturber. Dans ce cadre, l'opérateur a la responsabilité de la mise en œuvre de programmes d'action conçus en dehors de lui. Son action individuelle doit intervenir le moins possible dans le bon déroulement de ces programmes et se limiter à la conformation aux scripts.

Dans cette perspective, la communication orale, au même titre que les déplacements dans l'atelier, sont vus comme autant de frottements, autant de déperditions d'énergies qu'il faut réduire de manière à rétablir l'égalité entre temps de travail et quantités produites, et accroître le débit de la production. L'idéal taylorien est celui d'une parfaite pré-programmation des comportements, d'une mise sous contrôle *a priori* du travail. La force supposée des programmes d'action tayloriens, découpés en fiches d'instruction destinées aux opérateurs, rejoint finalement l'abstraction économique d'une coordination par les seuls contrats qui « recensent tous les aléas possibles, tous les comportements possibles de l'employeur et de l'employé, et spécifient quel doit être le niveau de productivité dans chacun des cas » (Garnier, 1986, p. 322). Des auteurs comme Lorino (1989) ont déjà souligné l'affinité intellectuelle entre les penseurs du « marché parfait » et les théoriciens de « l'organisation parfaite ». Dans ces deux approches la question de la coordination se règle *ex ante* à travers l'écriture de scripts, avant même la réalisation du travail, et il n'y a pas lieu de parler dans le cours de l'action. L'écrit pourrait se substituer totalement à l'oral.

Dans le modèle taylorien, seule reste légitime une communication orale verticale et parfaitement instrumentale qui vise à la transmission d'instructions et d'ordres des hiérarchiques vers les opérateurs. Encore nos fondateurs rêvent-ils de limiter au maximum cette communication orale, soit en intégrant directement les ordres traditionnellement donnés en face à face dans la machine (le convoyeur fordien indique la nature du travail à réaliser et son rythme sans qu'il soit nécessaire de parler à l'ouvrier), soit, comme aux aciéries de Bethlehem, en créant un système de communication fondée sur des papiers de couleurs différentes, glissés chaque matin dans les casiers des ouvriers et dispensant le chef de prendre la parole (Taylor [1911], 1970, p. 90).

On comprend bien ici qu'à la classique division taylorienne du travail entre milieu d'exécution et milieu d'organisation s'ajoute une distribution taylorienne de l'usage de la parole au sein de l'entreprise dans laquelle la technostructure communique, parle, discute, et la base exécute et se tait ; cette dernière se bornant à consommer des productions discursives finalisées (des écrits : instructions, procédures, gammes...) construites en dehors d'elle. Le taylorisme instaure bien « une séparation quant au rapport au langage » dans l'organisation (Zarifian, 1996, p. 28).

Cette dichotomie aboutit à une distinction très ferme en termes de responsabilité. Ceux qui ont le monopole de la parole dans l'entreprise ont la responsabilité de l'efficacité des scripts construits au terme des processus langagiers. Ceux qui exécutent ces scripts voient leurs engagements limités à la conformation, c'est-à-dire à l'obligation de se conformer aux logiques d'action posées par les scripts.

Pour l'opérateur taylorien, être exclu de l'usage légitime de la parole dans l'organisation, c'est être exclu des mécanismes d'élaboration du sens du travail, comme de toute forme de sociabilité qui pourrait se nouer dans le travail et supposerait une appropriation subjective et partagée de l'activité quotidienne. Ce statut de l'opérateur taylorien a alimenté toute une critique du travail industriel au XXᵉ siècle au cœur de laquelle se trouve notamment la notion d'aliénation développée par Marx. Par-delà « l'aliénation sociale » de l'ouvrier taylorien dépossédé de la maîtrise et de la connaissance du processus de production, l'exclusion des espaces langagiers référés au travail renvoie surtout à « l'aliénation spirituelle »[1] de l'opérateur qui se caractérise par l'absence de signification, la perte de soi dans le travail, au sens où les potentialités proprement humaines des opérateurs n'y sont pas sollicitées. On retrouve ici toute une tradition de méfiance vis-à-vis des techniques et du machinisme industriel (Friedmann, 1963), ainsi que, plus

---

1. La distinction entre « aliénation sociale » et « aliénation spirituelle » est de Jon Elster dans *Karl Marx. Une interprétation analytique*, PUF, 1989, cité in Dodier, 1995, p. 25.

largement, une réflexion philosophique qui, dénonçant la bureaucratisation et la technicisation des sociétés contemporaines, construit une critique virulente de la modernité (Arendt, 1958 ; Habermas, 1968 ; Weber, 1994) que ne suffit pas à tempérer le formidable développement économique consécutif à la généralisation des techniques d'organisation modernes.

L'ouvrier taylorien est finalement dans une situation paradoxale. S'il exerce son activité en collectivité – au sein de collectifs de plus en plus importants afin de bénéficier des effets d'échelle au cœur du système fordo-taylorien –, il reste celui qui « dans et par son travail n'est en contact qu'avec la matière et les outils, et non avec des hommes » (Halbwachs, cité in Arendt [1958], 1988, p. 274). La réalité, la nécessité et la pluralité du collectif ne sont jamais éprouvées subjectivement et le risque est de glisser vers des formes pathogènes de division du travail. Chez Durkheim, la forme de lien social associé à la division du travail suppose en effet que « le travailleur, bien loin de rester courbé sur sa tâche, ne perd pas de vue ses collaborateurs, agit sur eux et reçoit leur action ; s'il ne sait pas où tendent les opérations qu'on réclame de lui, s'il ne les rattache pas à aucun but, il ne peut plus s'en acquitter que par routine ». On connaît bien les principales pathologies liées à ce mode d'organisation du travail. Le système fordo-taylorien ne laissant subsister des espaces de sociabilité et de parole qu'aux marges du travail (temps de pause, cafétaria, restaurant, cellule syndicale...) a contribué aux développements d'identités de retrait de la production voire d'opposition aux directions (Sainsaulieu, 1977 ; Dubar, 1994) que ne suffisaient plus à endiguer le partage des gains de productivité et l'accès des opérateurs à la société de consommation (grandes grèves du début des années 1970).

L'esprit du système fordo-taylorien tel que nous venons de le présenter n'exclut pas que ces diverses manifestations concrètes laissent apparaître d'autres formes d'engagements au travail pour l'opérateur et subsister des poches de communication orale dans le cours de l'activité. L'engagement à la conformation ne signifie pas l'absence totale de parole de l'atelier (Detchessahar, 2002, p. 17 et suiv.). Celle-ci subsiste au moins sous deux formes principales.

Tout d'abord, il semble acquis qu'il se développe autour des activités de production les plus routinières un « langage opératif » qui, reposant sur des savoirs sous-jacents à l'activité et communs aux participants, permet d'accroître la rapidité du travail (Falzon, cité *in* Grosjean,

Lacoste, 1999, p. 15-16) et traduit l'histoire de l'appropriation du lieu de travail par les acteurs (Clot, 1995, p. 29). Dans cette catégorie, on trouve toutes les productions langagières indigènes qui permettent de nommer les lieux et les outils de travail ou de désigner une action. Il est bien entendu que ce langage opératif accompagne le travail plus qu'il ne le constitue. On peut dire avec Goffman que, dans ce cas, « c'est de l'exécution du travail que se soucient d'abord les participants, non des énonciations » ([1981], 1992, p. 151). Ce qui domine ici le travail, c'est l'action rationnelle en finalité, dans laquelle le but et le process sont fixés en dehors des opérateurs, seule leur réalisation motivant les échanges langagiers[1]. La parole a ici un rôle de lubrifiant, elle facilite la réalisation d'actions pré-programmées. Grosjean et Lacoste (1999) parlent « d'échanges opérationnels de co-action » soulignant ainsi que le contexte significatif de l'échange ou l'unité d'analyse pertinente, c'est avant toute chose l'opération.

Par ailleurs, la dimension langagière est présente à travers la catégorie un peu fourre-tout des « relations informelles », beaucoup étudiée par la sociologie des organisations. Ces relations informelles, qui ont pour matière la communication orale, se développent de façon clandestine en marge du travail prescrit et de l'action programmée et visent le plus souvent à instaurer des normes de travail parallèles et concurrentes ou à marchander l'application d'une règle ou encore un niveau personnel d'implication dans l'action. Dans cette perspective, l'activité langagière est le support de processus de négociation qui servent l'intérêt privé des acteurs, ce qui n'empêche pas qu'ils puissent servir ici ou là les objectifs de l'organisation (sur ces points, voir Reynaud, 1988). Cette parole, même lorsqu'elle vient améliorer des modes opératoires conçus par des experts trop éloignés des réalités de la production, conserve un statut précaire. Si elle est tolérée par la ligne hiérarchique qui sait qu'elle est indispensable à la mise en œuvre concrète du travail, elle s'affronte au technicisme des experts pour qui l'efficacité reste attachée à la conformation aux scripts, toutes difficultés s'interprétant avant tout en termes d'écart au travail prescrit.

---

1. De manière encore plus explicite, Goffman indique que ces échanges langagiers sont du type de ceux à « l'occasion desquels le sel se passe, l'heure s'indique, les passages étroits et encombrés se négocient » (p. 151).

LES NOUVELLES FORMES DE LA RESPONSABILITÉ : L'ENGAGEMENT DANS LA DISCUSSION

Le taylorisme a alimenté on le sait toute une critique humaniste, dont on s'est fait l'écho au paragraphe précédent, et qui a nourri pour une bonne part le mouvement de contestation de la fin des années 1960. Pour autant, c'est très probablement la critique économique du taylorisme amorcée dans les années 1970 par des laboratoires comme l'ISEOR (Savall, 1975) et poursuivie dans les années 1980 par rapprochement et contraste entre le modèle d'organisation occidental et le modèle japonais qui a le plus contribué à faire évoluer la traditionnelle mise en forme taylorienne du travail opérationnel.

Le taylorisme y est décrit comme coûteux (coûts cachés, multiplication et fragmentation des instances de contrôle, accroissement du travail non directement productif dans l'atelier...) et très faiblement réactif, puisque toute anomalie dans le fonctionnement suppose un détour par la hiérarchie et les concepteurs des scripts, ainsi que de réunir des instances dispersées par la division horizontale du travail. Face à ces difficultés on a vu se généraliser au cours des décennies 1980/90 dans les grandes entreprises, historiquement les plus taylorisées, un ensemble de dispositifs d'organisation (équipes autonomes, équipes projets, groupes de progrès, plateau de travail, gestion par les processus...), visant à redonner aux opérateurs des possibilités d'ajustement locales, au plus près de l'événement, et à favoriser leur implication dans le contrôle de leur travail en cours de processus. Ces dispositifs cherchent à mettre en réseau les informations et les savoirs locaux, c'est-à-dire à leur permettre de s'exprimer et leur donner des occasions de dialogue.

Ces transformations font peu à peu évoluer les principes du *design* de l'organisation. Les organisations de type planifié, fondées sur la centralisation des savoirs et l'alignement des comportements opérationnels sur des programmes d'action écrits, incorporés en partie dans les objets techniques qui servent la production, font place à des organisations de type distribué laissant aux opérateurs des possibilités d'innovations locales qui sont à la fois propagées et limitées par des communications de proche en proche qui peuvent descendre jusqu'au client[1]. Dans ces

---

1. Sur le contraste organisation planifiée/organisation distribuée, voir notamment Dodier, 1995, chapitre 3.

organisations, l'oral conquiert une véritable légitimité – il est vu comme vecteur d'efficacité – au côté de l'écrit. Pour Aoki, par exemple, c'est son développement au niveau opérationnel qui permet à la firme japonaise de gagner en capacité de réactivité et d'adaptation. Dans la firme J, « le partage des connaissances et les mécanismes de coordination horizontale qui lui sont associés sont souvent informels et fondés sur des communications orales [...]. Ces échanges informels présentent l'avantage de permettre d'exploiter *in situ* des informations de nature trop intuitive pour être saisies utilement sous forme écrite » (Aoki, 1991, p. 341). Le pari des organisations distribuées est que le coût du temps passé en communication orale sera plus que compensé par la réduction du nombre de salariés satellites, l'accroissement de la qualité de la production et l'intensification du temps de travail.

En première inspection, le passage aux organisations distribuées change et améliore le statut de l'opérateur au sein de la production. D'une certaine manière, on peut dire que l'opérateur « relève la tête », au sens propre comme au sens figuré. Tout d'abord, il est incité à quitter la tâche des yeux pour s'intéresser aux autres qui deviennent pertinents dans l'exercice de son activité. Des lieux et des outils (espaces de travail décloisonnés, salles de réunion, tableaux de bord, informatique décentralisée...) sont conçus pour favoriser l'échange d'opinions éclairées entre les opérateurs en vue d'obtenir des accords locaux et révisables autour des modalités de réalisation du travail. Le droit à la discussion n'est pas purement formel mais il est encouragé, nourri, soutenu par toute une instrumentation gestionnaire qui structure en profondeur l'espace de la discussion (Detchessahar, 2002, p. 49-51). Par ailleurs, le temps du travail n'est plus tout à fait vécu comme un moment de perte soi, où l'opérateur serait totalement agi par un système qu'il ne maîtrise pas, mais comme un temps requérant l'implication subjective des opérateurs. On sort de la logique du contrat de travail taylorien qui contribuait à cliver la vie de l'opérateur en deux grands temps : un temps « privé » dans lequel l'individu tout entier est potentiellement engagé (temps familial, temps associatif, temps citoyen...) et un temps de travail vécu sur le mode de l'assujettissement et de la conformation, d'un engagement limité à la seule force de travail.

Dans le même temps, les difficultés liées à l'ouverture et au management de ces espaces de discussion au niveau opérationnel sont proportionnelles au changement dans la nature des engagements de l'opérateur et au bouleversement de la conception de la responsabilité qu'ils entraînent.

On sort bien entendu ici du domaine de la conformation pour un autre type d'engagement et d'autres formes d'évaluation. La nouvelle instrumentation gestionnaire vise à libérer les capacités d'innovation des opérateurs, à susciter une « participation ouverte », là où elle restait très largement « couverte », dissimulée par les scripts et la hiérarchie taylorienne (Alter, 1993). Cette innovation, cette capacité désormais reconnue à ajuster son travail en fonction des aléas de la production ou des demandes changeantes des clients, ne peuvent pas être une activité solitaire. Si l'innovation suppose une implication subjective de l'opérateur (une posture réflexive vis-à-vis de son travail), elle suppose également une activité intersubjective afin de prendre en compte les répercussions de l'innovation sur d'autres stades de la production et dégager un accord autour des ajustements locaux. Si, dans la logique taylorienne, l'efficacité était surtout rapportée à l'efficience des gestes et des opérations, elle est désormais directement à l'épreuve du sens créé par les individus dans le travail (Clot, 1995, p. 82). Cette activité intersubjective est d'autant plus cruciale qu'il n'est pas rare qu'elle implique les clients, ceux-ci étant mis en contact direct avec les opérationnels (Chateauraynaud, 1991, p. 150-151 ; Detchessahar, 1999, p. 26-27 ; Dodier, 1995, p. 339), ce qui permet de substituer au contrôle bureaucratique de l'activité, un contrôle marchand en faisant pénétrer les exigences du client au cœur même de l'entreprise.

Tendanciellement, la parole et la discussion deviennent, dans les entreprises qui s'essaient au post-taylorisme et aux principes de l'organisation distribuée, un véritable outil de production au sens où elles permettent l'établissement des solutions productives. Cette capacité à la communication des opérateurs devient un facteur clef de succès de l'organisation distribuée. Dès lors, on n'est pas surpris que la compétence à la communication et la formation à la communication jouent un rôle central dans les organisations productives en mutation. Dans l'entreprise Palard étudiée par Dodier (1995, p. 132), les opérateurs sont envoyés en stages de dix jours animés par « un professionnel de l'animation, du relationnel et de l'analyse transactionnelle ». Aux Chantiers de l'Atlantique, à l'occasion de la mise en place d'équipes autonomes de production (Detchessahar, Honoré, 2002), on a formé les opérationnels à la communication et à la conduite de réunion. Dans les entreprises de logistique, on organise pour certains gros contrats d'externalisation des périodes de formation commune et de rencontre entre les opérateurs du donneur d'ordre et du sous-traitant dont l'objectif affiché est de faciliter les process de communication téléphonique quotidien en créant entre les deux équipes un langage et des référents communs (Detchessahar, 1999). Cet engagement dans la communication, s'il est soutenu par l'organisation, fait également de plus en plus souvent l'objet d'une évaluation. Aussi trouve-t-on très fréquemment parmi les items retenus dans le cadre des grilles d'évaluation des compétences des salariés, des critères visant la capacité ou l'aisance relationnelle, l'aptitude au dialogue et à la remise en question, la capacité au leadership...

On voit bien que ce qui est désormais engagé dans la production ne se limite plus à la force motrice ou à la force de travail de l'opérateur comme dans l'activité de *travail* stylisée par Arendt (1958)[1]. On attend désormais des opérateurs l'expression d'une certaine professionnalité, la maîtrise d'un savoir et de compétences, qui vont contribuer à façonner l'activité. Mais cette professionnalité est finalement assez différente du modèle de l'opérateur professionnel pré-taylorien. Pour ce dernier, le savoir nécessaire au travail est un savoir de métier (connaissance des techniques, des matériaux, des savoir-faire) indispensable à la réalisation de l'*œuvre* chez Arendt, c'est-à-dire à la production d'objets durables que l'on peut rattacher à la personne de leur auteur. Le nouveau professionnalisme se définit plus par une capacité à agir au sein des espaces de discussion, c'est-à-dire une capacité à remodeler les collectifs de travail par l'engagement dans les processus discursifs, une capacité à dégager, par la discussion, des accords collectifs temporaires. C'est l'individu tout entier, et non plus un individu clivé, qui est appelé à se révéler dans ces espaces de discussion, véritable espaces d'*action* au sens d'Arendt, c'est-à-dire espaces de parole au sein desquels s'éprouve la pluralité humaine et se révèlent les identités personnelles. Dès lors, *si le collectif des opérateurs peut être vu comme responsable de l'efficacité de l'action, c'est-à-dire de l'atteinte des objectifs de production ou plus souvent de la satisfaction du client, ce dont est comptable l'opérateur, au plan individuel, c'est de son engagement subjectif dans les processus de discussion, ce que tentent* in fine *d'évaluer les grilles de suivi des compétences qui servent de support aux entretiens individuels d'évaluation.*

Certains font une critique radicale de ces nouvelles formes d'engagements et de responsabilité au travail. C'est le cas notamment de toute une sociologie du travail critique qui y voit un approfondissement des

---

1. Dans *Condition de l'homme moderne*, Arendt propose d'explorer les différentes conditions de la vie active, c'est-à-dire ce que nous faisons quand nous sommes actifs, à l'exception donc de l'activité de la pensée. Arendt distingue trois domaines d'activité humaine différents : le travail, l'œuvre et l'action.

mécanismes de l'exploitation puisque l'on ne se contenterait plus désormais d'asservir le corps des travailleurs, mais également de contrôler leur implication subjective au travail, de la plier aux objectifs de rentabilité et de profit, c'est-à-dire finalement d'asservir leur personnalité tout entière (Durand, 2000). On peut défendre une vision beaucoup plus optimiste des transformations du travail et des organisations. N'est-il pas finalement souhaitable que l'activité de travail qui absorbe une grande part de notre vie éveillée sollicite les capacités cognitives des individus, soit l'occasion d'apprentissages et de transformations individuelles, d'un engagement de l'individu dans ce qu'il a de plus proprement humain, plutôt que cantonnée à l'expression de la seule force de travail ?

Pour autant, les difficultés associées à ces transformations doivent être explicitées. Tout d'abord, bien entendu, il faut rappeler la portée réelle de ces transformations. On a souvent eu l'occasion de dire que, dans le secteur du transport par exemple, l'ouverture d'espaces de discussion au niveau opérationnel permettait de définir en creux un nouvel espace d'exclusion peuplé de tous ceux qui, n'ayant pas accès à la discussion des solutions productives (chauffeurs, manutentionnaires, sous-traitants…), sont renvoyés à des modes d'action au travail de facture tout à fait taylorienne, voire à un statut encore moins enviable puisque leur situation s'accompagne souvent d'une bien plus grande précarité que celle de l'opérateur taylorien (Detchessahar, 2001). On sait par ailleurs que ce constat établi sur le secteur du transport et de la logistique peut s'étendre à beaucoup d'autres secteurs.

S'il faut donc relativiser la portée des transformations en cours, penser l'ouverture des espaces de discussion mais aussi ce qui se passe à leurs frontières ainsi que la nature du travail des exclus, il faut également réfléchir aux difficultés internes et aux problèmes de management qu'ils soulèvent.

LES OBSTACLES AUX NOUVELLES FORMES D'ENGAGEMENT

L'ouverture de ces espaces de discussion à différents niveaux de l'entreprise ne sera vecteur de performances durables qu'à condition que les individus participent effectivement aux processus discursifs et que l'autonomie conquise soit mise au service d'une discussion « vraie », c'est-à-dire débarrassée de considérations stratégiques et guidée par la seule recherche de la meilleure solution. Cette implication dans une « vraie » logique communicationnelle n'a rien d'automatique et l'appel à la subjectivité et à l'autonomie des acteurs ne suffit pas à motiver nécessairement leur participation.

Si la bonne implication des acteurs dans les espaces de discussion pose problème, c'est avant tout, nous semble-t-il, parce que l'appel à la communication entraîne, pour eux, de nouveaux coûts propres à générer un repli, voire un retrait des processus de discussion. On peut distinguer quatre types de coût principaux.

(1) Une des premières conséquences de la mise en discussion du travail est qu'elle élève le « coût cognitif » (Amalberti, notion présentée in Journé, 1999, p. 165-168) de l'activité des acteurs. Un coût cognitif est présent à chaque fois qu'un opérateur doit engager une démarche de compréhension de la situation dans laquelle il est engagé alors qu'il est pris dans le flot des activités normales à réaliser. Dans l'espace de discussion, non seulement les opérateurs se voient déléguer une bonne part des tâches d'analyse et d'interprétation des situations qui étaient traditionnellement du domaine de l'encadrement et qui s'ajoutent désormais au train normal de l'activité, mais, par ailleurs, l'analyse n'est plus le fruit d'une réflexion privée et solitaire, prenant la forme d'une délibération publique et collective. Cela accroît encore l'intensité cognitive de l'activité pour deux raisons principales.

En premier lieu, la délibération publique suppose le passage de représentations cognitives à des représentations discursives, c'est-à-dire une forte activité réflexive des acteurs visant à mettre en mots leurs représentations personnelles, à les rendre compréhensibles par autrui. Cette activité, qui n'a en elle-même rien de trivial, est encore plus délicate lorsqu'elle concerne des opérateurs dont l'activité traditionnelle ne nécessitait pas ou peu de communication et lorsqu'elle touche des acteurs à faible capital scolaire, situations que l'on retrouve par exemple fréquemment lors de la mise en place d'équipes autonomes dans l'industrie. En effet, la « mise en mots du travail » et sa discussion impliquent une bonne maîtrise de la langue, un rapport de distanciation au langage, au sens de capacité à le manier comme un objet ou un outil au service de ce que l'on a à dire. Cette maîtrise symbolique peut éventuellement s'acquérir lors de mises en situation répétées mais elle est surtout étroitement liée à un niveau de scolarisation puisque c'est précisément à l'école que l'on apprend à mettre à distance le langage, à le traiter comme une matière, que l'on « observe, découpe, souligne, classe, range en catégories » (Lahire, 1998, p. 122). Le fonctionnement de l'espace de discussion est d'autant plus exigeant qu'il ne suppose pas simplement une compétence à mettre en mot le travail mais aussi une capacité à utiliser tous les périphériques ou les accessoires permettant de renseigner, nourrir, structurer la discussion ou d'en rendre compte. La discussion implique donc également une bonne maîtrise de l'écrit (rédaction de consignes, de fiches anomalies, de comptes rendus...), un bon niveau de lecture (savoir lire des modes d'emploi, des procédures, des plans mais aussi des indicateurs, des colonnes de chiffres, des schémas), la connaissance des outils classiques du travail de groupe (rétroprojecteurs, tableaux et paper board, techniques de l'exposé...) ainsi qu'une maîtrise minimale de la micro-informatique qui permet d'archiver et de classer les produits de la discussion et de construire les ratios et indicateurs de suivi.

En second lieu, la discussion suppose de construire ensemble les solutions productives, c'est-à-dire de rendre publics ses raisonnements privés. La discussion implique donc toujours pour l'acteur une part importante de révélation de soi-même aux autres à travers la publication dans l'espace de discussion de ses représentations et de ses grilles d'analyse personnelles. L'espace de discussion suppose donc de soumettre au débat public ses façons habituelles de penser le travail, de le réaliser, d'en surmonter les difficultés... Ce débat public est potentiellement déstabilisant pour l'acteur dans la mesure où il peut aboutir à une obligation de changement individuel, à la nécessité d'amender ses représentations. Or, ces opérations de retraitement et de réorganisation des connaissances personnelles sont évidemment coûteuses pour l'individu puisqu'il s'agit de changer des schèmes d'action qui permettaient de décider et d'agir au moindre coût, de façon routinière, en limitant l'activité cognitive.

(2) Par ailleurs, la discussion suppose la mise en commun d'informations détenues individuellement, privativement. La logique de fonctionnement des espaces de discussion et une des clefs de leur efficacité reposent effectivement sur la publicité de l'information, sa mise au pot commun de la discussion. C'est de la publicité et de la confrontation des informations et des opinions individuelles que l'on attend le déclenchement de processus d'apprentissage collectif. Or, cette divulgation de l'information

n'a rien d'automatique dans la mesure où elle oblige l'individu à se séparer d'une ressource dont on sait qu'elle constitue une des principales sources de pouvoir dans les organisations. En effet, pour Crozier et Friedberg (1977, p. 86-87), c'est notamment parce que l'acteur possède des informations nécessaires à certains de ses collègues ou susceptibles d'affecter leur capacité d'action qu'il peut exercer sur eux une influence et monnayer son information. En ce sens *ce que nous appelons le coût politique de la discussion est un coût d'opportunité*, c'est le coût du renoncement au bénéfice que l'on aurait pu tirer d'un usage privé de l'information.

(3) Fondamentalement, l'espace de discussion conduit à reconnaître à des individus qui en étaient généralement exclus un droit d'accès à l'agir politique dans l'entreprise, au sens d'accès à l'espace d'élaboration des règles et des solutions productives. Sur le terrain, cette délégation d'autorité s'accompagne naturellement d'efforts accrus de la part des entreprises pour inventer de nouvelles formes de contrôle cohérentes avec la nouvelle distribution des rôles et permettant notamment de suivre au plus près l'activité des acteurs de construction des solutions productives.

Cette recherche de transparence s'exprime à travers les différents systèmes de traçabilité mis en place dans l'entreprise (autocontrôle, fiches suiveuses, comptes rendus d'activité, fiches de temps…) qui permettent de reconstituer chaque étape du processus de production, de suivre l'activité des individus, de repérer et de localiser les dysfonctionnements éventuels. Le contrôle de l'activité des opérateurs peut également s'exercer, nous l'avons dit, par leur mise en contact direct avec la clientèle, celle-ci sanctionnant immédiatement les erreurs et les manquements du personnel de l'entreprise. Ainsi, en même temps qu'elle ouvre à l'opérateur de nouvelles possibilités d'initiatives et d'action sur le contenu de son travail, la discussion s'accompagne de dispositifs permettant de repérer les erreurs individuelles, de faire la preuve de l'incompétence ou de la faute professionnelle. L'appel à l'implication dans les processus discursifs va de pair avec l'obligation pour l'opérateur de dévoiler la réalité de son travail, de communiquer sur ses pratiques et ses problèmes. Cette transparence, qui, en théorie, fait peser sur les opérateurs de nouvelles possibilités de sanction, leur fait parfois préférer les systèmes de travail plus traditionnels dans lesquels la présence hiérarchique et la prescription sont plus fortes, mais la tranquillité et « l'impunité » mieux assurées. Aux Chantiers de l'Atlantique, par exemple, certains « anciens » refusent ainsi d'occuper les postes créés par le développement de l'autonomie dans l'entreprise. Dans d'autres situations, l'encadrement de premier niveau s'assure de l'implication des opérateurs en « ré-opacifiant le travail » (Rot, 1999), c'est-à-dire en jouant contre la logique de la transparence en acceptant, par exemple, de fermer les yeux sur certains dysfonctionnements ou en n'exploitant pas toute l'information produite par les systèmes de traçabilité. Dans d'autres situations encore, les opérateurs se réassurent ou se dédouanent de leur responsabilité en demandant à la hiérarchie de valider une décision dont ils ne veulent pas porter seuls la responsabilité (Detchessahar, 2002, p. 69 ; Honoré, 1999). D'une manière générale, il nous semble que la mise en pratique par les hiérarchies de proximité des outils de la traçabilité tend précisément à éviter la pratique accusatoire, qui conduirait à des mises en cause individuelles et à un désengagement immédiat des individus de la discussion, et à privilégier une approche plus systémique des problèmes consistant à rechercher derrière l'erreur individuelle l'ensemble des causes susceptibles de l'expliquer. Cette question très délicate reste évidemment à approfondir et à nourrir d'observations complémentaires.

(4) Si la discussion entraîne un élargissement de la responsabilité des acteurs dans le travail, elle implique corrélativement le développement de nouveaux comportements au sein des groupes de travail. Pour les opérateurs, l'exercice de la discussion suppose en effet un examen critique des opinions émises par les membres du groupe et un suivi collectif des décisions arrêtées qui passent nécessairement par le développement d'un minimum de contrôle mutuel. Critique et contrôle sont souvent difficiles à mettre en place dans des groupes habitués à ce que ces fonctions soient prises en charge par la hiérarchie. Elles sont d'autant plus difficiles à assumer par les individus du groupe qu'ils n'ont aucune légitimité formelle pour le faire et qu'il est donc parfois très compliqué de faire entendre raison à un collègue qui propose une « mauvaise » solution ou qui fait mal son travail. Souvenons-nous que Fayol ([1916], 1999, p. 25) préconisait dès le début du siècle de ne jamais séparer autorité et responsabilité. La discussion menace la solidarité du groupe, notamment dans les collectifs ouvriers dont les mécanismes traditionnels de socialisation reposent en bonne partie sur l'opposition à la hié-

rarchie. L'appel à la hiérarchie est là aussi bien souvent un moyen d'abaisser le coût social de la discussion en la sollicitant afin qu'elle tranche par exemple un désaccord persistant entre les opérateurs.

On comprend ici que l'ouverture d'espaces de discussion s'accompagne de la décentralisation d'une certaine forme de « violence » dans la mesure où la moindre présence de la hiérarchie et la responsabilisation du groupe poussent au développement du contrôle et de la surveillance mutuelle. Cette violence menace directement la cohésion du groupe et de nombreux salariés préféreront sauvegarder la solidarité – « *éviter l'explosion du groupe* », « *ne pas pourrir l'ambiance* », « *ne pas s'engueuler avec un copain* » sont des expressions qui reviennent souvent dans nos recherches –, plutôt que de jouer le jeu de la construction collective des solutions productives.

Le coût social de la discussion résulte de l'obligation pour les opérateurs d'assumer eux-mêmes une partie des tâches de coordination (critique et contrôle) qui relevaient traditionnellement de l'encadrement de premier niveau ou des scripts, et qui menacent désormais la solidarité à l'intérieur de l'équipe.

CONCLUSION

Les formes de l'engagement des opérateurs dans la production ont profondément évolué au cours des trente dernières années. Si l'ouvrier taylorien s'engageait à se conformer aux scénarios d'action établis par la technostructure, l'opérateur est, dans l'organisation distribuée, responsable de son engagement dans les tâches nouvelles de coordination, c'est-à-dire dans les processus de discussion. La généralisation progressive des entretiens annuels d'évaluation, bâtis autour du suivi de grilles de poly-compétences, vise à évaluer et donc éventuellement à sanctionner la qualité de cet engagement. En revanche, l'opérateur ne semble pas au plan individuel endosser réellement la responsabilité de l'efficacité de l'action qui est, quant à elle, du ressort du collectif, et à ce titre beaucoup plus diluée entre le collectif des opérateurs et la hiérarchie de proximité qui a pour mission de nourrir et d'aider au bon déroulement des processus de discussion.

Ces nouvelles responsabilités sont, on l'a vu, difficiles à assumer pour bon nombre d'opérateurs. Elles supposent que ceux-ci soient accompagnés et incités à l'engagement dans les processus de discussion. Il s'agit notamment de créer des conditions claires de gestion des ressources humaines susceptibles de faire accepter aux opérateurs les coûts présents de la discussion et de susciter leur confiance dans la possibilité de voir rétribuer demain les responsabilités assumées aujourd'hui. Elle pose également la question particulièrement difficile du suivi, de l'évaluation et de la rétribution du collectif. L'ampleur du chantier social à ouvrir, et déjà largement ouvert à travers les questions touchant à la gestion des compétences, à la formation et aux dispositifs d'intéressement, pose finalement la question de la redéfinition des engagements de l'organisation vis-à-vis de ses salariés et de la construction d'un nouveau pacte social dans l'entreprise.

Bibliographie

ALTER N. (1993), « Innovation et organisation : deux légitimités en concurrence », *Revue française de sociologie*, XXXIV, p. 175-197.

AOKI M. (1991), « Le management japonais : le modèle de M. Aoki », *Problèmes économiques*, n° 225.

ARENDT H. (1988), *Condition de l'homme moderne*, Calman-Lévy, coll. « Presses-Pocket » [1958].

CHATEAUREYNAUD F. (1991), *La Faute professionnelle. Une sociologie des conflits de responsabilité*, Métaillé.

CLOT Y. (1995), *Le Travail sans l'homme*, La Découverte.

CROZIER M., FRIEDBERG E. (1977), *L'Acteur et le Système*, Éditions du Seuil.

DETCHESSAHAR M. (1999), « Discussion et domination. Dualité des modes de coordination des échanges sur le marché de la prestation logistique », *Annales des mines, série « Gérer et comprendre »*, n° 57, p. 23-35.

DETCHESSAHAR M. (2001), « Le dire et le faire. Contribution à l'étude des nouvelles formes d'organisation », *Revue de gestion des ressources humaines*, n° 39, janvier-février-mars, p. 43-56.

DETCHESSAHAR M. (2002), « La communication orale dans les nouveaux dispositifs d'organisation : nature, problème et politique d'accompagnement », mémoire d'habilitation à diriger des recherches en gestion, Université de Nantes.

DETCHESSAHAR M., HONORÉ L. (2002), « Fonctionnement et mise en place des équipes autonomes : le cas des ateliers de soudure des Chantiers de l'Atlantique », *Revue finance, contrôle, stratégie*, vol. 5, n° 1, mars, p. 43-76.

DODIER N. (1995), *Les Hommes et les Machines. La conscience collective dans les sociétés technicisées*, Métaillé.

DUBAR C. (1995), *La Socialisation. Construction des identités sociales et professionnelles*, Armand Colin.

DURAND J.-P. (2000), « Les enjeux de la logique compétence », *Annales des mines, série Gérer et comprendre*, décembre.

DURKHEIM É. (1994), *De la division du travail social*, PUF, coll. Quadrige.

FAYOL H. (1999), *Administration industrielle et générale*, Dunod, 1re édition 1916.

FRIEDMAN G. (1963), *Où va le travail humain ?*, Gallimard.

GOFFMAN E. (1981), 1992, *Forms of Talk*, University of Pennsylvania Press (trad. *Façons de parler*, Éditions de Minuit).

GROSJEAN M., LACOSTE M. (1999), *Communication et intelligence collective. Le travail à l'hôpital*, Presses universitaires de France.

HABERMAS J. (1973), *La Technique et la Science comme idéologie*, Gallimard.

HONORÉ L. (1999), « Dynamique disciplinante, conventionnalisation et mécanisme de dédouanement », p. 29-62, in DETCHESSAHAR M., HONORÉ L. (coord.), Les Conventions en questions, *Cahiers de L'Artemis*, n° 2, décembre, Université de Nantes.

JOURNÉ B. (1999), « Les organisations complexes à risques : gérer la sûreté par les ressources », thèse de doctorat en sciences de gestion, École polytechnique.

LAHIRE B. (1998), *L'Homme pluriel. Les ressorts de l'action*, Nathan, Essais et recherches.

LORINO P. (1989), *L'Économiste et le Manager*, La Découverte.

REYNAUD J.-D. (1988), « Les régulations dans les organisations : régulation de contrôle et régulation autonome », *Revue française de sociologie*, XXX, p. 5-18.

ROT G. (1999), « La gestion de la qualité dans l'industrie automobile : les vertus de l'opacité », *Sciences de la société*, n° 46, février, p. 19-34.

SAINSAULIEU R. (1977), *L'Identité au travail*, Presses de la FNSP.

TAYLOR F. W. (1912), *Scientific Management*, Darmouth College, Hanover, trad. fr., in MERRILL H. F. (1970), *Les Grands Classiques du management*, Bibliothèque du management, p. 61-102.

WEBER M. [1893] (1994), *Éthique protestante et esprit du capitalisme*, Pocket, Plon.

ZARIFIAN P. (1996), *Travail et communication*, PUF, coll. « Sociologie d'aujourd'hui ».

La responsabilité des anciens au service d'une évolution positive de la société

Pierre Julien DUBOST

Beaucoup s'interrogent sur le présent et aussi sur l'avenir de ceux qu'on appelle aujourd'hui les « seniors » et que nous appellerons les « aînés ».

Le débat sur les retraites a mis en exergue le débat économique. La dimension financière a occulté les aspects sociétaux de la vie du retraité qui vont du lien social aux sentiments d'appartenance et d'utilité.

Repli ou engagement, que choisir pour l'aîné ? Peter Drucker, « ce jeune homme de 90 ans » ainsi que l'a titré avec humour le journal *Le Monde*, fait remarquer, dans son ouvrage sur « l'avenir du management », que l'individu « donnera du sens à sa vie en retrouvant une communauté grâce à son action bénévole dans les organisations du secteur social, qui visent à transformer l'être humain ». J'ajouterai qu'« être jeune, c'est avoir des projets » et que la « solitude est à l'esprit ce que la diète est au corps ».

Repli ou engagement, est-ce là une démarche facile ou, au contraire, quelles sont les difficultés que doit surmonter l'Ancien pour se mettre au service d'une évolution positive de la société ?

Pour tenter de répondre concrètement à cette question, nous examinerons, en premier lieu, la problématique de cet engagement, qui se veut responsable, dans son contexte culturel, social et économique. Puis, nous préciserons les conditions que nous pensons réalistes de nature à favoriser cet engagement. Enfin, nous ferons un bilan des actions réalisées ou en projet qui nous semblent répondre à cette nécessité de la réintégration sociétale des Anciens, qu'il s'agisse de leurs interventions dans le développement d'activités d'intérêt local ou national, ou de contribution à la conservation et à l'enrichissement du patrimoine cognitif utile à la compréhension et à l'évolution de nos cités et de nos entreprises dans la perspective d'un développement durable.

Quelle problématique prendre en compte pour une évolution positive de notre société ? Quels sont, dans cette perspective, le poids, la responsabilité et le rôle des seniors si l'on se fixe comme but souhaité la conjonction du service de l'Homme et du progrès de la société, ce qu'Edgar Morin appelle « l'éthique du genre humain ? ».

Pour analyser cette problématique, il nous semble important d'élucider trois points :
- Les conditions pour l'exercice de la responsabilité.
- La nature de cette responsabilité.
- Le contexte socio-économique général et spécifique aux seniors.

CONDITIONS DE L'EXERCICE DE LA RESPONSABILITÉ

Qui dit responsabilité de la personne, en général, et de l'Ancien, en particulier, dit à la fois, **maturité,** autrement dit savoir pour agir en toute connaissance des conséquences de ses actes et **espace de liberté** pour conduire son action.

Force est de constater, dans un certain nombre de cas, que les conditions de l'exercice de la responsabilité de la personne sont loin d'être remplies. Cela est dû à un état de dépendance ou au fait que les personnes âgées sont souvent tenues à l'écart.

Cela tient aussi au fait que les citoyens méconnaissent le fonctionnement des grandes fonctions sociétales et des savoirs correspondants (savoir être qui conditionne les rapports de la personne à elle-même, savoir vivre qui conditionne les rapports de la personne à la société, savoir exister qui conditionne les rapports de la personne à l'économie).

Les retraités mais aussi les actifs ne pourront pas être « tous responsables » tant que cette analphabétisme sociétal subsistera et générera un autisme social bloquant partiellement le lien social et le partage des savoirs, provoquant des altérations physiques et affectives allant jusqu'à la déprime et entraînant des abus de consommation médicamenteuse.

En vivant mieux ensemble, on créera des conditions favorisant le sentiment que chacun d'entre nous à travers sa responsabilité individuelle participe à une responsabilité collective. N'oublions pas que les seniors représentent plus d'un quart des électeurs de plus de 18 ans et, dans les vingt ans à venir, ils ne seront pas loin de 50 %.

NATURE DE LA RESPONSABILITÉ DE L'ANCIEN

Elle s'exerce sur trois plans :

– Vis-à-vis de lui-même (pour un senior qui veut conserver sa plénitude et son autonomie, cela suppose d'abord une hygiène de vie, garantie de santé physique et mentale, mais surtout le moyen de résister au stress naturel que produit la perte des relations et des repères de la vie active – rappelons que la consommation médicale, en 20 ans, a plus que doublé pour la tranche d'âge de 60 et 65 ans).

– Vis-à-vis des autres (un senior devra répondre à diverses sollicitations venant de la famille, mais aussi de ses amis ou de ses ex-collègues, parfois même de son ex-entreprise si celle-ci pratique le « knowledge management »[1].

Au senior de faire de sa retraite un temps libéré non pas, uniquement pour lui-même, mais pour la société. Ainsi de passif, il deviendra actif et contribuera, à son niveau, à renforcer la solidarité inter-générationnelle. Combien d'associations caritatives n'existeraient plus sans ce bénévolat des aînés ! Dans ce domaine, les besoins sont encore très loin d'être satisfaits tout comme les apports des aînés ne sont pas davantage évalués quantitativement et qualitativement.

---

1. Le « knowledge management » consiste à formaliser et à valoriser les acquis de l'expérience et le gisement des savoirs de l'entreprise pour faciliter sa gouvernance et son développement.

— Vis-à-vis de l'environnement (pour un senior, le fait, par exemple de participer à un réseau de savoir visant la bonne utilisation des ressources naturelles, matérielles ou immatérielles, le responsabilise. Ainsi, il devient un acteur du développement durable, développement qui s'appuie sur la maîtrise des rapports entre efficacité économique, efficacité sociale et respect environnemental. Fort des acquis de son expérience qui lui permet d'avoir une vue plus globale et moins contingente des choses, le senior sentira l'impérieuse l'obligation de coopérer avec les autres, de contextualiser des savoirs, de relier des concepts antagonistes, de gérer des tensions, de partager des idées et des moyens, de consolider des liens sociaux, de participer à la solidarisation de micro-groupes, etc.

Pour lui, comme pour les autres, cette thérapie sociale ne pourra être que bénéfique et servir la transformation de l'homo sapiens en « homo pensant et aimant », sachant résister aux dérives d'une science sans conscience, d'une économie où la force prime le droit, sans régulation démocratique.

Notons qu'il serait absurde et irresponsable de laisser en jachère des expertises, des connaissances et des compétences, de laisser péricliter des gisements de mémoire individuelle ou collective dont on a particulièrement besoin si l'on veut utiliser des repères du passé pour mieux appréhender nos futurs possibles, menacés par les révolutions technologiques, génétiques et économiques, marqués par la mondialisation dans une société qui donne, à 20 % de ses membres, 80 % des ressources naturelles.

CONTEXTE SOCIO-ÉCONOMIQUE GÉNÉRAL ET SPÉCIFIQUE AUX SENIORS

À l'heure de la mondialisation, de la globalisation et de la transversalité nécessaires pour la maîtrise des projets de société dans un univers incertain, dans des environnements de plus en plus complexes, avons-nous tous pris conscience des gisements potentiels de savoirs existants, mal exploités ou inexploités ?

Certainement, pas ! Il n'y a qu'à observer comment se font les départs en retraite dans la plupart des cas. L'individu instrumentalisé et non responsabilisé est remercié sans qu'on lui demande d'apporter le fruit de son expérience et sa vision de l'avenir.

De plus, nous assistons aujourd'hui à l'allongement des durées de vie[1] et à un retournement démographique auquel s'ajoute un changement du contexte : il y a les germes d'une révolution dont les conséquences sont de nature à bouleverser les schémas classiques de notre économie.

On passe de *l'emploi* qui est attaché au travailleur productif à *l'activité* qui relève de la responsabilité de la personne, de la *mono-tâche* liée au taylorisme à la *polyvalence* liée à l'autonomie de l'exécutant.

On cherche à assurer la rentabilité mais aussi la qualité et la productivité des actions socio-économiques qui s'adressent non seulement à des producteurs mais aussi à des non-producteurs qui sont aussi des parties prenantes (consommateurs, financeurs tels que les fonds de placement des caisses de retraites, prescripteurs...).

Une des illustrations de cet état de fait est ce que certains appellent aujourd'hui « le socialisme des caisses de retraites » qui, pour l'entretien des seniors retraités, possèdent et contrôlent une importante part des ressources productives des pays développés, en premier lieu desquels les États-Unis.

Face à ces transferts de pouvoirs et de moyens, malgré la complexité croissante du monde dans lequel nous vivons et la perte de sens que cela entraîne, chacun ne pourra pas se contenter pour exercer sa responsabilité de produire des biens et des services ou de les consommer, mais devra se situer dans un processus social nouveau qu'il accompagnera et dont il sera un maillon actif, agissant dans une logique d'amélioration continue à partir de sa responsabilité personnelle.

Ces considérations s'appliquent aux seniors dont le nombre croît et qui ne pourront pas rester en marge de la vie économique[2] dans un pays qui ne cesse de vieillir, au risque que cette situation d'exclusion n'ait un coût social exorbitant.

Quelques statistiques illustrent l'ampleur du problème du poids des seniors dans notre société :
- Aujourd'hui, l'espérance de vie est, après 60 ans, en moyenne de 20 ans pour les hommes et de 25 ans pour les femmes.

---

1. Selon l'INSEE, « même si la mortalité restait à son niveau actuel, l'effectif des plus de 60 ans augmentera de 42 % entre 2000 et 2015.
2. Notons cependant qu'une offre d'activités pour certaines catégories d'aînés expérimentés se développe dans la dynamique sociale (professeurs, juges de proximité...).

- En 2003, plus de 12 millions de Français ont plus de 60 ans. On est ainsi passé pour cette tranche d'âges de 18 % de la population en 1970 à 22 % de la population.
- En 2020, ils seront 17 millions dans ce cas, soit 26 % de la population selon les estimations de l'INSEE, dépassant ainsi la population des moins de 20 ans.

Les rapports entre les générations sont donc en pleine transformation. Le choix de 1999 comme année des retraités et des personnes âgées aux Nations Unies, avec pour thème « une société pour tous les âges », n'étant pas fortuit et montre l'importance, à l'échelon mondial, de ce problème.

CONSIDÉRATIONS DE NATURE À FAVORISER L'ENGAGEMENT RESPONSABLE DES SENIORS DANS LA SOCIÉTÉ

Le développement de cette démarche s'appuie sur une information sociale essentielle qui fait savoir, si besoin était, à chaque senior qu'en tant qu'unité, il participe à une responsabilité collective à travers sa propre responsabilité individuelle qui est en fait son taux de liberté et d'engagement.

Nous savons par expérience que seuls l'acquisition et le partage de savoirs, la mise en pratique d'éthiques sociales et professionnelles permettent une adaptation réussie aux changements.

L'ancien est, en général, possesseur d'un capital de savoirs et d'expériences. Il est désireux de se sentir utile, éventuellement de se déculpabiliser par rapport à des revenus dont il peut bénéficier aujourd'hui grâce à une conjoncture passée favorable alors que d'autres plus jeunes sont dans le besoin.

De plus, les nouveaux seniors, débarrassés des soucis de performance et de compétitivité, peuvent donner libre cours à leur imagination et à leur désir d'entreprendre si le changement brutal de vie ne les a pas cassés. Cet ancien expérimenté est le mieux à même d'aider utilement à l'analyse des situations difficiles, d'aider à trouver des solutions acceptables en tirant profit de son expertise, articulant intérêt individuel et collectif, permettant à chacun dans l'exercice de son activité de retrouver plus de liberté pour être, exister et vivre.

Comme le remarque le professeur Tubiana : « Aujourd'hui, l'organisme est plus en forme à 70 ans qu'il l'était à 60 ans, il y a quelques décennies. Il n'y a rien de plus destructeur que de se sentir inutile. »[1]

Cela est certainement une des motivations qui poussent un certain nombre d'aînés à participer à des actions d'intérêt général qui donnent du sens à leur vie :

- conseil aux organisations[2],
- coaching de jeunes entrepreneurs (*idem*, voir note 5),
- tutoring d'étudiants[3],
- contributions à la vie associative culturelle ou sportive (organisation, information, médiation [*idem*, voir note 6]),
- insertion professionnelle de jeunes en difficulté[4],
- lutte contre l'illettrisme[5], etc.

Notons que l'appréciation de l'engagement sociétal de nos concitoyens âgées est rendue difficile par la dispersion des initiatives, des études-actions, des enquêtes, et aussi par l'implication non concertée, plus ou moins importante, des institutions (collectivités territoriales, universités, caisses de retraites à partir de leur service social, organisations professionnelles...).

Malgré cela, le senior a-t-il le sentiment d'être un citoyen à part entière, reconnu et valorisé ? La réponse est non !

Ce qui prédomine encore, c'est l'idée que, dans une société où les valeurs économiques constituent la référence, le senior a perdu son identité d'acteur économique. Il est considéré avant tout comme un consommateur qu'il s'agit de retenir et de servir.

Cette perte d'identité déresponsabilisante est sous-jacente à la retraite qui les exclut de la vie professionnelle.

---

1. In *Le Bien Vieillir*, Éditions de Fallois.
2. C'est le cas de l'association EGEE.
3. Diverses initiatives de ce type sont nées dans les UTA. Elles sont aussi le propre du mouvement « la flamboyance ».
4. Les compagnons de prévention et de maintenance créés par l'association IDE ont pour objet l'insertion de jeunes en difficulté.
5. Des associations telles que « Lire et faire lire », « l'école des grands-parents », ont cette finalité. Des municipalités ont soutenu la création d'« universités du temps libre » qui se sont impliquées au-delà de leur programme culturel dans des actions sociales ; c'est le cas, par exemple, de Lons-le-Saunier.

Aujourd'hui, le projet politique devrait proposer une modification radicale de la place du senior dans la cité, basée sur un pacte intergénérationnel.

En effet, « assurer une société pour tous les âges » ne peut se faire qu'en prenant en compte la problématique des fractures générationnelles, en particulier, la mauvaise transmission du « savoir-pouvoir », en suscitant chez nos aînés le « savoir-vouloir » et en confortant chez eux « le savoir-devoir ».

Si cette prise en compte ne se fait pas, on risque de laisser se développer des démarches excluantes et conservatrices avec leur phénomène de catégorisation et de ghettoïsation à l'américaine, entraînant la multiplication des conflits entre les générations (seniors, quadra, trentenaires, jeunes).

Face à cette démarche ségrégative, la démarche inter-générationnelle est dynamique : elle favorise une communication valorisante. Elle utilise au mieux les tensions entre générations comme force du développement sociétal et de la culture de liens.

Pour cela, il faut donc modifier radicalement la place du senior dans la société :
- le reconnaître comme un citoyen à part entière,
- le valoriser comme un élément de la construction de l'avenir,
- l'impliquer dans la vie de la Cité en coopération avec les autres citoyens, en particulier, les jeunes en marge de la vie économique et privés souvent d'objectifs, d'emploi,
- l'impliquer dans une meilleure utilisation de ses moyens financiers quand il le peut et ne pas les réserver simplement à ses usages futiles de consommateur,
- l'amener à réfléchir (ce qu'il veut léguer aux générations futures) et le faire participer à la construction de la société de demain.

Il pourra d'autant mieux le faire qu'il dispose de temps, de moyens parfois supérieurs à ceux des actifs et à ceux des jeunes, de capital d'expériences et de savoirs et, de plus, qu'il a une chance non négligeable d'être là dans les deux ou trois décennies suivantes.

Comme toute action sociale, la mise en place du rôle citoyen du senior ne peut pas se faire sous la pression et par nécessité mais en en analysant les finalités, les moyens, les causes et les conséquences d'une telle démarche.

À titre anecdotique, la loi sur le Conseil des aînés a fait l'objet, de la part du gouvernement du Québec, d'une consultation générale sur sa mise en œuvre.

L'objectif n'est pas de multiplier des structures ou des organisations dédiées aux seniors. Le pacte intergénérationnel dans lequel s'inscrit l'engagement citoyen du senior n'est pas restreignant : les résultats de l'effort proposé sont pour TOUS, jeunes et anciens, sans parti pris ni économique ni social.

Être responsable socialement, cela implique pour le citoyen qu'il ne serve pas des intérêts particuliers mais qu'il dispose au plan local, sinon régional[1], des moyens et des possibilités de la coopération inter-géné-rationnelle quelle que soit sa forme éducative, organisationnelle, technique sanitaire, ce au service d'une évolution harmonieuse de son environnement.

Différents élus contactés ont pris conscience de cette demande émanant de leurs électeurs âgés désireux d'investir du temps, de l'énergie, des moyens financiers, mais ne la considérant pas encore aujourd'hui comme prioritaire, ils n'apportent pas de réponse structurée, sinon d'une manière limitée à partir d'un « conseil des anciens ».

Des initiatives d'une autre nature existent, par exemple : faire appel aux ressources des personnes âgées par un apport financier tel que le « capital local à finalité sociale » visant à aider les porteurs de projets de micro-entreprises, mais aussi les entreprises solidaires.

Dans le cadre de l'appel à la responsabilité économique et sociale des seniors, des voies s'ouvrent et se renforceront dans les années à venir, en se professionnalisant aux niveaux de l'organisation, de la communication, du « marketing ».

Citons :

- la collecte de l'épargne de proximité avec les garanties nécessaires à des fins de développement local,

---

1. « La décentralisation doit être le moyen de redistribuer du pouvoir d'initiative… L'acteur régional se dessine comme garant de la cohérence et de l'articulation harmonieuse des interventions en faveur du développement » (déclaration du ministre de l'Emploi).

- l'appel aux donateurs privés seniors disposant de quelques moyens mais surtout attachés à des valeurs de solidarité qui constituent la ressource essentielle des associations caritatives,
- un bénévolat mieux intégré dans l'activité, celle-ci pouvant être partiellement rétribuée...

Encore faudra-t-il un encouragement des pouvoirs publics significatif pour que nous rattrapions dans ce domaine notre retard par rapport aux pays anglo-saxons.

Par ailleurs, cette évolution positive ne peut se faire que par un changement de mentalités. Le temps de l'État providence est achevé. Les impôts ne règlent pas tout et ne dispensent pas de la générosité du public pour les grandes causes.

Inversons la tendance qui nous pousse vers un individualisme forcené au détriment de notre engagement sociétal. La responsabilité de tous est engagée, celle des jeunes, des actifs, des retraités...

Vouloir promouvoir une société de citoyens responsables, cela suppose de fortifier et de fertiliser, avec la coopération des Anciens, la mémoire de ce qui a été fait, par plus de connaissance et de conscience des réels passés et possibles, afin de mieux imaginer nos futurs souhaitables et d'initialiser des projets sociaux innovants pour le bien commun, avec le concours de tous.

Ainsi, qu'il s'agisse de la création d'une banque des savoirs[1] ou le développement d'une université du futur avec les aînés[2], il faut que ces projets soient conçus comme des systèmes ouverts et non comme le surplus d'autres systèmes.

Signalons que les aînés expérimentés passent de 1000 à 1200 heures/an devant leur écran d'ordinateur. On peut légitimement penser que leur collaboration provoquée et amplifiée par la constitution de banques de données est un impératif pour la faisabilité économique de cet environnement numérique pédagogique souhaité par les pouvoirs publics.

---

1. Tel est le cas du projet OASIS (outil d'accès aux savoirs et à l'information scientifique) conçu par l'Université de Nantes et le CNAM, et qui est appelé à devenir un outil essentiel de l'environnement pédagogique numérique.
2. Il existe plusieurs centaines d'UTA en France, en partie regroupés dans une organisation nationale (UFUTA) et dans une organisation internationale (AIUTA). Certaines UTA ont plusieurs milliers d'étudiants (Lille, Lyon, Nantes...).

BILAN ET PERSPECTIVES

L'existence et la reconnaissance du senior en temps que citoyen à part entière, actif et responsable sont nécessaires pour l'avenir de notre société.

Si chacun semble aujourd'hui le reconnaître, cela suppose de créer collectivement, et avec une volonté politique, un milieu favorable à l'engagement et à l'épanouissement du senior. L'expérience montre que toutes les initiatives pour la création de ce milieu porteur[1] reposent sur une *stratégie de la coopération inter-générationnelle*.

Comme le fait remarquer, le professeur Kuntzmann, « une image positive de la retraite utile aux services des générations suivantes est aussi un gage de bonne intégration des retraités dans la société.

« La retraite doit être solidaire et non pas solitaire ».

Pas question d'ignorer ou de critiquer ce qui est fait dans ce domaine mais de réunir ce qui a été fait de-ci de-là, de tirer les leçons des échecs, d'amplifier les réussites, d'unifier si besoin était, dans la variété et la diversité, sans a priori, afin d'offrir aux aînés et aux « actifs », jeunes et moins jeunes, la possibilité d'améliorer leur conduite de vie et leurs conditions d'existence par cette coopération inter-générationnelle rendant chacun co-producteur et co-gestionnaire de projets partagés faisant appel à l'intelligence collective.

Voici deux axes forts pour promouvoir la responsabilité des aînés :
- 1ᵉʳ axe : identifier et désactiver les obstacles favorisant l'irresponsabilité sociale génératrice de conflits et de dysfonctionnements.
- 2ᵉ axe : développer le rôle des universités tous âges pour dynamiser, par l'information et la formation, l'engagement citoyen et responsable des seniors à partir d'une coopération inter-générationnelle au bénéfice de la société civile.

En ce qui concerne le premier axe, rappelons les principaux obstacles :
- Le risque du chacun pour soi dans la citadelle qu'il essaye de construire et qui ressemble davantage à une hutte exposée à tous les vents contraires.

---

1. Qu'ils s'agissent d'activités culturelles (spectacles historiques, musées vivants...) ou de conservatoires des traditions et des métiers (mines, métallurgie...), la participation des seniors est déterminante et se fait dans un contexte intergénérationnel.

- Les institutions sociales qui touchent les grandes fonctions sociétales (santé, éducation, travail, loisir, habitat et environnement), loin d'être des terres ouvertes, sont en état obsidional.
- Le travail en miettes, l'enseignement fragmenté.
- Les déséquilibres entre temps contraint et temps libre.
- Les évolutions très rapides des technologies pas suffisamment appréciées comme une opportunité de progrès.
- La complexité croissante des structures et des organisations rendant illisibles les situations avec, pour conséquence, des phénomènes de blocages et de rejets et des logiques de territoire.

Les rapports humains étant de nature relationnelle et pas simplement informative, correspondent lorsqu'ils fonctionnent correctement, à une solidarité organique entre les générations.

La mise en œuvre efficace de la coopération inter-générationnelle, donc de l'exercice de la responsabilité de chaque génération, requiert, nous semble-t-il, quatre exigences clés :

- Préférer, à la croissance des moyens, l'amplification des ressources, en particulier, la première des ressources stratégiques pour l'avenir : *l'Homme*.
- Détecter et mieux exploiter les gisements de savoir et d'expériences, aujourd'hui gaspillés au détriment de la richesse patrimoniale collective.
- Décloisonner les efforts, introduire une bonne gouvernance dans la conception et la conduite des projets et refuser la parcellisation des solutions.
- Rechercher la complémentarité, la convergence et la cohérence des initiatives en construisant des projets partagés reposant sur une contractualisation claire des acteurs concernés.

Concernant le 2e axe visant à développer le rôle des universités tous âges pour dynamiser, par l'information et la formation, l'engagement citoyen et responsable des seniors à partir d'une coopération inter-générationnelle au bénéfice de la société civile, nous devons constater que la mise en place d'un système relationnel s'effectue souvent sous la pression et par la nécessité, sans être explicite quant à ses buts, ses moyens, ses causes, et ses conséquences[1].

---

1. La relation entre générations qui se succèdent revêt souvent un caractère conflictuel, alors que l'on constate une propension au rapprochement de l'ancien avec le jeune en sautant une génération.

Mal formalisé et mal évalué, un tel système n'engendre pas la rentabilité sociale souhaitable et perd une partie de son utilité par inadaptation de ses moyens.

Chacun sait qu'il peut y avoir là une source de conflit qui a tendance à s'accroître. L'activation raisonnée et rationnelle des relations entre jeunes et seniors (professionnels en exercice ou en retraite) sert leur enrichissement mutuel, les uns apportant leur dynamisme, leur fougue, et les autres leurs expériences et une certaine sagesse face à la vie, indépendamment de leur satisfaction de voir se prolonger leur œuvre personnelle.

Malgré cela, certains obstacles majeurs perdurent :

- le couperet de la retraite qui interdit à certains professionnels de continuer à exercer alors qu'ils en ont la capacité (exemple, cas du professeur Montagnier qui poursuit ses travaux sur le sida aux États-Unis) ;
- l'impréparation des juniors dans leurs relations avec les seniors, juniors qui ne savent pas tirer le meilleur profit de l'expérience des anciens.

N'étant pas un processus naturel mais une démarche liée à l'éthique sociale, la coopération inter-générationnelle, comme tout projet partagé, ne peut exister concrètement qu'à certaines conditions :

- une volonté d'écoute de l'autre, de disponibilité et de mise au service de l'intérêt général ;
- un effort de compréhension mutuelle des générations ;
- un engagement clair et responsable des parties.

À partir du moment où le choix individuel ou collectif de la coopération inter-générationnelle est fait, les questions sont « comment le faire, savoir le faire et le faire savoir ? ».

La réponse n'est pas simple car, si tout le monde souhaite le rêve, bien peu acceptent la réalité.

« Aujourd'hui » tient à la fois le passé et l'avenir, il doit assumer l'un et assurer l'autre, et l'autre passe par l'emploi des seniors dans la communauté humaine avec ce que cela comporte d'ajustements pour leur meilleur intégration dans la qualité des actions sociales et économiques. Les seniors aussi se doivent d'être par eux-mêmes et d'être reconnus par les autres comme *des acteurs et pas simplement comme des consommateurs de prestations institutionnelles.*

Il s'agit, compte tenu de l'ampleur du problème, d'une montée en compétence du senior et de son environnement afin de dépasser le stade des bonnes intentions pour s'inscrire dans un vrai projet, qu'il soit social, économique ou culturel.

C'est dans cette voie que commencent à s'engager certaines « universités tous âges » (UTA), comme c'est le cas de celle de Lyon 2 qui a mis en place un diplôme universitaire de tutorat social.

En s'inscrivant dans une coopération inter-générationnelle, l'apport des seniors motivés et formés constituera un élément clé du développement durable de nos sociétés et contribuera à l'élévation du niveau d'éducation des citoyens.

À ce titre, le « senior responsable » sera porteur de mémoire et d'espoir pour l'avenir, « facilitateur » des relations entre passé et futur, entre tradition et modernité, au service d'une démocratie participative.

La logique des UTA s'inscrit dans cette perspective d'évolution de la vie collective et du progrès social par la valorisation des personnes.

Les UTA ont, par essence, une vocation humaniste qui doit favoriser les facteurs relationnels, c'est-à-dire l'information-éducation sur les patrimoines culturels, et engendrer des activités relationnelles pouvant contribuer à une évolution positive de la société.

Les UTA peuvent donc, non seulement impulser d'une manière décentralisée cette coopération inter-générationnelle, mais aussi regrouper, capitaliser et exploiter les initiatives, les idées et les propositions sur « la coopération inter-générationnelle en acte », telles qu'elles se sont manifestées à différents niveaux : associations, universités et territoires, avec des personnes qui ne se contentent pas de ce qui est mais font ce qu'il faut faire pour une amélioration du désir de savoir et d'agir qui existe potentiellement dans chaque individu.

Ainsi, loin de tout acte sectaire, comme le faisait remarquer l'économiste Joseph Schumpeter à quelques jours de sa mort, « chacun pourra se dire qu'il n'aura pas servi à rien car il aura apporté quelque chose dans la vie des gens ».

Bibliographie

La retraite en France : statistiques, définitions, tendances, comparaisons, projections, Éd. Observatoire des retraites, Dossier 3, 2002.

Rapports du conseil économique et social
- *Âge et travail, 2001.*
- *Âge et emploi à l'horizon 2010.*

Étude sur l'apport des UTA dans la société, AIUTA, étude commanditée par la CEE, DG 22, 1996-1997.

Consultation sur la mise en œuvre de la loi sur le Conseil des Aînés, Assemblée Nationale, Québec, 36ᵉ législature, mars 2000.

Le bien vieillir, TUBIANA, Éditions de Fallois.

Âges de la vie ; trajectoires personnelles et responsabilité collective, Étude réalisée par la CNAF, 2002.

Gestion des âges et fin d'activité, Documentation française, n° 36, 2002.

Les nouvelles générations sacrifiées ; note 2, Étude du club démocratie égalité.

Les temps de la vie, GAULLIER X., Éditions d'Organisation, 2002.

La responsabilité par rapport à l'insertion dans l'emploi des travailleurs handicapés

Armand MELLA

« *Passer de la discrimination positive à la non-discrimination.* »

Au cours du traditionnel entretien accordé le jour de la Fête nationale, le 14 juillet 2002, le président de la République a fait part de son intention de faire de l'insertion des personnes handicapées l'un des « trois grands chantiers » de son quinquennat avec la lutte contre le cancer et la lutte contre l'insécurité routière.

Le 3 décembre de la même année, recevant à l'Élysée, en présence des membres du gouvernement, le Conseil national consultatif des personnes handicapées, le chef de l'État a réitéré son implication personnelle et sa détermination à donner aux personnes handicapées toute leur place dans la cité et la vie sociale, en créant « les conditions pour qu'elles puissent s'accomplir, vivre leur vie, et la réussir ».

Le Président a souligné le rôle essentiel et exemplaire des familles et des bénévoles du monde associatif dont il a partagé l'engagement pendant près de 30 ans. Il a rappelé, par ailleurs, les progrès apportés par les lois votées par le parlement en juin 1975 et en juillet 1987 alors qu'il était Premier ministre.

Il n'a évoqué toutefois le chemin parcouru que pour souligner l'impérieuse obligation, pour notre société, de franchir une nouvelle étape. La personnalisation des aides, l'accès au monde du travail, ont été définis comme les axes prioritaires de l'indispensable réforme des politiques publiques voulue par le chef de l'État. L'objectif peut être exprimé de la manière suivante : afin d'assurer le principe démocratique de l'égalité des chances, c'est à notre société, et donc à l'ensemble des citoyens, de s'adapter aux besoins des personnes handicapées. Il n'est pas acceptable d'ajouter aux accidents de la vie dont elles sont victimes les obstacles physiques que l'on peut supprimer, l'inadaptation des règles bureaucratiques qu'il faut modifier, l'ignorance des difficultés auxquelles elles sont confrontées qu'il faut combattre et les barrières invisibles des mentalités qu'il faut lever.

Quelques mois auparavant, le 2 décembre 2001, le Conseil de l'Union européenne avait proclamé l'année 2003 « Année européenne des personnes handicapées ». Les États membres étaient invités à sensibiliser l'ensemble des citoyens européens aux droits, aux besoins et aux potentiels des personnes handicapées. Pour appuyer cette approche, une campagne de promotion et d'information a pris la forme d'une « marche sans entraves » symbolisée par le parcours d'un bus partant de Grèce en janvier et terminant son périple dans les pays de l'Union en Italie à la fin de l'année.

Nous sommes donc tous invités à prendre conscience de ce qui constitue un véritable enjeu de société. Dans nos pays riches et développés, nous serions impardonnables de ne pas contribuer aux nécessaires progrès qui restent à accomplir. Pour ce faire, il convient, dans un premier temps, de définir les différents termes utilisés et les réalités qu'ils recouvrent, d'en délimiter les données qualitatives et quantitatives, de rappeler les évolutions du cadre juridique en les replaçant dans leur contexte historique, économique et culturel, pour ébaucher ensuite quelques perspectives.

LE HANDICAP, LES PERSONNES HANDICAPÉES ET L'EMPLOI

Il est à parier qu'à la question que l'on poserait dans la rue « Qu'est-ce qu'une personne handicapée ? », la grande majorité des réponses spontanées évoquerait la personne symbolisée par le pictogramme du fauteuil roulant. La réalité du handicap et sa diversité sont toutefois sans commune mesure avec le seul handicap moteur servant à signaler une place de stationnement réservée à toute personne dont le handicap peut être sensoriel, mental ou psychique.

Alors que la classification internationale des maladies de l'Organisation mondiale de la santé, plus que séculaire, a déjà fait l'objet de multiples révisions, ce n'est qu'en 1980 que Philipp Wood a élaboré pour l'OMS une nomenclature des « déficiences, incapacités et désavantages »[1] :

- Les *déficiences* correspondent à des pertes ou des altérations de parties du corps ou de fonction physiologique, mentale ou psychologique, et résultent le plus souvent d'une maladie ou d'un traumatisme.
- Les *incapacités* correspondent à des difficultés ou impossibilités totales ou partielles d'accomplir des actes élémentaires de la vie courante et résultent en général d'une ou plusieurs déficiences.
- Les *désavantages* désignent les difficultés ou impossibilités rencontrées par une personne à remplir un rôle social auquel elle peut normalement aspirer et que la société attend d'elle.

Cette classification, outre son mérite pédagogique de schéma à 3 niveaux (l'organe, l'individu, l'être social), a été l'instrument méthodologique utilisé dans l'enquête « Handicaps, incapacités, dépendance »[2] réalisée par l'INSEE de 1998 à fin 2001. Destinée à permettre une évaluation globale de la population des personnes handicapées, cette enquête, par l'ampleur de la taille de l'échantillon de départ (400 000 personnes) et l'exhaustivité du questionnaire, constitue la base de données de référence qui manquait jusqu'alors pour toutes les catégories de handicap.

---

1. « *Impairments, disabilities and handicaps* » ; la classification de Wood, connue sous l'acronyme de CIH, bien que toujours en vigueur en France après son adoption officielle en 1988 par le ministère des Affaires sociales et encore largement utilisée dans des travaux de recherche, a fait l'objet de critiques qui ont abouti à l'adoption récente par l'ONU de la « Classification internationale du fonctionnement, du handicap et de la santé ». Cette CIF prend en compte la thématique à la fois plus large et plus pertinente de la « participation sociale », que résume la formule : « L'accès à tout pour tous », qui doit inspirer les politiques publiques.
2. Une première analyse des données recueillies a été publiée dans les n°s 1-2 janvier-juin 2003 de la *Revue française des Affaires sociales* en juin 2003. Outre les données concernant les personnes affectées d'un handicap aux différents âges de la vie, ce dossier consacre une large place à l'étude des questions liées à la dépendance des « personnes âgées ».

L'enquête HID, menée par questionnaire, a mis en évidence le caractère relatif de la notion de handicap et la subjectivité qui accompagne la perception d'une déficience ou une incapacité. À cette difficulté, s'ajoute l'absence de définition juridique de la personne handicapée dont le handicap, en tout état de cause, peut être modéré ou très invalidant, temporaire ou permanent, réversible ou irréversible. En revanche, une classification administrative héritée des législations successives détermine différents régimes en fonction de la cause du handicap, régime d'invalidité, d'accidents de travail et maladies professionnelles, des mutilés de guerre et assimilés, reconnaissance de la qualité de travailleur handicapé par la Cotorep[1].

De la somme des données recueillies, qui ne sont encore exploitées que partiellement, on peut retenir quelques chiffres concernant l'année 1999 :

- 5,3 millions de personnes déclarent être affectées d'incapacités isolées et mineures, sans restriction d'activité ni reconnaissance administrative.
- 3,5 millions de personnes relèvent d'une reconnaissance administrative d'invalidité ou d'incapacité dont :

  45 % sont atteintes d'une maladie invalidante

  20 % d'une maladie mentale

  16 % relèvent d'une déficience physique

  15 % d'une déficience intellectuelle

  4 % d'une déficience sensorielle (vue, audition).

- 718 000 personnes de cet ensemble de population de 3,5 millions sont considérées comme actives et « travailleurs handicapés » au

---

1. La loi du 30 juin 1975 a permis la création de la COmmission Technique d'Orientation et de REclassement Professionnel (Cotorep) dont une antenne existe dans chaque département et qui se substitue à la Commission d'orientation des infirmes prévue par la loi de 1957. La Cotorep, selon la gravité du handicap, classe les travailleurs reconnus comme handicapés en 3 catégories :

    A --> handicap léger et/ou temporaire

    B --> handicap modéré et/ou durable

    C --> handicap grave et/ou définitif.

Ces catégories déterminent à la fois l'orientation en milieu ordinaire ou protégé et la pondération attribuée pour l'obligation d'emploi de la loi de 1987.

sens du dispositif des lois de 1975 et de 1987 (reconnaissance de la qualité de travailleur handicapé), et dont :

76 % exercent une activité professionnelle (83 % en milieu ordinaire et 17 % en milieu protégé[1]*, centres d'aide par le travail et ateliers protégés).

24 % sont en recherche d'emploi.

Pour être complet, il convient de relever que, parmi les 1,5 million de personnes handicapées relevant des régimes d'invalidité, de mutilés de guerre et de victimes d'un accident du travail, près d'un tiers, soit 500 000 personnes, qui ont de 20 à 59 ans et, bénéficiaires d'une reconnaissance administrative de leur handicap, sont susceptibles de se porter candidats à un emploi sur le marché du travail.

On peut ajouter que de nombreux demandeurs d'emploi ne font pas la démarche personnelle, volontaire et facultative de reconnaissance de leur handicap, par crainte d'une discrimination à l'embauche ou à l'évolution de leur carrière.

Quelle que soit l'origine des données qui les fondent, les constats convergent sur la réalité d'un désavantage considérable des personnes handicapées en ce qui concerne l'emploi. D'après l'ANPE, le chômage de longue durée (supérieure à un an) touchait, en décembre 2001, 42 % des demandeurs d'emploi handicapés contre 30 % pour les autres publics alors que déjà le pourcentage du chômage des travailleurs handicapés dépasse de près de 60 % celui de la population en général. Cette situation, due à des causes multiples, semble s'être installée depuis quelques années, traduisant un échec relatif du dispositif législatif en cours de réexamen.

Un regard rétrospectif permet cependant de mesurer le chemin parcouru.

---

1. La loi du 23 novembre 1957 ajoute aux CAT (centres d'aide par le travail), établissements médico-sociaux à vocation surtout occupationnelle, les AP (ateliers protégés), établissements industriels et commerciaux, qui, employant des travailleurs handicapés dans une proportion de 80 % de l'effectif, reçoivent des aides de l'État pour compenser leur désavantage compétitif. Contrairement aux « stagiaires » des CAT, les travailleurs handicapés employés dans un atelier protégé ont le statut de salariés. Les CAT occupent 5 fois plus de travailleurs handicapés que les AP.

DE L'ASSISTANCE À LA CRÉATION DE DROITS

Longtemps, il est revenu au cercle familial ou aux institutions charitables de prendre en charge l'enfant ou l'adulte handicapé. Sans un environnement familial favorisé, celui ci n'avait souvent d'autre issue que de mendier pour survivre. Le regard porté sur ceux que l'on désignait comme infirmes, anormaux, aliénés, invalides ou débiles n'était, au mieux, que celui de la compassion et le geste celui de la charité.

Ce n'est qu'avec l'avènement de la société industrielle, le développement du salariat, qu'à la fin du XIXᵉ siècle, une première disposition législative prend en compte la diminution quantifiable de la capacité de travail due aux accidents de travail[1].

L'étape suivante est franchie à l'issue de la guerre de 1914-1918. Le premier conflit mondial n'avait pas seulement provoqué une hécatombe chez les combattants, il laissait derrière lui un nombre considérable de blessés, mutilés et grands invalides. Une série de lois votées de 1918 à 1924 en leur faveur a posé non seulement le principe de la solidarité nationale, qui se traduit par l'aide et l'assistance, mais également celui de droits pour les victimes et d'obligations pour les citoyens.

La formule fameuse, « Ils ont des droits sur nous », résume le changement d'attitude qui se produit et ouvre la voie à la discrimination positive pour l'emploi des personnes handicapées.

Dans ce sens, la production législative et réglementaire qui a suivi les deux guerres mondiales, bien que peu ou mal appliquée, a démontré la volonté des gouvernements successifs d'apporter des réponses aux besoins des victimes d'un accident de la vie, quelle qu'en soit l'origine ou la cause, quel que soit l'âge auquel il est survenu. Ces lois ont marqué les étapes du long chemin à parcourir pour aboutir à la reconnaissance de l'égalité des droits des personnes handicapées avec ceux reconnus à l'ensemble des citoyens. Droit à la dignité, à l'épanouissement, à une vie « comme les autres, avec les autres ».

---

1. Après 18 ans de débats parlementaires, la loi du 19 avril 1898 fonde la réparation due au salarié, victime d'un accident de travail, sur le risque professionnel qu'il appartient à l'employeur d'assurer. À la même époque, en 1883, 1884 et 1889, Bismarck fait adopter par le *Reichstag* successivement les lois instituant l'assurance maladie, l'assurance accident, l'assurance invalidité et la pension de vieillesse, obligatoires pour tous les salariés...

On peut remarquer que cette lente évolution de la société s'est accompagnée d'un changement de vocabulaire. Les termes abandonnés[1], ou cantonnés dans des registres spécialisés, ont cédé la place à la « personne handicapée » ou, pour reprendre l'heureuse formulation de Vincent Assante[2], à la personne « en situation de handicap ». La modification lexicale intervenue, loin de correspondre à un phénomène de mode, traduit la part de vérité contenue dans l'adage *nomen est omen*. Si le nom n'est pas tout, ses avatars sont porteurs de sens.

LE DISPOSITIF EN COURS DE RÉEXAMEN

Il est indéniable que les lois du 30 juin 1975 et celle du 10 juillet 1987 ont marqué deux étapes décisives. Par leur exhaustivité et les novations qu'elles ont apportées, elles ont constitué une véritable charte des droits des personnes en situation de handicap.

Les premières ont défini l'ensemble du dispositif mis en place pour répondre aux besoins des enfants, adolescents et adultes handicapés en termes d'orientations, de prestations, de services et d'institutions adaptées.

La loi du 10 juillet 1987 a consacré la discrimination positive dont bénéficient les travailleurs handicapés pour accéder à l'emploi ou le conserver. Elle a confirmé la volonté des pouvoirs publics d'ajouter à l'égalité des droits l'égalité des chances pour les travailleurs handicapés. La principale disposition consiste, en effet, dans l'obligation pour toute entreprise publique ou privée, dont l'effectif est d'au moins 20 salariés, d'employer des travailleurs handicapés dans une proportion de 6 % de son effectif total.

---

1. La loi du 27 novembre 1957 remplace le terme d'infirme par la locution de travailleur handicapé. Dans un autre texte, un article de loi supprime du langage administratif les termes de « débile mental » au profit de « déficient intellectuel »...
2. Auteur du rapport « Situations de handicap et cadre de vie », présenté au Conseil économique et social en septembre 2000, Vincent Assante a été par la suite chargé de mission auprès de la ministre déléguée à l'Enfance, à la Famille et aux Personnes handicapées. Il est également l'auteur de *Construire la citoyenneté*.

Bien que l'objectif de la loi ait été l'intégration en milieu ordinaire, trois modalités de substitution à l'emploi direct de travailleurs handicapés ont été prévues :

- La conclusion de contrats de sous-traitance avec les établissements du « milieu protégé »[1] qui permettent de s'exonérer de l'obligation d'emploi dans la limite de 50 % de cette obligation.
- La conclusion d'un accord de branche, d'entreprise ou d'établissement résultant d'une négociation entre les partenaires sociaux et soumis à l'agrément de l'État. Cet accord, d'une durée de 2 ou 3 ans renouvelables, comporte l'engagement de l'entreprise de mettre en œuvre un programme de deux actions au moins dans l'insertion, la formation, l'adaptation ou le maintien dans l'emploi des travailleurs handicapés.
- Le versement d'une contribution annuelle à l'Agefiph (Association de gestion du fonds pour l'insertion des personnes handicapées), organisme de statut associatif sous tutelle du ministère de l'Emploi et de la Solidarité dont la mission est de redistribuer les sommes collectées auprès des entreprises ne remplissant pas ou insuffisamment leur obligation au profit de celles, soumises à l'obligation ou non, qui ont engagé des actions en faveur de l'insertion professionnelle des travailleurs handicapés.

L'obligation d'emploi ne concerne pas que les entreprises publiques et privées. Avec des modalités particulières, elle s'applique aussi à la fonction publique de l'État, la fonction publique territoriale et la fonction publique hospitalière.

L'ÉCHEC

Comme on l'a vu plus haut, ce dispositif a abouti à un échec relatif. Seule la moitié des établissements assujettis atteint ou dépasse le quota.

Le taux d'emploi direct stagne depuis dix ans à 4 %, la fonction publique de l'État détenant le piteux record d'occuper la dernière place avec un pourcentage encore inférieur.

---

1. La contribution annuelle est fixée par personne handicapée manquante au regard de l'obligation du quota à :
    - 300 fois le Smic (salaire minimum interprofessionnel de croissance) horaire pour les entreprises de 20 à 199 salariés,
    - 400 fois le Smic horaire pour les entreprises de 200 à 749 salariés,
    - 500 fois le Smic horaire pour les entreprises de plus de 750 salariés.

Plus du quart des 91 000 établissements assujettis n'emploient aucun salarié handicapé et préfèrent se libérer de l'obligation légale par le versement à l'Agefiph de la contribution prévue[1], alors qu'une très large majorité de chefs d'entreprises et de DRH qui emploient des travailleurs handicapés se disent satisfaits de leurs capacités, de leurs compétences et de leurs résultats.

Cette situation a donné lieu à des critiques du dispositif venant de milieux divers. On a opposé la politique du quota appliquée, avec des modalités différentes, par l'Allemagne, l'Autriche, l'Italie, l'Espagne, la France et la Grèce aux politiques basées sur l'application du seul principe de non-discrimination en vigueur au Royaume-Uni, dans les pays scandinaves et aux États-Unis[2].

Les comparaisons qui ont pu être faites se heurtent toutefois à la difficulté de définir et d'évaluer les facteurs déterminants des résultats obtenus par les différentes politiques publiques.

Le récent rapport publié par l'OCDE après l'enquête menée par cette institution auprès de 20 pays membres sous le titre « Transformer le handicap en capacité » a fait apparaître des résultats dont la corrélation avec la différence d'approche des politiques publiques n'est pas probante, même si, dans le haut du tableau, les premiers de la classe se trouvent plutôt parmi les pays adeptes de la non-discrimination que ceux qui ont choisi le quota.

On conçoit fort bien que la « judiciarisation » des rapports sociaux aux États-Unis et les pénalités financières exorbitantes auxquelles elle con-

---

1. Les sommes collectées par l'Agefiph atteignent des montants importants et croissants (349 M€ en 2001 contre 260 M€ en 1997). Cette augmentation n'est due qu'en partie à l'augmentation du nombre des établissements contribuants. Cette manne a incité l'État à se désengager en partie de son effort financier en faveur des handicapés. Elle a surtout permis de faire bénéficier les entreprises non soumises à l'obligation d'emploi des aides directes et indirectes. Ces entreprises, de petite taille, réalisent plus de la moitié des insertions effectuées par les associations du réseau fédéré sous le label « Cap Emploi ».
2. L'application de la loi fédérale du 10 juillet 1990 connue sous l'acronyme ADA (Americans with Disabilities Act) est placée sous la responsabilité du Justice Department pour l'ensemble des dispositifs d'éducation, de formation, d'accueil, d'accès à l'emploi, à la culture et à la participation à la vie de du citoyen américain en situation de handicap. C'est tout naturellement qu'il est revenu à Janet Reno, Attorney General, d'adresser le message à la nation à l'occasion du 10e anniversaire du ADA.

duit dans les procédures engagées pour discrimination soit un puissant levier de motivation pour une attitude positive de l'employeur vis-à-vis des candidats qui appartiennent à une *minority* quelle qu'elle soit.

Et si la Norvège figure au tableau d'honneur, n'est-ce pas plutôt au fait que ce pays consacre 5,5 % de son PIB à sa politique du handicap (la France n'y affecte qu'un modeste 1,7 %) et que les allocations d'invalidité y sont 5 fois plus importantes que les allocations de chômage ?

QUE FAIRE ?

Il revient au gouvernement et à la représentation nationale d'impulser un nouveau souffle, de simplifier le parcours du combattant auquel est encore astreint le travailleur handicapé, de rationaliser les dispositifs existants, de supprimer, autant que faire se peut, la superposition de régimes spécifiques, stratifiés par l'histoire et justifiés par un principe de causalité dépassé au profit de la cohérence d'une logique de finalité, facteur d'équité entre les citoyens en situation de handicap. Autant que possible, il s'agit de permettre l'instauration d'une culture de l'obligation mutuelle afin que ne s'installe pas une dépendance passive de la personne handicapée vis-à-vis des ressources allouées sans contrepartie. Il est nécessaire d'impliquer les employeurs et les partenaires sociaux en mettant en place les incitations positives pour ceux qui vont au-delà de leurs obligations. Il faut enfin contraindre le système éducatif à un effort de formation de grande envergure pour donner le maximum de chances aux travailleurs handicapés de s'insérer en milieu ordinaire par les compétences requises dans les entreprises de nos « sociétés du savoir ». Là s'arrête, sinon le rôle de l'État, du moins sa capacité réelle d'agir pour permettre aux personnes en situation de handicap de vivre et travailler comme les autres, avec les autres.

Michel Crozier nous rappelait qu'« on ne change pas la société par décret » ; il revient donc à chacun d'entre nous, à quelque niveau qu'il se trouve dans l'échelle de « la capacité consciente d'exercer une influence nette »[1], de faire ce que seuls nous pouvons faire, non pas changer la société, mais agir et témoigner pour qu'elle change.

Les travailleurs handicapés ne sont pas des diminués professionnels, ils disposent au contraire de potentiels hors norme, aguerris qu'ils sont par l'épreuve quotidienne d'avoir à surmonter les difficultés causées

---

1. Définition du pouvoir qu'aime à rappeler Hubert Landier.

par leur handicap. Stephen Hawking, génial auteur d'une *Brève Histoire du temps*, titulaire de la prestigieuse *Lucasian chair* à Cambridge, illustre cette extraordinaire capacité à triompher du destin. Atteint à l'âge de 21 ans d'une maladie invalidante gravissime, compliquée par la suite de la perte de la parole, ce scientifique reconnu comme un successeur de Newton est si lourdement handicapé que notre Cotorep n'hésiterait pas une seconde à l'orienter vers une institution médico-sociale à vocation « occupationnelle »...

Nous n'avons pas à aider les travailleurs handicapés dans leur cheminement vers leur autonomie sinon par la mise à leur disposition de moyens techniques appropriés. Pour qu'ils se voient reconnaître l'exercice de leur pleine citoyenneté, nous devons bien plutôt aider les autres, les valides handicapés par leurs préjugés, à changer leur regard.

C'est notre responsabilité.

8

PARTIE

L'engagement et la responsabilité des personnes

Dans cette huitième et dernière partie de l'ouvrage, l'injonction « Tous responsables » est soumise à une analyse en règle au travers de ses possibles modalités d'application sociétales, dont il est tiré quelques enseignements majeurs pour le management (chap. 24, M. Thévenet) ; elle est ensuite confrontée à la montée des risques qui caractérise les systèmes complexes de nos sociétés, où il convient de dégager de nouveaux chemins d'apprentissage pour une responsabilisation « citoyenne » (chap. 25, P. Louart). Enfin, pour éprouver en quelque sorte la valeur universelle de la notion, l'accent est mis sur la forme de responsabilité opérationnelle qui entoure l'action humanitaire des ONG (chap. 26, E. Queinnec).

Tous responsables au sein de l'entreprise : des personnes auto-déterminées

Maurice THÉVENET

Tous responsables ! C'est une injonction bien appropriée au caractère social et interdépendant d'une société planétaire. C'est aussi le souhait que chacun assume ses responsabilités, ne se considère plus comme le récipiendaire naturel des bienfaits de l'existence mais plutôt comme son comptable. Finalement, la société du début du troisième millénaire redécouvre ce que les philosophes et moralistes avaient dit depuis longtemps. L'histoire se remémorera-t-elle ce retour ou la perte de ce sens commun dont nos sociétés risquent de subir cruellement les effets sur le plan des ressources naturelles, de l'environnement, de la démographie et de la condition humaine ?

Le mouvement actuel a cette originalité de concerner aussi les personnes morales (au sens juridique de l'expression), à savoir les entreprises. La société, c'est-à-dire chacun de nous, leur demande des comptes car c'est là un acteur puissant. L'activité des entreprises agit sur l'environnement, elle le détériore et trouve aussi les moyens de freiner la détérioration ; elle produit une alimentation dont on voit les effets sur les populations des pays développés mais découvre les médicaments pour soigner des affections autrefois mortelles ; elle soumet les personnes à des conditions de travail difficiles et inhumaines mais permet à beaucoup de se réaliser ; elle enlaidit les zones périphériques de nos agglomérations mais contribue largement au budget de ces mêmes collectivités locales. Les entreprises sont donc dans la position même où leur activité peut produire le meilleur et le pire pour une société qui veut garantir le bien de ses populations actuelles mais aussi futures. Mieux encore, elle est un agent économique créant de la valeur, donc susceptible d'assumer le complément indissociable de la responsabilité, c'est-à-dire la réparation.

Par des mesures incitatives, la loi sur les nouvelles responsabilités économiques invite les entreprises à mieux prendre en compte ces responsabilités[1]. Ce rapport qui est demandé aux entreprises devrait augmenter la prise de conscience, rendre publiques des informations et créer le débat sur les enjeux de ses politiques. Ce mode d'incitation a finalement eu des résultats mitigés qu'il est difficile d'apprécier, en matière de bilan social ou d'égalité professionnelle. Mais il est évident que sur des sujets auxquels la société est aussi sensible que le développement durable et la responsabilité vis-à-vis de l'ensemble de la société, la pression du public, des analystes financiers ou des médias saura se faire sentir.

Cependant, il ne faut pas exagérer la portée de ce genre de mesures sur les comportements effectifs des entreprises pour la bonne raison que le « comportement des entreprises » n'est pas si facile à détecter. Certes le commissaire aux comptes peut vérifier la sincérité des comptes avec quelques outils objectifs mettant en cause la personne morale qui publie ses comptes aux tiers. Certes, également, tel ou tel investissement ou décision peut conduire en droit à déclarer la personne morale, voire son dirigeant, responsable. Dans ces cas, le problème est traité pour la société et les tiers à indemniser. Mais pour l'entreprise le problème reste entier. Être responsable ne découle pas seulement d'une décision de conseil d'administration ou de comité de direction. Cela ne résulte pas non plus de la définition extérieure que peut en faire un code ou un ensemble de réglementations, la responsabilité est aussi une question interne. C'est l'affaire de tous, dans chaque compartiment de la vie de l'entreprise.

---

1. Igalens J., Joras M., *La Responsabilité sociale de l'entreprise*, Paris, Éditions d'Organisation, 2002.

L'entreprise est donc confrontée à un vrai problème, non pas celui de satisfaire aux exigences de règles supplémentaires dont un corps d'experts auditeurs viendra régulièrement contrôler l'application scrupuleuse, mais bien celui de s'assurer que la responsabilité vis-à-vis de la société devient une préoccupation et un objectif partagés. Le problème de la responsabilité est donc un problème de management et pas seulement de respect des règles par les entreprises.

Le problème de management lié à la responsabilité est très aigu puisque le fonctionnement même de l'entreprise réclame de plus en plus de responsabilité de la part de ceux qui y travaillent. Deux domaines le montrent très bien. Le premier concerne les formes d'organisations développées pour améliorer l'efficience des structures. En effet, on ne manque pas d'être séduit par l'esthétique d'une organisation maigre avec des équipes semi-autonomes, des business units aux objectifs clairs, concrets, mesurables, contrôlables et négociés. On peut tout autant comprendre l'intérêt d'avoir des structures réactives, légères et adaptées aux situations opérationnelles. Il faut cependant reconnaître que celles-ci ne peuvent fonctionner que si les personnes prennent leurs responsabilités et l'on ne parle plus alors des membres d'un comité de direction éclairé mais bien de l'ensemble des personnes faisant fonctionner cette structure. La responsabilité des acteurs est alors un facteur d'efficacité économique, d'économie des coûts de transaction ; les lourdes activités de contrôle deviennent superflues, les règles et les systèmes d'information inutiles. La responsabilité des personnes est donc aussi un facteur économique.

Mieux encore, l'activité même de certaines entreprises exige de la responsabilité de la part des agents et pas seulement le respect méticuleux de définitions de fonction. Les plus grands gisements d'emplois se situent actuellement dans les secteurs de la santé ou de la sécurité. Pour ne prendre que le premier, il est bien évident que la qualité du service rendu dépend certes de la compétence technique mais aussi et surtout du sens de responsabilité de l'infirmière, du médecin ou de l'aide à la personne âgée. C'est là sans doute un domaine où entreprise (organisation dispensatrice de soins) et société dans son ensemble ont besoin du plus grand sens de la responsabilité des agents. Il en va de même pour toutes les activités en contact avec le public, avec des produits qui peuvent être bénéfiques ou dangereux pour les personnes.

Ainsi on pourra essayer de dresser la liste de tous les comportements à réglementer par la loi pour que les entreprises soient responsables devant la société, qui ne sera jamais exhaustive, pas plus que n'a jamais été achevée la bibliothèque idéale de Borges. La responsabilité passe *in fine* par la manière dont des personnes au sein de ces entreprises font leur travail et se comportent effectivement.

Le problème que nous voudrions évoquer est donc bien celui-ci. Comment faire de la responsabilité l'affaire de tous dans l'entreprise ? Nous partons du principe, probablement validé par l'expérience, que la responsabilité est une question de conviction, mais pas seulement comme le note[1] Jean-Louis Chrétien, en en faisant aussi une question d'intelligence. Faire en sorte que tout le monde à l'intérieur de l'entreprise se sente responsable dépasse la seule soumission formelle aux exigences grandissantes posées par la société ou le législateur.

Nous examinerons donc maintenant quels sont les moyens traditionnels pouvant être utilisés pour ce faire, avec leurs limites. Nous chercherons ensuite dans des domaines extérieurs au management des expériences riches d'enseignement avant de proposer des pistes d'évolution des pratiques managériales dans le sens de cette responsabilité partagée[2].

LES MODES D'ACTION TRADITIONNELS ET LEURS INSUFFISANCES
La responsabilité comme une valeur

Il est aisé de voir la responsabilité comme une valeur. Elle doit d'ailleurs figurer comme telle dans de nombreux projets d'entreprise ou autres chartes. L'entreprise a souvent tendance à manier la notion de valeur avec de bonnes intuitions, mais aussi parfois un manque de réalisme. Les bonnes intuitions concernent l'importance des valeurs dans le fonctionnement des groupes et des sociétés humaines. Elles constituent des références et tous les comportements humains en dépendent partiellement. Elles existent dans toutes les communautés humaines. La seconde bonne intuition concerne la théorie psychologique sous-jacente : on espère que ces valeurs vont aider à développer des attitudes de responsabilité qui généreront des comportements appropriés.

---

1. CHRÉTIEN Jean-Louis, « Jusqu'où assumer ses responsabilités ? », *La Croix*, 4 juillet 2003.
2. THÉVENET M., « Global responsability and individual exemplarity », *Global Responsibility*, vol, 3, n° 3, 2003, p. 114-125.

On manque cependant de réalisme en sous-estimant le phénomène de création « naturelle » des valeurs quand un groupe fonctionne normalement. On en manque encore plus quand on imagine que l'on peut créer ces valeurs à partir de rien, qu'on peut les rêver, les imaginer, puis les « mettre en œuvre », c'est-à-dire les communiquer de manière habile pour que les personnes s'y « convertissent ». On manque également de réalisme en donnant tellement d'importance aux valeurs déclarées que l'on en oublie les valeurs réelles, celles qui sont justement le fruit d'un fonctionnement collectif ancien.

On imagine sans peine que l'on soit tenté de procéder ainsi avec des notions comme celle de responsabilité : comment les personnes dans l'entreprise pourraient-elles être insensibles aux besoins de responsabilité pour la société ? Les projets d'entreprise ou ces approches de diffusion de valeurs ont montré leurs limites et il est à craindre que ce ne soit le bon moyen pour rendre tout le monde responsable dans l'entreprise.

Des règles de responsabilité

Un autre moyen de développer la responsabilité serait de renforcer le corps de règles dont on attend qu'elles imposent les comportements appropriés. La théorie psychologique sous-jacente suppose que des comportements « responsables » sont les seuls aspects qui comptent ; on peut aussi considérer, comme le suggère la psychologie cognitive, que les comportements sont susceptibles de générer à terme de nouvelles attitudes. Des entreprises sans règles sont inimaginables et, puisque le législateur leur en impose, il est certain qu'elles se traduiront en règles internes. La loi sur les responsabilités économiques se traduira aussi certainement par de futures réglementations.

Le problème avec les règles, c'est qu'elles ne suffisent jamais : on n'a jamais assez réglementé, on n'a jamais été assez précis pour indiquer quels comportements sont nécessaires et acceptables, et c'est certainement un des plus grands effets pervers de la bureaucratie que d'exiger sans fin des règles supplémentaires, au risque d'ailleurs de bloquer le système.

Le recours aux règles souffre de plusieurs défauts concernant le rôle supposé de ces règles sur l'évolution des comportements. Tout d'abord, nous avons facilement tendance à surestimer l'effet de la rationalité des règles sur le changement des comportements. On le voit actuellement dans la mise en œuvre des systèmes d'informations dont on (les vendeurs) soutient qu'ils vont tout résoudre. La gestion des ressources humaines est particulièrement vulnérable à ce premier défaut en forgeant des espoirs parfois naïfs dans la mise en place d'un nouveau système de management de la performance, un 360° voire, il y a quelques années, des référentiels de compétences.

Le deuxième défaut est un corollaire du premier, il concerne les systèmes de contrôle. Si toutes les organisations ont besoin de systèmes de contrôle, ces derniers sont toujours limités. C'est le cas par exemple dans les activités de service, de santé ou de sécurité, comme nous l'évoquions plus haut, où ils ne garantiront jamais vis-à-vis des personnes les objectifs de résultats et de moyens qui se décrivent en comportements.

Le troisième défaut consiste à croire aux effets durables de l'exercice rigoureux des règles. Il est indubitable que celui-ci influence les comportements, il n'est qu'à voir la réduction du nombre d'accidents de la route quand un gouvernement annonce qu'il va appliquer les règlements : on peut se réjouir mais aussi s'étonner du fait que la baisse du nombre des tués n'ait été que de 18 %...

L'implication des salariés

L'implication des salariés est évidemment une réponse à la question de la responsabilité si elle est adhésion des personnes à des buts et des valeurs d'entreprise et si la responsabilité fait effectivement partie de ces buts et valeurs. Il est certain qu'une forte implication des personnes se traduit par une prise de responsabilité de leur part dans les modes de fonctionnement de l'entreprise, et c'est pour cela que l'implication constitue un besoin[1].

Toutefois, cette implication est souvent abordée de manière peu efficace en supposant qu'elle peut être imposée aux personnes, que de simples outils vont y conduire, et donc sans voir qu'elle reste au fond une démarche individuelle. L'industrie de l'équipement automobile a très largement utilisé cette notion d'implication et elle l'a intégrée à la plupart de ses « systèmes de production », c'est-à-dire les processus propres à chaque entreprise permettant de gérer au mieux les process de production. Mais l'implication y apparaît souvent comme une notion peu définie, synonyme de quelques pratiques d'organisation comme les boîtes de suggestions, les équipes semi-autonomes et quelques indicateurs de comportement du personnel.

---

1. THÉVENET M., *Le Plaisir de travailler*, Paris, Éditions d'Organisation, 2000.

Quand le sujet de l'implication est abordé, il est souvent vu, soit comme l'effet garanti de quelques outils, soit comme la prédisposition des personnes à développer cette attitude vis-à-vis de leur travail. Sur une centaine de chefs d'entreprises rencontrés cette dernière année, au moins la moitié d'entre eux cite l'implication des jeunes au travail comme l'un de leurs plus gros problèmes, signifiant par là qu'ils attendent de leurs jeunes recrues des attitudes qu'ils ne trouvent pas.

LE DÉTOUR PAR LE PUBLIC

Les trois conceptions du service public et du comportement citoyen

Étant donné les insuffisances des approches par les valeurs, les règles ou l'implication, il est utile de sortir du champ du management pour trouver quelques pistes utiles au développement de la responsabilité comme étant l'affaire de tous. Il est un autre rôle où la question de la responsabilité se pose, c'est celui de citoyen. Élisabeth Lulin[1] distingue trois conceptions du service public et de l'attitude du citoyen. La première considère que c'est aux collectivités publiques de s'occuper de l'intérêt des personnes et de délivrer les services publics. Elles doivent mieux se gérer et disposer de toujours plus de moyens pour répondre aux besoins de services exigés par les citoyens : c'est à la fois le devoir des collectivités publiques mais aussi le seul moyen de disposer de services publics efficaces et de bonne qualité.

Dans une deuxième conception, l'État reste garant de l'intérêt général mais cela ne signifie pas qu'il soit le seul à pouvoir délivrer les services, à en avoir la charge ou à en être le plus efficace prestataire. Pour l'auteur, ces deux conceptions, dans des domaines aussi variés que la santé, l'éducation, la qualité de l'environnement ou la sécurité, ont montré leurs limites.

Dans une troisième conception, on pousse à fond l'idée selon laquelle un service est forcément co-produit par le prestataire et l'usager : le service public, pour être efficace, exige alors de ce dernier une participation effective. Comment imaginer un enseignement de qualité sans

---

1. LULIN É., « Un État du troisième type », *Sociétal*, n° 39, 1er trimestre 2003.

l'investissement des parents, comment assurer la sécurité ou la propreté dans des quartiers sans l'engagement des habitants qui assurent une part de ce service mais aussi du contrôle quotidien du respect des règles de bonne vie en commun. Comme le dit É. Lulin, l'usager n'est plus « le récipiendaire passif d'un service clés en main mais devient le partenaire actif d'un projet commun ». Le citoyen n'est plus un consommateur mais se trouve co-responsable de la production des services d'intérêt général qu'il réclame.

Le problème pour les collectivités publiques n'est donc plus seulement de délivrer des services de qualité mais de susciter des comportements « citoyens » de la part de tous les usagers. Pour qu'un service de propreté soit bien assuré, il est par exemple nécessaire que les mécanismes de collecte et de tri soient bien organisés mais surtout que les usagers prennent les initiatives qui s'imposent pour que ce soit efficace. En se fondant sur quelques expériences au Royaume-Uni ou en Allemagne, l'auteur met en évidence les éléments d'analyse nous permettant d'aller plus loin que la seule pétition de principe.

En premier lieu, ces expériences ont souvent eu lieu à l'échelon communal où les tests ont été les plus nombreux. Cela réclame tout d'abord un changement de perspective des agents publics qui sont dans la position de susciter plutôt que de vouloir tout assumer avec des arguments de qualité du service ou de défense de leur propre corps. Ces agents doivent également être prêts à accepter que le citoyen, fort de cette expérience de co-producteur, veuille également participer à la définition de ces services. Le citoyen responsable va d'abord participer à des services dont il va bénéficier personnellement ; à un deuxième niveau, il va ensuite pouvoir s'engager à des services dont il n'est pas directement bénéficiaire, par exemple une veille dans un quartier permettant de signaler ou d'intervenir en cas de difficulté. Les citoyens peuvent alors recevoir de l'aide ou de la formation pour mieux assurer ce rôle ; ils sont valorisés pour cet engagement citoyen. Le troisième stade est plus politique puisqu'il consiste à intégrer des citoyens dans la prise de décision. Cette démarche est délicate car elle exige une évolution des pratiques aussi bien du côté des usagers que des collectivités publiques ; il ne s'agit plus pour ces dernières de « sous-traiter » une partie de leurs tâches les plus difficiles mais bien de rentrer dans des logiques de partenariat ; plutôt que de seulement demander aux citoyens d'être différents, les collectivités publiques doivent changer leurs pratiques de façon à initier de nouveaux processus de travail en commun.

Quatre enseignements semblent devoir être tirés de ces expériences

Le premier, c'est que la conviction ne suffit pas pour que les personnes prennent plus de responsabilité. Elle est certes bienvenue mais même pas forcément nécessaire : la conviction de devoir être responsable peut également venir par l'expérience.

Le deuxième, c'est qu'un processus de prise de responsabilité ne peut s'entamer que si la personne y trouve un bénéfice direct et immédiat.

Le troisième, c'est que cette action ne peut se situer que dans un cadre collectif qui témoigne de ce que les autres bénéficient de l'action individuelle et de ce que l'individu profite de l'exercice de la responsabilité des autres. L'expérience collective est un soutien, un mécanisme d'aide et de facilitation. C'est l'expérience qui, seule, peut témoigner de l'intérêt du collectif.

Le quatrième, c'est que ces changements ne concernent pas seulement les citoyens, c'est aussi le rôle de la collectivité publique, de la conception qu'elle a de son rôle, qui va faciliter le processus de changement.

DES ENSEIGNEMENTS POUR LE MANAGEMENT

Faire de la responsabilité l'affaire de tous est donc un enjeu managérial important et nous pouvons développer les enseignements de l'expérience du public ou, pour être plus précis, des réflexions que les spécialistes de l'action publique mènent actuellement à ce sujet.

L'état d'esprit

Il ne faut pas négliger l'importance des problèmes d'état d'esprit qui ne favorisent pas forcément le démarrage d'un processus de prise de responsabilité collective. L'entreprise est aujourd'hui victime de cette situation. Cette institution n'a pas bonne presse. Les discours de dénonciation sur les dysfonctionnements de la vie des affaires, sur la vie en entreprise ou sur les effets de l'avidité ambiante ne prédisposent pas aux discours de prise de responsabilité. On voit même naître de tous côtés une langue de bois, un discours répétitif sans débat autour des thèmes relevant de l'horreur entrepreneuriale.

On connaissait les propos à succès sur le harcèlement, la souffrance, les perversités multiples de l'entreprise violente et barbare. Depuis de nombreuses années se succèdent également les réactions de professions où les salariés ne s'estiment pas reconnus, se sentant méprisés, sans qu'aucun espoir de résoudre cette situation émotionnellement exacerbée ne soit vraiment envisageable (personnels de santé, transporteurs routiers, enseignants, etc.) Même les politiques s'y sont mis en proposant au vote un amendement nouveau pour tout cas d'entreprise médiatiquement incorrecte, en montrant du doigt le comportement des chefs d'entreprise « voyous » sans même regarder plus avant la complexité de l'historique des situations en question.

Ce discours a maintenant son pendant. Du côté de nombreux chefs d'entreprises rencontrés ces deux dernières années, on retrouve le même travers. Pour eux, la valeur travail aurait disparu, la motivation se serait évaporée, les jeunes en seraient d'ailleurs le meilleur exemple. La loi sur les 35 heures constitue sans doute le phénomène emblématique de cette tendance. Les chefs d'entreprise sont passés par quatre phases à propos de cette loi dont la dernière est sans doute la plus prégnante. On a d'abord connu l'opposition politique à une loi d'un gouvernement socialiste à laquelle a succédé l'argument financier du coût de sa mise en œuvre ; puis est arrivé l'argument organisationnel quand il s'est agi de mettre en œuvre concrètement les dispositions de la loi ou des accords. Mais le dernier stade de la réaction est le plus fort, c'est le sentiment largement partagé que la loi a fait disparaître toute motivation, tout sens ou valeur du travail. Même les chefs d'entreprise rêvent aussi d'arrêter de travailler après avoir vendu leur entreprise s'ils en sont propriétaires !

Tous les discours sur le partage d'un sens des responsabilités deviennent difficiles quand l'institution même recueille autant de scepticisme, de rancunes, de défiance.

Les managers

Exercer sa responsabilité pour en retirer quelque bénéfice passe par un management de proximité efficace. C'est à ce niveau-là que peuvent être impulsés, soutenus, valorisés des attitudes et comportements de responsabilité. C'est également ce management de proximité qui peut faire de la vie collective de travail au quotidien une expérience vivable, riche, épanouissante, pouvant seule donner l'envie d'exercer ses responsabilités. Une enquête en cours nous montre qu'un grand nombre de salariés ont envie de devenir manager car c'est dans nos organisations le meilleur moyen de voir reconnaître leurs compétences et leur efficacité. Mais l'activité de prise en charge et d'encadrement d'autres personnes est moins attrayante. Ils rêvent même de situations de management de proximité totalement irréalistes, faites de rapports humains sans conflit, sans personnalité difficile, sans exercice de l'autorité. Il est vrai que le management de proximité au quotidien n'est pas facile et très exigeant pour les managers.

Là encore, le management de proximité n'est pas qu'affaire de conviction mais aussi de compétence, et ce ne sont pas les formations au management les plus largement diffusées qui résolvent le problème : celles-ci sont le plus souvent centrées sur l'apprentissage d'outils et techniques à pratiquer sur les autres alors qu'elles devraient proposer un premier travail sur soi, qui est le seul à pouvoir faire changer les autres.

Affaire de compétence, le management de proximité est aussi une question de goût et d'envie. Cet aspect est rarement traité dans les ouvrages de management : le goût de manager les autres, la générosité nécessaire dès que l'on exerce une activité qui concerne les autres. Les approches rationnelles et technocratiques de l'action dans les organisations ont souvent fait l'économie de cette question mais, quand il s'agit de responsabilité, quand il s'agit de ce devoir d'agir en fonction d'un bien collectif, peut-on longtemps faire l'économie de cette réflexion, peut-on s'éviter de la citer ?

Les suiveurs

À trop faire du leadership la figure emblématique du commandement et de la direction, on en oublie que le leader n'existe que s'il a... des suiveurs. Comme le dit Chrétien[1], la responsabilité est aussi une question d'intelligence, d'exercice de la clairvoyance qui est valable pour tous. Et, ainsi que le précise Boudon[2], les valeurs ne disparaissent pas mais évoluent ; il est donc important de noter ce qui dans ces évolutions sert l'exigence de responsabilité. Il est évident que des valeurs de responsabilité ne peuvent s'approfondir que si ces suiveurs, dans leur fonctionnement collectif, sont confortés dans l'application sans concession de valeurs professionnelles qui fondent leur participation à l'action collective. À ce propos, les « suiveurs » disent tous dans les audits sociaux combien la vie dans leurs organisations leur paraît

---

1. *Op. cit.*, voir note 2 *supra*.
2. BOUDON R., *La Fin des valeurs ?*, Paris, PUF, 2002.

imprévisible et chaotique, tant dans les choix stratégiques que dans les décisions de fonctionnement quotidien. On ne peut être exigeant par rapport aux suiveurs que si les institutions fonctionnent de manière plus prévisible dans les valeurs auxquelles elles se réfèrent.

L'exemplarité

Il ne peut y avoir de développement de la responsabilité de tous si l'institution et ses dirigeants ne sont exemplaires[1] eux-mêmes dans l'exercice de cette responsabilité. Certes le concept est « vieux jeu ». Il serait sans doute plus moderne de parler de désir mimétique pour illustrer l'importance du comportement de l'autre sur le changement du comportement de chacun. L'exemplarité des dirigeants ne passe pas seulement par le respect des règles et des lois vis-à-vis des autres parties prenantes de l'entreprise, elle passe aussi par la qualité des décisions de management et des modes de fonctionnement de l'entreprise. Elle passe surtout par le comportement même des dirigeants, par leur mode de rémunération comme par les relations humaines qu'ils instaurent. C'est sans doute un grand chantier qui va s'ouvrir aux entreprises dès lors que les dirigeants eux-mêmes auront reconnu que leur première responsabilité en matière de management est de se développer eux-mêmes.

---

1. *Op. cit.*, voir note 4 *supra*.

Risque et responsabilité

Pierre LOUART

> « *Je n'ai pas de talent.*
> *Ce qui fait mon talent, c'est la promptitude de l'esprit.*
> *Je n'ai pas d'ennemi.*
> *Ce qui devient mon ennemi, c'est mon irresponsabilité* »
> *(prière du samouraï).*

Dans ce texte, nous plaidons pour la responsabilité du sujet dans une société de risque. Quelle responsabilité faut-il donner au sujet individuel dans une trame collective où le discours sécuritaire est une sorte de contrepoint face au jeu des précarités ? Tout d'abord, nous montrons que la montée des risques (tant réels que perçus) exacerbe le besoin de s'en protéger, donc de trouver des responsables (des représentants, des chargés de mission, des sauveurs, des boucs émissaires).

Sur le plan individuel, la responsabilisation peut renvoyer à de la responsabilité contrainte (par le droit, les règles ou la pression sociale) voire à de la culpabilité (par le jeu d'un surmoi qui exagère la responsabilité psychique et en fait un fardeau pour la conscience). Elle peut aussi correspondre à une volonté de prendre part à la régulation sociale, par maturation morale, par équilibre entre ce qu'on sait de son appartenance aux collectifs et ce qu'on veut garder d'emprise sur le réel ou ses enjeux. Les lieux sur lesquels peut s'appliquer cette intervention active sont multiples.

Mais rien n'est gagné d'avance. L'évolution vers une prise en charge du sujet est dévoyée par une forte tendance à l'irresponsabilité sociale. Car les individus ne sont plus guère éduqués à être à la fois socialisés (donc solidaires) et individualisés (donc autonomes dans leur présence active au monde et leurs potentiels d'intervention). Ils se protègent par de l'agression (le fait de reporter sur autrui la responsabilité) ou de la défection soumise (le fait de se contenter de dépendances vitales et de ne pas beaucoup regarder au-delà de ces limites : territoriales, mais aussi cognitives, sociales et politiques).

Étant donné la nécessité de prendre en charge les risques croissants (faire face aux conséquences de ce que nous avons déjà produit, mais aussi à ce que nous pourrions faire ou ne pas faire), la solution est de revenir à une éducation de la responsabilité. Celle-ci ne passe pas par une sorte de conditionnement à la solidarité collective, comme certains jouent à le croire. Elle demande une acquisition de l'autonomie, c'est-à-dire la possibilité de faire entendre sa voix, son affirmation profonde, sans se dissocier tant de ses lieux d'appartenance que des personnes auxquelles on tient. L'interdépendance doit dépasser la soumission passive ou, *a contrario*, la mise en place de liens faibles ou de retraits protecteurs par rapport aux autres. Il faut revenir à l'usage du conflit constructif et de la discussion créative, car c'est la seule façon de s'élaborer par interaction avec l'autre, de tisser des liens profonds (avec les sujets ou les objets du monde) tout en restant soi-même.

LA RESPONSABILITÉ FACE AU RISQUE

Montée des risques et besoin de responsabilités

Des risques accrus et toujours moins acceptés

Dans notre société d'aujourd'hui, la complexité technique et sociale engendre toujours plus de risques, puisqu'elle tâche de contrôler en grande partie les anciennes régulations naturelles dont chacun supportait jusqu'alors les aléas. Ce faisant, elle fait croire à des préventions possibles là où on ne pouvait jusqu'alors rien faire (événements climatiques, maladies, etc.), tout en introduisant des problèmes nouveaux (risques avérés, doutes, incertitudes) par ses interventions sur les territoires, les déplacements ou les modes de vie. Mais chacun imagine qu'on va pouvoir toujours mieux anticiper, réparer ou juguler ces risques interprétables comme les déchets ou les nuisances normales d'un système collectif sophistiqué.

L'imbrication entre l'homme et la nature n'a jamais été aussi forte. Les interactions entre les hommes n'ont jamais été aussi complexes et nombreuses. Plus il y a de liens, plus il y a de sources possibles de difficultés, de dysfonctionnements ou de dangers. Naguère, ces dangers étaient vécus comme des intrusions étrangères, des impondérables ou des signes du destin. Aujourd'hui, on mesure, on explique, on diffuse, on se rend bien compte des rapports du risque avec la négligence humaine, les insuffisances du contrôle, les décisions mal prises ou les expériences d'apprentis sorciers. Les risques naissent de partout. Il y a les risques techniques, ceux liés aux personnes, à leurs fragilités physiques et à leurs interprétations psychologiques. Il y a les risques politiques, organisationnels, juridiques et de gestion. Les domaines à traiter se développent, sans qu'on puisse toujours y répondre facilement, compte tenu des imbrications entre les aspects technologiques, sociaux et politiques.

Bien sûr, les sociétés font des efforts pour s'armer davantage et construire des procédures à la hauteur des risques encourus. Les moyens de contrôle et d'audit se développent, selon des visées systémiques assez bien pensées. Le principe de précaution est mis en œuvre avec un certain sérieux (Bourg, Schlegel, 2001), du moins là où les politiques en comprennent l'intérêt. Il consiste à se prémunir, par avance, des « risques mal connus et entachés d'incertitude », alors que la prévention concerne des « risques connus et éprouvés ».

Il y a toujours des paradoxes dans les fonctionnements sociaux. Dans notre culture, l'un d'eux est qu'on voudrait davantage de sécurité qu'il n'est possible, sans être très clair sur les lieux et les conditions dans lesquels on aimerait la voir s'appliquer. En bref, il y a une certaine conscience de l'accroissement des risques (techniques, sociaux), mais cela conduit à un sentiment d'insécurité globale potentielle qui touche à la fois les problèmes de vie sociale (insécurité urbaine), de transports (insécurité routière), de nourriture (insécurité alimentaire), d'accidents ou de pollutions technologiques (insécurité industrielle), de tensions inégalitaires exacerbées par les idéologies (insécurité géopolitique appelée « lutte contre le terrorisme »), etc.

Le risque ayant une dimension pratique (effets réels) et symbolique (poids sur le psychisme), beaucoup de personnes attendent d'en être en grande partie « déchargées ». Il n'est pas sûr, ce faisant, qu'elles comprennent bien la différence entre l'utilité d'avoir peur (face aux inévitables dangers dont il faut se prévenir ou se protéger) et l'inconfort d'une anxiété sans visage, d'une peur de la peur qui paralyse et inhibe l'action. Les gens sont vite inquiets par rapport aux risques développés du fait des autres[1], ainsi que face aux aléas naturels qu'ils aimeraient bien voir se transformer en risques « aménagés » par les prouesses de la technologie, en oubliant que celle-ci est ambivalente et que sa contribution rajoute du danger. Ils ont donc des exigences croissantes à l'égard de l'État, des institutions et des autres, sans toujours se voir eux-mêmes comme des acteurs à responsabilités.

Une exacerbation des responsabilités

Pour des personnes avides de sécurité, il n'y a pas d'autres solutions que l'engagement (personnel, collectif) ou l'appel à autrui. Nous reviendrons sur la responsabilisation personnelle, en montrant qu'elle est à la fois souhaitable et difficile. Dans le contexte actuel, l'accent est plutôt mis sur les autres, même si, par ricochet, les autres se retournent contre ceux-là mêmes qui cherchent à les utiliser. On devient vite l'autre des autres, dès lors qu'on se trouve dans une position telle que l'on peut être accusé ou avoir des comptes à rendre.

Afin de contenir les risques, on institutionnalise les responsabilités. Par exemple, on fait du jeu politique un moyen d'exiger de l'apaisement et une réponse à ses craintes (physiques, sociales, professionnelles), en contrepartie d'une délégation de pouvoir ou de moyens d'action. Par exemple, les pouvoirs publics sont jugés en fonction de l'adaptation aux nouvelles contraintes imposées par les risques collectifs et de la manière dont ils leur trouvent des réponses appropriées (Rychen,

---

1. Comme toujours, ils ont beaucoup de mal à envisager la part qu'ils prennent dans ce jeu « des autres ». À partir du moment où le système collectif déresponsabilise en créant des fonctionnements institutionnels (experts, administrations), la contre-productivité qui s'ensuit devient étrangère à chacun (puisqu'au fond, personne n'en veut et que les effets pervers dont on se plaint sont jugés comme le fait d'autrui ou du système). Dès lors, la responsabilité marginale qu'on continue à avoir (en ne s'opposant pas, politiquement, ou en n'ayant pas un comportement responsable dans les degrés de liberté qui restent) est occultée. Pourtant, si chacun reprenait de la responsabilité, il n'est pas sûr que le système tiendrait encore.

Pivot, 2002). Mais la moindre faiblesse dans l'art de rassurer, le moindre faux pas dans celui consistant à prendre en charge (l'avenir, les peurs, les difficultés collectives), et l'électorat répudie ceux qu'il avait engagés, avec la dérive que cela implique de transformer la fonction politique en clientélisme.

A *contrario*, la redéfinition du rôle de l'État providence commande une révision des obligations respectives des collectivités, communautés, familles et individus à l'égard des populations vulnérables et dépendantes dont l'État, un temps, avait accepté de prendre la charge (RIAC, 2001).

De leur côté, les interactions économiques ou sociales se judiciarisent. Elles veulent des entités en face d'elles pour justifier, pour expliquer, pour pouvoir être accusées ou payer. Il n'est même plus nécessaire de personnaliser les choses. Silencieux et parfois même absents, les responsables de fait sont de plus en plus remplacés par des hommes de loi dans le débat qui met en scène leur responsabilité. Mais, au moins, quelqu'un finit par réparer en tout ou partie les conséquences négatives des risques qu'on peut juger en droit. Voilà pourquoi certains acteurs ou observateurs de la vie des affaires poussent à l'avènement d'une société assurantielle (Ewald, 1986). Celle-ci pousserait jusqu'au bout de son usage le progrès réel qu'a permis la prise en compte du risque dans le droit de la responsabilité. Mais faut-il simplement chiffrer les dommages possibles et en anticiper la compensation par rapport à des biens ou à des blessures (physiques, morales) ? Ou faut-il aller plus avant dans le principe de précaution ? En restant dans un jeu de compensation, on ne gère les effets risqués que par rapport à des barèmes, sans toujours réfléchir à des dangers plus globaux ou à des conséquences plus lourdes sur la société toute entière, ses acteurs et son développement ? En outre, on déresponsabilise au niveau moral puisqu'on permet de se libérer avant tout par l'argent et l'entregent judiciaire.

Face aux inquiétudes et aux difficultés de les traduire en risques mesurables, le souci de précaution occupe au moins autant que celui de prévoyance[1]. Pour se calmer avec des interprétations plausibles, les uns font largement appel aux experts et aux chercheurs, d'autres à des commissions d'enquête ou à l'avis de l'opinion, d'autres encore aux convictions religieuses. Dans ces situations où « le temps de prise de conscience s'allonge », compte tenu des confusions, des complexités, des manques

---

1. Pour lequel on dispose de davantage d'instruments.

d'assise par rapport à ce qu'on ressent, « la place de l'imaginaire grandit » (Minzoni-Déroche, 2001). La peur ne remplace pas les experts, les enquêtes, les normes ou les poursuites judiciaires, mais elle les réclame encore et toujours au-delà de ce qu'ils ont déjà dit ou annoncé. Quand les certitudes s'effritent et que les diagnostics manquent d'une certaine durée, les pensées s'entrechoquent, se désordonnent ou régressent avec des effets d'infantilisation.

Comme on le verra plus loin, la mise en extérieur des responsabilités n'est qu'un leurre, puisque tout nous est renvoyé à la figure : élus qui reviennent sur les citoyens et mettent en scène leur responsabilisation, lois ou règlement qui finissent par s'appliquer à ceux qui les réclament pour d'autres, entreprises à risques dont la responsabilité sociale est aussi celle de leurs ressortissants (Pesqueux, 2001). Tout dépend de chacun et de tous. Refuser la responsabilité qui nous incombe, c'est donner du pouvoir à d'autres, non pour supporter cette responsabilité, mais pour en répandre les contraintes, à leur façon, sur ceux qui croyaient la leur avoir déléguée.

Il convient donc de comprendre ce à quoi pourrait correspondre une responsabilité mieux répartie, ce sur quoi elle pourrait porter et pourquoi cette distribution nécessaire est détournée par un flux d'irresponsabilisation.

Des responsabilités contraintes aux actions responsables

Modalités de la réponse individuelle

Dans une logique de maturation morale (Kohlberg, 1981), chaque être humain apprend progressivement sa responsabilité, tout comme il développe ses ressources cognitives, émotionnelles et sociales. Il comprend à travers les autres qu'il doit répondre de ses actes (ou de ceux d'autrui), agir en connaissance de cause (avec toute sa « raison ») et faire des choix (en « prenant ses responsabilités »).

Du moins en serait-il ainsi dans une socialisation qui éduquerait en même temps à devenir autonome (Osterrieth, 1981). Mais si les modèles d'aujourd'hui perturbent à bien des égards cette responsabilisation psychologique, la notion même de responsabilité reste très active dans les pratiques professionnelles et sociales.

Elle a au moins trois significations :

- Pour la tradition juridique, la responsabilité renvoie aux victimes et aux dommages, rarement à des faits positifs. Elle oblige à rendre compte de ses actes. C'est ainsi que les réglementations peuvent pénaliser le risque en dissuadant d'agir. Par exemple, du point de vue du droit du travail, un employeur est toujours considéré comme responsable de ce qui arrive dans son entreprise (sauf s'il y a délégation officielle de pouvoir). Il est pénalement responsable dès que lui-même ou un de ses collaborateurs a enfreint une disposition légale assortie de mesures répressives.
- Les activités modernes pousseraient plutôt à une responsabilité dynamique en rapport avec l'engagement. Un chef d'entreprise fait face à d'inextricables conflits de responsabilité. Par exemple, quand il ferme une usine peu productive, les actionnaires peuvent penser qu'il fait preuve de responsabilité. Mais pour pertinente qu'elle soit, sa décision paraît mauvaise aux salariés, sauf à intégrer une autre épreuve de responsabilité, celle d'en débattre lui-même avec tous les acteurs concernés (Etchegoyen, 1999). En ce sens, la responsabilité devient une réponse à rendre par rapport à des conventions qu'on se donne à soi-même ou qu'on reçoit des autres (par la règle, les codes collectifs ou le contrôle social). Ce qui détermine nos actions peut venir de la tradition, de l'environnement d'appartenance (face auquel on est plus ou moins opportuniste) ou de ce qu'on a tiré personnellement de ses expériences (dans une sorte de synthèse réflexive), comme l'a si bien étudié Riesman (1964). C'est dans ce cadre que parlent Beck (1986) et Jonas (1979), l'un pour décrire une société de risque, l'autre pour souhaiter une responsabilité prospective partagée par tous.
- Enfin, dans une logique à la fois plus existentielle et plus générale, il y a la responsabilité morale. Celle-ci dépasse les deux autres, car elle survit aux actions et aux jugements (du droit, de la société ou des autres). Mais elle dépend de la liberté du sujet. Elle est donc d'ordre subjectif, car supposant l'existence d'un sujet doué de conscience et de volonté, qui puisse se considérer comme à l'origine de ses actions. Pour être moralement responsable, il faut connaître le bien et le mal, avoir voulu le résultat de son acte, avoir su ce qu'on faisait et avoir agi sans contrainte. Est libre, au sens moral, celui qui a agi conformément à sa personnalité profonde. On est donc dans l'absolu du subjectif et, en même temps, dans l'exigence la plus universelle. Reste à savoir comment cette liberté subsiste, en nous donnant notre dignité la plus profonde, malgré

un façonnage social que les sciences de l'homme s'efforcent de rendre toujours plus déterminant. Ontologiquement, l'homme est responsable de lui-même et des autres. Il a vocation à participer volontairement et consciemment à la réalisation de ses valeurs. En même temps, comme créature naturelle et faisceau de déterminations, c'est le jouet de forces qui l'activent et le dépassent[1].

Dans ce qui nous touche ici, on voit bien qu'il n'est pas possible d'en rester à des responsabilisations contraintes (par le droit ou par autrui). Ces responsabilités-là, il est normal qu'on cherche à s'en libérer (ou du moins à en réglementer la charge). Ce qui nous intéresse, c'est plutôt la responsabilité construite à partir de soi, celle qui devient peu à peu la responsabilité morale du sujet dans ses rapports à lui-même et aux autres.

Or, pour y parvenir, on ne peut pas en rester à une sorte d'absolu de la responsabilité morale. Il faut s'attacher aux expériences concrètes (Métayer, 2001). Dans les pratiques interactionnelles du quotidien, on doit regarder comment se construisent les « processus de responsabilisation » ou les « appels à la responsabilité ». Comme le souligne Métayer, la responsabilité que choisit l'individu est d'abord construite en rapport avec l'ordre moral de sa communauté d'appartenance, ainsi qu'avec des liens sociaux en évolution. A contrario, trop d'individualisme empêche de devenir autonome, dans la mesure où l'autonomie se développe à partir de relations approfondies avec les autres.

Selon cette perspective, la responsabilité face aux risques demande que nous puissions intégrer et accepter en nous-mêmes le collectif des autres. C'est cela seul qui nous permet d'aimer les autres comme étant nous-mêmes. C'est cela seul qui nous rend partie prenante du risque collectif et nous oblige à y répondre activement.

Dimensions de la réponse individuelle

Face aux risques à prendre en charge, sur quoi pourrait porter un partage collectif des responsabilités ?

Au-delà d'une responsabilité rétrospective (solitaire devant la loi), il s'agit bien de construire une responsabilité prospective (Jonas, 1990), combinant des préoccupations environnementales, l'élaboration de

---

1. Cette contradiction est très connue dans les sciences sociales. C'est aussi un champ de tension d'où émanent de grands potentiels de ruptures et d'innovations.

choix collectifs acceptables et une vigilance à ce que la vie sociale soit respectueuse des personnes. Dans les communautés pratiques où il s'efforce d'agir, chacun devrait pouvoir répondre de ses actes par rapport au droit ou aux valeurs qu'il défend. En même temps, il lui appartient de choisir des réponses adaptées à son niveau de perception, de ressenti ou d'implication face à la demande des autres, aux vulnérabilités sociales ou aux risques perçus (Métayer, 2001). Ces réponses, il les construit en interaction avec d'autres, devant des institutions dont il dépend mais qu'il contribue lui-même à transformer par ses pratiques, ses votes ou ses engagements (RIAC, 2001).

En conséquence, c'est à travers un tissu social plus ou moins bien disposé[1] que l'être humain fait agir sa responsabilité. Sans une solidarité de réseau qui la soutienne ou la complète, l'action individuelle se vide de ses forces. Dans ce cas, elle tend plutôt à requérir l'intervention unilatérale d'autrui. Elle n'est plus dans le « faisons ensemble » mais dans le « faites à ma place » qui exprime de la colère (un ressentiment agressif) ou de la soumission (un retrait dépendant). En admettant que l'action persiste, malgré tout, en solitaire, elle s'effectue alors dans la culpabilité, avec une responsabilité fautive ou plus préoccupée d'elle-même que de résultats efficaces et mesurés.

Néanmoins, si la communauté par laquelle on se socialise influence l'usage de la responsabilité, il est toujours possible d'aller vers d'autres milieux et d'y puiser l'interaction nécessaire à l'autonomisation.

Pour agir au mieux, l'action individuelle peut s'associer à des thématiques d'ensemble, comme le développement durable ou la responsabilité sociale des entreprises. Ce sont des exemples de réseaux actifs, organisés pour une prévention conjointe des risques écologiques, économiques et sociopolitiques. Mais il est plus fondamental encore d'agir à tous les niveaux où se gèrent les décisions, du cadrage politique global à l'action locale la plus détaillée. Ce faisant, on parcourt l'ensemble des dispositifs permettant d'intervenir au mieux sur toutes les natures de risques (existants ou potentiels, susceptibles d'être créés ou aggravés, bien connus, ignorés ou mal perçus, etc.).

---

1. Dans le double sens « d'agencé » et « d'enclin à ».

Au plan politique, il y a deux niveaux efficaces :
- celui consistant à assurer une démocratie représentative, en favorisant l'expression des idées dans les débats pré-électoraux et en soutenant l'élection de ceux qui vont pouvoir défendre au mieux les choix les plus pertinents ;
- celui de participer à une démocratie directe accrue, par exemple pour inciter ceux qui dirigent à s'ajuster de façon optimale aux évolutions imprévues ou, selon le principe de subsidiarité, à déléguer localement certaines décisions.

Au plan professionnel, trois niveaux sont appropriés :
- celui visant à participer à des activités professionnelles utiles où puisse s'exprimer un désir d'œuvre (une production à valeur humaine), et pas seulement une contrainte de salaire ou de socialisation par l'emploi ;
- celui d'agir localement pour de meilleures relations entre les hommes et la nature ;
- celui de faciliter (d'enrichir, d'approfondir) les rapports des hommes entre eux.

Au plan de la gestion des risques, il y a deux niveaux complémentaires :
- celui visant à contribuer à la résolution des problèmes et à prévenir les dangers au sein des organisations dans lesquelles on vit, en utilisant tous les moyens disponibles ou d'autres en substitution, s'ils sont insuffisants, déficients ou inadaptés ;
- celui d'avoir un rôle d'éveil (de vigilance) face aux risques possibles ou aux menaces latentes, en cherchant déjà comment les empêcher d'avoir lieu ou comment les traiter (les atténuer, les « soigner ») s'ils se produisent.

Sur ces divers aspects, l'action individuelle vaut par son engagement. Elle a certes besoin de régulation, à travers des collectifs dont les membres soient autonomes et impliqués. Mais au-delà des dispositifs et des moyens nécessaires, c'est le « sens de la responsabilité » qui compte par-dessus tout.

Or c'est là que le bât blesse. Les exigences sont lourdes. Elles incitent d'autant plus à l'irresponsabilité que les acteurs sociaux manquent d'éducation à l'autonomie personnelle et qu'il n'y a pas suffisamment de groupes de soutien où cette autonomie puisse être en permanence vivifiée.

LE RISQUE DE L'IRRESPONSABILITÉ
L'externalisation du risque et le déni de responsabilité
Les conduites d'accusation ou de défense

Si l'on excepte les replis familiaux, somme toute fragiles, la société s'est individualisée, tout en profitant d'un certain nombre d'institutions qui servent à garantir des risques (en matière de santé, de sécurité, d'éducation, de commerce ou de régulation sociale). Elle a perdu pour partie ses solidarités locales. Elle n'éduque plus assez à prendre des risques relatifs (par jeu, par plaisir), ce qui est paradoxalement le moyen de pouvoir affronter des risques plus grands et d'en partager la responsabilité collective.

Face aux dangers, on a tendance à réclamer des responsables, à se plaindre, à mettre de la paranoïa sur le comportement des autres et à chercher des boucs émissaires pour se venger de toute situation mal venue (incidents, accidents, peurs sociales, désastres dont on peut penser qu'on aurait pu mieux les prévenir ou les gérer).

Ce faisant, c'est l'irresponsabilité qui devient le plus grand risque. Les excès de l'individualisme (Lipovetsky, 1983) mènent à une sorte d'indifférence à l'égard d'autrui, à la négligence des devoirs de solidarité, bref à la décomposition du lien social.

Par exemple, on met trop l'accent sur les droits individuels, qu'il faudrait pourtant toujours confronter aux droits collectifs ou aux devoirs sociaux. Il y a quelques siècles, le philosophe Locke avait plaidé pour des droits individuels absolus que rien ne devrait contraindre. Cette idée a été reprise par les théories néo-libérales qui mettent l'accent sur la liberté des acteurs économiques et, plus encore, par l'anarcho-capitalisme. Selon Nozick (1987), « les individus ont des droits et il y a des choses que personne ni aucun groupe ne peut leur faire subir ». Mais en allant jusqu'au bout de ces idées, on remet en question la plupart des redistributions sociales organisées par l'État providence (au nom de l'équité ou de la solidarité). Et on en vient naturellement à prôner un État minimal. En même temps, on fait de la politique un jeu contractuel d'attentes vis-à-vis d'élus au service de leurs clientèles électorales. On la détourne ainsi de sa fonction première qui est l'art de construire des règles pour mieux vivre et se développer ensemble.

L'obsession des droits personnels rend automatiquement agressif, car tout devient menace par rapport au territoire. Dans un monde plus socialisé, le territoire s'élargit, les dangers sont moins d'ordre individuel que communautaire. Dès lors, on peut s'en répartir solidairement la responsabilité.

Une autre façon d'accuser l'autre, c'est d'insister sur les libertés. Tout problème social peut se traduire en mésusage d'une liberté individuelle. Ceux qui n'arrivent à rien n'ont qu'à travailler. Ceux dont le travail n'est pas satisfaisant n'ont quant à eux qu'à travailler encore plus pour en trouver un autre[1]. Insidieusement, la liberté des uns, leur flexibilité, finit par se traduire en intransigeance et en inflexibilité pour les autres. Poussé jusqu'au bout, le jeu des libertés réinstalle des logiques de violence et de domination des plus forts sur les plus faibles. Les régimes les plus libertaires sont ceux où resurgissent le plus d'inégalités[2]. On échappe ainsi à une juste responsabilité morale, telle que définie par Glasser (1971) : être responsable, c'est pouvoir répondre à ses besoins sans empêcher les autres de répondre aux leurs. Il y a donc une double responsabilité à l'égard de soi et à l'égard des autres, sans quoi on assiste à une destruction du substrat collectif dans lequel s'alimente l'individualité. Il faut trouver un juste chemin entre deux excès, la paranoïa (où l'on exagère l'accusation des autres) et la culpabilité (où l'on prend trop sur soi les problèmes d'autrui).

En outre, quand on renvoie les risques aux individus (qu'ils se débrouillent), aux collectifs (qu'ils s'en chargent) ou à des calculs de compensations (qui prend des risques les paie), on produit beaucoup d'externalisations non contrôlées. C'est ce qu'on observe, par exemple, dans les structures des grandes villes, dont les banlieues sont pleines de désordres et de pègre et dont les quartiers se juxtaposent sans interaction sociale (résidences princières, hameaux bourgeois, lotissements monotones, bidonvilles à l'extension galopante et à la socialisation dégradée).

---

1. Ces propos ont été encore tenus, récemment, par des hommes politiques haut placés. Et même, en simplifiant : faites des efforts pour gagner le droit de faire moins d'efforts.
2. Certains penseurs, aux États-Unis, ont comparé la nouvelle donne sociale à un retour vers l'ancien régime européen (noblesse, clergé, tiers état).

Une dernière façon d'agresser, c'est de confondre le pouvoir et la responsabilité (Guggenbühl-Craig, 1971). Beaucoup de prises en charge se font dans des postures de « sauveurs » (de héros, qui reçoivent l'allégeance des autres en extériorité, au lieu de participer à l'action commune en solidarité). En gestion des risques, ces derniers arrivent rarement à des résultats notables, car ils confisquent le pouvoir d'agir aux autres et sont vite obstrués de contraintes, démobilisant ceux qui pourraient aussi agir autour d'eux ou avec eux. Ils deviennent alors agressifs par impuissance, autrement dit « persécuteurs ». Là encore, être responsable, c'est se coordonner avec d'autres dans les responsabilités. Sinon, il y a des oscillations névrotiques bien connues en psychologie sociale, notamment des tensions entre le fait d'affronter (*figth*) ou de fuir (*flight*). Pour ne pas aller dans ces comportements d'impasse (évitement, contrôle d'autrui, déni des problèmes, recherche de gains partiels, simplification excessive des situations), il faudrait qu'on puisse réinventer des modes relationnels d'implication conjointe avec un plus grand partage du leadership (Martin, 2002).

L'extériorisation des problèmes a des effets de contre-productivité (Dupuy citant Illich, 2002). Consommateur vorace de ressources rares, notre mode de vie ne peut survivre qu'au profit de privilégiés qui s'isolent, se protégeant par là des violences ou du ressentiment des laissés-pour-compte. Un des risques majeurs est alors celui de la guerre entre les hommes. Pour en sortir, il faudrait changer le rapport au monde, à la nature, aux choses et aux êtres. Au-delà de certains seuils de développement, les grandes institutions de nos sociétés industrielles deviennent un obstacle à la réalisation des objectifs mêmes qu'elles sont censées servir : « La médecine corrompt la santé, l'école bêtifie, le transport immobilise, les communications rendent sourd et muet, les flux d'information détruisent le sens, le recours à l'énergie fossile menace de détruire toute vie future et l'alimentation industrielle se transforme en poison. » Il y a deux manières de produire les valeurs d'usage, de façon autonome ou hétéronome. La production hétéronome peut soutenir et amplifier les capacités autonomes de production, à condition de n'être qu'un détour au service de l'autonomie. « Passés certains seuils, la production hétéronome engendre une telle réorganisation du milieu physique, institutionnel et symbolique que les capacités autonomes sont paralysées. Se met alors en place le cercle vicieux divergent de la contre-productivité. » L'homme perd ses liens à lui-même, aux autres et au monde, ce qui l'amène à exiger des substituts hétéronomes pour survivre. Mais c'est dans une aliénation paradoxale, qui l'attache à cela même qui le détruit.

Les conduites de soumission ou de retrait

Un autre grand courant de déresponsabilisation est celui de la soumission. Face à des peurs exacerbées par l'incertitude ou les risques, on remplace des convictions personnelles ou communautaires par des besoins d'être reconnu, accepté ou aimé dans des entourages de référence plus ou moins fluctuants. Cela mène à une grande fragilité de l'être. Par exemple, la « santé » dépend en permanence de ce que va dire le « spécialiste » ; l'emploi, la « compétence », dépendent d'aléas économiques et pas d'une qualification enracinée dans l'expérience, etc. Plus globalement, on s'en remet à autrui par rapport au jugement sur ce qu'il faut faire ou penser (Joule et Beauvois, 1998).

Tel qu'il est aujourd'hui socialisé, l'homme ordinaire n'aime pas la liberté (la vraie, celle de son autonomie, pas celle de ses « droits »). Égaré dans un monde qu'il juge hostile, il s'agglutine à d'autres afin d'échapper au drame de son isolement. Dans un ouvrage ancien mais toujours actuel, La Boétie (1576) a montré qu'il est facile de mettre en servitude volontaire, par exemple en montant les individus les uns contre les autres ou en créant des assemblages si complexes que personne ne s'y retrouve (telles l'inéluctabilité de la mondialisation, la pression des marchés, les contraintes de toutes sortes). Les gens sont alors soumis par fatalité, en ne voyant pas comment dépasser leur horizon de dépendance, ou par appât du gain, en espérant être récompensés s'ils se mettent au service des dominants.

Amener quelqu'un à faire en toute liberté ce qu'il doit faire est assez simple. On peut manipuler au service des « bonnes causes », mais aussi des jeux les plus retors. C'est ce que prouve la psychologie de l'engagement (Beauvois, 1994), dont il est aisé de voir les applications dans les discours prétendument libertaires de l'idéologie libérale.

Comme on l'a déjà noté, ceux qui soutiennent des hommes politiques transfèrent sur eux une partie de leur responsabilité, en leur abandonnant les moyens de leur défense. La conservation de ce qu'ils sont dépend donc en partie d'eux. Ce transfert les arrange et augmente leur confort. Mais du même coup, ils ne peuvent admettre que leurs leaders se trompent. Comme ils s'identifient à eux, les voir en état de faiblesse relative est peu supportable. En cas de crise, ils s'empressent de les rejeter, en les accusant de forfaiture ou d'incapacité. Puis ils se tournent vers d'autres qu'ils chargent des « mêmes transferts » (Auroux, 1984).

Les mêmes rapports se produisent dans les entreprises ou les lieux de travail. Mais comme il y a moins de démocratie (ou plutôt moins de pouvoir de vote) que dans la politique, il n'est pas aussi facile de chasser ceux en qui on n'a plus confiance. À leur égard, on reste alors dans des conflits d'amour et de haine, d'attentes et de désillusion, de violences critiques et de restes d'espoirs.

Le jeu de la soumission se traduit aussi par le recours toujours plus grand à l'évaluation et aux experts de tous bords (Melchers, Dawson, 1986). De nombreuses sociétés ou personnes spécialisées se battent pour obtenir des droits d'expertise, avec des enjeux contradictoires pour leurs clients (effets de contrôle, justification, sécurisation, objectivation apparente des situations complexes par des critères conventionnels, etc.). « Parée de toutes les vertus ou chargée de tous les maux », l'évaluation est devenue une sorte de « technique miraculeuse descendue du ciel des experts pour apporter "la" vérité » que chacun estime être la sienne (éditorial de la revue *Pour*, 1986).

Parallèlement, la soumission rend passif. Elle s'accompagne de conduites de retrait, qui caractérisent la double difficulté d'adhérer et de protester (Hirschmann, 1970). Elle correspond à la « fatigue d'être soi », qui est une véritable maladie de la responsabilité (Ehrenberg, 1998). Car ce qui mène à se soumettre est aussi l'excès d'exigences demandées à l'individu, par surévaluation de l'identité personnelle, par insistance sur le fait que chacun est responsable de ce qu'il est, de ce qu'il montre aux autres, de la « bonne image de lui » qu'il parvient à mettre en scène (Baumeister, 1994). Cette visibilité sur le théâtre social n'est pas de la véritable autonomie. C'est une pression à se déterminer par le jeu social (Riesman, 1964), en contradiction évidente avec l'idéologie de la liberté. Plus subtil dans sa défense des rationalités individuelles, Boudon (1979) n'est pas dupe, qui « met en évidence les déterminismes sociaux restreignant l'autonomie des individus ».

Les chemins de la responsabilisation

L'autonomie comme apprentissage de la responsabilité

Telle qu'observée, la déresponsabilisation actuelle oblige à revoir les moyens de rendre les individus responsables. Elle incite à modifier la manière dont les risques pourraient être perçus, produits et gérés. L'action doit être partagée, la responsabilisation plus largement distribuée. Mais attention de ne pas tomber dans le paradoxe de contrôler des gens dont on veut qu'ils puissent se gérer eux-mêmes. Toute gestion de soi[1] renvoie à une certaine autonomie[2], qui n'est ni solitude individuelle, ni pression contraignante au nom des figures imposées du jeu social.

Dans ce texte, il n'est guère possible d'aborder complètement le principe d'autonomie. Montrons-en simplement l'étayage et le fonctionnement au sein des communautés de vie.

L'autonomie est une notion complexe, qui mêle liberté et dépendance, autrement dit qui crée de l'interdépendance. C'est le passage obligé d'une responsabilité collective. Elle permet l'équilibre entre individuation et socialisation (Osterrieth, 1965), entre l'opportunité de se développer soi-même et de le faire en relation équitable avec le développement des autres (Glasser, 1971). Un développement autonome passe par le stade intégrateur de la conformité sociale, de la répétition des autres, avant de s'en affranchir assez pour acquérir un style et rester, en même temps, à l'intérieur du collectif d'appartenance.

L'autonomie demande de l'aide, du soutien, mais aussi de la liberté (Osterrieth, 1965). C'est le propre de l'être humain de reconsidérer ses apprentissages en y mettant de la délibération et de la réflexivité. Le but n'est pas de rejeter (contre-dépendance) ni de se soumettre (dépendance), mais de choisir en conscience les orientations et les

---

1. « La gestion de soi procède avant tout de la dimension cognitive de l'être humain, structurellement capable, en toute situation, de prendre du recul vis-à-vis de lui-même et des événements, ainsi que d'envisager diverses façons de percevoir, d'interpréter et d'agir. C'est donc une façon réfléchie de se comporter. Concrètement, cela consiste en comportements qui dépendent de diverses contingences et se prêtent à une analyse fonctionnelle précise. Les comportements d'autogestion sont diversifiés (régulations de cognitions, d'affects, de processus physiologiques, de modes d'action sur l'environnement et de façons d'interagir avec autrui). L'être humain étant fondamentalement interactif, l'intériorité et l'extériorité sont les deux pôles d'un continuum. Les comportements d'autogestion ne sont pas purement "intérieurs", mais le pôle personnel y est prédominant. Le degré d'autogestion et sa qualité varient selon les secteurs de l'existence et les circonstances. Nous ne pouvons acquérir une fois pour toutes un niveau pleinement satisfaisant, mais nous gardons au long de l'existence la possibilité de définir des objectifs et d'agir sur nous-mêmes » (Van Rillaer, 1992).
2. L'autonomie est à la fois un processus psychique, une capacité de fonctionnement courant sans assistance d'autrui (c'est alors lié à un certain degré d'intégrité des moyens physiques, à une absence de handicap majeur), une liberté sociale (et des principes moraux qui lui sont associés), un mode d'organisation collective favorisant l'usage potentiel d'autonomie (matérielle, psychique, sociale).

degrés de ses engagements. L'autonomie est une création de soi dans l'interaction et le conflit constructif. « Le réel n'est pas un environnement, mais un milieu d'action délimité par les initiatives que le sujet prend seul ou avec d'autres, dans des conditions qui ne sont pas pour autant fixées par lui. » « Le réel, c'est l'action de réalisation – jamais totalement prévisible – qui met le sujet aux prises avec les réalités objectives du monde des choses et des hommes, occasions et obstacles à son développement » (Clot, 1999).

Il existe des chemins formels pour socialiser à la responsabilisation (Prochaska et DiClemente, 1982). Sans doute faut-il y être attentif, en éveillant les individus, en leur offrant des situations d'ouverture, en les aidant à combattre l'inertie et l'indifférence causées par les habitudes de vie (Sullivan, 1998). Mais toute méthode structurante rencontre en permanence l'intention des sujets. Elle ne peut être qu'un accompagnement adapté. Notre société manque de débats vraiment éducatifs, au sens où ils respectent les personnes apprenantes et leur donnent des moyens de se construire en restant reliées.

En didactique (Portine, 1998), on connaît bien les étayages de l'autonomie. Il faut une structure qui définisse les contraintes globales et apporte une aide lorsqu'elle est nécessaire. Il faut des gens qui donnent leur soutien, qui soient capables d'éviter les risques trop menaçants (ceux qui déstructureraient ou mèneraient à l'échec), tout en laissant affronter les risques qui rendent l'apprenant plus fort et plus avisé une fois qu'il les a surmontés. *A contrario*, il y a deux dangers majeurs à percevoir l'autonomie comme une fonction solitaire. Tout d'abord, on la réduit à un processus individuel alors qu'il s'agit d'une relation nourricière (entre accompagnateurs et aidés, entre apprenants et tuteurs, entre partenaires d'un enjeu collectif partagé). Ensuite, on croit qu'elle s'acquiert toute seule, alors qu'elle se développe en spirale, avec des blocages ou des reculs liés aux pertes de confiance. Dans la mesure où elle aide à la construction des choix personnels, où elle enseigne à supporter les risques, à les affronter, à les vivre à plusieurs, l'autonomie est un levier social essentiel pour une responsabilité répartie dans la gestion des risques sociaux.

L'autonomie comme effort de présence à l'interaction sociale et à l'intersubjectivité

Un peu partout dans le monde, les sociétés veulent des systèmes d'éducation qui puissent former à devenir des citoyens responsables (Hungerford et Volk, 1990). Ce n'est possible que si elles construisent des lieux de socialisation à l'autonomie.

C'est par l'autonomie que nous cherchons la vérité par rapport à nous-mêmes. Cette visée n'a de sens que si nous nous efforçons de communiquer avec ceux qui ont des représentations ou des volontés différentes. Être vrai dans l'existence, ce n'est pas seulement tendre à la vérité, c'est aussi exprimer les valeurs dont on est investi et par rapport auxquelles on cherche une harmonie. Selon Jaspers[1], par exemple, les êtres humains doivent apprendre à s'affronter en se respectant à travers des communications approfondies où ils ajustent leurs convictions. C'est ce qu'il appelle un « combat par amour » (par amour de soi comme sujet, et par amour de l'autre comme étant aussi une part de soi-même).

Pour Larivey (2001), la conquête du droit d'être une personne distincte est une des étapes importantes du développement psychique. C'est un défi de croissance que tout humain est appelé à relever. Lorsque la démarche est bien faite, elle permet d'assumer graduellement sa propre individualité. Mais le chemin pour y parvenir comporte des émotions intenses et de l'insécurité. Il demande qu'on ose exprimer ce qu'on pense au profond de soi-même, en défiant la peur du rejet. Qui s'affirme tel qu'il est court toujours le risque d'être désapprouvé, jugé ou rejeté. C'est en « prenant ce risque » qu'on parvient à s'assumer dans sa différence. Personne n'a le pouvoir de donner cette liberté intérieure, il faut la gagner, face à des personnes dont l'affection, l'estime et la relation avec soi importent vraiment. L'autonomie ne s'acquiert qu'en dépassant le risque de les perdre par fidélité à soi.

On voit bien comment l'autonomisation construit à la fois une capacité à prendre des risques et une force d'être soi-même dans la profondeur de ses liens sociaux. Encore faut-il des structures qui puissent y aider. À l'inverse, des modes de socialisation trop répressifs (trop risqués d'avance) ou trop lâches (sans répondants vis-à-vis desquels s'affirmer) sont des obstacles à l'autonomie. Or, trop de situations aujourd'hui sont de ce type, expliquant les refuges de l'agressivité (qui donc est en face ?) ou de la soumission (faites-le en mon nom). La gestion des risques est donc mal distribuée.

---

1. Philosophe existentialiste allemand du début du XXᵉ siècle.

Pour restaurer l'affirmation et le lien social, il serait sans doute utile de réimplanter de nouveaux tissages sociaux, à l'image des modèles de compagnonnage ou de communauté, où peuvent se mêler une forte interdépendance et des capacités d'autonomie, et où l'on observe une prise en charge des risques par l'attention individuelle et la complémentarité collective. Cela n'empêche aucunement de se décharger de la complexité sur des contrôles automatisés ou des dispositifs techniques. À un moment donné, ce qui importe, c'est que puissent exister des communautés de vigilance (au sens des communautés de pratique de Wenger, 1998), avec des espaces de confiance mutuelle mais aussi d'effort individuel pour soi et les autres. Dans les organisations qui gèrent bien leurs risques, on observe en général des ressources en cognition partagée (Cicourel, 1974, 1994), par des gens qui partagent des référentiels forts. Ces individus sentent qu'il est utile d'agir ensemble (soit parce que c'est stimulant ou exaltant, soit parce qu'il y a risque ou un vrai danger à ne pas le faire). Unis par de la solidarité, ils acceptent une différenciation des activités en se rassurant de ne pas avoir toute l'information, puisque celle-ci se retrouve dans le partage groupal sur lequel ils s'appuient. En même temps, ils peuvent s'exprimer complètement à partir de leurs convictions. Dans un autre langage (Thévenet, 2001), on retrouve là de l'implication affective (d'ordre identificatoire avec ses enjeux propres en termes de récompenses symboliques) et de l'implication calculée (réglant à la fois la distribution du travail, les complémentarités nécessaires et un certain équilibre des rétributions matérielles ou individualisées).

L'autonomie est une force pour se responsabiliser face aux risques, parce qu'elle s'appuie sur un collectif pour s'en différencier tout en restant dedans. Elle se sent concernée, activement, par une vigilance qui serve à tous. Elle permet de devenir soi-même en se sentant toujours peuplé par les autres, cousu dans un social dont on reste tributaire sans renoncer à se dire, à s'extraire, à s'affirmer. Ayant risqué d'être soi par les autres et face à eux, l'individu autonome se sent responsable de tous.

Bibliographie

Auroux M., *L'Ambiguïté humaine*, Buchet-Chastel, 1984.

Baumeister R. F., *S'aimer sans se fuir. Comprendre notre insoutenable besoin d'évasion*, Québec, Le Jour, 1994.

Beauvois J.-L., *Traité de la servitude libérale. Analyse de la soumission*, Paris, Dunod, 1994.

Beck U., *La Société du risque. Sur la voie d'une autre modernité*, Paris, Aubier, 2001 [1986].

Borgetto M., « L'État providence, le droit social et la responsabilité », *Lien social et politique*, RIAC, 46, automne 2001.

Bourg D., Schlegel J.-L, *Le Principe de précaution*, Paris, Éditions du Seuil, 2001.

Cicourel A. V., « La connaissance distribuée dans le diagnostic médical », in Sociologie du travail, XXXVI, 4, 1994, *Travail et cognition*.

Cicourel A. V., *Cognitive sociology. Language and meaning in social interaction*, New York, Pree Press, 1974.

Clair A., « Deux catégories éthiques : le "vivre avec" et le "vivre devant" », in *Éthique. La vie en question*, n° 9, 1993.

Clot Y., *La Fonction psychologique du travail*, Paris, PUF, 1999.

Dupuy J.-P., « Ivan Illich ou la bonne nouvelle », *Le Monde*, 27 décembre 2002.

Ehrenberg A., *La Fatigue d'être soi. Dépression et société*, Paris, Odile Jacob, 1998.

Etchegoyen A., *La vraie morale se moque de la morale. Être responsable*, Paris, Éditions du Seuil, 1999.

Ewald F., *L'État providence*, Paris, Grasset et Fasquelle, 1986.

Ferenczi T., *De quoi sommes-nous responsables ?*, Paris, Le Monde Éditions, 1997.

Glasser W., *La Thérapie par le réel*, Paris, Hommes et Groupes (EPI), 1971.

Guggenbühl-Craig A., *Pouvoir et relation d'aide (Macht als Gefah beim Helfer)*, Bruxelles, Mardaga, 1985 [1971].

Hassner P., *La Violence et la Paix. De la bombe atomique au nettoyage ethnique*, Paris, Éditions du Seuil, 2000.

Hirschman A. O., *Défection et prise de parole*, Paris, Fayard, 1995 [1970].

Hungerford H. R. et Volk T. L., « Changing learner behavior through environmental education », *The Journal of Environmental Education*, 21(3), p. 8-21, 1990.

Itävuori J., « Trouver le bon équilibre entre délégation et responsabilisation », *Business Digest*, n° 131, juin 2003.

JONAS H., *Le Principe responsabilité* (trad. de *Das Prinzip Verantwortung*, Francfort, Insel Verlag, 1979) Paris, Cerf, 1990.

JOULE R.-V., BEAUVOIS J.-L., *La Soumission librement consentie*, Paris, PUF, 1998.

KOHLBERG L., *Essays on Moral Development*, New York, Harper and Rows, 1981.

LA BOÉTIE E. *Discours sur la servitude volontaire*, 1576, texte disponible aux éditions des Mille et Une Nuits ou chez Flammarion.

LARIVEY M., « La conquête de l'autonomie », *La Lettre du psy*, vol. 5, n° 2, 2001.

LIPOVETSKY G., *L'Ère du vide*, Paris, Gallimard, 1983.

LORINO P., dir., *Enquêtes de gestion, à la recherche du signe dans l'entreprise. Huit récits, du compact-disc au pain biologique*, Paris, L'Harmattan, 2000.

MARTIN R., *The Responsibility Virus*, Basic Books, 2002.

MELCHERS R., DAWSON D., « La recherche évaluative entre l'idéologie et l'analyse », revue *Pour*, n° 107, juin-août 1986.

MÉTAYER M., « Vers une pragmatique de la responsabilité morale », RIAC, *Lien social et politiques*, 46, automne 2001.

MINZONI-DÉROCHE A., « Le risque, la peur et la gouvernance », *Les Échos*, 17 janvier 2001.

MORIN E., *Science avec conscience*, Paris, Fayard, 1982.

MOSER G., WEISS K., *Espaces de vie. Aspects de la relation hommes-environnements*, Paris, Armand Colin, 2003.

MUIJEN J. (VAN), « Le perfectionnisme, facteur de risque ? », *Business Digest*, n° 131, juin 2003.

NEUBERG M., EWALD F., HIRSCH E., GODARD O., *Qu'est-ce qu'être responsable ?*, Paris, Sciences Humaines Communication, 1997.

OSTERRIETH P., *Faire des adultes*, Bruxelles, Mardaga, 1981 (18ᵉ édition depuis la 1ʳᵉ en 1965).

PESQUEUX Y., « L'entreprise citoyenne et responsable », in LORINO P., dir., *Enquêtes de gestion, à la recherche du signe dans l'entreprise. Huit récits, du compact-disc au pain biologique*, Paris, L'Harmattan, 2000.

PORTINE H., « L'autonomie de l'apprenant en questions », revue *ALSIC*, vol. 1, n° 1, 1998.

POUR (revue), « L'évaluation au pouvoir », Paris, Privat, n° 107, juin-août 1986.

PROCHASKA J. O. et DICLEMENTE C. C., « Transtheorical therapy toward a more integrative model of change », *Psychotherapy : Theory, Research and Practice*, 19(3), 1982.

PROCHASKA J. O., DICLEMENTE C. C. et NORCROSS J. C., « In search of how people change : Applications to addictive behaviors », *American Psychologist*, 47(9), 1992.

RIAC, « La responsabilité : au-delà des engagements et des obligations », *Lien social et politique*, RIAC 46, automne 2001.

RICŒUR P., *Finitude et culpabilité*, Paris, Aubier, 1988.

RIESMAN D., *La Foule solitaire*, Paris, Arthaud, 1964.

RYCHEN F., PIVOT C., *Gestion des risques collectifs*, L'Aube, 2002.

SULLIVAN K. T., « Promoting health behavior change » (ERIC Document Reproduction Service, ED 429053), disponible sur Internet, 1998.

THÉVENET M., *Le Plaisir de travailler, favoriser l'implication des personnes*, Paris, Éditions d'Organisation, 2001.

VAN RILLAER J., *La Gestion de soi*, Bruxelles, Mardaga, 1992.

VINEY G., *Le Déclin de la responsabilité individuelle*, Paris, LGDF, 1967.

VYGOTSKI L., *Pensée et langage*, Paris, La Dispute, 1997 [1933].

WATSON D. L., THARP R. G., *Self-directed Behavior : Self-modification for personnal adjusment*, Pacific Grove (CA), Brooks Cole, 1997 (7ᵉ éd.).

WENGER E., *Communities of practice, learning, meaning and identity*, Cambridge University Press, New York, 1998.

L'action humanitaire au carrefour de la charité et du service public international : quelle responsabilité opérationnelle pour les ONG contemporaines ?

Erwan QUEINNEC

Comme les hommes qui voyagent, les périodes historiques ont besoin de cartes d'identité, dont dates clés et tendances lourdes constituent les éléments signalétiques. Parmi les évolutions souvent invoquées pour caractériser *notre* temps, figure, en bonne place, l'émergence d'une *société civile*, organisée en contrepoids aux puissances institutionnelles que constitueraient, d'une part, « le politique », d'autre part, « l'économique ». La gouvernance de ce « contre-pouvoir citoyen » prend corps dans des associations dynamiques, décidant de s'approprier un certain nombre de problèmes collectifs de dimension mondiale – la solidarité, l'environnement, le développement, les droits humains, etc. – de façon à peser, par la parole autant que par l'action, sur les modalités de leur traitement. Ces organisations se sont forgé une identité propre, dont le sigle qui les désigne ne rend que très faiblement compte. Qu'il s'agisse *d'organisations de la société civile* ou, plus communément encore, *d'organisations non gouvernementales* (ONG[1]), elles

---

1. Le terme apparaît pour la première fois en 1945, dans la Charte des Nations Unies.

sont donc essentiellement ce qu'elles sont parvenues à représenter : des associations sans but lucratif (il s'agit d'un trait commun aux ONG, quelle que soit leur législation d'appartenance) dont l'action militante et/ou opérationnelle s'inscrit dans une logique d'intérêt général ; la plupart des définitions n'accordent en outre le qualificatif d'ONG qu'aux associations dont le périmètre d'action ou de préoccupation est international.

Il existe, en réalité, une grande diversité d'ONG dont aucune typologie ne parvient à rendre exhaustivement compte. On peut proposer de les positionner le long d'un axe dont un pôle serait constitué d'organisations à vocation informationnelle et l'autre pôle d'organisations à vocation opérationnelle, nombre d'ONG combinant les deux aspects, selon des dosages divers. Les ONG à vocation informationnelle se situent à l'interface du prosélytisme idéologique, du militantisme syndical et du lobbying politique ; elles se définissent souvent par rapport à un objectif de sensibilisation du public à diverses problématiques (parfois en mettant en œuvre de véritables opérations « coup de poing » qu'il est tout à fait fondé de qualifier d'opérationnelles). Les ONG opérationnelles produisent des services – généralement gratuits – notamment dans le secteur de la solidarité internationale et du développement. C'est à ces dernières – que la sémiologie française qualifie d'associations de solidarité internationale (ASI) – que nous consacrerons notre propos.

En effet, les ASI constituent une population d'organisations dont le dynamisme économique est méconnu ; non que leur effectif soit très important – on en identifie environ un millier sur les quelque 800 000 associations sans but lucratif approximativement recensées en France (voir Archambault, 1996) – mais leurs ressources totales, estimées à 205,81 millions d'euros en 1985, sont évaluées à 665,59 millions d'euros en 1999, soit un taux de croissance de 8,75 % l'an, sur la période[1]. Surtout, ces ASI opérationnelles n'ont cessé de voir leur crédit social et institutionnel croître tout au long des vingt dernières années ;

---

1. Ces chiffres sont tirés de la seule source statistique rigoureuse dont nous disposons sur les ONG françaises, à savoir l'enquête biennale de la Commission coopération développement (CCD, rapports 1996 et 2001). Notons que l'enquête sous-estime nécessairement le volume réel des ressources des ASI françaises puisque, bien que le nombre de ces dernières ne soit pas connu avec précision, il est très largement supérieur aux quelque deux cents associations qui constituent l'échantillon du rapport.

cela est particulièrement vrai des organisations dites « humanitaires », dont la vocation opérationnelle est spécifiquement dédiée aux secours offerts à des populations victimes de crises socio-économiques aiguës, plus ou moins durables.

Certaines de ces organisations – notamment celles de la mouvance « sans-frontiériste[1] » – ont connu une croissance importante de leurs ressources financières et de leurs projets. Or, la croissance est toujours de nature à complexifier la gestion d'une organisation et à densifier son environnement relationnel. Cela se traduit-il par un surcroît de responsabilité ? Intuitivement, la réponse à une telle question ne peut être que positive. Il n'en reste pas moins que la responsabilité d'organisations dont l'action caritative constitue le but avoué pose d'épineux problèmes d'identification. L'engagement solidaire des ONG humanitaires relève-t-il d'une responsabilité simplement morale ou est-il constitutif d'une obligation tangible envers les destinataires de l'aide produite ? Il s'agit là d'une interrogation cruciale qui, pour les ONG, comporte de lourdes implications identitaires, comme nous le verrons. Tenter d'y répondre implique d'abord de situer l'action humanitaire dans un contexte idéologique ambiant, que composent les façons sociales et juridiques de voir la personne et la société, dans leur être civil autant que dans leur rapport mutuel. Cela suppose ensuite que l'importance contemporaine des ONG et de l'action de secours qu'elles ont inventée puisse être appréciée.

C'est la raison pour laquelle nous consacrerons la première partie de ce chapitre à un examen des tendances susceptibles d'influer sur les contours juridiques et sociaux de la responsabilité personnelle, avant, dans une deuxième partie, de mettre cette évolution du concept en parallèle avec la vision de l'individu et de la société que l'action et le discours des ONG humanitaires ont contribué à diffuser.

Enfin, dans une dernière partie, nous verrons comment l'action opérationnelle des ONG humanitaires s'est vue progressivement confrontée aux implications concrètes de la notion contemporaine de responsabilité, les évolutions en cours étant, sur cet aspect précis de leur environnement institutionnel, loin d'être terminées.

---

1. C'est-à-dire, à titre principal, les organisations qui se créent au début des années 1980, dans le sillage de l'organisation Médecins sans frontières (Médecins du Monde, Aide médicale internationale, Action contre la faim, Handicap international, pour les plus importantes).

LA RESPONSABILITÉ : UNE OBLIGATION DE SOI ENVERS AUTRUI, AUX CONTOURS INCERTAINS
Une notion consubstantielle aux rapports sociaux

Le terme de « responsabilité » est d'essence juridique mais « il n'apparaît qu'à la fin du XVIIIe siècle et sa vraie carrière ne commence qu'au siècle suivant » (Villey, 1989, p. 76). Le fait que le concept ait été tardivement verbalisé ne traduit que le constat historique selon lequel les pratiques juridiques ont largement précédé leur codification. Il semble en effet que, dans l'Antiquité, le droit des gens soit demeuré de genèse privée, reposant sur des règles tacites et pourtant largement intériorisées par le corps social.

Il est donc intéressant de remarquer que le droit est consubstantiel à la notion de société et qu'il constitue originellement une sorte de grammaire des rapports interindividuels, forgée au fil d'évolutions faisant émerger les « règles de juste conduite » connues de tous, adaptées par le juge au cas d'espèce et fournissant elles-mêmes les principes de base des évolutions futures (Hayek, 1973). Le concept de responsabilité n'est donc « juridique » qu'en ce que le droit est lui-même dérivé des pratiques individuelles et adapté selon une téléologie fonctionnelle : le droit ancien n'a d'autre but que d'entériner et d'expérimenter des règles sans lesquelles aucune société durable n'est envisageable.

Ce droit incrémental de nature privée va progressivement se transformer en droit déterministe de nature publique, si l'on en croit Hayek ; pour ce dernier, l'histoire du droit est celle d'une institution émergeant d'abord d'un ordre spontané de rapports sociaux, pour se transformer progressivement en une construction pilotée par l'autorité publique, étendant les règles d'organisation du gouvernement (droit administratif et fiscal) à l'ensemble de la société. Au « droit de la liberté » (*nomos*), se substitue ainsi progressivement le « droit du législateur » (*thesis*).

Il est possible de lier cette publicisation du droit et ses conséquences sur la responsabilité individuelle à l'importance qu'accorde Villey (*op. cit.*) au fait religieux. Le droit romain, tel que le décrit cet auteur, semble proche du *nomos* tel que l'analyse Hayek, soit un droit de l'obligation envers autrui. Or, nous dit l'auteur, « c'est un phénomène historique qui passe souvent inaperçu : la réception du droit romain en Europe a été manquée. Certes, la charpente de notre droit est romaniste mais dès le Moyen Âge, les canonistes ont plus pesé auprès de l'opinion cultivée » (1989, p. 84). Sous l'influence du pouvoir religieux, le droit est censé poursuivre des objectifs de moralisation de la société et substituer la notion de faute à celle de dette, comme matrice de la responsabilité. Cette dimension morale – dont la prééminence du droit pénal dans la hiérarchie des normes juridiques constitue un indice probant, toujours selon Villey – est évidemment perméable aux conceptions dominantes de l'homme, de la collectivité et du monde dont chaque époque est plus ou moins uniformément pénétrée. Dès lors, qu'il procède d'un abus de pouvoir politique ou d'une gestion éclairée de la complexité sociale, le droit du législateur peut étendre la responsabilité individuelle bien au-delà du champ borné de la relation interpersonnelle ou interpréter cette dernière à l'aune d'enjeux dont la définition lui incombe souverainement. Il en résulte une responsabilité personnelle fluctuant au gré des constructions philosophiques influentes, que celles-ci placent l'homme devant la conscience intime de ses obligations ou qu'elles inspirent la production législative et réglementaire de l'autorité publique.

Quoi qu'il en soit, la responsabilité constitue la contrepartie obligée de la liberté individuelle, dans son ontologie même[1]. Elle renvoie dès lors à deux notions interdépendantes qui continuent à caractériser fortement le concept : le fait de « répondre de » et « d'être en charge de ». Ainsi, selon le *Larousse des noms communs* (1986), la responsabilité est d'abord « l'obligation de réparer une faute, de remplir une charge, un engagement ». C'est ensuite la « capacité de prendre une décision sans en référer préalablement à une autorité supérieure ».

Il y a donc responsabilité là où il y a décision et action (voire existence...), cette relation posant à chaque personne un double problème de gestion :

- Un problème d'identification, tout d'abord. La définition de ce dont on est responsable, qu'elle incombe au juge, au législateur, au co-contractant, voire à soi-même, est immergée dans un contexte de paradigmes moraux et de rapports de force interinstitutionnels, influant sur le comportement et le sort des personnes agissantes.

---

1. Nous nous basons simplement sur le constat de bon sens selon lequel chaque individu est capable d'actions autonomes, prenant la forme de projets, quelle que soit la source d'inspiration ou d'influence de ces derniers.

- Un problème d'implications, ensuite, prenant la forme de réparations, bien sûr, mais aussi de précautions. Cet aspect de la responsabilité nous concernera moins mais il sous-tend toutefois une précision essentielle : chaque individu est habité d'un sentiment intime de responsabilité, plus ou moins intense, plus ou moins étendu et lié à un périmètre plus ou moins grand de décisions et d'actions personnelles. Ce sentiment de responsabilité met en jeu la personne par rapport à elle-même et sa construction joue un rôle fondamental dans la configuration des rapports sociaux. Néanmoins il est difficile d'évaluer la portée et les implications exactes de la responsabilité introspective, de sorte que nous limiterons le concept à la notion de devoir de soi envers l'autre, lorsque et seulement lorsque ce dernier comporte un risque de sanction physique, personnelle ou patrimoniale, en cas de manquement.

Si, donc, le concept de responsabilité est indispensable à l'ordre social, c'est parce qu'il ne peut être dissocié de la réalité des relations humaines. Et, de ce fait, si son essence est juridique au sens où nous l'avons précisé, ses implications vont bien au-delà du judiciaire. Toute personne (physique ou morale) en « situation de gestion » (Girin, 1990) est soumise au jugement d'autrui et se voit identifiée comme responsable d'une action donnée, éventuellement au-delà d'une obligation formelle. Cette contrainte de performance caractérise, de manière plus ou moins explicite, tous les systèmes relationnels. En conséquence, tout acteur ne s'acquittant pas de son obligation de performance envers autrui encourt le risque d'une cessation d'activité affectant plus ou moins gravement l'équilibre avantages-contributions (Barnard, 1938) sur lequel repose sa situation personnelle (notamment patrimoniale) ; affectation sanctionnant elle-même une responsabilité mal comprise ou mal assumée.

Il se peut naturellement que l'action d'une personne envers autrui génère plus de désagrément que l'insatisfaction relative d'une attente. Elle peut occasionner des déceptions, voire des nuisances qui, assimilables à un préjudice, fondent autrui à revenir sur le cours d'un événement et à demander réparation, devant un tribunal (ou une instance privée d'arbitrage). Le plus souvent, cette démarche met de surcroît fin à toute perspective relationnelle ; parfois, pourtant, la mise en jeu de la responsabilité d'un co-contractant n'a d'autre but que de remettre la relation dans le droit fil d'une collaboration fructueuse à long terme (contrats adaptatifs).

Cette mise en jeu judiciaire de la responsabilité civile, qu'elle soit contractuelle (relation volontaire), délictuelle ou quasi délictuelle (relation involontaire), suppose, en droit français, l'existence d'une faute de la personne responsable (c'est-à-dire en charge d'une action), d'un préjudice identifiable et d'un fait causal, ces trois conditions étant cumulatives. En outre, telle personne physique ou morale peut voir sa responsabilité engagée, en cas d'infraction à la loi pénale.

Il est évidemment hors de propos de rentrer dans le détail des implications de ces deux types de responsabilité (civile et pénale) sur la gestion des organisations. Il est toutefois intéressant de mettre en exergue quelques tendances jurisprudentielles prégnantes et interdépendantes qui, mises en relation avec certaines évolutions sociales, affectent la situation des organisations en général et des ONG humanitaires en particulier.

Une tendance jurisprudentielle à la reconnaissance de la responsabilité sans faute, circonscrite à certaines activités

En premier lieu, il semble que la jurisprudence civile française tende à se « romaniser », au sens des buts que Villey (*op. cit.*) prête à la conception romaniste du droit. Cela se traduit par une tendance à relâcher le lien entre responsabilité et faute, au profit d'un devoir de réparation envers la victime d'un préjudice, plus particulièrement lorsque celui-ci prend la forme d'un dommage physique. La notion de faute demeurant un réquisit formel de la mise en jeu de la responsabilité civile, ce glissement jurisprudentiel s'opère par extension du périmètre des obligations dont l'inexécution est présumée fautive. Ainsi, à côté de l'obligation de résultat ou de certaines obligations issues de la loi, nombreuses sont les professions qui sont soumises à des obligations « de moyens renforcés » très proches de l'obligation de résultat (obligation de conseil et obligation de sécurité, en particulier). Les associations sans but lucratif sont elles-mêmes concernées par cette évolution puisque leur responsabilité peut être engagée du fait de « tout manquement à une constante et totale maîtrise [de leurs] activités et de [leur] environnement » (Wiart, 1999, p. 36). L'obligation de moyens elle-même peut être appréciée de manière très sévère, comme l'atteste la responsabilité étendue des professions médicales (voir Lemaire et Imbert, 1985 ; Hocquet-Berg, 1995). Un certain nombre d'activités sportives comportant des risques physiques importants entrent aussi dans le champ de cette évolution[1].

En second lieu, cette responsabilité contractuelle étendue peut inciter les juges à voir « du contrat » là où n'en existe formellement aucun. Dès lors, il suffit au juge de retenir une conception large du critère de faute (en considérant que toute erreur en est une, par exemple) pour pratiquement n'exonérer la responsabilité civile qu'en cas de force majeure avérée.

Cette double-évolution est intéressante en ce qu'elle consacre une sorte d'insémination croisée entre responsabilité délictuelle et responsabilité contractuelle, parfois qualifiée de « responsabilité sans faute » (au sens moral du terme). S'il convient de ne pas exagérer la portée du mouvement doctrinal en cours, ni même de prophétiser la victoire finale du critère de réparation sur celui de faute, cette objectivation de la responsabilité civile n'en constitue pas moins une tendance lourde, dont les implications juridiques intéressent moins notre propos que la vision de la personne en société qu'elle sous-tend.

D'une part, en effet, l'individu qu'un préjudice affecte (ou, du moins, certains préjudices) est de plus en plus fréquemment identifié à une « victime innocente », ce qui implique évidemment que la responsabilité de sa mauvaise fortune soit imputable à d'autres qu'à lui-même. À terme, cette déresponsabilisation de soi envers soi pourrait bien entendu déboucher sur une responsabilité étendue de soi envers autrui. Toutefois, le rapport entre la « victime innocente » et le « responsable » semble, pour l'heure, limité à certaines situations relationnelles *a priori* déséquilibrées, les professions de conseil et les activités physiquement dangereuses[2] étant ici particulièrement visées. Il semble que la jurisprudence entende amortir les effets de l'asymétrie informationnelle entre le professionnel et le profane, ce qui porte en germe la reconnaissance d'une responsabilité étendue de *l'institution* par rapport à *l'individu*. Il peut, à terme et dans certains domaines, en résulter un véritable dogme judiciaire de l'infaillibilité de l'offre, lourd de conséquences pour les organisations en général et les entreprises en particulier, celles-ci étant déjà soumises à un environnement réglementaire contraignant.

---

1. Comme l'atteste la consultation des sites Internet d'associations pratiquant l'alpinisme ou la plongée sous-marine, par exemple.
2. Notons que les professions médicales cumulent les deux caractéristiques.

D'autre part, le fait qu'une réparation soit de plus en plus souvent considérée comme nécessaire en cas de préjudice physique traduit un mouvement d'objectivation de la responsabilité en fonction de ses conséquences. L'accent mis sur la santé et l'intégrité physique correspond manifestement à « l'air du temps » ; il se traduit par un souci public de minimiser ce type particulier de préjudice, soit qu'il soit considéré comme particulièrement grave (ce qui correspond au bon sens), soit que ses implications socio-économiques collectives soient considérées comme particulièrement lourdes. Il n'est nullement évident, par exemple (mais cela nécessiterait un examen autrement plus approfondi), que les préjudices patrimoniaux bénéficient de la même sollicitude jurisprudentielle (y compris lorsqu'ils résultent de l'action d'une institution défaillante envers un individu « démuni »).

Une tendance à la pénalisation des institutions et des organisations

Les entreprises commerciales et les collectivités locales sont particulièrement touchées par ce phénomène de pénalisation, qui apparaît comme la version spécifiquement française de la « judiciarisation » de la société[1]. Si cette tendance peut recevoir certaines explications de nature strictement juridique ou judiciaire (multiplication des normes pénales, avantages de procédure, etc.), elle apporte sa contribution aux enseignements déjà tirés de l'évolution de la responsabilité civile, quant aux conceptions socialement prégnantes de la personne et de la société :

- D'une part, le procès pénal induit une substitution de la notion de « culpabilité » à celle de « responsabilité ». Il permet aux victimes d'être solennellement reconnues comme telles et de parer le préjudice qu'elles ont subi d'une dimension morale, allant au-delà de leur propre cas d'espèce. Cette évolution à la pénalisation participe donc d'une tendance plus générale à l'importance du statut de « victime » dans notre société, elle-même indissociable d'une extension de la notion de « droits individuels » à tous les domaines de l'existence. Il ne s'agit plus seulement de garantir à l'individu un certain nombre de droits civils et politiques fonda-

---

1. Voir SAFAR D., « Séminaire sur l'évolution de la responsabilité pénale », document disponible sur le site Internet de l'École nationale de la magistrature, www.enm.justice.fr.

mentaux mais de lui reconnaître des « droits-créances », de nature économique et sociale (voir Lorchak, 2002). L'émotion collective déclenchée par les plans de licenciement des grandes entreprises (atteinte à un supposé ou désiré « droit à l'emploi ») ou la situation des sans-abri (atteinte au « droit au logement ») et le fait que, de plus en plus, « le salaire est devenu un droit forfaitaire à un niveau de vie et de moins en moins la contrepartie de la contribution à la production nationale » (Le Duff et Papillon, 1988, p. 372) témoignent d'une aspiration sociale à la sécurité individuelle allant très au-delà des « droits de 1789 ». Or, on ne peut que rejoindre le point de vue selon lequel il existe, pour tous ces droits, « des créanciers, mais pas de débiteur (lequel est alors trouvé) du côté de l'entreprise[1] ».

– Il en découle une tendance déjà constatée à la responsabilisation des institutions et, au-delà, à leur culpabilisation. Il est frappant que les « droits subjectifs » ci-dessus mentionnés transforment progressivement l'entreprise d'un « nœud de contrats » (Williamson, 1985, 1994) en une « institution » investie de très nombreux devoirs envers la « collectivité », certains ayant même pu parler de « responsabilité illimitée de l'entreprise » (D'Almeida, 1996).

Cette responsabilité illimitée se traduit par le report, sur des agents privés, de véritables contraintes de service public, symbolisées par le thème en vogue de la « responsabilité sociale » de l'entreprise, lequel semble même pouvoir s'imposer aux individus[2]. L'idée selon laquelle les conséquences de certains actes ne sont susceptibles d'aucune réparation proportionnelle au préjudice (dégâts sur l'environnement, en particulier) constitue une justification de cette conception extensive – voire totale – de la responsabilité (Jonas, 1998). Elle n'est d'ailleurs pas nouvelle et renvoie à la thématique des « externalités », connue en théorie économique. Quels que soient ses mérites – en termes de sensibilisation, notamment – et les critiques qu'elle peut susciter – vouloir interférer dans l'examen des conséquences à long terme d'une action

---

1. « Jusqu'où ira la responsabilité civile, morale et pénale de l'entreprise ? », Université d'été du MEDEF, 2001, www.medef.fr.
2. Ne peut-on voir dans la récente condamnation d'un cafetier, ayant eu « le tort » d'avoir servi de l'alcool à un chauffard, le symptôme d'une dérive pénale cultivant une conception si extensive de la responsabilité qu'elle ouvre la porte à l'application, en droit, d'une théorie de « l'effet papillon », reportant sur l'individu des principes de précaution qui incombent traditionnellement à l'autorité publique ?

privée, n'est-ce pas prétendre à une planification omnisciente dont aucune rationalité ne semble pourtant capable ? –, l'idée d'une responsabilité dont les effets préjudiciels seraient seulement pressentis ou postulés en vertu de théories causales particulièrement sévères (notamment, la théorie civiliste de « l'équivalence des conditions ») fait peser sur le concept une radicale incertitude.

S'agit-il d'une caractéristique propre à notre époque ? Rien n'est moins sûr car l'identification et la réparation de la responsabilité civile ont toujours mis à contribution une jurisprudence dont les innovations sont susceptibles de bouleverser les « règles stables de juste conduite » auxquelles les agents privés réfèrent leurs comportements sociaux. L'ajout d'une dimension morale que s'approprierait la jurisprudence pénale sur des bases *ad hoc* ne fait toutefois qu'ajouter à cette insécurité. Il est difficile, par exemple, de ne pas connecter la mise en cause pénale, déjà mentionnée, du cafetier « complice » d'homicide involontaire à la cause de politique publique particulièrement visible que constitue, depuis peu, la sécurité routière. De même, la responsabilité morale peut justifier certaines atteintes au principe de rétroactivité de la loi, pourtant considéré comme garant des libertés individuelles fondamentales ; cela est vrai en matière fiscale (pour des raisons qui tiennent à l'impératif de flexibilité des politiques publiques) mais aussi en matière pénale ou des comportements peuvent être tardivement qualifiés d'infractions (voire de crimes) et poursuivis comme tels[1]. Dès lors, il devient difficile de préciser les contours de la responsabilité, la notion de crimes ou délits intemporels devenant susceptible d'extensions infinies et, en conséquence, de demandes en réparation qu'il semble difficile de circonscrire[2].

---

1. Un exemple ô combien emblématique de cet état de fait réside en la notion de « crimes contre l'humanité », « inventée » par le tribunal de Nuremberg pour juger les crimes du régime nazi. Si nul ne songerait à contester l'opportunité d'une telle innovation, elle n'en constitue pas moins un cas de rétroactivité de la loi pénale. Notons qu'un certain nombre de criminels nazis ont tenté de s'abriter derrière l'argument légaliste pour minimiser leurs responsabilités dans l'holocauste (voir BRAUMAN et SIVAN, 1999) et que le droit français, tirant peut-être enseignement de cet état de fait, enjoint le fonctionnaire à désobéir à « un ordre dont l'exécution le conduirait à commettre un crime ou un délit » (SALON et SAVIGNAC, 1985, p. 262).

2. Les citoyens européens doivent-il être considérés comme rétrospectivement responsables de la traite des esclaves, au point qu'ils doivent collectivement indemniser des victimes elles aussi considérées de manière rétrospective (et tout à fait approximative) ?

La responsabilité judiciaire peut donc prendre un tour aléatoire, « travaillée » par certaines évolutions sociales de fond (difficilement compatibles avec l'interprétation raisonnable de certains concepts, tels que celui de « faute ») ou prise dans le collimateur d'une exemplarité elle-même excitée par certains passions sociales ou politiques, au mépris, éventuellement, des droits individuels.

Confrontée à cette source d'incertitude, la gestion des organisations peut agir de manière proactive en transformant la contrainte que constitue toute responsabilité en opportunité de communication institutionnelle (ce que permet l'affichage d'une « responsabilité sociale » dûment intégrée au management de l'entreprise, par exemple). Elle peut aussi accepter le risque et le gérer de manière réactive. Les ONG humanitaires, comme nous le verrons, sont particulièrement confrontées à cette responsabilité évolutive. Réalité d'autant moins évitable que leur discours et leurs symboles les mettent clairement dans le sens des évolutions que l'on vient d'esquisser.

LA CONTRIBUTION DES ONG À LA CONSTRUCTION D'UNE CONCEPTION PARADIGMATIQUE DE L'INDIVIDU

L'action humanitaire centrée sur la « victime »

En tant qu'émanations de la « société civile », il n'est pas surprenant que les ONG se définissent – et soient largement reconnues – comme relais d'une reconnaissance d'un certain nombre de droits reconnus à l'individu, particulièrement lorsque celui-ci est identifié en tant que personne vulnérable. Cette vocation de défense et de représentation puise ses racines dans l'action caritative d'obédience religieuse. Elle prend un tour plus offensif avec l'action humanitaire contemporaine, comme nous allons le voir.

Toutefois et jusque dans les années 1970, les ONG françaises se rallient plus volontiers à la cause du développement des pays du Sud – ou à l'action caritative traditionnelle – qu'à celle des droits individuels à proprement parler. Après la Seconde Guerre mondiale, le tiers-monde devient un enjeu militant important, beaucoup voyant dans les pays du Sud un terrain d'expérimentation sociopolitique favorable aux idéologies révolutionnaires. Les ONG qui se créent dans les années 1960 adhèrent volontiers au « tiers-mondisme », sorte d'hybride idéologique attribuant la responsabilité du sous-développement des pays du

Sud à l'impérialisme politico-économique des « pays capitalistes » du Nord (voir Yala, 2001).

C'est à partir du « sans frontiérisme » que les ONG accèdent, en France, à une véritable visibilité publique. Créée en 1971, dans le sillage de la guerre du Biafra, Médecins sans frontières (MSF) représente l'organisation emblématique d'une mouvance « humanitaire » dont l'audience, dans les médias autant que dans les institutions internationales, deviendra considérable, en l'espace de trois décennies[1].

Or, sans qu'il soit possible d'évaluer l'importance prise par l'action et la communication des organisations humanitaires françaises dans cette évolution, il ne fait aucun doute que celles-ci ont joué un rôle important dans la construction d'une pensée « droit-de-l'hommiste », devenue intellectuellement paradigmatique, dans la société française de ces dernières décennies.

Les ONG humanitaires de la mouvance sans-frontiériste ont en effet inventé une modalité d'action de solidarité internationale combinant le secours opérationnel et le militantisme humanitariste. Ces associations se définissent elles-mêmes comme résolument activistes, axées sur le seul souci de la sécurité de l'individu, indépendamment de tout *a priori* idéologique[2].

Or, les années 1970 sont aussi celles du progressif discrédit intellectuel du communisme – idéologie qui sert de matrice à la plupart des idéaux révolutionnaires –, l'information relative à la réalité du régime soviétique se propageant notamment, en Occident, par la voix de ses dissidents. Les organisations humanitaires contribueront à leur manière à cette entreprise de disqualification, en consacrant une très grande partie de leur action de secours à des populations victimes de gouvernements ou de mouvements politiques soutenus par l'Union soviétique (voir Destexhe, 1993).

---

1. Pour une histoire des ONG sans-frontiéristes, voir DELDIQUE et NININ (1991).
2. Posture qui suppose que la cause des droits de l'homme soit elle-même considérée comme a-idéologique. En réalité, la philosophie sans-frontiériste se définit comme pragmatique en ce qu'elle entend substituer une appréciation *in concreto* des victimes et des bourreaux à une définition *in abstracto* des « oppresseurs » et des « opprimés », cultivée par certains intellectuels politiquement engagés. Il n'y a pas, pour l'action humanitaire, de bonnes ou de mauvaises victimes, des agresseurs excusables et d'autres qui ne le seraient pas, il n'y a que des situations objectives de détresse humaine.

Alors que beaucoup d'acteurs associatifs et nombre de faiseurs d'opinion avaient espéré que le « Sud » pourrait constituer la terre d'élection du grand soir révolutionnaire, l'action humanitaire entend au contraire y exporter le souci des droits de l'homme ; dessein qui aurait pu rester confidentiel, voire purement anecdotique s'il ne s'était inscrit dans un contexte intellectuel, opérationnel puis géopolitique favorable et s'il n'avait été servi par d'efficaces stratégies de communication institutionnelle, les organisations humanitaires pouvant s'appuyer sur une vraie connivence avec le monde des médias (voir Brauman, 1993). L'action humanitaire rallie ainsi de nombreux intellectuels[1] à sa cause, parfois de manière spectaculaire (ainsi, Jean-Paul Sartre épouse-t-il la cause des droits de l'homme à l'occasion de la crise des *boat people* vietnamiens, en 1980). Au-delà de leur action opérationnelle et de leur visibilité médiatique, les organisations humanitaires n'hésitent d'ailleurs pas à théoriser elles-mêmes le produit de leurs observations, ne ménageant pas leurs critiques à l'égard de certaines idéologies, notamment le tiers-mondisme (voir Brauman *et alii*, 1986).

Cette participation de l'aide humanitaire à l'importance doctrinale du droit de l'hommisme appellerait, bien entendu, d'autres développements. Il est remarquable qu'un pari conceptuel et opérationnel aussi audacieux que le sans-frontiérisme ait pu, en l'espace de trois décennies, acquérir dimension d'institution sociale, au point de devenir un impératif de politique internationale, nous y reviendrons. Pour autant, le succès du droit de l'hommisme – dont, rappelons-le, l'action humanitaire n'est qu'une manifestation parmi d'autres – doit beaucoup à son ambiguïté doctrinale et, pour cette raison, il est difficile de lui attribuer un contenu précis. On ne peut que rejoindre le point de vue selon lequel « la tendance à parler le langage des droits de l'homme s'est [...] généralisée, parallèlement à la résurgence de la thématique de l'État de droit, jusqu'à devenir la forme imposée du discours politique, tant au plan interne que sur la scène internationale. Les droits de l'homme courent alors le risque de se transformer, au mieux, en une cause consensuelle effaçant les clivages idéologiques [...], au pire, en une rhétorique vide de contenu » (Lochak, *op. cit.*, p. 4).

---

1. Selon Winock (1997, 1999), on doit le terme « d'intellectuel » à Maurice Barrès, à l'occasion de l'affaire Dreyfus, autre moment de mobilisation de l'opinion publique autour de la cause des droits de l'homme (mais dans un contexte social longtemps hostile). Le terme, toutefois, ne fait que qualifier tardivement des personnalités issues de divers sérails (enseignement, recherche scientifique, politique, littérature, arts, etc.) qui, choisissant de s'impliquer publiquement dans tel problème de société, acquièrent une dimension de leaders d'opinion.

Quoi qu'il en soit, le fait, pour les organisations humanitaires, d'avoir amarré leur action à ce courant d'idées – voire d'avoir contribué à son institutionnalisation – constitue une prouesse stratégique de premier ordre. Le sans-frontiérisme a ainsi contribué à colporter une conception prégnante de l'individu, qu'il est possible de mettre en relation avec les évolutions sociales déjà évoquées, quant à la définition du sens et de la portée de ce qui constitue et de ce qu'implique le concept de « responsabilité ». Deux aspects étroitement liés du discours des ONG humanitaires nous semblent ici particulièrement importants :

1) En premier lieu, l'action humanitaire n'a d'autre but que de secourir des personnes « victimes » d'une agression ou d'une injustice quelconque. Le rôle central de la « victime » dans la communication humanitaire a été commenté (voir Brauman, 1993 ; Mesnard, 2001). La recherche en marketing elle-même a montré que l'utilisation de la victime en communication, à destination des donateurs, n'est efficace que lorsque son identification est dépourvue d'équivoque ; pour susciter le don, le destinataire de l'aide humanitaire doit être vierge de toute responsabilité dans le sort qui est le sien[1] (voir Griffin, Babin, Attaway et Darden, 1993). Or, l'action humanitaire, au départ dévolue aux victimes de guerres (notamment les populations civiles victimes d'exactions), a progressivement étendu son champ d'intervention aux personnes victimes de discriminations légales ou culturelles (indépendamment de tout contexte de guerre ou de catastrophe naturelle) et, de proche en proche, aux victimes du sous-développement. Le rôle actif joué par les ONG dans la mise en place de la Couverture maladie universelle[2] ou leur action en faveur de la commercialisation, dans les pays du Sud, de médicaments anti-rétroviraux génériques (traitement du SIDA), témoigne bien de leur conversion à la thématique victimaire étendue au champ économique et social.

Il ne s'agit pas ici d'aborder les choses sous un angle partial et polémique, en suggérant que les organisations humanitaires ont besoin de « construire » des victimes pour légitimer leurs activités ; il n'est nul

---

1. Ce qui explique le gisement de communication que constitue la cause de l'enfance, en particulier.
2. La plupart des organisations de solidarité internationale ont réorienté une part minoritaire de leur activité sur les problèmes de solidarité « domestique », à destination des personnes marginalisées ou « socialement exclues ».

besoin d'argumenter le bien-fondé d'une action de solidarité à destination de personnes victimes de persécutions physiques, de famines ou d'épidémies. Il s'agit seulement de remarquer que l'extension du champ des droits de l'homme au-delà des droits en tant que « garanties » de nature politique et civile fonde toute personne dont la situation socio-économique est en deçà de certains standards (plus ou moins précis) à se considérer comme victime d'une transgression appelant réparation, voire sanction.

Remarquons ici qu'une limitation du champ d'action de l'aide humanitaire aux personnes victimes de catastrophes ne permet que difficilement d'entretenir une ambition institutionnelle, même si la déstabilisation durable d'un certain nombre de pays ou régions du monde, notamment en Afrique, est de nature à amender cette intuition. En étendant leurs interventions à des situations de solidarité identiques à celles sur lesquelles travaillent les organisations de développement, les ONG humanitaires ont pu planifier des actions et immobiliser des ressources de manière plus rationnelle que ne le permet la seule action d'urgence. L'extension du champ de la victime constitue donc une opportunité institutionnelle, pour les ONG humanitaires, sans qu'un tel constat incite le lecteur à y voir une sorte de stratégie consciente de « victimisation tous azimuts ». Il convient seulement de noter qu'aujourd'hui, quelles que soient leur mouvance, leur histoire et leur culture, la plupart des ONG informationnelles et opérationnelles sont d'accord pour considérer la pauvreté et la précarité individuelles – au sens le plus large – comme une transgression, voire une agression, quel que soit le « responsable » auquel cet état de fait est imputable. Si les implications institutionnelles d'une telle évolution dépassent le cadre de notre propos (on pourrait parler, à l'instar de ce que nous avons proposé au sujet de la responsabilité civile, d'insémination croisée entre développementalisme et humanitarisme, dans le sens d'un rapprochement, voire d'une confusion progressive de ces deux modalités initialement distinctes de l'aide associative internationale[1]), son impact social est important. La victimisation va en effet dans le sens d'une objectivation de la responsabilité individuelle en fonction des conséquences observées d'une relation ou d'une situation, évolution qui, nous l'avons vu, semble faire jurisprudence et, en conséquence, refléter un consensus social assez large.

---

1. Laquelle pourrait aussi rebuter un certain nombre de donateurs, cultivant une vision moins œcuménique de la « victime ».

2) En second lieu, l'action humanitaire porte une contestation fondamentale de la prééminence des institutions sur l'individu. Elle refuse notamment de subordonner l'intérêt des victimes au principe de souveraineté nationale ; c'est ici que se loge, notamment, la critique de MSF à l'égard de l'action du Comité international de La Croix-Rouge (CICR), qui lui apparaît beaucoup trop bureaucratique et trop inféodée au bon vouloir des États. Le sans-frontiérisme se pose dès son origine en défi, lancé par un David associatif quasi insignifiant au Goliath que constitue le principe d'une souveraineté nationale inviolable. Il ne fait nul doute que ce principe d'ingérence humanitaire civile, frondeur, bruyant et irrévérencieux a largement contribué au succès d'estime de l'action humanitaire et à l'intérêt – voire à la bienveillance – des journalistes à son endroit.

En se posant comme source de contestation de l'autorité établie, l'individualisme humanitariste s'inscrit en rupture avec le traditionalisme aussi sûrement qu'il combat, à sa manière, le socialisme révolutionnaire ; tandis que la tradition et la conservation sociale attachent aux institutions une réputation de bienveillance et de sécurité, le sans-frontiérisme se montre fréquemment critique à leur endroit ; les organisations humanitaires n'ont par exemple de cesse de rappeler les États souverains et les institutions internationales à leurs devoirs envers l'homme et le citoyen. Ce tropisme contestataire est bien entendu indissociable du droit de l'hommisme des Lumières et évoque, de ce point de vue, le dreyfussisme (voir Winock, *op. cit.*).

Les valeurs de l'action humanitaire contemporaine nagent donc dans le sens du courant de leur époque, tant et si bien, d'ailleurs, que si longtemps les droits de l'homme ont pu constituer une idéologie subversive ou une aimable utopie, aucune institution publique ou morale ne peut aujourd'hui faire l'économie de leur référence.

Le paradigme des droits de l'homme fait également office de dogme matriciel des relations internationales. À cela, bien sûr, contribuent un certain nombre de tendances historiques de fond : l'apaisement des passions nationalistes sous l'effet de la construction européenne, d'une part, l'effondrement politique du communisme soviétique, d'autre part, semblent avoir fait place nette – du moins provisoirement – à une mystique ambiguë de la démocratie et de l'État de droit, soudain parés de toutes les vertus (voir Lorchak, *op. cit.*). À partir de la décennie

1990, l'action humanitaire internationale joue un rôle important, voire prépondérant, dans la mise en scène internationale de cette démocratie érigée en système de valeurs, au point de prendre un tour institutionnel.

L'institutionnalisation de l'aide humanitaire internationale

Liée à des situations d'urgence par définition considérées comme transitoires, l'action humanitaire n'a longtemps occupé qu'une place négligeable dans les politiques de coopération des États et des institutions internationales ; en termes de budgets publics, son poids institutionnel demeure encore aujourd'hui marginal, par rapport à l'aide publique spécifiquement dédiée au développement des pays du « Sud »[1].

La fin de la décennie 1970 consacre toutefois la percée paradigmatique de l'aide humanitaire, dans l'opinion publique comme dans le monde des institutions internationales. En effet, outre que l'aide au développement subit un certain nombre de critiques portant sur son efficacité (voir Winter, 2002, pour un examen et une relativisation de ces griefs), elle n'est justifiable que dans un contexte socio-économique stable et pacifié. Or, l'année 1979 confronte l'opinion internationale à de nombreux exemples de pays durablement tourmentés, mettant à mal ce réquisit (Cambodge, Vietnam, Afghanistan, Nicaragua, nombreux pays d'Afrique, etc.) ; l'aide humanitaire trouve dans la pérennisation des guerres civiles et la prédation systématique des populations dont elles se nourrissent, un motif idoine d'intervention et de sensibilisation de l'opinion publique. Évolution qui, s'appuyant sur la communica-

---

1. Cette observation n'a d'ailleurs rien de surprenant. Contrairement à ce que croient nombre d'opinions publiques – il existe, sur ce point, d'édifiantes études –, les guerres civiles, les famines et les catastrophes demeurent des événements rares, à l'échelle mondiale. Or, ce sont ces événements qui mobilisent l'aide humanitaire d'urgence, les actions de lutte contre la pauvreté – cette dernière revêtant un aspect beaucoup plus « endémique » – ressortissant à l'action de développement, même si la frontière entre contexte stable et instable demeure ténue, comme le montre l'exemple récent de pays du Sud relativement riches, ayant basculé dans le chaos sociopolitique (Côte d'Ivoire, Zimbabwe). Cette précision dépasse bien entendu le cadre de notre propos mais l'on doit aujourd'hui considérer qu'existe, à côté de l'aide humanitaire d'urgence, une action humanitaire « de développement » et une action de développement de nature structurelle dont le caractère n'est pas humanitaire à proprement parler (c'est-à-dire centrée sur les conditions de vie de personnes particulièrement vulnérables).

tion institutionnelle particulièrement visible de certaines ONG – Médecins sans frontières au premier chef –, a pu constituer une surprise concurrentielle génératrice d'inquiétudes pour nombre d'institutions dédiées à l'action « traditionnelle » de développement (voir Duffield, 1995).

En France, le succès social de l'action des ONG humanitaires est tel qu'il obtient une reconnaissance politique en 1986, avec la création d'un secrétariat d'État aux droits de l'homme (puis à l'action humanitaire, en 1988). S'il s'agit d'un portefeuille ministériel sensible aux fluctuations politiques – il n'existe plus en tant que tel, au sein du gouvernement dirigé depuis 2002, par M. J.-P. Raffarin –, l'action humanitaire constitue, depuis le milieu des années 1980, un pan de la diplomatie française, actuellement dévolu au secrétariat d'État aux Affaires étrangères. En termes opérationnels, la politique humanitaire du gouvernement français demeure marginale, par rapport à la puissance que constituent les principales ONG françaises (d'autant que les plus grandes d'entre elles sont organisées en réseaux internationaux, agrégeant leurs capacités d'intervention à l'occasion de crises de grande envergure). En revanche, le secrétariat d'État à l'action humanitaire – lequel a été dirigé par trois fois par une personnalité issue de l'organisation Médecins sans frontières[1] – a fait émerger le concept de « droit d'ingérence humanitaire », dont de nombreux observateurs ont vu la consécration dans la résolution 43-131 de l'Assemblée générale des Nations Unies (8 décembre 1988), cette dernière autorisant la communauté internationale à apporter une aide humanitaire à un pays qui serait dans l'incapacité de le faire lui-même ; formulation habile qui préserve la subsidiarité de l'ingérence humanitaire par rapport au principe de souveraineté nationale mais consacre en réalité le « souci » humanitaire comme priorité de politique internationale, susceptible de s'imposer aux États, même de manière implicite.

Les résolutions de l'Assemblée générale des Nations Unies n'ayant qu'une fonction morale, c'est en réalité l'organe exécutif de l'ONU, le Conseil de sécurité, qui entérine le droit d'ingérence humanitaire, en s'appuyant pour cela sur le chapitre VII de la Charte des Nations Unies, dont il promeut une lecture extensive, assimilant les atteintes massives

---

1. Cette précision illustre à quel point MSF exerce un véritable magistère sur le concept même d'action humanitaire internationale.

contre les populations civiles et l'aide humanitaire à une menace contre la paix et la sécurité internationales. Ses résolutions 688 (5 avril 1991) et 794 (3 décembre 1992) légitiment une intervention militaire au nom de la protection des droits de l'homme (Irak, résolution 688) ou de l'aide humanitaire (Somalie, résolution 794) tandis que des interventions du même type seront menées en ex-Yougoslavie. « [En ce qui concerne les pays du Sud et de l'Est], le déni de souveraineté devient de plus en plus le fait d'autres États – occidentaux – qui, en général sous le couvert des Nations Unies, mais pas toujours –, s'arrogent [...] un « droit d'ingérence » après avoir décidé soit que l'État en question n'existait plus et avait par conséquent perdu sa souveraineté (la Somalie), soit qu'il l'exerçait de façon en somme criminelle (l'Irak). Qui plus est, pour rendre la procédure imparable, ce droit d'ingérence se pare presque constamment du motif de la défense des droits de l'homme » (Hermet, 1993, p. 186).

Cet interventionnisme droit-de-l'hommiste invite largement l'action humanitaire à partager sa légitimité. Déjà, dans les années 1980, la pérennisation d'un certain nombre de guerres civiles ou de crises régionales et les exodes massifs de réfugiés en résultant avaient largement mis à contribution l'aide humanitaire internationale. Les conséquences géopolitiques de la fin de l'empire soviétique amplifient un chaos qui, dans de nombreux pays, se traduit, soit par le délabrement du cadre étatique, soit par de véritables entreprises de destruction des populations civiles, sur des motifs et à des degrés divers, qui interpellent la « communauté internationale » et donnent à l'ONU l'occasion d'affirmer sa fonction d'institution régulatrice des tensions internationales post-guerre froide ; c'est ainsi qu'entre 1988 et 1994, l'ONU déclenche autant de missions de maintien de la paix que durant les quarante années précédentes, celles-ci prenant en outre un tour beaucoup plus volontariste (voir Bouchet-Saulnier, 1993).

Ces missions comprennent toujours un important volet humanitaire, de sorte que l'ONU décide d'investir ce secteur d'activité de manière formelle, en créant, dès 1991, un département des Affaires humanitaires (qui devient bureau de coordination des Affaires humanitaires en 1998) chargé de mettre en cohérence les interventions des quelques agences onusiennes œuvrant dans le domaine de l'assistance aux populations vulnérables (Programme alimentaire mondial, Haut Commissariat aux réfugiés et Unicef, en particulier). Autre signe d'institutionnalisation de l'action humanitaire internationale, la Commission européenne se pourvoit, la même année, d'un Bureau d'aide humanitaire (ECHO), chargé d'exécuter le budget annuel de l'Union européenne dédié à cette activité ; ECHO représente aujourd'hui le premier donateur mondial d'aide humanitaire.

Or, si les ONG de développement ne jouent qu'un rôle marginal dans la mise en œuvre des politiques publiques de coopération internationale, les ONG humanitaires en demeurent des maîtres d'œuvre incontournables, ne serait-ce que du fait de leur audience sociale et de leur expérience de terrain ; ainsi, par exemple, plus de 55 % des fonds annuels consacrés par ECHO à l'aide humanitaire transitent *via* environ 200 ONG partenaires, cette statistique n'incluant pas le CICR (que l'on peut considérer comme une institution humanitaire internationale même s'il s'agit formellement d'une ONG).

L'évolution institutionnelle de l'aide humanitaire n'est pas sans constituer, pour nombre d'ONG françaises, en particulier, une authentique source de perturbations. Certes, d'une part, l'importance reconnue de leur action et la part prépondérante qu'elles prennent à sa mise en œuvre leur donnent accès à des budgets publics accrus et à une consécration officielle qui leur permet, en particulier, de défendre fortement leur cause dans les instances publiques et les médias internationaux ; le prix Nobel de la paix décerné à Médecins sans frontières en 1999 constitue, si besoin en était, un témoignage éloquent de cette reconnaissance.

A contrario, les ONG sans-frontiéristes, notamment, s'inquiètent de ce que l'ontologie civile et associative de l'action humanitaire – ontologie érigée au rang de principe fondamental par les organisations elles-mêmes – puisse être inféodée à des préoccupations de nature politique ; à cet égard, le fait que les forces d'occupation de l'Irak, en mars 2003, aient simultanément fait la guerre et distribué de l'aide humanitaire aux populations civiles constitue l'aboutissement d'une évolution militaro-humanitaire sur laquelle nombre d'ONG ont posé un regard pour le moins circonspect. Le fait que les ONG puissent être réduites à un rôle de sous-traitant des politiques publiques aussi bien que la confusion des rôles institutionnels procédant du « tout humanitaire » ont également été commentés – et dénoncés – par les organisations les plus influentes.

L'institutionnalisation de l'action humanitaire propose donc un véritable défi stratégique aux ONG ; défi qui, comme nous allons le voir, questionne fondamentalement la nature et l'étendue de leurs responsabilités opérationnelles.

La responsabilité opérationnelle des ONG : d'une obligation de moyens vers une obligation de résultats ?

La responsabilité telle que nous l'avons définie est attachée à la personne dans ce qu'elle est et la met en jeu dans ce qu'elle fait. Les organisations sont elles-mêmes caractérisées par cette dualité être/objet : ce sont des communautés d'individus, pourvues de savoirs idiosyncrasiques et de caractéristiques culturelles qui permettent de les doter d'une dimension ontologique ; mais leur raison d'être est fondamentalement utilitaire puisqu'elles ne sont conçues que pour produire des biens et des services (dimension téléologique).

À de maints égards et à l'instar de toute organisation, les ONG sont enserrées dans un tissu transactionnel qui soumet leur gestion à d'importantes obligations de résultat. Nombre des relations qu'elles entretiennent avec leur environnement ont donc un contenu clairement synallagmatique. Par exemple, les ONG dont les projets sont financés sur fonds publics doivent se plier aux exigences de leurs partenaires institutionnels, lesquelles consistent notamment en une demande de rapports financiers rigoureux. Elles sont en outre soumises au même environnement réglementaire et législatif que n'importe quelle association sans but lucratif ; dès lors que leur responsabilité d'employeur, de fournisseur, de client, de créancier ou de débiteur s'exerce dans un cadre contractuel ou délictuel dépourvu d'équivoque, leur situation est réductible à celle de n'importe quel sujet de droit. L'originalité d'une réflexion dédiée à la responsabilité des ONG ne réside donc pas dans l'examen de relations dont le contenu transactionnel est explicite mais, au contraire, dans la façon dont leur être organisationnel intériorise et gère leur responsabilité de « producteur de solidarité ».

L'acte de charité, le don de soi, le dévouement, sont autant d'engagements sans dette dont la valeur semble circonscrite aux intentions qu'ils mettent en scène plutôt qu'aux résultats qu'ils obtiennent. Cet élan de solidarité procède-t-il d'un sentiment de responsabilité morale ? Il appartient aux ONG de l'argumenter, pas au chercheur de le vérifier. La question, pour ce dernier, réside d'abord dans le fait de savoir si le producteur de solidarité est confronté à des obligations assorties de conséquences afflictives dont, en cas de manquement, le constat est susceptible de recueillir l'accord intersubjectif. Il lui incombe ensuite de comprendre comment les ONG sont parvenues à mettre en situation de gestion une activité *a priori* dépourvue de toute dimension synallagmatique.

Pour ce faire, nous focaliserons notre propos sur la responsabilité des ONG envers les populations bénéficiaires de leur aide, en mentionnant un certain nombre d'évolutions concomitantes affectant également la nature de leur politique d'emploi.

La responsabilité opérationnelle des ONG : une obligation longtemps auto-référentielle, symbolisée par le concept d'*accountability*

L'action des ONG humanitaires trouve sa justification originelle dans l'occurrence d'une « crise » aiguë, affectant gravement les conditions d'existence normale d'une population donnée. Si cette vocation originelle a fait ensuite l'objet d'extensions déjà évoquées, elle continue à inspirer grandement les politiques opérationnelles des principales ONG humanitaires ; celles-ci interviennent en effet au cœur de situations de catastrophes naturelles (séismes, inondations, éruptions volcaniques, etc.) ou politiques, telles que guerres civiles ou internationales – le premier cas étant le plus fréquent –, exodes de réfugiés, famines, épidémies ou massacres de masse, de façon à secourir les populations que ces différentes calamités affectent. Les services délivrés par les ONG, dans ce type de contexte, n'ont d'autre but que de permettre aux populations affectées de survivre ; l'aide humanitaire en situation de crise comprend donc toujours un volet distributif (eau, nourriture, abris, items divers), un volet curatif (soins médicaux, nutrition, etc.) et un volet préventif (prévention des épidémies, mesures d'assainissement, etc.) destinés à une communauté d'individus plus ou moins importante ; généralement, l'aide prend la forme d'un dispositif de secours impliquant de nombreuses organisations, d'importance et de statuts divers, censées se coordonner de façon à couvrir au mieux l'ensemble des besoins générés par la situation de crise.

L'assistance humanitaire est toujours délivrée gratuitement aux populations nécessiteuses, cette gratuité privant la coordination offre/demande de son principal vecteur d'information, à savoir le « juste prix » permettant d'équilibrer les attentes respectives des agents en relation. Voilà pourquoi toute relation caritative est *a priori* caractérisée par une asymétrie d'obligations entre l'offreur et le demandeur. Doit-on en déduire que le premier est absous de toute responsabilité envers le second ? Poser une telle question peut sembler étrange ; après tout, le bénéficiaire d'une aumône est habituellement considéré comme étant l'obligé de son bienfaiteur plutôt que l'inverse.

Il est pourtant nécessaire d'opérer, sur cette question, une différenciation entre la charité individuelle – d'occurrence ponctuelle – et la charité organisée que mettent en œuvre les ONG. On peut d'ailleurs, pour illustrer cette différenciation, transposer les concepts des théories économiques néo-institutionnalistes (voir Williamson, *op. cit.*) au cas de la « transaction caritative ». La charité individuelle peut ici être assimilée à un « contrat fugitif » virtuel entre un donateur et un donataire ; d'une part, en effet, l'offre est facultative, ponctuelle et autofinancée ; d'autre part, elle n'implique généralement pas d'investissement personnel important, en temps ou en argent. On peut sans risque avancer l'idée que, pour le donateur occasionnel, la charité correspond à une décision économique *limited problem solving*, selon une terminologie empruntée à la recherche en comportement du consommateur (voir Hibbert et Horne, 1995). Enfin, généralement, la charité individuelle prend la forme d'une aumône monétaire dont l'utilisation, par le bénéficiaire, n'est pas de nature à dégrader son état personnel. Dès lors, la responsabilité du donateur par rapport au donataire ne pourrait être mise en jeu qu'à condition d'assimiler l'acte de charité à un contrat, interprétation qu'il semble difficile de valider d'un point de vue jurisprudentiel, sauf, à la rigueur, s'il était possible d'imputer à l'obole du donateur au donataire un préjudice quelconque subi par ce dernier (dans le cas de certains dons en nature aux conséquences dommageables, par exemple). On peut donc considérer que, dans le cas d'une transaction caritative interindividuelle, la responsabilité du donateur est limitée au respect du principe premier de la déontologie médicale, héritée du serment d'Hippocrate : *primum non nocere* (d'abord, ne pas nuire).

La situation de gestion des ONG diffère de celle de la personne charitable, sur deux points fondamentaux : d'abord, il s'agit d'organisations, soit des « construits sociaux » dont le but est paré d'une ambition institutionnelle. Elles sont donc financées par des tiers – voire mandatées – pour produire de la solidarité de manière continue. Ensuite, les prestations qu'elles proposent aux populations nécessiteuses résident en des biens et services complexes, dont les effets sur l'état des populations sont parfois difficiles à évaluer. Les ONG peuvent donc être considérées comme des actifs spécifiquement dédiés à l'action de solidarité, actifs dont l'utilité dépend *a minima* de l'effectivité avérée de leur action d'aide et de secours.

Or, les ONG font plus que « pratiquer la solidarité » ; elles la pratiquent *d'une certaine façon*. Il ne s'agit pas simplement, pour elles, de se comporter tels des « courtiers en générosité » dont la fonction se limiterait à acheminer sur tel ou tel site les denrées aléatoires généreusement mises à leur disposition par des donateurs divers, pour ensuite les poser quelque part, à charge, pour les populations nécessiteuses, de venir se les procurer. Il s'agit au contraire d'investir des ressources dans une intense activité de résolution de problèmes et de contribuer à l'érection d'une véritable éthique de responsabilité envers les populations bénéficiaires. D'une part, en effet, les ONG humanitaires adhèrent, nous l'avons vu, à une conception extensive du droit de l'hommisme, qui distingue *in principio* leur engagement de celui de l'action caritative. En substituant le droit à l'aumône, la solidarité à la charité, les ONG cultivent une conception de leur engagement qui relève d'une sorte de service collectif obligatoire, d'impulsion, de conception et de réalisation associatives.

D'autre part, les ONG humanitaires françaises sont principalement des organisations médicales ; or, la déontologie hippocratique astreint le médecin à une obligation de moyens à l'endroit de ses patients. Faut-il voir dans cette filiation l'origine d'une ambition professionnelle qui, très tôt, invite les organisations humanitaires d'urgence à rationaliser leur action de secours ? La réponse à une telle question ne peut être que conjecturale mais le constat qu'elle met en exergue est, quant à lui, indéniable. L'histoire de l'action opérationnelle des ONG humanitaires est celle d'un apprentissage progressif des services à assurer, des stratégies d'intervention à mener et des capacités opérationnelles à mobiliser pour faire face aux situations concrètes d'assistance.

Une ONG comme Médecins sans frontières comprend dès la fin des années 1970 la nécessité de doter son action de secours d'une véritable légitimité professionnelle, selon une logique d'intervention de type SAMU, impliquant d'importantes capacités logistiques. Dans son sillage, les organisations humanitaires vont procéder, tout au long de la décennie 1980, à un important travail de standardisation et de formalisation de leurs pratiques ; on peut affirmer que les plus importantes d'entre elles ont développé une véritable ingénierie de l'action de secours en contexte de catastrophe naturelle, épidémies ou exodes massifs. Le savoir qu'elles ont développé en la matière fait même l'objet de publications dans les revues médicales scientifiques (voir notamment Moren et Rigal, 1992).

Contrairement à l'intuition première, nombre d'interventions en situation de crise humanitaire (ou de grande précarité) sont caractérisées par une technologie dure de production. L'urgence humanitaire – c'est-à-dire l'action de secours que déclenche l'occurrence d'une catastrophe – commande en effet de focaliser l'intervention sur un objectif mesurable : il s'agit d'abaisser les taux de mortalité constatés dans les rangs des populations affectées par la crise et de les stabiliser à un seuil considéré comme normal[1], dès les premières semaines de l'intervention passées. Les moyens à mobiliser dans le cadre de cette finalité déclarée sont eux-mêmes dûment répertoriés ; quelques actions ciblées et quantifiées (distributions, soins, vaccination, assainissement, encadrement) permettent normalement d'atteindre l'objectif visé.

Les ONG humanitaires ont capitalisé le fruit de leurs expériences dans de nombreux manuels et guides opérationnels. Leurs programmes de lutte anti-épidémique s'appuient sur des protocoles thérapeutiques éprouvés. Leur expérience des situations d'urgence humanitaire leur permet enfin d'anticiper les carences que ces dernières produisent inévitablement, de sorte que des kits de matériels divers sont préconçus pour répondre efficacement à tel ou tel impératif de survie des populations bénéficiaires.

Cette capacité technologique atteste une véritable valeur ajoutée, de nature industrielle, apportée par les ONG à l'action de secours international ; valeur ajoutée qui leur permet de se prévaloir d'un concept dont la traduction française est encore balbutiante et dont la désignation fait donc toujours l'objet d'un anglicisme : il s'agit de la notion d'*accountability*, sorte d'obligation de diligence à laquelle les ONG s'astreignent envers les populations aidées.

L'*accountability* ne diffère en rien d'une responsabilité auto-référentielle et ses implications concrètes sont donc sujettes à caution, nous y reviendrons. Mais elle atteste, de la part des ONG qui s'y réfèrent, un engagement explicite à aider les populations vulnérables au mieux de leurs possibilités. Elle fournit en conséquence une matrice non équivoque d'évaluation de l'action humanitaire ; constat qui, au lecteur, pourra sembler « tomber sous le sens » mais qui, pourtant, et bien que fournissant l'une des rares bases dépourvues d'ambiguïté sur lesquelles fonder une tentative de diagnostic, n'est que très imparfaitement de nature à lever le voile recouvrant malgré tout l'efficacité de l'action des ONG, comme nous le verrons.

---

1. Le taux de 1/10 000/jour ou 2/10 000/jour est usuellement retenu, les interventions ayant généralement lieu dans des pays pauvres, affectés par des taux de mortalité structurellement élevés (voir MOREN et RIGAL, *op. cit.*).

Quoi qu'il en soit, les connaissances que les ONG humanitaires ont produites et capitalisées donnent une image complexe de leur action et justifient, par ce seul fait, leur nature « d'organisations », sortes de prothèses de la rationalité dont la fonction d'amélioration de l'information et de la décision individuelle a été conceptualisée par quelques auteurs devenus classiques, en théorie des organisations (Simon, 1951, 1983). Cette légitimation institutionnelle constitue-t-elle la finalité implicite du concept auto-référentiel d'*accountability* ? Si l'observateur bienveillant peut voir dans cette production d'intelligence une authentique manifestation d'oblativité associative, il est *a contrario* loisible à l'essayiste critique de remarquer que cette évolution va dans le sens de leurs intérêts institutionnels ; en se dotant d'une compétence professionnelle spécifique, les ONG accroissent leur audience auprès des institutions officielles, produisent des experts de l'action humanitaire d'urgence aisément recyclables dans les organisations internationales et accèdent plus facilement aux financements publics, les bailleurs de fonds s'avérant friands d'un minimum de garanties d'effectivité de leurs allocations financières.

Cette métaphysique des intentions est hors de propos du discours scientifique. On ne saurait pour autant la négliger puisque le discours qu'elle inspire influe sur la perception dont les ONG sont l'objet dans l'opinion publique. Les meilleures intentions du monde ne suffisent toutefois nullement à définir une responsabilité ; et, *a contrario*, la fable de Mandeville, mentionnée par Hermet (*op. cit.*), nous enseigne que d'intentions discutables peuvent émerger des résultats heureux.

Le concept d'*accountability* est-il susceptible d'accoucher d'un résultat « heureux », susceptible de transformer les « obligés » présumés de l'action humanitaire en « obligeants », envers leurs bienfaiteurs ? Il s'agit d'une évolution possible, corrélative de la transformation progressive d'une initiative caritative privée en un service public quasi obligatoire ; « service public » longtemps et paradoxalement de facture privée – et ce jusque dans ses aspects les plus officiels puisque le CICR, organisation privée de droit suisse, constitue le maître d'œuvre consacré d'une action de secours s'imposant aux États signataires des conventions de Genève (voir Bugnion, 1994) – et imbriquant aujourd'hui ONG et organisations internationales publiques, au service d'une prodigalité humanitaire devenue fondement dogmatique autant qu'instrument politique de l'activité diplomatique internationale.

Vers une normalisation des services humanitaires délivrés aux victimes de crises internationales ?

Or, de par son caractère obligatoire et institutionnel, la notion de service public implique celle de responsabilité. Il reste bien entendu que cette dernière est difficile à identifier. En effet, la satisfaction que les usagers peuvent prétendre retirer de l'action de service public n'est pas évaluée au travers d'une démarche de négociation ; cette caractéristique est génératrice d'opacité opérationnelle puisque l'efficacité du service ne peut souvent faire l'objet que de conjectures plus ou moins étayées (rapports d'évaluation), largement influencées par les préférences techniques et téléologiques de l'évaluateur.

Cette opacité du service et la complexité évaluative qui en résulte n'épargnent évidemment pas l'action humanitaire. Si nul ne conteste qu'une évaluation doive mettre en exergue ce que l'action concrète apporte de positif aux populations bénéficiaires, les dimensions à prendre en compte, dans ce sens, font débat et la déconnexion entre financement et consommation des services proposés rend le diagnostic particulièrement ardu. Il est en effet incongru d'astreindre les ONG humanitaires à une obligation maximaliste de service, ajustée « sur mesure » aux demandes individuelles ; de telles adaptations ne sont en effet concevables que dans le cadre de relations marchandes. En réalité et à l'instar de toute offre de service public, la demande en services humanitaires est postulée plutôt que découverte (« besoin normatif » au sens de Laufer, 1976) ; et, lorsque l'aide humanitaire entend « coller au plus près » des attentes des bénéficiaires, son engagement relève d'un altruisme inévitablement introspectif. Dès lors et sans même insister sur les effets pervers souvent attribués à l'aide humanitaire (« sevrage » des conflits ; déstabilisation des marchés locaux ; inégalités de traitement entre populations « déplacées » et populations autochtones, etc.), l'empathie dont elle procède est elle-même ambiguë ; certaines organisations humanitaires ont ainsi tendance à cultiver une relation distante, voire méfiante, vis-à-vis de certaines autorités ou communautés dont la représentativité leur semble sujette à caution. Leur « bonne volonté » peut aussi se heurter à certaines résistances individuelles non anticipées ; il en va ainsi, par exemple, de certains traitements médicaux dont l'administration peut entrer en conflit avec des croyances superstitieuses.

C'est donc sur la foi de valeurs culturelles réflexives que les ONG dispensent leurs secours, ce qui explique le reproche d'ethnocentrisme qui leur est parfois adressé. Il n'en reste pas moins, bien entendu, que le postulat d'humanité sur lequel repose leur action procède du plus élémentaire bon sens ; sur les terrains de crise et dans les camps de réfugiés, rares sont les individus qui refusent les soins ou la nourriture qui leur sont prodigués, même si – on l'a vu à propos de l'Irak – la façon de donner importe au moins autant que ce qui est donné. Par ailleurs, la proximité induite par le travail humanitaire implique que les volontaires prennent *a minima* note des doléances exprimées par les bénéficiaires de leur travail.

Est-il possible d'aller au-delà, en matière d'évaluation humanitaire ? La réponse à une telle question suppose que soient résolus un certain nombre de problèmes cruciaux liés à la conception, à la mise en œuvre et à l'utilisation des audits opérationnels produits, ce dont les conclusions d'une étude relative aux méthodes d'évaluation cultivées par les ONG de développement et les bailleurs de fonds internationaux (Kruse *et alii*, 1997) rendent parfaitement compte : si la demande d'évaluation est générale, dans le monde des acteurs de l'aide au développement (et l'action humanitaire), aucune unanimité ne se dégage ni sur les objectifs des projets devant être mis en œuvre, ni sur les critères susceptibles de les évaluer ; lorsque ces derniers font l'objet d'une identification consensuelle, leur mesure bute souvent sur un recueil d'informations insuffisant ou un traitement excessivement conjectural. Enfin, les motivations qui président à ces évaluations sont elles-mêmes différenciées selon les catégories d'acteurs en présence.

Le travail mentionné concerne les organisations intervenant dans le champ de l'aide au développement. Or, l'action humanitaire est actuellement l'objet de tentatives de normalisation qui pourraient favoriser l'émergence d'un véritable paradigme évaluatif. Il reste que la question des motivations présidant aux évaluations concerne avec la même acuité l'ensemble des ONG, qu'elles soient « développementalistes » ou humanitaires :

– Si l'on en croit Kruse *et alii* (*op. cit.*), les ONG de développement produisent des auto-évaluations relativement fréquentes de leurs programmes. Elles n'hésitent pas à se montrer sévères avec leurs propres réalisations, ce que nous avons pu nous-mêmes vérifier à propos de l'organisation Médecins sans frontières. Toutefois, outre qu'elles demeurent confidentielles, les évaluations internes des ONG sont principalement réalisées dans un but pédagogique. Elles ne sont assorties d'aucun dispositif de sanction ou de compensation, en cas d'échec ou d'inefficacité avérés d'un programme.

– De l'autre côté, les bailleurs de fonds auraient tendance à utiliser les évaluations à des fins sélectives, les audits ayant pour fonction de justifier la pertinence de leurs allocations de fonds. Cette aspiration rationaliste peut accoucher d'un désir de standardisation de l'action opérationnelle, occultant certaines de ses dimensions « subtiles » et qualitatives. Elle comporte également, pour les ONG, un risque tangible de remise en cause opérationnelle.

Une demande généralisée et systématique d'évaluation de l'action des ONG par les bailleurs de fonds institutionnels constituerait donc, pour ces dernières, une source de pression considérable sur leur activité. Si quelques grandes ONG disposent de « fonds propres » importants (dons collectés auprès du public), garants de leur indépendance opérationnelle, et si d'autres ont diversifié leur « risque bailleurs » en s'adressant à plusieurs financeurs internationaux (coopérations bilatérales étrangères, notamment), nombreuses sont les ONG françaises confrontées à une structure de marché « oligopsonique », c'est-à-dire caractérisée par un petit nombre de financeurs de projets (ECHO se taillant de très loin la part du lion, dans ce secteur d'activité) ; situation transactionnelle qui les rend évidemment très vulnérables aux exigences de ces derniers.

En matière d'aide aux ONG de développement comme en matière d'action humanitaire, il semble que l'évaluation strictement opérationnelle ait longtemps été négligée[1]. Aujourd'hui, nombreux sont les indices qui attestent une prise « à bras le corps » de ce problème par les bailleurs de fonds internationaux ; l'exemple d'ECHO semble révélateur de cette préoccupation de programmation et d'évaluation, si l'on en croit certains rapports[2] ou articles (voir Rienstra, 1999).

---

1. À propos de l'aide européenne aux ONG de développement, voir le rapport final, « Évaluation des opérations de cofinancement des ONG européennes de développement », South Research (chef de file du consortium d'évaluation), décembre 2000, disponible sur www.europa.eu.int/comm/europeaid. À propos de l'évaluation opérationnelle de l'action humanitaire financée par ECHO, voir Cour des comptes de l'Union européenne, « Rapport spécial n° 2/97 relatif aux aides humanitaires de l'Union européenne entre 1992 et 1995 accompagné des réponses de la Commission », *Journal officiel des Communautés européennes*, C 143, Bruxelles, 12 mai 1997.

2. Voir Commission européenne, « Rapport de la Commission (ECHO), 2001 », Bruxelles, juillet 2002, document disponible sur le site Internet www.europa.eu.int/eur-lex.

Il y a parfois loin de la coupe aux lèvres et les implications précises de ce souci d'évaluation restent à identifier. Toutefois, l'action humanitaire est, depuis peu, l'objet de tentatives de normalisation opérationnelle dont les effets pourraient être considérables, sur la nature des relations entre les ONG et leurs financeurs publics. On doit ici mentionner le projet *Sphere*, né en juillet 1997 à l'initiative d'un groupe d'ONG importantes (principalement anglo-saxonnes), réunies au sein du *Steering Commitee for Humanitarian Response* (SCHR) et financé par de nombreux bailleurs de fonds institutionnels (dont ECHO). Ce projet a pour but essentiel la rédaction d'un manuel intitulé « Charte humanitaire et normes minimales pour les interventions humanitaires lors de catastrophes[1] ». La partie la plus volumineuse de ce manuel, réalisé sur la base d'une très large consultation d'ONG et d'agences d'aide, édicte des normes minimales de service aux populations secourues, rigoureusement quantifiées (par exemple : droit des populations à recevoir 15 litres d'eau par personne et par jour) et devant s'imposer aux opérateurs de l'aide en situation d'urgence. Ce projet, en voie d'achèvement, doit déboucher sur une autre initiative (« projet Ombudsman », rebaptisé HAP, pour Humanitarian Accountability Project), consistant en le principe d'une médiation – probablement européenne – chargée de recevoir les plaintes des populations bénéficiaires, en cas de mauvais agissements ou de performances insuffisantes des agences d'aide ; projet recelant l'éventualité d'un dispositif de sanction des opérateurs dont les services seraient jugés insatisfaisants.

Si ce projet débouchait sur un cadre concret de régulation des relations entre bailleurs de fonds institutionnels et ONG, cette innovation procédurale constituerait pour ces dernières un véritable choc stratégique. En effet, la sélection, par ECHO, de ses partenaires opérationnels – rappelons que plus de la moitié du budget opérationnel d'ECHO transite par quelque 200 ONG partenaires – s'effectue, sinon sur des critères opaques, du moins sur la foi de capacités plus ou moins clairement attestées. La taille de l'ONG partenaire, son audience publique, sa réputation professionnelle, jouent ici un rôle important de même que, de façon plus tangible, la qualité de sa gestion administrative et financière, sans oublier quelques critères « politiques » incontournables, ECHO étant tenu de ménager un certain équilibre entre les ONG allocataires, notamment en fonction de leur nationalité.

---

1. Le manuel est disponible, en français, sur le site Internet www.sphereproject. org/handbook.

Si la pérennité de la relation contractuelle entre les ONG humanitaires et leurs bailleurs de fonds devait être soumise, soit à une évaluation systématique de leur action opérationnelle, soit à l'opinion dûment consignée, par un médiateur, des personnes auxquelles elle est adressée, nul doute que ce durcissement de la relation interinstitutionnelle serait de nature à engager l'action des ONG sur la voie d'une obligation de résultat.

Cette évolution va clairement dans le sens d'une responsabilité institutionnelle étendue, dont nous avons abordé les aspects principaux en première partie de ce chapitre et à la promotion de laquelle, nous l'avons vu, les ONG ont participé. Consacrer dans une pratique évaluative ou une norme législative les « droits-créances » des populations bénéficiaires de l'aide humanitaire, sous forme d'un panier standard de biens et services de base, cela revient *ipso facto* à définir les opérateurs de l'action humanitaire internationale comme débiteurs des obligations en question. Évaluer l'action humanitaire au regard de sa capacité à assurer ce service minimal – voire sanctionner sur la base de cette information les ONG dont l'inexécution serait alors considérée comme fautive –, c'est appliquer le principe d'une « responsabilité sans faute » à l'action humanitaire internationale. Ainsi, les populations bénéficiaires de l'action humanitaire ne seraient plus simplement victimes d'une situation de crise, affectant leurs « droits-garanties » ; elles pourraient aussi le devenir du fait d'un système d'aide déficient, ne s'acquittant pas (ou mal) de sa dette à leur égard.

On peut aller plus loin dans le sens de l'évolution qui vient d'être dévoilée. Pourquoi ne pas un jour reconnaître un authentique droit de plainte aux populations bénéficiaires de l'action humanitaire ? De la même façon qu'a récemment été institué un tribunal pénal international permanent, pourquoi ne pas concevoir un tribunal civil international qui serait fondé à instruire les demandes en réparation formulées par telle ou telle personne physique ou morale, à laquelle un « mauvais » service humanitaire aurait été rendu par tel ou tel organisme ? Ou, de façon sans doute moins engageante, une sorte de tribunal administratif international reconnaissant la responsabilité solidaire de l'ensemble du système d'aide par rapport à une offre insuffisamment performante ?

Pour l'heure, pareille suggestion relève du droit judiciaire fiction mais son intérêt réside en ce que son éventualité peut raisonnablement être extrapolée à partir des évolutions en cours. Cette obligation de performance tout à fait nouvelle, à laquelle pourraient être systématiquement astreintes les ONG humanitaires, va de pair avec un certain nombre d'évolutions internes, qui mettent en cause l'éthique du don de soi sur laquelle la mystique de leur engagement demeure fondée, la politique d'emploi des grandes ONG humanitaires semblant, ici, particulièrement concernée.

Du don à l'échange : le volontariat humanitaire en question

L'éthique autant que le fonctionnement originel des associations humanitaires reposent sur un engagement personnel unilatéral, procédant sans équivoque du don de soi ; la Charte de l'association Médecins sans frontières définit notamment ses membres comme des « volontaires, [qui] mesurent les risques et périls des missions qu'ils accomplissent et ne réclameront pour eux ou leurs ayants droit aucune compensation autre que celle que l'association sera en mesure de leur fournir ». Les principes de référence du mouvement Médecins sans frontières[1] précisent cette idée en définissant MSF comme « une organisation basée sur le volontariat : cette notion implique principalement le désintéressement qui atteste le caractère non lucratif de l'engagement des volontaires ».

Cet engagement désintéressé ne pose aucun problème de mise en cohérence avec les pratiques de l'organisation, lorsque celle-ci ne met en œuvre que des actions courtes et ponctuelles – c'est le cas de l'action humanitaire d'urgence, à ses débuts – et demeure de petite taille. Si l'éthique de générosité n'était pas de nature à motiver un grand nombre d'engagements volontaires, la plupart des ONG ne pourraient tout simplement pas survivre. Il convient ici de rappeler que les associations de petite taille – qui constituent le gros de l'effectif des ONG françaises – travaillent avec des moyens tout à fait modestes, sur la base d'une économie frugale, dont le bénévolat constitue la ressource principale.

Tel n'est pas le cas des « ténors » de l'aide humanitaire internationale, que leur croissance a entraînés sur la voie d'une politique d'emploi de moins en moins compatible avec l'idée de désintéressement. D'une part, en effet, la pérennisation de nombre d'opérations humanitaires et la diversification des programmes mis en œuvre par les principales ONG

---

1. Voir « Médecins sans frontières France, projet 2002 » (première partie, « Principes de référence »).

ont progressivement substitué le volontariat – emploi à temps plein indemnisé – au bénévolat d'origine (emploi occupé en dehors des heures de travail) ; la complexité croissante des opérations d'aide humanitaire, leur dangerosité et leur insertion dans un système de plus en plus dense de relations institutionnelles ont également confronté les ONG à un problème d'encadrement auquel le salariat de terrain – réservé au personnel faisant état d'une certaine expérience opérationnelle – apporte une solution imparfaite (les ONG se plaignant fréquemment du turn-over excessif de leurs expatriés). Enfin, la croissance institutionnelle des grandes ONG a donné naissance à d'importantes structures centrales, employant plusieurs dizaines de salariés.

La professionnalisation de l'aide humanitaire implique une mobilisation à temps plein de compétences diverses, dont la formation repose elle-même sur un investissement personnel important, appelant rémunération. Aujourd'hui, toutefois, les grandes ONG continuent à recruter leurs ressources humaines de terrain sur la base du volontariat, et ce bien qu'elles aient considérablement élevé leur demande de qualification initiale. On peut donc considérer qu'existe un désintéressement relatif des « volontaires première mission » embauchés par les associations humanitaires, ceux-ci bénéficiant en contrepartie de vraies perspectives d'apprentissage (notamment au travers des programmes de formation interne mis en œuvre par les ONG) et de carrière, dans ou en dehors de l'organisation (salariat de terrain et de siège, au sein de l'organisation d'origine ; possibilité de reconversion dans les institutions internationales).

Compte tenu de l'absoluité originelle de l'éthique de générosité de la plupart des ONG françaises, la question du niveau de rémunération de leurs cadres salariés a néanmoins récemment été posée, publiquement, en des termes volontairement polémiques[1]. Or, les allusions qui mettent en cause le désintéressement des ONG sont celles qui font assurément le plus de mal à leur attractivité symbolique. Elles sont de nature à affecter non seulement la confiance des donateurs mais, au-delà, à susciter l'anxiété et le mécontentement de ce que les associations comptent de militants de la première heure ou de « gardiens du temple » de l'éthique originelle.

---

1. Merchet Jean Dominique, « Les organisations humanitaires sont devenues un business. Entretien avec Sylvie Brunel », *Libération*, 7 mars 2002.

Il est un fait, toutefois, que le bénévolat, voire le volontariat, sont, dans le cas des grandes ONG humanitaires, menacés d'anachronisme à plus ou moins court terme. Ce constat comporte des implications économiques et culturelles diverses, dont nous ne retiendrons que l'aspect concernant la responsabilité des ONG vis-à-vis de leurs volontaires de terrain.

D'une part, en effet, la condition du volontaire tend à se rapprocher de celle du salarié. Le volontariat de solidarité internationale fait aujourd'hui l'objet d'un contrat (contrat de volontariat) et un décret de 1995 astreint les ASI qui y ont recours à une prise en charge étendue de leurs volontaires, constitutive d'une véritable responsabilité socio-économique à leur endroit (décret n° 95-94 du 30 janvier 1995 relatif aux volontaires et aux associations de volontariat pour la solidarité internationale). À cet égard, il est révélateur qu'aujourd'hui, les tribunaux se réservent le droit de requalifier l'engagement volontaire en contrat de travail[1].

La relation d'emploi humanitaire tend donc à passer d'une situation où le volontaire, au lieu de travailler « avec l'organisation », selon une logique empruntant à la fois à l'entrepreneuriat et au réseau, travaille « pour l'organisation », selon une logique beaucoup plus traditionnellement hiérarchique. Cette évolution pose à la gestion des ONG un problème particulier, au regard des conditions de sécurité dans lesquelles évoluent, la plupart du temps, leurs volontaires, certains auteurs insistant même sur le caractère de plus en plus périlleux de leurs missions[2] (Rufin, 1993). Les bailleurs de fonds institutionnels se sont d'ailleurs émus de cette dangerosité des terrains d'action et ont donc entrepris de se montrer plus directifs, sur cette question, envers leurs

---

1. Voir sur ce point l'exemple donné par Valéau (1998), portant sur un volontaire de l'association ACF.
2. Cette dangerosité accrue est avérée (voir ECHO et CICR, « Action humanitaire, perception et sécurité », rapport final de séminaire, ECHO et CICR, Lisbonne, 27-28 mars 1998). Schématiquement, les guerres civiles des années 1990 fonctionnent d'une manière beaucoup plus autarcique que dans les années 1980, leurs protagonistes opérant indépendamment de toute allégeance politique externe. Dans un tel contexte, les volontaires humanitaires constituent une cible potentielle des belligérants et autres auteurs d'exactions, soit que leur action soit considérée comme embarrassante, soit qu'ils constituent eux-mêmes une source de valeur économique (kidnapping, chantage), soit enfin qu'ils représentent un système de valeurs « ennemi » de la cause sous-tendant tel ou tel conflit.

partenaires associatifs, non, d'ailleurs, sans réticences explicites de la part de ces derniers (voir le rapport de séminaire organisé par ECHO et le CICR sur cette question, *op. cit.*). Les grandes ONG considèrent en effet que l'appréciation des conditions d'environnement des secours humanitaires leur incombe totalement, cette question faisant partie intégrante de leur politique opérationnelle ; elles investissent d'ailleurs beaucoup d'attention organisationnelle sur ce problème et n'hésitent pas à se retirer de certains terrains d'intervention, lorsque ceux-ci ne permettent plus à l'action de secours de se déployer dans des conditions viables.

Il n'en reste évidemment pas moins que le volontaire humanitaire engagé au cœur d'une guerre civile encourt des risques personnels non négligeables. Il pourrait dès lors arriver qu'un volontaire blessé, par exemple, demande réparation du préjudice subi à son association de rattachement, y compris devant un tribunal. Pourquoi, en effet, ne pas imputer l'occurrence d'une blessure ou d'un préjudice plus grave à l'excessive témérité de telle ou telle organisation, poussant ses volontaires à prendre des risques inconsidérés, dans le cadre d'une relation d'emploi que caractériserait l'autorité plutôt que le partenariat ? Notre propos n'est évidemment qu'hypothétique mais il existe un certain nombre de signes qui pourraient contribuer à lui donner plus de consistance. D'abord, on l'a dit, le fait que plus que tout autre préjudice, les dommages corporels soient aujourd'hui l'objet d'une vigilance jurisprudentielle particulière. Ensuite, le fait qu'un certain nombre de conventions et règlements internes visant à exonérer la responsabilité des associations, dans certains cas, sont frappés de nullité par les tribunaux civils (voir Wiart, *op. cit.*) ; les Chartes des associations humanitaires et l'engagement pleinement volontaire qu'elles postulent pourraient parfaitement tomber sous le coup de cette annulation. Enfin, la possibilité qu'en tant qu'institutions et professionnels de l'action humanitaire, les grandes ONG soient considérées comme astreintes à un devoir de protection et d'encadrement de leurs jeunes volontaires, confinant à une obligation absolue de sécurité.

Une tendance inéluctable ?

À l'instar de nombre d'organisations et d'institutions, les ONG semblent donc entraînées sur la pente d'une responsabilité étendue, aux contours toutefois hypothétiques. Il en résulte, de leur part, une anxiété ostensible, voire une certaine nostalgie. Loin du temps jadis où leur action volontariste était admirée pour elle-même, leur survie serait aujourd'hui soumise à un regard social plus inquisiteur, voire plus méfiant à leur endroit (voir Benthall, 1993[1]).

Nombreuses sont celles qui entérinent le cours des choses et considèrent aujourd'hui leur situation de gestion comme assimilable à celle d'une entreprise, non sans inquiétudes manifestes[2] ; il est un fait qu'une responsabilité accrue est porteuse de contraintes supplémentaires et constitue, en conséquence, une source de pression non négligeable sur le fonctionnement de n'importe quelle organisation. Toutefois, cette vision des choses tend aussi à donner l'image d'ONG qui seraient le produit d'un environnement inexpugnable, s'imposant inéluctablement à leur identité associative d'origine et confrontant leur pilotage stratégique à de douloureuses adaptations internes. C'est oublier que les ONG – les plus grandes et les plus influentes, en tout cas – ont participé, *primo*, à la diffusion d'un droit de l'hommisme extensif, impliquant lui-même une responsabilité étendue des institutions envers les individus et, secundo, à la sophistication technologique de l'action humanitaire contemporaine, sans laquelle nulle entreprise de normalisation ne serait envisageable.

Jadis « arroseuses », aujourd'hui « arrosées », les ONG sont donc passées de l'autre côté des barrières conceptuelles qu'elles ont contribué à ériger. Après s'être posées en redresseuses de torts internationaux et en porte-parole de l'intérêt des victimes, elles seraient aujourd'hui en passe de devoir leur rendre des comptes. Mais cela n'est-il pas conforme à leurs intérêts ? Après tout, la capacité technologique des grandes ONG françaises est aujourd'hui à la hauteur de celle des ONG

---

1. « Their value systems and policies and their actions both "in the field" and within their home constituencies are likely to come under increasing scrutiny » (p. 123).
2. Citons pour illustrer cet état de fait, la phrase suivante, extraite du rapport financier de l'association Médecins du Monde, pour l'exercice 1996 : « Les exigences de ceux qui nous soutiennent, donateurs privés, bailleurs institutionnels, entreprises, sont de plus en plus fortes ; l'humanitaire et les grandes associations n'échappent pas à la logique du marché : compétitivité, efficacité, performance. On peut le regretter, tenter de ralentir cette logique, il n'en demeure pas moins que le processus est bel et bien engagé » (1996, p. 8). Ou encore, cette phrase d'un dirigeant de l'association Greenpeace – laquelle est une ONG mais n'est pas considérée comme une ASI –, relevée dans un article de presse : « Nous sommes des organisations contraintes à la performance comme une entreprise avec des actionnaires. Nous ne pouvons pas nous permettre de décevoir nos milliers de cotisants » (Laurence CARAMEL, « ONG, le débat sur les salaires est ouvert », *Le Monde*, 9 avril 2002).

américaines et britanniques, dont la rationalité technico-économique constitue toutefois un trait culturel prégnant et dépourvu d'ambiguïté. Une normalisation rigoureuse de l'action humanitaire réserverait certainement les interventions internationales les plus visibles à un club fermé de grandes associations, seules capables de mettre en œuvre des programmes opérationnels conformes aux standards requis. Elle constituerait dont une barrière à l'entrée sur le marché de la solidarité internationale privée, au profit des grandes associations expérimentées, ainsi protégées contre la concurrence des petites.

Il est également possible que la technicisation accrue de l'aide humanitaire conforte, au sein même des ONG, les ambitions de certains « modernes » contre les nostalgies de certains « anciens ». Affirmer l'inéluctabilité d'un environnement devenu sévère à l'endroit des réalisations opérationnelles des ONG, c'est aussi légitimer, en interne, une conception plus hiérarchique de leur structure, une programmation plus rigoureuse de leurs actions, une formalisation plus résolue de leurs procédures ; c'est en quelque sorte faire place nette à l'ambition d'un véritable management, basé sur la recherche de la performance (financière et opérationnelle, notamment).

Pourtant, et de façon très nette, toute la stratégie des ONG françaises consiste à préserver l'ambiguïté – voire l'opacité – de leur action opérationnelle, de manière à conserver la plus grande liberté de conception et d'action possible ; de sorte que, non seulement les inquiétudes manifestées à l'endroit des évolutions en cours ne sont pas feintes mais qu'en outre, les arguments qu'elles mobilisent pour s'y opposer ne sauraient être négligés. D'une part, en effet, les ONG sont le produit d'une histoire complexe, n'invitant que de manière progressive le management et l'organisation à infiltrer leur culture de l'engagement militant et désintéressé, cette insémination étant vécue de manière plus ou moins conflictuelle, selon les organisations concernées. D'autre part, une grande part de la prospérité des ONG repose précisément sur une mystique de l'engagement volontaire sans laquelle nombre de soutiens importants s'étioleraient vraisemblablement (à commencer par celui des donateurs).

Il est donc important qu'à côté de leur sérieux professionnel, les ONG puissent attester la vigueur de leur éthique d'origine ; c'est la raison pour laquelle le volontariat demeure leur modalité d'emploi principale et c'est aussi pour cela que les ONG humanitaires insistent, dans leur recrutement, sur l'importance des « novices » – appelés « première mission » –, censés insuffler leur enthousiasme et leur fraîcheur aux programmes auxquels ils sont affectés. C'est aussi pour cela que les ONG tiennent à préserver leur identité associative, leur culture du débat, l'interpersonnalité de leurs relations, etc. C'est enfin et surtout pour cela que les ONG humanitaires défendent pied à pied la légitimité de leur indépendance opérationnelle.

Les grandes ONG humanitaires françaises ont en effet toujours refusé d'enfermer leur action dans un prisme conceptuel de nature technico-économique. Ce relativisme répond à certains arguments de bon sens ; d'abord, en effet, la mise en œuvre concrète d'un « arsenal » de méthodes et de moyens, aussi éprouvés soient-ils, demeure soumise, au sein d'environnements opérationnels par nature turbulents, à d'importants facteurs de contingence (sécurité du personnel, notamment) ; ensuite, l'absoluité de certaines normes d'intervention peut se révéler insuffisante dans la prise en compte des besoins réels des populations rencontrées[1]. Voilà pourquoi, pour les ONG humanitaires, l'affichage d'une capacité technologique est une chose, sa mise en œuvre, une autre ; il serait intéressant de savoir jusqu'où, culturellement, est poussé ce droit à la « dissociation » entre capacités et moyens. N'est-elle légitimée que par des facteurs spécifiques au contexte d'intervention ou par une éthique d'intervention plus large, autorisant par exemple les ONG à renoncer à leurs propres priorités opérationnelles pour mettre en œuvre des programmes plus symboliques (sauvetage coûteux de tel ou tel enfant atteint de malformation cardiaque, par exemple, au prix de moyens qui auraient permis de venir en aide à un plus grand nombre de personnes) ? Nous laisserons ici cette question en l'état ; il est de toute façon probable que le fait de s'éloigner de manière trop ostensible d'une logique d'optimisation des secours exposerait les grandes ONG à des critiques publiques dommageables à leur réputation et il n'est donc pas certain qu'elles puissent, aujourd'hui, prendre un tel risque d'image.

Il n'en reste pas moins que les grandes ONG françaises refusent de se résigner à une normalisation sèche de l'action humanitaire internatio-

---

1. Il est, par exemple, usuellement admis que la consommation d'une ration alimentaire quotidienne de 1900 à 2000 kilocalories est suffisante pour stabiliser l'état nutritionnel des personnes secourues ; or, comme le rappellent certains auteurs, une focalisation excessive sur cette norme quantitative occulte certains paramètres de qualité (diversité alimentaire) sans lesquels l'état des populations peut se dégrader jusqu'à déboucher sur des épidémies liées à des carences vitaminiques (MOREN, RIGAL et BIBERSON, 1992).

nale[1], dont la rigidité leur paraît aussi grave que l'inféodation des associations aux financeurs institutionnels qui pourrait en résulter. Aussi les plus importantes ASI françaises lui ont-elles opposé un contre-projet (« Plate-forme Qualité »), insistant sur la nécessaire contingence des opérations d'aide humanitaire. Position qui, en sacrifiant la transparence opérationnelle à la prise en compte de sa subtilité, légitime le savoir-faire conceptuel des associations et contribue donc à légitimer la dimension auto-référentielle du concept d'*accountability*, sur la foi d'arguments au demeurant parfaitement recevables.

Le « combat » paradigmatique entre *Sphere* et *Projet Qualité* oppose donc deux conceptions de l'aide humanitaire qui s'accordent toutefois sur la légitimité d'une démarche d'évaluation. Dans ce débat, le poids communicationnel des ONG françaises n'est pas négligeable et, au-delà de la valeur intrinsèque des projets de normalisation en présence, la teneur réelle de la responsabilisation des ONG humanitaires dépendra de la portée politique des options défendues par les uns et les autres.

Un autre argument, plus prosaïque, contribue à fortement amender la thèse d'un environnement opérationnel, devenu si inquisiteur, que la politique opérationnelle des ONG s'en trouverait implacablement déterminée. L'évaluation rigoureuse de l'action opérationnelle des ONG humanitaires suppose en effet un travail colossal de collecte et de traitement de l'information de sorte que l'on ne voit pas comment, par exemple, ECHO parviendrait à élaborer un « scoring » objectif et, pour ainsi dire, en temps réel, de ses divers partenaires, compte tenu du nombre de contrats d'opérations annuellement signés avec ses divers partenaires (environ un millier). Le projet HAP bute lui-même sur un problème de faisabilité, que les organisations signataires de la « Plate-forme Qualité » ont très bien relevé : « Est-il pensable qu'une entité indépendante ait la capacité d'appréhender la valeur des plaintes et critiques techniques dans l'ensemble des domaines techniques couverts par *Sphere* ? Si la réponse à cette question devait être « oui » […], alors la taille et la compétence de cette entité seraient nécessairement importantes et coûteuses. »[2] Dès lors, on peut douter que les bailleurs

---

1. Les promoteurs de la « Plate-forme Qualité » comparent les standards *Sphere* à des « normes ISO ». Voir le document intitulé « Les dangers et les incohérences des approches normatives pour l'aide humanitaire, synthèse des réflexions soulevées », accessible sur le site Internet www.urd.org/rech/sphere.
2. « Plate-forme Qualité », « Les dangers et les incohérences des approches normatives de l'aide humanitaire, synthèse des réflexions soulevées », p. 4, www.urd.org/rech/sphere/dangers.

de fonds institutionnels soient incités à « faire comme si » leur demande de projets humanitaires devait obéir à un processus sélectif aussi systématique et rigoureux que celui qui prévaut dans le cadre de la coordination marchande.

Or, faute de cette politique systématique d'évaluation, la légitimité sélective des audits opérationnels serait probablement l'objet de contestations déstabilisantes, pour les bailleurs de fonds. De la sorte, il est douteux que les ONG les plus influentes ne parviennent pas à défendre leurs positions et leur réputation de manière convaincante, quelle que soit la teneur de leurs programmes d'assistance (seules de graves erreurs opérationnelles, assimilables à une manifestation d'incompétence dépourvue d'équivoque, seraient de nature à affecter sérieusement la rente informationnelle des grandes ONG).

Ces remarques permettent de relativiser les évolutions que nous venons de décrire, tendant à assimiler la situation des ONG à celle des entreprises commerciales, avec ce que cette analogie suppose de contraintes partagées et d'obligations menaçantes. Pour autant, il ne serait pas raisonnable de faire comme si de rien n'était, et de négliger les tendances lourdes largement décrites tout au long de ce chapitre, lesquelles confrontent assurément les ONG humanitaires à une définition incertaine – donc anxiogène – de leurs responsabilités opérationnelles.

CONCLUSION

L'histoire de l'action humanitaire contemporaine est celle d'un projet d'entreprise porté par des organisations dynamiques et validé par un environnement porteur. Les ONG sans-frontiéristes sont parmi les premières – toutes catégories d'organisations confondues – à s'être initiées au marketing direct, de manière à prospecter et fidéliser un nombre croissant de donateurs privés. Elles ont rapidement compris le parti qu'elles pouvaient tirer de l'avènement des médias audiovisuels comme vecteur principal d'information sociale et politique, dès le milieu des années 1970. Elles ont enfin pris le soin de professionnaliser et de spécifier leur travail d'intervention auprès des populations vulnérables, dans un monde prodigue de crises chroniques et de catastrophes diverses.

Leur ascension sociale et leur croissance institutionnelle donnent, de la sorte, une impression de fulgurance. Toutefois, le succès réclamant toujours sa rançon, les ONG humanitaires semblent « payer » leur importance institutionnelle d'une vigilance accrue à laquelle les soumettrait leur environnement : l'efficacité de leurs actions serait ainsi questionnée, leur honnêteté jaugée avec méfiance, leurs positions publiques jugées avec circonspection et leur influence de lobby, relevée par certains analystes. Autant de pressions appelant l'action humanitaire associative à un certain nombre de devoirs là où, jadis, leurs seules intentions suffisaient à les valoriser.

La teneur précise de ces contraintes, évoquées comme autant de mutations affectant fondamentalement leur être associatif, est difficile à sonder. Entre les préoccupations d'évaluation opérationnelle exprimées par les bailleurs de fonds institutionnels et leur mise en pratique, un écart important semble persister. Quant aux articles de presse ou aux reportages télévisés hostiles ou réticents vis-à-vis de l'action humanitaire, ils ne semblent finalement pas si nombreux. Sans doute l'action humanitaire a-t-elle perdu de son aura, en passant du camp de la contestation à celui de l'institution ; sans doute aussi le tiers monde a-t-il perdu de son attractivité idéologique. Il n'en reste pas moins que l'influence sociale et la reconnaissance internationale des ONG humanitaires demeurent considérables.

Dans ce contexte, les ONG semblent confrontées à un durcissement de leurs obligations envers leurs « clients virtuels » – les populations « victimes » – et leurs volontaires, en particulier. Responsabilisation qui procède elle-même de l'avènement d'un droit de l'hommisme extensif et d'une tendance lourde à la substantivation jurisprudentielle d'un certain nombre d'asymétries relationnelles.

Le management stratégique des ONG humanitaires est dès lors confronté à une ambiguïté fondamentale. Après être parvenues à intéresser un grand nombre d'acteurs divers à leur action, de façon que celle-ci puisse jouir des soutiens indispensables à son épanouissement socio-économique, les ONG – particulièrement françaises – aspirent en quelque sorte à abstraire leur action opérationnelle de toute situation de gestion. Celle-ci, rappelons-le, soumet une activité de production à un jugement externe, dont dépend grandement sa pérennité. Or, le discours des ONG opérationnelles consiste à défendre leur rente informationnelle contre toute tentative de mise à nu de l'efficacité de leur action, sans pour autant contester la nécessité d'une activité de reddition de comptes. Le management des ONG humanitaires vise donc à concilier deux objectifs stratégiques *a priori* contradictoires : d'une part, préserver le magistère exercé par les associations humanitaires sur une action de solidarité dont elles ont inventé la philosophie et la pratique, ce qui implique une intense activité de légitimation de leur souveraineté opérationnelle ; d'autre part, satisfaire les exigences dont leur situation de gestion d'organisation privée dépend, ce qui implique nécessairement de donner certains gages d'effectivité, voire d'efficacité des actions entreprises.

Il est donc de la responsabilité du management stratégique des organisations humanitaires de préserver la nature morale de leur responsabilité de producteur de solidarité ; responsabilité qui, au lieu de reposer sur un dispositif tangible d'incitations/sanctions, fait appel à la conscience professionnelle et à l'engagement éthique, mais responsabilité dont la validité est soumise au jugement externe puisque dépendante d'une confiance sociale. De cet ultime combat pour la légitimation de soi-même dépend rien de moins que ce qui constitue de fait, aujourd'hui, l'originalité irréductible des ONG humanitaires.

Bibliographie

Archambault E. (1996), *Le Secteur sans but lucratif. Associations et fondations en France*, Economica, Paris.

Barnard C. (1938), *The Functions of the Executive*, Cambridge, Harvard University Press, Londres.

Benthall J. (1993), *Disasters, Relief and the Media*, IB Tauris, Londres.

Bouchet-Saulnier F. (1993), « Maintien de la paix et droit humanitaire, la contradiction », in Médecins sans frontières, *Face aux crises*, Hachette, Paris, p. 195-203.

Boulet-Sautel M. *et alii* (1989), *La Responsabilité à travers les âges*, Economica, Paris.

Brauman R. (1993), « Comment les médias viennent aux crises », in Médecins sans frontières, *Face aux crises*, Hachette, Paris, p. 171-184.

Brauman R. *et alii* (1986), *Le Tiers-Mondisme en question*, Éditions Olivier Orban, Paris.

Brauman R., Sivan E. (1999), *Éloge de la désobéissance : le procès Eichmann : essai sur la responsabilité*, Le Pommier, coll. « Manifestes », Paris.

Bruneau D. (1996), « L'expérience du Comité de la Charte et de la loi du 7 août 1991 », in Dufourcq N. *et alii*, *L'Argent du cœur*, Hermann, Paris, chapitre 11, p. 217-247.

Bugnion F. (1994), *Le CICR et la protection des victimes de guerre*, CICR, Genève.

COMMISSION COOPÉRATION-DÉVELOPPEMENT (2001), « Argent et organisations de solidarité internationale 1998-1999 », Commission Coopération-Développement, Paris.

D'Almeida N. (1996), *L'Entreprise à responsabilité illimitée*, Liaisons, Paris.

Deldique P. E, Ninin C. (1991), *Globe Doctors. Vingt Ans d'aventure humanitaire*, Belfond, Paris.

Destexhe A (1993), *L'Humanitaire impossible ou deux siècles d'ambiguïté*, Armand Colin, Paris.

Duffield M. (1995), « La fin du développement ? », *Courrier Planète*, mars-avril, p. 9-10.

Girin J. (1990), « L'analyse empirique des situations de gestion : éléments de théorie et de méthode », in Martinet A.-C., *Epistémologies et sciences de gestion*, Economica, Paris, chapitre 4.

Griffin M., Babin B. J., Attaway J. S., Darden W. R. (1993), « Hey can ya spare some change ? The case of empathy and personal distress as reactions to charitable appeals », *Advances in Consumer Research*, vol. 20, p. 508-514.

HAYEK F. A. (1973), *Droit, législation et liberté*, volume 1 : *Règle et ordre*, PUF, Paris.

HERMET G. (1993), « Les États souverains au défi des droits de l'homme », in Médecins sans frontières, *Face aux crises*, Hachette, Paris, p. 185-194.

HIBBERT S., HORNE S. (1995), « To give or not to give ? Is that the question ? », *European Advances in Consumer Research*, vol. 2, p. 179-192.

HOCQUET-BERG S. (1995), « Obligation de moyens ou obligation de résultat ? À propos de la responsabilité civile du médecin », thèse de doctorat, Paris-XII.

JEAN F. (1993), « Crise et intervention », in Médecins sans frontières, *Face aux crises*, Hachette, Paris, p. 19-42.

JONAS H (1998), *Le Principe Responsabilité*, Flammarion, Paris.

LAUFER R. (1976), « Le marketing du service public », *Revue française de gestion*, n° 7, novembre-décembre, p. 72-87.

LE DUFF R., PAPILLON J.-C. (1988), *Gestion publique*, Vuibert, Paris.

LEMAIRE J.-F., IMBERT J.-L. (1985), *La Responsabilité médicale*, PUF, coll. « Que sais-je ? », Paris.

LORCHAK D. (2002), *Les Droits de l'homme*, La Découverte, coll. « Repères », Paris.

MESNARD P. (2001), « La visibilité de la victime humanitaire », actes du colloque international *ONG et action humanitaire : entre militantisme transnational et action publique*, Faculté de droit et de science politique, La Rochelle, avril.

MOREN A., RIGAL J., BIBERSON P. (1992), « Populations réfugiées : programmes de santé publique et urgences de l'intervention », *La Revue du praticien-médecine générale*, tome 6, n° 172, mars.

MOREN A., RIGAL J. (1992), « Priorités sanitaires et conduites à tenir », *Cahiers Santé*, 2, p. 13-21.

QUEINNEC E. (1998), « La notion d'efficacité appliquée aux organisations humanitaires : signification, critères, déterminants », thèse de doctorat en sciences de gestion, Toulouse-I.

RIENSTRA D. (1999), « Le coût de l'aide humanitaire ? Les contribuables en ont-ils pour leur argent ? », *Revue des Questions humanitaires*, n° 4, hiver, repris sous le titre « L'aide humanitaire de l'UE est-elle efficace ? », *Problèmes économiques*, n° 2.627, 18.8.1999, p. 1-5.

RUFIN J.-C. (1993), « Les paradoxes de la protection », in Médecins sans frontières, *Face aux crises*, Hachette, Paris, p. 153-169.

SALON S., SAVIGNAC J.-C. (1985), *La Fonction publique*, Sirey, Paris.

SIMON H. A (1951), *Administrative Behavior : a study of decision-making processes in administrative organization*, Macmillan, New York (trad. Fr. *Administration et processus de décision*, Economica, Paris, 1983).

VALEAU P. (1998), « La gestion des volontaires dans les associations L. 1901 : un passage par les contingences de l'implication, thèse de doctorat en sciences de gestion., Lille-1. http://homepage.dtn.ntl.com/dmb/PValeau.

VILLEY M. (1989), « Esquisse historique sur le mot responsable », in BOULET-SAUTEL M. *et alii, La Responsabilité à travers les âges*, Economica, Paris, chapitre 3, p. 75-88.

WIART C. (1999), *La Responsabilité pénale, civile et financière des associations et de leurs dirigeants*, Éditions Territorial, Paris.

WILLIAMSON O. E (1985), *The Economic Institutions of Capitalism*, The Free Press, New York (trad. Fr. *Les Institutions de l'économie*, Interéditions, Paris, 1994).

WINOCK M. (1999), *Le Siècle des intellectuels*, Éditions du Seuil, Paris [1997].

WINTER G. (2002), *L'Impatience des pauvres*, PUF, Paris.

YALA A. (2001), « ONG : contexte historique et idéologique », in *ONG et entreprises, du duel au duo ?*, p. 11-60, Edelman, Paris.

Conclusion

Alain COURET

La responsabilité a au moins trois dimensions si l'on se place dans la logique de l'entreprise. Sont d'abord susceptibles d'être qualifiés de responsables ceux qui assument certains pouvoirs dans l'entreprise : la responsabilité est synonyme de pouvoir de décision. *A priori*, la détention de ce pouvoir induit la deuxième signification que recouvre le terme : parce qu'ils sont dépositaires d'un pouvoir de décision, les responsables peuvent être appelés à rendre des comptes et l'on tombe alors dans l'approche juridique de la responsabilité. Une troisième signification du terme de responsabilité est plus personnelle : il s'agit du sens individuel de la responsabilité, c'est-à-dire du « sentiment immédiat de responsabilité [qui] s'impose à nous en dehors de l'idée de faute et de toute hantise de poursuite[1] ».

Ce sentiment peut être au demeurant poussé jusqu'à la volonté de faire coïncider responsabilité morale et responsabilité juridique. Ainsi les déclarations de Pierre Guillaumat, alors président de la Société ELF AQUITAINE, diffusant dans la presse un communiqué au lendemain de l'affaire des « avions renifleurs » : « J'étais le chef, donc le responsable et je ne tolérerai pas qu'un seul de mes subordonnés soit poursuivi. »[2]

C'est à partir de ces trois significations de la responsabilité qu'il nous paraît possible de développer quelques observations en forme de conclusion.

---

1. DUPUIS Marc, *Le Monde de l'Éducation,* n° 267, février 1999.
2. Cité par ETCHEGOYEN Alain, in « Autorité et responsabilité », *Les Échos,* mardi 1er juillet 2003, p. 53.

I

Tout d'abord, considérons *la responsabilité au sens de pouvoir*. Cette responsabilité était à l'origine réservée à une élite : responsable était synonyme de dirigeant. Aujourd'hui, cette responsabilité s'est très largement diffusée dans des conditions dont l'ambiguïté a été très bien perçue par un certain nombre d'observateurs. Ainsi Alain Etchegoyen[1] relève-t-il que, si la responsabilité est aujourd'hui considérée comme un axe primordial dans les transformations du management, elle exprime deux réalités :

- Tout homme trouve une certaine satisfaction dans l'exercice de sa propre responsabilité.
- La responsabilité est une incitation à l'action.

De ce dernier point de vue, la responsabilité devient une sorte d'outil de gestion. Dans un essai paru en 1999, deux auteurs[2] sont au demeurant allés plus loin en ce sens en cherchant à démontrer que cette référence à la responsabilité était un avatar de la récupération par le système capitaliste des thèmes portés par ses forces d'opposition. Ainsi, selon les auteurs, l'autonomie, la créativité et donc le sens de la responsabilité inculqué par le modèle managérial dominant ne seraient que la « récupération » des idéaux anticapitalistes des années 1960. Sans se prononcer véritablement au fond, d'autres auteurs[3] s'interrogent dans le prolongement de ces thèses sur la question de savoir si l'éthique d'entreprise ne serait pas qu'une simple transformation d'esprit en réponse aux maux du travail et à la méfiance accrue de l'opinion à l'égard des multinationales[4].

Quelle que soit la cause du phénomène, quelles que soient les ambiguïtés dont elle est porteuse, la diffusion de la responsabilité comme synonyme de pouvoir est un phénomène inéluctable dans une société moderne qui ne peut plus fonctionner sans un minimum d'adhésion des acteurs.

---

1. In *Le Temps des responsables,* Éditions Pocket, coll. « Agora », n° 153, p. 105.
2. CHIAPELLO Ève et BOLTANSKI Luc, *Le Nouvel Esprit du capitalisme,* Gallimard, « NRF Essais », 1999.
3. GONZAGUE Arnaud et TOUBOUL Sylvie, *Vous avez dit : Entreprises responsables ?,* Éditions Vie et Compagnie 2003, p. 61.
4. *Ibid.,* p. 60-61.

Encore la réalité de cette diffusion peut-elle être discutée sous deux angles :

- – d'abord quant à la « cohérence entre le discours managérial et les actes effectivement mis en œuvre dans l'entreprise »[1] ;
- – ensuite quant à la réalité de cette responsabilité au regard de l'Autre, « cet Autre qui appartient toujours à un autre ensemble extérieur à son propre territoire »[2].

Enfin, on ajoutera que la question peut aussi être discutée au regard des corrélats juridiques de cette responsabilité, et notamment au regard de la question de la réparation des préjudices commis.

II

Voyons donc maintenant la responsabilité *dans son sens plus étroitement juridique*.

Cette deuxième dimension de la responsabilité est sans doute essentielle. Certes, cette démarche est un peu réductrice puisqu'elle consiste à limiter le sens de la responsabilité à la notion de faute et à sa réparation. Cependant, à l'issue d'une réflexion générale sur la responsabilité, il est peut être souhaitable pour le lecteur de mesurer davantage la responsabilité en termes de risque juridique, et c'est le pari qui a été fait. En deçà du sentiment d'être responsable, la question du prix à payer éventuellement pour cette responsabilité est celle dont quiconque ne saurait guère faire l'économie.

Comme bien souvent à la lecture des articles de presse ou des articles savants paraissant sur la question, la matière suscite un évident malaise, une insatisfaction aux origines multiples. Il n'est que de relever les appréciations critiques des auteurs commentant les solutions jurisprudentielles en la matière. On peut se demander d'abord si cette insatisfaction n'est pas que l'écho de l'insatisfaction plus générale qu'a toujours suscitée le droit de la responsabilité civile : un gaspillage considérable d'énergies dénoncé par cet extraordinaire juriste que fut le doyen Carbonnier, des résultats sociaux parfois très contestables. C'est bien un peu de cela dont il s'agit, ramené au stade de l'entreprise. En effet, les observateurs de la vie de l'entreprise parviennent générale-

---

1. ETCHEGOYEN Alain, *Le Temps des responsables, op. cit.*, p. 106.
2. *Ibid.*, p. 106.

ment à deux constats très opposés et dont on pourrait trouver des expressions dans les divers chapitres qui constituent cet ouvrage.

Le premier constat est celui de la lourdeur de la responsabilité et de l'ancienneté du phénomène. Comme le note justement Alain Etchegoyen, « l'entreprise possède une certaine tradition dans l'usage de la notion de responsabilité »[1]. Le sentiment général des acteurs est celui d'un accroissement constant du risque qui peut les inciter à conclure : « Tous responsables ! », même lorsqu'ils ne sont pas coupables. Responsable mais pas coupable... La formule employée en son temps par Georgina Dufoix a fait florès. Voilà bien un sentiment largement partagé et l'on nous dit volontiers que ce sentiment est de nature à tuer l'esprit d'entreprise.

Personne ne semble véritablement échapper au risque d'engager sa responsabilité.

Toutefois, aujourd'hui, combien y a-t-il de responsables véritables au regard du droit ? Le regard du juriste mais aussi celui, par exemple, de l'investisseur est sans doute plus réservé et peut le conduire parfois à prendre acte de la montée d'une certaine irresponsabilité. Faut-il pour autant opposer au slogan « Tous responsables » le slogan inverse « Tous irresponsables » ? Ainsi, un auteur n'a pas hésité à donner récemment pour intitulé à une chronique « Coupable et irresponsable »[2]. Il s'agissait de la responsabilité du salarié :

– responsable mais non coupable ?
– coupable et irresponsable ?

Il y a sans doute des deux dans la problématique développée dans cet ouvrage et l'on peut voir là une assez évidente source d'insatisfaction, tant d'un point de vue logique que du point de vue parfois de certaines conséquences sociales. Encore faut-il faire la part des choses et il est souvent délicat de démêler l'écheveau des responsabilités. Soucieux de rechercher les traductions concrètes des développements de la responsabilité, le juriste se doit de procéder à des constatations objectives. Pour mesurer avec plus de précision les liens entre entreprise et responsabilité, il faut s'attacher à trois sujets[3] :

– la responsabilité de l'entreprise dans sa dimension institutionnelle ;

---

1. *Ibid.,* p. 105.
2. BRUN Philippe, Le Dalloz, 2000, p. 673.
3. Cf. ETCHEGOYEN Alain, *Le Temps des responsables, op. cit.*

- la responsabilité des hommes dans l'entreprise ;
- la responsabilité du chef d'entreprise.

Ce faisant, il apparaît nécessaire de dépasser quelque peu la rigueur des qualifications juridiques. Car le juriste sait combien se référer à l'entreprise est source de difficultés. L'entreprise n'a pas de définition unitaire dans notre droit ; elle n'est même pas en tant que telle un sujet de droit. Son support juridique est soit une activité commerciale individuelle, soit une société. La responsabilité dans une société ne saurait obéir aux mêmes mécanismes que dans une entreprise individuelle. Par ailleurs, dans une société, le dirigeant social revêt aussi la qualité d'employeur qui est naturelle au fondateur de l'entreprise individuelle.

L'entreprise en tant que réalité institutionnelle accumule aujourd'hui les responsabilités. Il est banal de le constater et le sentiment général sur ce thème correspond bien à une évidence juridique. Cette concentration des responsabilités est le signe de la place qu'occupe l'entreprise dans nos sociétés contemporaines. Octave Gélinier parle de surresponsabilisation et il n'a sans doute pas tort. Cependant, cette responsabilisation de l'entreprise est aujourd'hui totalement absorbée dans l'opinion publique par un thème à la mode, mais aux retombées juridiques incertaines, qui est celui de la responsabilité sociale : on y reviendra.

Cette prise en compte de la responsabilité sociale et du développement durable ne doit pas occulter les fondamentaux juridiques de la responsabilité. Au quotidien, les entreprises affrontent des risques de responsabilité dont les origines sont multiples et qui peuvent se traduire par l'obligation de verser des dommages intérêts bien souvent passablement lourds. L'entreprise est responsable parce qu'elle est un débiteur bien souvent solvable, à la différence de la plupart des hommes qui la composent.

S'agissant des hommes de l'entreprise et plus généralement *des personnes acteurs dans l'entreprise,* ils sont sans aucun doute bénéficiaires d'un phénomène de socialisation de la responsabilité : l'entreprise est un espace de socialisation des responsabilités individuelles, celles-ci ayant tendance à se dissoudre dans le collectif. De ce fait, la responsabilité des hommes dans l'entreprise est globalement assez limitée, en dépit de l'image véhiculée par beaucoup.

Reste le chef d'entreprise, référence dont la juridicité est réduite pratiquement au domaine du droit du travail mais qui est source de responsabilités considérables. Le chef d'entreprise, c'est l'employeur d'abord ; c'est aussi le dirigeant leader, celui qui incarne aux yeux des tiers l'entreprise moins par le statut juridique qui est le sien que par la volonté qui l'a inspiré de se promouvoir dans un statut médiatisé.

Arrêtons-nous un instant sur chacun des trois thèmes auxquels il vient d'être fait référence.

L'entreprise et la capitalisation des responsabilités

L'entreprise, plus particulièrement lorsqu'elle revêt une forme sociétaire n'a cessé de voir se multiplier les sources de responsabilité. C'est elle que les tiers assignent en principe, et non ses dirigeants. Ces derniers ne peuvent être assignés en responsabilité qu'accessoirement, dans des cas très limités. Au regard des tiers, la société assume normalement la responsabilité civile. Quant aux sources de cette responsabilité civile, elles n'ont cessé de se diversifier. Aux sources très classiques, concurrence déloyale, accidents de la circulation, etc., se sont surajoutées des sources nouvelles dont l'importance est aujourd'hui avérée : responsabilité pour pollution, responsabilité pour utilisation de nouvelles technologies, responsabilité pour méconnaissance des règles du droit de la concurrence pour ne citer que les exemples les plus significatifs.

Le « Nouveau code pénal » en vigueur depuis le 1er mars 1994 a donné une dimension inédite à la responsabilité des entreprises en introduisant la responsabilité pénale des personnes morales : désormais une société peut au même titre qu'une personne physique faire l'objet de sanctions pénales, situation qui peut apparaître singulière mais qui s'est inscrite définitivement dans le paysage juridique. La responsabilité pénale de la personne morale est venue éloigner – mais non écarter – le spectre de la répression pénale pour les acteurs dans l'entreprise, notamment s'agissant des risques pénaux encourus dans le domaine de la pollution ou encore du droit économique.

Le renforcement de la contrainte de responsabilité semble sortir de l'orbite nationale pour prendre volontiers une dimension européenne. Comme le notent certains auteurs, « que ce soit en matière de gouvernement d'entreprise ou de droit de la concurrence les entreprises ont aujourd'hui ce que l'on pourrait appeler une obligation de vigilance renforcée »[1]. Cette obligation se traduit en France pour l'instant dans

---

1. Cf. COUTRELIS André et GIACOBBO Valérie, « Responsabilité des entreprises : l'approche communautaire », *Les Échos,* 7 mai 2003, p. 53.

de simples recommandations de la COB (aujourd'hui AMF). S'agissant du droit de la concurrence, les autorités européennes ont davantage les moyens de sanctionner.

Toutes ces responsabilités se traduisent par une sanction, civile ou pénale. En revanche, les responsabilités qui sont aujourd'hui le centre d'intérêt de l'opinion publique sont au moins provisoirement dissociables de l'idée de sanction juridique. Tel est bien le cas de l'idée de responsabilité sociale qui demeure une idée floue comme on l'indiquera tout à l'heure. La seule concrétisation d'envergure dans notre droit figure dans la loi sur les « Nouvelles régulations économiques » du 15 mai 2001 qui oblige le conseil d'administration ou le directoire des sociétés cotées à présenter dans leur rapport de gestion des indications « sur la manière dont la société prend en compte les conséquences sociales et environnementales de son activité » (article L. 225-102-1 du Code de commerce).

Il s'agit quasiment de la seule norme de responsabilité sociale aujourd'hui clairement exprimée. Une deuxième obligation légale peut toutefois encore être mise en exergue qui est apparue au début de l'été 2003. La loi relative à la prévention des risques technologiques et naturels et à la réparation des dommages[1], dans son article 23, ajoute des obligations d'information supplémentaires dans le rapport de gestion pour les sociétés exploitant au moins une installation figurant sur une liste établie par décret. Le rapport doit informer de la politique de prévention du risque d'accident technologique menée par la société, rendre compte de la capacité de la société à couvrir sa responsabilité civile vis-à-vis des biens et des personnes du fait de l'exploitation de telles installations, préciser les moyens prévus par la société pour assurer la gestion de l'indemnisation des victimes en cas d'accident technologique engageant sa responsabilité.

Toutes ces règles, on le voit, ne constituent que des obligations d'information et leur sanction est à la fois imprécise et aléatoire.

---

1. Loi n° 2003-699 du 30 juillet 2003, article L. 225-102-2 du Code de commerce.

La tendance à la déresponsabilisation juridique des acteurs dans l'entreprise

Qui sont les acteurs dans l'entreprise ?

Si l'on raisonne sur l'entreprise sociétaire, il y a au moins trois catégories d'acteurs qui méritent considération. Les divers mandataires sociaux constituent une première catégorie qui peut être relativement fournie dans certains cas : gérants, directeurs généraux, membres des conseils d'administration ou des directoires, membres des conseils de surveillance, etc. Pour la grande majorité, ils n'incarnent en rien le chef d'entreprise. Dans les groupes, ce sont souvent des cadres de haut niveau.

Les salariés constituent une deuxième catégorie, parfois, comme on vient de l'indiquer, à la frontière de la précédente.

Enfin, les actionnaires dans les sociétés par actions sont des acteurs dont la responsabilité peut *a priori* sembler hypothétique mais qui ne saurait être d'emblée écartée.

L'idée que les acteurs dans l'entreprise seraient soumis à une forte contrainte de responsabilité procède, s'agissant au moins des mandataires sociaux, des conséquences que la loi attache à leur faute en cas de dépôt de bilan. L'article L. 624-3 al. 1 du Code de commerce dispose que « lorsque le redressement judiciaire ou la liquidation judiciaire d'une personne morale fait apparaître une insuffisance d'actif, le tribunal peut, en cas de faute de gestion ayant contribué à cette insuffisance d'actif, décider que les dettes de la personne morale seront supportées, en tout ou en partie, avec ou sans solidarité, par tous les dirigeants de droit ou de fait, rémunérés ou non, ou par certains d'entre eux ».

Cet article peut trouver à s'appliquer en cas de continuation, de liquidation mais aussi en cas de cession[1] si trois conditions sont réunies : une faute de gestion, une insuffisance d'actif et un lien de causalité entre ces deux éléments. La jurisprudence[2] a depuis longtemps déclaré que ce régime se substitue aux autres actions en responsabilité de droit commun, telles que celles prévues dans plusieurs articles du Code de commerce[3] ainsi que celle prévue à l'article 1382 du Code civil[4].

---

1. CA Aix-en-Provence, 29 octobre 1992, RJDA 1993, n° 451, p. 378.
2. Comm. 28 février 1995, RJDA 1995/7, n° 904, et comm. 11 avril 1995, *Bull.* Joly 1995, p. 684, note J.-J. DAIGRE.
3. Articles L. 223-22 et L. 225-251.
4. Comm. 20 juin 1995, D. 1995, p. 448.

Cette application exclusive de l'article L. 624-3 du Code de commerce non seulement suppose que la procédure ait fait apparaître une insuffisance d'actif mais surtout ne vaut que pour l'action engagée par un créancier en réparation du préjudice résultant du non-paiement de sa créance, c'est-à-dire d'un préjudice inhérent à l'insuffisance d'actif et, par là, commun à l'ensemble des créanciers. Il reste donc possible au demandeur (qu'il soit d'ailleurs tiers ou associé) d'obtenir du dirigeant la réparation d'un préjudice particulier, distinct de celui des autres créanciers et découlant d'une faute séparable des fonctions dont il a été personnellement victime. Cela est en fait rarissime.

Mais si l'on reste sur le terrain de l'action en comblement de l'insuffisance d'actif, la responsabilité des dirigeants n'est alors pas atténuée par la notion de faute séparable des fonctions : cette notion n'est pas retenue ici, laissant le dirigeant aux prises avec une responsabilité qui peut être considérable. Ce sentiment de responsabilité inspiré d'une situation très particulière ne rend cependant pas compte de la réalité des choses.

*

Lorsque l'on examine en effet le régime de la responsabilité des acteurs dans l'entreprise, on ne peut que relever une évidente tendance des juges à favoriser une déresponsabilisation de ces acteurs. Peut-être sensibles aux menaces planant sur des personnes physiques dont le patrimoine personnel est sans commune mesure avec l'étendue potentielle du préjudice, les juges ont recherché des voies qui permettaient de faire échapper les acteurs à la responsabilité civile.

Le phénomène le plus marquant est sans doute celui d'un transfert progressif vers la société ou l'entreprise de risques qui étaient autrefois supportés par les individus. La théorie de la faute non séparable des fonctions fait que le dirigeant social ou le membre d'un conseil d'administration n'est jamais, sauf situation extraordinaire, personnellement responsable du dommage causé aux tiers. Jusqu'à une époque récente, cette théorie de la faute non séparable semblait inopposable aux actionnaires eux-mêmes : depuis un arrêt de la cour d'appel de Versailles du 17 janvier 2002[1], on peut avoir quelques raisons d'en douter.

Par un phénomène mimétique surprenant, le droit social a suivi et l'on a vu l'Assemblée plénière de la Cour de cassation consacrer au profit des

---

1. SA LEHNING Laboratoires c./BERRETTI, *Bull.* Joly 2002, p. 515, note Jean-François BARBIÈRi.

salariés, dans un arrêt COSTEDOAT[1], la théorie de la faute non séparable, établissant ainsi une sorte d'immunité du salarié[2] à l'égard des tiers.

Cette immunité existe-t-elle encore lorsque l'on s'interroge sur la responsabilité du salarié à l'égard de l'entreprise, à l'égard de son employeur ? N'y a-t-il pas là une responsabilité individuelle bien réelle ? On peut en douter parfois. Pour que le salarié soit responsable à l'égard de son employeur, il faut qu'il y ait eu faute lourde ; mais la faute lourde suppose l'intention de nuire, soit à l'égard de l'employeur, soit à l'égard de l'entreprise. Il s'ensuit logiquement que le vol n'implique pas nécessairement la volonté de nuire ! Certes la jurisprudence n'a jamais défini avec précision ce qu'était l'intention de nuire. Les solutions paraissent cependant pour le moins singulières.

En définitive, on a le sentiment qu'hors la responsabilité de l'entreprise elle-même, il n'y a plus guère de place, sauf de manière résiduelle, pour une responsabilité des acteurs de cette entreprise.

La tendance au refoulement des responsabilités individuelles conduit au demeurant inexorablement à *une déformation des mécanismes de la responsabilité*. Ainsi se produit ce phénomène[3] du passage d'une responsabilité du fait d'autrui à une responsabilité du fait personnel. Le phénomène de concentration de la responsabilité sur l'entreprise précédemment évoqué aboutit à un changement dans la nature même des responsabilités[4]. Ce bouleversement est sans doute la part la plus significative de l'insatisfaction du juriste.

*

Singulièrement, ce phénomène de refoulement de la responsabilité civile s'est développé dans un contexte de limitation de la responsabilité pénale. Alors qu'une certaine logique eût voulu que l'on refoulât la responsabilité pénale en privilégiant la responsabilité civile, on a assisté à une régression générale de la responsabilité tant civile que pénale.

---

1. 25 février 2000, JCP G 2000.II.10295, conclusions Kessous.
2. Bocquillon Fabrice, « Vers une immunité civile du salarié ? », *Droit ouvrier*, août 2002, p. 375 et suiv. Sur les limites de cette immunité : Rade Christophe, « Les limites de l'immunité civile du préposé », RTD Civ. 2000, p. 582, n° 5.
3. « Responsabilité de l'entreprise et responsabilité de ses salariés. À la recherche de l'équilibre perdu », Mélanges Michel Despax, Toulouse, 2002, p. 141 et suiv.
4. Barbieri J.-F., *art. cit.*, p. 152, n° 13 ; également Billiau Marc, note sous Cass. Ass. Plénière, 25 février 2000, JCP G 2000.II.10295, spécialement p. 752, n° 15.

En matière pénale en effet, l'idée maîtresse est depuis des mois l'idée de dépénalisation. D'abord, la réforme du Code pénal en 1994 a éloigné un peu le spectre de la responsabilité pénale des acteurs en créant la responsabilité pénale des personnes morales. Certes la responsabilité de la personne morale n'est pas exclusive d'une responsabilité pénale des mandataires sociaux, les deux pouvant coexister. Il est bien évident cependant que la première responsabilité s'est bien souvent substituée en pratique à la seconde.

Ensuite, la jurisprudence s'est efforcée depuis le début des années 2000 de *limiter le risque de condamnation pour abus de biens sociaux* pour les dirigeants en donnant un point de départ précis au délai de prescription de l'infraction. On sait que l'infraction d'abus de biens sociaux menace les dirigeants et administrateurs de sociétés anonymes qui, de mauvaise foi, auront fait des biens ou du crédit de la société un usage qu'ils savaient contraire à l'intérêt de celle-ci, à des fins personnelles, ou pour favoriser une autre société ou entreprise dans laquelle ils étaient intéressés directement ou indirectement. Le point de départ du délai de prescription devrait en application du droit commun être la date de commission de l'infraction. Toutefois, compte tenu de la spécificité de l'infraction d'abus des biens sociaux, ce délit s'est vu appliquer un régime qui avait déjà été retenu pour l'abus de confiance : le point de départ de la prescription triennale a été fixé au jour où le délit est apparu. L'argument traditionnel consiste à justifier cette démarche par le fait que c'est là « le seul moyen de lutter contre des infractions commises par les personnes qui ont la possibilité, par leurs fonctions, de dissimuler leurs actes délictueux ou d'en retarder longtemps la découverte ».

Certains arrêts avaient considéré au début des années 1990 qu'il convenait de voir dans la formule l'exigence de la connaissance de l'infraction par le ministère public lui-même. Ainsi, le délai de prescription ne courait alors qu'à compter de la dénonciation faite de l'infraction.

Cette jurisprudence qui paraissait déroger aux principes généralement retenus par la Chambre criminelle semble aujourd'hui devoir être abandonnée. En effet, la Chambre criminelle de la Cour de cassation est revenue à une approche plus rigoureuse de la question du point de départ du délai de prescription. Dans un arrêt du 13 octobre 1999[1], la

---

1. JCP 2000, p. 1380, note Daniel Ohl ; *Bull.* Joly 2000, p. 182 et suiv. note Jean-François Barbièri ; *Droit pénal,* février 2000, p. 12, note Jacques-Henri Robert ; FORTIS Élisabeth et MULLER Yvonne, « Chronique de droit pénal de l'entreprise », JCP E 2000, p. 1128 et suiv., n° 2.

Chambre criminelle a considéré que le point de départ ne se situait pas à la date à laquelle les associés ont eu effectivement connaissance de l'infraction, mais que celle où les faits délictueux auraient pu leur apparaître s'ils avaient été normalement diligents doit être la règle. En retenant que le délai de prescription court à compter de la présentation des comptes annuels, la Chambre criminelle manifeste clairement sa volonté de fixer une base objective. Le délai court pour tous, y compris le procureur de la République. La règle est donc désormais la suivante : « La prescription de l'action publique du chef d'abus de biens sociaux court, sauf dissimulation, à compter de la présentation des comptes annuels par lesquels les dépenses litigieuses sont mises indûment à la charge de la société. » Elle rejoint la position du barreau de Paris qui avait proposé de fixer au jour de la publication des comptes sociaux le point de départ du délai de prescription.

Enfin, le législateur vient au demeurant à trois reprises de procéder à une certaine *dépénalisation du droit des sociétés* en substituant à certaines sanctions pénales la sanction civile de la nullité de certaines décisions d'assemblée : la nullité frappe les intérêts de l'ensemble des actionnaires, ce qui aboutit en fait à une collectivisation de la sanction.

*

Pour autant, il ne faut peut-être pas conclure trop vite au constat d'une évolution irréversible. Il semble en effet que les juges aient pris conscience à une époque très récente des conséquences fâcheuses du système d'irresponsabilité mis en place par eux. Deux décisions de justice, l'une dans le domaine civil, l'autre dans le domaine pénal, esquissent peut-être les prémices de la restauration de la responsabilité au sein de l'entreprise.

Le premier arrêt en date du 20 mai 2003 a été rendu par la Chambre commerciale de la Cour de cassation. Il concerne la notion de faute séparable des fonctions du dirigeant. Pour la première fois en effet, la Cour de cassation est venue définir avec une certaine précision la faute séparable : la faute intentionnelle du dirigeant d'une particulière gravité incompatible avec l'exercice normal des fonctions sociales constitue une faute séparable des fonctions[1]. La porte est ouverte pour une acception plus large de la notion de faute séparable que par le passé.

---

1. Cass. Com., 20 mai 2003, D. 2003, p. 1502, obs. Alain Lienhard ; *Bull.* Joly 2003, § 1967, note Hervé Le Nabasque ; *Droit et patrimoine,* novembre 2003, n° 120.

Le second arrêt est un arrêt de la Chambre criminelle concernant la prescription de l'abus des biens sociaux. Cet arrêt semble constituer un retour en arrière.

Le délit d'abus de biens sociaux est une infraction instantanée consommée lors de chaque usage abusif des biens de la société. Comme on l'a indiqué précédemment, la prescription court, sauf dissimulation, à compter de la présentation des comptes annuels par lesquels les dépenses litigieuses sont indûment mises à la charge de la société. Après avoir rappelé ce principe, la Cour de cassation dans un arrêt du 8 octobre 2003 l'a appliqué dans un cas où deux sociétés présidées par une même personne avaient conclu avec une troisième également dirigée par l'intéressé des *conventions d'assistance* prévoyant le versement d'une rémunération égale à 0,20 % de leur chiffre d'affaires annuel et où ces conventions avaient été *approuvées* par les assemblées générales tenues dans chacune des sociétés.

Pour constater la prescription de l'action publique, la cour d'appel avait retenu que lorsque les usages contraires à l'intérêt social sont successifs et résultent d'une décision d'engagement des dépenses dont ils constituent l'exécution automatique, l'élément matériel de l'infraction est caractérisé par les conventions dont résulte l'engagement ; elle en avait déduit que le point de départ du délai de prescription devait être fixé aux dates auxquelles les assemblées générales des sociétés en cause les avaient approuvées.

La Cour de cassation a jugé qu'en statuant ainsi, la cour d'appel n'avait pas justifié sa décision : en effet, d'une part, l'usage contraire à l'intérêt social susceptible de constituer l'abus de biens sociaux résultait non des conventions litigieuses mais de leurs modalités d'exécution ; d'autre part, celles-ci devaient faire l'objet à la fin de chaque exercice d'un rapport spécial des commissaires aux comptes dont la présentation aux assemblées générales constituait le point de départ du délai de prescription. La Cour de cassation applique à nouveau la solution plus stricte qu'elle avait abandonnée à la fin des années 1990, notamment dans un arrêt du 13 octobre 1999.

Manifestement, le hasard n'est pas à l'origine de ces deux décisions. Elles sont signalées par la Cour de cassation comme importantes. Cette dernière ne semble plus insensible aux très nombreuses critiques qui avaient été émises à l'encontre de ses positions.

Par ailleurs on voit poindre les premières manifestations d'une prise en compte de la responsabilité de l'actionnaire dans les sociétés anonymes. De l'actionnaire, les bons ouvrages n'évoquent que les droits ; la question des devoirs est largement ignorée. La jurisprudence pourtant, à une époque récente, a engagé la réflexion sur ce sujet. Deux arrêts sont venus donner une belle illustration de cette tendance à l'émergence de devoirs de l'actionnaire. La cour d'appel de Douai[1] a ainsi eu à connaître d'une société dans laquelle les actionnaires se versaient de copieux dividendes alors même que l'affaire fonctionnait grâce à un client unique. Ce client unique ayant rompu ses engagements se le voit amèrement reprocher par la société. À l'heure du chiffrage du préjudice, il argue de ce que, si la société s'était employée à investir davantage dans la diversification de sa clientèle, le préjudice serait moins grand et la Cour de Douai entérine le raisonnement. Dans une seconde affaire, l'importateur exclusif de voitures japonaises distribuait à ses actionnaires tout le bénéfice disponible, alors même que les concessionnaires du réseau souffraient de grandes difficultés. Plutôt que de les aider en desserrant sa pression financière, le concédant avait choisi de maintenir sa capacité bénéficiaire à des fins de distribution massive. La Cour de cassation a sanctionné cette attitude[2].

La responsabilité du chef d'entreprise

La notion de chef d'entreprise relève du droit social et n'a véritablement de sens juridique qu'au regard des obligations imposées par le droit du travail. La responsabilité du chef d'entreprise est considérable. Employeur, il est tenu d'une obligation d'information, d'une obligation de sécurité qui est une véritable obligation de résultat, et ce malgré la faute du salarié, d'une obligation du respect des droits fondamentaux de la personne.

Si cette responsabilité est considérable, elle peut être atténuée par la pratique de la délégation qui autorise dans des conditions limitatives le transfert de la responsabilité à un subordonné qui peut lui-même la subdéléguer. La Chambre criminelle de la Cour de cassation a validé ces pratiques de délégation sous certaines réserves aujourd'hui bien connues.

Des précisions ont été apportées par cinq importants arrêts de la formation plénière de la Chambre criminelle de la Cour de cassation en date du 11 mars 1993 : « Sauf si la loi en dispose autrement, le chef

---

1. CA Douai, 15 mars 2001, D. 2002, p. 307.
2. Cass. Comm., 15 janvier 2002.

d'entreprise qui n'a pas personnellement pris part à la réalisation de l'infraction peut s'exonérer de sa responsabilité pénale s'il rapporte la preuve qu'il a délégué ses pouvoirs à une personne pourvue de la compétence, de l'autorité et des moyens nécessaires. »

Les conditions d'efficacité de la délégation de pouvoirs pour le dirigeant sont les suivantes :

- La taille, l'organisation et le domaine d'intervention de l'entreprise doivent justifier l'emploi d'une délégation.
- La délégation doit être délivrée par le chef d'entreprise et acceptée par le délégataire.
- Le délégataire doit avoir la compétence, l'autorité et les moyens nécessaires à l'exercice de sa mission.
- La délégation doit être limitée et dépourvue d'ambiguïté.

Une délégation permanente et générale de tous ses pouvoirs par le chef d'entreprise sera inopérante.

La délégation idéale, en termes d'efficacité devant le juge pénal, devra donc être écrite, limitée, précise, complète, individualisée et acceptée expressément par son destinataire qui sera un cadre disposant d'une autonomie suffisante pour s'assurer du respect des réglementations.

En dépit de ces cinq arrêts d'assemblée plénière et des nombreuses décisions qui ont suivi, la matière demeure source d'inquiétudes comme en témoigne le succès des manifestations consacrées à ce thème aujourd'hui classique du droit pénal des affaires[1].

Hors la responsabilité devant les salariés au titre des obligations imposées par le Code du travail, un autre visage du chef d'entreprise peut apparaître plus particulièrement lorsque la société est cotée en bourse. Il ne s'agit plus du chef d'entreprise au sens du droit social mais de celui qui préside aux destinées de la société et qui a entraîné celle-ci dans une déroute boursière. Lorsque le cours du titre a baissé, entraînant dans sa chute celle des petits porteurs, ceux-ci sont tentés de rechercher la responsabilité de celui qui incarnait l'entreprise et a été l'exécutant de sa stratégie.

Les grandes affaires qui ont illustré cette problématique depuis le début des années 2000 ont montré combien il était difficile de recher-

---

1. Sur la délégation de pouvoir, voir notamment BRIEUC DE MASSIAC, « Responsabilité pénale des dirigeants et délégation de pouvoirs », RJDA 11/95, p. 927.

cher la responsabilité de ce dirigeant : la jurisprudence, pour des raisons de logique juridique peu contestables, considère que le préjudice subi par chaque actionnaire n'est pas distinct du préjudice subi par la société elle-même. Certes il est toujours possible d'agir en responsabilité mais cette action doit être diligentée au nom de la société et pour la reconstitution de son patrimoine.

III

Reste, et c'est une dimension qu'on ne saurait négliger, *la responsabilité au sens moral du terme*, c'est-à-dire la responsabilité qui n'a pas pour corollaire nécessaire la sanction.

Transposée à l'entreprise, cette dimension morale reçoit aujourd'hui au stade des discours une traduction dans l'idée de responsabilité sociale, sociétale, environnementale, au point que ce discours est devenu le discours dominant.

Voici bien des années qu'est évoqué dans les manuels de management le thème de la responsabilité sociale de l'entreprise[1]. Pourtant aucune prise de conscience véritable de cette responsabilité ne s'est développée en France jusqu'à une époque récente. Certes, le thème de l'entreprise citoyenne a été, il y a de cela une dizaine d'années, un thème porteur dans l'opinion publique, mais il n'était pas totalement synonyme de responsabilité sociale. Depuis le début des années 2000, le thème semble s'imposer avec une certaine constance. Au demeurant, le ton a été donné par la Commission des Communautés européennes dans sa communication du 2 juillet 2002[2] sur « la responsabilité sociale des entreprises : une contribution des entreprises au développement durable ». Cette communication faisait suite à une consultation autour d'un « Livre vert »[3] présenté en juillet 2001 et intitulé « Promouvoir un cadre européen pour la responsabilité sociale des entreprises ».

---

1. Voir par exemple : GONZAGUE Arnaud et TOUBOUL Sylvie, *Entreprises responsables ?, op. cit.* ; WIEDEMANN-GOIRAN T., PERIER F., LEPINEUX F., *Développement durable et gouvernement d'entreprise*, Éditions d'Organisation, 2003 ; CHAUVEAU Alain et ROSE Jean-Jacques, *L'Entreprise responsable*, Éditions d'Organisation, 2003.
2. Comm. (2002), p. 347, final.
3. Comm. (2001), p. 366.

Le Livre vert définissait la responsabilité sociale de l'entreprise comme « l'intégration volontaire par les entreprises de préoccupations sociales et environnementales à leurs activités commerciales et leurs relations avec leurs parties prenantes », car elles sont de plus en plus conscientes qu'un comportement responsable se traduit par une réussite commerciale durable.

> « La responsabilité sociale de l'entreprise a également trait à une gestion socialement responsable du changement au niveau de l'entreprise. Ce résultat est obtenu lorsque celle-ci s'efforce de trouver des compromis équilibrés, et acceptables par tous, entre les exigences et les besoins de ses parties prenantes. Si elles parviennent à gérer les mutations d'une manière socialement responsable, les entreprises auront un impact positif au niveau macro-économique. »
>
> « La responsabilité sociale de l'entreprise peut donc contribuer à la réalisation de l'objectif stratégique fixé lors du sommet européen de Lisbonne en mars 2000, à savoir de devenir d'ici l'an 2010 "l'économie de la connaissance la plus compétitive et la plus dynamique du monde, capable d'une croissance économique durable accompagnée d'une amélioration quantitative et qualitative de l'emploi et d'une plus grande cohésion sociale", ainsi qu'à la stratégie européenne de développement durable »[1].

La juridicité des normes adoptées en la matière est passablement incertaine. Toutefois cet état de fait n'est peut-être que provisoire[2]. Certains auteurs soulignent l'évolution du droit qui commence à la fois à inciter à l'adoption de normes de responsabilité sociale et à sanctionner le non-respect de ces normes[3]. Pour une large part cependant ces perspectives empruntent à des droits étrangers. S'agissant du droit français, la question du non-respect des normes dans le domaine de la responsabilité sociale demeure entière. En ce domaine, pour l'essentiel, la responsabilité des acteurs est fonction de ce qu'ils veulent bien reconnaître aujourd'hui. En l'état actuel du droit, la responsabilité

---

1. Tous extraits du « Livre vert ».
2. Cf. Boy Laurence, « Approche juridique du développement durable » in G.I.E.P.I., *Quel avenir pour l'Union européenne ? Évaluation critique de la stratégie de Lisbonne*, Éditions Bruylant, Bruxelles, 2004.
3. Voir ici Sobczak André, « Le cadre juridique de la responsabilité sociale des entreprises en Europe et aux États-Unis », *Droit social,* nᵒˢ 9/10, septembre-octobre 2002, p. 806 et suiv.

sociale de l'entreprise nous paraît d'abord et avant tout demeurer une bonne expression d'un phénomène de responsabilité morale, même si la démarche n'est pas toujours exempte de préoccupations relevant de l'ordre du marketing.

Dans un ordre d'idées voisin et au demeurant parent, le discours sur l'éthique des affaires participe de la même logique de promotion de la morale individuelle dans les comportements des entreprises mais également dans les comportements des individus. Ici encore c'est de morale des affaires dont il s'agit, la sanction étant attachée au seul manquement déontologique ou à la violation d'une disposition pénalement sanctionnée.

*

Ainsi donc, si l'entreprise entretient des liens étroits avec l'idée de responsabilité, on a vu surtout que les expressions juridiques de cette responsabilité sont diversifiées et nuancées. L'entreprise en tant qu'institution assume l'essentiel de cette responsabilité alors que par essence elle n'est jamais coupable. C'est par une fiction juridique que les dirigeants sont censés incarner l'intérêt social et traduire la volonté d'un être moral qui ne saurait en avoir de réelle. Quant aux possibles coupables, c'est-à-dire les hommes qui de la base au sommet gravitent dans l'entreprise, ils n'ont qu'assez rarement l'occasion d'être responsables au sens juridique du terme.

S'agissant de l'entreprise, l'affirmation « tous responsables » relève davantage des vœux pieux que des réalités objectives. Mais, comme on a eu l'occasion de le souligner, la responsabilité ne relève pas que de l'ordre du juridique…